Python Crashkurs

Eric Matthes

Python Crashkurs

Eine praktische, projektbasierte Programmiereinführung

3., überarbeitete und aktualisierte Auflage

dpunkt.verlag

Wir hoffen, dass Sie Freude an diesem Buch haben und sich Ihre Erwartungen erfüllen. Falls Sie Anregungen, Wünsche und Kommentare haben, lassen Sie es uns wissen: **service@rheinwerk-verlag.de**.

Informationen zu unserem Verlag und Kontaktmöglichkeiten finden Sie auf unserer Verlagswebsite **www.dpunkt.de**. Dort können Sie sich auch umfassend über unser aktuelles Programm informieren und unsere Bücher und E-Books bestellen.

Autor: Eric Matthes
Übersetzung & Satz: G&U Language & Publishing Services GmbH, Flensburg, *www.GundU.com*
Lektorat: Gabriel Neumann
Fachgutachter: Kenneth Love
Buchmanagement: Julia Griebel, Friederike Demmig
Copy-Editing: Annette Schwarz, Ditzingen
Herstellung: Stefanie Weidner, Frank Heidt
Covergestaltung: Eva Hepper, Silke Braun
Druck: mediaprint solutions GmbH, 33100 Paderborn

PEFC-zertifiziert
Dieses Buch stammt aus nachhaltig bewirtschafteten Wäldern und kontrollierten Quellen
PEFC
PEFC/04-31-0810
www.pefc.de

Dieses Buch wurde mit mineralölfreien Farben auf PEFC-zertifiziertem Papier aus nachhaltiger Waldwirtschaft gedruckt. Der Umwelt zuliebe verzichten wir zusätzlich auf die Einschweißfolie. Hergestellt in Deutschland.

Bibliografische Information der Deutschen Nationalbibliothek:
Die Deutsche Nationalbibliothek verzeichnet diese Publikation in der Deutschen Nationalbibliografie; detaillierte bibliografische Daten sind im Internet über *http://dnb.dnb.de* abrufbar.

ISBN Print: 978-3-86490-989-4
ISBN PDF: 978-3-98890-108-8
ISBN ePub: 978-3-98890-109-5

3. Auflage 2024, 2. Nachdruck 2026

Rheinwerk Verlag GmbH • Rheinwerkallee 4 • 53227 Bonn
service@rheinwerk-verlag.de

Inhalt

Der Autor .... **xxiv**

Der Fachgutachter .... **xxiv**

Danksagung .... **xxv**

Vorwort zur dritten Auflage .... **xxvii**

Einleitung .... **xxxi**

Zielgruppe xxxii
Lernstoff xxxii
Onlinematerial xxxiv
Warum Python? xxxiv

Teil 1 Grundlagen **1**

1 Erste Schritte **3**

Die Programmierumgebung einrichten 3
- Python-Versionen 4
- Python-Codeausschnitte ausführen 4
- Der Editor VS Code 5

Python auf verschiedenen Betriebssystemen 5
- Python unter Windows 5
- Python unter macOS 7
- Python unter Linux 9

Das Hello-World-Programm ausführen 11
- Die Python-Erweiterung für VS Code installieren 11
- Hello_world.py ausführen 11

Fehlersuche 12

Python-Programme im Terminal ausführen 14
Unter Windows 14
Unter Linux und macOS 15
Zusammenfassung 16

2 Variablen und einfache Datentypen 17

Was bei der Ausführung von hello_world.py wirklich geschieht 17
Variablen 18
Variablen benennen und verwenden 19
Fehler bei Variablennamen vermeiden 20
Variablen sind Etiketten 21
Strings 22
Groß- und Kleinschreibung mithilfe von Methoden ändern 23
Variablen in Strings verwenden 24
Weißraum hinzufügen 25
Weißraum entfernen 26
Entfernen von Präfixen 27
Syntaxfehler bei der Stringverarbeitung vermeiden 28
Zahlen 30
Integer 30
Fließkommazahlen 31
Integer und Fließkommazahlen 32
Unterstriche in Zahlen 32
Mehrfachzuweisung 33
Konstanten 33
Kommentare 34
Wie werden Kommentare geschrieben? 34
Was für Kommentare sind sinnvoll? 34
The Zen of Python 35
Zusammenfassung 37

3 Eine Einführung in Listen 39

Was sind Listen? 39
Elemente in einer Liste ansprechen 40
Indizes beginnen bei 0, nicht bei 1 41
Einzelne Werte aus einer Liste verwenden 41

Elemente verändern, hinzufügen und entfernen 42
Elemente in einer Liste ändern 43
Elemente zu einer Liste hinzufügen 43
Elemente aus einer Liste entfernen 45
Listen ordnen 50
Listen mit sort() dauerhaft sortieren 50
Listen mit der Funktion sorted() vorübergehend sortieren 50
Listen in umgekehrter Reihenfolge ausgeben 51
Die Länge einer Liste ermitteln 52
Indexfehler vermeiden 53
Zusammenfassung 55

4 Mit Listen arbeiten 57

Eine komplette Liste durchlaufen 57
Die Schleife im Detail 58
Weitere Aufgaben in einer for-Schleife erledigen 59
Aktionen nach der for-Schleife 61
Einrückungsfehler vermeiden 62
Vergessene Einrückung der ersten Zeile in einer Schleife 62
Vergessene Einrückung nachfolgender Zeilen 63
Unnötige Einrückung 63
Unnötige Einrückung nach einer Schleife 64
Vergessener Doppelpunkt 65
Numerische Listen 66
Die Funktion range() 66
Numerische Listen mithilfe von range() aufstellen 67
Einfache Statistiken für numerische Listen 69
Listennotation 69
Teillisten 71
Einen Slice erstellen 71
Einen Slice in einer Schleife durchlaufen 73
Listen kopieren 74
Tupel 77
Ein Tupel definieren 77
Die Werte in einem Tupel durchlaufen 78
Tupel überschreiben 78

Code formatieren ... 79
Die Gestaltungsrichtlinien ... 80
Einrückung ... 80
Zeilenlänge ... 80
Leerzeilen ... 81
Zusammenfassung ... 82

5 if-Anweisungen ... 83

Ein einfaches Beispiel ... 83
Bedingungen ... 84
Prüfung auf Gleichheit ... 84
Groß- und Kleinschreibung bei der Prüfung auf Gleichheit ... 85
Prüfung auf Ungleichheit ... 86
Numerische Vergleiche ... 87
Prüfung auf mehrere Bedingungen ... 87
Prüfung auf Vorhandensein eines Werts in einer Liste ... 89
Prüfung auf Abwesenheit eines Werts in einer Liste ... 89
Boolesche Ausdrücke ... 90
if-Anweisungen ... 91
Einfache if-Anweisungen ... 91
if-else-Anweisungen ... 92
Die if-elif-else-Kette ... 93
Mehrere elif-Blöcke ... 95
Den else-Block weglassen ... 95
Mehrere Bedingungen prüfen ... 96
if-Anweisungen für Listen ... 99
Prüfung auf besondere Elemente ... 99
Prüfung auf nicht leere Liste ... 100
Mehrere Listen verwenden ... 101
if-Anweisungen gestalten ... 103
Zusammenfassung ... 104

6 Dictionaries ... 105

Ein einfaches Dictionary ... 106
Umgang mit Dictionaries ... 106
Zugriff auf die Werte in einem Dictionary ... 107
Schlüssel-Wert-Paare hinzufügen ... 108
Ein leeres Dictionary als Ausgangspunkt ... 108

Werte in einem Dictionary ändern 109
Schlüssel-Wert-Paare entfernen 111
Ein Dictionary aus ähnlichen Objekten 111
Mit get() auf Werte zugreifen 113
Dictionaries in einer Schleife durchlaufen 114
Alle Schlüssel-Wert-Paare durchlaufen 115
Alle Schlüssel in einem Dictionary durchlaufen 117
Die Schlüssel in einem Dictionary geordnet durchlaufen 119
Alle Werte in einem Dictionary durchlaufen 119
Verschachtelung 122
Dictionaries in einer Liste 122
Listen in einem Dictionary 125
Dictionaries in einem Dictionary 127

7 Benutzereingaben und while-Schleifen 131

Die Funktion input() 132
Klar verständliche Eingabeaufforderungen schreiben 132
Verwendung von int() für numerische Eingaben 133
Der Modulo-Operator 135
while-Schleifen 136
while-Schleifen in Aktion 136
Programmbeendigung durch den Benutzer 137
Flags 139
Eine Schleife mit break verlassen 140
Die Anweisung continue 141
Endlosschleifen vermeiden 142
while-Schleifen für Listen und Dictionaries 143
Elemente von einer Liste in eine andere verschieben 144
Alle Vorkommen eines Wertes aus einer Liste entfernen 145
Ein Dictionary mit Benutzereingaben füllen 145
Zusammenfassung 147

8 Funktionen 149

Funktionen definieren 150
Informationen an eine Funktion übergeben 150
Argumente und Parameter 151
Argumente übergeben 152
Positionsabhängige Argumente 152
Schlüsselwortargumente 154

Standardwerte ... 155
Verschiedene Formen für Funktionsaufrufe ... 156
Argumentfehler vermeiden ... 157
Rückgabewerte ... 158
Einen einfachen Wert zurückgeben ... 158
Optionale Argumente ... 159
Ein Dictionary zurückgeben ... 161
Funktionen in einer while-Schleife ... 162
Eine Liste übergeben ... 164
Eine Liste mithilfe einer Funktion ändern ... 165
Die Änderung einer Liste in einer Funktion verhindern ... 168
Beliebig viele Argumente übergeben ... 169
Positionsabhängige Argumente und Argumente beliebiger Anzahl kombinieren ... 170
Beliebig viele Schlüsselwortargumente übergeben ... 171
Funktionen in Modulen speichern ... 173
Ein komplettes Modul importieren ... 173
Einzelne Funktionen importieren ... 174
Eine Funktion mit »as« umbenennen ... 175
Ein Modul mit »as« umbenennen ... 176
Alle Funktionen eines Moduls importieren ... 176
Gestaltung von Funktionen ... 177
Zusammenfassung ... 178

9 Klassen ... 181

Eine Klasse erstellen und verwenden ... 182
Die Klasse Dog erstellen ... 182
Eine Instanz einer Klasse anlegen ... 184
Mit Klassen und Instanzen arbeiten ... 187
Die Klasse Car ... 187
Einen Standardwert für ein Attribut festlegen ... 188
Attributwerte bearbeiten ... 189
Vererbung ... 193
Die Methode __init__() für eine Kindklasse ... 193
Attribute und Methoden der Kindklasse definieren ... 195
Methoden der Elternklasse überschreiben ... 196
Instanzen als Attribute ... 197
Reale Objekte modellieren ... 199

Klassen importieren 200
Eine einzelne Klasse importieren 201
Mehrere Klassen in einem Modul speichern 202
Mehrere Klassen aus einem Modul importieren 204
Ein gesamtes Modul importieren 204
Alle Klassen eines Moduls importieren 205
Ein Modul in ein Modul importieren 205
Aliase verwenden 206
Ihren eigenen Arbeitsablauf finden 207
Die Standardbibliothek von Python 208
Gestaltung von Klassen 209
Zusammenfassung 210

10 Dateien und Ausnahmen 211

Aus Dateien lesen 212
Den Inhalt einer Datei lesen 212
Relative und absolute Dateipfade 214
Lesen der Zeilen einer Datei 215
Dateiinhalte verarbeiten 216
Große Dateien: eine Million Stellen 217
Ist Ihr Geburtsdatum in Pi enthalten? 218
In Dateien schreiben 220
Eine einzelne Zeile schreiben 220
Mehrere Zeilen schreiben 220
Ausnahmen 222
Division durch null 222
try-except-Blöcke 223
Abstürze mithilfe von Ausnahmen verhindern 224
Der else-Block 225
Datei nicht gefunden 226
Text analysieren 227
Umgang mit mehreren Dateien 228
Fehler stillschweigend übergehen 230
Welche Fehler sollten Sie melden und welche nicht? 231
Daten speichern 232
json.dump() und json.load() 233
Benutzergenerierte Daten speichern und lesen 234
Refactoring 236
Zusammenfassung 239

11 Code testen 241
Pytest mit pip installieren 242
pip aktualisieren 242
Pytest installieren 243
Funktionen testen 244
Unit-Tests und Testfälle 245
Ein bestandener Test 245
Ein nicht bestandener Test 247
Was tun bei einem nicht bestandenen Test? 248
Neue Tests hinzufügen 249
Klassen testen 251
Verschiedene Annahmen 251
Eine Beispielklasse zum Testen 252
Die Klasse AnonymousSurvey testen 254
Verwenden von Fixtures 256
Zusammenfassung 258

Teil 2 Projekte 261
Alien Invasion – ein Python-Spiel 261
Datenvisualisierung 262
Webanwendungen 262

Projekt 1: Alien Invasion 263

12 Das eigene Kampfschiff 265
Das Projekt planen 266
Pygame installieren 267
Erste Schritte für das Spielprojekt 267
Ein Pygame-Fenster anlegen und auf Benutzereingaben reagieren 267
Steuerung der Framerate 269
Die Hintergrundfarbe festlegen 270
Eine Klasse für Einstellungen anlegen 271
Das Bild eines Raumschiffs hinzufügen 272
Die Klasse Ship 273
Das Schiff auf den Bildschirm zeichnen 275

Refactoring: Die Methoden _check_events() und _update_screen() 277
Die Methode _check_events() 277
Die Methode _update_screen() 278
Das Schiff bewegen 279
Auf Tastenbetätigungen reagieren 279
Kontinuierliche Bewegung 280
Bewegung nach rechts und links 282
Die Geschwindigkeit des Schiffes anpassen 283
Den Bewegungsbereich des Schiffes einschränken 285
Refactoring von _check_events() 286
Beenden mit Q 286
Das Spiel im Vollbildmodus ausführen 287
Zwischenstand 288
alien_invasion.py 288
settings.py 288
ship.py 289
Geschosse 289
Einstellungen für Geschosse hinzufügen 289
Die Klasse Bullet 290
Geschosse in Gruppen speichern 291
Geschosse abfeuern 292
Alte Geschosse löschen 294
Die Anzahl der Geschosse begrenzen 295
Die Methode _update_bullets() 296
Zusammenfassung 297

13 Die Außerirdischen 299

Überblick über das Projekt 300
Das erste Invasionsschiff 300
Die Klasse Alien 301
Eine Instanz von Alien erstellen 302
Die Invasionsflotte erstellen 304
Reihen von Invasionsschiffen erstellen 304
Refactoring von _create_fleet() 306
Reihen hinzufügen 306

Die Flotte in Bewegung setzen ... 309
Die Invasoren nach rechts bewegen ... 309
Einstellungen für die Flugrichtung der Flotte ... 311
Auf Randberührungen prüfen ... 311
Sinken und Flugrichtung ändern ... 312
Invasoren abschießen ... 313
Kollisionen von Geschossen erkennen ... 314
Größere Geschosse zu Testzwecken ... 315
Die Flotte auffüllen ... 316
Die Geschosse beschleunigen ... 317
Refactoring von _update_bullets() ... 317
Spielende ... 318
Kollisionen zwischen Invasoren und dem eigenen Schiff erkennen ... 318
Auf Kollisionen zwischen Invasoren und dem eigenen Schiff reagieren 319
Wenn Invasoren den unteren Bildschirmrand erreichen ... 322
Game over! ... 323
Welche Teile des Spiels müssen ausgeführt werden? ... 324
Zusammenfassung ... 325

14 Das Wertungssystem ... 327

Eine Play-Schaltfläche hinzufügen ... 327
Die Klasse Button ... 328
Die Schaltfläche auf den Bildschirm zeichnen ... 330
Das Spiel starten ... 331
Das Spiel zurücksetzen ... 332
Die Play-Schaltfläche deaktivieren ... 333
Den Mauszeiger ausblenden ... 333
Levels ... 334
Die Geschwindigkeitseinstellungen ändern ... 335
Die Geschwindigkeit zurücksetzen ... 336
Die Punktwertung ... 337
Den Punktestand anzeigen ... 338
Eine Anzeigetafel erstellen ... 339
Den Punktestand bei jedem Abschuss erhöhen ... 341
Den Punktestand zurücksetzen ... 341

Alle Treffer berücksichtigen 342
Den Punktwert erhöhen 343
Den Punktestand runden 344
Highscore 345
Das Level anzeigen 347
Die Anzahl der verfügbaren Schiffe anzeigen 350
Zusammenfassung 353

Projekt 2: Datenvisualisierung 355

15 Daten generieren 357

Matplotlib installieren 358
Einfache Liniendiagramme 359
Beschriftung und Linienstärke ändern 360
Das Diagramm korrigieren 361
Vordefinierte Formatierungen verwenden 363
Einzelne Punkte mit scatter() darstellen und gestalten 364
Eine Folge von Punkten mit scatter() ausgeben 365
Daten automatisch berechnen 366
Eigene Beschriftungen anlegen 368
Eigene Farben festlegen 368
Eine Colormap verwenden 368
Diagramme automatisch speichern 370
Zufallsbewegungen 370
Die Klasse RandomWalk 371
Richtungen wählen 371
Den Zufallspfad als Diagramm ausgeben 373
Mehrere Zufallspfade erstellen 374
Den Pfad gestalten 375
Würfeln mit Plotly 380
Plotly installieren 381
Die Klasse *Die* *381*
Würfeln 382
Die Ergebnisse analysieren 382
Ein Histogramm erstellen 383
Das Diagramm anpassen 385
Ergebnisse bei zwei Würfeln 386

Weitere Anpassungen ... 387
Würfel unterschiedlicher Flächenzahl ... 388
Diagramme speichern ... 389
Zusammenfassung ... 390

16 Daten herunterladen ... 391

Das Dateiformat CSV ... 392
CSV-Spaltenköpfe analysieren ... 392
Die Spaltenköpfe und ihre Position ausgeben ... 394
Daten entnehmen und lesen ... 394
Daten in einem Temperaturdiagramm darstellen ... 395
Das Modul datetime ... 396
Datumsangaben im Diagramm darstellen ... 398
Ein Diagramm für einen längeren Zeitraum ... 399
Eine zweite Datenreihe darstellen ... 400
Einen Diagrammbereich einfärben ... 401
Fehlerprüfung ... 402
Daten selbst herunterladen ... 406
Globale Daten im GeoJSON-Format visualisieren ... 407
Erdbebendaten herunterladen ... 408
JSON-Daten untersuchen ... 408
Eine Liste aller Erdbeben aufstellen ... 411
Die Stärken entnehmen ... 411
Ortsdaten entnehmen ... 412
Eine Weltkarte zeichnen ... 413
Darstellung der Stärke ... 414
Die Farben der Markierungen anpassen ... 415
Weitere Farbpaletten ... 417
Maustext hinzufügen ... 417
Zusammenfassung ... 419

17 APIs ... 421

APIs ... 421
Git und GitHub ... 422
Daten mithilfe eines API-Aufrufs anfordern ... 422
Das Paket requests installieren ... 423
API-Antworten verarbeiten ... 424
Das Antwort-Dictionary verarbeiten ... 425

Ein Überblick über die höchstbewerteten Repositories 428
Grenzwerte für die API-Aufrufrate 429
Angaben zu Repositories mit Plotly visualisieren 430
Das Diagramm gestalten 431
Eigenen Maustext hinzufügen 432
Links zu dem Diagramm hinzufügen 434
Marker-Farben anpassen 435
Mehr über Plotly und die GitHub-API 436
Die API von Hacker News 436
Zusammenfassung 440

Projekt 3: Webanwendungen **443**

18 Erste Schritte mit Django **445**

Ein Projekt einrichten 446
Eine Spezifikation schreiben 446
Eine virtuelle Umgebung erstellen 447
Die virtuelle Umgebung aktivieren 447
Django installieren 448
Ein Projekt in Django erstellen 449
Die Datenbank erstellen 449
Das Projekt anzeigen 450
Eine App anlegen 452
Modelle definieren 453
Modelle aktivieren 454
Die Admin-Site von Django 455
Das Modell für die Einträge definieren 459
Das Modell Entry in die Datenbank aufnehmen 460
Das Modell Entry auf der Admin-Site registrieren 460
Die Django-Shell 461
Seiten erstellen: die Startseite von Learning Log 464
Eine URL zuordnen 465
Eine Ansicht schreiben 467
Eine Vorlage schreiben 467
Weitere Seiten erstellen 469
Vererbung bei Vorlagen 469
Die Seite Topics 472
Einzelne Fachgebietsseiten 475
Zusammenfassung 479

19 Benutzerkonten 481

Dateneingabe durch die Benutzer 482
Neue Fachgebiete hinzufügen 482
Neue Einträge hinzufügen 487
Einträge bearbeiten 491
Benutzerkonten einrichten 495
Die App accounts 495
Die Anmeldeseite 496
Abmelden 500
Die Registrierungsseite 501
Die Benutzer als Besitzer ihrer eigenen Daten 504
Den Zugriff mit @login_required beschränken 504
Daten mit Benutzern verknüpfen 506
Den Zugriff auf die Fachgebiete auf die zuständigen Benutzer einschränken 510
Die Fachgebiete eines Benutzers schützen 511
Die Seite edit_entry schützen 512
Neue Fachgebiete dem aktuellen Benutzer zuordnen 512
Zusammenfassung 513

20 Eine App gestalten und bereitstellen 515

Learning Log gestalten 516
Die App django-bootstrap5 516
Learning Log mit Bootstrap gestalten 517
Änderungen an base.html 518
Die Startseite mit einem Jumbotron gestalten 524
Das Anmeldeformular gestalten 525
Die Seite Topics gestalten 527
Einträge auf den Fachgebietsseiten gestalten 528
Learning Log bereitstellen 530
Ein Platform.sh-Konto anlegen 530
Die Platform.sh-Befehlszeile installieren 530
Platformsshconfig installieren 531
Die Datei requirements.txt erstellen 531
Zusätzliche Voraussetzungen für die Bereitstellung 532
Konfigurationsdateien hinzufügen 532
Die Konfigurationsdatei services-yaml 535

settings-py für Platform.sh anpassen 536
Mit Git den Überblick über die Projektdateien bewahren 537
Die Platform.sh-Bereitstellung verbessern 542
Das Onlineprojekt schützen 544
Änderungen mit Commit bestätigen und übertragen 545
Eigene Fehlerseiten erstellen 546
Weiterentwicklung des Projekts 548
Projekte auf Platform.sh löschen 548
Zusammenfassung 550

Nachwort 551

Anhang 553

A Installation und Fehlerbehebung 553

Python unter Windows 553
Py statt Python 554
Das Installationsprogramm erneut ausführen 554
Python unter macOS 555
Versehentliches Installieren der Apple-Version von Python 555
Python 2 und ältere Versionen von macOS 555
Python unter Linux 555
Die Standardinstallation vornehmen 556
Die letzte Python-Version installieren 556
Die verwendete Python-Version herausfinden 557
Schlüsselwörter und integrierte Funktionen 557
Python-Schlüsselwörter 557
Integrierte Python-Funktionen 558

B Texteditoren und IDEs 559

Effizient mit VS Code arbeiten 561
VS Code konfigurieren 561
Tabulatoren und Leerzeichen verwenden 561
Das Farbschema ändern 562
Den Zeilenlängenmarker festlegen 562
Die Ausgabe vereinfachen 562
Kurzbefehle in VS Code 564

Codeblöcke einrücken und Einrückungen aufheben ... 564
Codeblöcke auskommentieren ... 564
Weitere Texteditoren und IDEs ... 565
IDLE ... 565
Geany ... 566
Sublime Text ... 566
Emacs und Vim ... 566
PyCharm ... 567
Jupyter Notebooks ... 567

C Hilfe finden ... 569

Erste Schritte ... 569
Versuchen Sie es erneut ... 570
Legen Sie eine Pause ein ... 570
Nutzen Sie das Onlinematerial zu diesem Buch ... 571
Online nach Hilfe suchen ... 571
Stack Overflow ... 571
Die offizielle Python-Dokumentation ... 572
Offizielle Dokumentation der Bibliotheken ... 572
r/learnpython ... 573
Blogs ... 573
Discord ... 573
Slack ... 573

D Versionssteuerung mit Git ... 575

Git installieren ... 576
Git konfigurieren ... 576
Ein Projekt anlegen ... 577
Dateien ignorieren ... 577
Ein Repository initialisieren ... 577
Den Projektstatus überprüfen ... 578
Dateien zum Repository hinzufügen ... 578
Einen Commit durchführen ... 579
Das Protokoll einsehen ... 580
Der zweite Commit ... 580
Änderungen zurücknehmen ... 581
Vorherige Commits auschecken ... 583
Das Repository löschen ... 584

E Fehlerbehebung bei der Bereitstellung ... 587

Git installieren ... 587
Grundlgegende Fehlersuche ... 589
Den Hinweisen nachgehen ... 589
Das Protokoll analysieren ... 590
Betriebssystemspezifische Fehlersuche ... 592
Von Windows bereitstellen ... 593
Weitere Entwicklungsansätze ... 596

Stichwortverzeichnis ... 599

Für meinen Vater, der sich immer Zeit genommen hat, meine Fragen über Programmierung zu beantworten, und für Ever, der gerade anfängt, mir seine Fragen zu stellen.

Der Autor

Eric Matthes ist High-School-Lehrer für Naturwissenschaften und Mathematik in Alaska und gibt dort auch Einführungskurse in Python. Programme schreibt er seit dem Alter von fünf Jahren. Zurzeit konzentriert er sich darauf, Software zu entwickeln, die Lernverfahren effizienter machen soll und die Vorteile von Open-Source-Programmen auf den Bildungsbereich überträgt. Seine Freizeit verbringt er mit Klettern und mit seiner Familie.

Der Fachgutachter

Kenneth Love arbeitet schon seit vielen Jahren als Python-Programmierer, Lehrer und Organisator von Konferenzen. Er ist auf vielen Konferenzen als Redner und Lehrer aufgetreten und war selbstständig tätig als Python- und Django-Programmierer. Zurzeit arbeitet er als Softwareingenieur für O'Reilly Media. Außerdem gehört er zu den Urhebern des Pakets `django-braces`, das mehrere praktische Mixins für die klassengestützten Ansichten in Django bietet. Auf Twitter können Sie ihm als *@kennethlove* folgen.

Danksagung

Dieses Buch wäre ohne die wunderbaren und äußerst professionellen Mitarbeiter von No Starch Press nicht möglich gewesen. Bill Pollock hat mich eingeladen, ein Einführungsbuch zu schreiben, und ich bin ihm für dieses einmalige Angebot sehr dankbar. Liz Chadwick hat an allen drei Ausgaben mitgearbeitet, und das Buch ist durch ihre ständige Mitarbeit noch besser geworden. Eva Morrow brachte frischen Wind in diese neue Ausgabe, und auch ihre Erkenntnisse haben das Buch verbessert. Ich schätze Doug McNairs Hinweise zur Verwendung einer korrekten Grammatik, ohne dabei zu formell zu werden. Jennifer Kepler hat die Produktionsarbeiten überwacht, die aus meinen vielen Dateien ein tolles Buch haben werden lassen.

Es gibt viele Menschen bei No Starch Press, die zum Erfolg dieses Buches beigetragen haben, mit denen ich aber nicht direkt zusammenarbeiten konnte. No Starch hat ein fantastisches Marketingteam, das sich nicht nur mit dem Verkauf von Büchern befasst, sondern auch dafür sorgt, dass die Leser die Bücher finden, die für sie geeignet sind und die ihnen helfen, ihre Ziele zu erreichen. No Starch verfügt auch über eine starke Abteilung für Lizenzen. Der Python-Crashkurs hat dank des Engagements dieses Teams Leser auf der ganzen Welt und in vielen Sprachen erreicht. All diesen Menschen, mit denen ich nicht einzeln zusammengearbeitet habe, danke ich dafür, dass sie dem Python Crashkurs geholfen haben, sein Publikum zu finden.

Ich möchte mich bei Kenneth Love bedanken, dem technischen Gutachter für alle drei Ausgaben des Python-Crashkurses. Ich habe Kenneth auf der PyCon kennengelernt, und der Enthusiasmus dort für die Sprache und die Python-Gemeinschaft ist seither eine beständige Quelle der beruflichen Inspiration. Wie immer ging Kenneth über die reine Überprüfung von Fakten hinaus und begutachtete das Buch mit dem Ziel, Programmieranfängern zu helfen, ein solides Verständnis der Sprache Python und der Programmierung im Allgemeinen zu entwickeln. Außerdem hat er ein Auge auf Bereiche geworfen, die in früheren Ausgaben gut waren, die aber verbessert werden könnten, wenn man die Gelegenheit hätte, das Buch noch einmal komplett zu überarbeiten. Das heißt, dass alle Ungenauigkeiten, die verbleiben, vollständig meine eigenen sind.

Ich möchte auch allen Lesern danken, die ihre Erfahrungen mit dem Python-Crashkurs geteilt haben. Wenn man die Grundlagen des Programmierens lernt, kann das die Sicht auf die Welt verändern, und manchmal hat das einen tiefgreifenden Einfluss auf die Menschen. Es ist zutiefst bewegend, diese Geschichten zu hören, und ich danke allen, die ihre Erfahrungen so offen geteilt haben. Ich möchte meinem Vater dafür danken, dass er mich schon in jungen Jahren an das Programmieren herangeführt hat und keine Angst hatte, dass ich seine Geräte kaputt machen könnte. Ich möchte meiner Frau Erin dafür danken, dass sie mich beim Schreiben dieses Buches unterstützt und ermutigt hat, und für all die Arbeit, die nötig ist, um es über mehrere Auflagen hinweg zu pflegen. Ich möchte auch meinem Sohn Ever danken, dessen Neugierde mich immer wieder inspiriert.

Vorwort zur dritten Auflage

Die Reaktion auf die zweite Auflage von *Python Crashkurs* war überwältigend positiv. Es wurden einschließlich der Übersetzungen in über 10 Sprachen mehr als eine Million Exemplare gedruckt. Ich erhielt Briefe und E-Mails von Lesern, sowohl von Zehnjährigen als auch von Rentnern, die in ihrer Freizeit programmieren lernen möchten. *Python Crashkurs* wird im Sekundarstufenunterricht, aber auch in Hochschulkursen eingesetzt. Studenten, an die anspruchsvollere Lehrbücher ausgeteilt wurden, haben *Python Crashkurs* als ergänzenden Text für ihren Kurs benutzt und waren sehr zufrieden damit. Das Buch wird verwendet, um die Programmierfähigkeit für den Beruf zu verbessern, umzusteigen und um an Privatprojekten zu arbeiten. Kurzum, es wird so vielfältig genutzt, wie ich es mir gewünscht habe.

Es war überaus erfreulich, eine dritte Auflage von *Python Crashkurs* zu schreiben. Auch wenn Python eine ausgereifte Sprache ist, entwickelt sie sich wie jede andere Sprache weiter. Mein Hauptziel bei der Überarbeitung des Buches war es, einen gut zusammengestellten Python-Einführungskurs zu bieten. Durch die Lektüre dieses Buches lernen Sie alles, was Sie brauchen, um mit der Arbeit an Ihren eigenen Projekten zu beginnen, und Sie werden eine solide Grundlage für all Ihre zukünftigen Fortschritte schaffen. Ich habe einige Abschnitte auf den neuesten

Stand gebracht, um neue, einfachere Möglichkeiten darzustellen, die es jetzt zur Erledigung von Aufgaben in Python gibt. Außerdem habe ich einige Abschnitte deutlicher formuliert, in denen Aspekte der Sprache nicht klar genug dargestellt wurden. Alle Projekte wurden unter Zuhilfenahme weitverbreiteter, gut gepflegter Bibliotheken komplett überarbeitet, die Sie auch vertrauensvoll für Ihre eigenen Projekte einsetzen können.

Der folgende Überblick führt besondere Änderungen auf, die ich in dieser dritten Auflage vorgenommen habe:

- Kapitel 1 enthält jetzt den Texteditor VS Code, der bei Anfängern und professionellen Programmierern beliebt ist und auf allen Betriebssystemen problemlos funktioniert.
- Kapitel 2 enthält die neuen Methoden `removeprefix()` und `removesuffix()`, die bei der Arbeit mit Dateien und URLs hilfreich sind. In diesem Kapitel finden Sie auch die neuen, verbesserten Fehlermeldungen von Python, die Ihnen bei der Fehlersuche in Ihrem Code helfen, wenn etwas schiefläuft.
- Kapitel 10 verwendet das Modul `pathlib` für die Arbeit mit Dateien. Dies ist ein viel einfacherer Ansatz zum Lesen aus und Schreiben in Dateien.
- Kapitel 11 verwendet `pytest`, um automatisierte Tests für den von Ihnen geschriebenen Code zu schreiben. Die `pytest`-Bibliothek hat sich zum Standardwerkzeug für das Schreiben von Tests in Python entwickelt. Sie ist so benutzerfreundlich, dass Sie sie für Ihre ersten Tests verwenden können; und wenn Sie eine Karriere als Python-Programmierer anstreben, werden Sie sie auch im professionellen Umfeld einsetzen.
- Das Projekt *Alien Invasion* in den Kapiteln 12–14 enthält eine Einstellung zur Steuerung der Bildwiederholrate, die dafür sorgt, dass das Spiel auf verschiedenen Betriebssystemen gleichmäßig läuft. Für den Aufbau der Alien-Flotte wird ein einfacherer Ansatz verwendet, und auch die Gesamtorganisation des Projekts wurde aufgeräumt.
- Die Datenvisualisierungsprojekte in den Kapiteln 15–17 verwenden die neuesten Funktionen von Matplotlib und Plotly. Die Matplotlib-Visualisierungen verfügen über aktualisierte Style-Einstellungen. Das Random-Walk-Projekt weist eine kleine Verbesserung auf, die die Genauigkeit der Diagramme erhöht, was bedeutet, dass Sie bei jedem neuen Durchlauf eine größere Vielfalt an Mustern sehen. Alle Projekte mit Plotly verwenden jetzt das Modul Plotly Express, mit dem Sie Ihre ersten Visualisierungen mit nur wenigen Zeilen Code erstellen können. Sie können ganz einfach eine Vielzahl von Visualisierungen ausprobieren, bevor Sie sich auf eine Art von Plot festlegen, und sich dann auf die Verfeinerung einzelner Elemente dieses Plots konzentrieren.

- Das Projekt Learning Log in den Kapiteln 18–20 wurde mit der neuesten Version von Django erstellt und mit der neuesten Version von Bootstrap gestylt. Einige Teile des Projekts wurden umbenannt, um die Gesamtorganisation des Projekts leichter nachvollziehen zu können. Das Projekt wird jetzt auf Platform.sh bereitgestellt, einem modernen Hosting-Service für Django-Projekte. Der Bereitstellungsprozess wird durch YAML-Konfigurationsdateien gesteuert, die Ihnen eine große Gestaltungsfreiheit geben, wie Ihr Projekt bereitgestellt wird. Dieser Ansatz steht im Einklang mit der Art und Weise, wie professionelle Programmierer moderne Django-Projekte bereitstellen.
- Anhang A wurde vollständig aktualisiert, um aktuelle Methoden für die Installation von Python auf allen wichtigen Betriebssystemen zu empfehlen. Anhang B enthält eine detaillierte Anleitung zum Einrichten von VS Code und kurze Beschreibungen der wichtigsten Texteditoren und IDEs, die derzeit verwendet werden. Anhang C verweist die Leser auf einige der beliebtesten Onlineressourcen, um Hilfe zu erhalten. Anhang D bietet weiterhin einen Mini-Crashkurs in der Verwendung von Git für die Versionskontrolle. Anhang E ist ganz neu in der dritten Auflage. Selbst mit einer guten Anleitung für die Bereitstellung der von Ihnen erstellten Anwendungen können viele Dinge schiefgehen. Dieser Anhang bietet eine detaillierte Anleitung zur Fehlerbehebung, die Sie verwenden können, wenn der Bereitstellungsprozess nicht auf Anhieb funktioniert. Der Index wurde gründlich überarbeitet und ermöglicht es Ihnen, dieses Buch auch als Nachschlagewerk für Ihre zukünftigen Python-Projekte zu verwenden.

Vielen Dank dafür, dass Sie *Python Crashkurs* lesen! Wenn Sie irgendwelche Rückmeldungen oder Fragen an mich haben, können Sie sich gern an mich wenden, auf Twitter bin ich *@ehmatthes*.

Einleitung

Jeder Programmierer kann Ihnen erzählen, wie er gelernt hat zu programmieren und sein erstes Programm geschrieben hat. Ich habe als Kind damit angefangen, als mein Vater für die Digital Equipment Corporation arbeitete, einem der bahnbrechenden Unternehmen des modernen Computerzeitalters. Mein erstes Programm schrieb ich auf einem Computer aus einem Bausatz, den mein Vater im Keller zusammengebastelt hatte. Er bestand lediglich aus einem nackten Motherboard mit einer Tastatur und einer Bildröhre als Monitor. Mein erstes Programm war ein einfaches Zahlenratespiel, das wie folgt ablief:

```
Ich habe mir eine Zahl ausgedacht! Versuche sie zu erraten: 25
Zu niedrig! Versuche es noch einmal: 50
Zu hoch! Versuche es noch einmal: 42
Richtig! Möchtest du noch einmal spielen? (ja/nein) nein
Danke fürs Spielen!
```

Ich werde nie vergessen, wie stolz ich war, dass meine Familie ein Spiel spielte, das ich selbst geschrieben hatte und das tatsächlich so funktionierte wie beabsichtigt.

Diese erste Erfahrung hatte eine bleibende Wirkung auf mich. Es ist sehr befriedigend, etwas zu erschaffen, das einen Zweck erfüllt oder ein Problem löst. Heute schreibe ich Software, die wichtigere Bedürfnisse erfüllt als mein Programm aus Kindertagen, aber die Befriedigung, die ich daraus gewinne, ist immer noch die gleiche.

Zielgruppe

Dieses Buch soll Sie so schnell wie möglich mit Python vertraut machen, sodass Sie eigene Programme schreiben können – beispielsweise Spiele, Datenvisualisierungen und Webanwendungen –, es soll Ihnen aber außerdem auch Grundkenntnisse in Programmierung vermitteln, die Ihnen bei der Verwendung anderer Sprachen von Nutzen sind. Es richtet sich an Leser aller Altersgruppen, die noch nie in Python oder überhaupt noch nie programmiert haben. Wenn Sie die Grundlagen der Programmierung schnell erlernen wollen, sodass Sie sich interessanten Projekten zuwenden können, und wenn Sie Ihre neu erworbenen Kenntnisse an praxisnahen Problemen erproben wollen, so ist dies das richtige Buch für Sie. Es ist auch ideal für Lehrer der Sekundarstufe geeignet, die ihren Schülern eine projektbezogene Einführung in die Programmierung geben wollen. Wenn Sie einen Hochschulkurs besuchen und sich eine benutzerfreundlichere Einführung in Python wünschen als mit den dort behandelten Texten, kann Ihnen dieses Buch auch helfen, in diesem Kurs besser zurechtzukommen. Wenn Sie sich beruflich verändern wollen, kann Ihnen der Python-Crashkurs helfen, den Wechsel zu einer erfüllenderen beruflichen Laufbahn zu vollziehen. Er hat sich für eine Vielzahl von Lesern mit den unterschiedlichsten Zielen bewährt.

Lernstoff

Dieses Buch soll Sie zu einem guten Programmierer im Allgemeinen und zu einem guten Python-Programmierer im Besonderen machen. Während ich Ihnen eine solide Grundlage in allgemeinen Programmierprinzipien gebe, eignen Sie sich auch gute Programmiergewohnheiten an. Nachdem Sie dieses Buch durchgearbeitet haben, sind Sie bereit, sich fortgeschrittenen Python-Techniken zuzuwenden, und können auch andere Programmiersprachen leichter erlernen.

Im ersten Teil dieses Buches lernen Sie grundlegende Programmierprinzipien kennen und erfahren, wie Sie Python-Programme schreiben. Diese Prinzipien sind die gleichen, die Sie auch bei fast allen anderen Programmiersprachen befolgen müssen. Sie lernen, welche verschiedenen Arten von Daten es gibt, wie Sie sie in Listen und Dictionaries speichern und wie Sie solche Zusammenstellungen von Daten rationell abarbeiten. Außerdem erfahren Sie, wie Sie mit `while`-Schleifen und `if`-Anweisungen dafür sorgen, dass je nachdem, welche Umstände vorliegen, unterschiedliche Codeblöcke ausgeführt werden, was eine wichtige Grundlage für die Automatisierung von Vorgängen ist.

Sie lernen, wie Sie Eingaben von Benutzern entgegennehmen, um Ihre Programme interaktiv zu machen; wie Sie die Programme so lange am Laufen halten, wie der Benutzer es wünscht; wie Sie Funktionen erstellen, um Teile Ihrer Programme wiederverwenden zu können, sodass Sie einen Codeblock für eine bestimmte Funktion nur einmal schreiben müssen und dann so oft ausführen können, wie Sie wollen; wie Sie dieses Prinzip mithilfe von Klassen auf komplexere Verhaltensweisen ausdehnen, sodass relativ einfache Programme auf viele verschiedene Situationen reagieren können; und wie Sie dafür sorgen, dass Ihre Programme mit auftretenden Fehlern umgehen können. Nachdem Sie all diese Grundlagen gründlich durchgearbeitet haben, schreiben Sie in der Komplexität gesteigerte Programme, die auf dem Gelernten aufbauen. Schließlich unternehmen Sie auch einen ersten Schritt auf dem Weg zum fortgeschrittenen Anfänger, indem Sie Tests für Ihren Code schreiben, sodass Sie Ihre Programme weiterentwickeln können, ohne befürchten zu müssen, dabei Fehler einzuführen. Alles, was Sie in Teil I lernen, bereitet Sie darauf vor, umfangreiche, anspruchsvolle Projekte durchzuführen.

In Teil II wenden Sie das, was Sie in Teil I gelernt haben, in drei großen Projekten an. Sie können diese Projekte in der Reihenfolge angehen, die Ihnen am besten liegt. Im ersten Projekt (Kapitel 12 bis 14) erstellen Sie ein stark an Space Invaders angelehntes Ballerspiel namens *Alien Invasion* mit Levels von immer höherem Schwierigkeitsgrad. Wenn Sie dieses Projekt durchgearbeitet haben, sind Sie gut gerüstet, um eigene 2D-Spiele zu entwickeln. Auch wenn Sie nicht vorhaben, Spieleprogrammierer zu werden, ist die Arbeit an diesem Projekt eine unterhaltsame Möglichkeit, vieles von dem, was Sie in Teil I gelernt haben, zu vertiefen.

Im zweiten Projekt (Kapitel 15 bis 17) geht es um Datenvisualisierung. Datenforscher versuchen mittels verschiedenster Visualisierungsverfahren, die Unmengen an Informationen, die ihnen zur Verfügung stehen, zu deuten. In diesen Kapiteln arbeiten Sie mit Datenmengen, die Sie durch Code erzeugen, aus Onlinequellen herunterladen oder automatisch von Ihren Programmen herunterladen lassen. Nachdem Sie dieses Projekt durchgearbeitet haben, können Sie eigene Programme schreiben, die große Datenmengen durchforsten und grafische Darstellungen der unterschiedlichsten darin gespeicherten Informationen erstellen.

Im dritten Projekt (Kapitel 18 bis 20) richten Sie eine kleine Webanwendung namens Learning Log ein, mit der es möglich ist, ein organisiertes Tagebuch mit Informationen über Erlerntes zu einem bestimmten Thema zu führen. Sie erfahren hier, wie Sie getrennte Tagebücher für unterschiedliche Fachgebiete führen und wie Sie anderen Benutzern gestatten, ein Konto anzulegen und ihre eigenen Tagebücher zu schreiben. Außerdem lernen Sie, das Projekt öffentlich bereitzustellen, sodass es überall online zugänglich ist.

Onlinematerial

No Starch Press bietet weitere Informationen zu diesem Buch online unter *https://nostarch.com/python-crash-course-3rd-edition* an. Ich unterhalte auch eine umfangreiche Sammlung von ergänzenden Ressourcen unter *https://ehmatthes.github.io/pcc_3e*. Zu diesen Ressourcen gehören die folgenden:

Anleitungen zur Einrichtung Diese Onlineanleitungen sind identisch mit denjenigen in diesem Buch, enthalten aber Links zu allen einzelnen Teilen. Schauen Sie hier nach, wenn Sie Probleme bei der Einrichtung haben.

Aktualisierungen Python wird ebenso wie andere Sprachen ständig weiterentwickelt. Ich pflege einen umfangreichen Satz von Aktualisierungen. Sollte also irgendwelcher Code nicht funktionieren, so schauen Sie hier nach, ob sich Anweisungen geändert haben.

Lösungen zu den Übungen Wenn Sie sich an den Übungen in den Abschnitten mit dem Titel »Probieren Sie es selbst aus!« versuchen, sollten Sie sich zunächst ausreichend Zeit nehmen, um sie selbstständig zu bearbeiten. Sollten Sie aber wirklich nicht mehr weiterwissen, können Sie zu den meisten dieser Übungen Lösungen online nachschlagen.

Spickzettel Auch ein ganzer Satz von Spickzetteln zum Herunterladen steht online zur Verfügung. Sie sind zum schnellen Nachschlagen aller wichtigen Prinzipien geeignet.

Warum Python?

Jedes Jahr überlege ich, ob ich weiterhin Python verwenden oder auf eine andere Programmiersprache umsteigen soll, vielleicht eine neuere, bleibe aber jedes Mal bei Python, und das aus vielen Gründen. Python ist eine unglaublich effiziente Sprache: Python-Programme können in weniger Zeilen mehr erledigen, als das bei anderen Programmiersprachen der Fall ist. Die Syntax von Python hilft Ihnen auch, »sauberen« Code zu schreiben, der sich leicht lesen, leicht korrigieren und leicht erweitern lässt.

Python wird für viele Zwecke eingesetzt: für Spiele, für Webanwendungen, zum Lösen von Problemen in der Geschäftswelt und zur Entwicklung interner Werkzeuge für alle möglichen Arten von Unternehmen. Auch in Wissenschaft und Forschung ist Python stark vertreten.

Einer der wichtigsten Gründe dafür, dass ich bei Python bleibe, ist die Python-Community, der sehr unterschiedliche und sehr offene Menschen angehören. Die Community ist für das Programmieren außerordentlich wichtig, da Programmierung keine Aufgabe für Einzelkämpfer ist. Selbst die erfahrensten Programmierer brauchen hin und wieder Rat von anderen, die bereits ähnliche Probleme gelöst haben. Eine gut vernetzte und hilfsbereite Community ist zur Problemlösung unverzichtbar, und die Python-Community hilft sowohl Menschen wie Ihnen, die Python als erste Programmiersprache lernen, gern weiter, als auch jenen, die bereits Kenntnisse einer anderen Programmiersprache haben und auf Python umsteigen.

Python ist eine großartige Sprache. Beginnen wir also damit, sie zu erlernen!

Teil 1

Grundlagen

In Teil I dieses Buches lernen Sie die Grundlagen kennen, die Sie zum Schreiben von Python-Programmen benötigen. Viele dieser Prinzipien sind in allen Programmiersprachen gleich, sodass diese Kenntnisse Ihnen auch in Ihrem weiteren Leben als Programmierer helfen.

In **Kapitel 1** installieren Sie Python auf Ihrem Computer und führen Ihr erstes Programm aus, das die Meldung *Hello World!* auf dem Bildschirm ausgibt.

In **Kapitel 2** lernen Sie, wie Sie Informationen Variablen zuweisen, und arbeiten sowohl mit Text- als auch mit numerischen Werten.

Die **Kapitel 3 und 4** geben eine Einführung in Listen. Damit können Sie in einer Variablen so viele Informationen speichern, wie Sie wollen, was einen wirtschaftlicheren Umgang mit den Daten ermöglicht. Mit nur wenigen Codezeilen können Sie Hunderte, Tausende und sogar Millionen Werte verarbeiten.

In **Kapitel 5** verwenden Sie `if`-Anweisungen, damit Ihr Code, je nachdem, ob bestimmte Bedingungen erfüllt sind oder nicht, auf unterschiedliche Weise reagiert.

Kapitel 6 zeigt Ihnen, wie Sie Dictionaries nutzen, in denen Sie Informationen miteinander verknüpfen können. Ebenso wie Listen können Dictionaries so viele Informationen enthalten, wie Sie speichern möchten.

In **Kapitel 7** erfahren Sie, wie Sie Eingaben von Benutzern entgegennehmen, um Ihre Programme interaktiv zu gestalten. Außerdem lernen Sie `while`-Schleifen kennen, mit denen Sie Codeblöcke wiederholt ausführen können, solange bestimmte Bedingungen wahr sind.

In **Kapitel 8** schreiben Sie Funktionen. Dabei handelt es sich um benannte Codeblöcke, die fest umrissene Aufgaben erledigen und überall dort ausgeführt werden können, wo Sie sie brauchen.

Kapitel 9 gibt eine Einführung in Klassen, mit denen Sie Objekte aus der Realität wie Hunde, Katzen, Menschen, Autos, Raketen usw. modellieren können. Dadurch kann Ihr Code jeden realen oder abstrakten Gegenstand darstellen.

Kapitel 10 zeigt Ihnen, wie Sie mit Dateien arbeiten und Fehler abfangen, damit Ihr Programm nicht abstürzt. Sie können Daten speichern, bevor Ihr Programm beendet wird, und diese bei einer erneuten Ausführung des Programms wieder einlesen. Außerdem lernen Sie die Einrichtung von Ausnahmen kennen, mit denen Sie Fehler vorhersehen können und die dafür sorgen, dass das Programm die Fehler elegant handhabt.

In **Kapitel 11** lernen Sie, wie Sie Tests für Ihren Code schreiben, um zu prüfen, ob Ihre Programme wie beabsichtigt funktionieren. Dadurch können Sie Ihre Programme erweitern, ohne Angst haben zu müssen, neue Fehler einzuführen. Ihren Code testen zu können ist eine der grundlegenden Fähigkeiten, um vom Programmieranfänger zum Fortgeschrittenen aufzusteigen.

1 Erste Schritte

In diesem Kapitel schreiben Sie Ihr erstes Python-Programm, *hello_world.py*. Zunächst müssen Sie sich jedoch vergewissern, ob Python auf Ihrem Computer bereits vorhanden ist. Falls das nicht der Fall sein sollte, müssen Sie es installieren. Außerdem müssen Sie einen Texteditor installieren, in dem Sie Ihre Python-Programme schreiben und bearbeiten. Die Texteditoren, um die es hier geht, können Python-Code erkennen und verschiedene Abschnitte kennzeichnen, was es leichter macht, einen Überblick über die Struktur des Codes zu behalten.

Die Programmierumgebung einrichten

Je nach Betriebssystem kann Python leicht abweichende Eigenschaften aufweisen, über die Sie sich im Klaren sein müssen. In den folgenden Abschnitten sehen wir uns an, was Sie tun müssen, um Python auf Ihrem System korrekt zu installieren.

Python-Versionen

Programmiersprachen entwickeln sich weiter, wenn neue Konzepte und neue Technologien aufkommen. Die Entwickler von Python haben die Sprache im Laufe der Zeit vielseitiger und leistungsfähiger gemacht. Während ich diese Zeilen schreibe, ist Python 3.11 die neueste Version, allerdings funktioniert der gesamte in diesem Buch vorgestellte Code auch mit Python 3.9 und höher. In diesem Abschnitt erfahren Sie, wie Sie herausfinden, ob Python bereits auf Ihrem System installiert ist bzw. ob Sie eine neuere Version brauchen. In Anhang A erhalten Sie außerdem zusätzliche Informationen zur Installation der neuesten Version von Python auf allen wichtigen Betriebssystemen.

Python-Codeausschnitte ausführen

Mit dem Python-Interpreter, der in einem Terminalfenster läuft, können Sie einzelne Teile von Python-Code ausführen, ohne ein komplettes Programm speichern und starten zu müssen.

In diesem Buch werden Sie immer wieder Codeausschnitte wie den folgenden sehen:

```
❶ >>> print("Hello Python interpreter!")
  Hello Python interpreter!
```

Die Eingabeaufforderung mit den drei spitzen Klammern (>>>) besagt, dass Sie das Terminalfenster verwenden sollten, und der fettgedruckte Text ist der Code, den Sie eingeben. Um ihn auszuführen, drücken Sie die Eingabetaste. Die meisten Beispiele in diesem Buch sind jedoch kleine, eigenständige Programme, die Sie nicht im Terminal, sondern im Texteditor laufen lassen, weil Sie dort den Großteil des Codes schreiben werden. Um Grundprinzipien vorzuführen, zeige ich Ihnen manchmal jedoch auch Codeausschnitte, die in einer Python-Terminalsitzung ausgeführt werden, weil sich die verschiedenen grundlegenden Fälle dadurch besser demonstrieren lassen. Wenn Sie in einem Codelisting drei spitze Klammern sehen (❶), wissen Sie, dass Sie es mit der Ausgabe einer Terminalsitzung zu tun haben. Mit dem Codieren im Interpreter werden wir in Kürze beginnen.

Wir werden allerdings auch einen Texteditor einsetzen, um ein einfaches Programm namens *Hello World!* zu erstellen, das zum Erlernen der Programmierung einfach dazugehört. Unter Programmierern herrscht seit langer Zeit die Meinung vor, dass es Glück bringt, wenn man mit dem ersten Programm in einer neuen Sprache die Meldung »Hello World!« auf dem Bildschirm ausgibt. Solch ein einfaches Programm hat tatsächlich einen Zweck. Wenn es auf Ihrem System korrekt ausgeführt wird, wissen Sie, dass im Prinzip auch jedes andere Python-Programm laufen kann.

Der Editor VS Code

VS Code ist ein leistungsstarker, professioneller Texteditor, der gratis und anfängerfreundlich ist. VS Code eignet sich sowohl für einfache als auch für komplexe Projekte. Wenn Sie sich also beim Erlernen von Python mit dem Editor vertraut machen, können Sie ihn auch bei größeren und komplizierteren Projekten weiter verwenden. VS Code kann auf allen modernen Betriebssystemen installiert werden und unterstützt die meisten Programmiersprachen, einschließlich Python.

Anhang B enthält Informationen über weitere Texteditoren. Wenn Sie neugierig sind, was es noch alles an Möglichkeiten gibt, können Sie jetzt einen Blick in den Anhang werfen. Wollen Sie dagegen schnell mit dem Programmieren beginnen, fangen Sie einfach mit VS Code an und schauen sich erst dann nach anderen Editoren um, wenn Sie etwas Erfahrung gewonnen haben. In diesem Kapitel zeige ich Ihnen, wie Sie VS Code auf Ihrem Betriebssystem installieren.

Hinweis

Wenn Sie bereits einen Texteditor installiert haben und wissen, wie Sie ihn für die Ausführung von Python-Programmen konfigurieren, können Sie stattdessen natürlich auch diesen verwenden.

Python auf verschiedenen Betriebssystemen

Python ist eine plattformübergreifende Programmiersprache, läuft also auf allen wichtigen Betriebssystemen. Jedes Python-Programm, das Sie schreiben, kann auf jedem modernen Computer ausgeführt werden, auf dem Python installiert ist. Wie Sie Python selbst einrichten, hängt jedoch jeweils vom Betriebssystem ab.

In diesem Abschnitt erfahren Sie, wie Sie auf Ihrem System Python einrichten. Als Erstes prüfen Sie, ob eine neuere Version von Python auf Ihrem Computer installiert ist, und holen die Installation nach, wenn das noch nicht der Fall ist. Anschließend installieren Sie VS Code. Nur zwei Schritte dieses Vorgangs sind bei jedem Betriebssystem unterschiedlich.

In den darauffolgenden Abschnitten führen Sie *hello_world.py* aus. Falls ein Fehler aufgetreten ist, machen Sie sich außerdem auf die Suche nach der Ursache. Diese Vorgehensweise zur Einrichtung einer anfängerfreundlichen Python-Programmierumgebung führe ich Ihnen für jedes der wichtigen Betriebssysteme vor.

Python unter Windows

Python ist auf Windows-Computern normalerweise nicht im Lieferumfang enthalten, weshalb Sie es wahrscheinlich erst installieren müssen. Danach benötigen Sie noch VS Code.

Python installieren

Prüfen Sie als Erstes, ob Python auf Ihrem System installiert ist. Dazu öffnen Sie eine Eingabeaufforderung, indem Sie im Startmenü **cmd** eingeben oder indem Sie bei gedrückter `Umschalt`-Taste auf den Desktop rechtsklicken und *Eingabeaufforderung* auswählen. Geben Sie an der Eingabeaufforderung **python** in Kleinbuchstaben ein. Wenn daraufhin eine Python-Eingabeaufforderung (>>>) erscheint, ist Python auf Ihrem System installiert. Sollten Sie dagegen die Fehlermeldung erhalten, dass der Befehl `python` nicht gefunden werden konnte oder wenn sich der Microsoft Store öffnet, ist Python noch nicht installiert. Schließen Sie den Microsoft Store, wenn er sich öffnet; es ist besser, ein offizielles Installationsprogramm herunterzuladen, als die Version von Microsoft zu verwenden.

In diesem Fall – oder falls Sie eine ältere Version als Python 3.9 haben – müssen Sie den Python-Installer für Windows herunterladen. Besuchen Sie *https://python.org/*. Wenn Sie den Mauszeiger über den Menüpunkt *Downloads* halten, wird eine Schaltfläche zum Herunterladen der neuesten Version eingeblendet. Wenn Sie darauf klicken, wird automatisch der passende Installer für Ihr System heruntergeladen. Nachdem der Download abgeschlossen ist, führen Sie den Installer aus. Aktivieren Sie die Option *Add Python to PATH*, um sich die Konfiguration des Systems zu erleichtern (siehe Abb. 1–1).

Abb. 1–1 *Aktivieren Sie das Kontrollkästchen Add Python to PATH.*

Python in einer Terminalsitzung ausführen

Öffnen Sie eine neue Eingabeaufforderung und geben Sie **`python`** in Kleinbuchstaben ein. Wenn Sie die Python-Eingabeaufforderung (>>>) sehen, hat Windows die zuvor installierte Python-Version gefunden:

```
C:\> python
Python 3.x.x (mein, Jun . . ., 13:29:14) [MSC v.1932 64 bit
(AMD64)] on win32
Type "help", "copyright", "credits" or "license" for more information.
>>>
```

> **Hinweis**
>
> Wenn Sie diese (oder eine ähnliche) Ausgabe nicht sehen sollten, schlagen Sie die ausführlichere Anleitung zur Einrichtung in Anhang A nach.

Geben Sie in Ihrer Python-Sitzung folgende Zeile ein und vergewissern Sie sich, dass tatsächlich `Hello Python interpreter!` ausgegeben wird:

```
>>> print("Hello Python interpreter!")
Hello Python interpreter!
>>>
```

Sie sollten jetzt die Ausgabe `Hello Python interpreter!` sehen. Wenn Sie einen Python-Codeausschnitt ausführen wollen, öffnen Sie eine Eingabeaufforderung und starten eine Python-Terminalsitzung. Um diese Sitzung wieder zu beenden, drücken Sie [Strg] + [Z] und dann die Eingabetaste oder geben den Befehl **`exit()`** ein.

VS Code installieren

Sie können ein Installationspaket für VS Code unter *https://code.visualstudio.com* herunterladen. Klicken Sie auf die Schaltfläche *Download für Windows* und führen Sie das Installationsprogramm aus. Überspringen Sie die folgenden Abschnitte über macOS und Linux und folgen Sie den Schritten unter »*Das Hello-World-Programm ausführen*« auf Seite 11.

Python unter macOS

Python ist auf den aktuellen Versionen von macOS nicht standardmäßig installiert, Sie müssen es also nachinstallieren, wenn Sie es nicht schon getan haben. In diesem Abschnitt installieren Sie die neueste Version von Python, dann VS Code und prüfen, ob es richtig konfiguriert ist.

Hinweis

Python 2 war in älteren Versionen von macOS vorhanden, aber es ist eine veraltete Version, die Sie nicht verwenden sollten.

Ist Python 3 installiert?

Öffnen Sie über *Gehe zu > Dienstprogramme > Terminal* ein Terminalfenster. Alternativ können Sie auch `Befehl` + `Leertaste` drücken, **`terminal`** eingeben und dann die Eingabetaste drücken. Geben Sie `python3` ein, um festzustellen, ob Sie eine hinreichend aktuelle Version von Python installiert haben. Höchstwahrscheinlich werden Sie eine Meldung zur Installation der Entwicklerwerkzeuge für die Kommandozeile erhalten. Es ist besser, diese Werkzeuge nach der Installation von Python zu installieren. Wenn diese Meldung erscheint, schließen Sie das Pop-up-Fenster. Wenn die Ausgabe zeigt, dass Sie Python 3.9 oder eine neuere Version installiert haben, können Sie den nächsten Abschnitt überspringen und mit *Python in einer Terminalsitzung ausführen* fortfahren. Wenn Sie eine frühere Version als Python 3.9 sehen, folgen Sie den Anweisungen im nächsten Abschnitt, um die neueste Version zu installieren. Beachten Sie, dass Sie unter macOS, wann immer Sie in diesem Buch den Befehl `python` sehen, stattdessen den Befehl `python3` verwenden müssen, um sicherzustellen, dass Sie Python 3 benutzen. Auf den meisten macOS-Systemen verweist der `python`-Befehl entweder auf eine veraltete Version von Python, die nur von internen Systemwerkzeugen verwendet werden sollte, oder er verweist auf gar nichts und erzeugt eine Fehlermeldung.

Die neueste Version von Python installieren

Einen Python-Installer für Ihr System finden Sie auf *https://python.org/*. Wenn Sie den Mauszeiger über den Menüpunkt *Downloads* halten, wird eine Schaltfläche zum Herunterladen der neuesten Version von Python eingeblendet. Wenn Sie darauf klicken, wird automatisch der passende Installer für Ihr System heruntergeladen. Nachdem der Download abgeschlossen ist, führen Sie den Installer aus.

Wenn das Installationsprogramm ausgeführt wurde, sollte ein Finder-Fenster erscheinen. Doppelklicken Sie auf die Datei *Install Certificates.command*. Wenn Sie diese Datei ausführen, können Sie leichter zusätzliche Bibliotheken installieren, die Sie für spätere Projekte benötigen, einschließlich der Projekte in der zweiten Hälfte dieses Buchs.

Python in einer Terminalsitzung ausführen

Sie können jetzt versuchen, Python-Codeausschnitte auszuführen, indem Sie ein neues Terminalfenster öffnen und **python3** eingeben.

```
$ python3Python 3.x.x (v3.11.0:eb0004c271, Jun . . . , 10:03:01)
[Clang 13.0.0 (clang-1300.0.29.30)] on darwin
Type "help", "copyright", "credits" or "license" for more information.
>>>
```

Dieser Befehl startet eine Python-Terminalsitzung. Sie sollten eine Python-Eingabeaufforderung (>>>) sehen, was bedeutet, dass macOS die Python-Version gefunden hat, die Sie gerade installiert haben.

Probieren Sie das mit folgender Zeile aus:

```
>>> print("Hello Python interpreter!")
Hello Python interpreter!
>>>
```

Die Meldung `Hello Python interpreter!` wird unmittelbar im aktuellen Terminalfenster ausgegeben. Um den Python-Interpreter wieder zu schließen, drücken Sie `Ctrl` + `D` oder geben den Befehl **exit()** ein.

Hinweis

Auf neueren macOS-Systemen sehen Sie ein Prozentzeichen (%) als Terminal-Eingabeaufforderung anstelle eines Dollarzeichens ($).

VS Code installieren

Um den VS-Code-Editor zu installieren, müssen Sie das Installationsprogramm unter *https://code.visualstudio.com* herunterladen. Klicken Sie auf die Schaltfläche *Download*, öffnen Sie dann ein Finder-Fenster und gehen Sie zum Ordner *Downloads*. Ziehen Sie das Installationsprogramm für Visual Studio Code in Ihren Anwendungsordner und doppelklicken Sie dann darauf, um es auszuführen. Überspringen Sie den folgenden Abschnitt über Python unter Linux und folgen Sie den Schritten unter »*Das Hello-World-Programm ausführen*« auf Seite 11.

Python unter Linux

Linux-Systeme sind für die Programmierung ausgelegt, weshalb Python auf den meisten Linux-Computern schon installiert ist. Die Personen, die Linux schreiben und pflegen, gehen davon aus, dass Sie irgendwann selbst etwas programmieren, und ermutigen Sie dazu. Daher müssen Sie nicht mehr viel installieren und nur einige wenige Einstellungen ändern, um mit dem Programmieren beginnen zu können.

Die Python-Version herausfinden

Führen Sie die Anwendung *Terminal* aus, um ein Terminalfenster zu öffnen (in Ubuntu können Sie dazu [Strg] + [Alt] + [T] klicken). Um herauszufinden, ob Python installiert ist, geben Sie **python3** (mit kleinem p) ein. Die Ausgabe zeigt Ihnen auch gleich, welche Version von Python installiert ist. Außerdem erhalten Sie die Eingabeaufforderung >>>, an der Sie direkt damit beginnen können, Python-Befehle einzugeben, so wie hier:

```
$ python3
$ python3Python 3.10.4 (main, Apr . . . , 09:04:19) [GCC 11.2.0] on linux
Type "help", "copyright", "credits" or "license" for more information.
>>>
```

Laut dieser Ausgabe ist auf dem Computer Python 3.10.4 als Standardversion von Python installiert. Um von der Python-Aufforderung zur normalen Terminal-Eingabeaufforderung zurückzukehren, drücken Sie [Strg] + [D] oder geben **exit()** ein. An allen Stellen, an denen in diesem Buch der Befehl `python` angegeben ist, müssen Sie jedoch **python3** eingeben.

Um den Code in diesem Buch auszuführen, benötigen Sie Python 3.9 oder höher. Ist auf Ihrem System nur eine ältere Version als Python 3.9 vorhanden, oder wenn Sie auf dem aktuellen Stand sein möchten, installieren Sie die neueste Version nach der Anleitung aus Anhang A.

Python in einer Terminalsitzung ausführen

Einzelne Python-Codeausschnitte können Sie auch dadurch ausführen, dass Sie ein Terminal öffnen und wie bei der Versionsprüfung **python3** eingeben. Geben Sie diesmal aber an der Eingabeaufforderung folgende Zeile ein:

```
>>> print("Hello Python interpreter!")
Hello Python interpreter!
>>>
```

Ihre Meldung wird unmittelbar im aktuellen Terminalfenster ausgegeben. Um den Python-Interpreter wieder zu schließen, drücken Sie [Strg] + [D] oder geben den Befehl **exit()** ein.

VS Code installieren

Unter Ubuntu Linux können Sie VS Code über das Ubuntu Software Center installieren. Klicken Sie auf das *Ubuntu-Software*-Symbol und suchen Sie nach *vs-code*. Klicken Sie auf die Anwendung *Visual Studio Code* (manchmal auch Code genannt), und klicken Sie dann auf *Installieren*. Sobald sie installiert ist, suchen Sie auf Ihrem System nach VS Code und starten Sie die Anwendung.

Das Hello-World-Programm ausführen

Nachdem Sie die jüngsten Versionen von Python und VS Code installiert haben, sind Sie schon fast so weit, ein erstes im Texteditor geschriebenes Python-Programm auszuführen. Zuvor allerdings müssen Sie noch dafür sorgen, dass die Python-Erweiterung für VS Code installiert ist.

Die Python-Erweiterung für VS Code installieren

VS Code funktioniert mit vielen verschiedenen Programmiersprachen, aber um als Python-Programmierer das meiste aus ihm herauszuholen, müssen Sie die Python-Erweiterung installieren. Diese Erweiterung bietet Unterstützung für das Schreiben, Bearbeiten und Ausführen von Python-Programmen.

Um die Python-Erweiterung zu installieren, klicken Sie auf das Symbol *Verwalten*, das wie ein Zahnrad unten links in der VS-Code-App aussieht. Klicken Sie in dem eingeblendeten Menü auf *Erweiterungen*. Geben Sie `python` in das Suchfeld ein und klicken Sie auf die Python-Erweiterung. (Wenn Sie mehr als eine Erweiterung mit dem Namen Python sehen, wählen Sie die von Microsoft angebotene.) Klicken Sie auf *Installieren* und installieren Sie alle zusätzlichen Tools, die Ihr System benötigt, um die Installation abzuschließen. Wenn Sie eine Meldung sehen, dass Sie Python installieren müssen, dies aber bereits getan haben, können Sie diese Meldung ignorieren.

Hinweis

Wenn Sie macOS verwenden und ein Pop-up-Fenster Sie auffordert, die Kommandozeilen-Entwicklerwerkzeuge zu installieren, klicken Sie auf *Installieren*. Möglicherweise wird eine Meldung angezeigt, dass die Installation übermäßig lange dauert, aber bei einer normalen Internetverbindung sollte sie nur etwa 10 bis 20 Minuten dauern.

Hello_world.py ausführen

Bevor Sie Ihr erstes Programm schreiben, legen Sie zunächst irgendwo auf Ihrem Schreibtisch den Ordner *python_work* für Ihre Projekte an. Es ist am besten, nur

Kleinbuchstaben zu verwenden und die Namensbestandteile mit Unterstrichen statt mit Leerzeichen voneinander abzusetzen, da dies der Konvention von Python entspricht.

Öffnen Sie VS Code und schließen Sie die Registerkarte *Get Started*, falls sie noch geöffnet ist. Erstellen Sie eine neue Datei, indem Sie auf *Datei, Neue Datei* klicken oder `Strg`-`N` drücken (`Befehl`-`N` unter macOS). Speichern Sie die Datei unter dem Namen `hello_world.py` in Ihrem Ordner `python_work`. Die Dateierweiterung `.py` sagt VS Code, dass Ihre Datei in Python geschrieben ist, und teilt ihm mit, wie es das Programm ausführen und den Text auf hilfreiche Weise hervorheben soll. Nachdem Sie Ihre Datei gespeichert haben, geben Sie die folgende Zeile in den Editor ein:

hello_world.py

```
print("Hello Python world!")
```

Um Ihr Programm auszuführen, wählen Sie *Run, Run without Debugging* oder drücken Sie `Strg`-`F5`. Am unteren Rand des VS-Code-Fensters sollte ein Terminalfenster erscheinen, das die Ausgabe Ihres Programms anzeigt:

```
Hello Python world!
```

Sie werden wahrscheinlich einige zusätzliche Meldungen sehen, die den Python-Interpreter angeben, der zur Ausführung Ihres Programms verwendet wurde. Wenn Sie die angezeigten Informationen vereinfachen möchten, damit Sie nur die Ausgabe Ihres Programms sehen, lesen Sie Anhang B. Dort finden Sie auch hilfreiche Vorschläge, wie Sie VS Code effizienter nutzen können.

Wenn Sie diese Ausgabe nicht sehen, ist irgendetwas in dem Programm schiefgelaufen. Prüfen Sie jedes einzelne Zeichen in der eingegebenen Zeile. Haben Sie `print` versehentlich mit großem P geschrieben? Haben Sie ein Anführungszeichen oder eine Klammer vergessen? Programmiersprachen erwarten eine ganz bestimmte Syntax, und wenn Sie diesen Erwartungen nicht nachkommen, ergibt sich ein Fehler. Wenn Sie das Programm nicht zum Laufen bekommen, schlagen Sie im nächsten Abschnitt nach.

Fehlersuche

Falls Sie jedoch nicht in der Lage sind, *hello_world.py* auszuführen, sollten Sie folgende Abhilfemaßnahmen ausprobieren:

- Wenn ein Programm einen schweren Fehler enthält, durchsucht Python die Datei und meldet das Problem, indem es eine *Rückverfolgung* (*Traceback*) anzeigt. Darin können Sie einen Hinweis darauf finden, was die Ausführung des Programms verhindert.

- Legen Sie eine Pause ein (und verbringen Sie sie nicht am Computer). Versuchen Sie es dann noch einmal. Denken Sie daran, dass die Syntax in der Programmierung von entscheidender Bedeutung ist. Schon so etwas Einfaches wie ein falsches Anführungszeichen oder Klammern können verhindern, dass ein Programm korrekt ausgeführt wird. Lesen Sie die entsprechenden Abschnitte in diesem Kapitel noch einmal, schauen Sie sich an, was Sie geschrieben haben, und versuchen Sie, den Fehler herauszufinden.
- Fangen Sie noch einmal von vorn an. Es ist dabei wahrscheinlich nicht erforderlich, irgendetwas zu deinstallieren, aber es ist sinnvoll, die Datei *hello_world.py* zu löschen und neu zu erstellen.
- Bitten Sie jemanden, die in diesem Kapitel aufgeführten Schritte auf Ihrem Computer oder auf einem anderen Rechner zu wiederholen, und beobachten Sie genau, was diese andere Person tut. Möglicherweise haben Sie nur einen kleinen Schritt ausgelassen.
- Sehen Sie sich die zusätzlichen Installationshinweise in Anhang A an. Einige der im Anhang enthaltenen Informationen können Ihnen helfen, Ihr Problem zu lösen.
- Bitten Sie jemanden, der sich mit Python auskennt, um Hilfe bei der Einrichtung. Wenn Sie sich umhören, werden Sie möglicherweise feststellen, dass Sie bereits jemanden kennen, der Python verwendet, ohne dass Sie es wussten.
- Die Installationsanleitungen in diesem Kapitel sind auch auf der Begleitwebsite zu diesem Buch auf *https://ehmatthes.github.io/pcc_3e* erhältlich. Vielleicht kann Ihnen die Onlineversion der Anleitung besser helfen, da Sie einfach Code von dort kopieren und die Links direkt anklicken können. (Sie liegt allerdings in englischer Sprache vor.)
- Bitten Sie online um Hilfe. Anhang C führt eine Reihe von Websites wie Foren und Chats auf, in denen Sie Personen, die Ihr Problem schon gelöst haben, um Anleitungen fragen können.

> **Hinweis**
>
> Umlaute können zu Syntaxfehlern durch den Python-Compiler führen, weil sie nicht Teil des Standardcodes sind. Um solche Fehler zu vermeiden, sollten Sie auf Umlaute (und ß) generell (auch in Kommentaren) verzichten.

Machen Sie sich keine Sorgen darüber, dass Sie erfahrene Programmierer mit Ihren Fragen stören konnten. Alle Programmierer haben schon selbst einmal den Punkt erreicht, an dem sie nicht mehr weiterkamen, und die meisten freuen sich, Ihnen bei der Einrichtung Ihres Systems zu helfen. Wenn Sie klar und deutlich beschreiben, was Sie tun wollen, was Sie bereits versucht haben und welche Ergebnisse Sie dabei erhalten haben, stehen die Chancen gut, dass Ihnen jemand helfen kann. Wie bereits in der Einleitung erwähnt, ist die Python-Community sehr freundlich und offen gegenüber Einsteigern.

Python sollte auf allen modernen Computern gut laufen. Probleme in diesem frühen Stadium können sehr frustrierend sein, und es lohnt sich, ihnen auf den Grund zu gehen. Wenn *hello_world.py* erst einmal läuft, können Sie mit dem Erlernen von Python anfangen. Ihre Programmierarbeit wird dann immer interessanter und befriedigender.

Python-Programme im Terminal ausführen

Die meisten Programme führen Sie auch direkt im Editor aus. Manchmal ist es jedoch sinnvoll, das Programm stattdessen in einem Terminalfenster auszuführen, beispielsweise wenn Sie ein schon vorhandenes Programm verwenden möchten, ohne es erst zur Bearbeitung zu öffnen.

Das können Sie auf jedem System tun, auf dem Python installiert ist – wenn Sie wissen, wie Sie auf das Verzeichnis zugreifen, in dem die Programmdatei gespeichert ist. In den folgenden Beispielen gehen wir davon aus, dass die Datei *hello_world.py* im Ordner *python_work* auf Ihrem Desktop liegt.

Unter Windows

Mit dem Terminalbefehl `cd` (»change directory«, also »Verzeichnis wechseln«) können Sie sich an einer Eingabeaufforderung durch Ihr Dateisystem bewegen, und der Befehl `dir` (»directory«) führt alle Dateien im jeweiligen Verzeichnis auf.

Öffnen Sie ein neues Terminalfenster und geben Sie die folgenden Befehle ein, um *hello_world.py* auszuführen:

```
❶ C:\> cd Desktop\python_work
❷ C:\Desktop\python_work> dir
   hello_world.py
❸ C:\Desktop\python_work> python hello_world.py
   Hello Python world!
```

Bei ❶ wechseln wir mit `cd` in den Ordner *python_work*, der sich im Ordner *Desktop* befindet. Danach vergewissern wir uns mit `dir`, dass sich *hello_world.py* tatsächlich in diesem Ordner befindet (❷). Anschließend führen wir die Datei mit dem Befehl `python hello_world.py` aus (❸).

Die meisten Ihrer Programme können Sie problemlos direkt im Editor ausführen. Wenn Ihre Programme anspruchsvoller werden, kann es jedoch sein, dass Sie einige davon im Terminal ausführen müssen.

Unter Linux und macOS

Die Ausführung eines Programms im Terminal erfolgt unter Linux genauso wie unter macOS. Mit dem Terminalbefehl `cd` (»change directory«, also »Verzeichnis wechseln«) können Sie sich in einer Terminalsitzung durch Ihr Dateisystem bewegen, und der Befehl `ls` (»list«) führt alle nicht verborgenen Dateien im jeweiligen Verzeichnis auf.

Öffnen Sie ein neues Terminalfenster und geben Sie die folgenden Befehle ein, um *hello_world.py* auszuführen:

```
❶ ~$ cd Desktop/python_work/
❷ ~/Desktop/python_work$ ls
  hello_world.py
❸ ~/Desktop/python_work$ python hello_world.py
  Hello Python world!
```

Bei ❶ wechseln wir mit `cd` in den Ordner *python_work*, der sich im Ordner *Desktop* befindet. Danach vergewissern wir uns mit `ls`, dass *hello_world.py* tatsächlich in diesem Ordner liegt (❷). Anschließend führen wir die Datei mit dem Befehl `python hello_world.py` aus (❸).

Die meisten Ihrer Programme lassen sich problemlos direkt vom Editor aus starten. Wenn Ihre Arbeit jedoch komplexer wird, werden Sie einige Programme über ein Terminal ausführen wollen.

Probieren Sie es selbst aus!

Bei den Übungen in diesem Kapitel geht es darum, selbst Nachforschungen anzustellen. Ab Kapitel 2 beruhen die Aufgaben auf dem Stoff, den Sie gelernt haben.

1-1 python.org: Schauen Sie sich auf der Website von Python (*https://python.org*) nach Themen um, die Sie interessant finden. Wenn Sie Python besser kennen, werden einige Teile dieser Website nützlicher für Sie sein, als sie es jetzt sind.

1-2 Tippfehler in »Hello World«: Öffnen Sie die Datei *hello_world.py*. Fügen Sie irgendwo in der Zeile einen Tippfehler ein und führen Sie das Programm erneut aus. Können Sie einen Tippfehler einbauen, der eine Fehlermeldung hervorruft? Ergibt die Fehlermeldung für Sie einen Sinn? Können Sie einen Tippfehler einbauen, der *nicht* zu einer Fehlermeldung führt? Warum ruft dieser Tippfehler keine Fehlermeldung hervor?

→

1-3 Unbegrenzte Fähigkeiten: Stellen Sie sich vor, Sie hätten unbegrenzte Programmierfähigkeiten. Was für Programme würden Sie dann schreiben? Sie beginnen gerade, programmieren zu lernen. Wenn Sie ein Ziel vor Augen haben, können Sie Ihre neu erworbenen Fähigkeiten sofort einsetzen. Jetzt ist der ideale Zeitpunkt, um kurze Beschreibungen der Programme zu formulieren, die Sie gern entwickeln möchten. Es ist eine gute Angewohnheit, ein »Ideentagebuch« zu führen, in dem Sie nachschlagen können, wenn Sie mit einem neuen Projekt beginnen wollen. Nehmen Sie sich einige Minuten Zeit, um drei Programme zu beschreiben, die Sie gern erstellen möchten.

Zusammenfassung

In diesem Kapitel haben Sie ein bisschen über Python im Allgemeinen gelernt und Python auf Ihrem System installiert, falls es noch nicht vorhanden war. Außerdem haben Sie einen Texteditor installiert, um sich das Schreiben von Python-Code zu erleichtern. Sie haben erfahren, wie Sie Python-Codeausschnitte in einer Terminalsitzung laufen lassen können, und mit *hello_world.py* Ihr erstes kleines Programm ausgeführt. Wahrscheinlich haben Sie auch ein bisschen über Fehlersuche gelernt.

Im nächsten Kapitel sehen wir uns die verschiedenen Arten von Daten an, mit denen Sie in Python-Programmen arbeiten können. Außerdem lernen Sie, mit Variablen umzugehen.

2
Variablen und einfache Datentypen

In diesem Kapitel lernen Sie die verschiedenen Arten von Daten kennen, mit denen Sie in Python-Programmen arbeiten können. Außerdem erfahren Sie, wie Sie die Daten in Variablen speichern und diese Variablen in Ihren Programmen einsetzen.

Was bei der Ausführung von hello_world.py wirklich geschieht

Sehen wir uns nun genauer an, was Python macht, wenn Sie *hello_world.py* laufen lassen. Selbst bei einem so einfachen Programm erledigt Python eine ziemliche Menge an Arbeit:

hello_world.py

```
print("Hello Python world!")
```

Wenn Sie diesen Code ausführen, erhalten Sie folgende Ausgabe:

```
Hello Python world!
```

Die Dateiendung *.py* gibt an, dass es sich bei der Datei um ein Python-Programm handelt. Der Editor führt die Datei mithilfe des *Python-Interpreters* aus, der das Programm liest und dabei ermittelt, was jedes einzelne darin enthaltene Wort bedeutet. Sieht er beispielsweise das Wort `print`, gefolgt von Klammern, gibt er den Inhalt dieser Klammern auf dem Bildschirm aus.

Während Sie ein Programm schreiben, kennzeichnet der Editor die verschiedenen Teile des Programms durch unterschiedliche Farben. Beispielsweise erkennt er, dass es sich bei `print()` um den Namen einer Funktion handelt, und stellt das Wort in einer bestimmten Farbe dar. Er bemerkt auch, dass `"Hello Python world!"` kein Python-Code ist, und färbt diesen Satz daher anders ein. Diese sogenannte *Syntaxkennzeichnung* ist sehr praktisch, wenn Sie Ihre eigenen Programme schreiben.

Variablen

Versuchen wir nun, in *hello_world.py* eine Variable zu verwenden. Fügen Sie am Anfang der Datei eine neue Zeile ein und ändern Sie die zweite Zeile:

hello_world.py

```
message = "Hello Python world!"
print(message)
```

Wenn Sie dieses Programm ausführen, erhalten Sie die gleiche Ausgabe wie zuvor:

```
Hello Python world!
```

Was wir hinzugefügt haben, ist eine *Variable* namens `message`. Jede Variable enthält einen *Wert*, also eine Information, die mit ihr verknüpft ist. In diesem Fall ist der Wert der Text `"Hello Python world!"`.

Die Ergänzung um eine Variable macht dem Python-Interpreter etwas mehr Arbeit. Wenn er die erste Zeile verarbeitet, verknüpft er den Text `"Hello Python world!"` mit der Variablen `message`. In der zweiten Zeile angekommen, gibt er den Wert von `message` auf dem Bildschirm aus.

Wir wollen das Programm nun noch um eine zweite Meldung erweitern. Fügen Sie am Ende von *hello_world.py* eine leere Zeile und dann zwei neue Codezeilen ein:

```
message = "Hello Python world!"
print(message)
```

```
message = "Hello Python Crash Course world!"
print(message)
```

Wenn Sie jetzt *hello_world.py* ausführen, erhalten Sie eine Ausgabe von zwei Zeilen:

```
Hello Python world!
Hello Python Crash Course world!
```

Den Wert einer Variablen können Sie in einem Programm jederzeit ändern. Python merkt sich stets den aktuellen Wert.

Variablen benennen und verwenden

Wenn Sie in Python Variablen verwenden, müssen Sie einige Regeln und Richtlinien einhalten. Die Richtlinien dienen nur dazu, Code zu schreiben, der sich leichter lesen und verstehen lässt, doch wenn Sie die Regeln brechen, kann das einen Fehler zur Folge haben. Merken Sie sich daher folgende Punkte für den Umgang mit Variablen:

- Variablennamen dürfen nur Buchstaben, Ziffern und Unterstriche enthalten. Am Anfang darf ein Buchstabe oder ein Unterstrich stehen, aber keine Zahl. Beispielsweise können Sie eine Variable `message_1` nennen, aber nicht `1_message`.
- Leerzeichen sind in Variablennamen nicht erlaubt. Um Namensbestandteile zu trennen, können Sie Unterstriche verwenden. Beispielsweise ist `greeting_message` ein gültiger Variablenname, wohingegen `greeting message` einen Fehler hervorruft.
- Verwenden Sie keine Python-Schlüsselwörter und -Funktionsnamen als Variablennamen, also keine Wörter, die in Python für bestimmte Zwecke reserviert sind, z.B. das Wort `print` (siehe »Schlüsselwörter und integrierte Funktionen« in Anhang A).
- Variablennamen sollten kurz, aber aussagekräftig sein. Beispielsweise ist `name` besser als `n`, `student_name` besser als `s_n` und `name_length` besser als `length_of_persons_name`.
- Seien Sie bei der Verwendung des kleinen `l` und des großen `O` vorsichtig, da diese Buchstaben leicht mit den Zahlen `1` und `0` verwechselt werden können.

Es kann etwas Übung erfordern, sich gute Variablennamen auszudenken, vor allem, wenn Ihre Programme interessanter und komplizierter werden. Je mehr Programme Sie schreiben und je mehr Code anderer Leute Sie lesen, umso besser werden Sie jedoch darin, Variablen aussagekräftig zu benennen.

Hinweis

Momentan noch sollten Sie in Python ausschließlich Variablennamen in Kleinbuchstaben verwenden. Großbuchstaben rufen zwar keine Fehler hervor, haben aber eine besondere Bedeutung, die Sie in späteren Kapiteln noch kennenlernen werden.

Fehler bei Variablennamen vermeiden

Alle Programmierer machen Fehler, die meisten sogar täglich. Gute Programmierer wissen allerdings, wie sie diese Fehler ohne großen Aufwand beheben können. Als Beispiel wollen wir uns einen Fehler ansehen, wie er in der Anfangsphase häufig vorkommt, und zeigen, wie Sie ihn korrigieren können.

Zur Veranschaulichung schreiben wir Code, der absichtlich einen Fehler hervorruft. Geben Sie den folgenden Code ein – einschließlich des fett hervorgehobenen, falsch geschriebenen Wortes `mesage`:

```
message = "Hello Python Crash Course reader!"
print(mesage)
```

Wenn in einem Programm ein Fehler auftritt, versucht der Python-Interpreter sein Bestes, um Ihnen dabei zu helfen, die problematische Stelle zu finden. Dazu gibt er eine *Rückverfolgung* oder ein *Traceback* aus, wenn sich ein Programm nicht erfolgreich ausführen lässt. Dabei handelt es sich um eine Angabe der Stelle, an der der Interpreter auf Schwierigkeiten gestoßen ist. Bei unserem Beispielcode mit dem falsch geschriebenen Variablennamen gibt Python folgendes Traceback aus:

```
  Traceback (most recent call last):
❶   File "hello_world.py", line 2, in <module>
❷     print(mesage)
      ^^^^^^
❸ NameError: name 'mesage' is not defined. Did you mean: 'message'?
```

Die Ausgabe bei ❶ zeigt, dass der Fehler in Zeile 2 der Datei *hello_world.py* aufgetreten ist. Außerdem zeigt der Interpreter die betreffende Zeile an, sodass wir den Fehler schneller erkennen können (❷), und er gibt an, um was für eine Art Fehler es sich handelt (❸). In diesem Fall ist ein *Namensfehler aufgetreten*, denn die auszugebende Variable `mesage` ist nicht definiert. Das heißt, Python kann den angegebenen Variablennamen nicht erkennen. Ein Namensfehler bedeutet entweder, dass wir vergessen haben, einen Wert für die Variable festzulegen, bevor wir sie verwenden, oder dass wir den Namen der Variablen falsch geschrieben haben. Wenn Python einen Variablennamen findet, der dem nicht erkannten ähnlich ist, fragt es, ob das der Name ist, den Sie verwenden wollten.

In diesem Fall ist der Fehler offensichtlich: Wir haben in der zweiten Zeile ein s im Variablennamen `message` vergessen. Der Python-Interpreter führt an unserem Code keine Rechtschreibprüfung durch, verlangt aber, dass die Variablennamen einheitlich geschrieben sind. Schauen Sie sich an, was passiert, wenn wir `message` beide Male falsch schreiben:

```
mesage = "Hello Python Crash Course reader!"
print(mesage)
```

In diesem Fall wird das Programm erfolgreich ausgeführt:

```
Hello Python Crash Course reader!
```

Da die Namen der Variablen übereinstimmen, sieht Python keine Probleme. Programmiersprachen sind streng, können aber nicht zwischen guter und schlechter Rechtschreibung unterscheiden. Daher kommt es bei Variablennamen und Code nicht auf die englischen oder deutschen Rechtschreib- und Grammatikregeln an.

Bei vielen Programmierfehlern handelt es sich um einfache Tippfehler in einer einzigen Programmzeile. Wenn Sie viel Zeit damit verbringen, solche Fehler aufzuspüren, lassen Sie sich gesagt sein, dass Sie sich in bester Gesellschaft befinden. Viele erfahrene und talentierte Programmierer sind Stunden damit beschäftigt, solche winzigen Fehler auszumerzen. Versuchen Sie, über solche Missgeschicke zu lachen und weiterzumachen. Sie werden Ihnen im Programmiererleben noch häufig unterlaufen.

Variablen sind Etiketten

Variablen werden oft mit Kisten verglichen, in denen Sie Werte ablegen können. Dieses Bild kann hilfreich sein, wenn Sie beginnen, Variablen zu verwenden, beschreibt aber nicht genau, wie Variablen intern in Python dargestellt werden. Es ist besser, sich Variablen als Etiketten vorzustellen, denen Sie Werte zuweisen. Sie können auch sagen, dass eine Variable auf einen bestimmten Wert verweist.

Bei den ersten Programmen, die Sie schreiben, wird dieser Unterschied wahrscheinlich nicht viel ausmachen, aber je früher Sie sich darüber im Klaren sind, umso besser. Mit Sicherheit werden Sie irgendwann einmal mit dem überraschenden Verhalten einer Variablen konfrontiert. Ein genaues Verständnis der tatsächlichen Funktionsweise von Variablen kann Ihnen dann helfen zu erkennen, was in Ihrem Code vor sich geht.

Hinweis

Um neue Programmierprinzipien zu verstehen, ist es am besten, sie in eigenen Programmen anzuwenden. Wenn Sie bei einer Aufgabe in diesem Buch nicht weiterkommen, versuchen Sie, zunächst einmal etwas anderes zu tun. Wenn Sie immer noch nicht weiterkommen, schauen Sie sich noch einmal die entsprechenden Abschnitte in dem Kapitel an. Wenn Sie Hilfe brauchen, können Sie in Anhang C erfahren, an wen Sie sich wenden können.

Probieren Sie es selbst aus!

Schreiben Sie für jede einzelne Übung ein eigenes Programm und speichern Sie diese Programme jeweils mit einem Dateinamen, der der Python-Konvention genügt, der also nur aus Kleinbuchstaben und Unterstrichen besteht, z. B. *simple_message.py* und *simple_messages.py*.

2-1 Einfache Nachricht: Weisen Sie eine Nachricht einer Variablen zu und geben Sie sie aus.

2-2 Einfache Nachrichten: Weisen Sie eine Nachricht einer Variablen zu und geben Sie sie aus. Ändern Sie dann den Wert der Variablen in eine neue Nachricht und geben Sie diese ebenfalls aus.

Strings

Die meisten Programme definieren und erfassen Daten einer bestimmten Art und machen dann irgendetwas Sinnvolles damit. Daher ist es hilfreich, die verschiedenen Arten von Daten in Kategorien einzuteilen. Der erste Datentyp, den wir uns dabei ansehen, ist der String. Strings erscheinen auf den ersten Blick ganz einfach, lassen sich aber sehr vielseitig verwenden.

Bei einem *String* handelt es sich um eine Folge von Zeichen. In Python wird alles, was in Anführungszeichen eingeschlossen ist, als String aufgefasst. Dabei können Sie sowohl einfache als auch doppelte Anführungszeichen verwenden:

```
"Dies ist ein String."
'Dies ist auch ein String.'
```

Das ermöglicht es auch, innerhalb von Strings Anführungszeichen und Apostrophe zu verwenden:

```
'I told my friend, "Python is my favorite language!"'
"The language 'Python' is named after Monty Python, not the snake."
"One of Python's strengths is its diverse and supportive community."
```

Sehen wir uns noch weitere Möglichkeiten zur Verwendung von Strings an.

Groß- und Kleinschreibung mithilfe von Methoden ändern

Eine der einfachsten Aufgaben bei der Arbeit mit Strings besteht darin, die Groß- und Kleinschreibung zu ändern. Schauen Sie sich den folgenden Code an und versuchen Sie herauszufinden, was passiert:

name.py

```
name = "ada lovelace"
print(name.title())
```

Speichern Sie die Datei als *name.py* und führen Sie sie aus. Dabei erhalten Sie folgende Ausgabe:

```
Ada Lovelace
```

In diesem Beispiel verweist die Variable `name` auf den kleingeschriebenen String `"ada lovelace"`. Im Aufruf von `print()` steht aber hinter der Variablen noch die Methode `title()`. Eine *Methode* ist eine Aktion, die Python an Daten ausführen kann. Der Punkt in `name.title()` weist Python an, die Methode `title()` auf die Variable `name` anzuwenden. Hinter einem Methodennamen steht immer ein Klammernpaar, da viele Methoden zusätzliche Angaben benötigen, um ihre Aufgaben ausführen zu können. Diese Angaben werden dann in die Klammern geschrieben. Die Funktion `title()` braucht jedoch keine zusätzlichen Angaben, weshalb die Klammern hier leer sind.

Die Methode `title()` zeigt alle Wörter mit großem Anfangsbuchstaben an. Das ist praktisch, wenn Ihr Programm etwa die Eingabewerte `Ada`, `ADA` und `ada` alle als denselben Namen erkennen und stets als `Ada` ausgeben soll.

Es gibt noch mehrere andere praktische Methoden, um die Groß- und Kleinschreibung zu ändern. Beispielsweise können Sie einen String wie folgt komplett in Groß- oder Kleinbuchstaben umwandeln:

```
name = "Ada Lovelace"
print(name.upper())
print(name.lower())
```

Dies führt zu folgender Ausgabe:

```
ADA LOVELACE
ada lovelace
```

Die Methode `lower()` ist insbesondere für die Speicherung von Daten nützlich. Oft können Sie nicht darauf vertrauen, dass die Benutzer Ihres Programms die Groß- und Kleinschreibung richtig machen, weshalb Sie alle eingegebenen Strings vor der Speicherung in Kleinbuchstaben umwandeln. Wenn Sie die Informationen anzeigen wollen, können Sie dann die Art von Groß- und Kleinschreibung verwenden, die für den jeweiligen String geeignet ist.

Variablen in Strings verwenden

Es kann vorkommen, dass Sie innerhalb eines Strings den Wert einer Variablen verwenden möchten, etwa wenn Sie zwei Variablen für den Vor- und den Nachnamen einer Person haben und zur Anzeige des vollständigen Namens kombinieren möchten:

full_name.py

```
  first_name = "ada"
  last_name = "lovelace"
❶ full_name = f"{first_name} {last_name}"
  print(full_name)
```

Um den Wert einer Variablen in einen String einzufügen, stellen Sie den Buchstaben `f` unmittelbar vor das öffnende Anführungszeichen (❶). Die Namen von Variablen, die Sie innerhalb eines Strings verwenden wollen, müssen Sie in geschweifte Klammern einschließen. Bei der Anzeige des Strings ersetzt Python die Variablen durch ihren Wert.

Diese Strings werden als *F-Strings* bezeichnet. Das *F* steht für »Formatierung«, da Python die Strings formatiert, indem es die von geschweiften Klammern umgebenen Variablennamen durch die entsprechenden Werte ersetzt. Die Ausgabe des vorstehenden Codes sieht daher wie folgt aus:

```
ada lovelace
```

Mit F-Strings lässt sich eine Menge anfangen. Beispielsweise können Sie damit vollständige Benachrichtigungen aus den mit Variablen verknüpften Informationen zusammenstellen:

```
  first_name = "ada"
  last_name = "lovelace"
  full_name = f"{first_name} {last_name}"
❶ print(f"Hello, {full_name.title()}!")
```

Hier wird der vollständige Name in einem Satz zur Begrüßung der Benutzerin verwendet (❶), wobei die Groß- und Kleinschreibung mit der Methode `title()` korrigiert wird. Dieser Code gibt die folgende einfache, aber wohlformatierte Begrüßung aus:

```
Hello, Ada Lovelace!
```

Sie können mithilfe von F-Strings auch eine längere Nachricht zusammenbauen und diese dann einer Variablen zuweisen:

```
  first_name = "ada"
  last_name = "lovelace"
  full_name = f"{first_name} {last_name}"
❶ message = f"Hello, {full_name.title()}!"
❷ print(message)
```

Dieser Code gibt ebenfalls die Meldung `"Hello, Ada Lovelace!"` aus, weist sie aber auch einer Variablen zu (❶), was den Aufruf von `print()` bei ❷ viel einfacher macht.

Weißraum hinzufügen

Alle nicht druckbaren Zeichen wie Leerzeichen, Tabulatoren und Zeilenumbrüche werden als *Weißraum* bezeichnet. Damit können Sie die Ausgabe so gliedern, dass sie besser lesbar ist.

Um einen Tabulator hinzuzufügen, verwenden Sie wie bei ❶ die Zeichenfolge `\t`:

```
  >>> print("Python")
  Python
❶ >>> print("\tPython")
      Python
```

Wollen Sie in einem String einen Zeilenumbruch vornehmen, verwenden Sie die Zeichenfolge `\n`:

```
>>> print("Languages:\nPython\nC\nJavaScript")
Languages:
Python
C
JavaScript
```

Sie können Tabulatoren und Zeilenumbrüche auch kombinieren. Die Zeichenfolge `\n\t` weist Python an, in die nächste Zeile zu wechseln und diese mit einem Tabulator zu beginnen:

```
>>> print("Languages:\n\tPython\n\tC\n\tJavaScript")
Languages:
    Python
    C
    JavaScript
```

Zeilenumbrüche und Tabulatoren werden Sie in den nächsten beiden Kapiteln besonders zu schätzen lernen, in denen Sie damit beginnen werden, aus wenigen Codezeilen viele Ausgabezeilen zu produzieren.

Weißraum entfernen

Zusätzlicher Weißraum in Programmen kann irreführend sein. Für Sie als Programmierer mögen `'python'` und `'python '` zwar sehr ähnlich aussehen, aber für ein Programm sind das zwei völlig verschiedene Strings. Python erkennt das zusätzliche Leerzeichen in `'python '` und misst ihm eine Bedeutung bei – sofern Sie nicht ausdrücklich sagen, dass es bedeutungslos ist.

Es ist wichtig, den Weißraum im Auge zu behalten, vor allem, wenn Sie zwei Strings vergleichen, etwa bei der Überprüfung von Benutzernamen bei der Anmeldung an einer Website. Zusätzlicher Weißraum kann aber auch in einfacheren Situationen zu Verwirrung führen. Daher ist es gut, dass Python einfache Möglichkeiten bietet, um überflüssigen Weißraum von Benutzereingaben zu entfernen.

Python ist in der Lage, am rechten und am linken Ende eines Strings nach Weißraum zu suchen. Um jeglichen Weißraum am rechten Ende zu entfernen, verwenden Sie die Methode `rstrip()`.

```
❶ >>> favorite_language = 'python '
❷ >>> favorite_language
   'python '
❸ >>> favorite_language.rstrip()
   'python'
❹ >>> favorite_language
   'python '
```

Der bei ❶ zu `favorite_language` zugewiesene Wert enthält zusätzlichen Weißraum am Ende des Strings. Wenn Sie Python in einer Terminalsitzung nach diesem Wert fragen, können Sie das Leerzeichen am Ende erkennen (❷). Durch die Anwendung der Methode `rstrip()` auf `favorite_language` bei ❸ wird dieses Leerzeichen entfernt – allerdings nur vorübergehend. Wenn Sie den Wert von `favorite_language` erneut abrufen, stellen Sie fest, dass der String immer noch genauso aussieht, wie er gespeichert wurde, nämlich mit dem zusätzlichen Weißraum (❹).

Um den Weißraum endgültig zu entfernen, müssen Sie den bereinigten Wert der Variablen zuweisen:

```
   >>> favorite_language = 'python '
❶ >>> favorite_language = favorite_language.rstrip()
   >>> favorite_language
   'python'
```

Hier entfernen Sie den Weißraum vom rechten Ende des Strings und weisen den resultierenden Wert dann der ursprünglichen Variablen zu, wie bei (❶) gezeigt. Beim Programmieren werden Sie oft einen Variablenwert ändern und anschließend den neuen Wert der Variablen zuweisen. Dadurch können Sie einen Variablenwert im Rahmen der Programmausführung oder in Reaktion auf eine Benutzereingabe ändern.

Natürlich können Sie Weißraum auch vom linken Ende eines Strings oder von beiden Enden zugleich entfernen. Dazu verwenden Sie die Methode `lstrip()` bzw. `strip()`:

```
❶ >>> favorite_language = ' python '
❷ >>> favorite_language.rstrip()
  ' python'
❸ >>> favorite_language.lstrip()
  'python '
❹ >>> favorite_language.strip()
  'python'
```

In diesem Beispiel verwenden wir einen Wert mit Weißraum am Anfang und am Ende (❶). Dann entfernen wir den Weißraum von der rechten Seite (❷), von der linken Seite (❸) und von beiden Seiten (❹). Spielen Sie ruhig ein bisschen mit diesen Kürzungsfunktionen herum, um sich mit der Stringbearbeitung vertraut zu machen. In der Praxis werden sie vor allem dazu verwendet, Benutzereingaben zu bereinigen, bevor sie in einem Programm gespeichert werden.

Entfernen von Präfixen

Bei der Arbeit mit Strings besteht eine weitere häufige Aufgabe darin, ein Präfix zu entfernen. Nehmen wir eine URL mit dem üblichen Präfix *https://*. Wir möchten dieses Präfix entfernen, damit wir uns auf den Teil der URL konzentrieren können, den die Benutzer in eine Adressleiste eingeben müssen. So wirds gemacht:

```
>>> nostarch_url = 'https://nostarch.com'
>>> nostarch_url.removeprefix('https://')
'nostarch.com
```

Geben Sie den Namen der Variablen ein, gefolgt von einem Punkt, und dann die Methode `removeprefix()`. Innerhalb der Klammern geben Sie das Präfix an, das Sie aus der ursprünglichen Zeichenkette entfernen möchten. Wie die Methoden zum Entfernen von Leerzeichen lässt `removeprefix()` die ursprüngliche Zeichenkette unverändert. Wenn Sie den neuen Wert mit dem entfernten Präfix behalten wollen, weisen Sie ihn entweder der ursprünglichen Variable erneut zu oder weisen Sie ihn einer neuen Variablen zu.

```
>>> simple_url = nostarch_url.removeprefix('https://')
```

Wenn Sie eine URL in einer Adressleiste sehen und der Teil *https://* nicht angezeigt wird, verwendet der Browser wahrscheinlich im Hintergrund eine Methode wie `removeprefix()`.

Syntaxfehler bei der Stringverarbeitung vermeiden

Hin und wieder werden Sie einem *Syntaxfehler* begegnen. Dabei kann Python einen Teil des Programms nicht als gültigen Python-Code erkennen. Wenn Sie beispielsweise innerhalb von einfachen Anführungszeichen einen Apostroph verwenden, interpretiert Python alles, was zwischen dem öffnenden Anführungszeichen und dem Apostroph steht, als String und glaubt, dass es sich bei dem Rest um Python-Code handelt, was natürlich zu einem Fehler führt.

Das folgende Beispiel zeigt, wie Sie einfache und doppelte Anführungszeichen korrekt verwenden. Speichern Sie das Programm als *apostrophe.py* und führen Sie es aus:

apostrophe.py

```
message = "One of Python's strengths is its diverse community."
print(message)
```

Da der Apostroph hier innerhalb eines von doppelten Anführungszeichen begrenzten Strings steht, kann der Python-Interpreter den String korrekt lesen:

```
One of Python's strengths is its diverse community.
```

Wenn Sie dagegen einfache Anführungszeichen verwenden, kann Python nicht erkennen, wo der String wirklich enden soll:

```
message = 'One of Python's strengths is its diverse community.'
print(message)
```

In diesem Fall erhalten Sie folgende Ausgabe:

```
  File "apostrophe.py", line 1
    message = 'One of Python's strengths is its diverse community.'
                                                                  ^ ❶
SyntaxError: unterminated string literal (detected at line 1)
```

Diese Ausgabe zeigt, dass bei ❶ unmittelbar hinter dem letzten Anführungszeichen (dem Apostroph) ein Syntaxfehler aufgetreten ist, da der Interpreter einen Teil des Programms nicht als gültigen Python-Code erkannt hat und vermutet, dass das mit einem falsch benannten String zu tun hat. Es gibt verschiedene Ursachen für

Fehler, und ich werde im Laufe unserer Erörterung jeweils auf übliche Fehlerquellen hinweisen. Während Sie noch lernen, Python-Code zu schreiben, werden Sie häufig Syntaxfehlern begegnen. Die Fehlermeldungen dieser Art sind ziemlich allgemein gehalten, sodass es schwierig und frustrierend sein kann, die Fehler aufzuspüren und zu beheben. Wenn Sie bei einem besonders hartnäckigen Fehler nicht weiterkommen, schlagen Sie in Anhang C nach.

Hinweis

Die Syntaxkennzeichnung in Ihrem Editor kann Ihnen helfen, einige Syntaxfehler schneller zu erkennen. Wenn Code in der Farbe für Text oder Text in der Farbe für Code angezeigt wird, dann haben Sie wahrscheinlich irgendwo in der Datei ein Anführungszeichen nicht richtig gesetzt.

Probieren Sie es selbst aus!

Speichern Sie für die folgenden Übungen die einzelnen Programme jeweils in eigenen Dateien mit Namen wie *name_cases.py*. Wenn Sie nicht mehr weiterkommen, legen Sie eine Pause ein oder sehen Sie sich die Vorschläge in Anhang C an.

2-3 Persönliche Nachricht: Weisen Sie den Namen einer Person einer Variablen zu und geben Sie eine einfache Nachricht an diese Person aus, z. B.: »Hello Eric, would you like to learn some Python today?«

2-4 Groß- und Kleinschreibung von Namen: Weisen Sie den Namen einer Person einer Variablen zu und geben Sie den Namen in Kleinbuchstaben, in Großbuchstaben sowie mit großen Anfangsbuchstaben aus.

2-5 Bekanntes Zitat: Geben Sie ein bekanntes Zitat und den Namen von dessen Urheber aus. Die Ausgabe sollte so aussehen wie im folgenden Beispiel, einschließlich der Anführungszeichen:

```
Albert Einstein once said, "A person who never made a mistake never tried
anything new."
```

2-6 Bekanntes Zitat 2: Wiederholen Sie Übung 2-5, weisen Sie aber diesmal den Namen des Urhebers der Variablen `famous_person` zu. Bauen Sie die Nachricht zusammen, weisen Sie sie der neuen Variablen `message` zu und geben Sie sie aus.

2-7 Namen bereinigen: Weisen Sie den Namen einer Person einschließlich einiger Weißraumzeichen am Anfang und Ende einer Variablen zu. Verwenden Sie dabei sowohl `\t` als auch `\n` jeweils mindestens einmal.

Geben Sie den Namen einmal einschließlich Weißraum aus und dann dreimal mithilfe der Funktionen `lstrip()`, `rstrip()` und `strip()`.

→

2-8 Dateierweiterungen: Python verfügt über eine Methode `removesuffix()`, die genau wie `removeprefix()` funktioniert. Weisen Sie den Wert 'python_notes.txt' einer Variablen namens `filename` zu. Verwenden Sie dann die Methode `removesuffix()`, um den Dateinamen ohne die Dateierweiterung anzuzeigen, wie es einige Dateibrowser tun.

Zahlen

Zahlen werden in der Programmierung sehr häufig verwendet, etwa um Spielstände darzustellen, um Daten zu visualisieren, um Informationen in Webanwendungen zu speichern usw. Je nachdem, wie die Zahlen verwendet werden, behandelt Python sie auf unterschiedliche Weise. Als Erstes sehen wir uns an, wie Python mit ganzen Zahlen (*Integer*) umgeht, da die Arbeit mit ihnen am einfachsten ist.

Integer

In Python können Sie Integer addieren (+), subtrahieren (-), multiplizieren (*) und dividieren (/).

```
>>> 2 + 3
5
>>> 3 - 2
1
>>> 2 * 3
6
>>> 3 / 2
1.5
```

In einer Terminalsitzung gibt Python einfach das Ergebnis der Operation zurück. Zur Darstellung von Exponenten verwendet Python zwei Sternchen:

```
>>> 3 ** 2
9
>>> 3 ** 3
27
>>> 10 ** 6
1000000
```

Python richtet sich auch nach der mathematischen Reihenfolge von Operationen, sodass Sie mehrere Operationen in einem Ausdruck kombinieren können. Um die Reihenfolge zu ändern, können Sie Klammern angeben:

```
>>> 2 + 3*4
14
>>> (2 + 3) * 4
20
```

Die Leerzeichen in diesen Beispielen haben keine Auswirkungen darauf, wie Python die Ausdrücke auswertet. Sie ermöglichen es Ihnen nur, beim Lesen schneller zu erkennen, welche Operationen Priorität haben.

Fließkommazahlen

Zahlen mit einem Dezimalpunkt werden in den meisten Programmiersprachen und auch in Python als *Fließkommazahlen* bezeichnet, weil der Dezimalpunkt (der dem Komma in der deutschen Schreibweise entspricht) an beliebiger Stelle stehen kann. Alle Programmiersprachen müssen in der Lage sein, Dezimalzahlen korrekt zu handhaben, unabhängig davon, wo der Dezimalpunkt steht.

Meistens können Sie Dezimalzahlen verwenden, ohne sich Gedanken über das Verhalten zu machen. Geben Sie einfach die gewünschten Zahlen ein, und Python wird sehr wahrscheinlich das tun, was Sie erwarten:

```
>>> 0.1 + 0.1
0.2
>>> 0.2 + 0.2
0.4
>>> 2 * 0.1
0.2
>>> 2 * 0.2
0.4
```

Es kann jedoch auch vorkommen, dass das Ergebnis eine willkürliche Anzahl von Stellen aufweist:

```
>>> 0.2 + 0.1
0.30000000000000004
>>> 3 * 0.1
0.30000000000000004
```

Das kann in allen Programmiersprachen geschehen und ist kein Grund zur Besorgnis. Python versucht, das Ergebnis so genau wie möglich wiederzugeben, was aufgrund der Art und Weise, wie die Zahlen auf dem Computer intern dargestellt werden, zu Schwierigkeiten führt. Sie können solche überzähligen Stellen vorläufig ignorieren. Wie Sie bei Bedarf damit umgehen, erfahren Sie in den Projekten in Teil II.

Integer und Fließkommazahlen

Wenn Sie zwei Zahlen dividieren, erhalten Sie immer eine Fließkommazahl, auch wenn es sich bei den beiden Zahlen um Integer handelt und das Ergebnis eine ganze Zahl ist:

```
>>> 4/2
2.0
```

Ebenso erhalten Sie eine Fließkommazahl, wenn Sie in den anderen Operationen Integer und Fließkommazahlen mischen:

```
>>> 1 + 2.0
3.0
>>> 2 * 3.0
6.0
>>> 3.0 ** 2
9.0
```

In allen Operationen, an denen Fließkommazahlen beteiligt sind, verwendet Python standardmäßig Fließkommazahlen, auch wenn das Ergebnis eine ganze Zahl ist.

Unterstriche in Zahlen

Wenn Sie sehr große Zahlen schreiben, können Sie der besseren Lesbarkeit halber Unterstriche als Tausendertrennzeichen verwenden:

```
>>> universe_age = 14_000_000_000
```

Bei der Ausgabe zeigt Python aber nur die Ziffern einer solchen mit Unterstrichen definierten Zahl an:

```
>>> print(universe_age)
14000000000
```

Beim Speichern solcher Werte ignoriert Python die Unterstriche. Auch wenn Sie eine Zahl mit den Unterstrichen auf andere Weise aufteilen als in Dreiergruppen, bleibt der Wert unbeeinträchtigt. Für Python sind `1000`, `1_000` und `10_00` identisch. Diese Verwendung von Unterstrichen ist sowohl für Integer als auch für Fließkommazahlen möglich.

Mehrfachzuweisung

Sie können innerhalb einer Zeile Code Werte zu mehr als einer Variablen zuweisen. Das macht die Programme kürzer und leichter lesbar. Diese Technik wird vor allem bei der Initialisierung eines zusammengehörigen Satzes von Variablen angewendet.

Beispielsweise können Sie die Variablen x, y und z wie folgt mit 0 initialisieren:

```
>>> x, y, z = 0, 0, 0
```

Die Variablennamen und die Werte müssen Sie jeweils durch Kommata trennen. Python weist dann jeder Variablen den entsprechenden Wert in der Reihenfolge zu. Diese Zuordnung erfolgt korrekt, sofern es gleich viele Variablen wie Werte gibt.

Konstanten

Eine *Konstante* ist eine Variable, deren Wert während der gesamten Lebensdauer des Programms unverändert bleibt. Python hat zwar keinen vordefinierten Typ für Konstanten, allerdings verwenden Python-Programmierer vereinbarungsgemäß Großbuchstaben, um anzuzeigen, dass eine Variable als Konstante behandelt und nie geändert werden soll:

```
MAX_CONNECTIONS = 5000
```

Wenn Sie eine Variable in Ihrem Code als Konstante behandeln wollen, sollten Sie ihren Namen ebenfalls in Großbuchstaben schreiben.

Probieren Sie es selbst aus!

2-9 Alles auf 8: Schreiben Sie eine Addition, eine Subtraktion, eine Multiplikation und eine Division, die jeweils 8 ergeben. Schließen Sie die Operationen in print-Anweisungen ein, damit Sie das Ergebnis sehen können. Ihr Programm sollte aus vier Zeilen wie den folgenden bestehen:

```
print(5+3)
```

Die Ausgabe soll vier Zeilen umfassen, in denen jeweils das Ergebnis 8 auf der rechten Seite steht.

2-10 Lieblingszahl: Weisen Sie Ihre Lieblingszahl einer Variablen zu. Stellen Sie mithilfe dieser Variablen eine Nachricht zusammen, in der diese Lieblingszahl angegeben wird, und geben Sie diese Nachricht aus.

Kommentare

In allen Programmiersprachen gibt es die äußerst nützliche Einrichtung von Kommentaren. Alles, was Sie bis jetzt in den Beispielprogrammen geschrieben haben, war Python-Code. Wenn Ihre Programme länger und komplizierter werden, sollten Sie jedoch auch Hinweise hinzufügen, die Ihre Vorgehensweise zur Lösung des Problems beschreiben. In einem *Kommentar* können Sie solche Hinweise in normaler Alltagssprache in Ihre Programme aufnehmen.

Wie werden Kommentare geschrieben?

In Python dient das amerikanische Nummernsymbol (#) zur Kennzeichnung eines Kommentars. Alles, was in einer Zeile auf dieses Zeichen folgt, wird vom Python-Interpreter ignoriert, wie das folgende Beispiel zeigt:

comment.py

```
# Begrüßt alle mit "Hello".
print("Hello Python people!")
```

Hier ignoriert Python die erste Zeile und führt nur die zweite aus:

```
Hello Python people!
```

Was für Kommentare sind sinnvoll?

Der Hauptzweck von Kommentaren besteht darin, zu erklären, was der Code tun soll und wie Sie versuchen, dies zu erreichen. Während Sie an einem Projekt arbeiten, ist Ihnen völlig klar, wie die einzelnen Teile zusammenwirken, aber wenn Sie sich nach einiger Zeit wieder mit einem älteren Projekt beschäftigen, haben Sie wahrscheinlich einige der Einzelheiten vergessen. Sie könnten den Code zwar ausgiebig studieren und herauszufinden versuchen, wie die Einzelteile zusammenwirken, aber wenn Sie Ihre Vorgehensweise in Form von guten, verständlichen Kommentaren erklärt haben, hilft Ihnen das, viel Zeit zu sparen.

Wenn Sie Programmierung als Beruf anstreben oder mit anderen Programmierern zusammenarbeiten wollen, müssen Sie aussagekräftige Kommentare schreiben. Heute wird die meiste Software im Team geschrieben. Das kann eine Gruppe von Angestellten einer Firma sein, aber auch eine Gruppe von Personen, die gemeinsam an einem Open-Source-Projekt arbeiten. Erfahrene Programmierer erwarten, Kommentare im Code zu sehen, weshalb Sie es sich am besten gleich angewöhnen sollten, beschreibende Kommentare in Ihre Programme aufzunehmen. Klare und prägnante Kommentare zu schreiben gehört zu den nützlichsten Dingen, die Sie sich als angehender Programmierer angewöhnen können.

Wenn Sie an einer Stelle überlegen, ob Sie einen Kommentar einfügen sollten oder nicht, fragen Sie sich, ob Sie mehrere verschiedene Ansätze erwogen haben, bevor Sie auf eine sinnvolle Vorgehensweise gestoßen sind. Wenn das der Fall ist, dann beschreiben Sie Ihre Lösung in einem Kommentar. Es ist viel einfacher, später überflüssige Kommentare zu löschen, als ein unzureichend kommentiertes Programm nachträglich mit Kommentaren zu versehen. Von jetzt an werde ich auch in den Beispielen in diesem Buch Kommentare angeben, um einzelne Abschnitte des Codes zu erklären.

Probieren Sie es selbst aus!

2-11 Kommentare hinzufügen: Wählen Sie zwei Ihrer bisher geschriebenen Programme aus und fügen Sie in jedes mindestens einen Kommentar ein. Wenn Sie nicht wissen, was Sie schreiben sollen, da die bisherigen Programme extrem einfach waren, fügen Sie einfach am Anfang der Programmdatei Ihren Namen und das Datum ein und geben Sie in einem Satz an, was das Programm macht.

The Zen of Python

Erfahrene Python-Programmierer ermuntern Sie dazu, Komplexität zu vermeiden und nach Möglichkeit Einfachheit anzustreben. Die Grundhaltung der Python-Community kommt in dem Text »The Zen of Python« von Tim Peters zum Ausdruck. Diese knappe Aufstellung von Prinzipien zum Schreiben von gutem Python-Code können Sie sich ansehen, indem Sie im Interpreter `import this` eingeben.

```
>>> import this
The Zen of Python, by Tim Peters
```

Ich werde »The Zen of Python« hier nicht komplett wiedergeben, sondern nur einige Zeilen daraus anführen, um Ihnen zu zeigen, warum diese Prinzipien für Sie als angehender Python-Programmierer so wichtig sind.

```
Beautiful is better than ugly.
```

Für Python-Programmierer kann Code schön und elegant sein. Bei der Programmierung geht es darum, Probleme zu lösen. Programmierer haben schon immer gut gestaltete, effiziente und auch schöne Lösungen für Probleme gewürdigt. Wenn Sie mehr über Python lernen und mehr Code schreiben, wird Ihnen eines Tages jemand über die Schulter schauen und sagen: »Wow, das ist wirklich schöner Code!«

```
Einfach ist besser als komplex.
```

Wenn Sie die Wahl zwischen einer einfachen und einer komplexen Lösung haben, die beide funktionieren, dann entscheiden Sie sich für die einfache. Ihr Code lässt sich dann einfacher pflegen, und Sie und andere können später einfacher darauf aufbauen.

```
Komplex ist besser als kompliziert.
```

Das Leben ist nicht immer einfach, und manchmal gibt es keine einfache Lösung für ein Problem. Nehmen Sie in einem solchen Fall die einfachste funktionierende Lösung.

```
Lesbarkeit zählt.
```

Selbst wenn Ihr Code komplex ist, sollten Sie stets darauf achten, ihn lesbar zu gestalten. Nehmen Sie informative Kommentare in den Code auf.

```
Es sollte eine -- und zwar vorzugsweise nur eine -- offensichtliche Möglich-
keit geben.
```

Wenn zwei Python-Programmierer gebeten werden, dasselbe Problem zu lösen, sollten dabei ziemlich ähnliche Lösungen herauskommen. Das heißt jedoch nicht, dass es in der Programmierung keinen Platz für Kreativität gäbe. Ganz im Gegenteil! Aber Programmierung besteht zum großen Teil aus kleinen, gängigen Lösungsansätzen für einfache Lösungen im Rahmen größerer Projekte, die mehr Kreativität erfordern. Die grundlegenden Mechanismen Ihrer Programme sollten auch für andere Python-Programmierer sofort einsichtig sein.

```
Jetzt ist besser als nie.
```

Sie können Ihr ganzes Leben damit zubringen, alle Feinheiten von Python und der Programmierung im Allgemeinen zu lernen, aber dann würden Sie niemals dazu kommen, ein Projekt fertigzustellen. Versuchen Sie nicht, perfekten Code zu schreiben, sondern schreiben Sie Code, der funktioniert. Dann können Sie immer noch entscheiden, ob Sie den Code verbessern oder mit einem neuen Projekt anfangen wollen.

Behalten Sie diese Prinzipien von Einfachheit und Klarheit im Hinterkopf, wenn Sie die nächsten Kapitel durcharbeiten und in die anspruchsvolleren Themen einsteigen. Erfahrene Programmierer werden Ihren Code dann stärker würdigen, Ihnen Rückmeldung geben und gern an interessanten Projekten mit Ihnen zusammenarbeiten.

Probieren Sie es selbst aus!

2-12 The Zen of Python: Geben Sie in einer Python-Terminalsitzung `import this` ein und schauen Sie sich auch die anderen aufgeführten Prinzipien an.

Zusammenfassung

In diesem Kapitel haben Sie gelernt, wie Sie mit Variablen arbeiten. Sie haben erfahren, dass Sie beschreibende Variablennamen verwenden sollten, und es wurde Ihnen gezeigt, wie Sie Namens- und Syntaxfehler beheben können. Außerdem ging es darum, was Strings sind und wie Sie sie in Kleinbuchstaben, in Großbuchstaben und mit großem Anfangsbuchstaben anzeigen können. Des Weiteren haben Sie gelernt, wie Sie unnötige Elemente aus verschiedenen Teilen eines Strings entfernen, um Ausgaben sauber zu formatieren. Sie haben auch schon Integer und Fließkommazahlen verwendet und einige Möglichkeiten für die Arbeit mit numerischen Daten kennengelernt. Zudem haben Sie erfahren, wie Sie erklärende Kommentare schreiben, um Ihren Code für sich selbst und andere leichter verständlich zu machen. Am Ende des Kapitels wurde Ihnen das Grundprinzip vorgestellt, Ihren Code so einfach wie möglich zu halten.

In Kapitel 3 erfahren Sie, wie Sie Gruppen von Informationen in besonderen Datenstrukturen, sogenannten *Listen*, speichern können und wie Sie eine solche Liste durcharbeiten und die darin enthaltenen Informationen bearbeiten.

3

Eine Einführung in Listen

In diesem und dem folgenden Kapitel erfahren Sie, was Listen sind und wie Sie mit den darin enthaltenen Elementen arbeiten. In Listen können Sie zusammengehörige Informationen speichern, ganz gleich, ob es nur wenige oder Millionen von Elementen sind. Listen gehören zu den vielseitigsten Merkmalen von Python und können schon von Einsteigern in die Programmierung genutzt werden.

Was sind Listen?

Eine *Liste* ist eine geordnete Sammlung von Elementen. Sie können eine Liste aller Buchstaben des Alphabets, der Ziffern von 0 bis 9 oder aller Mitglieder Ihrer Familie aufstellen. In eine Liste können Sie beliebige Dinge aufnehmen, und die Elemente dieser Liste müssen auch nicht auf eine bestimmte Weise miteinander in Beziehung stehen. Da Listen gewöhnlich mehr als ein Element enthalten, ist es sinnvoll, Listennamen im Plural zu verwenden, also z.B. `letters`, `digits` oder `names`.

In Python werden Listen durch eckige Klammern dargestellt, wobei die einzelnen Elemente in der Liste durch Kommata getrennt sind. Das folgende einfache Beispiel zeigt eine Liste von Fahrradtypen:

bicycles.py

```
bicycles = ['trek', 'cannondale', 'redline', 'specialized']
print(bicycles)
```

Wenn Sie Python anweisen, eine Liste auszugeben, zeigt Python sie in dieser Darstellung einschließlich der eckigen Klammern an:

```
['trek', 'cannondale', 'redline', 'specialized']
```

Das ist allerdings nicht die Ausgabe, die Sie den Benutzern Ihres Programms zumuten wollen. Daher sehen wir uns als Nächstes an, wie Sie auf die einzelnen Elemente in der Liste zugreifen.

Elemente in einer Liste ansprechen

Da es sich bei Listen um geordnete Sammlungen handelt, können Sie auf ein darin enthaltenes Element zugreifen, indem Sie Python dessen Position oder *Index* mitteilen. Dabei geben Sie den Namen der Liste gefolgt vom Index des gewünschten Elements in eckigen Klammern an.

Um das erste Element aus der Liste `bicycles` abzurufen, gehen Sie wie folgt vor:

```
  bicycles = ['trek', 'cannondale', 'redline', 'specialized']
❶ print(bicycles[0])
```

Die Syntax für diesen Vorgang sehen Sie bei ❶. Wenn wir nach einem einzelnen Element aus einer Liste fragen, gibt Python ausschließlich dieses Element ohne eckige Klammern oder Anführungszeichen zurück:

```
trek
```

Dies ist ein Ergebnis, wie wir es den Benutzern präsentieren wollen: eine sauber formatierte Ausgabe.

Auf die Elemente in der Liste können Sie auch die Stringmethoden aus Kapitel 2 anwenden. Beispielsweise können wir das Element `'trek'` mit der Methode `title()` optisch ansprechender ausgeben:

```
bicycles = ['trek', 'cannondale', 'redline', 'specialized']
print(bicycles[0].title())
```

Dabei erhalten wir das gleiche Ergebnis wie im vorherigen Beispiel, allerdings hat die Ausgabe `Trek` jetzt einen großen Anfangsbuchstaben.

Indizes beginnen bei 0, nicht bei 1

Für Python befindet sich das erste Element einer Liste an der Position 0, nicht 1. Das gilt auch für die meisten anderen Programmiersprachen, was daran liegt, wie Listenoperationen auf einer maschinennahen Ebene verwirklicht werden. Wenn Sie unerwartete Ergebnisse erhalten, fragen Sie sich, ob Sie bei der Angabe eines Index um eine Stelle danebenliegen. Das kann schnell passieren.

Das zweite Element in einer Liste hat den Index `1`. Sie können jedes Element in einer Liste abrufen, indem Sie ganz einfach zählen, wo es sich befindet, und dann 1 von diesem Wert abziehen. Um beispielsweise auf das vierte Element einer Liste zuzugreifen, müssen Sie das Element am Index `3` abrufen.

Der folgende Code ruft die Fahrradtypen an den Indizes `1` und `3` ab:

```
bicycles = ['trek', 'cannondale', 'redline', 'specialized']
print(bicycles[1])
print(bicycles[3])
```

Zurückgegeben werden das zweite und das vierte Fahrrad:

```
cannondale
specialized
```

In Python gibt es auch eine besondere Schreibweise, um auf das letzte Element einer Liste zuzugreifen. Wenn Sie das Element am Index `-1` abrufen, gibt Python das letzte Element zurück:

```
bicycles = ['trek', 'cannondale', 'redline', 'specialized']
print(bicycles[-1])
```

Dieser Code gibt den Wert `specialized` zurück. Das ist eine sehr praktische Schreibweise, denn es kommt oft vor, dass Sie das letzte Element einer Liste brauchen, aber nicht wissen, wie lang sie ist. Dies funktioniert übrigens auch mit anderen negativen Indexwerten. So steht der Index `-2` für das zweitletzte Element der Liste, `-3` für das drittletzte usw.

Einzelne Werte aus einer Liste verwenden

Sie können die einzelnen Werte in einer Liste auch wie jede andere Variable nutzen. Wenn Sie Strings mit F-Strings zu einer Nachricht kombinieren, können Sie darin auch Listenwerte aufnehmen.

Versuchen wir, den ersten Fahrradtyp aus der Liste abzurufen und in eine Nachricht einzubauen:

```
bicycles = ['trek', 'cannondale', 'redline', 'specialized']
❶ message = f"My first bicycle was a {bicycles[0].title()}."

print(message)
```

Bei ❶ bauen wir einen Satz unter Zuhilfenahme des Wertes am Index `bicycles[0]` zusammen und weisen ihn der Variablen `message` zu. Als Ausgabe erhalten wir den folgenden einfachen Satz, in dem das erste Fahrrad in der Liste vorkommt:

```
My first bicycle was a Trek.
```

Probieren Sie es selbst aus!

Versuchen Sie sich an den folgenden kurzen Programmen, um erste Erfahrungen mit Listen in Python zu sammeln. Um den Überblick zu behalten, sollten Sie die Übungen eines Kapitels jeweils in einem eigenen Ordner ablegen.

3-1 Namen: Speichern Sie die Namen einiger Freunde in der Liste `names`. Geben Sie die Namen aller Personen aus, indem Sie nacheinander jedes Element abrufen.

3-2 Grüße: Verwenden Sie wiederum die Liste aus Übung 3-1, aber geben Sie nicht einfach die Namen aus, sondern an die einzelnen Personen gerichtete Nachrichten. Alle diese Nachrichten sollen den gleichen Text aufweisen, aber jeweils eine andere Person ansprechen.

3-3 Ihre eigene Liste: Erstellen Sie eine Liste mit mehreren Beispielen für Ihr bevorzugtes Verkehrsmittel, z. B. Motorräder oder Autos. Geben Sie dann mehrere Aussagen über die Elemente in dieser Liste aus, z. B.: »I would like to own a Honda motorcycle.«

Elemente verändern, hinzufügen und entfernen

Die Listen, die Sie in Ihrem Programm erstellen, sind meistens dynamischer Natur. Das heißt, dass Sie die Liste aufstellen und dann im Programmverlauf Elemente hinzufügen oder daraus entfernen. Stellen Sie sich beispielsweise ein Spiel vor, bei dem man außerirdische Raumschiffe abschießen muss. Sie können die ursprüngliche Menge der Gegner in einer Liste speichern und dann jeweils ein Element entfernen, wenn das entsprechende Schiff abgeschossen wurde. Jedes Mal, wenn ein neues Schiff auftaucht, fügen Sie es der Liste hinzu. Im Verlauf des Spiels wird die Liste daher ständig wachsen und schrumpfen.

Elemente in einer Liste ändern

Für die Änderung von Elementen in einer Liste verwenden Sie eine ähnliche Syntax wie für den Zugriff. Um ein Element zu ändern, geben Sie den Namen der Liste gefolgt von dem Index des Elements an und stellen dann den neuen Wert bereit.

Nehmen wir an, Sie haben eine Liste von Motorrädern, deren erster Wert `'honda'` lautet. Wir können diesen Wert ändern, nachdem die Liste erstellt wurde.

motorcycles.py

```
❶ motorcycles = ['honda', 'yamaha', 'suzuki']
  print(motorcycles)

❷ motorcycles[0] = 'ducati'
  print(motorcycles)
```

Bei ❶ wird die ursprüngliche Liste definiert, die `'honda'` als erstes Element enthält. Der Code bei ❷ ändert den Wert dieses ersten Elements in `'ducati'`. Die Ausgabe zeigt, dass dieses Element tatsächlich geändert wurde, während der Rest der Liste unverändert geblieben ist:

```
['honda', 'yamaha', 'suzuki']
['ducati', 'yamaha', 'suzuki']
```

Natürlich können Sie den Wert jedes beliebigen Elements in einer Liste ändern, nicht nur den des ersten.

Elemente zu einer Liste hinzufügen

Es kann viele Gründe dafür geben, eine Liste um weitere Elemente zu ergänzen, etwa um in einem Spiel neue Gegner erscheinen zu lassen, um neue Daten zu einer Darstellung oder neu registrierte Benutzer zu einer Website hinzuzufügen. Python bietet mehrere Möglichkeiten dazu.

Elemente am Ende einer Liste anhängen

Die einfachste Möglichkeit, neue Elemente zu einer Liste hinzuzufügen, besteht darin, sie am Ende *anzuhängen*. Sehen wir uns an, wie wir das Element `'ducati'` hinten an die Liste aus dem vorherigen Beispiel anhängen:

```
  motorcycles = ['honda', 'yamaha', 'suzuki']
  print(motorcycles)

❶ motorcycles.append('ducati')
  print(motorcycles)
```

Die Methode `append()` bei ❶ fügt `'ducati'` am Ende der Liste hinzu, ohne dass dies Auswirkungen auf die anderen Elemente hätte:

```
['honda', 'yamaha', 'suzuki']
['honda', 'yamaha', 'suzuki', 'ducati']
```

Die Methode `append()` macht es leicht, Listen dynamisch zu erstellen. Beispielsweise können Sie mit einer leeren Liste beginnen und ihr dann mit einer Folge von `append()`-Anweisungen Elemente hinzufügen wie im folgenden Beispiel:

```
motorcycles = []

motorcycles.append('honda')
motorcycles.append('yamaha')
motorcycles.append('suzuki')

print(motorcycles)
```

Die resultierende Liste sieht genauso aus wie diejenige, die wir in unseren vorherigen Beispielen verwendet haben:

```
['honda', 'yamaha', 'suzuki']
```

Dies ist eine gebräuchliche Vorgehensweise, da Sie oft nicht wissen können, welche Daten Ihre Benutzer in dem Programm speichern werden. Um den Benutzern die volle Kontrolle zu geben, definieren Sie eine leere Liste für deren Werte und hängen Sie dann jeden neuen, von den Benutzern bereitgestellten Wert daran an.

Elemente in eine Liste einfügen

Mit der Methode `insert()` können Sie ein neues Element auch an einer beliebigen Stelle der Liste einfügen. Dazu müssen Sie den gewünschten Index des neuen Elements und dessen Wert angeben:

```
   motorcycles = ['honda', 'yamaha', 'suzuki']

❶  motorcycles.insert(0, 'ducati')
   print(motorcycles)
```

Hier fügt der Code bei ❶ den Wert `'ducati'` am Anfang der Liste ein. Die Methode `insert()` räumt am Index `0` Platz frei und speichert dort den neuen Wert. Dadurch werden alle anderen Werte in der Liste um eine Stelle nach rechts verschoben:

```
['ducati', 'honda', 'yamaha', 'suzuki']
```

Elemente aus einer Liste entfernen

Es kommt oft vor, dass Sie ein oder mehrere Elemente aus einer Liste entfernen müssen. Wenn ein Spieler ein gegnerisches Raumschiff abgeschossen hat, müssen Sie es aus der Liste der Schiffe austragen, und wenn ein Benutzer sein Konto für eine Webanwendung aufhebt, muss er ebenfalls aus der Liste der aktiven Benutzer entfernt werden. Elemente können Sie sowohl anhand ihres Index als auch anhand ihres Wertes entfernen.

Elemente mit der Anweisung del entfernen

Wenn Sie die Position des Elements kennen, das Sie entfernen möchten, können Sie die Anweisung `del` verwenden:

```
motorcycles = ['honda', 'yamaha', 'suzuki']
print(motorcycles)

❶ del motorcycles[0]
print(motorcycles)
```

Der Code bei ❶ entfernt mithilfe von `del` das erste Element aus der Liste der Motorräder, nämlich `'honda'`:

```
['honda', 'yamaha', 'suzuki']
['yamaha', 'suzuki']
```

Mit `del` können Sie Elemente an beliebigen Stellen in einer Liste entfernen, solange sie nur deren Index kennen. Im folgenden Beispiel nutzen wir diese Anweisung, um das zweite Element zu löschen, `'yamaha'`:

```
motorcycles = ['honda', 'yamaha', 'suzuki']
print(motorcycles)

del motorcycles[1]
print(motorcycles)
```

Tatsächlich wird das zweite Motorrad aus der Liste ausgetragen:

```
['honda', 'yamaha', 'suzuki']
['honda', 'suzuki']
```

In beiden Fällen ist es anschließend nicht mehr möglich, auf den entfernten Wert zuzugreifen.

Elemente mit der Methode pop() entfernen

Manchmal möchten Sie den Wert eines Elements noch verwenden, nachdem Sie es aus der Liste entfernt haben, beispielsweise um die x- und y-Koordinaten eines abgeschossenen Raumschiffs zu ermitteln und eine Explosion an der betreffenden Stelle zu zeichnen. Bei einer Webanwendung kann es sein, dass Sie einen Benutzer aus der Liste der aktiven Mitglieder herausnehmen, aber zur Liste der inaktiven Mitglieder hinzufügen möchten.

Die Methode pop() entfernt zwar den letzten Eintrag aus einer Liste, lässt es aber zu, weiterhin damit zu arbeiten. Probieren wir das mit einem Motorrad in unserer Liste aus:

```
❶ motorcycles = ['honda', 'yamaha', 'suzuki']
  print(motorcycles)

❷ popped_motorcycle = motorcycles.pop()
❸ print(motorcycles)
❹ print(popped_motorcycle)
```

Bei ❶ erstellen wir die Liste motorcycles und geben Sie aus. Bei ❷ entfernen wir den letzten Wert mit pop() und weisen diesen Wert der Variablen popped_motorcycle zu. Anschließend geben wir bei ❸ die Liste aus, um zu zeigen, dass tatsächlich ein Wert entfernt wurde. Diesen Wert geben wir nun bei ❹ aus, was beweist, dass wir ihn nach wie vor verwenden können.

Die Ausgabe zeigt, dass der Wert 'suzuki' vom Ende der Liste entfernt wurde und sich jetzt in der Variablen popped_motorcycle befindet:

```
['honda', 'yamaha', 'suzuki']
['honda', 'yamaha']
suzuki
```

Welchen Nutzen hat diese Methode in der Praxis? Nehmen wir an, die Motorräder in der Liste sind in chronologischer Reihenfolge nach dem Kaufdatum geordnet. Dann können wir mithilfe von pop() eine Aussage über das zuletzt gekaufte Motorrad ausgeben:

```
motorcycles = ['honda', 'yamaha', 'suzuki']

last_owned = motorcycles.pop()
print("The last motorcycle I owned was a " + last_owned.title() + ".")
```

Als Ausgabe erhalten wir einen Satz über das letzte Motorrad, das ich besessen habe:

```
The last motorcycle I owned was a Suzuki.
```

Elemente mit pop() von beliebigen Stellen einer Liste entfernen

Mit `pop()` können Sie auch ein Element an jeder Stelle in der Liste entfernen, indem Sie in den Klammern den Index dieses Elements angeben.

```
motorcycles = ['honda', 'yamaha', 'suzuki']

❶ first_owned = motorcycles.pop(0)
❷ print(f"The first motorcycle I owned was a {first_owned.title()}.")
```

Hier nehmen wir bei ❶ das erste Motorrad aus der Liste heraus und geben dann bei ❷ eine Nachricht über dieses Motorrad aus. Als Ausgabe erhalten wir einen Satz über das erste Motorrad, das ich besessen habe:

```
The first motorcycle I owned was a Honda.
```

Denken Sie bei der Verwendung von `pop()` daran, dass das Element, mit dem Sie arbeiten, nicht mehr in der Liste gespeichert ist.

Wann sollten Sie die Anweisung `del` verwenden und wann die Methode `pop()`? Wenn Sie ein Element aus einer Liste entfernen möchten und es danach nicht mehr verwenden wollen, nehmen Sie `del`; wollen Sie jedoch das entfernte Element weiterhin nutzen, entscheiden Sie sich für `pop()`.

Elemente anhand ihres Wertes entfernen

Es kann vorkommen, dass Sie nicht wissen, an welcher Position das Element steht, das Sie entfernen möchten. Wenn Sie aber seinen Wert kennen, können Sie die Methode `remove()` verwenden.

Nehmen wir an, Sie wollen den Wert `'ducati'` aus der Liste der Motorräder entfernen:

```
motorcycles = ['honda', 'yamaha', 'suzuki', 'ducati']
print(motorcycles)

❶ motorcycles.remove('ducati')
print(motorcycles)
```

Die Methode `remove()` ❶ weist Python an, herauszufinden, wo `'ducati'` in der Liste vorkommt, und das betreffende Element dann zu entfernen:

```
['honda', 'yamaha', 'suzuki', 'ducati']
['honda', 'yamaha', 'suzuki']
```

Bei der Verwendung von remove() gibt es eine Möglichkeit, um mit dem Wert weiterzuarbeiten, den Sie aus der Liste entfernt haben. Im folgenden Beispiel wollen wir abermals 'ducati' aus der Liste herausnehmen, aber auch einen Grund dafür angeben:

```
❶ motorcycles = ['honda', 'yamaha', 'suzuki', 'ducati']
  print(motorcycles)

❷ too_expensive = 'ducati'
❸ motorcycles.remove(too_expensive)
  print(motorcycles)
❹ print(f"\nA {too_expensive.title()} is too expensive for me.")
```

Nach der Definition der Liste (❶) weisen wir den Wert 'ducati' der Variablen too_expensive zu (❷). Anschließend verwenden wir diese Variable, um Python bei ❸ anzuweisen, welchen Wert es von der Liste entfernen soll. Bei ❹ steht der Wert 'ducati' schon nicht mehr in der Liste, ist aber immer noch über die Variable too_expensive erreichbar, sodass wir eine Nachricht darüber ausgeben können, warum wir diesen Wert aus der Liste herausgenommen haben:

```
['honda', 'yamaha', 'suzuki', 'ducati']
['honda', 'yamaha', 'suzuki']

A Ducati is too expensive for me.
```

Hinweis

Die Methode remove() entfernt nur das erste Vorkommen des angegebenen Wertes. Wenn die Möglichkeit besteht, dass dieser Wert mehrmals in der Liste vorkommt, müssen Sie eine Schleife verwenden, um festzustellen, ob alle Vorkommen entfernt wurden. Wie Sie das tun, erfahren Sie in Kapitel 7.

Probieren Sie es selbst aus!

Die folgenden Übungen sind ein wenig anspruchsvoller als diejenigen aus Kapitel 2, aber sie geben Ihnen die Gelegenheit, Listen auf alle zuvor beschriebenen Weisen anzuwenden.

3-4 Gästeliste: Erstellen Sie eine Liste von mindestens drei Personen (ob lebend oder bereits verstorben), die Sie gern zum Abendessen einladen möchten. Geben Sie dann für jede dieser Personen eine Nachricht mit der Einladung aus.

→

3-5 Gästeliste ändern: Sie haben gerade erfahren, dass einer der Gäste nicht zum Abendessen kommen kann, weshalb Sie eine weitere Person einladen und einen neuen Satz Einladungen verschicken müssen.

- Beginnen Sie mit dem Programm aus Übung 3-4. Fügen Sie am Ende eine `print`-Anweisung mit dem Namen des Gastes hinzu, der nicht kommen kann.
- Ersetzen Sie in der Liste den Namen des Gastes, der nicht kommen kann, durch den der neu eingeladenen Person.
- Geben Sie einen zweiten Satz Einladungen für jede der Personen aus, die noch in der Liste aufgeführt werden.

3-6 Weitere Gäste: Sie haben gerade einen größeren Esstisch entdeckt, sodass Sie jetzt mehr Platz haben. Laden Sie noch drei weitere Gäste zum Abendessen ein.

- Beginnen Sie mit dem Programm aus Übung 3-4 oder 3-5. Fügen Sie am Ende eine `print`-Anweisung hinzu, mit der Sie die Gäste darüber informieren, dass Sie einen größeren Tisch gefunden haben.
- Fügen Sie mit `insert()` einen neuen Gast am Anfang der Liste ein.
- Fügen Sie mit `insert()` einen neuen Gast in der Mitte der Liste ein.
- Fügen Sie mit `append()` einen Gast am Ende der Liste hinzu.
- Geben Sie einen neuen Satz Einladungen für jede der Personen auf der Liste aus.

3-7 Die Gästeliste verkleinern: Gerade haben Sie erfahren, dass Ihr neuer Esstisch nicht mehr rechtzeitig geliefert werden kann. Sie haben nur Platz für zwei Gäste.

- Beginnen Sie mit dem Programm aus Übung 3-6. Fügen Sie am Ende eine `print`-Anweisung hinzu, mit der Sie die Gäste darüber informieren, dass Sie nur noch zwei Personen einladen können.
- Entfernen Sie mit `pop()` nach und nach Gäste von der Liste, bis nur noch zwei Namen übrig sind. Geben Sie bei jeder Verwendung von `pop()` eine Nachricht an die betreffende Person aus, um sich dafür zu entschuldigen, dass Sie sie nicht zum Essen einladen können.
- Geben Sie an die beiden verbliebenen Personen auf der Liste jeweils eine Nachricht aus, um ihnen mitzuteilen, dass sie nach wie vor eingeladen sind.
- Löschen Sie mit `del` die beiden Namen von der Liste, sodass diese jetzt leer ist. Geben Sie die Liste aus, um sich zu vergewissern, dass Sie am Ende des Programms tatsächlich leer ist.

Listen ordnen

Da Sie keine Kontrolle darüber haben, in welcher Reihenfolge die Benutzer Ihres Programms die Daten bereitstellen, sind Listen oft willkürlich geordnet. Das lässt sich meistens nicht vermeiden, und manchmal kann es auch sinnvoll sein, die ursprüngliche Reihenfolge der Liste beizubehalten. Es gibt jedoch auch Fälle, in denen die Informationen in einer bestimmten Reihenfolge vorliegen müssen. Daher bietet Python verschiedene Möglichkeiten, um Listen zu ordnen.

Listen mit sort() dauerhaft sortieren

Mit der Python-Methode `sort()` ist es recht einfach, Listen zu sortieren. Stellen Sie sich vor, Sie wollen eine Liste von Autos alphabetisch ordnen. Der Einfachheit halber wollen wir annehmen, dass alle Werte in der Liste kleingeschrieben sind.

cars.py

```
  cars = ['bmw', 'audi', 'toyota', 'subaru']
❶ cars.sort()
  print(cars)
```

Die Methode `sort()` bei ❶ ändert die Reihenfolge der Liste dauerhaft. Die Autos sind jetzt alphabetisch angeordnet, und es ist nicht mehr möglich, zur ursprünglichen Sortierung zurückzukehren:

```
['audi', 'bmw', 'subaru', 'toyota']
```

Um eine Liste in umgekehrter alphabetischer Reihenfolge zu ordnen, übergeben Sie der Methode `sort()` das Argument `reverse=True`, wie das folgende Beispiel zeigt:

```
cars = ['bmw', 'audi', 'toyota', 'subaru']
cars.sort(reverse=True)
print(cars)
```

Auch dabei wird die Reihenfolge der Liste dauerhaft geändert:

```
['toyota', 'subaru', 'bmw', 'audi']
```

Listen mit der Funktion sorted() vorübergehend sortieren

Um eine Liste sortiert auszugeben, aber intern die ursprüngliche Reihenfolge beizubehalten, können Sie die Funktion `sorted()` verwenden. Das wollen wir an unserer Autoliste ausprobieren:

```
cars = ['bmw', 'audi', 'toyota', 'subaru']

❶ print("Here is the original list:")
print(cars)

❷ print("\nHere is the sorted list:")
print(sorted(cars))

❸ print("\nHere is the original list again:")
print(cars)
```

Bei ❶ geben wir die Liste in der ursprünglichen Reihenfolge aus, bei ❷ alphabetisch geordnet. Anschließend zeigen wir bei ❸, dass die Originalsortierung der Liste erhalten geblieben ist.

```
Here is the original list:
['bmw', 'audi', 'toyota', 'subaru']

Here is the sorted list:
['audi', 'bmw', 'subaru', 'toyota']

❹ Here is the original list again:
['bmw', 'audi', 'toyota', 'subaru']
```

Wie Sie bei ❹ sehen, existiert die Liste auch nach der Anwendung der Funktion `sorted()` in der ursprünglichen Reihenfolge. Auch `sorted()` akzeptiert übrigens das Argument `reverse=True`, um die Liste in umgekehrter alphabetischer Reihenfolge auszugeben.

Hinweis

Die alphabetische Sortierung einer Liste ist komplizierter, wenn die Werte nicht alle in Kleinbuchstaben vorliegen. Es gibt verschiedene Möglichkeiten für den Umgang mit Großbuchstaben. Wie Sie die gewünschte Reihenfolge genau festlegen, ist etwas aufwendiger, weshalb wir uns hier noch nicht damit beschäftigen. Die meisten Sortiermöglichkeiten bauen jedoch auf dem auf, was Sie in diesem Abschnitt gelernt haben.

Listen in umgekehrter Reihenfolge ausgeben

Mit der Methode `reverse()` können Sie die ursprüngliche Liste in umgekehrter Reihenfolge ausgeben. Wenn wir beispielsweise die Liste der Autos ursprünglich chronologisch nach Anschaffungsdatum geordnet haben, können wir sie damit ganz einfach vom neuesten zum ältesten Auto sortieren:

```
cars = ['bmw', 'audi', 'toyota', 'subaru']
print(cars)

cars.reverse()
print(cars)
```

Beachten Sie, dass `reverse()` keine umgekehrte alphabetische Sortierung vornimmt, sondern einfach die ursprüngliche Reihenfolge der Liste umkehrt:

```
['bmw', 'audi', 'toyota', 'subaru']
['subaru', 'toyota', 'audi', 'bmw']
```

Die Reihenfolge der Liste wird dabei zwar dauerhaft geändert, allerdings können Sie jederzeit zur ursprünglichen Sortierung zurückkehren, indem Sie `reverse()` ein weiteres Mal anwenden.

Die Länge einer Liste ermitteln

Die Länge einer Liste können Sie ganz schnell mit der Funktion `len()` herausfinden. Da die Liste in unserem Beispiel vier Elemente enthält, beträgt ihre Länge 4:

```
>>> cars = ['bmw', 'audi', 'toyota', 'subaru']
>>> len(cars)
4
```

Diese Funktion ist sehr praktisch, wenn Sie beispielsweise die Anzahl der Gegner bestimmen müssen, die in einem Spiel noch abgeschossen werden müssen, die Menge der Daten, die noch zu visualisieren sind, oder die Anzahl der registrierten Benutzer einer Website, um nur einige mögliche Aufgaben zu nennen.

Hinweis

Beim Zählen der Elemente in einer Liste beginnt Python bei 1, sodass es bei der Längenbestimmung nicht zu Versatzfehlern kommen kann.

Probieren Sie es selbst aus!

3-8 Weltreise: Stellen Sie sich fünf Orte vor, die Sie gern besuchen möchten.

- Speichern Sie die Orte in einer Liste, und zwar absichtlich nicht in alphabetischer Reihenfolge.
- Geben Sie die Liste in der ursprünglichen Reihenfolge aus. Machen Sie sich hier keine Gedanken über die Formatierung, sondern geben Sie einfach die rohe Python-Liste aus.

→

- Geben Sie die Liste mithilfe von `sorted()` in alphabetischer Reihenfolge aus, ohne die eigentliche Liste zu verändern.
- Beweisen Sie, dass die Liste immer noch in ihrer ursprünglichen Reihenfolge vorliegt, indem Sie sie ausgeben.
- Geben Sie die Liste mithilfe von `sorted()` in umgekehrter alphabetischer Reihenfolge aus, ohne die eigentliche Liste zu verändern.
- Beweisen Sie, dass die Liste immer noch in ihrer ursprünglichen Reihenfolge vorliegt, indem Sie sie erneut ausgeben.
- Kehren Sie die Reihenfolge der Liste mit `reverse()` um. Geben Sie die Liste aus, um zu beweisen, dass sich die Sortierung geändert hat.
- Kehren Sie die Reihenfolge der Liste erneut mit `reverse()` um. Geben Sie die Liste aus, um zu beweisen, dass sie wieder die ursprüngliche Sortierung hat.
- Sortieren Sie die Liste mit `sort()` alphabetisch. Geben Sie die Liste aus, um zu beweisen, dass sich die Reihenfolge geändert hat.
- Sortieren Sie die Liste mit `sort()` umgekehrt alphabetisch. Geben Sie die Liste aus, um zu beweisen, dass sich die Reihenfolge geändert hat.

3-9 Gäste zum Abendessen: Verwenden Sie in den Programmen aus den Übungen 3-4 bis 3-7 die Funktion `len()`, um eine Nachricht mit der Anzahl der geladenen Gäste auszugeben.

3-10 Alle Funktionen: Überlegen Sie sich ein Thema, zu dem Sie eine Liste erstellen können, beispielsweise eine Liste von Bergen, Flüssen, Ländern, Städten, Sprachen usw. Schreiben Sie ein Programm, das eine Liste solcher Elemente zusammenstellt, und wenden Sie dann jede der in diesem Kapitel besprochenen Funktionen mindestens einmal an.

Indexfehler vermeiden

Wenn Sie beginnen, mit Listen zu arbeiten, wird ein ganz bestimmter Fehler häufig auftreten. Nehmen wir an, Sie haben eine Liste mit drei Elementen und sind an dem dritten interessiert. Mit dem folgenden Code versuchen Sie aber in Wirklichkeit, ein viertes Element abzurufen:

```
motorcycles = ['honda', 'yamaha', 'suzuki']
print(motorcycles[3])
```

Dies hat einen *Indexfehler* zur Folge:

```
Traceback (most recent call last):
  File "motorcycles.py", line 2, in <module>
```

```
    print(motorcycles[3])
    ~~~~~~~~~~~^^^
IndexError: list index out of range
```

Python versucht, das Element am Index 3 zurückzugeben, kann dort aber keines finden. Da die Nummerierung der Indizes in Listen um eine Stelle versetzt ist, kommt dieser Fehler häufig vor. Man glaubt, dass das dritte Element den Index 3 hat, doch da Python bei der Indizierung bei 0 beginnt, hat es in Wirklichkeit den Index 2.

Wenn ein solcher Indexfehler in einem Ihrer Programme vorkommt, müssen Sie den abgefragten Indexwert um 1 verringern. Führen Sie das Programm erneut aus, um zu prüfen, ob es jetzt korrekt funktioniert.

Um auf das letzte Element einer Liste zuzugreifen, sollten Sie den Index -1 angeben. Das funktioniert immer, auch wenn sich die Länge der Liste zwischendurch geändert hat:

```
motorcycles = ['honda', 'yamaha', 'suzuki']
print(motorcycles[-1])
```

Der Index -1 gibt immer das letzte Element in einer Liste zurück, in diesem Fall also `'suzuki'`:

```
'suzuki'
```

Ein Fehler kann nur in einem einzigen Fall auftreten, nämlich dann, wenn Sie versuchen, das letzte Element einer leeren Liste abzurufen:

```
motorcycles = []
print(motorcycles[-1])
```

Da `motorcycles` keinerlei Elemente enthält, gibt Python einen weiteren Indexfehler zurück:

```
Traceback (most recent call last):
  File "motorcycles.py", line 3, in <module>
    print(motorcycles[-1])
    ~~~~~~~~~~~^^^^
IndexError: list index out of range
```

Hinweis

Wenn ein Indexfehler auftritt und Sie nicht herausfinden können, wie Sie ihn lösen sollen, geben Sie die Liste oder einfach nur deren Länge aus. Möglicherweise sieht die Liste ganz anders aus, als Sie gedacht haben, insbesondere dann, wenn sie im Programmverlauf dynamisch verändert wird. Die tatsächliche Liste vor Augen zu haben oder wenigstens die genaue Anzahl ihrer Elemente zu kennen, kann helfen, den Fehler zu finden.

Probieren Sie es selbst aus!

3-11 Absichtlicher Fehler: Wenn Ihnen in Ihren Programmen noch kein Indexfehler unterlaufen ist, versuchen Sie, einen solchen zu provozieren. Ändern Sie einen Index in einem Ihrer Programme, um einen Indexfehler hervorzurufen. Beheben Sie den Fehler wieder, bevor Sie das Programm schließen.

Zusammenfassung

In diesem Kapitel haben Sie erfahren, was Listen sind und wie Sie mit den einzelnen Elementen in einer Liste arbeiten können. Sie haben gelernt, wie Sie eine Liste definieren, wie Sie Elemente hinzufügen und entfernen, wie Sie Listen vorübergehend für die Ausgabe, aber auch dauerhaft umsortieren, wie Sie die Länge einer Liste herausfinden und wie Sie Indexfehler vermeiden können.

In Kapitel 4 erfahren Sie, wie Sie mit nur wenigen Zeilen Code die Elemente einer Liste in einer Schleife durchlaufen können. Das ermöglicht Ihnen, effizient zu arbeiten – selbst bei Listen, die Tausende oder gar Millionen von Elementen enthalten.

4

Mit Listen arbeiten

In Kapitel 3 haben Sie erfahren, wie Sie eine einfache Liste erstellen und mit den darin enthaltenen Elementen arbeiten. Hier nun lernen Sie, wie Sie eine komplette Liste unabhängig von ihrer Länge mit nur wenigen Codezeilen in einer *Schleife* durchlaufen können, um an allen Elementen dieselbe Aktion auszuführen. Dadurch können Sie effizient mit Listen beliebiger Länge arbeiten, auch wenn sie Tausende oder gar Millionen von Einträgen enthalten.

Eine komplette Liste durchlaufen

Häufig ist es erforderlich, dieselbe Aufgabe an allen Elementen einer Liste durchzuführen. Beispielsweise kann es bei einem Spiel vorkommen, dass Sie jedes Element auf dem Bildschirm um denselben Betrag verschieben. Ein anderes Beispiel ist eine Liste von Zahlen, an denen Sie jeweils dieselbe statistische Operation vornehmen. Vielleicht möchten Sie auch alle Überschriften einer Liste von Artikeln auf einer Website ausgeben. In jedem Fall können Sie dazu in Python eine `for`-Schleife verwenden.

Nehmen wir an, Sie haben eine Liste von Zauberern und möchten jeden einzelnen Namen auf der Liste ausgeben. Dazu können wir die Namen einzeln abrufen, aber dabei gibt es zwei Probleme. Erstens wäre das bei einer langen Liste von Namen sehr mühselig, und zweitens müssen wir den Code jedes Mal ändern, wenn sich die Länge der Liste ändert. Durch die Verwendung einer `for`-Schleife können wir beide Probleme umgehen, da sich Python dann intern darum kümmert.

Um alle Namen in unserer Zaubererliste auszugeben, verwenden wir die folgende `for`-Schleife:

magicians.py

```
❶ magicians = ['alice', 'david', 'carolina']
❷ for magician in magicians:
❸     print(magician)
```

Bei ❶ definieren wir die Liste, wie wir es in Kapitel 3 gelernt haben. Anschließend definieren wir bei ❷ eine `for`-Schleife. Diese Zeile weist Python an, einen Namen aus der Liste `magicians` abzurufen und der Variablen `magician` zuzuweisen. Schließlich teilen wir Python bei ❸ mit, den mit `magician` verknüpften Namen auszugeben. Python wiederholt die Zeilen ❷ und ❸ dann für jeden Namen in der Liste. Mit einigen Erweiterungen lässt sich dieser Code als verständlicher englischer Satz lesen: »For every magician in the list of magicians, print the magician's name.« (Aufgrund des anderen Satzbaus funktioniert das auf Deutsch leider nicht. Die wörtliche Wiedergabe »Für jeden Zauberer in der Liste der Zauberer drucke den Namen des Zauberers« vermittelt zwar den Sinn des Codes, ist aber kein korrektes Deutsch.)

Als Ausgabe erhalten wir alle in der Liste enthaltenen Namen:

```
alice
david
carolina
```

Die Schleife im Detail

Die Funktionsweise von Schleifen zu verstehen, ist sehr wichtig, da sie zu den am häufigsten verwendeten Verfahren gehören, um wiederholende Aufgaben zu automatisieren. In unserem Beispiel liest Python zu Beginn der Schleife als Erstes die folgende Zeile:

```
for magician in magicians:
```

Hiermit wird Python angewiesen, den ersten Wert aus der Liste `magicians` abzurufen und der Variablen `magician` zuzuweisen. Dieser erste Wert lautet `'alice'`. Danach liest Python die nächste Zeile:

```
print(magician)
```

Nun gibt Python den aktuellen Wert von `magician` aus, also `'alice'`. Da die Liste aber noch mehr Werte enthält, kehrt Python wieder zur ersten Zeile der Schleife zurück:

```
for magician in magicians:
```

Python ruft den nächsten Namen in der Liste ab, also `'david'`, und weist ihn wiederum `magician` zu. Anschließend führt es wieder die folgende Zeile aus:

```
print(magician)
```

Erneut gibt Python den aktuellen Wert von `magician` aus, der jetzt aber `'david'` lautet. Anschließend wiederholt Python die Schleife ein weiteres Mal für den letzten Wert in der Liste, `'carolina'`. Da es keine weiteren Werte mehr in der Liste gibt, fährt Python danach mit der nächsten Zeile des Programms fort. In diesem Beispiel steht jedoch nichts mehr hinter der `for`-Schleife, weshalb das Programm dann endet.

Merken Sie sich, dass die Schritte in der Schleife für jedes Element in der Liste ausgeführt werden, ganz gleich, wie viele das sind. Wenn Ihre Liste eine Million Einträge umfasst, führt Python die Schritte auch eine Million Mal aus – was gewöhnlich ziemlich schnell geht.

Wenn Sie Ihre eigenen Schleifen schreiben, können Sie die temporäre Variable, der die einzelnen Listenwerte zugewiesen werden, beliebig benennen. Allerdings ist es sinnvoll, einen Namen zu wählen, der die Elemente in der Liste beschreibt. Das folgende Beispiel zeigt sinnvolle Bezeichnungen von Schleifenvariablen für Listen von Katzen, Hunden und allgemeinen Einträgen:

```
for cat in cats:
for dog in dogs:
for item in list_of_items:
```

Mithilfe einer solchen Benennung können Sie leichter verfolgen, welche Aktionen an den einzelnen Elementen in einer `for`-Schleife vorgenommen werden. Die Verwendung von Namen im Singular und Plural hilft Ihnen zu erkennen, ob ein Codeabschnitt ein einzelnes Element einer Liste oder die gesamte Liste verarbeitet.

Weitere Aufgaben in einer for-Schleife erledigen

In einer `for`-Schleife können Sie mit den einzelnen Elementen praktisch alles anstellen, was Sie wollen. Im Folgenden wollen wir unser vorheriges Beispiel erweitern, indem wir eine Nachricht an den jeweiligen Zauberer ausgeben, um ihn für seinen großartigen Trick zu loben:

```
magicians = ['alice', 'david', 'carolina']
for magician in magicians:
❶    print(f"{magician.title()}, that was a great trick!")
```

Der einzige Unterschied zur vorherigen Version besteht darin, dass wir hier bei ❶ jeweils eine Nachricht an die einzelnen Zauberer zusammenstellen, die mit dem betreffenden Namen beginnt. Beim ersten Schleifendurchlauf ist in `magician` der Wert `'alice'` gespeichert, weshalb Python die erste Nachricht mit dem Namen Alice einleitet. Beim zweiten Mal jedoch steht David am Anfang und beim dritten Mal Carolina.

Die folgende Ausgabe zeigt die personalisierten Nachrichten für die einzelnen Zauberer in der Liste:

```
Alice, that was a great trick!
David, that was a great trick!
Carolina, that was a great trick!
```

In eine `for`-Schleife können Sie so viele Codezeilen schreiben, wie Sie wollen. Jede eingerückte Zeile hinter der Zeile `for magician in magicians` wird als Bestandteil der Schleife aufgefasst und einmal für jeden Wert in der Liste ausgeführt. Daher können Sie an jedem Listenwert so viele Aufgaben ausführen, wie Sie wollen.

Probieren wir das aus, indem wir eine zweite Zeile hinzufügen, um den Zauberern jeweils mitzuteilen, dass wir uns auf ihren nächsten Trick freuen:

```
magicians = ['alice', 'david', 'carolina']
for magician in magicians:
    print(f"{magician.title()}, that was a great trick!")
❶    print(f"I can't wait to see your next trick, {magician.title()}.\n")
```

Da wir beide Aufrufe von `print()` eingerückt haben, werden beide Zeilen für jeden Zauberer in der Liste ausgeführt. Das Zeilenumbruchzeichen (`\n`) im zweiten `print()`-Aufruf (❶) sorgt dafür, dass nach jedem Schleifendurchlauf eine Leerzeile ausgegeben wird, um die Nachrichten sauber nach den einzelnen Personen zu gruppieren:

```
Alice, that was a great trick!
I can't wait to see your next trick, Alice.

David, that was a great trick!
I can't wait to see your next trick, David.

Carolina, that was a great trick!
I can't wait to see your next trick, Carolina.
```

Sie können in eine for-Schleife so viele Zeilen aufnehmen, wie Sie wollen. In der Praxis ist es oft erforderlich, in einer solchen Schleife jeweils mehrere verschiedene Operationen an jedem Listenelement vorzunehmen.

Aktionen nach der for-Schleife

Was passiert, nachdem die for-Schleife komplett abgearbeitet ist? Häufig geben Sie anschließend eine zusammenfassende Meldung aus oder gehen zu anderen Aufgaben über, die das Programm ausführen muss.

Nicht eingerückte Codezeilen hinter einer for-Schleife werden nur einmalig ausgeführt. Das wollen wir ausnutzen, um eine Nachricht an die gesamte Gruppe der Zauberer auszugeben, in der wir ihnen für die hervorragende Darbietung danken. Um nach den Einzelnachrichten eine Gruppennachricht auszugeben, platzieren wir sie ohne Einrückung hinter der Schleife:

```
magicians = ['alice', 'david', 'carolina']
for magician in magicians:
    print(f"{magician.title()}, that was a great trick!")
    print(f"I can't wait to see your next trick, {magician.title()}.\n")

❶ print("Thank you, everyone. That was a great magic show!")
```

Wie wir bereits gesehen haben, werden die ersten beiden Aufrufe von print() für jeden Zauberer in der Liste ausgeführt. Da die Zeile bei ❶ nicht eingerückt ist, wird sie jedoch nur einmal ausgegeben:

```
Alice, that was a great trick!
I can't wait to see your next trick, Alice.

David, that was a great trick!
I can't wait to see your next trick, David.

Carolina, that was a great trick!
I can't wait to see your next trick, Carolina.

Thank you, everyone. That was a great magic show!
```

Wenn Sie Daten mithilfe einer for-Schleife verarbeiten, bildet dies eine gute Möglichkeit, um eine Zusammenfassung über eine Operation auszugeben, die an einer größeren Datenmenge vorgenommen wurde. Beispielsweise können Sie bei einem Spiel auch eine Liste von Figuren durchlaufen und sie alle auf dem Bildschirm ausgeben. Nachdem das Spielfeld so vorbereitet ist, können Sie anschließend mithilfe von zusätzlichem Code hinter der Schleife eine Schaltfläche anzeigen, um das Spiel zu starten.

Einrückungsfehler vermeiden

Anhand von Einrückungen erkennt Python, ob eine Codezeile zu der vorhergehenden Zeile gehört. In den vorherigen Beispielen gehörten die Zeilen, die die Nachrichten an die einzelnen Zauberer ausgaben, zu der `for`-Schleife, da sie eingerückt waren. Aufgrund dieser Einrückungen lässt sich Python-Code sehr leicht lesen. Im Grunde genommen werden Sie dadurch gezwungen, sauber formatierten Code mit einer deutlich sichtbaren Struktur zu schreiben. In längeren Python-Programmen werden Sie auch Codeblöcke sehen, die verschieden weit eingerückt sind. Diese verschiedenen Einrückungsebenen machen die Gliederung des Programms deutlich.

Als Anfänger müssen Sie vor allem auf *Einrückungsfehler* achten. Es kommt oft vor, dass Blöcke eingerückt werden, die gar nicht eingerückt werden müssen, oder dass umgekehrt eine notwendige Einrückung vergessen wird. Im Folgenden sehen Sie Beispiele für solche Fehler, um Sie in Zukunft möglichst zu vermeiden oder wenigstens rasch korrigieren zu können, wenn sie Ihnen unterlaufen.

Sehen wir uns einige der häufigsten Einrückungsfehler an.

Vergessene Einrückung der ersten Zeile in einer Schleife

Die erste Zeile nach der `for`-Anweisung einer Schleife muss stets eingerückt sein. Wenn Sie das vergessen, macht Python Sie darauf aufmerksam:

magicians.py

```
magicians = ['alice', 'david', 'carolina']
for magician in magicians:
❶ print(magician)
```

Der Aufruf von `print()` bei ❶ muss eingerückt sein, ist es aber nicht. Wenn Python einen eingerückten Block erwartet, ihn aber nicht finden kann, zeigt es an, in welcher Zeile dieses Problem auftritt:

```
  File "magicians.py", line 3
    print(magician)
        ^
IndentationError: expected an indented block after 'for' statement on line 2
```

Diese Art von Einrückungsfehler können Sie einfach dadurch beheben, dass Sie die Zeile oder die Zeilen unmittelbar nach der `for`-Anweisung einrücken.

Vergessene Einrückung nachfolgender Zeilen

Es kann vorkommen, dass die Schleife ohne Fehler durchläuft, aber nicht die erwarteten Ergebnisse hervorruft. Das passiert, wenn Sie in der Schleife mehrere Aufgaben erledigen wollen, aber vergessen haben, einige der Zeilen einzurücken.

Nehmen wir beispielsweise an, Sie vergessen, die zweite Zeile in der Schleife einzurücken, mit der wir den einzelnen Zauberern mitteilen wollen, dass wir uns auf ihren nächsten Trick freuen:

```
  magicians = ['alice', 'david', 'carolina']
  for magician in magicians:
      print(f"{magician.title()}, that was a great trick!")
❶ print(f"I can't wait to see your next trick, {magician.title()}.\n")
```

Der Aufruf von `print()` bei ❶ sollte ebenfalls eingerückt sein, doch da Python hinter der `for`-Anweisung wenigstens eine eingerückte Zeile findet, meldet es keinen Fehler. Daher wird der erste `print()`-Aufruf für jeden Namen in der Liste ausgeführt, der zweite aber nur einmal, nachdem die Schleife beendet ist. Da `magician` als letzten Wert `'carolina'` zugewiesen wird, geht die Nachricht `I can't wait to see your next trick` nur an sie:

```
Alice, that was a great trick!
David, that was a great trick!
Carolina, that was a great trick!
I can't wait to see your next trick, Carolina.
```

Dies ist ein *Logikfehler*. Die Syntax ist gültig, aber der Code führt nicht zum gewünschten Ergebnis, da seine Logik fehlerhaft ist. Wenn Sie erwarten, dass eine Aktion für jedes Element einer Liste wiederholt wird, sie aber nur einmal ausgeführt wird, dann prüfen Sie, ob Sie einfach vergessen haben, eine oder mehrere Zeilen einzurücken.

Unnötige Einrückung

Wenn Sie versehentlich eine Zeile eingerückt haben, die gar nicht eingerückt werden muss, weist Python Sie darauf hin:

hello_world.py

```
  message = "Hello Python world!"
❶     print(message)
```

Der Aufruf von `print()` bei ❶ muss nicht eingerückt werden, da er nicht zu der vorhergehenden Zeile gehört. Daher gibt Python eine Fehlermeldung aus:

```
  File "hello_world.py", line 2
    print(message)
    ^
IndentationError: unexpected indent
```

Solche Fehler können Sie vermeiden, indem Sie nur dann eine Einrückung vornehmen, wenn Sie einen bestimmten Grund dafür haben. In den Programmen, die Sie zurzeit schreiben, sind Einrückungen nur für die Aktionen erforderlich, die bei jedem Durchlauf einer `for`-Schleife ausgeführt werden sollen.

Unnötige Einrückung nach einer Schleife

Wenn Sie den Code, der nach der Beendigung einer Schleife ausgeführt werden soll, versehentlich einrücken, wird dieser Code für jeden einzelnen Eintrag in der Liste ausgeführt. Manchmal kann das zu einer Fehlermeldung von Python führen, aber meistens erhalten Sie nur unerwartete Ergebnisse.

Schauen Sie sich als Beispiel an, was geschieht, wenn wir die Zeile, in der wir den Zauberern als Gruppe für die gute Darbietung danken wollen, versehentlich einrücken:

```
magicians = ['alice', 'david', 'carolina']
for magician in magicians:
    print(f"{magician.title()}, that was a great trick!")
    print(f"I can't wait to see your next trick, {magician.title()}.\n")

❶   print("Thank you everyone, that was a great magic show!")
```

Da die letzte Zeile bei ❶ eingerückt ist, wird sie einmal für jede Person auf der Liste ausgegeben:

```
Alice, that was a great trick!
I can't wait to see your next trick, Alice.

Thank you everyone, that was a great magic show!
David, that was a great trick!
I can't wait to see your next trick, David.

Thank you everyone, that was a great magic show!
Carolina, that was a great trick!
I can't wait to see your next trick, Carolina.

Thank you everyone, that was a great magic show!
```

Dies ist ebenso ein Logikfehler wie die zuvor besprochene vergessene Einrückung zusätzlicher Zeilen. Da Python nicht weiß, was Sie mit Ihrem Code erreichen wollen, führt es jeglichen Code aus, der eine gültige Syntax aufweist. Wird eine Aktion wiederholt, obwohl sie nur einmal ausgeführt werden soll, müssen Sie wahrscheinlich eine Einrückung bei dem betreffenden Code entfernen.

Vergessener Doppelpunkt

Der Doppelpunkt am Ende einer `for`-Anweisung teilt Python mit, dass es sich bei der nächsten Zeile um den Anfang einer Schleife handelt.

```
  magicians = ['alice', 'david', 'carolina']
❶ for magician in magicians
      print(magician)
```

Wenn Sie den Doppelpunkt wie in ❶ vergessen, erhalten Sie einen Syntaxfehler, da Python nicht klar erkennen kann, was Sie zu tun versuchen.

```
File "magicians.py", line 2
for magician in magicians
                         ^
SyntaxError: expected ':'
```

Python weiß nicht, ob Sie einfach den Doppelpunkt vergessen haben oder ob Sie zusätzlichen Code schreiben wollten, um eine kompliziertere Schleife einzurichten. Wenn der Interpreter eine mögliche Lösung erkennen kann, schlägt er diese vor, z. B. das Hinzufügen eines Doppelpunkts am Ende einer Zeile, wie hier bei der erwarteten Antwort ':'. Einige Fehler lassen sich dank der Vorschläge in Pythons Tracebacks leicht und offensichtlich beheben. Manche Fehler sind viel schwieriger zu finden, selbst wenn sie nur durch ein einziges Zeichen behoben werden können. Seien Sie nicht enttäuscht, wenn es lange dauert, eine einfache Lösung zu finden; Sie sind mit dieser Erfahrung sicher nicht allein.

Probieren Sie es selbst aus!

4-1 Pizzas: Denken Sie sich mindestens drei Pizzavarianten aus, speichern Sie die Bezeichnungen in einer Liste und geben Sie die Namen in einer `for`-Schleife aus.

- Ändern Sie die `for`-Schleife, um statt der Bezeichnung einen ganzen Satz auszugeben, in dem die Pizza erwähnt wird. Geben Sie für jede Pizza einen Satz mit einer einfachen Aussage wie `I like pepperoni pizza` aus.
- Fügen Sie am Ende des Programms außerhalb der `for`-Schleife eine Zeile hinzu, um zu sagen, dass Sie Pizza ganz allgemein mögen. Insgesamt soll die Ausgabe also aus drei oder mehr Zeilen für die einzelnen Pizzavariationen und dann einem zusammenfassenden Satz wie `I really like pizza!` bestehen.

4-2 Tiere: Denken Sie sich mindestens drei Tierarten mit einem gemeinsamen Merkmal aus. Speichern Sie die Bezeichnungen in einer Liste und geben Sie sie in einer `for`-Schleife aus.

- Ändern Sie die `for`-Schleife, um eine Aussage über jedes Tier auszugeben, z. B. `A dog would make a great pet.`
- Fügen Sie am Ende des Programms eine Zeile hinzu, um zu sagen, was diese Tiere gemeinsam haben, z. B. `Any of these animals would make a great pet!`

Numerische Listen

Es gibt viele Gründe dafür, eine Gruppe von Zahlen zu speichern, beispielsweise um die Positionen der einzelnen Figuren in einem Spiel zu verfolgen oder sich die Spielstände zu merken. Bei der Darstellung von Daten müssen Sie praktisch immer mit Zahlenmengen wie Temperaturen, Entfernungen, Bevölkerungszahlen, Längen- und Breitenwerten usw. arbeiten.

Listen eignen sich perfekt, um Zahlenmengen zu speichern, und Python stellt eine Reihe von Werkzeugen zur Verfügung, mit denen Sie mit solchen numerischen Listen arbeiten können. Damit können Sie Ihren Code auch Listen verarbeiten lassen, die Millionen von Einträgen enthalten.

Die Funktion range()

Mit der Python-Funktion `range()` ist es einfach, eine Folge von Zahlen zu generieren:

first_numbers.py

```
for value in range(1, 5):
    print(value)
```

Dieser Code sieht zwar so aus, als würde er die Zahlen von 1 bis 5 ausgeben, doch tatsächlich fehlt die 5 in der Ausgabe:

```
1
2
3
4
```

Ausgegeben werden nur die Zahlen 1 bis 4. Das liegt wiederum an dem Zahlenversatz, der so oft in Programmiersprachen zu beobachten ist. Die Funktion `range()` beginnt bei dem ersten angegebenen Wert zu zählen und hört bei dem zweiten Wert auf, sodass dieser Endwert (in unserem Fall 5) nicht in der Ausgabe enthalten ist.

Um die Zahlen von 1 bis 5 auszugeben, müssen Sie `range(1,6)` verwenden:

```
for value in range(1, 6):
    print(value)
```

Jetzt beginnt die Ausgabe bei 1 und endet bei 5:

```
1
2
3
4
5
```

Wenn die Ausgabe von `range()` von Ihren Erwartungen abweicht, versuchen Sie, den Endwert um 1 zu verändern.

Es ist auch möglich, `range()` nur ein einziges Argument zu übergeben. In diesem Fall beginnt die Zahlenfolge bei 0. Beispielsweise gibt `range(6)` die Zahlen von 0 bis 5 zurück.

Numerische Listen mithilfe von range() aufstellen

Mithilfe der Funktion `list()` können Sie das Ergebnis von `range()` auch unmittelbar in eine Liste umwandeln. Stellen Sie dazu den Aufruf der Funktion `range()` in die Funktion `list()`.

Im vorherigen Abschnitt haben wir einfach eine Folge von Zahlen ausgegeben. Mit `list()` können wir diese Folge zu einer Liste machen:

```
numbers = list(range(1, 6))
print(numbers)
```

Das Ergebnis sieht wie folgt aus:

```
[1, 2, 3, 4, 5]
```

Bei der Funktion `range()` können wir Python auch anweisen, manche Zahlen in dem Bereich auszulassen. Wenn wir ihr ein drittes Argument übergeben, wird sie es als Schrittweite für die generierte Zahlenfolge verwenden.

Um beispielsweise nur die geraden Zahlen zwischen 1 und 10 auszugeben, gehen Sie wie folgt vor:

even_numbers.py

```
even_numbers = list(range(2, 11, 2))
print(even_numbers)
```

Hier fängt die Funktion `range()` beim Wert 2 an und addiert dann jeweils 2, um zum nächsten Wert zu kommen, bis sie den Endwert 11 erreicht oder überschreitet. Das Ergebnis sieht wie folgt aus:

```
[2, 4, 6, 8, 10]
```

Mithilfe von `range()` können Sie fast jede beliebige Zahlenfolge erstellen. Nehmen wir an, Sie brauchen eine Liste der ersten zehn Quadratzahlen (also der Quadratzahlen aller ganzen Zahlen von 1 bis 10). In Python schreiben Sie eine Potenzierung mithilfe von zwei Sternchen (**). Um eine Liste der ersten zehn Quadratzahlen zu bilden, können Sie Folgendes schreiben:

squares.py

```
❶ squares = []
❷ for value in range(1, 11):
❸     square = value**2
❹     squares.append(square)

❺ print(squares)
```

Wir beginnen bei ❶ mit der leeren Liste `squares`. Bei ❷ weisen wir Python an, mithilfe der Funktion `range()` alle Werte von 1 bis 10 zu durchlaufen. Innerhalb der Schleife wird der jeweils aktuelle Wert bei ❸ quadriert und der Variablen `square` zugewiesen. Bei ❹ hängen wir den neuen Wert von `square` an die Liste `squares` an. Nachdem die Schleife beendet ist, geben wir die Liste der Quadratzahlen bei ❺ aus:

```
[1, 4, 9, 16, 25, 36, 49, 64, 81, 100]
```

Um den Code zu straffen, können wir auf die temporäre Variable `square` verzichten und die neuen Werte jeweils direkt an die Liste anhängen:

```
squares = []
for value in range(1, 11):
❶    squares.append(value**2)

print(squares)
```

Die Zeile bei ❶ macht hier das Gleiche wie die Zeilen ❸ und ❹ des vorherigen Beispiels: In der Schleife wird jeder Wert quadriert und dann unmittelbar an die Liste der Quadratzahlen angehängt.

Wenn Sie mit ausführlicheren Listen arbeiten, können Sie beide Vorgehensweisen nutzen. Manchmal ist eine temporäre Variable praktisch, um den Code leichter lesbar zu machen, doch manchmal verlängert sie den Code auch nur unnötigerweise. Konzentrieren Sie sich zunächst darauf, Code zu schreiben, der tut, was Sie wollen, und den Sie gut verstehen. Wenn Sie ihn anschließend durchsehen, können Sie dann nach Möglichkeiten suchen, ihn effizienter zu gestalten.

Einfache Statistiken für numerische Listen

Es gibt einige besondere Python-Funktionen für Listen. Beispielsweise können Sie den kleinsten und den größten Wert in einer Liste sowie die Summe aller Werte schnell herausfinden:

```
>>> digits = [1, 2, 3, 4, 5, 6, 7, 8, 9, 0]
>>> min(digits)
0
>>> max(digits)
9
>>> sum(digits)
45
```

Hinweis

Die Beispiellisten in diesem Kapitel sind absichtlich kurz gehalten, damit sie auf die Seiten passen. Die beschriebenen Funktionen funktionieren aber genauso gut mit Listen, die Millionen von Zahlen enthalten.

Listennotation

Die weiter vorn beschriebene Vorgehensweise zum Aufbau der Liste `squares` erforderte drei oder vier Zeilen Code. Mit der *Listennotation* ist es jedoch möglich, die gleiche Liste in nur einer einzigen Codezeile zu erstellen. Dabei werden die `for`-Schleife und die Erstellung der neuen Elemente in einer Zeile zusammengefasst und jedes neue Element wird automatisch angehängt. Meistens wird die Listennotation in Lehrbüchern für Anfänger nicht erwähnt, aber ich führe Sie hier trotzdem auf, da Sie sehr wahrscheinlich darauf stoßen werden, wenn Sie sich Code von anderen Personen ansehen.

Der folgende Code erstellt die gleiche Liste von Quadratzahlen wie im früheren Beispiel, jedoch mithilfe der Listennotation:

squares.py

```
squares = [value**2 for value in range(1, 11)]
print(squares)
```

Bei der Verwendung dieser Syntax beginnen Sie mit einem aussagekräftigen Namen für die Liste, hier `squares`. Danach schreiben Sie eine öffnende eckige Klammer und definieren dann den Ausdruck für die Werte, die Sie in der neuen Liste speichern möchten. Hier lautet dieser Ausdruck `value**2`, womit ein Wert quadriert wird. Darauf folgt eine `for`-Schleife, um die Zahlen zu generieren, die Sie in den Ausdruck einspeisen möchten, und dann die schließende Klammer. Die `for`-Schleife in diesem Beispiel lautet `for value in range(1, 11)` und übergibt die Werte 1 bis 10 in den Ausdruck `value**2`. Beachten Sie, dass am Ende dieser `for`-Anweisung kein Doppelpunkt steht.

Als Ergebnis erhalten Sie die gleiche Liste von Quadratzahlen wie zuvor:

```
[1, 4, 9, 16, 25, 36, 49, 64, 81, 100]
```

Es erfordert Übung, Listen in dieser Form zu erstellen, aber es lohnt sich, das zu erlernen, nachdem Sie sich damit vertraut gemacht haben, Listen auf die übliche Art und Weise anzulegen. Wenn Sie zum Aufstellen von Listen immer drei oder vier Zeilen Code schreiben und das Gefühl bekommen, dass dies zu einer lästigen Routinearbeit wird, sollten Sie versuchen, die Listennotation zu nutzen.

Probieren Sie es selbst aus!

4-3 Bis 20 zählen: Geben Sie mithilfe einer `for`-Schleife die Zahlen von 1 bis einschließlich 20 aus.

4-4 Eine Million: Erstellen Sie eine Liste der Zahlen von 1 bis eine Million und geben Sie die Zahlen mithilfe einer `for`-Schleife aus. (Wenn die Ausgabe zu lange dauert, brechen Sie sie mit `Strg` + `C` oder durch Schließen des Ausgabefensters ab.)

4-5 Summe der Zahlen von 1 bis eine Million: Erstellen Sie eine Liste der Zahlen von 1 bis eine Million. Vergewissern Sie sich mithilfe von `min()` und `max()`, dass die Liste tatsächlich bei 1 beginnt und bei 1.000.000 endet. Wenden Sie außerdem die Funktion `sum()` an, um zu sehen, wie schnell Python eine Million Zahlen addieren kann.

4-6 Ungerade Zahlen: Nutzen Sie das dritte Argument der Funktion `range()`, um eine Liste der ungeraden Zahlen von 1 bis 20 aufzustellen. Geben Sie die einzelnen Zahlen mithilfe einer `for`-Schleife aus.

4-7 Vielfache von 3: Erstellen Sie eine Liste der Vielfachen von 3 von 3 bis 30. Geben Sie die einzelnen Zahlen mithilfe einer `for`-Schleife aus.

4-8 Kubikzahlen: Wird eine Zahl in die dritte Potenz erhoben, z.B. `2**3`, bezeichnet man das Ergebnis auch als *Kubikzahl*. Erstellen Sie eine Liste der ersten zehn Kubikzahlen (also der Kubikzahlen aller ganzen Zahlen von 1 bis 10) und geben Sie die einzelnen Werte mithilfe einer `for`-Schleife aus.

4-9 Listennotation für Kubikzahlen: Erstellen Sie mithilfe der Listennotation eine Liste der ersten zehn Kubikzahlen.

Teillisten

In Kapitel 3 haben Sie erfahren, wie Sie auf einzelne Elemente in einer Liste zugreifen, und in diesem Kapitel haben Sie bis jetzt gelernt, wie Sie sämtliche Elemente einer Liste durchlaufen. Es ist aber auch möglich, mit Gruppen von Elementen in einer Liste zu arbeiten, die in Python als *Slices* bezeichnet werden.

Einen Slice erstellen

Um einen Slice anzulegen, müssen Sie die Indizes der Grenzen dieses Bereichs angeben. Wie bei `range()` hält Python dabei vor dem zweiten angegebenen Index an. Um also die ersten drei Elemente einer Liste anzufordern, müssen Sie die Indizes `0` und `3` angeben. Dadurch werden die Elemente mit den Indizes `0`, `1` und `2` zurückgegeben.

Das folgende Beispiel zeigt diesen Vorgang anhand einer Liste von Spielern einer Mannschaft:

players.py

```
  players = ['charles', 'martina', 'michael', 'florence', 'eli']
❶ print(players[0:3])
```

Der Code bei ❶ gibt einen Slice der Liste aus. Die Struktur der Liste bleibt dabei erhalten:

```
['charles', 'martina', 'michael']
```

Auf diese Weise können Sie beliebige Teilmengen einer Liste anlegen. Wenn Sie beispielsweise das zweite, dritte und vierte Element einer Liste haben wollen, geben Sie als Anfangs- und Endindex für den Slice `1` und `4` an:

```
players = ['charles', 'martina', 'michael', 'florence', 'eli']
print(players[1:4])
```

In diesem Fall beginnt der Slice mit `'martina'` und endet mit `'florence'`:

```
['martina', 'michael', 'florence']
```

Wenn Sie den ersten Index in einem Slice weglassen, beginnt Python automatisch am Anfang der Liste:

```
players = ['charles', 'martina', 'michael', 'florence', 'eli']
print(players[:4])
```

Dies führt zu folgender Ausgabe:

```
['charles', 'martina', 'michael', 'florence']
```

Eine ähnliche Syntax können Sie auch verwenden, um einen Slice bis zum Ende der Liste zu erstellen. Wenn Sie beispielsweise alle Elemente vom dritten bis zum letzten Element benötigen, können Sie mit dem Index `2` beginnen und den zweiten Index weglassen:

```
players = ['charles', 'martina', 'michael', 'florence', 'eli']
print(players[2:])
```

Hier gibt Python alle Elemente vom dritten Element bis zum Ende der Liste zurück:

```
['michael', 'florence', 'eli']
```

Diese Syntax ermöglicht es Ihnen, alle Elemente von einem bestimmten Punkt bis zum Ende der Liste auszugeben, auch wenn Sie nicht wissen, wie lang die Liste ist.

Wie Sie bereits wissen, können Sie durch die Angabe eines negativen Index vom Ende der Liste aus zählen. Damit ist es auch möglich, beliebige Slices vom Ende der Liste aus abzurufen. Um beispielsweise die letzten drei Spieler in der Liste zurückzugeben, können wir `players[-3:]` verwenden:

```
players = ['charles', 'martina', 'michael', 'florence', 'eli']
print(players[-3:])
```

Auch wenn sich die Länge der Spielerliste zwischendurch verändert, können Sie damit immer die Namen der letzten drei Spieler ausgeben.

Hinweis

In den eckigen Klammern für einen Slice können Sie auch einen dritten Wert angeben. Lautet dieser Wert *n*, so nimmt Python nur jedes *n*-te Element des festgelegten Bereichs in den Slice auf.

Einen Slice in einer Schleife durchlaufen

Wenn Sie nur einen Teilbereich der Elemente in einer Liste durchlaufen wollen, können Sie in einer `for`-Schleife auch einen Slice angeben. Im nächsten Beispiel durchlaufen wir nur die ersten drei Spieler und geben ihre Namen aus:

```
players = ['charles', 'martina', 'michael', 'florence', 'eli']

print("Here are the first three players on my team:")
❶ for player in players[:3]:
    print(player.title())
```

Anstatt die gesamte Liste zu durchlaufen, verarbeitet Python bei ❶ nur die ersten drei:

```
Here are the first three players on my team:
Charles
Martina
Michael
```

Slices können in vielen Situationen sehr praktisch sein. Beispielsweise können Sie nach jeder Beendigung eines Spiels den Punktestand zu einer Liste hinzufügen. Um die drei höchsten jemals erreichten Spielstände auszugeben, sortieren Sie die Liste in absteigender Reihenfolge und erstellen einen Slice der ersten drei Elemente. Bei der Verarbeitung von Daten können Sie sie mithilfe von Slices in Teilmengen fester Größe aufteilen. Bei einer Webanwendung ist es mithilfe von Slices möglich, Informationen auf mehreren Seiten auszugeben, wobei jede Seite eine angemessene Menge von Informationen enthält.

Listen kopieren

Es kommt oft vor, dass Sie eine neue Liste auf der Grundlage einer bereits vorhandenen erstellen wollen. Im Folgenden wollen wir uns ansehen, wie Sie Listen kopieren können und in welchen Fällen das sinnvoll sein kann.

Um eine Liste zu kopieren, erstellen Sie einen Slice, der die gesamte ursprüngliche Liste umfasst. Dazu lassen Sie sowohl den ersten als auch den zweiten Index weg (`[:]`). Dadurch teilen Sie Python mit, dass der Slice beim ersten Element beginnen und beim letzten enden soll.

Nehmen wir an, Sie haben eine Liste Ihrer Lieblingsspeisen und möchten getrennte Listen für die Lieblingsspeisen eines Freundes anlegen. Da Ihr Freund auch alles mag, was auf Ihrer Liste steht, können Sie die bisherige Liste einfach kopieren:

foods.py

```
❶ my_foods = ['pizza', 'falafel', 'carrot cake']
❷ friend_foods = my_foods[:]

print("My favorite foods are:")
print(my_foods)

print("\nMy friend's favorite foods are:")
print(friend_foods)
```

Bei ❶ erstellen wir die Liste `my_foods`, bei ❷ die Liste `friend_foods`. Für Letzteres jedoch erzeugen wir eine Kopie von `my_foods`, indem wir einen Slice von `my_foods` ohne Angabe jeglicher Indizes anfordern, und weisen sie `friend_foods` zu. Wenn wir die Listen ausgeben, erkennen wir, dass sie die gleichen Elemente enthalten:

```
My favorite foods are:
['pizza', 'falafel', 'carrot cake']

My friend's favorite foods are:
['pizza', 'falafel', 'carrot cake']
```

Um zu zeigen, dass dies dennoch zwei verschiedene Listen sind, fügen wir jeder von ihnen ein weiteres Nahrungsmittel hinzu:

```
  my_foods = ['pizza', 'falafel', 'carrot cake']
❶ friend_foods = my_foods[:]

❷ my_foods.append('cannoli')
❸ friend_foods.append('ice cream')

  print("My favorite foods are:")
```

```
print(my_foods)

print("\nMy friend's favorite foods are:")
print(friend_foods)
```

Bei ❶ kopieren wir wie zuvor die ursprünglichen Elemente von `my_foods` in die neue Liste `friends_foods`. Anschließend aber fügen wir beiden Listen neue Elemente hinzu, nämlich `'cannoli'` zu `my_foods` (❷) und `'ice cream'` zu `friend_foods` (❸). Wenn wir beide Listen ausgeben, können wir erkennen, dass die Speisen jeweils in der richtigen Liste vorhanden sind:

```
  My favorite foods are:
❹ ['pizza', 'falafel', 'carrot cake', 'cannoli']

  My friend's favorite foods are:
❺ ['pizza', 'falafel', 'carrot cake', 'ice cream']
```

In der Ausgabe bei ❹ können wir erkennen, dass `'cannoli'` jetzt in der Liste Ihrer Lieblingsspeisen auftaucht, `'ice cream'` aber nicht, während es in der Liste der Lieblingsspeisen Ihres Freundes genau umgekehrt ist (❺). Hätten wir einfach `friend_foods` gleich `my_foods` gesetzt, so hätten wir dadurch keine zwei getrennten Listen erhalten. Das folgende Beispiel zeigt, was passiert, wenn Sie versuchen, eine Liste ohne Verwendung eines Slices zu kopieren:

```
  my_foods = ['pizza', 'falafel', 'carrot cake']

  # Dies funktoniert nicht:
❶ friend_foods = my_foods

  my_foods.append('cannoli')
  friend_foods.append('ice cream')

  print("My favorite foods are:")
  print(my_foods)

  print("\nMy friend's favorite foods are:")
  print(friend_foods)
```

Anstatt eine Kopie von `my_foods` in `friend_foods` abzulegen, setzen wir `friend_foods` bei ❶ gleich `my_foods`. Diese Syntax bedeutet aber, dass Python der neuen Variablen `friend_foods` dieselbe Liste zuweisen soll, die bereits `my_foods` zugewiesen ist, sodass beide Variablen jetzt auf dieselbe Liste zeigen. Wenn Sie nun versuchen, `'cannoli'` zu `my_foods` und `'ice cream'` zu `friend_foods` hinzuzufügen, erscheinen beide Einträge in beiden Listen, wie die folgende Ausgabe beweist. Das ist aber nicht das, was wir wollten.

```
My favorite foods are:
['pizza', 'falafel', 'carrot cake', 'cannoli', 'ice cream']

My friend's favorite foods are:
['pizza', 'falafel', 'carrot cake', 'cannoli', 'ice cream']
```

Hinweis

Machen Sie sich keine Gedanken über die Einzelheiten in diesem Beispiel. Wenn Sie versuchen, eine Liste zu kopieren, müssen Sie im Grunde genommen nur darauf achten, dass das auch wirklich mithilfe eines Slices erfolgt wie in dem ersten Beispiel, damit Sie keine unerwarteten Ergebnisse erzielen.

Probieren Sie es selbst aus!

4-10 Slices: Verwenden Sie eines der Programme, die Sie bereits für dieses Kapitel geschrieben haben, und fügen Sie am Ende mehrere Zeilen hinzu, um folgende Aufgaben zu erledigen:

- Geben Sie die Nachricht `The first three items in the list are:` aus und geben Sie dann mithilfe eines Slices die ersten drei Elemente der Liste in diesem Programm aus.
- Geben Sie die Nachricht `Three items from the middle of the list are:` aus und geben Sie dann mithilfe eines Slices drei Elemente aus der Mitte der Liste aus.
- Geben Sie die Nachricht `The last three items in the list are:` aus und geben Sie dann mithilfe eines Slices die letzten drei Elemente der Liste aus.

4-11 Meine Pizza, deine Pizza: Nehmen Sie das Programm aus Übung 4-1 als Ausgangspunkt. Kopieren Sie die Liste der Pizzas und nennen Sie die Kopie `friend_pizzas`. Führen Sie dann folgende Aufgaben aus:

- Fügen Sie der ursprünglichen Liste eine Pizza hinzu.
- Fügen Sie der Liste `friend_pizzas` eine andere Pizza hinzu.
- Zeigen Sie, dass es sich um zwei verschiedene Listen handelt. Geben Sie zunächst die Nachricht `My favorite pizzas are:` und mithilfe einer `for`-Schleife die erste Liste aus und wiederholen Sie den Vorgang dann für die zweite Liste mit der Nachricht `My friend's favorite pizzas are:`. Überprüfen Sie, dass die neuen Pizzas jeweils in der richtigen Liste gespeichert sind.

4-12 Noch mehr Schleifen: Bei allen Versionen des Programms `foods.py` in diesem Abschnitt haben wir auf `for`-Schleifen zur Ausgabe verzichtet, um Platz zu sparen. Schreiben Sie für eine der Programmversionen zwei `for`-Schleifen, um die beiden Speisenlisten auszugeben.

Tupel

Listen sind dazu da, Elemente zu speichern, die sich im Verlauf des Programms ändern können. Diese Veränderbarkeit ist beispielsweise dann wichtig, wenn Sie eine Liste der Benutzer einer Website oder der Figuren in einem Spiel führen. Es gibt jedoch auch Listen, die *unveränderbar* sein sollen. Dazu können Sie in Python *Tupel* verwenden.

Ein Tupel definieren

Ein Tupel sieht aus wie eine Liste, wobei Sie allerdings runde statt eckiger Klammern verwenden. Ebenso wie bei einer Liste können Sie auch bei einem Tupel anhand des Index auf die einzelnen Elemente zugreifen.

Wenn Sie ein Rechteck haben, dessen Größe sich nicht ändern soll, können Sie die Abmessungen in einem Tupel angeben:

dimensions.py

```
❶ dimensions = (200, 50)
❷ print(dimensions[0])
  print(dimensions[1])
```

Bei ❶ definieren wir das Tupel `dimensions`, wozu wir runde statt eckiger Klammern verwenden. Mit der gleichen Syntax wie für den Zugriff auf die Elemente einer Liste geben wir dann bei ❷ die einzelnen Elemente des Tupels aus:

```
200
50
```

Sehen wir uns nun an, was passiert, wenn wir versuchen, eines der Elemente in diesem Tupel zu ändern:

```
  dimensions = (200, 50)
❶ dimensions[0] = 250
```

Der Code bei ❶ versucht, den Wert der ersten Abmessung zu verändern, doch Python lässt das nicht zu, sondern meldet einen Typfehler. Wir verlangen hier, ein Objekt eines Typs zu ändern, das nicht geändert werden kann. Daher teilt uns Python mit, dass wir einem Element in einem Tupel keinen neuen Wert zuweisen können:

```
Traceback (most recent call last):
  File "dimensions.py", line 2, in <module>
    dimensions[0] = 250
TypeError: 'tuple' object does not support item assignment
```

Das ist genau das gewünschte Verhalten: Python meldet einen Fehler, wenn eine Codezeile versucht, die Abmessungen des Rechtecks zu ändern.

Hinweis

Technisch werden Tupel durch das Vorhandensein eines Kommas definiert. Durch die runden Klammern werden sie leichter lesbar. Wenn Sie ein Tupel mit nur einem Element definieren wollen, müssen Sie ein nachfolgendes Komma angeben:

```
my_t = (3,)
```

Ein Tupel mit nur einem Element zu erstellen ist meistens nicht besonders sinnvoll, allerdings kann es durchaus vorkommen, wenn Tupel automatisch generiert werden.

Die Werte in einem Tupel durchlaufen

Die Werte in einem Tupel können Sie ebenso in einer `for`-Schleife durchlaufen wie diejenigen in einer Liste:

```
dimensions = (200, 50)
for dimension in dimensions:
    print(dimension)
```

Auch hier gibt Python alle Elemente des Tupels zurück:

```
200
50
```

Tupel überschreiben

Sie können ein Tupel zwar nicht ändern, aber Sie können einer Variablen, die ein Tupel enthält, einen neuen Wert zuweisen. Wenn wir beispielsweise doch andere Abmessungen für unser Rechteck haben wollen, können wir das Tupel komplett neu definieren:

```
❶ dimensions = (200, 50)
print("Original dimensions:")
for dimension in dimensions:
    print(dimension)

❷ dimensions = (400, 100)
❸ print("\nModified dimensions:")
for dimension in dimensions:
    print(dimension)
```

Der Block bei ❶ definiert das ursprüngliche Tupel und gibt die ursprünglichen Abmessungen aus. Bei ❷ weisen wir der Variablen `dimensions` ein neues Tupel zu. Wenn wir es bei ❸ ausgeben, ruft das keine Fehlermeldung hervor, da es zulässig ist, Variablen zu überschreiben:

```
Original dimensions:
200
50

Modified dimensions:
400
100
```

Im Vergleich zu Listen sind Tupel einfache Datenstrukturen. Verwenden Sie sie, wenn Sie Werte speichern müssen, die sich im Programmverlauf nicht ändern sollen.

Probieren Sie es selbst aus!

4-13 Büffet: Denken Sie sich fünf einfache Gerichte aus, die ein Selbstbedienungslokal anbieten könnte, und speichern Sie sie in einem Tupel.

- Geben Sie alle angebotenen Gerichte mithilfe einer `for`-Schleife aus.
- Versuchen Sie, eines der Elemente zu ändern, und vergewissern Sie sich, dass Python diesen Vorgang ablehnt.
- Das Lokal ändert seine Speisekarte und ersetzt zwei der Gerichte durch andere Speisen. Fügen Sie einen Codeblock hinzu, der das Tupel überschreibt, und geben Sie die einzelnen Elemente der neuen Karte mithilfe einer `for`-Schleife aus.

Code formatieren

Da Sie jetzt schon etwas längere Programme schreiben, ist es gut, Ihren Code konsistent zu formatieren. Nehmen Sie sich die Zeit, Ihren Code so gut lesbar zu gestalten wie möglich. Das hilft Ihnen selbst dabei, den Überblick darüber zu behalten, was das Programm tut, und erleichtert es anderen, Ihren Code zu verstehen.

Python-Programmierer haben sich auf eine Reihe von Formatierungen geeinigt, damit der Code aller Autoren ungefähr gleich gestaltet ist. Wenn Sie erst einmal wissen, wie Sie sauberen Python-Code schreiben, können Sie auch die Struktur des Python-Codes anderer Programmierer verstehen (sofern diese die Richtlinien ebenfalls befolgen). Falls Sie eine Karriere als professioneller Programmierer anstreben, sollten Sie sich die Befolgung dieser Richtlinien schon so früh wie möglich angewöhnen.

Die Gestaltungsrichtlinien

Wenn jemand eine Änderung an der Sprache Python vorschlagen möchte, schreibt er einen *Python Enhancement Proposal* (»Vorschlag zur Erweiterung von Python«, kurz PEP). Eines der ältesten Dokumente dieser Art ist *PEP 8*, das Python-Programmierer anweist, wie sie ihren Code gestalten sollen. PEP 8 ist ziemlich lang, bezieht sich aber auch auf weit anspruchsvollere Codestrukturen, als wir sie bis jetzt besprochen haben.

Grundlage der Python-Gestaltungsrichtlinien war die Erkenntnis, dass Code häufiger gelesen als geschrieben wird: Sie schreiben Ihren Code einmal und beginnen dann, ihn zu lesen, um ihn zu debuggen. Auch wenn Sie ein Programm erweitern, verbringen Sie mehr Zeit damit, den Code zu lesen. Wenn Sie Ihren Code an andere Programmierer weitergeben, lesen auch diese ihn.

Wenn Sie vor der Wahl stehen, Code so zu gestalten, dass er leichter zu schreiben oder leichter zu lesen ist, werden Python-Programmierer Sie fast immer dazu ermutigen, Code zu schreiben, der sich leichter lesen lässt. Die folgenden Richtlinien helfen Ihnen, von Anfang an übersichtlichen Code zu verfassen.

Einrückung

PEP 8 empfiehlt, pro Einrückungsebene vier Leerzeichen zu verwenden. Das erhöht die Lesbarkeit, lässt aber gleichzeitig genug Platz für mehrere Einrückungsebenen.

In einem Textverarbeitungsdokument werden zur Einrückung eher Tabulatoren als Leerzeichen verwendet. Das funktioniert dort zwar ganz gut, aber der Python-Interpreter kommt durcheinander, wenn Tabulatoren und Leerzeichen gemischt werden. Die Verwendung der Tabulatortaste erleichtert die Eingabe, aber Sie müssen sich vergewissern, dass Ihr Editor so eingestellt ist, dass er die Tabulatoren automatisch in eine feste Anzahl von Leerzeichen umwandelt.

Wenn in einem Dokument Tabulatoren und Leerzeichen gemischt sind, kann das zu Problemen führen, die sich nur schwer diagnostizieren lassen. Sollten Sie den Verdacht haben, dass in einem Dokument eine Mischung vorliegt, sollten Sie versuchen, alle Tabulatoren in der Datei in Leerzeichen umzuwandeln, was in den meisten Editoren möglich ist.

Zeilenlänge

Viele Python-Programmierer empfehlen eine Zeilenlänge von weniger als 80 Zeichen. Ursprünglich kam diese Richtlinie auf, da Computer früher meistens nur 79 Zeichen in einer Zeile eines Terminalfensters unterbringen konnten. Heute passen zwar viel mehr Zeichen auf den Bildschirm, aber viele halten die 79-Zeichen-Regel nach wie vor hoch. Professionelle Programmierer haben oft mehrere Dateien gleichzeitig geöffnet, und die Einhaltung dieser Standardzeilenlänge ermöglicht es ihnen, ganze Zeilen in zwei oder drei Dateien nebeneinander zu überblicken. PEP 8 empfiehlt auch, Kommentare auf 72 Zeichen pro Zeile zu begrenzen, da manche Werkzeuge zur automatischen Dokumentation für größere Projekte am Anfang von Kommentarzeilen Formatierungszeichen hinzufügen.

Die PEP-8-Richtlinien für die Zeilenlänge sind nicht in Stein gemeißelt, und manche Teams bevorzugen einen Grenzwert von 99 Zeichen. Machen Sie sich beim Lernen nicht allzu viele Gedanken über die Zeilenlänge, aber denken Sie daran, dass Personen, die gemeinsam an einem Projekt arbeiten, immer die PEP-8-Richtlinien befolgen. In den meisten Editoren können Sie einen grafischen Hinweis einschalten, gewöhnlich eine vertikale Linie auf dem Bildschirm, die die Grenze anzeigt.

Hinweis

In Anhang B erfahren Sie, wie Sie Ihren Texteditor so einrichten, dass er vier Leerzeichen einfügt, wenn Sie die Tabulatortaste drücken, und eine vertikale Linie an der 79-Zeichen-Grenze anzeigt.

Leerzeilen

Um einzelne Teile Ihres Programms optisch voneinander abzusetzen, können Sie Leerzeilen verwenden. Nutzen Sie sie zur Gliederung Ihrer Dateien, aber übertreiben Sie es nicht damit. Wenn Sie den Beispielen in diesem Buch folgen, befinden Sie sich auf einem guten Mittelweg. Nehmen wir an, Sie haben fünf Codezeilen, die eine Liste erstellen, und dann drei weitere Zeilen, in denen irgendetwas mit dieser Liste getan wird. In einem solchen Fall ist es angemessen, eine Leerzeile zwischen diese beiden Abschnitte einzuschalten – aber nicht drei oder vier!

Leerzeilen haben keine Auswirkung auf die Ausführung des Codes, aber auf seine Lesbarkeit. Der Python-Interpreter richtet sich nach den horizontalen Einrückungen, um die Bedeutung Ihres Codes zu erkennen, kümmert sich aber nicht um vertikale Abstände.

Weitere Gestaltungsrichtlinien

PEP 8 gibt noch weitere Empfehlungen zur Gestaltung, aber die meisten davon betreffen anspruchsvollere Programme als diejenigen, die wir zurzeit noch schreiben. Wenn Sie die entsprechenden Python-Strukturen kennenlernen, werde ich jeweils auf die PEP-8-Empfehlungen hinweisen.

Probieren Sie es selbst aus!

4-14 PEP 8: Schauen Sie sich die Gestaltungsrichtlinien in PEP 8 auf *https://python.org/dev/peps/pep-0008/* selbst an. Vieles davon wird Ihnen im Moment noch nicht viel sagen, aber es kann trotzdem interessant sein, dieses Dokument einmal zu überfliegen.

4-15 Codeüberprüfung: Wählen Sie drei Programme aus, die Sie in diesem Kapitel geschrieben haben, und wandeln Sie sie so ab, dass sie die Richtlinien von PEP 8 erfüllen:

- Verwenden Sie vier Leerzeichen pro Einrückungsebene. Richten Sie Ihren Texteditor so ein, dass er bei der Betätigung der Tabulatortaste vier Leerzeichen ausgibt, falls Sie das nicht schon getan haben. (Wie Sie das erreichen, erfahren Sie in Anhang B.)
- Schreiben Sie weniger als 80 Zeichen in jede Zeile. Richten Sie Ihren Editor so ein, dass er eine vertikale Führungslinie an der 80-Zeichen-Grenze anzeigt.
- Verwenden Sie nicht zu viele Leerzeilen in Ihren Programmen.

Zusammenfassung

In diesem Kapitel haben Sie erfahren, wie Sie effizient mit den Elementen in einer Liste arbeiten können. Sie haben gelernt, wie Sie eine Liste in einer `for`-Schleife durchlaufen können, wie Python Einrückungen nutzt, um ein Programm zu strukturieren, wie Sie einige häufige Einrückungsfehler vermeiden, wie Sie einfache numerische Listen aufstellen, welche Operationen Sie an solchen Listen vornehmen können, wie Sie Slices von Listen erstellen, um mit einer Teilmenge der Elemente zu arbeiten, und wie Sie Listen mithilfe von Slices korrekt kopieren. Außerdem haben Sie Tupel kennengelernt, die einen gewissen Schutz für Werte bieten, die sich nicht ändern sollen. Zum Schluss haben Sie noch erfahren, wie Sie Ihren Code so gestalten, dass er sich leicht lesen lässt.

In Kapitel 5 geht es darum, wie Sie mithilfe von `if`-Anweisungen auf verschiedene Bedingungen reagieren können. Sie werden darin lernen, wie Sie relativ anspruchsvolle Kombinationen von Bedingungsprüfungen zusammenstellen können, um eine bestimmte Situation oder Art von Information genau zu erkennen. Außerdem erfahren Sie, wie Sie `if`-Anweisungen beim Durchlaufen einer Liste einsetzen, um an ausgewählten Elementen dieser Liste bestimmte Aktionen vorzunehmen.

5
if-Anweisungen

Bei der Programmierung müssen Sie oft abhängig von den vorliegenden Bedingungen unterschiedliche Maßnahmen ergreifen. Mit der `if`-Anweisung können Sie in Python den aktuellen Zustand untersuchen und entsprechend darauf reagieren.

In diesem Kapitel lernen Sie, wie Sie beliebige Bedingungen erkennen können. Sie erfahren, wie Sie sowohl einfache einzelne `if`-Anweisungen als auch anspruchsvolle Kombinationen davon aufstellen, mit denen Sie die vorliegenden Bedingungen genau herausfinden können. Diese Prinzipien wenden Sie auch auf Listen an, sodass Sie `for`-Schleifen schreiben können, die besondere Elemente einer Liste auf andere Weise handhaben als alle anderen.

Ein einfaches Beispiel

Das folgende Beispiel zeigt, wie Sie mit einer `if`-Anweisung auf eine bestimmte Situation reagieren. Nehmen wir an, Sie haben eine Liste mit Automarken, die Sie alle ausgeben möchten. Da es sich um Eigennamen handelt, verwenden Sie für die Ausgabe die Schreibung mit großem Anfangsbuchstaben. Der Wert `'bmw'` allerdings muss komplett in Großbuchstaben erscheinen. Der folgende Code durchläuft die Liste der Automarken und hält dabei nach dem Wert `'bmw'` Ausschau. Diesen Wert gibt er dann nicht mit großem Anfangsbuchstaben, sondern komplett in Großbuchstaben aus:

cars.py

```
cars = ['audi', 'bmw', 'subaru', 'toyota']

for car in cars:
❶    if car == 'bmw':
        print(car.upper())
    else:
        print(car.title())
```

In der Schleife wird bei ❶ zunächst geprüft, ob der aktuelle Wert `'bmw'` lautet. Wenn ja, wird der Wert ganz in Großbuchstaben ausgegeben. Bei jedem anderen Wert dagegen erfolgt die Ausgabe nur mit großem Anfangsbuchstaben:

```
Audi
BMW
Subaru
Toyota
```

Dieses Beispiel führt mehrere der Prinzipien vor, die Sie in diesem Kapitel kennenlernen werden. Sehen wir uns als Erstes an, welche Arten von Bedingungsprüfungen Sie in einem Programm verwenden können.

Bedingungen

Der Kern einer `if`-Anweisung ist ein Ausdruck, der zu `True` oder `False` ausgewertet werden kann und als *Bedingung* bezeichnet wird. Lautet das Ergebnis `True`, führt Python den Code aus, der auf die `if`-Anweisung folgt; ist das Ergebnis `False`, ignoriert Python diesen Code.

Prüfung auf Gleichheit

In Bedingungen wird meistens der aktuelle Wert einer Variablen mit einem gegebenen Wert verglichen. Die einfachste Variante ist dabei die Prüfung, ob diese Werte gleich sind:

```
❶ >>> car = 'bmw'
❷ >>> car == 'bmw'
True
```

Bei ❶ wird der Wert von `car` mithilfe eines einfachen Gleichheitszeichens auf `'bmw'` gesetzt, wie Sie es schon oft gesehen haben. Die Zeile bei ❷ dagegen prüft, ob der

Wert von `car` gleich `'bmw'` ist, und dazu wird ein doppeltes Gleichheitszeichen (`==`) verwendet. Dieser sogenannte *Gleichheitsoperator* gibt `True` zurück, wenn die Werte auf seiner rechten und seiner linken Seite gleich sind, anderenfalls `False`. Da die Werte in diesem Beispiel übereinstimmen, gibt Python `True` zurück.

Hat `car` dagegen einen anderen Wert als `'bmw'`, lautet das Ergebnis `False`:

```
❶ >>> car = 'audi'
❷ >>> car == 'bmw'
   False
```

Ein einfaches Gleichheitszeichen ist eine Anweisung. Sie können den Code bei ❶ auch lesen als: »Setze den Wert von `car` gleich `'audi'`!« Dagegen stellen Sie mit dem doppelten Gleichheitszeichen bei ❷ eine Frage: »Ist der Wert von `car` gleich `'bmw'`?« In den meisten Programmiersprachen werden Gleichheitszeichen ebenfalls auf diese Weise verwendet.

Groß- und Kleinschreibung bei der Prüfung auf Gleichheit

In Python wird bei der Prüfung auf Gleichheit zwischen Groß- und Kleinschreibung unterschieden. Zwei Werte, von denen der eine mit einem Groß- und der andere mit einem Kleinbuchstaben beginnt, werden als ungleich angesehen:

```
>>> car = 'Audi'
>>> car == 'audi'
False
```

Wenn es auf die Groß- und Kleinschreibung ankommt, ist dies von Vorteil. Wollen Sie aber nur eine Prüfung unabhängig von der Groß- und Kleinschreibung durchführen, können Sie den Variablenwert vor dem Vergleich in Kleinbuchstaben umwandeln:

```
>>> car = 'Audi'
>>> car.lower() == 'audi'
True
```

Diese Prüfung ergibt unabhängig davon, wie `'Audi'` geschrieben wurde, `True`. Die Funktion `lower()` ändert nicht den in `car` gespeicherten Wert, weshalb Sie einen solchen Vergleich durchführen können, ohne dadurch die Variable zu bearbeiten:

```
❶ >>> car = 'Audi'
❷ >>> car.lower() == 'audi'
   True
❸ >>> car
   'Audi'
```

Bei ❶ weisen wir den String `'Audi'` mit großem Anfangsbuchstaben der Variablen `car` zu. Anschließend wandeln wir den aus `car` abgerufenen Wert bei ❷ in Kleinbuchstaben um und vergleichen ihn in dieser Form mit dem String `'audi'`. Da die beiden Strings übereinstimmen, gibt Python `True` zurück. Der `car` zugewiesene Wert wurde durch die Methode `lower()` jedoch nicht verändert, wie die Ausgabe bei ❸ zeigt.

Auf ähnliche Weise werden auf Websites Regeln für die Daten durchgesetzt, die Benutzer eingeben dürfen. Beispielsweise kann mithilfe einer solchen Prüfung dafür gesorgt werden, dass jeder Benutzer über einen wirklich einzigartigen Benutzernamen verfügt anstatt über eine Variante eines anderen Benutzernamens, bei der nur die Groß- und Kleinschreibung abweicht. Wenn jemand einen neuen Benutzernamen angibt, wird dieser in Kleinbuchstaben umgewandelt und mit den kleingeschriebenen Versionen aller vorhandenen Benutzernamen verglichen. Dabei wird dann beispielsweise ein Name wie `'John'` abgelehnt, wenn es bereits irgendeine Variante von `'john'` gibt.

Prüfung auf Ungleichheit

Wenn Sie überprüfen wollen, ob zwei Werte ungleich sind, verwenden Sie dazu den *Ungleichheitsoperator* (`!=`). Wie in vielen anderen Programmiersprachen bedeutet das Ausrufezeichen *nicht*.

Sehen wir uns anhand einer weiteren `if`-Anweisung an, wie Sie diesen Ungleichheitsoperator anwenden. Hier haben wir eine Variable, in der die bestellten Beläge für eine Pizza gespeichert sind, und geben eine Nachricht aus, wenn jemand keine Sardellen haben möchte:

toppings.py

```
requested_topping = 'mushrooms'

❶ if requested_topping != 'anchovies':
      print("Hold the anchovies!")
```

In der Zeile ❶ vergleichen wir den Wert von `requested_topping` mit dem Wert `'anchovies'`. Wenn sie ungleich sind, gibt Python `True` zurück und führt den Code aus, der auf die `if`-Anweisung folgt. Sind die beiden Werte dagegen gleich, lautet das Ergebnis `False`, weshalb der anschließende Code nicht ausgeführt wird.

Da in unserem Beispiel der Wert von `requested_topping` nicht `'anchovies'` ist, wird die Funktion `print()` ausgeführt:

```
Hold the anchovies!
```

Bei den meisten Bedingungen, die Sie schreiben, führen Sie eine Prüfung auf Gleichheit durch. Manchmal aber ist es sinnvoller, auf Ungleichheit zu prüfen.

Numerische Vergleiche

Auch Bedingungen mit numerischen Werten sind ziemlich einfach. Der folgende Beispielcode prüft, ob jemand 18 Jahre alt ist:

```
>>> age = 18
>>> age == 18
True
```

Sie können auch bei Zahlen auf Ungleichheit prüfen. Der folgende Code gibt eine Meldung aus, wenn die gegebene Antwort falsch ist:

magic_number.py

```
answer = 17

❶ if answer != 42:
    print("That is not the correct answer. Please try again!")
```

Die Bedingung bei ❶ ist erfüllt, da der Wert von `answer` (17) ungleich 42 ist. Da die Prüfung damit bestanden ist, wird der eingerückte Codeblock ausgeführt:

```
That is not the correct answer. Please try again!
```

In Bedingungen können Sie auch andere mathematische Vergleichsoperatoren wie kleiner als, kleiner oder gleich, größer als und größer oder gleich verwenden:

```
>>> age = 19
>>> age < 21
True
>>> age <= 21
True
>>> age > 21
False
>>> age >= 21
False
```

In `if`-Anweisungen können jegliche mathematischen Vergleiche verwendet werden, um zu bestimmen, welche Bedingung vorliegt.

Prüfung auf mehrere Bedingungen

Es kann vorkommen, dass Sie mehrere Bedingungen gleichzeitig überprüfen wollen. Dabei können Sie verlangen, dass zwei Bedingungen erfüllt sein müssen, damit eine bestimmte Aktion ausgeführt wird, oder dass wenigstens eine von mehreren Bedingungen wahr ist. In solchen Situationen nutzen Sie die Schlüsselwörter `and` und `or`.

Prüfung auf mehrere Bedingungen mit »and«

Um zu prüfen, ob zwei Bedingungen gleichzeitig erfüllt sind, kombinieren Sie die beiden Bedingungen mit dem Schlüsselwort `and`. Ergeben beide Prüfungen `True`, dann wird auch der Gesamtausdruck zu `True` ausgewertet. Lautet das Ergebnis einer oder beider Prüfungen dagegen `False`, ist auch der Gesamtausdruck `False`.

Mit dem folgenden Code können Sie beispielsweise prüfen, ob beide Personen älter als 21 sind:

```
❶ >>> age_0 = 22
  >>> age_1 = 18
❷ >>> age_0 >= 21 and age_1 >= 21
  False
❸ >>> age_1 = 22
  >>> age_0 >= 21 and age_1 >= 21
  True
```

Bei ❶ definieren wir die beiden Altersangaben `age_0` und `age_1`. Anschließend prüfen wir bei ❷, ob sie 21 oder mehr betragen. Der Test auf der linken Seite wird bestanden, der Test auf der rechten Seite jedoch nicht, weshalb der Gesamtausdruck `False` ergibt. Wenn wir bei ❸ den Wert von `age_1` in 22 ändern, werden jetzt beide Bedingungen erfüllt, weshalb der Gesamtausdruck zu `True` ausgewertet wird.

Um die Lesbarkeit zu verbessern, können wir die einzelnen Tests in Klammern einschließen. Für das Funktionieren des Programms ist das aber nicht erforderlich. Mit den Klammern sieht der Code wie folgt aus:

```
(age_0 >= 21) and (age_1 >= 21)
```

Prüfung auf mehrere Bedingungen mit »or«

Auch mit dem Schlüsselwort `or` können Sie mehrere Bedingungen gleichzeitig überprüfen. In diesem Fall aber ist die Gesamtbedingung erfüllt, wenn mindestens eine der Teilbedingungen wahr ist. Ein `or`-Ausdruck ist nur dann `False`, wenn beide Teilprüfungen nicht bestanden werden.

Sehen wir uns noch einmal die beiden Altersangaben an. Diesmal aber wollen wir nur herausfinden, ob mindestens eine der Personen älter als 21 ist:

```
❶ >>> age_0 = 22
  >>> age_1 = 18
❷ >>> age_0 >= 21 or age_1 >= 21
  True
❸ >>> age_0 = 18
  >>> age_0 >= 21 or age_1 >= 21
  False
```

Auch hier definieren wir zu Anfang zwei Altersvariablen (❶). Da die Überprüfung von `age_0` bei ❷ den Wert `True` ergibt, wird der gesamte Ausdruck zu `True` ausgewertet. Wenn wir `age_0` auf 18 absenken, werden bei ❸ beide Tests nicht bestanden, weshalb auch der Gesamtausdruck `False` ergibt.

Prüfung auf Vorhandensein eines Werts in einer Liste

Manchmal ist es wichtig, zu prüfen, ob eine Liste einen bestimmten Wert enthält. Beispielsweise ist es sinnvoll, nachzusehen, ob sich ein neuer Benutzername bereits auf der Liste der vorhandenen Benutzernamen befindet, bevor Sie mit der Registrierung fortfahren. Bei einem Kartierungsprojekt wollen Sie auch prüfen, ob ein vorgeschlagener Ort bereits in der Liste der bekannten Orte geführt wird.

Um zu ermitteln, ob ein bestimmter Wert schon in einer Liste steht, verwenden Sie das Schlüsselwort `in`. Betrachten Sie als Beispiel wieder Code für eine Pizzeria. Wir erstellen eine Liste der Beläge, die ein Kunde für eine Pizza bestellt hat, und prüfen dann, ob diese Liste bestimmte Beläge enthält.

```
   >>> requested_toppings = ['mushrooms', 'onions', 'pineapple']
❶ >>> 'mushrooms' in requested_toppings
   True
❷ >>> 'pepperoni' in requested_toppings
   False
```

Bei ❶ und ❷ weisen wir Python mit dem Schlüsselwort `in` an, zu prüfen, ob sich die Einträge `'mushrooms'` und `'pepperoni'` in der Liste `requested_toppings` befinden. Das ist eine sehr leistungsfähige Technik, denn damit können Sie beispielsweise eine Liste grundlegender Werte aufstellen und dann nachsehen, ob die Werte, die Sie prüfen, dazu gehören.

Prüfung auf Abwesenheit eines Werts in einer Liste

Manchmal ist es auch wichtig zu wissen, ob ein Wert *nicht* in einer Liste enthalten ist. Dafür verwenden Sie das Schlüsselwort `not`. Stellen Sie sich beispielsweise eine Liste von Benutzern vor, die von einem Forum ausgeschlossen wurden. Bevor Sie einer Person erlauben, einen Kommentar zu veröffentlichen, können Sie wie folgt prüfen, ob sie ausgeschlossen wurde:

banned_users.py

```
   banned_users = ['andrew', 'carolina', 'david']
   user = 'marie'

❶ if user not in banned_users:
       print(f"{user.title()}, you can post a response if you wish.")
```

Die `if`-Anweisung ❶ lässt sich fast wie ein gut verständlicher englischer Satz lesen: Wenn der Wert von `user` nicht in der Liste `banned_users` steht, gibt Python `True` zurück und führt die eingerückte Zeile aus.

Da der Name `'marie'` nicht in der Liste `'banned_users'` enthalten ist, sieht sie die Meldung, die sie zur Veröffentlichung einer Antwort ermuntert:

```
Marie, you can post a response if you wish.
```

Boolesche Ausdrücke

Wenn Sie sich mit Programmierung beschäftigen, werden Sie über kurz oder lang den Begriff *boolescher Ausdruck* hören. Das ist einfach eine andere Bezeichnung für eine Bedingung. Die Werte `True` und `False`, zu denen eine Bedingung ausgewertet wird, werden auch als *boolesche Werte* bezeichnet.

Diese booleschen Werte stellen eine effiziente Möglichkeit dar, um den Zustand des Programms oder eine andere wichtige Bedingung zu verfolgen, z. B. ob ein Spiel noch läuft oder ob ein Benutzer bestimmte Inhalte einer Website bearbeiten darf:

```
game_active = True
can_edit = False
```

Probieren Sie es selbst aus!

5-1 Bedingungen: Schreiben Sie mehrere Bedingungen. Geben Sie dabei jeweils eine Anweisung aus, die die Bedingung beschreibt und Ihre Vorhersage für das Ergebnis nennt. Der Code sollte ähnlich wie das folgende Beispiel aussehen:

```
car = 'subaru'
print("Is car == 'subaru'? I predict True.")
print(car == 'subaru')

print("\nIs car == 'audi'? I predict False.")
print(car == 'audi')
```

- Schauen Sie sich die Ergebnisse genau an und machen Sie sich klar, warum die einzelnen Zeilen jeweils zu `True` oder `False` ausgewertet werden.
- Schreiben Sie mindestens zehn Bedingungen, wobei die Hälfte zu `True` und die andere Hälfte zu `False` ausgewertet werden sollte.

→

5-2 Noch mehr Bedingungen: Schreiben Sie noch weitere Bedingungen. Sorgen Sie dabei dafür, dass Sie bei den folgenden Prüfungen jeweils mindestens einmal das Ergebnis `True` und `False` erhalten:

- Prüfung auf Gleichheit und Ungleichheit von Strings
- Prüfungen mit der Funktion `lower()`
- Prüfung von Zahlen, ob sie gleich, ungleich, kleiner, größer, kleiner oder gleich bzw. größer oder gleich sind
- Bedingungen mit den Schlüsselwörtern `and` und `or`
- Prüfung auf das Vorhandensein eines Elements in einer Liste
- Prüfung auf Abwesenheit eines Elements in einer Liste

if-Anweisungen

Wenn Sie sich mit Bedingungen auskennen, können Sie `if`-Anweisungen schreiben. Es gibt verschiedene Varianten davon, die abhängig davon zum Einsatz kommen, wie viele Bedingungen Sie überprüfen müssen. Bei der Erörterung von Bedingungen haben Sie schon Beispiele für `if`-Anweisungen gesehen, aber hier wollen wir uns dieses Thema etwas genauer anschauen.

Einfache if-Anweisungen

Die einfachste Art von `if`-Anweisung besteht aus einer Bedingung und einer Aktion:

```
if bedingung:
    mach etwas
```

Sie können jede Bedingung in die erste Zeile schreiben und fast jede Aktion in den darauffolgenden eingerückten Block. Wenn die Bedingung zu `True` ausgewertet wird, führt Python den Code aus, der auf die `if`-Anweisung folgt. Ist die Bedingung `False`, wird dieser Code dagegen ignoriert.

Nehmen wir an, wir haben eine Variable mit dem Alter einer Person und wollen herausfinden, ob diese Person alt genug ist, um zu wählen. Dazu können wir folgenden Code verwenden:

voting.py

```
  age = 19
❶ if age >= 18:
❷     print("You are old enough to vote!")
```

Bei ❶ prüft Python, ob der Wert in `age` größer oder gleich 18 ist. Wenn ja, führt es den eingerückten Aufruf von `print()` bei ❷ aus:

```
You are old enough to vote!
```

Die Einrückung spielt bei `if`-Anweisungen die gleiche Rolle wie bei `for`-Schleifen. Alle eingerückten Zeilen hinter der `if`-Anweisung werden ausgeführt, wenn die Bedingung erfüllt ist; wenn nicht, wird dieser ganze Block ignoriert.

In den Block hinter der `if`-Anweisung können Sie beliebig viele Zeilen aufnehmen. Beispielsweise können wir eine weitere Ausgabe hinzufügen, die die Person auffordert, sich zur Wahl zu registrieren, wenn sie alt genug dazu ist:

```
age = 19
if age >= 18:
    print("You are old enough to vote!")
    print("Have you registered to vote yet?")
```

Die Bedingung ist erfüllt, und da beide `print()`-Aufrufe eingerückt sind, werden auch beide Zeilen ausgegeben:

```
You are old enough to vote!
Have you registered to vote yet?
```

Ist der Wert in `age` kleiner als 18, gibt das Programm keine der beiden Zeilen aus.

if-else-Anweisungen

Oft wollen Sie, je nachdem, ob eine Bedingung erfüllt ist oder nicht, unterschiedliche Aktionen ausführen. Das können Sie mit der `if-else`-Syntax von Python erreichen. Ein `if-else`-Block ähnelt der einfachen `if`-Anweisung, doch in der `else`-Anweisung können Sie eine Aktion oder eine Folge von Aktionen festlegen, die ausgeführt werden, wenn die Bedingung nicht erfüllt ist.

Wenn die Person alt genug ist, um zu wählen, zeigen wir die gleiche Meldung an wie zuvor, aber diesmal geben wir auch eine Meldung für jüngere Menschen aus:

```
  age = 17
❶ if age >= 18:
      print("You are old enough to vote!")
      print("Have you registered to vote yet?")
```

```
❷ else:
      print("Sorry, you are too young to vote.")
      print("Please register to vote as soon as you turn 18!")
```

Ist die Bedingung bei ❶ erfüllt, wird der erste Block eingerückter `print()`-Aufrufe ausgeführt, anderenfalls der `else`-Block bei ❷. Da `age` in diesem Beispiel kleiner als 18 ist, wird die Bedingung zu `False` ausgewertet, weshalb wir folgende Ausgabe erhalten:

```
Sorry, you are too young to vote.
Please register to vote as soon as you turn 18!
```

Dieser Code funktioniert, da es nur zwei Möglichkeiten gibt: Entweder ist die Person alt genug, um zu wählen, oder nicht. Die `if-else`-Struktur von Python eignet sich für solche Situationen, in denen immer eine von zwei möglichen Aktionen ausgeführt werden soll.

Die if-elif-else-Kette

Oft sind mehr als nur zwei Situationen möglich. Für solche Fälle verwenden Sie die `if-elif-else`-Syntax von Python. In einer solchen Kette von Anweisungen führt Python immer nur einen einzigen Block aus. Es prüft nacheinander die einzelnen Bedingungen, bis eine davon erfüllt ist. Wenn das geschieht, wird der Code, der auf die Bedingung folgt, ausgeführt, und der Rest der Prüfungen übersprungen.

Bei vielen Bedingungen in der Praxis kann es mehr als nur zwei mögliche Fälle geben. Stellen Sie sich beispielsweise einen Freizeitpark vor, bei dem die Eintrittspreise nach Altersstufen gestaffelt sind:

- Der Eintritt für Personen unter 4 Jahren ist frei.
- Der Eintritt für Personen zwischen 4 und 17 Jahren beträgt 25 $.
- Der Eintritt für Personen von 18 Jahren und älter beträgt 40 $.

Wie können Sie mithilfe einer `if`-Anweisung den Eintrittspreis für eine Person bestimmen? Der folgende Code prüft, in welche Altersgruppe eine Person fällt, und gibt dann eine Meldung mit dem zugehörigen Eintrittspreis aus:

amusement_park.py

```
   age = 12

❶ if age < 4:
      print("Your admission cost is $0.")
❷ elif age < 18:
      print("Your admission cost is $25.")
❸ else:
      print("Your admission cost is $40.")
```

Der `if`-Test bei ❶ prüft, ob die Person jünger als 4 Jahre ist. Wenn das der Fall ist, gibt Python eine entsprechende Meldung aus und überspringt die restlichen Prüfungen. Bei der `elif`-Zeile (❷) handelt es sich in Wirklichkeit um einen weiteren `if`-Test, der aber nur dann ausgeführt wird, wenn die vorherige Bedingung nicht erfüllt war. An diesem Punkt der Kette angelangt, wissen wir bereits, dass die Person 4 Jahre alt ist, da der erste Test das Ergebnis `False` hatte. Ist die Person jünger als 18, gibt Python wiederum eine entsprechende Meldung aus und überspringt den `else`-Block. Schlagen dagegen sowohl der `if`- als auch der `elif`-Test fehl, führt Python den Code im `else`-Block bei ❸ aus.

In unserem Beispiel ergibt der Test bei ❶ `False`, sodass der zugehörige Codeblock nicht ausgeführt wird. Da die zweite Bedingung `elif` aber zu `True` ausgewertet wird (12 ist kleiner als 18), wird ihr Code ausgeführt und der Satz mit der Angabe des Eintrittspreises ausgegeben:

```
Your admission cost is $25.
```

Bei jedem Alter größer als 17 schlagen beide Tests fehl. In einer solchen Situation wird der `else`-Block ausgeführt und der Eintrittspreis von 40 $ ausgegeben.

Wir können den Code auch knapper gestalten, indem wir den Eintrittspreis nicht im `if`-`elif`-`else`-Block ausgeben, sondern dort nur festlegen und die Ausgabe dann in einem einzigen `print()`-Aufruf erledigen, der nach der Kette ausgeführt wird:

```
  age = 12

  if age < 4:
❶     price = 0
  elif age < 18:
❷     price = 25
  else:
❸     price = 40

❹ print(f"Your admission cost is ${price}.")
```

Die eingerückten Zeilen bei ❶, ❷ und ❸ legen jeweils den Wert von `price` auf der Grundlage des Alters fest. Danach wird dieser Wert in einem eigenen, nicht eingerückten `print()`-Aufruf (❹) dazu verwendet, eine Meldung mit dem Eintrittspreis auszugeben.

Dieser Code ruft die gleiche Ausgabe hervor wie der aus dem vorherigen Beispiel. Hier aber ist der Zweck der `if`-`elif`-`else`-Kette enger gefasst. Anstatt den Preis zu bestimmen und eine Meldung auszugeben, bestimmt sie jetzt nur noch den Eintrittspreis. Dieser Code ist nicht nur effizienter, sondern lässt sich auch einfacher überarbeiten. Wenn Sie den Text der Meldung ändern möchten, müssen Sie nur einen einzigen Aufruf von `print()` bearbeiten und nicht drei.

Mehrere elif-Blöcke

Sie können so viele `elif`-Blöcke verwenden, wie Sie wollen. Wenn der Freizeitpark beispielsweise einen Seniorenrabatt anbietet, können wir noch eine weitere Prüfung zu dem Code hinzufügen, um festzustellen, ob die Person diese Ermäßigung in Anspruch nehmen kann. Nehmen wir an, Besucher ab 65 Jahren zahlen nur die Hälfte, also 20 $:

```
age = 12

if age < 4:
    price = 0
elif age < 18:
    price = 25
❶ elif age < 65:
    price = 40
❷ else:
    price = 20

print(f"Your admission cost is ${price}.")
```

Der Code entspricht zum Großteil dem des vorherigen Beispiels. Allerdings prüft der `elif`-Block bei ❶ jetzt, ob die Person jünger als 65 ist, bevor sie den vollen Eintrittspreis von 40 $ ausgibt. Beachten Sie, dass der Wert im `else`-Block bei ❷ jetzt in 20 $ geändert werden muss, da die einzige Altersstufe, bei der das Programm bis zu diesem Block durchläuft, die Personen ab 65 Jahren umfasst.

Den else-Block weglassen

Am Ende einer `if`-`elif`-Kette ist in Python kein `else`-Block erforderlich. Er kann manchmal nützlich sein, doch manchmal ist es auch sinnvoller, mit einer weiteren `elif`-Anweisung eine bestimmte Bedingung abzudecken:

```
age = 12

if age < 4:
    price = 0
elif age < 18:
    price = 25
elif age < 65:
    price = 40
❶ elif age >= 65:
    price = 20

print(f"Your admission cost is ${price}.")
```

Der letzte elif-Block bei ❶ weist den Preis von 20 $ zu, wenn die Person 65 Jahre oder älter ist, was die Sache etwas deutlicher macht als der allgemeine else-Block. Aufgrund dieser Änderung muss jeder Codeblock einen bestimmten Test bestehen, um ausgeführt zu werden.

Der else-Block ist eine Sammelanweisung für alle Bedingungen, die die spezifischen if- und elif-Tests nicht erfüllt haben. Dies kann auch ungültige und sogar schädliche Daten einschließen. Wenn Sie eine konkrete letzte Bedingung haben, auf die Sie prüfen, sollten Sie lieber einen abschließenden elif-Block dafür verwenden und auf den else-Block verzichten. Das gibt Ihnen auch mehr Sicherheit, dass Ihr Code nur unter den richtigen Bedingungen ausgeführt wird.

Mehrere Bedingungen prüfen

Die if-elif-else-Kette ist sehr leistungsfähig, eignet sich aber nur in Fällen, in denen ausschließlich eine Bedingung erfüllt sein muss. Sobald eine Überprüfung True ergibt, überspringt Python die restlichen Tests. Das ist ein sehr effizientes Vorgehen, wenn Sie nur die Gültigkeit einer bestimmten Bedingung überprüfen wollen.

Manchmal müssen Sie jedoch sämtliche Bedingungen überprüfen. In einem solchen Fall verwenden Sie eine Folge von einfachen if-Anweisungen ohne elif- und else-Blöcke. Diese Technik ist sinnvoll, wenn mehr als eine Bedingung wahr sein kann und Sie bei jeder erfüllten Bedingung eine Aktion ausführen wollen.

Kehren wir zur Veranschaulichung zu unserem Pizzeria-Beispiel zurück. Wenn jemand eine Pizza mit zwei Belägen bestellt, müssen Sie sicherstellen, dass auch beide berücksichtigt werden:

toppings.py

```
❶ requested_toppings = ['mushrooms', 'extra cheese']

❷ if 'mushrooms' in requested_toppings:
      print("Adding mushrooms.")
❸ if 'pepperoni' in requested_toppings:
      print("Adding pepperoni.")
❹ if 'extra cheese' in requested_toppings:
      print("Adding extra cheese.")

  print("\nFinished making your pizza!")
```

Wir beginnen bei ❶ mit einer Liste der bestellten Beläge. Die erste if-Anweisung bei ❷ prüft, ob der Kunde Pilze verlangt hat. Wenn ja, wird eine entsprechende Meldung zur Bestätigung ausgegeben. Die Prüfung auf scharfe Salami (»pepperoni«) bei ❸ ist eine weitere einfache if-Anweisung, kein elif- oder else-Block, sodass sie unabhängig davon ausgeführt wird, ob der vorherige Test bestanden wurde oder nicht. Auch die letzte `if`-Anweisung bei ❹ führt die Überprüfung auf eine Extraportion Käse unabhängig von den Ergebnissen der beiden ersten Tests aus. Dies sind drei unabhängige Tests, die alle jedes Mal ausgeführt werden, wenn das Programm läuft.

Da jede Bedingung ausgewertet wird, bekommt die Pizza sowohl Pilze als auch eine Extraportion Käse:

```
Adding mushrooms.
Adding extra cheese.

Finished making your pizza!
```

Mit einem `if-elif-else`-Block würde dieser Code nicht wie beabsichtigt funktionieren, da er keine weiteren Bedingungen mehr prüft, sobald eine erfüllt ist:

```
requested_toppings = ['mushrooms', 'extra cheese']

if 'mushrooms' in requested_toppings:
    print("Adding mushrooms.")
elif 'pepperoni' in requested_toppings:
    print("Adding pepperoni.")
elif 'extra cheese' in requested_toppings:
    print("Adding extra cheese.")

print("\nFinished making your pizza!")
```

Als Erstes wird wiederum auf `'mushrooms'` geprüft, und da die Bedingung erfüllt ist, werden der Pizza Pilze hinzugefügt. Allerdings erfolgt keine Prüfung mehr auf die Werte `'extra cheese'` und `'pepperoni'`, da Python in einer `if-elif-else`-Kette keine weiteren Tests mehr durchführt, nachdem eine Bedingung erfüllt ist. Der erste gewünschte Belag wird hinzugefügt, aber alle weiteren fehlen:

```
Adding mushrooms.

Finished making your pizza!
```

Kurz gesagt: Wenn Sie nur einen Codeblock ausführen lassen wollen, verwenden Sie eine `if-elif-else`-Kette. Müssen dagegen mehrere Codeblöcke laufen, schreiben Sie eine Folge unabhängiger `if`-Anweisungen.

Probieren Sie es selbst aus!

5-3 Farben von feindlichen Raumschiffen (1): Hier geht es um außerirdische Raumschiffe, die Sie in einem Spiel abschießen müssen. Erstellen Sie die Variable `alien_color` und weisen Sie ihr den Wert `'green'`, `'yellow'` oder `'red'` zu.

- Schreiben Sie eine `if`-Anweisung, um zu prüfen, ob das abgeschossene außerirdische Schiff grün war. Wenn ja, geben Sie die Meldung aus, dass der Spieler 5 Punkte erzielt hat.
- Schreiben Sie eine Version des Programms, bei der der `if`-Test `True` ergibt, und eine andere, bei der er zu `False` ausgewertet wird. (In letzterem Fall erfolgt keine Ausgabe.)

5-4 Farben von feindlichen Raumschiffen (2): Wählen Sie wie in Aufgabe 5-3 eine Farbe für das außerirdische Raumschiff und schreiben Sie wie folgt eine `if-else`-Kette:

- Wenn das abgeschossene Schiff grün war, geben Sie die Meldung aus, dass der Spieler 5 Punkte erzielt hat.
- Wenn das abgeschossene Schiff nicht grün war, geben Sie die Meldung aus, dass der Spieler 10 Punkte erzielt hat.
- Schreiben Sie eine Version des Programms, in dem der `if`-Block ausgeführt wird, und eine Version, in der der `else`-Block läuft.

5-5 Farben von feindlichen Raumschiffen (3): Wandeln Sie die `if-else`-Kette aus Übung 5-4 in eine `if-elif-else`-Kette um:

- Wenn das abgeschossene Schiff grün war, geben Sie die Meldung aus, dass der Spieler 5 Punkte erzielt hat.
- Wenn das abgeschossene Schiff gelb war, geben Sie die Meldung aus, dass der Spieler 10 Punkte erzielt hat.
- Wenn das abgeschossene Schiff rot war, geben Sie die Meldung aus, dass der Spieler 15 Punkte erzielt hat.
- Schreiben Sie drei Versionen des Programms und sorgen Sie dafür, dass jede Meldung einmal ausgegeben wird.

5-6 Altersstufen: Legen Sie einen Wert für die Variable age fest und schreiben Sie eine `if-elif-else`-Kette, die wie folgt die Altersstufe einer Person bestimmt:

- Wenn die Person jünger als 2 Jahre ist, geben Sie die Meldung aus, dass es sich um ein Baby handelt.
- Wenn die Person mindestens 2 Jahre alt, aber jünger als 4 Jahre ist, geben Sie die Meldung aus, dass es sich um ein Kleinkind handelt.

→

- Wenn die Person mindestens 4 Jahre alt, aber jünger als 13 Jahre ist, geben Sie die Meldung aus, dass es sich um ein Kind handelt.
- Wenn die Person mindestens 13 Jahre alt, aber jünger als 20 Jahre ist, geben Sie die Meldung aus, dass es sich um einen Teenager handelt.
- Wenn die Person mindestens 20 Jahre alt, aber jünger als 65 Jahre ist, geben Sie die Meldung aus, dass es sich um einen Erwachsenen handelt.
- Wenn die Person 65 Jahre oder älter ist, geben Sie die Meldung aus, dass es sich um einen Rentner handelt.

5-7 Lieblingsobst: Erstellen Sie eine Liste Ihrer drei Lieblingsfrüchte und nennen Sie sie `favorite_fruits`. Schreiben Sie fünf unabhängige `if`-Anweisungen, die jeweils prüfen, ob sich ein bestimmtes Obst auf der Liste befindet. Wenn ja, sollte eine Aussage wie `You really like bananas!` ausgegeben werden.

if-Anweisungen für Listen

Mit `if`-Anweisungen können Sie sehr nützliche Aufgaben für Listen ausführen. Beispielsweise können Sie nach bestimmten Werten Ausschau halten, die anders behandelt werden müssen als die restlichen Werte in einer Liste. Damit können Sie auch wechselnde Bedingungen abdecken, z. B. die Verfügbarkeit einzelner Gerichte in einem Lokal. Außerdem können Sie damit zeigen, dass Ihr Code in allen möglichen Situationen funktioniert.

Prüfung auf besondere Elemente

Zu Anfang dieses Kapitels haben Sie anhand eines einfachen Beispiels gesehen, wie Sie einen besonderen Wert wie `'bmw'` handhaben, der in einem anderen Format ausgegeben werden muss als die restlichen Werte auf der Liste. Da Sie jetzt Grundkenntnisse über Bedingungen und `if`-Anweisungen haben, wollen wir uns genauer ansehen, wie Sie nach besonderen Werten in einer Liste Ausschau halten und sie entsprechend behandeln können.

Dazu greifen wir wieder auf unser Pizzeria-Beispiel zurück. Wenn ein Belag zu Ihrer Pizza hinzugefügt wird, erscheint eine entsprechende Meldung. Den Code dafür können Sie auf sehr effiziente Weise schreiben, indem Sie eine Liste der bestellten Beläge erstellen und dann mithilfe einer `for`-Schleife die einzelnen Beläge ausgeben:

toppings.py

```
requested_toppings = ['mushrooms', 'green peppers', 'extra cheese']

for requested_topping in requested_toppings:
    print(f"Adding {requested_topping}.")

print("\nFinished making your pizza!")
```

Da dieser Code nur eine `for`-Schleife ausführt, lautet die Ausgabe ganz einfach wie folgt:

```
Adding mushrooms.
Adding green peppers.
Adding extra cheese.

Finished making your pizza!
```

Was aber, wenn der Pizzeria die grünen Paprikas ausgehen? Mit einer `if`-Anweisung in der `for`-Schleife können Sie diese Situation problemlos handhaben:

```
requested_toppings = ['mushrooms', 'green peppers', 'extra cheese']

for requested_topping in requested_toppings:
❶    if requested_topping == 'green peppers':
        print("Sorry, we are out of green peppers right now.")
❷    else:
        print(f"Adding {requested_topping}.")

print("\nFinished making your pizza!")
```

Diesmal prüfen wir erst jedes angeforderte Element, bevor wir es zu der Pizza hinzufügen. Die `if`-Anweisung bei ❶ schaut nach, ob der Kunde grüne Paprikas angefordert hat. Wenn ja, zeigen wir eine Nachricht an, die darüber Auskunft gibt, dass grüne Paprikas zurzeit aus sind. Der `else`-Block bei ❷ sorgt dafür, dass alle anderen Beläge zu der Pizza hinzugefügt werden.

Die Ausgabe zeigt, dass alle angeforderten Beläge korrekt gehandhabt wurden:

```
Adding mushrooms.
Sorry, we are out of green peppers right now.
Adding extra cheese.

Finished making your pizza!
```

Prüfung auf nicht leere Liste

Bisher sind wir bei der Arbeit mit Listen stets von der Voraussetzung ausgegangen, dass sie mindestens ein Element enthalten. Wenn wir die Informationen, die in einer Liste gespeichert werden, aber von den Benutzern bereitstellen lassen, können wir das jedoch nicht so ohne Weiteres annehmen. Bevor wir die for-Schleife ausführen, müssen wir daher prüfen, ob die Liste leer ist.

In unserem Beispiel prüfen wir, ob die Liste der angeforderten Beläge leer ist, bevor wir die Pizza zusammenstellen. Wenn ja, bitten wir den Benutzer um Bestätigung, dass er wirklich eine Pizza ohne alles haben will. Anderenfalls stellen wir die Pizza wie gewohnt zusammen.

```
❶ requested_toppings = []

❷ if requested_toppings:
      for requested_topping in requested_toppings:
          print(f"Adding {requested_topping}.")
      print("\nFinished making your pizza!")
❸ else:
      print("Are you sure you want a plain pizza?")
```

Diesmal verwenden wir eine leere Liste für die angeforderten Beläge (❶). Anstatt die for-Schleife sofort zu starten, führen wir bei ❷ zuerst die Überprüfung durch. Wenn wir als Bedingung in einer if-Anweisung einfach nur den Namen einer Liste angeben, gibt Python True zurück, wenn sie mindestens ein Element enthält, wohingegen sich bei einer leeren Liste der Wert False ergibt. Sofern requested_toppings diese Prüfung besteht, führen wir die gleiche for-Schleife aus wie in den vorherigen Beispielen, sodass die einzelnen hinzugefügten Beläge angezeigt werden. Ist die Liste dagegen wie in diesem Beispiel leer, geben wir die Meldung mit der Frage aus, ob wirklich eine Pizza ohne alles gewünscht ist (❸):

```
Are you sure you want a plain pizza?
```

Mehrere Listen verwenden

Man muss immer mit Sonderwünschen rechnen, vor allem wenn es um Pizzabeläge geht. Was machen Sie, wenn ein Kunde eine Pizza mit Pommes haben will? Mithilfe einer if-Anweisung können Sie prüfen, ob eine Eingabe sinnvoll ist, bevor sie weiterverarbeitet wird.

Bevor wir eine Pizza zusammenstellen, wollen wir erst nach ungewöhnlichen Belägen Ausschau halten. Im folgenden Beispiel werden zwei Listen definiert, wobei die erste die in der Pizzeria verfügbaren und die zweite die vom Benutzer verlangten Beläge enthält. Dieses Mal werden zunächst alle Elemente in requested_toppings mit den Einträgen in der Liste der verfügbaren Beläge verglichen:

```
❶ available_toppings = ['mushrooms', 'olives', 'green peppers',
                        'pepperoni', 'pineapple', 'extra cheese']

❷ requested_toppings = ['mushrooms', 'french fries', 'extra cheese']

❸ for requested_topping in requested_toppings:
❹     if requested_topping in available_toppings:
          print(f"Adding {requested_topping}.")
❺     else:
          print(f"Sorry, we don't have {requested_topping}.")

print("\nFinished making your pizza!")
```

Bei ❶ definieren wir die Liste der in der Pizzeria verfügbaren Beläge. Wenn das Angebot unveränderlich sein soll, können Sie hierfür auch ein Tupel verwenden. Die Liste der vom Kunden gewünschten Beläge mit dem ungewöhnlichen Eintrag `'french fries'` steht bei ❷. In einer Schleife durchlaufen wir die Liste der angeforderten Beläge (❸) und prüfen dabei, ob jedes der Elemente in der Liste der verfügbaren Beläge steht (❹). Wenn ja, fügen wir den Belag zur Pizza hinzu, wenn nicht, führen wir den `else`-Block (❺) aus, der eine Meldung mit der Angabe der nicht verfügbaren Beläge ausgibt.

Dieser Code ergibt eine saubere, informative Ausgabe:

```
Adding mushrooms.
Sorry, we don't have french fries.
Adding extra cheese.

Finished making your pizza!
```

Mit nur wenigen Codezeilen haben wir eine praxisnahe Situation wirksam handhaben können!

Probieren Sie es selbst aus!

5-8 Hello Admin: Erzeugen Sie eine Liste mit fünf oder mehr Benutzernamen, darunter auch `'admin'`. Stellen Sie sich vor, dass Sie Code schreiben, um die einzelnen Besucher zu begrüßen, nachdem Sie sich an einer Website angemeldet haben. Durchlaufen Sie die Liste und geben Sie für jeden Benutzer eine Meldung aus:

- Geben Sie für den Benutzernamen `'admin'` eine besondere Begrüßung aus wie *Hello admin, would you like to see a status report?*.
- Geben Sie bei allen anderen Benutzern eine allgemeine Begrüßung aus wie *Hello Jaden, thank you for logging in again.*

→

5-9 Keine Benutzer: Erweitern Sie den Code aus der vorherigen Übung um eine Überprüfung, ob die Liste der Benutzer leer ist.

- Geben Sie bei einer leeren Liste die Meldung aus: *We need to find some users!*
- Entfernen Sie alle Benutzernamen von Ihrer Liste und überprüfen Sie, ob tatsächlich die korrekte Meldung ausgegeben wird.

5-10 Benutzernamen überprüfen: Simulieren Sie in einem Programm, dass alle Benutzer einzigartige Namen verwenden:

- Stellen Sie die Liste `current_users` mit fünf oder mehr Benutzernamen zusammen.
- Stellen Sie die Liste `new_users` mit weiteren fünf Benutzernamen zusammen. Ein oder zwei dieser neuen Benutzernamen müssen mit Einträgen in der Liste `current_users` übereinstimmen.
- Durchlaufen Sie `new_users` und prüfen Sie, ob die einzelnen neuen Benutzernamen schon in Verwendung sind. Wenn ja, geben Sie die Meldung aus, dass ein neuer Benutzername eingegeben werden muss. Anderenfalls zeigen Sie die Nachricht an, dass der Benutzername verfügbar ist.
- Sorgen Sie dafür, dass bei dem Vergleich nicht zwischen Groß- und Kleinschreibung unterschieden wird. Wenn der Name `'John'` bereits in Gebrauch ist, darf `'JOHN'` nicht akzeptiert werden. Dazu müssen Sie eine Kopie von `current_users` mit den vorhandenen Benutzernamen in Kleinbuchstaben erstellen.

5-11 Englische Ordnungszahlen: Um englische Ordnungszahlen darzustellen, wird meistens *th* an die Ziffer angehängt (4th, 5th usw.). Ausnahmen bilden Zahlen, die auf 1, 2 und 3 enden. Die zugehörigen Ordnungszahlen lauten 1st, 2nd und 3rd.

- Speichern Sie die Zahlen 1 bis 9 in einer Liste.
- Durchlaufen Sie die Liste.
- Verwenden Sie in der Schleife eine `if-elif-else`-Kette, um die richtigen Ordnungszahlen zu den Zahlen in der Liste auszugeben, also *1st, 2nd, 3rd, 4th, 5th, 6th, 7h, 8th* und *9th*, wobei jedes Ergebnis in einer eigenen Zeile stehen soll.

if-Anweisungen gestalten

In den Beispielen in diesem Kapitel haben Sie bereits eine saubere Formatierung gesehen. Die einzige PEP-8-Empfehlung für die Gestaltung von Bedingungen besteht darin, rechts und links von den Vergleichsoperatoren wie `==`, `>=` und `<=` ein Leerzeichen einzufügen. Verwenden Sie also folgende Schreibweise:

```
if age < 4:
```

Das ist besser als die folgende Variante:

```
if age<4:
```

Die Leerzeichen haben zwar keine Auswirkung auf die Verarbeitung des Codes durch Python, machen den Code aber für Sie selbst und für andere besser lesbar.

Probieren Sie es selbst aus!

5-12 if-Anweisungen gestalten: Schauen Sie sich die Programme, die Sie in diesem Kapitel geschrieben haben, noch einmal an und vergewissern Sie sich, dass Sie die Bedingungen sauber formatiert haben.

5-13: Eigene Ideen: Sie können jetzt schon besser programmieren als am Anfang dieses Buches und haben eine klarere Vorstellung davon, wie Situationen aus der Praxis in Programmen modelliert werden. Überlegen Sie sich einige Probleme, die Sie gern mit eigenen Programmen lösen möchten. Schreiben Sie alle Ideen für solche Programme auf, beispielsweise für Spiele, für die Untersuchung von Datensätzen oder für Webanwendungen.

Zusammenfassung

In diesem Kapitel haben Sie gelernt, wie Sie Bedingungen schreiben, die zu `True` oder `False` ausgewertet werden, und wie Sie einfache `if`-Anweisungen, `if-else`-Ketten und `if-elif-else`-Ketten verwenden. Damit haben Sie bestimmte Zustände untersucht, von denen Sie wissen müssen, ob und wann Sie in Ihren Programmen vorliegen. Außerdem haben Sie erfahren, wie Sie eine `for`-Schleife noch effizienter einsetzen und einzelne Elemente in einer Liste auf andere Weise behandeln können als die restlichen. Sie haben auch die Python-Formatierungsempfehlungen kennengelernt, mit deren Hilfe Sie dafür sorgen können, dass Ihre immer anspruchsvolleren Programme weiterhin gut lesbar und leicht zu verstehen sind.

In Kapitel 6 beschäftigen wir uns mit Dictionaries. Sie ähneln Listen, ermöglichen aber Verknüpfungen zwischen den gespeicherten Informationen. In dem Kapitel werden Sie lernen, wie Sie Dictionaries erstellen, in einer Schleife durchlaufen und zusammen mit Listen und `if`-Anweisungen einsetzen. Damit können Sie noch viel mehr Situationen aus der Praxis in Ihren Programmen modellieren.

6 Dictionaries

In diesem Kapitel erfahren Sie, wie Sie Dictionaries (Wörterbücher) verwenden, in denen Sie miteinander verknüpfte Informationen speichern können, wie Sie auf diese Informationen zugreifen und sie verändern. Da Sie in Dictionaries eine fast unbegrenzte Menge an Informationen ablegen können, zeige ich Ihnen auch, wie Sie die enthaltenen Daten durchlaufen. Außerdem erfahren Sie, wie Sie Dictionaries in Listen, Listen in Dictionaries und sogar Dictionaries in anderen Dictionaries verschachteln.

Mithilfe von Dictionaries können Sie viele reale Objekte genauer nachbilden. Beispielsweise können Sie ein Dictionary für eine Person erstellen und darin so viele Informationen über diese Person ablegen, wie Sie wollen, beispielsweise den Namen, das Alter, den Wohnort, den Beruf und sonstige Merkmale. Dabei speichern Sie immer zwei zusammengehörige Informationen, also zum Beispiel Wörter und deren Bedeutung, Namen von Personen und deren Lieblingsfarben, Berge und deren Höhe.

Ein einfaches Dictionary

Stellen Sie sich ein Spiel vor, in dem außerirdische Raumschiffe in verschiedenen Farben und verschiedenen Punktwerten vorkommen. Die Angaben über ein Schiff können Sie dann in einem einfachen Dictionary speichern:

alien.py

```
alien_0 = {'color': 'green', 'points': 5}

print(alien_0['color'])
print(alien_0['points'])
```

In dem Dictionary `alien_0` stehen die Farbe und der Punktwert des Schiffes. Die beiden `print`-Aufrufe greifen auf diese Informationen zu und zeigen sie an:

```
green
5
```

Wie bei den meisten Programmierkonzepten erfordert auch der Umgang mit Dictionaries Übung. Wenn Sie sich damit vertraut gemacht haben, werden Sie sehen, wie wirkungsvoll Sie damit reale Situationen nachbilden können.

Umgang mit Dictionaries

Ein *Dictionary* ist eine Sammlung von *Schlüssel-Wert-Paaren*. Dabei ist mit jedem *Schlüssel* ein Wert verknüpft, sodass Sie über den Schlüssel auf den zugehörigen Wert zugreifen können. Der Wert eines Schlüssels kann eine Zahl, ein String, eine Liste und sogar ein weiteres Dictionary sein. Jedes Objekt, das Sie in Python erstellen können, lässt sich als Wert in einem Dictionary verwenden.

In Python werden Dictionaries in geschweifte Klammern gestellt. Darin stehen hintereinander die einzelnen Schlüssel-Wert-Paare, wie Sie schon in dem vorhergehenden Beispiel gesehen haben:

```
alien_0 = {'color': 'green', 'points': 5}
```

Ein Schlüssel-Wert-Paar ist ein Satz aus zwei miteinander verknüpften Werten. Wenn Sie den Schlüssel angeben, gibt Python den damit verknüpften Wert zurück. In dem Dictionary werden der Schlüssel und sein Wert durch einen Doppelpunkt getrennt und die einzelnen Schlüssel-Wert-Paare durch Kommata. Sie können beliebig viele dieser Paare in ein Dictionary aufnehmen.

Das kleinste mögliche Dictionary besteht aus einem einzigen Schlüssel-Wert-Paar:

```
alien_0 = {'color': 'green'}
```

In diesem Dictionary wird nur eine einzige Information über `alien_0` gespeichert, nämlich die Farbe. Hier ist der String `'color'` der Schlüssel und `'green'` der zugehörige Wert.

Zugriff auf die Werte in einem Dictionary

Um auf den zugehörigen Wert zu einem Schlüssel zuzugreifen, geben Sie den Namen des Dictionarys und dahinter in eckigen Klammern den Schlüssel an:

alien.py

```
alien_0 = {'color': 'green'}
print(alien_0['color'])
```

Dadurch wird der mit dem Schlüssel `'color'` im Dictionary `alien_0` verknüpfte Wert zurückgegeben:

```
green
```

Ein Dictionary kann eine unbegrenzte Zahl von Schlüssel-Wert-Paaren enthalten. Die ursprüngliche Version von `alien_0` enthielt zwei dieser Paare:

```
alien_0 = {'color': 'green', 'points': 5}
```

Damit können Sie auf die Farbe und auf den Punktwert von `alien_0` zugreifen. Wenn ein Spieler dieses Schiff abschießt, können Sie mit folgendem Code nachschlagen, wie viele Punkte ihm dafür gutgeschrieben werden:

```
alien_0 = {'color': 'green', 'points': 5}

❶ new_points = alien_0['points']
❷ print(f"You just earned {new_points} points!")
```

Der Code bei ❶ ruft den Wert des Schlüssels `'points'` aus dem Dictionary ab und weist ihn der Variablen `new_points` zu. Bei ❷ wird dieser Integerwert in einen String umgewandelt und es wird eine Meldung darüber ausgegeben, wie viele Punkte der Spieler gerade gemacht hat:

```
You just earned 5 points!
```

Wenn Sie diesen Code bei jedem Abschuss ausführen, werden jeweils die zugehörigen Punkte zu dem betreffenden Schiff abgerufen.

Schlüssel-Wert-Paare hinzufügen

Dictionaries sind dynamische Strukturen, denen Sie jederzeit neue Schlüssel-Wert-Paare hinzufügen können. Dazu geben Sie den Namen des Dictionarys gefolgt von dem neuen Schlüssel in eckigen Klammern und den neuen Wert an.

Zur Veranschaulichung wollen wir `alien_0` zwei neue Informationen hinzufügen, nämlich die x- und y-Koordinaten, um das Schiff an der richtigen Stelle auf dem Bildschirm darzustellen. In unserem Beispiel soll es sich am linken Bildschirmrand befinden, 25 Pixel vom oberen Rand entfernt. Da Bildschirmkoordinaten gewöhnlich ihren Ursprung in der oberen linken Ecke haben, müssen wir dazu also die x-Koordinate auf 0 und die y-Koordinate auf 25 setzen:

alien.py

```
alien_0 = {'color': 'green', 'points': 5}
print(alien_0)

❶ alien_0['x_position'] = 0
❷ alien_0['y_position'] = 25
print(alien_0)
```

Für dieses Beispiel definieren wir wieder unser bekanntes Dictionary und geben eine Momentaufnahme der darin enthaltenen Informationen aus. Bei ❶ fügen wir dann ein neues Schlüssel-Wert-Paar mit dem Schlüssel `'x_position'` und dem Wert `0` hinzu und bei ❷ ein weiteres Paar mit dem Schlüssel `'y_position'`. Wenn wir das veränderte Dictionary ausgeben, sehen wir die neu hinzugefügten Informationen:

```
{'color': 'green', 'points': 5}
{'color': 'green', 'points': 5, 'y_position': 25, 'x_position': 0}
```

Jetzt enthält das Dictionary vier Schlüssel-Wert-Paare – neben den ursprünglichen für Farbe und Punktwert jetzt auch die beiden neuen für die Koordinaten.

Dictionaries behalten die Reihenfolge bei, in der sie definiert wurden. Wenn Sie ein Dictionary ausgeben oder in einer Schleife durchlaufen, erscheinen seine Elemente in derselben Reihenfolge, in der sie zu dem Dictionary hinzugefügt wurden.

Ein leeres Dictionary als Ausgangspunkt

Manchmal ist es praktisch oder sogar notwendig, mit einem leeren Dictionary zu beginnen und es nach und nach mit Elementen zu füllen. In einem solchen Fall definieren Sie das Dictionary zunächst als leeres Paar geschweifter Klammern und fügen die einzelnen Schlüssel-Wert-Paare jeweils in einer eigenen Zeile hinzu. Wie wir unser Dictionary `alien_0` auf diese Weise erstellen, zeigt das folgende Beispiel:

alien.py

```
alien_0 = {}

alien_0['color'] = 'green'
alien_0['points'] = 5

print(alien_0)
```

Hier definieren wir das leere Dictionary `alien_0` und fügen ihm dann Werte für Farbe und Punktwert hinzu. Als Ergebnis erhalten wir das gleiche Dictionary, das wir schon in den vorherigen Beispielen verwendet haben:

```
{'color': 'green', 'points': 5}
```

Ein leeres Dictionary als Ausgangspunkt wird gewöhnlich dann verwendet, wenn wir vom Benutzer bereitgestellte Werte darin speichern müssen oder wenn unser Code automatisch große Mengen an Schlüssel-Wert-Paaren generiert.

Werte in einem Dictionary ändern

Um einen Wert in einem Dictionary zu ändern, geben Sie den Namen des Dictionarys gefolgt vom Namen des Schlüssels in eckigen Klammern an und weisen den neuen Wert für diesen Schlüssel zu. Das folgende Beispiel zeigt, wie wir die Farbe eines außerirdischen Raumschiffes im Spielverlauf von Grün in Gelb ändern:

alien.py

```
alien_0 = {'color': 'green'}
print(f"The alien is {alien_0['color']}.")

alien_0['color'] = 'yellow'
print(f"The alien is now {alien_0['color']}.")
```

Zuerst definieren wir ein Dictionary, das nur die Farbe des Schiffes enthält, und ändern dann den Wert für den Schlüssel `'color'` in `'yellow'`. Die Ausgabe beweist, dass wir jetzt tatsächlich den neuen Farbwert haben:

```
The alien is green.
The alien is now yellow.
```

Um ein interessanteres Beispiel zu geben, wollen wir die Position eines Schiffes verfolgen, das sich mit unterschiedlichen Geschwindigkeiten bewegen kann. Dazu speichern wir den Wert der aktuellen Geschwindigkeit und bestimmen aufgrund dieses Wertes, wie weit sich das Schiff nach rechts bewegen muss:

```
alien_0 = {'x_position': 0, 'y_position': 25, 'speed': 'medium'}
print(f"Original position: {alien_0['x_position']}")
```

```
# Bewegt das Raumschiff nach rechts.
# Bestimmt, wie weit das Schiff bei seiner aktuellen Geschwindigkeit
# verschoben werden muss.
❶ if alien_0['speed'] == 'slow':
    x_increment = 1
elif alien_0['speed'] == 'medium':
    x_increment = 2
else:
    # Dies muss ein schnelles Schiff sein.
    x_increment = 3

# Die neue Position errechnet sich aus der alten plus Inkrement.
❷ alien_0['x_position'] = alien_0['x_position'] + x_increment

print(f"New position: {alien_0['x_position']}")
```

Als Erstes definieren wir hier ein außerirdisches Raumschiff mit den x- und y-Koordinaten seiner Ausgangsposition und der Geschwindigkeit `'medium'`. Zur Vereinfachung kümmern wir uns hier nicht um Farbe und Punktwert, aber das Beispiel würde genauso funktionieren, wenn das Dictionary auch diese Schlüssel-Wert-Paare enthielte. Außerdem geben wir die ursprüngliche x-Koordinate aus, um später zu sehen, wie weit sich das Schiff nach rechts bewegt hat.

Bei ❶ bestimmen wir mithilfe einer `if-elif-else`-Kette, wie weit das Schiff nach rechts verschoben werden muss, und weisen den resultierenden Wert der Variablen `x_increment` zu. Bei der Geschwindigkeit `'slow'` bewegt sich das Schiff eine Einheit nach rechts, bei der Geschwindigkeit `'medium'` zwei Einheiten und bei `'fast'` drei. Nachdem wir das Inkrement auf diese Weise berechnet haben, addieren wir es bei ❷ zum Wert von `x_position` und speichern das Ergebnis als Wert für den Schlüssel `x_position` im Dictionary.

Da sich dieses Schiff mit mittlerer Geschwindigkeit bewegt, wandert es zwei Einheiten nach rechts:

```
Original x-position: 0
New x-position: 2
```

Diese Technik ist sehr vielseitig: Durch die Änderung eines Wertes im Dictionary für das Schiff können Sie sein Verhalten anpassen. Um das Schiff zu beschleunigen, fügen Sie einfach folgende Zeile hinzu:

```
alien_0['speed'] = 'fast'
```

Bei der nächsten Ausführung des Codes weist der `if-elif-else`-Block dann einen größeren Wert zu `x_increment` zu.

Schlüssel-Wert-Paare entfernen

Wenn Sie eine Information, die in einem Dictionary gespeichert ist, nicht mehr benötigen, können Sie das Schlüssel-Wert-Paar mit der Anweisung `del` löschen. Dazu müssen Sie nur den Namen des Dictionarys und des betreffenden Schlüssels angeben.

Um beispielsweise den Schlüssel `'points'` und dessen Wert aus dem Dictionary `alien_0` zu entfernen, gehen wir wie folgt vor:

```
alien_0 = {'color': 'green', 'points': 5}
print(alien_0)

❶ del alien_0['points']
print(alien_0)
```

Mit der `del`-Anweisung bei ❶ weisen wir Python an, den Schlüssel `'points'` und den damit verknüpften Wert aus dem Dictionary `alien_0` zu löschen. Die Ausgabe beweist, dass diese Information tatsächlich entfernt wurde, während der Rest des Dictionarys unberührt geblieben ist:

```
{'color': 'green', 'points': 5}
{'color': 'green'}
```

Hinweis

Beachten Sie, dass ein Schlüssel-Wert-Paar beim Löschen unwiederbringlich entfernt wird.

Ein Dictionary aus ähnlichen Objekten

Im vorhergehenden Beispiel haben Sie gesehen, wie Sie verschiedene Informationen über ein bestimmtes Objekt speichern können. Es ist aber auch möglich, in einem Dictionary jeweils die gleiche Information über verschiedene Objekte festzuhalten. Nehmen wir an, Sie fragen verschiedene Personen nach ihrer Lieblingsprogrammiersprache. Das Ergebnis können Sie dann wie folgt in einem Dictionary speichern:

```
favorite_languages = {
    'jen': 'python',
    'sarah': 'c',
    'edward': 'rust',
    'phil': 'python',
    }
```

Hier haben wir das etwas umfangreichere Dictionary auf mehrere Zeilen aufgeteilt. Die Schlüssel sind die Namen der Personen, die wir befragt haben, und die zugehörigen Werte geben die Programmiersprache an. Wenn Sie wissen, dass Sie mehr als eine Zeile brauchen, um ein Dictionary zu definieren, drücken Sie nach der öffnenden geschweiften Klammer die Eingabetaste, rücken die nächste Zeile eine Ebene weit ein (also vier Leerzeichen) und geben dann das erste Schlüssel-Wert-Paar gefolgt von einem Komma ein. Wenn Sie danach wieder die Eingabetaste drücken, sollte Ihr Texteditor anschließend automatisch alle nachfolgenden Schlüssel-Wert-Paare ebenso einrücken wie das erste.

Nachdem Sie das Dictionary komplett definiert haben, fügen Sie in einer neuen Zeile hinter dem letzten Schlüssel-Wert-Paar eine schließende geschweifte Klammer hinzu. Rücken Sie auch diese letzte Zeile so ein, dass sie an den Schlüsseln ausgerichtet ist. Sie sollten auch hinter das letzte Schlüssel-Wert-Paar ein Komma schreiben, sodass alles bereit ist, um eventuell noch ein weiteres Paar hinzuzufügen.

Hinweis

Die meisten Editoren verfügen über eine Funktion, um ausgedehnte Listen und Dictionaries auf ähnliche Weise wie in diesem Beispiel zu formatieren. Es gibt auch noch andere akzeptable Gestaltungsmöglichkeiten für lange Dictionaries, sodass es durchaus sein kann, dass Sie in Ihrem Editor oder im Quellcode anderer Autoren eine andere Darstellung sehen.

Um nun die Lieblingsprogrammiersprache einer der befragten Personen aus dem Dictionary abzurufen, geben Sie einfach den Namen der Person an:

favorite_languages.py

```
favorite_languages = {
    'jen': 'python',
    'sarah': 'c',
    'edward': 'rust',
    'phil': 'python',
    }

❶ language = favorite_languages['sarah'].title()
print(f"Sarah's favorite language is {language}.")
```

Wollen wir also sehen, welche Sprache Sarah bevorzugt, rufen wir den Wert wie folgt ab:

```
favorite_languages['sarah']
```

Wir verwenden diese Syntax bei ❶, um Sarahs Lieblingssprache in dem Dictionary zu ermitteln und der Variablen `language` zuzuweisen. Dadurch, dass wir hier eine neue Variable anlegen, können wir den Aufruf von `print()` viel sauberer schreiben. Die Ausgabe zeigt Sarahs Lieblingssprache:

```
Sarah's favorite language is C.
```

Diese Syntax können Sie auch für jede andere in dem Dictionary aufgeführte Person verwenden.

Mit get() auf Werte zugreifen

Wenn Sie Schlüssel in eckigen Klammern verwenden, um Werte aus einem Dictionary abzurufen, kann das zu einem Problem führen, denn wenn der angegebene Schlüssel nicht existiert, erhalten Sie eine Fehlermeldung.

Sehen wir uns an, was passiert, wenn Sie nach dem Punktwert eines feindlichen Raumschiffes fragen, für das gar kein Punktwert festgelegt ist:

alien_no_points.py

```
alien_0 = {'color': 'green', 'speed': 'slow'}
print(alien_0['points'])
```

Als Ergebnis erhalten Sie ein Traceback für einen Schlüsselfehler (`KeyError`):

```
Traceback (most recent call last):
  File "alien_no_points.py", line 2, in <module>
    print(alien_0['points'])
          ~~~~~~~^^^^^^^^^^
KeyError: 'points'
```

Wie Sie ganz allgemein mit Fehlern wie diesen umgehen, erfahren Sie in Kapitel 10. Bei einem Dictionary können Sie zum Abruf von Werten auch die Methode `get()` verwenden. Sie verlangt als erstes Argument den Schlüssel, der nachgeschlagen werden soll. Optional können Sie als zweites Argument aber einen Wert nennen, der zurückgegeben werden soll, wenn es diesen Schlüssel nicht gibt:

```
alien_0 = {'color': 'green', 'speed': 'slow'}

point_value = alien_0.get('points', 'No point value assigned.')
print(point_value)
```

Wenn der Schlüssel `'points'` in dem Dictionary vorhanden ist, erhalten Sie den zugehörigen Wert, wenn nicht, den angegebenen Ersatzwert. Da es `'points'` in unserem Fall nicht gibt, wird statt des Fehlers eine klare Benachrichtigung ausgegeben:

```
No point value assigned.
```

Wenn die Möglichkeit besteht, dass der Schlüssel, den Sie abfragen wollen, nicht existiert, sollten Sie statt der Schreibweise mit eckigen Klammern die Methode `get()` verwenden.

Hinweis

Wenn Sie beim Aufruf von `get()` das zweite Argument weglassen und der Schlüssel nicht existiert, gibt Python `None` zurück, was bedeutet: »Der Wert existiert nicht.« Dies ist kein Fehler, sondern ein besonderer Wert, der die Abwesenheit eines Wertes anzeigt. Mehr über `None` erfahren Sie in Kapitel 8.

Probieren Sie es selbst aus!

6-1 Person: Speichern Sie in einem Dictionary Informationen über eine Person, die Sie kennen, also z. B. Vorname, Nachname, Alter und Wohnort unter Schlüsseln wie `first_name`, `last_name`, `age` und `city`. Geben Sie alle in dem Dictionary gespeicherten Informationen aus.

6-2 Lieblingszahlen: Speichern Sie die Lieblingszahlen mehrerer Personen in einem Dictionary. Verwenden Sie dabei die Namen von fünf Personen als Schlüssel und die Zahlen als Werte. Geben Sie die einzelnen Namen jeweils mit den zugehörigen Lieblingszahlen aus. Sie können sich die Werte einfach ausdenken, aber es macht mehr Spaß, Ihre Freunde zu befragen, um reale Daten für das Programm zu bekommen.

6-3 Glossar: Mit einem Python-Dictionary können Sie auch ein reales Wörterbuch oder Glossar nachbauen:

- Nehmen Sie in das Dictionary fünf Programmierbegriffe auf, die Sie in den vorherigen Kapiteln gelernt haben, und speichern Sie deren Bedeutungen als die zugehörigen Werte.
- Geben Sie jedes einzelne Wort und die zugehörige Definition in einer übersichtlichen Formatierung aus. Beispielsweise können Sie den Begriff und die Definition durch einen Doppelpunkt trennen oder den Begriff auf einer Zeile ausgeben und die Definition in der nächsten. Fügen Sie mithilfe des Zeilenumbruchzeichens (`\n`) jeweils eine Leerzeile zwischen die einzelnen Begriff-Definition-Paare der Ausgabe ein.

Dictionaries in einer Schleife durchlaufen

Dictionaries können Millionen von Schlüssel-Wert-Paaren enthalten, weshalb es praktisch ist, dass wir sie in Python mithilfe von Schleifen durchlaufen können. Da sich Informationen in Dictionaries auf verschiedene Weise speichern lassen, gibt es auch verschiedene Möglichkeiten für solche Schleifen: Sie können alle Schlüssel-Wert-Paare, alle Schlüssel oder aber alle Werte durchlaufen.

Alle Schlüssel-Wert-Paare durchlaufen

Bevor wir uns die verschiedenen Möglichkeiten für Schleifen ansehen, wollen wir ein neues Beispiel-Dictionary kennenlernen, in dem Angaben über einen Benutzer einer Website festgehalten werden, nämlich Benutzername, Vorname und Nachname:

```
user_0 = {
    'username': 'efermi',
    'first': 'enrico',
    'last': 'fermi',
    }
```

Einzelne Informationen über `user_0` können Sie mithilfe der Vorgehensweisen abrufen, die Sie in diesem Kapitel schon kennengelernt haben. Aber was tun Sie, wenn Sie alles sehen wollen, was in dem Dictionary gespeichert ist? Dazu können Sie das gesamte Dictionary in einer `for`-Schleife durchlaufen:

user.py

```
user_0 = {
    'username': 'efermi',
    'first': 'enrico',
    'last': 'fermi',
    }

❶ for key, value in user_0.items():
❷     print(f"\nKey: {key}")
❸     print(f"Value: {value}")
```

Bei einer `for`-Schleife für ein Dictionary müssen Sie, wie Sie bei ❶ sehen, Namen für die beiden Variablen anlegen, in denen der Schlüssel und der Wert jedes einzelnen Paares festgehalten werden. Dazu können Sie beliebige Namen wählen. Der Code funktioniert genauso gut, wenn Sie wie folgt auf Abkürzungen zurückgreifen:

```
for k, v in user_0.items()
```

Die Anweisung bei ❶ enthält außerdem noch den Namen des Dictionarys, gefolgt von der Methode `items()`, die eine Folge der Schlüssel-Wert-Paare zurückgibt. Die `for`-Schleife speichert die einzelnen Paare jeweils in den beiden angegebenen Variablen. In dem Beispielcode nutzen wir die Variablen anschließend, um jeweils den Schlüssel (❷) und dann den zugehörigen Wert (❸) auszugeben. Die Zeichenfolge `\n` im ersten Aufruf von `print()` sorgt dafür, dass vor jedem Schlüssel-Wert-Paar in der Ausgabe eine Leerzeile eingefügt wird:

```
Key: username
Value: efermi

Key: first
Value: enrico

Key: last
Value: fermi
```

Das Durchlaufen aller Schlüssel-Wert-Paare ist vor allem für Dictionaries geeignet, bei denen immer die gleiche Art von Information für viele verschiedene Schlüssel gespeichert ist, etwa das Dictionary mit den Lieblingsprogrammiersprachen aus dem vorherigen Abschnitt. Wenn Sie `favorite_languages` in einer solchen Schleife durchlaufen, erhalten Sie die Namen aller Personen jeweils mit der zugehörigen Lieblingssprache. Da die Schlüssel immer einen Namen und die Werte immer eine Sprache bezeichnen, verwenden wir hier die Variablen `name` und `language` statt `key` und `value`. Dadurch lässt sich leichter erkennen, was in der Schleife geschieht:

favorite_languages.py

```
favorite_languages = {
    'jen': 'python',
    'sarah': 'c',
    'edward': 'rust',
    'phil': 'python',
    }

❶ for name, language in favorite_languages.items():
❷     print(f"{name.title()}'s favorite language is {language.title()}.")
```

Der Code bei ❶ weist Python an, alle Schlüssel-Wert-Paare im Dictionary zu durchlaufen. Dabei wird jeweils der Schlüssel der Variablen `name` und der Wert der Variablen `language` zugewiesen. Diese beschreibenden Namen machen deutlicher, was der `print()`-Aufruf bei ❷ ausgibt.

Mit diesen wenigen Zeilen Code können wir sämtliche Ergebnisse unserer Programmiersprachenumfrage ausgeben:

```
Jen's favorite language is Python.
Sarah's favorite language is C.
Edward's favorite language is Rust.
Phil's favorite language is Python.
```

Diese Art von Schleife funktioniert genauso gut, wenn das Dictionary die Resultate einer Umfrage unter Tausenden oder gar Millionen von Menschen enthält.

Alle Schlüssel in einem Dictionary durchlaufen

Die Methode keys() kommt zum Einsatz, wenn Sie nur an den Schlüsseln in einem Dictionary interessiert sind. Im folgenden Beispiel durchlaufen wir erneut das Dictionary favorite_languages, geben diesmal aber nur die Namen der Personen aus, die sich an der Umfrage beteiligt haben:

```
favorite_languages = {
    'jen': 'python',
    'sarah': 'c',
    'edward': 'rust',
    'phil': 'python',
    }

❶ for name in favorite_languages.keys():
    print(name.title())
```

Die for-Anweisung bei ❶ weist Python an, alle Schlüssel aus dem Dictionary favorite_languages nacheinander der Variablen name zuzuweisen. Die Ausgabe enthält dann die Namen aller Personen, die sich an der Umfrage beteiligt haben:

```
Jen
Sarah
Edward
Phil
```

Das Standardverhalten beim Durchlaufen eines Dictionarys besteht darin, nur die Schlüssel abzuarbeiten. Daher hätten wir statt:

```
for name in favorite_languages.keys():
```

auch einfach Folgendes schreiben können:

```
for name in favorite_languages:
```

Die Methode keys() können Sie ausdrücklich angeben, um Ihren Code leichter lesbar zu machen, Sie können sie aber auch weglassen.

Um in der Schleife auf den Wert irgendeines der Schlüssel zuzugreifen, geben Sie den betreffenden Schlüssel an. Im folgenden Beispiel durchlaufen wir wie zuvor alle Namen, geben aber bei den Namen von zwei bestimmten Freunden zusätzlich eine Meldung über deren Lieblingssprache aus:

```
favorite_languages = {
    -- schnipp --
    }
```

```
❶ friends = ['phil', 'sarah']
  for name in favorite_languages.keys():
      print(name.title())

❷     if name in friends:
          language = favorite_languages[name].title()
❸         print(f"\t{name.title()}, I see you love {language}!")
```

Bei ❶ erstellen wir eine Liste der Freunde, für die wir die Meldung ausgeben möchten. In der Schleife geben wir wie gehabt die Namen aller Personen aus, wobei wir bei ❷ allerdings prüfen, ob der aktuelle Name in der Liste `friends` enthalten ist. Wenn ja, nutzen wir bei ❸ den Namen des Dictionarys und den aktuellen Wert von `name` als Schlüssel, um die Lieblingssprache zu bestimmen, und geben einen besonderen Gruß aus, in dem wir auf diese Sprache anspielen.

Als Ergebnis werden sämtliche Namen ausgegeben, wobei unsere beiden Freunde noch eine zusätzliche Nachricht erhalten:

```
Jen
Sarah
    Sarah, I see you love C!
Edward
Phil
    Phil, I see you love Python!
```

Mit der Methode `keys()` können Sie auch herausfinden, ob ein bestimmter Schlüssel vorhanden ist. Im folgenden Beispiel ermitteln wir, ob Erin an der Umfrage teilgenommen hat:

```
favorite_languages = {
   --schnipp--
    }

❶ if 'erin' not in favorite_languages.keys():
      print("Erin, please take our poll!")
```

Wie Sie sehen, ist der Einsatz von `keys()` nicht auf Schleifen beschränkt. Tatsächlich gibt diese Methode eine Folge aller Schlüssel zurück. Die Zeile bei ❶ prüft einfach, ob `'erin'` in dieser Folge enthalten ist. Da das nicht der Fall ist, wird die Aufforderung ausgegeben, sich an der Umfrage zu beteiligen:

```
Erin, please take our poll!
```

Die Schlüssel in einem Dictionary geordnet durchlaufen

Ab Python 3.7 werden die Elemente beim Durchlaufen eines Dictionarys in derselben Reihenfolge ausgegeben, in der sie eingefügt wurden. Es kann jedoch sein, dass Sie die Ergebnisse lieber in einer anderen Reihenfolge hätten.

Eine Möglichkeit, um die Elemente in eine bestimmte Reihenfolge zu bringen, besteht darin, die von `keys()` zurückgegebenen Schlüssel in der `for`-Schleife zu sortieren. Mit der Funktion `sorted()` können Sie eine Kopie der Schlüssel in alphabetischer Reihenfolge anlegen:

```
favorite_languages = {
    'jen': 'python',
    'sarah': 'c',
    'edward': 'rust',
    'phil': 'python',
    }

for name in sorted(favorite_languages.keys()):
    print(f"{name.title()}, thank you for taking the poll.")
```

Wir verwenden hier die gleiche `for`-Anweisung wie zuvor, allerdings haben wir hier die Methode `dictionary.keys()` in die Funktion `sorted()` gestellt. Dadurch weisen wir Python an, alle Schlüssel in dem Dictionary auszugeben, diese Liste aber vor dem Schleifendurchlauf zu sortieren. Die Ausgabe zeigt jetzt alle Teilnehmer an der Umfrage in alphabetischer Reihenfolge:

```
Edward, thank you for taking the poll.
Jen, thank you for taking the poll.
Phil, thank you for taking the poll.
Sarah, thank you for taking the poll.
```

Alle Werte in einem Dictionary durchlaufen

Mit der Methode `values()` können Sie eine Liste aller Werte in einem Dictionary ohne Nennung der Schlüssel erstellen. Nehmen wir an, Sie möchten eine Liste aller Sprachen anlegen, die bei unserer Umfrage genannt wurden, ohne dabei die Personen anzugeben, die sich für die jeweilige Sprache entschieden haben:

```
favorite_languages = {
    'jen': 'python',
    'sarah': 'c',
    'edward': 'rust',
    'phil': 'python',
    }

print("The following languages have been mentioned:")
```

```
for language in favorite_languages.values():
    print(language.title())
```

Die for-Anweisung ruft alle Werte aus dem Dictionary ab und speichert sie jeweils in der Variablen language. Als Ausgabe erhalten wir eine Liste aller erwähnten Sprachen:

```
The following languages have been mentioned:
Python
C
Rust
Python
```

Bei dieser Vorgehensweise werden alle Werte aus dem Dictionary entnommen, ohne auf Wiederholungen zu achten. Das kann bei einer überschaubaren Menge an Werten akzeptabel sein, aber bei einer umfangreichen Umfrage würde es zu einer Liste mit sehr vielen Dubletten führen. Um jede Sprache nur ein einziges Mal auszugeben, verwenden wir eine *Menge*. Mengen ähneln Listen, allerdings darf jedes Element in einer Menge nur ein einziges Mal vorkommen:

```
favorite_languages = {
    -- schnipp --
    }

print("The following languages have been mentioned:")
❶ for language in set(favorite_languages.values()):
    print(language.title())
```

Wenn Sie eine Sammlung von Variablen, die Dubletten enthält, in set() einschließen, stellt Python aus den eindeutigen Elementen der Liste eine Sammlung zusammen. Bei ❶ verwenden wir daher set(), um die verschiedenen Sprachen aus favorite_languages.values() abzurufen.

Das Ergebnis ist eine Liste der in der Umfrage genannten Sprachen ohne Wiederholungen:

```
The following languages have been mentioned:
Python
C
Rust
```

Bei vielen Gelegenheiten werden Sie feststellen, dass Python über eingebaute Funktionen verfügt, die Ihnen dabei helfen, genau das mit den vorliegenden Daten zu tun, was Sie wollen.

Hinweis

Eine Menge können Sie auch unmittelbar erstellen, indem Sie die Elemente durch Kommata getrennt in geschweifte Klammern stellen:

```
>>> languages = {'python', 'rust', 'python', 'c'}
>>> languages
{'rust', 'python', 'c'}
```

Mengen lassen sich leicht mit Dictionaries verwechseln, da beide in geschweiften Klammern stehen. Wenn Sie geschweifte Klammern sehen, aber keine Schlüssel-Wert-Paare darin, haben Sie es wahrscheinlich mit einer Menge zu tun. Im Gegensatz zu Listen und Dictionaries bleibt die Reihenfolge der Elemente einer Menge nicht bestehen.

Probieren Sie es selbst aus!

6-4 Glossar 2: Nachdem Sie nun wissen, wie Sie ein Dictionary durchlaufen, können Sie den Code aus Übung 6-3 verbessern, indem Sie die Folge der `print()`-Aufrufe durch eine Schleife ersetzen, die die Schlüssel und Werte abarbeitet. Wenn Sie sich vergewissert haben, dass die Schleife funktioniert, fügen Sie dem Glossar fünf weitere Begriffe hinzu. Führen Sie das Programm erneut aus. Die neuen Wörter und ihre Bedeutungen sollten jetzt automatisch in die Ausgabe aufgenommen werden.

6-5 Flüsse: Erstellen Sie ein Dictionary, das drei große Flüsse und die Länder enthält, durch die sie fließen. Ein Schlüssel-Wert-Paar in diesem Dictionary kann also beispielsweise `'nile': 'egypt'` lauten.

- Geben Sie mithilfe einer Schleife einen Satz über jeden Fluss aus, z. B. *The Nile runs through Egypt*.
- Geben Sie mithilfe einer Schleife die Namen aller in dem Dictionary enthaltenen Flüsse aus.
- Geben Sie mithilfe einer Schleife die Namen aller in dem Dictionary enthaltenen Länder aus.

→

6-6 Umfrage: Verwenden Sie den Code der Programmiersprachenumfrage aus dem Abschnitt »Alle Schlüssel-Wert-Paare durchlaufen« als Grundlage für folgende Aufgaben:

- Erstellen Sie eine Liste aller Personen, die sich an der Umfrage beteiligen sollen. Nehmen Sie darin sowohl Namen auf, die sich bereits in dem Dictionary befinden, als auch andere Namen.
- Durchlaufen Sie die neue Liste. Geben Sie für die Personen, die sich bereits beteiligt haben, eine Dankesbotschaft aus, und fordern Sie diejenigen, die es noch nicht getan haben, dazu auf, die Frage zu beantworten.

Verschachtelung

Es kann vorkommen, dass Sie Dictionaries als Einträge in eine Liste aufnehmen oder Listen als Werte in einem Dictionary angeben müssen. Dieser Vorgang wird *Verschachtelung* genannt. Sie können Dictionaries in einer Liste verschachteln, Listen in einem Dictionary und sogar Dictionaries in einem übergeordneten Dictionary. Wie die folgenden Beispiele zeigen, ist die Verschachtelung eine äußerst vielseitige und nützliche Vorgehensweise.

Dictionaries in einer Liste

Das Dictionary `alien_0` enthält viele verschiedene Informationen über ein einziges außerirdisches Raumschiff. Allerdings können wir darin keine Angaben über ein zweites Schiff oder gar einen ganzen Bildschirm voll davon aufnehmen. Wie gehen wir mit einer Flotte um? Eine Möglichkeit besteht darin, eine Liste von Schiffen aufzustellen, deren einzelne Elemente Dictionaries mit Informationen über die einzelnen Einheiten sind. Der folgende Code führt das für drei Schiffe vor:

aliens.py

```
alien_0 = {'color': 'green', 'points': 5}
alien_1 = {'color': 'yellow', 'points': 10}
alien_2 = {'color': 'red', 'points': 15}

❶ aliens = [alien_0, alien_1, alien_2]

for alien in aliens:
    print(alien)
```

Als Erstes stellen wir drei Dictionaries für drei verschiedene außerirdische Raumschiffe auf und speichern sie dann bei ❶ in der Liste `aliens`. Am Ende durchlaufen wir diese Liste und geben die Informationen über die einzelnen Schiffe aus:

```
{'color': 'green', 'points': 5}
{'color': 'yellow', 'points': 10}
{'color': 'red', 'points': 15}
```

In einer realistischeren Spielsituation haben wir natürlich mehr als drei Schiffe und außerdem Code, der die einzelnen Einheiten automatisch erzeugt. Im folgenden Beispiel stellen wir mithilfe von `range()` eine Flotte von 30 Schiffen auf:

```
  # Erstellt eine leere Liste zum Speichern der Schiffe.
  aliens = []

  # Erstellt 30 grüne Schiffe.
❶ for alien_number in range(30):
❷     new_alien = {'color': 'green', 'points': 5, 'speed': 'slow'}
❸     aliens.append(new_alien)

  # Zeigt die ersten 5 Schiffe an:
❹ for alien in aliens[:5]:
      print(alien)
  print("...")

  # Gibt an, wie viele Schiffe erstellt wurden.
❺ print(f"Total number of aliens: {len(aliens)}")
```

Am Anfang dieses Beispiels erstellen wir eine leere Liste, die die zu erstellenden Raumschiffe aufnehmen soll. Die Funktion `range()` bei ❶ gibt eine Folge von Zahlen zurück, was Python mitteilt, wie oft die Schleife ausgeführt werden soll. Bei jedem Durchlauf erstellen wir ein neues außerirdisches Raumschiff (❷) und hängen es an die Liste `aliens` an (❸). Bei ❹ geben wir mithilfe eines Slices die ersten fünf Schiffe aus. Um zu zeigen, dass wir in Wirklichkeit jedoch eine ganze Flotte von 30 Schiffen gebaut haben, geben wir bei ❺ die Länge der Liste aus.

```
{'speed': 'slow', 'color': 'green', 'points': 5}
{'speed': 'slow', 'color': 'green', 'points': 5}
{'speed': 'slow', 'color': 'green', 'points': 5}
{'speed': 'slow', 'color': 'green', 'points': 5}
{'speed': 'slow', 'color': 'green', 'points': 5}
...
Total number of aliens: 30
```

Diese Schiffe weisen zurzeit alle die gleichen Merkmale auf, aber da Python sie jeweils als eigene Objekte betrachtet, können wir sie einzeln verändern.

Was können Sie mit einer solchen Menge von Schiffen anfangen? In einem Spiel könnte es sein, dass einige der Schiffe ihre Farbe ändern und beschleunigen. Das können wir mit einer `for`-Schleife und einer `if`-Anweisung erreichen. Um beispielsweise die ersten drei Schiffe in gelbe Einheiten mit mittlerer Geschwindigkeit und einem Punktwert von 10 umzuwandeln, können wir folgenden Code schreiben:

```
# Erstellt eine leere Liste zum Speichern der Schiffe.
aliens = []

# Erstellt 30 grüne Schiffe.
for alien_number in range(30):
    new_alien = {'color': 'green', 'points': 5, 'speed': 'slow'}
    aliens.append(new_alien)

for alien in aliens[:3]:
    if alien['color'] == 'green':
        alien['color'] = 'yellow'
        alien['speed'] = 'medium'
        alien['points'] = 10

# Zeigt die ersten 5 Schiffe an:
for alien in aliens[:5]:
    print(alien)
print("...")
```

Da wir nur die ersten drei Schiffe ändern wollen, durchlaufen wir einen entsprechend großen Slice. Zurzeit sind alle Schiffe grün, aber das wird nicht immer der Fall sein. Daher vergewissern wir uns mithilfe einer `if`-Anweisung, dass wir nur die grünen Einheiten modifizieren. Ist ein Schiff grün, ändern wir die Farbe in `'yellow'`, die Geschwindigkeit in `'medium'` und den Punktwert in `10`, sodass sich folgende Ausgabe ergibt:

```
{'speed': 'medium', 'color': 'yellow', 'points': 10}
{'speed': 'medium', 'color': 'yellow', 'points': 10}
{'speed': 'medium', 'color': 'yellow', 'points': 10}
{'speed': 'slow', 'color': 'green', 'points': 5}
{'speed': 'slow', 'color': 'green', 'points': 5}
...
```

Diese Schleife können Sie noch um einen `elif`-Block erweitern, der gelbe Schiffe in schnelle, rote mit einem Punktwert von 15 verwandelt:

```
for alien in aliens[:3]:
    if alien['color'] == 'green':
        alien['color'] = 'yellow'
        alien['speed'] = 'medium'
        alien['points'] = 10
    elif alien['color'] == 'yellow':
        alien['color'] = 'red'
        alien['speed'] = 'fast'
        alien['points'] = 15
```

Es ist eine übliche Vorgehensweise, mehrere Dictionaries in einer Liste zu speichern, wenn jedes Dictionary verschiedene Informationen über ein einziges Objekt enthält. Beispielsweise können Sie für jeden Benutzer einer Website ein eigenes Dictionary anlegen, wie wir es im Abschnitt »Alle Schlüssel-Wert-Paare durchlaufen« im Programm `user.py` getan haben, und die einzelnen Dictionaries in einer Liste namens `users` speichern. Dabei müssen die Dictionaries in der Liste eine identische Struktur haben, damit Sie die Liste durchlaufen und mit allen Dictionary-Objekten auf die gleiche Weise arbeiten können.

Listen in einem Dictionary

Anstatt Dictionaries in eine Liste aufzunehmen, ist es manchmal erforderlich, Listen in ein Dictionary zu stellen. Nehmen wir an, Sie möchten die Pizza beschreiben, die jemand bestellt hat. Wenn Sie dazu nur eine Liste verwenden, können Sie darin nur die Beläge festhalten. In einem Dictionary dagegen können Sie neben der Liste der Beläge auch noch weitere Aspekte der Pizza angeben.

Im folgenden Beispiel speichern wir zwei verschiedene Informationen über eine Pizza, nämlich die Art des Bodens und die Liste der Beläge, wobei Letztere der Wert zum Schlüssel `'toppings'` ist. Um die Elemente dieser Liste zu verwenden, müssen wir wie beim Abruf eines Wertes den Namen des Dictionarys und den Schlüssel `'toppings'` angeben. Zurückgegeben wird in diesem Fall aber kein einzelner Wert, sondern die Liste:

pizza.py

```
  # Enthält Informationen über die bestellte Pizza.
❶ pizza = {
      'crust': 'thick',
      'toppings': ['mushrooms', 'extra cheese'],
      }

  # Gibt eine Übersicht über die Bestellung aus.
❷ print(f"You ordered a {pizza['crust']}-crust pizza "
      "with the following toppings:")

❸ for topping in pizza['toppings']:
       print("\t" + topping)
```

Bei ❶ erstellen wir das Dictionary mit den Informationen über die Pizza. Einer der Schlüssel lautet `'crust'` und ist mit dem Wert `'thick'` verknüpft. Der zweite Schlüssel jedoch, `'toppings'`, hat als Wert eine Liste mit den bestellten Belägen. Bei ❷ geben wir eine Zusammenfassung der Bestellung aus. Wenn Sie eine lange Zeile mit einem `print()`-Aufruf umbrechen müssen, wählen Sie eine geeignete Stelle für den Zeilenwechsel, beenden die laufende Zeile mit einem Anführungszeichen, rücken die nächste Zeile ein, setzen ein weiteres Anführungszeichen und fahren dann mit dem String fort. Python kombiniert automatisch alle Strings, die es innerhalb der Klammern findet. Um die Beläge aufzuführen, schreiben wir eine `for`-Schleife (❸). Für den Zugriff auf die Liste der Beläge geben wir den Schlüssel `'toppings'` an, woraufhin Python die Liste aus dem Dictionary abruft.

Die folgende Ausgabe fasst die Bestellung zusammen:

```
You ordered a thick-crust pizza with the following toppings:
    mushrooms
    extra cheese
```

Wenn Sie mit einem Schlüssel in einem Dictionary mehr als einen Wert verknüpfen müssen, können Sie immer eine Liste in dem Dictionary verschachteln. In dem Beispiel mit der Programmiersprachenumfrage können wir auch die Antworten jeweils in einer Liste speichern, sodass jede Person mehr als eine Sprache angeben kann. Wenn wir das Dictionary durchlaufen, ist der zugehörige Wert zu einer Person dann nicht eine einzelne Sprache, sondern eine Liste von Sprachen. Innerhalb der `for`-Schleife, mit der wir das Dictionary durchlaufen, verwenden wir dann eine weitere `for`-Schleife, in der wir die mit einer Person verknüpfte Liste der Sprachen abarbeiten:

favorite_languages.py

```
❶ favorite_languages = {
      'jen': ['python', 'rust'],
      'sarah': ['c'],
      'edward': ['rust', 'go'],
      'phil': ['python', 'haskell'],
      }

❷ for name, languages in favorite_languages.items():
      print(f"\n{name.title()}'s favorite languages are:")
❸     for language in languages:
          print(f"\t{language.title()}")
```

Mit jedem der Namen in `favorite_languages` ist jetzt eine Liste als Wert verknüpft (❶), wobei einige der Personen nur eine einzige Sprache angegeben haben, andere dagegen mehrere. Wenn wir das Dictionary bei ❷ durchlaufen, halten wir die einzelnen Werte in der Variablen `languages` fest. Den Namen haben wir bewusst in der Pluralform gewählt, da wir wissen, dass es sich bei den Werten um Listen von Sprachen handelt. Innerhalb der Hauptschleife durchlaufen wir mit einer weiteren `for`-Schleife (❸) die Listen der Lieblingssprachen der einzelnen Personen. Jetzt können die Teilnehmer an der Umfrage jeweils so viele Lieblingssprachen angeben, wie sie wollen:

```
Jen's favorite languages are:
    Python
    Rust

Sarah's favorite languages are:
    C

Edward's favorite languages are:
    Rust
    Go

Phil's favorite languages are:
    Python
    Haskell
```

Um dieses Programm zu verbessern, können Sie an den Anfang der `for`-Schleife zum Durchlaufen des Dictionarys eine `if`-Anweisung stellen, die den Wert von `len(languages)` prüft, um zu ermitteln, ob die jeweilige Person mehr als eine Sprache angegeben hat. Wenn ja, erfolgt die Ausgabe wie im vorherigen Beispiel, doch wenn die Person nur eine Sprache genannt hat, ändern Sie die Formulierung entsprechend, also z. B. *Sarah's favorite language is C.*

Hinweis

Verschachteln Sie Listen und Dictionaries nicht zu stark. Wenn in einem Programm mehr Verschachtelungsebenen verwendet werden als in diesen Beispielen, gibt es meistens eine einfachere Lösung, um das vorliegende Problem zu lösen.

Dictionaries in einem Dictionary

Sie können auch Dictionaries in einem anderen Dictionary verschachteln, aber dann wird der Code ziemlich schnell kompliziert. Bei einer Website mit mehreren Benutzern können Sie die Benutzernamen als Schlüssel in einem Dictionary verwenden und als Werte wiederum Dictionaries mit Informationen über die betreffende Person. In dem folgenden Beispiel speichern wir auf diese Weise jeweils drei Angaben über jeden Benutzer, nämlich Vorname, Nachname und Wohnort. Um auf diese Informationen zuzugreifen, müssen wir erst das Dictionary der Benutzernamen in einer Schleife durchlaufen und dann jeweils die mit einem Benutzernamen verknüpften Informationen: *many_users.py*

```
users = {
    'aeinstein': {
        'first': 'albert',
        'last': 'einstein',
        'location': 'princeton',
```

```
        },
    'mcurie': {
        'first': 'marie',
        'last': 'curie',
        'location': 'paris',
        },
    }

❶ for username, user_info in users.items():
❷     print(f"\nUsername: {username}")
❸     full_name = f"{user_info['first']} {user_info['last']}"
      location = user_info['location']

❹     print(f"\tFull name: {full_name.title()}")
      print(f"\tLocation: {location.title()}")
```

Als Erstes definieren wir das Dictionary `users` mit zwei Schlüsseln für die Benutzernamen `'aeinstein'` und `'mcurie'`. Mit jedem dieser Schlüssel ist als Wert wiederum ein Dictionary verknüpft, das den Vornamen, den Nachnamen und den Wohnort enthält. Bei ❶ durchlaufen wir das Dictionary `users`. Python speichert jeden Schlüssel in der Variablen `username` und das mit dem jeweiligen Benutzernamen verknüpfte Dictionary in `user_info`. Innerhalb der Hauptschleife geben wir bei ❷ den Benutzernamen aus.

Bei ❸ greifen wir auf das innere Dictionary zu. Die Variable `user_info`, die das Dictionary mit den Angaben zu dem Benutzer enthält, weist die drei Schlüssel `'first'`, `'last'` und `'location'` auf. Anhand dieser Schlüssel generieren wir eine übersichtlich gestaltete Ausgabe des vollständigen Namens und des Wohnorts (❹):

```
Username: aeinstein
    Full name: Albert Einstein
    Location: Princeton

Username: mcurie
    Full name: Marie Curie
    Location: Paris
```

Die einzelnen Benutzer-Dictionaries haben hier alle den gleichen Aufbau. Das ist in Python zwar nicht unbedingt erforderlich, erleichtert aber die Arbeit mit verschachtelten Dictionaries. Hätte jedes Benutzer-Dictionary unterschiedliche Schlüssel, wäre der Code in der `for`-Schleife viel komplizierter.

Probieren Sie es selbst aus!

6-7 Menschen: Verwenden Sie das Programm aus Übung 6-1 als Ausgangspunkt. Erstellen Sie zwei neue Dictionaries für weitere Personen und speichern Sie alle drei in der Liste `people`. Durchlaufen Sie die Liste und geben Sie dabei jeweils alles aus, was Sie über die einzelnen Personen wissen.

6-8 Haustiere: Erstellen Sie mehrere Dictionaries, die jeweils den Namen eines Haustiers tragen. Halten Sie in jedem dieser Dictionaries die Tierart und den Namen des Besitzers fest und bringen Sie die Dictionaries in der Liste `pets` unter. Durchlaufen Sie die Liste und geben Sie dabei jeweils alles aus, was Sie über die einzelnen Tiere wissen.

6-9 Lieblingsplätze: Erstellen Sie das Dictionary `favorite_places`. Verwenden Sie die Namen von drei Personen als Schlüssel und speichern Sie als Werte jeweils ein bis drei Lieblingsplätze pro Person. Um die Übung etwas interessanter zu gestalten, können Sie Ihre Freunde nach ihren tatsächlichen Lieblingsplätzen fragen. Durchlaufen Sie das Dictionary und geben Sie die Namen der einzelnen Personen und deren Lieblingsplätze aus.

6-10 Lieblingszahlen: Ändern Sie das Programm aus Übung 6-2 so ab, dass jede Person mehr als eine Lieblingszahl angeben kann. Geben Sie dann die Namen aller Personen jeweils mit ihren Lieblingszahlen aus.

6-11 Städte: Erstellen Sie das Dictionary `cities` und verwenden Sie darin die Namen dreier Städte als Schlüssel. Legen Sie dann für jede dieser Städte wiederum ein Dictionary mit Angaben wie dem Land, der Bevölkerungszahl und einer weiteren Aussage an. Verwenden Sie dafür Schlüssel wie `country`, `population` und `fact`. Geben Sie die Namen der einzelnen Städte und die jeweils dafür gespeicherten Informationen aus.

6-12 Erweiterungen: Unsere Beispiele sind jetzt schon vielschichtig genug, um sie auf verschiedene Weise zu erweitern. Suchen Sie sich eines der Beispielprogramme aus diesem Kapitel aus und erweitern Sie es, indem Sie neue Schlüssel und Werte hinzufügen, den Kontext ändern oder die Ausgabe übersichtlicher gestalten.

Zusammenfassung

In diesem Kapitel haben Sie gelernt, wie Sie ein Dictionary definieren, wie Sie mit den darin gespeicherten Informationen arbeiten, wie Sie die einzelnen Elemente abrufen und verändern und wie Sie alle Informationen in einem Dictionary durchlaufen – alle Schlüssel-Wert-Paare, alle Schlüssel oder alle Werte. Des Weiteren haben Sie erfahren, wie Sie Dictionaries in einer Liste verschachteln, Listen in einem Dictionary und andere Dictionaries in einem Dictionary.

Im nächsten Kapitel lernen Sie `while`-Schleifen kennen und erfahren, wie Sie Eingaben der Benutzer Ihrer Programme entgegennehmen. Das wird ein sehr spannendes Kapitel, da Sie den Stoff dazu nutzen können, Ihre Programme interaktiv zu gestalten, sodass diese auf Benutzereingaben reagieren.

7
Benutzereingaben und while-Schleifen

Die meisten Programme dienen dazu, ein Problem eines Benutzers zu lösen. Um dazu in der Lage zu sein, muss das Programm aber gewöhnlich zunächst einige Informationen vom Benutzer einholen. Nehmen wir an, jemand möchte herausfinden, ob er alt genug ist, um zu wählen. Wenn Sie ein Programm zur Beantwortung dieser Frage schreiben, müssen Sie das Alter des Benutzers kennen, bevor Sie die Frage beantworten können. Das Programm muss den Benutzer daher auffordern, sein Alter einzugeben. Daraufhin kann es diese Eingabe mit dem Mindestalter zum Wählen vergleichen und dadurch bestimmen, ob der Benutzer alt genug ist, und das Resultat ausgeben.

In diesem Kapitel lernen Sie, wie Sie Benutzereingaben entgegennehmen, um sie in Ihren Programmen zu verarbeiten. Wenn das Programm den Namen des Benutzers benötigt, fordern Sie ihn auf, seinen Namen anzugeben. Braucht das Programm eine Liste von Namen, fordern Sie den Benutzer auf, mehrere Namen einzugeben. Für all das verwenden Sie die Funktion `input()`.

Des Weiteren erfahren Sie, wie Sie Programme so lange laufen lassen, wie die Benutzer damit arbeiten wollen. Mit einer `while`-Schleife können Sie dafür sorgen, dass ein Programm etwas macht, solange eine bestimmte Bedingung erfüllt bleibt. Mit diesen Möglichkeiten können Sie interaktive Programme schreiben.

Die Funktion input()

Die Funktion `input()` hält das Programm an und wartet darauf, dass der Benutzer Text eingibt. Die Eingabe weist Python dann einer Variablen zu, sodass Sie anschließend damit arbeiten können.

Das folgende Beispielprogramm bittet den Benutzer, Text einzugeben, und zeigt dem Benutzer dann diesen Text an:

parrot.py

```
message = input("Tell me something, and I will repeat it back to you: ")
print(message)
```

Die Funktion `input()` besitzt nur ein Argument, und zwar eine *Eingabeaufforderung*, also die Anweisung, die Sie anzeigen lassen wollen, damit die Benutzer wissen, was sie tun sollen. In diesem Beispiel sieht der Benutzer die Eingabeaufforderung *Tell me something, and I will repeat it back to you:*, wenn Python die erste Zeile ausführt. Das Programm wartet dann, sodass der Benutzer etwas eingeben kann, und fährt fort, wenn die Eingabetaste gedrückt wurde. Die Benutzereingabe wird der Variablen `message` zugewiesen und dann mit `print(message)` wieder ausgegeben:

```
Tell me something, and I will repeat it back to you: Hello everyone!
Hello everyone!
```

Hinweis

Einige Texteditoren können Programme, die Benutzereingaben entgegennehmen, nicht ausführen. Es ist zwar möglich, solche Programme in diesen Editoren zu schreiben, aber um sie auszuführen, müssen Sie das Terminal verwenden (siehe »*Python-Programme im Terminal ausführen*« in Kapitel 1).

Klar verständliche Eingabeaufforderungen schreiben

Wenn Sie die Funktion `input()` verwenden, müssen Sie jeweils eine deutliche, leicht verständliche Eingabeaufforderung schreiben, die den Benutzern genau mitteilt, welche Art von Information Sie benötigen. Betrachten Sie dazu das folgende Beispiel:

greeter.py

```
name = input("Please enter your name: ")
print(f"\nHello, {name}!")
```

Geben Sie am Ende der Eingabeaufforderung ein Leerzeichen ein (in diesem Beispiel hinter dem Doppelpunkt), um die Eingabeaufforderung von der Benutzereingabe abzusetzen und deutlich zu machen, wo die Eingabe erfolgen soll:

```
Please enter your name: Eric
Hello, Eric!
```

Es kann vorkommen, dass Sie eine Eingabeaufforderung schreiben, die länger als eine Zeile ist, etwa um dem Benutzer mitzuteilen, warum Sie eine bestimmte Eingabe benötigen. In einem solchen Fall können Sie die Eingabeaufforderung einer Variablen zuweisen und diese Variable an die Funktion `input()` übergeben. Dadurch können Sie die Eingabeaufforderung aus mehreren Zeilen aufbauen, die `input()`-Anweisung aber trotzdem übersichtlich halten.

greeter.py

```
prompt = "If you share your name, we can personalize the messages you see."
prompt += "\nWhat is your first name? "
name = input(prompt)
print(f"\nHello, {name}!")
```

Dieses Beispiel zeigt eine Möglichkeit, um einen String aus mehreren Zeilen aufzubauen. In der ersten Zeile wird der erste Teil der Nachricht der Variablen `prompt` zugewiesen, und in der zweiten wird mithilfe des Operators `+=` der neue String ans Ende des Inhalts dieser Variablen angehängt.

Die Eingabeaufforderung umfasst jetzt zwei Zeilen. Auch hier steht der Übersichtlichkeit halber wieder ein Leerzeichen hinter dem Fragezeichen:

```
If you share your name, we can personalize the messages you see.
What is your first name? Eric

Hello, Eric!
```

Verwendung von int() für numerische Eingaben

Bei der Verwendung der Funktion `input()` interpretiert Python alles, was die Benutzer eingeben, als String. Schauen Sie sich die folgende Interpretersitzung an, in der wir uns nach dem Alter des Benutzers erkundigen:

```
>>> age = input("How old are you? ")
How old are you? 21
>>> age
'21'
```

Der Benutzer gibt die Zahl 21 ein, doch wenn wir Python nach dem Wert von age fragen, gibt es '21' zurück – die Stringdarstellung dieses Wertes, wie wir an den Anführungszeichen erkennen können. Wenn Sie einfach nur die Eingabe anzeigen lassen wollen, ist das kein Problem, aber wenn Sie sie als Zahl weiterverarbeiten, tritt ein Fehler auf:

```
   >>> age = input("How old are you? ")
   How old are you? 21
❶ >>> age >= 18
   Traceback (most recent call last):
     File "<stdin>", line 1, in <module>
❷ TypeError: '>=' not supported between instances of 'str' and 'int'
```

Die Verwendung der Eingabe in einem numerischen Vergleich (❶) führt zu einem Fehler, da Python einen String wie '21' nicht mit einem Integer wie 18 vergleichen kann (❷).

Dieses Problem können wir mithilfe der Funktion int() umgehen, die die Stringdarstellung einer Zahl in den numerischen Wert umwandelt. Dadurch wird der Vergleich erfolgreich ausgeführt:

```
   >>> age = input("How old are you? ")
   How old are you? 21
❶ >>> age = int(age)
   >>> age >= 18
   True
```

In diesem Beispiel geben wir wieder 21 ein, was Python auch diesmal als String interpretiert. Dann aber wandeln wir diesen String bei ❶ mithilfe von int() in einen numerischen Wert um. Nun kann Python prüfen, ob die Variable age (die jetzt den numerischen Wert 21 darstellt) größer oder gleich 18 ist, was in diesem Fall True ergibt.

Wie können Sie die Funktion int() in einem Programm in der Praxis einsetzen? Stellen Sie sich ein Programm vor, das ermittelt, ob jemand groß genug ist, um mit der Achterbahn zu fahren:

rollercoaster.py

```
height = input("How tall are you, in inches? ")
height = int(height)

if height >= 48:
    print("\nYou're tall enough to ride!")
else:
    print("\nYou'll be able to ride when you're a little older.")
```

Das Programm kann `height` mit `48` vergleichen, da die Eingabe durch `height = int(height)` vor dem Vergleich in einen numerischen Wert umgewandelt wurde. Ist die eingegebene Zahl größer oder gleich 48, teilen wir dem Benutzer mit, dass er groß genug ist:

```
How tall are you, in inches? 71

You're tall enough to ride!
```

Wenn Sie Zahleneingaben in Berechnungen und Vergleichen verwenden, müssen Sie sie zuvor in numerische Werte umwandeln.

Der Modulo-Operator

Ein nützliches Werkzeug für den Umgang mit numerischen Daten ist der *Modulo-Operator* (`%`), der eine Zahl durch eine andere teilt und den Rest zurückgibt:

```
>>> 4 % 3
1
>>> 5 % 3
2
>>> 6 % 3
0
>>> 7 % 3
1
```

Der Modulo-Operator sagt Ihnen nicht, wie oft eine Zahl in die andere passt, sondern nennt nur den Rest der Division.

Ist eine Zahl durch eine andere teilbar, ist der Rest 0. Damit können Sie herausfinden, ob eine Zahl gerade oder ungerade ist:

even_or_odd.py

```
number = input("Enter a number, and I'll tell you if it's even or odd: ")
number = int(number)

if number % 2 == 0:
    print(f"\nThe number {number} is even.")
else:
    print(f"\nThe number {number} is odd.")
```

Gerade Zahlen sind durch 2 teilbar. Ist also der Modulo von einer Zahl und 2 gleich 0 (`if number % 2 == 0`), handelt es sich um eine gerade Zahl, anderenfalls um eine ungerade.

```
Enter a number, and I'll tell you if it's even or odd: 42

The number 42 is even.
```

Probieren Sie es selbst aus!

7-1 Leihwagen: Schreiben Sie ein Programm, das die Benutzer fragt, welche Art von Leihwagen sie gerne hätten, und dann eine Nachricht über dieses Auto ausgibt, z. B. etwas wie *Let me see if I can find you a Subaru*.

7-2 Restaurantplätze: Schreiben Sie ein Programm, das die Benutzer fragt, mit wie vielen Personen sie ein Restaurant besuchen möchten. Ist die angegebene Zahl größer als 8, geben Sie die Meldung aus, dass die Gruppe auf einen Tisch warten muss. Anderenfalls teilen Sie mit, dass der Tisch bereitsteht.

7-3 Vielfache von 10: Fragen Sie den Benutzer nach einer Zahl und teilen Sie ihm dann mit, ob es sich dabei um ein Vielfaches von 10 handelt oder nicht.

while-Schleifen

Die `for`-Schleife nimmt eine Zusammenstellung von Elementen entgegen und führt einen Codeblock einmal für jedes der darin enthaltenen Elemente aus. Dagegen läuft eine `while`-Schleife so lange, wie eine bestimmte Bedingung wahr ist.

while-Schleifen in Aktion

Mit einer `while`-Schleife können Sie eine Folge von Zahlen abzählen. Beispielsweise zählt die folgende Schleife von 1 bis 5:

counting.py

```
current_number = 1
while current_number <= 5:
    print(current_number)
    current_number += 1
```

In der ersten Zeile legen wir den Anfangswert fest, indem wir der Variablen `current_number` den Wert 1 zuweisen. Die `while`-Schleife richten wir so ein, dass sie so lange läuft, wie der Wert von `current_number` kleiner oder gleich 5 ist. Der Code innerhalb der Schleife gibt den Wert von `current_number` aus und setzt den Wert dieser Variablen mit `current_number += 1` um 1 herauf. (Der Operator `+=` ist eine Kurzschreibweise für `current_number = current_number + 1`.)

Python wiederholt die Schleife, solange die Bedingung `current_number <= 5` wahr ist. Da 1 kleiner als 5 ist, gibt Python 1 aus und setzt den Variablenwert um 1 herauf, sodass sich 2 ergibt. Auch 2 ist kleiner als 5, weshalb Python 2 ausgibt und den Wert erneut hochsetzt usw. Sobald der Wert von `current_number` 5 überschreitet, wird die Schleife nicht mehr ausgeführt und das Programm beendet.

```
1
2
3
4
5
```

Die Programme, die Sie täglich verwenden, nutzen sehr wahrscheinlich `while`-Schleifen. Beispielsweise wird ein Spiel mithilfe einer `while`-Schleife so lange ausgeführt, bis Sie den Befehl zum Beenden geben. Es wäre ziemlich frustrierend, wenn Programme einfach aufhörten, ohne dass wir die Anweisung dazu erteilt hätten, oder einfach weiterliefen, auch wenn wir sie beenden wollen. Daher sind `while`-Schleifen sehr praktisch.

Programmbeendigung durch den Benutzer

Wir können dafür sorgen, dass ein Programm so lange ausgeführt wird, wie der Benutzer es wünscht, indem wir den Großteil des Codes in eine `while`-Schleife stellen. Dabei definieren wir einen *Beendigungswert* und lassen das Programm laufen, solange der Benutzer diesen Wert nicht eingibt:

parrot.py

```
❶ prompt = "\nTell me something, and I will repeat it back to you:"
  prompt += "\nEnter 'quit' to end the program. "
❷ message = ""
❸ while message != 'quit':
      message = input(prompt)
      print(message)
```

Zuerst definieren wir bei ❶ eine Eingabeaufforderung, mit der wir den Benutzern die beiden möglichen Vorgehensweisen erklären: Sie können entweder einen zu wiederholenden Satz oder den Beendigungswert (hier: `'quit'`) eingeben. Anschließend richten wir bei ❷ die Variable `message` ein, der wir den vom Benutzer eingegebenen Wert zuweisen. Dabei definieren wir `message` als `""`, also als leeren String. Warum ist das notwendig? Wenn Python zum ersten Mal die `while`-Aussage erreicht, muss es den Wert von `message` mit `'quit'` vergleichen, aber zu diesem Zeitpunkt liegt noch keine Benutzereingabe vor. Da das Programm nicht weiterlaufen kann, wenn Python nichts zu vergleichen hat, geben wir `message` einen Anfangswert. Es ist zwar nur ein leerer String, aber das reicht für Python aus, um den Vergleich vorzunehmen und die `while`-Schleife auszuführen. Diese Schleife läuft, solange der Wert von `message` nicht `'quit'` ist (❸).

Da message beim ersten Durchlauf nur einen leeren String enthält, beginnt Python mit der Ausführung der Schleife. Bei message = input(prompt) angekommen, zeigt Python die Eingabeaufforderung an und wartet auf die Benutzereingabe, die daraufhin in message gespeichert und ausgegeben wird. Danach prüft Python die Bedingung in der while-Anweisung erneut. Solange der Benutzer nicht das Wort 'quit' eingibt, wird weiterhin die Eingabeaufforderung angezeigt. Erst wenn die Eingabe 'quit' lautet, beendet Python die while-Schleife und das Programm:

```
Tell me something, and I will repeat it back to you:
Enter 'quit' to end the program. Hello everyone!
Hello everyone!

Tell me something, and I will repeat it back to you:
Enter 'quit' to end the program. Hello again.
Hello again.

Tell me something, and I will repeat it back to you:
Enter 'quit' to end the program. quit
quit
```

Das Programm funktioniert zwar schon ganz gut, allerdings gibt es das Wort 'quit' ebenfalls aus, als sei es eine der zu wiederholenden Aussagen. Das können wir jedoch mit einem einfachen if-Test beheben:

```
prompt = "\nTell me something, and I will repeat it back to you:"
prompt += "\nEnter 'quit' to end the program. "

message = ""
while message != 'quit':
    message = input(prompt)

    if message != 'quit':
        print(message)
```

Jetzt prüft das Programm den Inhalt von message vor der Anzeige und gibt ihn nur dann aus, wenn es sich dabei nicht um den Beendigungswert handelt:

```
Tell me something, and I will repeat it back to you:
Enter 'quit' to end the program. Hello everyone!
Hello everyone!

Tell me something, and I will repeat it back to you:
Enter 'quit' to end the program. Hello again.
Hello again.

Tell me something, and I will repeat it back to you:
Enter 'quit' to end the program. quit
```

Flags

In dem vorstehenden Beispiel hat das Programm seine Aufgaben ausgeführt, solange eine bestimmte Bedingung wahr war. Was aber machen wir bei anspruchsvolleren Programmen, bei denen viele verschiedene Ereignisse dazu führen können, dass die Ausführung beendet wird? Das kann beispielsweise bei einem Spiel der Fall sein, wenn einem Spieler die Schiffe ausgehen, die Zeit abgelaufen ist oder alle Städte zerstört sind, die der Spieler hätte schützen müssen. Alle diese Bedingungen in einer `while`-Anweisung zu prüfen, wäre ziemlich kompliziert.

Damit ein Programm nur so lange läuft, bis eine von vielen Bedingungen nicht mehr wahr ist, können wir eine Variable definieren, die bestimmt, ob das Programm weiterlaufen soll oder nicht. Diese Variable wird als *Flag* bezeichnet und dient als Signal. Das Programm läuft, solange das Flag den Wert `True` hat, und wird beendet, sobald eines von vielen verschiedenen Ereignissen das Flag auf `False` setzt. Dadurch muss die `while`-Anweisung nur eine einzige Bedingung prüfen, nämlich den Zustand des Flags. Alle anderen Tests (mit denen wir feststellen, ob ein Ereignis eingetreten ist, aufgrund dessen das Flag auf `False` gesetzt werden muss) können wir dann sauber im Rest des Programms unterbringen.

Im Folgenden fügen wir dem Programm aus dem letzten Abschnitt ein Flag hinzu. Es trägt den Namen `active` (wobei Sie auch jeden beliebigen anderen Namen wählen können) und gibt an, ob das Programm weiterlaufen soll oder nicht:

```
   prompt = "\nTell me something, and I will repeat it back to you:"
   prompt += "\nEnter 'quit' to end the program. "

❶ active = True
❷ while active:
       message = input(prompt)

❸     if message == 'quit':
           active = False
❹     else:
           print(message)
```

Zu Anfang setzen wir die Variable `active` auf `True` (❶), damit das Programm im aktiven Zustand beginnt. Das macht die `while`-Anweisung einfacher, da wir den Vergleich der Eingabe dort herausgenommen und in einen anderen Teil des Programms verlagert haben. Die Schleife wird einfach ausgeführt, solange die Variable `active` den Wert `True` behält (❷).

In der `if`-Anweisung innerhalb der `while`-Schleife prüfen wir den Wert von `message`, nachdem der Benutzer eine Eingabe gemacht hat. Lautet diese Eingabe `'quit'` (❸), setzen wir `active` auf `False`, wodurch die `while`-Schleife beendet wird. Gibt der Benutzer einen beliebigen anderen Wert ein (❹), geben wir diesen aus.

Die Ausgabe ist identisch mit der aus der früheren Version des Programms, bei der die Überprüfung der Eingabe unmittelbar in der `while`-Anweisung erfolgte. Da wir jetzt ein Flag haben, um zu bestimmen, ob das Programm weiterlaufen soll oder nicht, können wir auf einfache Weise zusätzliche Tests (z.B. durch `elif`-Anweisungen) hinzufügen, um weitere Ereignisse abzudecken, durch die `active` auf `False` gesetzt werden soll. Das ist bei komplexeren Programmen praktisch, etwa bei Spielen, bei denen viele verschiedene Ereignisse zur Beendigung führen können. Setzt eines dieser Ereignisse das Flag auf `False`, so wird die Hauptschleife beendet. Daraufhin können Sie noch die Meldung *Game over!* sowie eine Möglichkeit dafür anzeigen, das Spiel erneut zu starten.

Eine Schleife mit break verlassen

Mit der Anweisung `break` können Sie eine `while`-Schleife unabhängig von irgendeiner Bedingung sofort abbrechen, ohne den restlichen Schleifencode auszuführen. Diese Anweisung steuert den Fluss des Programms. Sie können damit festlegen, welche Codezeilen ausgeführt werden und welche nicht.

Betrachten Sie als Beispiel das folgende Programm, das den Benutzer nach bereits besuchten Orten fragt. Wir können die `while`-Schleife abbrechen, indem wir `break` aufrufen, sobald der Benutzer den Wert `'quit'` eingibt.

cities.py

```
prompt = "\nPlease enter the name of a city you have visited:"
prompt += "\n(Enter 'quit' when you are finished.) "

❶ while True:
    city = input(prompt)

    if city == 'quit':
        break
    else:
        print(f"I'd love to go to {city.title()}!")
```

Eine Schleife, die mit `while True` beginnt (❶), läuft endlos, sofern sie nicht durch eine `break`-Anweisung abgebrochen wird. In unserem Programm fordert die Schleife den Benutzer auf, die Namen von bereits besuchten Städten einzugeben. Das geht so lange, bis der Benutzer `'quit'` eingibt. In diesem Fall wird die `break`-Anweisung ausgeführt, die Python dazu veranlasst, die Schleife zu beenden:

```
Please enter the name of a city you have visited:
(Enter 'quit' when you are finished.) New York
I'd love to go to New York!

Please enter the name of a city you have visited:
(Enter 'quit' when you are finished.) San Francisco
```

```
I'd love to go to San Francisco!

Please enter the name of a city you have visited:
(Enter 'quit' when you are finished.) quit
```

Hinweis

Die Anweisung break können Sie in Python in jeder Art von Schleife verwenden, also auch, um eine for-Schleife abzubrechen, die eine Liste oder ein Dictionary durchläuft.

Die Anweisung continue

Anstatt eine Schleife komplett abzubrechen, ohne den Rest des Codes auszuführen, können Sie mit der Anweisung continue auch zum Anfang der Schleife zurückspringen. Betrachten Sie als Beispiel die folgende Schleife, die von 1 bis 10 zählt, aber nur die ungeraden Zahlen aus diesem Bereich ausgibt:

counting.py

```
current_number = 0
while current_number < 10:
❶   current_number += 1
    if current_number % 2 == 0:
        continue

    print(current_number)
```

Zu Anfang setzen wir current_number auf 0. Da dies kleiner als 10 ist, tritt Python in die while-Schleife ein. Dort setzen wir current_number um 1 herauf (❶), sodass die Variable jetzt den Wert 1 hat. Die if-Anweisung schaut sich den Modulo von current_number und 2 an. Lautet das Ergebnis 0 (ist current_number also durch 2 teilbar), wird Python mithilfe der Anweisung continue angewiesen, den Rest der Schleife zu ignorieren und wieder zum Anfang zurückzuspringen. Ist der Wert der Variablen dagegen nicht durch 2 teilbar, wird der Rest der Schleife ausgeführt und die Zahl ausgegeben:

```
1
3
5
7
9
```

Endlosschleifen vermeiden

Jede `while`-Schleife muss enden können, damit sie nicht endlos weiterläuft. Beispielsweise soll die folgende Schleife nur von 1 bis 5 zählen:

counting.py

```
x = 1
while x <= 5:
    print(x)
    x += 1
```

Wenn Sie aber versehentlich die Zeile `x += 1` weglassen, läuft die Schleife endlos:

```
# Diese Schleife läuft endlos!
x = 1
while x <= 5:
    print(x)
```

Der Wert von `x` beginnt nach wie vor bei 1, ändert sich jetzt aber nicht mehr. Daher ergibt der Test `x <= 5` stets `True`, sodass die `while`-Schleife eine Folge von Einsen ausgibt und niemals endet:

```
1
1
1
1
-- schnipp! --
```

Allen Programmierern passiert es hin und wieder, dass sie eine Endlosschleife schreiben, vor allem, wenn die Beendigungsbedingungen etwas verzwickter sind. Wenn Ihr Programm in einer Endlosschleife hängen bleibt, drücken Sie [Strg] + [C] oder schließen Sie das Terminalfenster, in dem es ausgegeben wird.

Um ein solches Verhalten zu vermeiden, testen Sie alle `while`-Schleifen und vergewissern Sie sich, dass sie dann anhalten, wenn Sie es erwarten. Wenn das Programm enden soll, sobald der Benutzer einen bestimmten Wert eingibt, dann führen Sie es aus und geben diesen Wert ein. Bricht es daraufhin nicht ab, schauen Sie sich an, wie das Programm den Beendigungswert verarbeitet. Stellen Sie sicher, dass mindestens ein Teil des Programms die Schleifenbedingung auf `False` setzen kann, oder sorgen Sie dafür, dass es eine `break`-Anweisung erreicht.

Hinweis

VS Code und einige andere Editoren verwenden eingebettete Terminalfenster zur Ausgabe. Um eine Schleife zu beenden, klicken Sie in den Ausgabebereich des Editors, bevor Sie [Strg] + [C] drücken.

Probieren Sie es selbst aus!

7-4 Pizzabeläge: Schreiben Sie eine Schleife, die den Benutzer so lange auffordert, Pizzabeläge einzugeben, bis er einen Beendigungswert eingibt. Geben Sie zu jedem Belag die Meldung aus, dass er der Pizza hinzugefügt wird.

7-5 Eintrittskarten: Ein Kino staffelt seine Eintrittspreise nach dem Alter der Besucher. Eintrittskarten für Kinder unter 3 Jahren sind umsonst. Für Personen zwischen 3 und 12 Jahren kosten sie 10 $, für Personen über 12 Jahren 15 $. Schreiben Sie eine Schleife, in der die Besucher nach ihrem Alter gefragt werden und dann den Preis ihrer Eintrittskarte erfahren.

7-6 Drei Arten der Beendigung: Schreiben Sie unterschiedliche Versionen des Programms aus Übung 7-4 oder 7-5 mit den drei folgenden Vorgehensweisen:

- Die Schleife wird aufgrund einer Bedingung in der `while`-Anweisung beendet.
- Eine Flagvariable steuert, wie lange die Schleife ausgeführt wird.
- Die Schleife wird mithilfe einer `break`-Anweisung abgebrochen, wenn der Benutzer einen Beendigungswert eingibt.

7-7 Endlosschleife: Schreiben Sie eine Endlosschleife und führen Sie sie aus. (Um die Schleife abzubrechen, drücken Sie `Strg` + `C` oder schließen das Ausgabefenster.)

while-Schleifen für Listen und Dictionaries

Bis jetzt haben wir immer nur eine Benutzerinformation auf einmal verarbeitet: Wir haben eine Eingabe entgegengenommen und danach diese Eingabe oder eine Antwort darauf ausgegeben. Bei der nächsten Ausführung der `while`-Schleife haben wir dann einen weiteren Eingabewert empfangen und darauf reagiert. Um auch bei mehreren Benutzern und mehreren Informationen den Überblick zu bewahren, müssen wir zusammen mit unseren `while`-Schleifen auch Listen und Dictionaries einsetzen.

Mit einer `for`-Schleife können Sie eine Liste durchlaufen, aber Sie sollten Listen nicht in einer solchen Schleife bearbeiten, da Python sonst Schwierigkeiten hat, den Überblick über die Elemente zu behalten. Zum Bearbeiten von Listen setzen Sie eine `while`-Schleife ein. Mit einer Kombination aus `while`-Schleifen, Listen und Dictionaries können Sie viele Eingaben erfassen, speichern und gliedern, um sie zu untersuchen oder später einen Bericht darüber zu erstellen.

Elemente von einer Liste in eine andere verschieben

Nehmen wir an, Sie haben eine Liste neu registrierter, aber noch nicht bestätigter Benutzer einer Website. Wie können Sie sie nach der Verifizierung in eine Liste bestätigter Benutzer verschieben? Eine Möglichkeit besteht darin, eine `while`-Schleife einzusetzen. Der Code dafür kann wie folgt aussehen:

confirmed_users.py

```
  # Beginnt mit einer Liste der zu überprüfenden Benutzer
  # und einer leeren Liste der bereits bestätigten Benutzer
❶ unconfirmed_users = ['alice', 'brian', 'candace']
  confirmed_users = []

  # Prüft alle Benutzer, bis keine unbestätigten  mehr vorhanden sind.
  # Verschiebt jeden bestätigten Benutzer in die entsprechende Liste.
❷ while unconfirmed_users:
❸     current_user = unconfirmed_users.pop()

      print(f"Verifying user: {current_user.title()}")
❹     confirmed_users.append(current_user)

  # Zeigt alle bestätigten Benutzer an.
  print("\nThe following users have been confirmed:")
  for confirmed_user in confirmed_users:
      print(confirmed_user.title())
```

Wir beginnen mit einer Liste der unbestätigten Benutzer (Alice, Brian und Candace) und einer leeren Liste für die bestätigten (❶). Die `while`-Schleife bei ❷ läuft, solange die Liste `unconfirmed_users` nicht leer ist. Innerhalb dieser Schleife entfernt die Funktion `pop()` bei ❸ einen nicht bestätigten Benutzer nach dem anderen vom Ende der Liste `unconfirmed_users`, der anschließend in `current_user` gespeichert und dann bei ❹ zur Liste `confirmed_users` hinzugefügt wird. Da Candace am Ende von `unconfirmed_users` steht, wird ihr Name als erster auf diese Weise verarbeitet, danach Brian und schließlich Alice.

Den Verifizierungsvorgang simulieren wir dadurch, dass wir eine Überprüfungsmeldung ausgeben und den Namen zur Liste `confirmed_users` hinzufügen. Im Verlauf des Programms wird die Liste der bestätigten Benutzer immer länger, während die mit den unbestätigten Benutzern schrumpft. Wenn letztere leer ist, wird die Schleife beendet und die Liste der bestätigten Benutzer ausgegeben:

```
Verifying user: Candace
Verifying user: Brian
Verifying user: Alice

The following users have been confirmed:
Candace
Brian
Alice
```

Alle Vorkommen eines Wertes aus einer Liste entfernen

In Kapitel 3 haben Sie die Funktion `remove()` kennengelernt, mit der Sie einen bestimmten Wert aus einer Liste entfernen können – allerdings nur das erste Vorkommen. Was aber tun wir, wenn wir alle Vorkommen dieses Wertes löschen wollen?

In der folgenden Liste von Haustieren kommt der Wert `'cat'` mehrmals vor. Um alle diese Einträge zu entfernen, führen wir eine `while`-Schleife aus, bis `'cat'` nicht mehr in der Liste vorhanden ist:

pets.py

```
pets = ['dog', 'cat', 'dog', 'goldfish', 'cat', 'rabbit', 'cat']
print(pets)

while 'cat' in pets:
    pets.remove('cat')

print(pets)
```

Nachdem wir die Liste ausgegeben haben, startet Python die `while`-Schleife, da der Wert `'cat'` mindestens einmal in der Liste vorkommt. In der Schleife entfernt Python das erste Vorkommen von `'cat'` und kehrt dann zu der `while`-Zeile zurück. Wenn sich immer noch `'cat'`-Einträge auf der Liste befinden, wird die Schleife erneut ausgeführt. So werden nach und nach alle Vorkommen von `'cat'` entfernt, bis der Wert nicht mehr in der Liste vorhanden ist. An dieser Stelle angekommen, beendet Python die Schleife und gibt die Liste erneut aus:

```
['dog', 'cat', 'dog', 'goldfish', 'cat', 'rabbit', 'cat']
['dog', 'dog', 'goldfish', 'rabbit']
```

Ein Dictionary mit Benutzereingaben füllen

Bei jedem Durchlauf einer `while`-Schleife können Sie nach so vielen Eingaben fragen, wie Sie wollen. In dem folgenden Umfrageprogramm bitten wir die Benutzer darum, ihren Namen und die Antwort auf eine Frage anzugeben. Die erfassten Daten speichern wir in einem Dictionary, da wir die Antworten jeweils dem Benutzer zuordnen möchten:

mountain_poll.py

```
responses = {}

# Richtet ein Flag ein, um anzugeben, dass die Umfrage aktiv bleiben soll.
polling_active = True

while polling_active:
    # Bittet den Benutzer um Eingabe seines Namens und der Antwort.
❶   name = input("\nWhat is your name? ")
    response = input("Which mountain would you like to climb someday? ")
    # Speichert die Antwort im Dictionary:
```

```
❷       responses[name] = response

        # Fragt, ob noch jemand an der Umfrage teilnehmen wird.
❸       repeat = input("Would you like to let another person respond? (yes/no) ")
        if repeat == 'no':
            polling_active = False

    # Die Umfrage ist abgeschlossen, die Ergebnisse werden angezeigt.
    print("\n--- Poll Results ---")
❹   for name, response in responses.items():
        print(f"{name} would like to climb {response}.")
```

Zu Anfang des Programms wird das leere Dictionary `responses` eingerichtet und das Flag `pooling_active` gesetzt, das angibt, ob die Umfrage aktiv bleiben soll. Solange dieses Flag `True` ist, führt Python den Code in der `while`-Schleife aus.

Innerhalb der Schleife werden die Benutzer aufgefordert, ihren Benutzernamen und einen Berg zu nennen, den sie gern besteigen möchten (❶). Diese Informationen werden im Dictionary `responses` gespeichert (❷). Daraufhin wird der Benutzer gefragt, ob die Umfrage weitergeführt werden soll oder nicht (❸). Gibt er `yes` an, wird die `while`-Schleife erneut ausgeführt. Bei `no` dagegen wird das Flag `polling_active` auf `False` gesetzt, sodass die `while`-Schleife beendet wird. Der Codeblock am Ende (❹) zeigt die Ergebnisse der Umfrage an.

Wenn Sie dieses Programm ausführen, erhalten Sie eine Ausgabe wie die folgende:

```
What is your name? Eric
Which mountain would you like to climb someday? Denali
Would you like to let another person respond? (yes/no) yes

What is your name? Lynn
Which mountain would you like to climb someday? Devil's Thumb
Would you like to let another person respond? (yes/no) no

--- Poll Results ---
Eric would like to climb Denali.
Lynn would like to climb Devil's Thumb.
```

Probieren Sie es selbst aus!

7-8 Sandwiches: Erstellen Sie die Liste `sandwich_orders`, die Sie mit den Namen verschiedener Sandwichvariationen füllen, sowie die Liste `finished_sandwiches`. Durchlaufen Sie die Liste der Bestellungen, geben Sie für jede davon eine Meldung wie *I made your tuna sandwich* aus und verschieben Sie das betreffende Element in die Liste der fertigen Sandwiches. Geben Sie abschließend eine Liste aller zubereiteten Sandwiches aus.

→

7-9 Kein Pastrami: Führen Sie in der Liste `sandwich_orders` aus Übung 7-8 mindestens dreimal das Sandwich `'pastrami'` auf. Fügen Sie am Anfang des Programms Code hinzu, um die Meldung auszugeben, dass Pastrami ausgegangen ist, und entfernen Sie mithilfe einer `while`-Schleife alle Vorkommen von `'pastrami'` von `sandwich_orders`. Sorgen Sie dafür, dass keinerlei Sandwiches mit Pastrami auf der Liste `finished_sandwiches` landen.

7-10 Traumurlaub: Schreiben Sie ein Programm, das die Benutzer nach Zielen für einen Traumurlaub fragt. Schreiben Sie dazu eine Eingabeaufforderung wie: »If you could visit one place in the world, where would you go?« Fügen Sie einen Codeblock hinzu, der die Ergebnisse der Umfrage ausgibt.

Zusammenfassung

In diesem Kapitel habe Sie gelernt, wie Sie Benutzern mit der Funktion `input()` erlauben, selbst Informationen in Ihr Programm einzugeben, wie Sie solche Eingaben sowohl in Text- als auch in numerischer Form abrufen und wie Sie `while`-Schleifen einsetzen, um Programme so lange auszuführen, wie die Benutzer das wollen. Sie haben auch mehrere Möglichkeiten gesehen, um den Fluss einer `while`-Schleife zu steuern – nämlich mithilfe eines Flags oder der Anweisungen `break` und `continue`. Des Weiteren haben Sie erfahren, wie Sie mithilfe einer `while`-Schleife Elemente von einer Liste in eine andere verschieben und alle Vorkommen eines Wertes aus einer Liste entfernen. Sie wissen jetzt auch, wie Sie `while`-Schleifen und Dictionaries kombinieren.

In Kapitel 8 geht es um *Funktionen*. Damit können Sie Ihre Programme in kleinere Teile gliedern, die jeweils eine ganz bestimmte Aufgabe erfüllen. Eine Funktion können Sie so oft aufrufen, wie Sie wollen, und Sie können sie auch in eigenen Dateien speichern. Mithilfe von Funktionen können Sie effizienteren Code schreiben, der sich leichter korrigieren und pflegen sowie in anderen Programmen wiederverwenden lässt.

8 Funktionen

In diesem Kapitel lernen Sie, *Funktionen* zu schreiben. Dabei handelt es sich um benannte Codeblöcke, die für jeweils eine ganz bestimmte Aufgabe vorgesehen sind. Wenn Sie diese Aufgabe ausführen lassen möchten, rufen Sie die entsprechende Funktion auf. Muss eine Aufgabe mehrmals in einem Programm erledigt werden, brauchen Sie den Code dafür nicht wiederholt zu schreiben, sondern können einfach die dafür vorgesehene Funktion aufrufen. Python führt dann den Code in der Funktion aus. Wie Sie noch sehen werden, erleichtern Funktionen es Ihnen, Programme zu schreiben, zu lesen, zu testen und zu korrigieren.

Außerdem lernen Sie in diesem Kapitel verschiedene Möglichkeiten kennen, um Informationen an Funktionen zu übergeben. Sie erfahren, wie Sie verschiedene Funktionen schreiben – etwa um Informationen anzuzeigen, Daten zu verarbeiten oder Werte zurückzugeben –, und wie Sie Funktionen in eigenen Dateien – sogenannten *Modulen* – speichern, um Ihre Hauptprogrammdateien besser zu gliedern.

Funktionen definieren

Die folgende einfache Funktion namens `greet_user()` gibt einen Gruß aus:

greeter.py

```
❶ def greet_user():
❷     """Display a simple greeting."""
❸     print("Hello!")

❹ greet_user()
```

Dieses Beispiel zeigt die einfachste Struktur einer Funktion. Mit dem Schlüsselwort `def` (❶) leiten Sie eine *Funktionsdefinition* ein, in der Sie Python den Namen der Funktion mitteilen und in den Klammern gegebenenfalls auch die Informationen angeben, die die Funktion benötigt, um ihre Aufgabe zu erledigen. Hier lautet der Name der Funktion `greet_user()`, und da sie keine weiteren Angaben für ihre Arbeit braucht, sind die Klammern leer (aber trotzdem erforderlich). Die Definition endet mit dem Doppelpunkt.

Alle eingerückten Zeilen hinter `def greet_user():` bilden den *Rumpf* der Funktion. Der Text bei ❷ ist ein *Docstring* (Dokumentationsstring), der beschreibt, was die Funktion tut. Python sucht danach, wenn es eine Dokumentation für die Funktionen in Ihren Programmen erstellt. Dabei sucht es direkt nach der Funktion nach drei Anführungszeichen. Da die Information auch mit drei Anführungszeichen beendet wird, kann sie sich auch über mehrere Zeilen erstrecken.

Die Zeile `print("Hello!")` bei ❸ ist die einzige echte Codezeile im Rumpf dieser Funktion. Dies ist die Aufgabe, die `greet_user()` erledigen soll.

Wenn Sie diese Funktion verwenden möchten, müssen Sie sie *aufrufen*. Dabei weisen Sie Python an, den Code in der Funktion auszuführen. Für einen solchen Funktionsaufruf müssen Sie lediglich den Namen der Funktion hinschreiben und gegebenenfalls alle erforderlichen zusätzlichen Informationen in den Klammern angeben. Da hier keine weiteren Angaben benötigt werden, rufen wir die Funktion bei ❹ einfach mit `greet_user()` auf. Wie erwartet gibt sie `Hello!` aus:

```
Hello!
```

Informationen an eine Funktion übergeben

Wir können unsere Funktion `greet_user()` so abändern, dass sie nicht nur ein einfaches `Hello!` ausgibt, sondern den Benutzer mit Namen begrüßt. Damit sie das tun kann, geben Sie bei der Funktionsdefinition `def greet_user()` in den Klammern `username` an. Das führt dazu, dass die Funktion bei jedem Aufruf erwartet, dass Sie in den Klammern einen Namen für `username` übergeben:

```
def greet_user(username):
    """Display a simple greeting."""
    print(f"Hello, {username.title()}!")

greet_user('jesse')
```

Durch `greet_user('jesse')` wird die Funktion `greet_user()` aufgerufen und ihr wird die Information übergeben, die sie benötigt, um die `print`-Anweisung auszuführen. Sie nimmt diesen Namen entgegen und zeigt den entsprechenden Gruß an:

```
Hello, Jesse!
```

Wenn Sie `greet_user('sarah')` schreiben, wird ebenfalls `greet_user()` aufgerufen, diesmal aber der Name `'sarah'` übergeben, weshalb die Ausgabe `Hello, Sarah!` lautet. Sie können `greet_user()` so oft aufrufen, wie Sie wollen, und dabei jeden beliebigen Namen übergeben und erzeugen dadurch jedes Mal eine vorhersagbare Ausgabe.

Argumente und Parameter

Im vorherigen Beispiel haben wir die Funktion `greet_user()` so definiert, dass sie einen Wert für die Variable `username` benötigt. Wenn wir die Funktion aufrufen und die entsprechende Information (einen Namen) übergeben, gibt sie die entsprechende Begrüßung aus.

Die Variable `username` in der Definition von `greet_user()` ist ein Beispiel für einen *Parameter*, also eine Information, die die Funktion benötigt, um ihre Aufgabe zu erfüllen. Der Wert `'jesse'` im Aufruf `greet_user('jesse')` wird als *Argument* bezeichnet. Dies ist die Information, die wir bei dem Aufruf an die Funktion in den Klammern übergeben. In diesem Fall übergeben wir das Argument `'jesse'` an die Funktion `greet_user()`, woraufhin dieser Wert dem Parameter `username` zugewiesen wird.

Hinweis

Die Begriffe Argument und Parameter werden manchmal auch synonym gebraucht. Seien Sie daher nicht überrascht, wenn die Variablen in einer Funktionsdefinition als Argumente oder die Variablen in einem Funktionsaufruf als Parameter bezeichnet werden.

Probieren Sie es selbst aus!

8-1 Nachricht: Schreiben Sie die Funktion `display_message()`, die einen Satz über das ausgibt, was Sie in diesem Kapitel lernen. Rufen Sie die Funktion auf und vergewissern Sie sich, dass die Nachricht richtig angezeigt wird.

8-2 Lieblingsbuch: Schreiben Sie die Funktion `favorite_book()` mit dem Parameter `title`. Diese Funktion soll eine Aussage wie *One of my favorite books is Alice in Wonderland* ausgeben. Rufen Sie die Funktion auf und übergeben Sie dabei einen Buchtitel als Argument.

Argumente übergeben

Eine Funktionsdefinition kann mehrere Parameter enthalten, und daher kann auch ein Funktionsaufruf mehrere Argumente benötigen. Um diese Argumente zu übergeben, gibt es verschiedene Methoden: Sie können *positionsabhängige Argumente* verwenden, die in einer bestimmten Reihenfolge stehen müssen, *Schlüsselwortargumente*, die aus einem Variablennamen und einem Wert bestehen, sowie Listen und Dictionaries mit Werten. Diese Vorgehensweisen sehen wir uns im Folgenden genauer an.

Positionsabhängige Argumente

Wenn Sie eine Funktion aufrufen, muss Python die übergebenen Argumente den Parametern in der Funktionsdefinition zuordnen. Die einfachste Möglichkeit dazu besteht darin, die Argumente in eine bestimmte Reihenfolge zu stellen. Bei dieser Vorgehensweise sprechen wir von *positionsabhängigen Argumenten.*

Betrachten wir zur Veranschaulichung eine Funktion, die verschiedene Informationen über Haustiere anzeigt, und zwar die Art des Tieres und seinen Namen:

pets.py

```
❶ def describe_pet(animal_type, pet_name):
      """Display information about a pet."""
      print(f"\nI have a {animal_type}.")
      print(f"My {animal_type}'s name is {pet_name.title()}.")

❷ describe_pet('hamster', 'harry')
```

Die Definition bei ❶ zeigt, dass die Funktion eine Tierart und den Namen des Tieres erwartet. Wenn wir `describe_pet()` aufrufen, müssen wir diese Argumente in der angegebenen Reihenfolge übergeben. In dem Funktionsaufruf bei ❷ wird das Argument `'hamster'` daher dem Parameter `animal_type` zugewiesen und `'harry'` dem Parameter `pet_name`. Diese beiden Parameter werden dann im Rumpf der

Funktion dazu genutzt, die Informationen über das Tier auszugeben, also einen Hamster namens Harry zu beschreiben:

```
I have a hamster.
My hamster's name is Harry.
```

Mehrere Funktionsaufrufe

Eine Funktion können Sie so oft aufrufen, wie es erforderlich ist. Um ein weiteres Tier zu beschreiben, brauchen Sie nur einen zweiten Aufruf von `describe_pet()`:

```
def describe_pet(animal_type, pet_name):
    """Display information about a pet."""
    print(f"\nI have a {animal_type}.")
    print(f"My {animal_type}'s name is {pet_name.title()}.")

describe_pet('hamster', 'harry')
describe_pet('dog', 'willie')
```

In diesem zweiten Funktionsaufruf übergeben wir `describe_pet()` die Argumente `'dog'` und `'willie'`. Wie im vorherigen Beispiel ordnet Python `'dog'` dem Parameter `animal_type` und `'willie'` dem Parameter `pet_name` zu. Die Funktion gibt daraufhin nach dem Hamster Harry eine Aussage über den Hund Willie aus:

```
I have a hamster.
My hamster's name is Harry.

I have a dog.
My dog's name is Willie.
```

Der mehrfache Aufruf einer Funktion stellt eine effiziente Arbeitsweise dar, denn der Code zur Beschreibung eines Haustieres muss nur ein einziges Mal in der Funktion geschrieben werden. Immer wenn Sie dann ein Haustier beschreiben müssen, können Sie einfach die Funktion mit den Angaben über das jeweilige Tier aufrufen. Selbst wenn der Beschreibungscode zehn Zeilen umfasst, brauchen Sie für ein neues Tier immer nur eine einzige Zeile mit dem Funktionsaufruf.

Es kommt auf die Reihenfolge an

Wenn Sie positionsabhängige Argumente verwenden und ihre Reihenfolge bei einem Funktionsaufruf durcheinanderbringen, können Sie unerwartete Ergebnisse erhalten:

```
def describe_pet(animal_type, pet_name):
    """Display information about a pet."""
```

```
    print(f"\nI have a {animal_type}.")
    print(f"My {animal_type}'s name is {pet_name.title()}.")

describe_pet('harry', 'hamster')
```

In diesem Funktionsaufruf geben wir erst den Namen und dann die Tierart an. Da `'harry'` an erster Stelle steht, wird dieses Argument dem ersten Parameter zugewiesen, nämlich `animal_type`, und `'hamster'` dem Parameter `pet_name`. Dadurch erhalten wir einen »Harry« namens Hamster:

```
I have a harry.
My harry's name is Hamster.
```

Sollten Sie komische Ergebnisse wie dieses hier bekommen, vergewissern Sie sich, dass die Reihenfolge der Argumente im Funktionsaufruf mit der Reihenfolge der Parameter in der Funktionsdefinition übereinstimmt.

Schlüsselwortargumente

Ein *Schlüsselwortargument* ist ein Name-Wert-Paar, das Sie einer Funktion übergeben. Dabei verknüpfen Sie den Argumentwert unmittelbar mit dem Namen des Parameters, sodass es keine Verwechslungen (also keinen Harry namens Hamster) geben kann. Bei Schlüsselwortargumenten müssen Sie sich keine Gedanken über ihre Reihenfolge im Funktionsaufruf machen, denn sie geben deutlich an, welche Rolle die einzelnen Werte spielen.

Mit Schlüsselwortargumenten sieht unser Aufruf der Funktion `describe_pet()` wie folgt aus:

```
def describe_pet(animal_type, pet_name):
    """Display information about a pet."""
    print(f"\nI have a {animal_type}.")
    print(f"My {animal_type}'s name is {pet_name.title()}.")

describe_pet(animal_type='hamster', pet_name='harry')
```

Die Funktion `describe_pet()` ist unverändert geblieben, aber beim Funktionsaufruf teilen wir Python ausdrücklich mit, zu welchem Parameter die einzelnen Argumente jeweils gehören. Dadurch weiß Python, dass das Argument `'hamster'` zu dem Parameter `animal_type` gehört und `'harry'` zu `pet_name`. In der Ausgabe haben wir jetzt auch tatsächlich einen Hamster namens Harry.

Da Python weiß, was die einzelnen Werte bedeuten, spielt die Reihenfolge bei Schlüsselwortargumenten keine Rolle. Die folgenden Funktionsaufrufe sind gleichwertig:

```
describe_pet(animal_type='hamster', pet_name='harry')
describe_pet(pet_name='harry', animal_type='hamster')
```

Hinweis

Bei der Verwendung von Schlüsselwortargumenten müssen Sie darauf achten, die Namen der Parameter genau so zu schreiben wie in der Funktionsdefinition.

Standardwerte

Wenn Sie eine Funktion schreiben, können Sie für jeden Parameter einen *Standardwert* (oder *Vorgabewert*) festlegen. Wird später im Funktionsaufruf ein Argument für diesen Parameter übergeben, verwendet Python den Argumentwert, anderenfalls den Standardwert. Ist für einen Parameter ein Standardwert definiert, können Sie also das zugehörige Argument im Funktionsaufruf weglassen. Das vereinfacht nicht nur Funktionsaufrufe, sondern macht auch deutlich, wie die Funktion üblicherweise benutzt werden sollte.

Nehmen wir an, Sie haben festgestellt, dass die meisten Aufrufe von `describe_pet()` zur Beschreibung von Hunden verwendet werden, und entscheiden sich daher, `'dog'` als Standardwert für `animal_type` vorzugeben. Wer `describe_pet()` für einen Hund aufrufen möchte, kann die entsprechende Angabe nun einfach weglassen:

```
def describe_pet(pet_name, animal_type='dog'):
    """Display information about a pet."""
    print(f"\nI have a {animal_type}.")
    print(f"My {animal_type}'s name is {pet_name.title()}.")

describe_pet(pet_name='willie')
```

Hier haben wir in die Definition von `describe_pet()` den Standardwert `'dog'` für `animal_type` aufgenommen. Wird die Funktion jetzt ohne Angabe von `animal_type` aufgerufen, verwendet Python den Wert `'dog'` für diesen Parameter:

```
I have a dog.
My dog's name is Willie.
```

Beachten Sie, dass wir außerdem die Reihenfolge der Parameter in der Funktionsdefinition ändern mussten. Da wir dank des Standardwertes kein Argument für die Tierart mehr angeben müssen, ist im Funktionsaufruf nur noch der Name als Argument übrig. Für Python ist dies aber nach wie vor ein positionsabhängiges Argument. Wenn wir im Aufruf also nur den Tiernamen angeben, wird dieses Argument mit dem ersten Parameter in der Definition verknüpft. Daher muss `pet_name` der erste Parameter sein.

Die einfachste Möglichkeit zur Verwendung der Funktion, besteht jetzt darin, im Funktionsaufruf lediglich den Namen des Hundes anzugeben:

```
describe_pet('willie')
```

Das führt zu derselben Ausgabe wie im vorherigen Beispiel. Hier ist `'willie'` das einzige Argument und wird daher dem ersten Parameter in der Definition zugeordnet, also `pet_name`. Da für `animal_type` kein Argument angegeben wird, greift Python auf den Standardwert `'dog'` zurück.

Um ein anderes Tier zu beschreiben, müssen Sie den Funktionsaufruf wie folgt schreiben:

```
describe_pet(pet_name='harry', animal_type='hamster')
```

Da jetzt ausdrücklich ein Argument für `animal_type` bereitgestellt wird, ignoriert Python den Standardwert für diesen Parameter.

Hinweis

Parameter mit Standardwerten müssen in der Definition hinter den Parametern ohne Standardwerte aufgeführt werden, damit Python positionsabhängige Argumente korrekt zuordnen kann.

Verschiedene Formen für Funktionsaufrufe

Da positionsabhängige Argumente, Schlüsselwortargumente und Vorgabewerte kombiniert verwendet werden können, gibt es mehrere Möglichkeiten, um eine Funktion aufzurufen. Betrachten Sie die folgende Definition von `describe_pet()` mit einem Standardwert:

```
def describe_pet(pet_name, animal_type='dog'):
```

Für `pet_name` muss immer ein Argument angegeben werden, und das kann ein positionsabhängiges oder ein Schlüsselwortargument sein. Wenn das zu beschreibende Tier kein Hund ist, muss auch ein Argument für `animal_type` übergeben werden, und auch dafür können Sie sowohl ein positionsabhängiges als auch ein Schlüsselwortargument verwenden.

Alle folgenden Aufrufe sind für diese Funktion geeignet:

```
# Ein Hund namens Willie.
describe_pet('willie')
describe_pet(pet_name='willie')

# Ein Hamster namens Harry.
```

```
describe_pet('harry', 'hamster')
describe_pet(pet_name='harry', animal_type='hamster')
describe_pet(animal_type='hamster', pet_name='harry')
```

Alle Funktionsaufrufe für dasselbe Tier führen jeweils zu derselben Ausgabe.

> **Hinweis**
>
> Für welche Form von Aufruf Sie sich entscheiden, spielt wirklich keine Rolle. Solange Sie die gewünschte Ausgabe erhalten, können Sie einfach den Stil verwenden, mit dem Sie am besten zurechtkommen.

Argumentfehler vermeiden

Wenn Sie beim Aufruf einer Funktion versehentlich weniger oder mehr Argumente angeben, als die Funktion benötigt, erhalten Sie eine entsprechende Fehlermeldung. Das folgende Beispiel zeigt, was passiert, wenn Sie versuchen, `describe_pet()` ohne Argumente aufzurufen:

```
def describe_pet(animal_type, pet_name):
    """Display information about a pet."""
    print(f"\nI have a {animal_type}.")
    print(f"My {animal_type}'s name is {pet_name.title()}.")

describe_pet()
```

Python bemerkt, dass in dem Aufruf eine Information fehlt, und teilt uns das im Traceback mit:

```
  Traceback (most recent call last):
❶   File "pets.py", line 6, in <module>
❷     describe_pet()
      ^^^^^^^^^^^^^^
❸ TypeError: describe_pet() missing 2 required positional arguments: 'animal_
  type' and 'pet_name'
```

Bei ❶ im Traceback erfahren wir, wo sich das Problem befindet, sodass wir an der entsprechenden Stelle nachsehen können, warum unser Funktionsaufruf nicht funktioniert. Der fehlerhafte Funktionsaufruf wird bei ❷ angezeigt. In der Zeile bei ❸ ist angegeben, welche zwei Argumente in dem Funktionsaufruf fehlen. Wenn sich die Funktion in einer getrennten Datei befindet, können wir dank dieser Angaben den Aufruf direkt korrigieren, ohne die Datei zu öffnen und den Funktionscode zu lesen.

Python unterstützt uns, da es den Funktionscode liest und uns die Namen der anzugebenden Argumente mitteilt. Das ist ein weiterer Grund dafür, Variablen und

Funktionen beschreibende Namen zu geben, denn dadurch werden die Fehlermeldungen von Python viel aussagekräftiger – sowohl für Sie selbst als auch für andere Personen, die Ihren Code nutzen.

Wenn Sie zu viele Argumente angeben, erhalten Sie ein ähnliches Traceback, das Ihnen helfen kann, den Funktionsaufruf zu korrigieren, sodass er zu der Funktionsdefinition passt.

Probieren Sie es selbst aus!

8-3 T-Shirt: Schreiben Sie die Funktion `make_shirt()`, die eine Kleidergröße und den Text des auf dem T-Shirt abzudruckenden Spruchs entgegennimmt und einen Satz mit einer Zusammenfassung der Bestellung ausgibt.

Rufen Sie die Funktion einmal mit positionsabhängigen und einmal mit Schlüsselwortargumenten auf.

8-4 Große T-Shirts: Ändern Sie die Funktion `make_shirt()` so ab, dass standardmäßig T-Shirts der Größe L mit dem Text *I love Python* hergestellt werden. Bestellen Sie ein T-Shirt der Größe L und eines der Größe M jeweils mit dem Standardspruch sowie ein T-Shirt beliebiger Größe mit einem anderen Text.

8-5 Städte: Schreiben Sie die Funktion `describe_city()`, die den Namen einer Stadt und des zugehörigen Landes entgegennimmt und einen einfachen Satz wie *Reykjavik is in Iceland* ausgibt. Sehen Sie für den Landesparameter einen Standardwert vor. Rufen Sie die Funktion für drei verschiedene Städte auf, darunter mindestens einmal für eine Stadt, die sich nicht in dem vorgegebenen Land befindet.

Rückgabewerte

Eine Funktion muss ihre Ausgabe nicht direkt anzeigen. Sie kann auch Daten verarbeiten und einen Wert oder eine Menge von Werten zurückgeben. Dabei sprechen wir von einem sogenannten *Rückgabewert*. Die Anweisung `return` sendet einen Wert, der innerhalb der Funktion ermittelt wurde, in die Zeile zurück, in der die Funktion aufgerufen wurde. Mithilfe von Rückgabewerten können Sie einen Großteil der Routinearbeit Ihres Programms in Funktionen auslagern. Das vereinfacht den Hauptteil des Programms.

Einen einfachen Wert zurückgeben

formatted_name.py

Die folgende Funktion nimmt einen Vor- und Nachnamen entgegen und gibt einen sauber formatierten vollständigen Namen zurück:

```
❶ def get_formatted_name(first_name, last_name):
       """Return a full name, neatly formatted."""
```

```
❷     full_name = f"{first_name} {last_name}"
❸     return full_name.title()

❹ musician = get_formatted_name('jimi', 'hendrix')
  print(musician)
```

In der Definition von `get_formatted_name()` sind ein Vor- und ein Nachname als Parameter vorgesehen (❶). Die Funktion kombiniert die beiden Namen mit einem Leerzeichen dazwischen und weist das Ergebnis `full_name` zu (❷). Der Wert in dieser Variablen wird dann bei ❸ in das Format mit großen Anfangsbuchstaben umgewandelt und an die aufrufende Zeile zurückgegeben.

Wenn Sie eine Funktion aufrufen, die einen Rückgabewert hat, müssen Sie eine Variable angeben, der dieser Rückgabewert zugewiesen werden kann. In diesem Fall verwenden wir dafür `musician` (❹). Die Ausgabe zeigt den formatierten, aus Vor- und Nachname zusammengesetzten Gesamtnamen an:

```
Jimi Hendrix
```

Das scheint übermäßig viel Arbeit für ein solches Ergebnis zu sein, das wir auch mit folgender einfacher Zeile erhalten könnten:

```
print("Jimi Hendrix")
```

Stellen Sie sich aber ein umfangreiches Programm vor, in dem viele Vor- und Nachnamen getrennt gespeichert werden. In einem solchen Fall ist eine Funktion wie `get_formatted_name()` sehr praktisch. Sie müssen dann immer nur diese Funktion aufrufen, wenn Sie den vollständigen Namen anzeigen lassen möchten.

Optionale Argumente

Manchmal ist es sinnvoll, einzelne Argumente nur als eine Option vorzusehen, sodass die entsprechenden Informationen nur dann angegeben werden müssen, wenn es nötig ist. Um das zu erreichen, können Sie Standardwerte verwenden.

Nehmen wir an, Sie möchten die Funktion `get_formatted_name()` so erweitern, dass sie auch mit einem zweiten Vornamen umgehen kann. Das könnten Sie durchaus wie folgt schreiben:

```
def get_formatted_name(first_name, middle_name, last_name):
    """Return a full name, neatly formatted."""
    full_name = f"{first_name} {middle_name} {last_name}"
    return full_name.title()

musician = get_formatted_name('john', 'lee', 'hooker')
print(musician)
```

Wenn Sie dieser Funktion einen Vornamen, einen zweiten Vornamen und einen Nachnamen übergeben, baut sie alle drei zu einem String zusammen, fügt an den Trennstellen Leerzeichen ein und sorgt dafür, dass alle Bestandteile mit einem Großbuchstaben beginnen:

```
John Lee Hooker
```

Aber ein zweiter Vorname ist nicht immer erforderlich, und wenn Sie versuchen, die Funktion nur mit einem Vor- und einem Nachnamen aufzurufen, erhalten Sie eine Fehlermeldung. Um die Angabe des zweiten Vornamens optional zu machen, geben wir dem Argument `middle_name` einen leeren Standardwert und ignorieren es, sofern der Benutzer keinen ausdrücklichen Wert angibt. Außerdem müssen wir den Parameter `middle_name` ans Ende der Liste setzen:

```
❶ def get_formatted_name(first_name, last_name, middle_name=''):
      """Return a full name, neatly formatted."""
❷     if middle_name:
          full_name = f"{first_name} {middle_name} {last_name}"
❸     else:
          full_name = f"{first_name} {last_name}"
      return full_name.title()

  musician = get_formatted_name('jimi', 'hendrix')
  print(musician)

❹ musician = get_formatted_name('john', 'hooker', 'lee')
  print(musician)
```

Hier wird der Name aus drei möglichen Bestandteilen zusammengebaut. Da es immer einen Vor- und einen Nachnamen gibt, stehen diese Parameter in der Funktionsdefinition an erster Stelle. Der zweite Vorname dagegen ist optional. Daher wird er mit einem leeren String als Standardwert am Ende der Liste aufgeführt (❶).

Im Rumpf der Funktion prüfen wir, ob ein zweiter Vorname angegeben wurde. Da Python nicht leere Strings als `True` interpretiert, wird die Bedingung zu `True` ausgewertet, wenn in dem Funktionsaufruf ein Argument für `middle_name` angegeben wurde (❷). In diesem Fall werden alle drei Bestandteile zum Gesamtnamen zusammengebaut. Dieser Name wird dann mit großen Anfangsbuchstaben versehen, an die aufrufende Zeile zurückgegeben, der Variablen `musician` zugewiesen und ausgegeben. Wurde dagegen kein zweiter Vorname angegeben, so wird der `if`-Test zu `False` ausgewertet und der `else`-Block ausgeführt (❸). In diesem Fall wird der Gesamtname nur aus Vor- und Nachname zusammengebaut, zurückgegeben, `musician` zugewiesen und angezeigt.

Der Aufruf dieser Funktion nur mit einem Vor- und Nachnamen ist ganz einfach. Wenn Sie jedoch auch einen zweiten Vornamen angeben, müssen Sie darauf achten, dass Sie dieses Argument als letztes übergeben, damit Python die positionsabhängigen Argumente korrekt zuordnet (❹).

Diese geänderte Version unserer Funktion ist für Personen mit und ohne zweiten Vornamen geeignet:

```
Jimi Hendrix
John Lee Hooker
```

Mithilfe von optionalen Argumenten können Funktionen eine große Menge an verschiedenen Fällen abdecken, wobei die Funktionsaufrufe so einfach bleiben wie möglich.

Ein Dictionary zurückgeben

Funktionen können beliebige Arten von Werten zurückgeben, auch kompliziertere Datenstrukturen wie Listen oder Dictionaries. Die folgende Funktion nimmt die Bestandteile eines Namens entgegen und gibt ein Dictionary zurück, das für eine Person steht:

person.py

```
  def build_person(first_name, last_name):
      """Return a dictionary of information about a person."""
❶     person = {'first': first_name, 'last': last_name}
❷     return person

  musician = build_person('jimi', 'hendrix')
❸ print(musician)
```

Die Funktion `build_person()` nimmt einen Vor- und einen Nachnamen entgegen und platziert diese Werte bei ❶ in einem Dictionary. Dabei wird der Wert von `first_name` unter dem Schlüssel `first` gespeichert und der von `last_name` unter dem Schlüssel `last`. Bei ❷ geben wir das komplette Dictionary für die Person zurück. Der Rückgabewert wird bei ❸ ausgegeben, wobei die ursprünglichen Informationen jetzt in einem Dictionary gespeichert sind:

```
{'first': 'jimi', 'last': 'hendrix'}
```

Diese Funktion nimmt zwei einfache Informationen in Textform entgegen und stellt sie in eine aussagekräftigere Datenstruktur, mit der Sie sie auf anspruchsvollere Weise verarbeiten können, als sie lediglich auszugeben. Die Strings `'jimi'` und `'hendrix'` sind jetzt als Vor- und Nachname gekennzeichnet. Diese Funktion können Sie leicht erweitern, sodass sie auch noch optionale Werte wie einen zweiten

Vornamen, das Alter, den Beruf oder sonstige Angaben über die Person entgegennimmt, die Sie speichern möchten. Mit folgender Änderung können Sie beispielsweise das Alter festhalten:

```
def build_person(first_name, last_name, age=None):
    """Return a dictionary of information about a person."""
    person = {'first': first_name, 'last': last_name}
    if age:
        person['age'] = age
    return person

musician = build_person('jimi', 'hendrix', age=27)
print(musician)
```

Hier haben wir der Funktionsdefinition den optionalen Parameter `age` hinzugefügt und ihm den besonderen Wert `None` zugewiesen, der verwendet wird, wenn eine Variable keinen Wert erhalten hat. Sie können sich `None` als einen Platzhalter vorstellen. Beim Überprüfen von Bedingungen wird `None` zu `False` ausgewertet. Wird im Funktionsaufruf ein Wert für `age` angegeben, so wird er in dem Dictionary gespeichert. Die Funktion speichert immer den Namen der Person, kann aber so erweitert werden, dass sie auch noch andere Informationen über die Person festhält.

Funktionen in einer while-Schleife

Funktionen können Sie in allen Python-Strukturen verwenden, die Sie bis jetzt kennengelernt haben. Beispielsweise können Sie die Funktion `get_formatted_name()` in einer `while`-Schleife einsetzen, um Benutzer förmlicher zu begrüßen. Eine erste Version könnte wie folgt aussehen:

greeter.py

```
def get_formatted_name(first_name, last_name):
    """Return a full name, neatly formatted."""
    full_name = f"{first_name} {last_name}"
    return full_name.title()

# Dies ist eine Endlosschleife!
while True:
❶   print("\nPlease tell me your name:")
    f_name = input("First name: ")
    l_name = input("Last name: ")

    formatted_name = get_formatted_name(f_name, l_name)
    print(f"\nHello, {formatted_name}!")
```

Hier verwenden wir die einfache Version von `get_formatted_name()` ohne zweiten Vornamen. Die `while`-Schleife bittet den Benutzer, seinen Namen einzugeben, wobei wir getrennt nach Vor- und Nachnamen fragen (❶).

Es gibt jedoch ein Problem bei dieser `while`-Schleife: Wir haben keine Beendigungsbedingung definiert. Wo bringen Sie eine solche Bedingung unter, wenn Sie nach einer Folge von Eingaben fragen? Die Benutzer sollen das Programm so einfach wie möglich abbrechen können, weshalb jede Eingabeaufforderung auch eine Möglichkeit dazu angeben sollte. Mit der Anweisung `break` können wir die Schleife bei jeder Eingabeaufforderung ganz einfach abbrechen:

```
def get_formatted_name(first_name, last_name):
    """Return a full name, neatly formatted."""
    full_name = f"{first_name} {last_name}"
    return full_name.title()

while True:
    print("\nPlease tell me your name:")
    print("(enter 'q' at any time to quit)")

    f_name = input("First name: ")
    if f_name == 'q':
        break

    l_name = input("Last name: ")
    if l_name == 'q':
        break

    formatted_name = get_formatted_name(f_name, l_name)
    print(f"\nHello, {formatted_name}!")
```

Wir fügen eine Meldung hinzu, die den Benutzern mitteilt, wie sie das Programm beenden können, und brechen die Schleife ab, wenn an einer der Eingabeaufforderungen der Beendigungswert eingegeben wird. Jetzt fährt das Programm mit der Begrüßung der Benutzer so lange fort, bis jemand statt eines Namens den Wert `'q'` eingibt:

```
Please tell me your name:
(enter 'q' at any time to quit)
First name: eric
Last name: matthes

Hello, Eric Matthes!

Please tell me your name:
(enter 'q' at any time to quit)
First name: q
```

Probieren Sie es selbst aus!

8-6 Städtenamen: Schreiben Sie die Funktion `city_country()`, die den Namen einer Stadt und des zugehörigen Landes entgegennimmt und einen wie folgt formatierten String zurückgibt:

```
"Santiago, Chile"
```

Rufen Sie die Funktion mit mindestens drei Stadt-Land-Paaren auf und geben Sie jeweils den Rückgabewert aus.

8-7 Album: Schreiben Sie die Funktion `make_album()`, die ein Dictionary zur Beschreibung eines Plattenalbums erstellt. Sie soll den Namen des Künstlers und den Titel des Albums entgegennehmen und ein Dictionary mit diesen Informationen zurückgeben. Erstellen Sie mit dieser Funktion drei Dictionaries für drei verschiedene Alben. Geben Sie die drei Rückgabewerte aus, um sich zu vergewissern, dass die Informationen korrekt in den Dictionaries gespeichert sind.

Fügen Sie `make_album()` einen optionalen Parameter für die Anzahl der Titel auf dem Album hinzu. Wird ein solcher Wert angegeben, soll er ebenfalls in das Dictionary aufgenommen werden. Schreiben Sie mindestens einen neuen Funktionsaufruf, in dem auch die Anzahl der Titel übergeben wird.

8-8 Album aus Benutzereingaben: Verwenden Sie das Programm aus Übung 8-7 als Ausgangspunkt. Schreiben Sie eine `while`-Schleife, in der die Benutzer den Namen des Künstlers und den Titel des Albums eingeben können. Rufen Sie `make_album()` mit diesen Benutzereingaben auf und geben Sie das erstellte Dictionary aus. Achten Sie darauf, in der `while`-Schleife auch einen Beendigungswert vorzusehen.

Eine Liste übergeben

Oft müssen Sie einer Funktion eine Liste übergeben, z. B. von Namen, Zahlen oder auch komplexeren Objekten wie Dictionaries. Die Funktion erhält dann direkten Zugriff auf den Inhalt der Liste. Mithilfe von Funktionen können wir effizienter mit Listen arbeiten.

Nehmen wir an, wir möchten einen Gruß für jeden Benutzer auf einer Liste ausgeben. Im folgenden Beispiel übergeben wir dazu die Namensliste an die Funktion `greet_users()`:

greet_users.py

```
def greet_users(names):
    """Print a simple greeting to each user in the list."""
    for name in names:
        msg = f"Hello, {name.title()}!"
        print(msg)
```

```
❶ usernames = ['hannah', 'ty', 'margot']
greet_users(usernames)
```

Wir definieren die Funktion `greet_users()` so, dass sie eine Liste von Namen erwartet, die dem Parameter `names` zugewiesen wird. Die Funktion durchläuft die empfangene Liste und gibt für jeden darin enthaltenen Benutzer einen Gruß aus. Außerhalb der Funktion bei ❶ definieren wir die Benutzerliste `usernames` und übergeben sie in dem anschließenden Aufruf an die Funktion `greet_users()`:

```
Hello, Hannah!
Hello, Ty!
Hello, Margot!
```

Das ist genau die Ausgabe, die wir haben wollten. Jeder Benutzer erhält eine personalisierte Begrüßung, und Sie können die Funktion jederzeit aufrufen, um eine bestimmte Gruppe von Benutzern zu begrüßen.

Eine Liste mithilfe einer Funktion ändern

Wenn Sie eine Liste an eine Funktion übergeben, kann die Funktion die Liste dauerhaft ändern. Das ist eine effiziente Vorgehensweise für große Datenmengen.

Betrachten Sie als Beispiel ein Unternehmen für 3D-Druck, das Entwürfe von den Benutzern entgegennimmt und die entsprechenden Modelle ausdruckt. Die Entwürfe werden in einer Liste gespeichert und nach dem Druck in eine andere Liste verschoben. Im folgenden Code geschieht dies ohne Nutzung von Funktionen:

printing_models.py

```
# Erstellt eine Liste der zu druckenden Entwürfe.
unprinted_designs = ['phone case', 'robot pendant', 'dodecahedron']
completed_models = []

# Simuliert den Druck der einzelnen Entwürfe, bis keiner mehr übrig ist.
# Verschiebt jeden Entwurf nach dem Druck in completed_models.
while unprinted_designs:
    current_design = unprinted_designs.pop()
    print(f"Printing model: {current_design}")
    completed_models.append(current_design)

# Zeigt die Liste der fertigen Modelle an.
print("\nThe following models have been printed:")
for completed_model in completed_models:
    print(completed_model)
```

Am Anfang des Programms erstellen wir eine Liste der zu druckenden Entwürfe sowie die leere Liste `completed_models`, in die die Entwürfe nach dem Druck jeweils verschoben werden. Solange noch Entwürfe in `unprinted_designs` stehen, simuliert die `while`-Schleife den Druck, indem sie die Nachricht ausgibt, dass der aktuelle Entwurf gedruckt wird, und fügt den Entwurf anschließend zur Liste der fertigen Modelle hinzu. Nachdem die Schleife durchgelaufen ist, wird die Liste der gedruckten Entwürfe ausgegeben:

```
Printing model: dodecahedron
Printing model: robot pendant
Printing model: phone case

The following models have been printed:
dodecahedron
robot pendant
phone case
```

Diesen Code können wir umgestalten, indem wir zwei Funktionen schreiben, die jeweils eine bestimmte Aufgabe übernehmen. Der Großteil des Codes bleibt dabei unverändert; wir strukturieren ihn nur besser. Die erste Funktion kümmert sich um den Druck der Entwürfe, während die zweite die Liste der fertigen Modelle ausgibt:

```
❶ def print_models(unprinted_designs, completed_models):
      """
      Simulate printing each design, until none are left.
      Move each design to completed_models after printing.
      """
      while unprinted_designs:
          current_design = unprinted_designs.pop()
          print(f"Printing model: {current_design}")
          completed_models.append(current_design)

❷ def show_completed_models(completed_models):
      """Show all the models that were printed."""
      print("\nThe following models have been printed:")
      for completed_model in completed_models:
          print(completed_model)

  unprinted_designs = ['phone case', 'robot pendant', 'dodecahedron']
  completed_models = []

  print_models(unprinted_designs, completed_models)
  show_completed_models(completed_models)
```

Bei ❶ definieren wir die Funktion `print_models()` mit zwei Parametern, nämlich einer Liste der zu druckenden Entwürfe und einer Liste der fertigen Modelle. Die Funktion simuliert den Druck, indem sie die Liste der Entwürfe leert und die Liste der Modelle füllt. Bei ❷ definieren wir die Funktion `show_completed_models()`, die als einzigen Parameter die Liste der fertigen Modelle entgegennimmt und eine Liste der gedruckten Modelle ausgibt.

Dieses Programm führt zu der gleichen Ausgabe wie die Version ohne Funktionen, ist aber besser gegliedert. Der Code, der den Großteil der Arbeit übernimmt, ist in zwei Funktionen ausgelagert, was den Hauptteil des Programms leichter verständlich macht:

```
unprinted_designs = ['phone case', 'robot pendant', 'dodecahedron']
completed_models = []

print_models(unprinted_designs, completed_models)
show_completed_models(completed_models)
```

In diesem Hauptteil erstellen wir eine Liste zu druckender Entwürfe und eine leere Liste für die fertigen Modelle. Da wir unsere Funktionen bereits definiert haben, müssen wir sie jetzt nur noch aufrufen und ihnen die richtigen Argumente übergeben. Als Erstes rufen wir `print_models()` auf und übergeben ihr die beiden erforderlichen Listen, woraufhin sie wie erwartet den Druck der Entwürfe simuliert. Anschließend rufen wir `show_completed_models()` mit der Liste der fertigen Modelle auf, sodass sie anzeigt, welche Modelle hergestellt wurden. Dank der beschreibenden Funktionsnamen kann jemand, der diesen Code liest, auch ohne Kommentare nachvollziehen, was hier geschieht.

Dieses Programm lässt sich auch einfacher erweitern und pflegen als die Version ohne Funktionen. Wenn wir später weitere Entwürfe drucken müssen, können wir einfach `print_models()` erneut aufrufen. Wenn wir den Druckcode ändern wollen, müssen wir das nur an einer einzigen Stelle tun; die Änderungen werden aber überall wirksam, wo die Funktion aufgerufen wird. Diese Vorgehensweise ist viel wirtschaftlicher, als Code an mehreren Stellen im Programm anzupassen.

Dieses Beispiel veranschaulicht auch das Prinzip, dass jede Funktion eine spezifische Aufgabe erfüllen soll. Die erste Funktion druckt jeden Entwurf, die zweite zeigt die fertigen Modelle an. Das ist besser, als beide Vorgänge in einer einzigen Funktion unterzubringen. Wenn Sie eine Funktion geschrieben haben, die zu viele Aufgaben erledigt, versuchen Sie den Code auf zwei Funktionen aufzuteilen. Denken Sie daran, dass Sie in einer Funktion auch immer eine andere Funktion aufrufen können. Das ist sehr hilfreich, um eine vielschichtige Aufgabe in eine Folge von Schritten zu zerlegen.

Die Änderung einer Liste in einer Funktion verhindern

Es kann vorkommen, dass Sie eine Funktion davon abhalten möchten, eine Liste zu verändern. Nehmen wir an, Sie haben wie im vorherigen Beispiel eine Funktion, die die Einträge einer Liste zu druckender Entwürfe in eine Liste fertiger Modelle verschiebt, möchten die ursprüngliche Liste aber für die Buchhaltung aufbewahren. Wenn Sie alle Entwürfe verschieben, ist die Liste am Ende des Druckvorgangs natürlich leer, und dies ist die einzige Version, die Ihnen geblieben ist – das Original existiert nicht mehr. Dieses Problem können Sie dadurch lösen, dass Sie der Funktion nicht das Original der Liste übergeben, sondern eine Kopie. Alle Änderungen, die die Funktion vornimmt, wirken sich dann nur auf die Kopie aus, während das Original erhalten bleibt.

Um einer Funktion die Kopie einer Liste zu übergeben, gehen Sie wie folgt vor:

```
funktionsname(Listenname[:])
```

Die Slice-Schreibweise `[:]` erstellt eine Kopie der Liste und sendet sie an die Funktion. Wenn wir unsere Liste zu druckender Entwürfe in printing_models.py nicht ändern wollen, rufen wir `print_models()` daher einfach wie folgt auf:

```
print_models(unprinted_designs[:], completed_models)
```

Die Funktion `print_models()` kann ihre Aufgabe erledigen, da sie nach wie vor die Namen aller zu druckenden Entwürfe zur Verfügung gestellt bekommt, aber diesmal verwenden wir nur eine Kopie der Liste `unprinted_designs`, nicht das Original. Die Liste `completed_models` wird wie zuvor mit den Namen der gedruckten Modelle gefüllt, aber die Originalliste der zu druckenden Entwürfe wird von der Funktion nicht verändert.

Allerdings sollten Sie einer Funktion nur dann die Kopie einer Liste statt des Originals übergeben, wenn Sie auch einen triftigen Grund dafür haben. Es ist viel effizienter, die vorhandene Liste zu bearbeiten, als erst Zeit und Arbeitsspeicher für das Anfertigen einer Kopie aufzuwenden, insbesondere bei umfangreichen Listen.

Probieren Sie es selbst aus!

8-9 Nachrichten: Erstellen Sie eine Liste mit mehreren kurzen Textnachrichten. Übergeben Sie die Liste der Funktion `show_messages()`, die die einzelnen Nachrichten ausgibt.

→

8-10 Nachrichten senden: Verwenden Sie das Programm aus Übung 8-9 als Ausgangspunkt. Schreiben Sie die Funktion `send_messages()`, die die einzelnen Textnachrichten ausgibt und danach jeweils in die neue Liste `sent_messages` verschiebt. Geben Sie nach dem Aufruf dieser Funktion beide Listen aus, um sich zu vergewissern, dass die Nachrichten wie vorgesehen verschoben wurden.

8-11 Archivierte Nachrichten: Verwenden Sie das Programm aus Übung 8-10 als Ausgangspunkt. Rufen Sie die Funktion `send_messages()` mit einer Kopie der Nachrichtenliste auf. Geben Sie anschließend beide Listen aus, um sich zu vergewissern, dass die Nachrichten in der ursprünglichen Liste noch vorhanden sind.

Beliebig viele Argumente übergeben

Manchmal können Sie im Voraus nicht wissen, wie viele Argumente eine Funktion annehmen muss. Zum Glück erlaubt Python einer Funktion, eine beliebige Anzahl von Argumenten von der aufrufenden Anweisung entgegenzunehmen.

Betrachten Sie als Beispiel eine Funktion, die eine Pizza zusammenstellt. Sie muss mehrere Beläge entgegennehmen können, allerdings können Sie im Voraus nicht wissen, wie viele Beläge ein Kunde bestellt. Die Funktion im folgenden Beispiel verfügt mit `*toppings` nur über einen einzigen Parameter, der aber so viele Argumente aufnehmen kann, wie in der aufrufenden Zeile bereitgestellt werden:

pizza.py

```
def make_pizza(*toppings):
    """Print the list of toppings that have been requested."""
    print(toppings)

make_pizza('pepperoni')
make_pizza('mushrooms', 'green peppers', 'extra cheese')
```

Der Stern im Parameternamen `*toppings` weist Python an, ein Tupel namens `toppings` zu erstellen und darin alle von der Funktion empfangenen Werte unterzubringen. Die Ausgabe des `print()`-Aufrufs im Rumpf der Funktion zeigt, dass Python sowohl Funktionsaufrufe mit nur einem als auch mit drei Werten handhaben kann. Beide Aufrufe werden auf die gleiche Weise behandelt. Beachten Sie, dass Python hierbei auch ein einzelnes Argument in ein Tupel stellt:

```
('pepperoni',)
('mushrooms', 'green peppers', 'extra cheese')
```

Als Nächstes ersetzen wir den Aufruf von `print()` durch eine Schleife, die die Liste der Beläge durchläuft und die jeweils bestellte Pizza beschreibt:

```
def make_pizza(*toppings):
    """Summarize the pizza we are about to make."""
    print("\nMaking a pizza with the following toppings:")
    for topping in toppings:
        print(f"- {topping}")

make_pizza('pepperoni')
make_pizza('mushrooms', 'green peppers', 'extra cheese')
```

Unabhängig davon, ob dieser Funktion ein Wert übergeben wird oder drei, erledigt sie ihre Aufgabe wie erwartet:

```
Making a pizza with the following toppings:
- pepperoni

Making a pizza with the following toppings:
- mushrooms
- green peppers
- extra cheese
```

Diese Syntax funktioniert, egal wie viele Argumente die Funktion empfängt.

Positionsabhängige Argumente und Argumente beliebiger Anzahl kombinieren

Wenn Ihre Funktion verschiedene Typen von Argumenten annehmen soll, müssen die Argumente willkürlicher Anzahl in der Funktionsdefinition als Letztes stehen. Python ordnet als Erstes die positionsabhängigen und die Schlüsselwortargumente zu und sammelt dann alle weiteren im letzten Parameter.

Wenn unsere vorherige Funktion außerdem noch eine Größenangabe für die Pizza annehmen soll, muss dieser Parameter vor `*toppings` stehen:

```
def make_pizza(size, *toppings):
    """Summarize the pizza we are about to make."""
    print(f"\nMaking a {size}-inch pizza with the following toppings:")
    for topping in toppings:
        print(f"- {topping}")

make_pizza(16, 'pepperoni')
make_pizza(12, 'mushrooms', 'green peppers', 'extra cheese')
```

Python weist den ersten empfangenen Wert dem Parameter `size` zu und speichert alle weiteren in dem Tupel `toppings`. Im Funktionsaufruf muss daher zuerst das Argument für die Größe erscheinen, gefolgt von beliebig vielen Belägen.

Anschließend können wir die Größe und die Beläge ausgeben:

```
Making a 16-inch pizza with the following toppings:
- pepperoni

Making a 12-inch pizza with the following toppings:
- mushrooms
- green peppers
- extra cheese
```

Hinweis

Sie werden oft auf den generischen Parameter `*args` treffen, der als Sammelbecken für eine beliebige Anzahl positionsabhängiger Argumente dient.

Beliebig viele Schlüsselwortargumente übergeben

Es kann vorkommen, dass Sie eine beliebige Menge von Argumenten annehmen wollen, aber im Voraus nicht wissen, welche Informationen sie enthalten. In einem solchen Fall können Sie Funktionen schreiben, die so viele Schlüssel-Wert-Paare akzeptieren, wie in der Aufrufanweisung bereitgestellt werden. Wenn Sie beispielsweise Benutzerprofile zusammenstellen, wissen Sie zwar, dass Sie Informationen über einen Benutzer erhalten, aber nicht genau, welche Arten von Informationen das sind. Die folgende Funktion `build_profile()` nimmt stets Argumente für den Vor- und Nachnamen entgegen, darüber hinaus aber auch eine beliebige Menge von Schlüsselwortargumenten:

user_profile.py

```
def build_profile(first, last, **user_info):
    """Build a dictionary containing everything we know about a user."""
❶   user_info['first_name'] = first
    user_info['last_name'] = last
    return user_info

user_profile = build_profile('albert', 'einstein',
                             location='princeton',
                             field='physics')
print(user_profile)
```

Die Funktion `build_profile()` erwartet einen Vor- und einen Nachnamen, lässt den Benutzer danach aber so viele Schlüssel-Wert-Paare übergeben, wie er will. Der Doppelstern vor dem Parameter `**user_info` veranlasst Python, ein gleichnamiges Dictionary zu erstellen und darin alle zusätzlichen Schlüssel-Wert-Paare der Funktion aufzunehmen. Innerhalb der Funktion können Sie dann mit der gleichen Vorgehensweise wie für jedes andere Dictionary auf den Inhalt von `user_info` zugreifen.

Im Rumpf von `build_profile()` fügen wir die Vor- und Nachnamen zum Dictionary `user_info` hinzu, da wir diese beiden Informationen immer erhalten (❶) und sie sich noch nicht in dem Dictionary befinden. Anschließend geben wir `user_info` an die Zeile mit dem Funktionsaufruf zurück.

Beim Aufruf von `build_profile()` übergeben wir den Vornamen `'albert'` und den Nachnamen `'einstein'` sowie die beiden Schlüssel-Wert-Paare `location='princeton'` und `field='physics'`. Wir speichern das zurückgegebene Dictionary `profile` in `user_profile` und geben Letzteres aus:

```
{'first_name': 'albert', 'last_name': 'einstein',
'location': 'princeton', 'field': 'physics'}
```

Das zurückgegebene Dictionary enthält den Vor- und Nachnamen des Benutzers sowie in diesem Fall auch den Wohnort und das Fachgebiet. Diese Funktion erfüllt ihre Aufgabe unabhängig davon, wie viele zusätzliche Schlüssel-Wert-Paare bei ihrem Aufruf bereitgestellt werden.

Wenn Sie Ihre eigenen Funktionen schreiben, können Sie positionsabhängige Argumente, Schlüsselwortargumente und Argumente beliebiger Anzahl auf viele verschiedene Weisen kombinieren. Es ist gut, zu wissen, dass es diese verschiedenen Arten von Argumenten gibt, denn Sie werden ihnen oft begegnen, wenn Sie Code von anderen Autoren lesen. Es erfordert Übung, sie korrekt anzuwenden und zu wissen, wann Sie welchen Typ einsetzen müssen. Vorläufig können Sie sich damit begnügen, jeweils die einfachste Vorgehensweise zu wählen, die erforderlich ist, um die Aufgabe zu erlegen. Mit zunehmender Erfahrung werden Sie lernen, jeweils den effizientesten Ansatz zu verfolgen.

Hinweis

Sie werden oft auf den generischen Parameter `*kwargs` treffen, der als Sammelbecken für unspezifische Schlüsselwortargumente (»keyword arguments«) dient.

Probieren Sie es selbst aus!

8-12 Sandwiches: Schreiben Sie eine Funktion, die eine Liste von Sandwichfüllungen aufnimmt. Sie soll nur einen Parameter aufweisen, in dem alle im Funktionsaufruf angegebenen Füllungen gesammelt werden, und einen Überblick über das bestellte Sandwich ausgeben. Rufen Sie die Funktion dreimal auf, wobei Sie jeweils eine unterschiedliche Anzahl von Argumenten übergeben.

8-13 Benutzerprofil: Verwenden Sie eine Kopie des Programms *user_profile.py* als Ausgangspunkt. Erstellen Sie ein Profil von sich selbst, indem Sie `build_profile()` aufrufen und Ihren Vor- und Nachnamen sowie drei weitere Schlüssel-Wert-Paare angeben, die Sie beschreiben.

→

8-14 Autos: Schreiben Sie eine Funktion, die Informationen über ein Auto in einem Dictionary speichert. Sie soll immer den Hersteller- und den Modellnamen entgegennehmen, darüber hinaus aber noch eine beliebige Anzahl von Schlüsselwortargumenten. Rufen Sie die Funktion mit den erforderlichen Informationen sowie zwei weiteren Schlüssel-Wert-Paaren auf, z.B. der Farbe oder einer Sonderausstattung. Die Funktion sollte mit einem Aufruf wie dem folgenden umgehen können:

```
car = make_car('subaru', 'outback', color='blue', tow_package=True)
```

Geben Sie das zurückgegebene Dictionary aus, um sich zu vergewissern, dass die Informationen korrekt gespeichert wurden.

Funktionen in Modulen speichern

Ein Vorteil von Funktionen besteht darin, dass Sie damit Codeblöcke aus dem Hauptprogramm auslagern können. Wenn Sie beschreibende Namen für Ihre Funktionen verwenden, wird das Programm viel klarer verständlich. Sie können sogar noch einen Schritt weitergehen und Funktionen in einer eigenen Datei speichern, einem sogenannten *Modul*, das Sie dann in das Hauptprogramm *importieren*. Die Anweisung `import` weist Python an, Code aus einem Modul in dem zurzeit ausgeführten Programm zur Verfügung zu stellen.

Durch die Speicherung von Funktionen in eigenen Dateien können Sie die Einzelheiten des Programmcodes verbergen und den Schwerpunkt auf die allgemeine Logik des Programms legen. Außerdem können Sie Ihre Funktionen dann in anderen Programmen wiederverwenden und die Dateien mit den Funktionen an andere Programmierer weitergeben, ohne ihnen das gesamte Programm zur Verfügung zu stellen. Umgekehrt können Sie auch Funktionsbibliotheken anderer Programmierer importieren.

Es gibt verschiedene Vorgehensweisen, um ein Modul zu importieren. Im Folgenden sehen wir uns alle kurz an.

Ein komplettes Modul importieren

Um das Importieren von Funktionen üben zu können, müssen wir zunächst einmal ein Modul erstellen. Module sind Dateien mit der Endung *.py*, die den zu importierenden Code enthalten. Als Beispiel entfernen wir aus der Datei *pizza.py* mit unserem Programm zur Zusammenstellung von Pizzas alles bis auf die Funktion `make_pizza()`:

pizza.py

```
def make_pizza(size, *toppings):
    """Summarize the pizza we are about to make."""
    print(f"\nMaking a {size}-inch pizza with the following toppings:")
    for topping in toppings:
        print(f"- {topping}")
```

Anschließend legen wir eine Datei namens *making_pizzas.py* im selben Verzeichnis wie *pizza.py* an. Diese Datei importiert unser Modul und ruft `make_pizza()` zweimal auf:

making_pizzas.py

```
import pizza

❶ pizza.make_pizza(16, 'pepperoni')
pizza.make_pizza(12, 'mushrooms', 'green peppers', 'extra cheese')
```

Die Zeile `import pizza` weist Python an, die Datei *pizza.py* zu öffnen und alle darin enthaltenen Funktionen in das laufende Programm zu kopieren. Den eigentlichen Kopiervorgang können Sie nicht beobachten, da Python dies im Hintergrund durchführt. Allerdings stehen alle in *pizza.py* definierten Funktionen jetzt in *making_pizzas.py* zur Verfügung.

Um eine Funktion aus einem importierten Modul aufzurufen, müssen Sie den Namen des Moduls gefolgt von einem Punkt und dem Namen der Funktion angeben, hier also `pizza.make_pizza()` (❶). Dieser Code führt zu der gleichen Ausgabe wie das ursprüngliche Programm:

```
Making a 16-inch pizza with the following toppings:
- pepperoni

Making a 12-inch pizza with the following toppings:
- mushrooms
- green peppers
- extra cheese
```

Bei dieser ersten Importvariante, bei der Sie einfach `import` gefolgt vom Namen des Moduls schreiben, stehen anschließend alle Funktionen des Moduls in Ihrem Programm zur Verfügung. Auf die einzelnen Funktionen können Sie dann mit der folgenden Syntax zugreifen:

```
modulname.funktionsname()
```

Einzelne Funktionen importieren

Mit der folgenden Syntax können Sie auch einzelne Funktionen aus einem Modul importieren:

```
from modulname import funktionsname
```

Dabei können Sie beliebig viele Funktionen aus einem Modul importieren, indem Sie die einzelnen Namen einfach durch Kommata trennen:

```
from modulname import funktion_0, funktion_1, funktion_2
```

Wenn wir nur die tatsächlich verwendete Funktion importieren, sieht unser Beispielprogramm *making_pizzas.py* wie folgt aus:

```
from pizza import make_pizza

make_pizza(16, 'pepperoni')
make_pizza(12, 'mushrooms', 'green peppers', 'extra cheese')
```

Bei dieser Vorgehensweise brauchen Sie später beim Aufruf der Funktion die Punktschreibweise nicht zu verwenden. Da wir die Funktion `make_pizza()` in der `import`-Anweisung schon ausdrücklich importiert haben, können wir sie einfach mit ihrem Namen aufrufen.

Eine Funktion mit »as« umbenennen

Wenn der Name einer importierten Funktion in Konflikt mit einem bereits in dem Programm vorhandenen Namen steht – oder wenn er Ihnen einfach zu lang ist –, können Sie einen kurzen, eindeutigen *Alias* vergeben. Dabei handelt es sich um einen alternativen Namen für die Funktion. Das erledigen Sie beim Import.

Im folgenden Beispiel legen wir für die Funktion `make_pizza()` den Alias `mp()` fest, indem wir beim Import das Schlüsselwort `as` verwenden:

```
from pizza import make_pizza as mp

mp(16, 'pepperoni')
mp(12, 'mushrooms', 'green peppers', 'extra cheese')
```

In dieser `import`-Anweisung wird die Funktion `make_pizza()` in `mp()` umbenannt. Wenn Sie dann `make_pizza()` aufrufen wollen, schreiben Sie einfach `mp()`. Python führt dann den Code in `make_pizza()` aus, ohne dass es zu Verwechslungen mit einer eventuell vorhandenen anderen Funktion namens `make_pizza()` in demselben Programm kommt.

Die Syntax zur Angabe eines Alias lautet wie folgt:

```
from modulname import funktionsname as alias
```

Ein Modul mit »as« umbenennen

Sie können auch für einen Modulnamen einen Alias angeben. Ein kurzer Alias wie p für pizza ermöglicht einen rascheren Zugriff auf die Funktionen des Moduls. Ein Aufruf wie p.make_pizza() ist kompakter als pizza.make_pizza().

```
import pizza as p

p.make_pizza(16, 'pepperoni')
p.make_pizza(12, 'mushrooms', 'green peppers', 'extra cheese')
```

Das Modul pizza erhält hier in der import-Anweisung den Alias p, wobei seine Funktionen jedoch ihre ursprünglichen Namen behalten. Funktionsaufrufe wie p.make_pizza() sind nicht nur kompakter als pizza.make_pizza(), sondern lenken die Aufmerksamkeit außerdem vom Modulnamen auf den beschreibenden Namen der Funktion, der viel wichtiger für das Verständnis des Codes ist als der komplette Modulname.

Die Syntax für diese Vorgehensweise lautet:

```
import modulname as alias
```

Alle Funktionen eines Moduls importieren

Mit dem Sternoperator können Sie sämtliche Funktionen aus einem Modul importieren:

```
from pizza import *

make_pizza(16, 'pepperoni')
make_pizza(12, 'mushrooms', 'green peppers', 'extra cheese')
```

Der Stern in der import-Anweisung weist Python an, alle Funktionen aus dem Modul pizza in das laufende Programm zu kopieren. Da alle Funktionen importiert werden, können Sie sie einfach anhand ihres Namens aufrufen, anstatt die Punktschreibweise zu verwenden. Wenn Sie mit umfangreichen Modulen arbeiten, die Sie nicht selbst geschrieben haben, sollten Sie jedoch lieber auf diese Vorgehensweise verzichten, denn wenn das Modul eine Funktion mit einem Namen enthält, der in Ihrem Programm ebenfalls vorkommt, kann es zu unerwartetem Verhalten kommen. Wenn Python mehrere Funktionen oder Variablen mit demselben Namen sieht, importiert es die neuen nicht einfach neben den alten, sondern überschreibt diese.

Am besten ist es, nur die Funktionen zu importieren, die Sie verwenden wollen, oder das gesamte Modul zu importieren und dann die Punktschreibweise zu verwenden. Das macht Ihren Code besser verständlich. Ich habe diesen Abschnitt nur hinzugefügt, damit Sie auch import-Anweisungen dieser Art verstehen können, wenn Sie sie im Code anderer Programmierer sehen. Die allgemeine Syntax lautet:

```
from modulname import *
```

Gestaltung von Funktionen

Beim Schreiben von Funktionen sollten Sie einige Richtlinien zu ihrer Gestaltung beachten. Geben Sie Ihren Funktionen beschreibende Namen, sodass Sie selbst und andere besser erkennen können, was der Code tut. Verwenden Sie für die Namen nur Kleinbuchstaben und Unterstriche. Das Gleiche gilt auch für Modulnamen.

Jede Funktion sollte einen Kommentar enthalten, der kurz erklärt, was die Funktion macht. Dieser Kommentar sollte unmittelbar hinter der Funktionsdefinition stehen und im Docstring-Format abgefasst sein. Andere Programmierer sollten nur den Docstring lesen müssen, um die Funktion zu verwenden, und darauf vertrauen können, dass der Code auch wirklich wie beschrieben funktioniert. Wenn sie den Namen der Funktion, die erforderlichen Argumente und die Art der Rückgabewerte kennen, können sie die Funktion in ihren eigenen Programmen einsetzen.

Bei der Angabe eines Standardwertes für einen Parameter sollten rechts und links des Gleichheitszeichens keine Leerzeichen stehen:

```
def funktionsname(parameter_0, parameter_1='standardwert')
```

Das Gleiche gilt auch für Schlüsselwortargumente in Funktionsaufrufen:

```
funktionsname(wert_0, parameter_1='wert')
```

PEP 8 (*https://www.python.org/dev/peps/pep-0008/*) empfiehlt, die Länge von Codezeilen auf 79 Zeichen zu beschränken, sodass alle Zeilen in einem Editorfenster sinnvoller Größe komplett sichtbar sind. Wenn die Funktionsdefinition aufgrund der Parameter länger als 79 Zeichen wird, drücken Sie nach der öffnenden Klammer die Eingabetaste und rücken Sie dann die Liste der Argumente in den folgenden Zeilen zwei Ebenen weit ein. Der anschließende Funktionsrumpf wird nur eine Ebene weit eingerückt.

Die meisten Editoren richten zusätzliche Zeilen mit Argumenten automatisch an der ersten eingerückten Parameterzeile aus:

```
def funktionsname(
        parameter_0, parameter_1, parameter_2,
        parameter_3, parameter_4, parameter_5)
    funktionsrumpf ...
```

Enthält ein Programm oder Modul mehr als eine Funktion, können Sie sie durch zwei Leerzeilen voneinander trennen, um deutlich zu machen, wo eine Funktion endet und die nächste beginnt.

Platzieren Sie alle `import`-Anweisungen am Anfang der Datei. Nur Kommentare, die das Programm im Ganzen beschreiben, sollten davor stehen.

Probieren Sie es selbst aus!

8-15 3D-Druck: Stellen Sie die Funktionen aus dem Beispielprogramm *printing_models.py* in eine eigene Datei namens *printing_functions.py*. Nehmen Sie am Anfang von *printing_models.py* eine `import`-Anweisung auf und ändern Sie das Programm so ab, dass es die importierten Funktionen verwendet.

8-16 Import: Speichern Sie eine Funktion aus einem von Ihren geschriebenen Programmen in einer eigenen Datei. Importieren Sie diese Funktion anschließend in eine Programmdatei und rufen Sie sie auf. Verwenden Sie dabei sämtliche der folgenden Vorgehensweisen:

```
import modulname
from modulname import funktionsname
from modulname import funktionsname as alias
import modulname as alias
from modulname import *
```

8-17 Gestaltung von Funktionen: Wählen Sie drei Programme aus, die Sie in diesem Kapitel geschrieben haben, und sorgen Sie dafür, dass sie die in diesem Abschnitt beschriebenen Gestaltungsrichtlinien erfüllen.

Zusammenfassung

In diesem Kapitel haben Sie gelernt, wie Sie Funktionen schreiben, wie Sie Ihnen Argumente mit den Informationen übergeben, die sie zur Erfüllung ihrer Aufgaben benötigen, wie Sie positionsabhängige und Schlüsselwortargumente verwenden und wie Sie eine beliebige Zahl von Argumenten vorsehen können. Sie haben Funktionen kennengelernt, die eine Ausgabe anzeigen, und andere, die Werte zurückgeben. Des Weiteren haben Sie erfahren, wie Sie Funktionen im Zusammenhang mit Listen, Dictionaries, `if`-Anweisungen und `while`-Schleifen einsetzen, wie Sie sie in Modulen speichern, um Ihre Programme einfacher und leichter verständlich zu machen, und wie Sie Funktionen gestalten, damit Ihre Programme gut strukturiert und für Sie und andere leicht lesbar sind.

Als Programmierer möchten Sie einfachen Code schreiben, der genau das tut, was er tun soll, und dabei helfen Ihnen Funktionen. Damit können Sie Codeblöcke einmal schreiben und dann so oft wiederverwenden, wie Sie wollen. Um den kompletten Code aus einer Funktion auszuführen, brauchen Sie lediglich einen einzeiligen Funktionsaufruf. Wenn Sie das Verhalten einer Funktion ändern wollen, müssen Sie die Änderungen nur in einem einzigen Block vornehmen, wobei sich die Änderungen an allen Stellen auswirken, an denen Sie die Funktion aufrufen.

Die Verwendung von Funktionen macht Ihre Programme leichter lesbar. Gute Funktionsnamen beschreiben knapp, was die jeweilige Funktion im Programm tut. Anhand einer Abfolge von Funktionsnamen können Sie viel schneller erkennen, was ein Programm macht, als wenn Sie ausführliche Codeblöcke lesen müssen.

Funktionen erleichtern es auch, Code zu testen und zu debuggen. Wenn die Hauptarbeit eines Programms von einer Folge von Funktionen erledigt wird, die jeweils eine ganz spezifische Aufgabe ausführen, können Sie den Code viel leichter überprüfen und pflegen. Sie können ein Programm schreiben, das die einzelnen Funktionen aufruft, und jeweils ausprobieren, ob sie in allen Situationen, die auftreten können, funktionieren.

In Kapitel 9 lernen Sie, *Klassen* zu schreiben. Darin werden Funktionen und Daten zu einem praktischen Paket zusammengefasst, das sich sehr vielseitig und effizient einsetzen lässt.

9
Klassen

Die *objektorientierte Programmierung (OOP)* ist eine der effektivsten Vorgehensweisen zur Softwareentwicklung. Dabei schreiben Sie *Klassen*, die Dinge und Situationen in der Realität darstellen, und erstellen *Objekte* auf der Grundlage dieser Klassen. Beim Schreiben einer Klasse legen Sie das allgemeine Verhalten einer ganzen Kategorie von Objekten fest. Wenn Sie dann ein einzelnes Objekt dieser Klasse erstellen, erhält es automatisch dieses allgemeine Verhalten. Darüber hinaus können Sie jedem Objekt auch individuelle Eigenschaften verleihen. Sie werden staunen, wie gut sich Situationen aus der Realität mithilfe objektorientierter Programmierung nachstellen lassen.

Ein Objekt von einer Klasse zu erstellen, wird als *Instanziierung* bezeichnet; Sie arbeiten mit *Instanzen* einer Klasse. In diesem Kapitel schreiben Sie Klassen und legen Instanzen davon an. Sie geben an, welche Arten von Informationen in den Instanzen gespeichert werden können, und legen fest, welche Aktionen die Instanzen ausführen können. Außerdem schreiben Sie Klassen, die den Funktionsumfang vorhandener Klassen erweitern, sodass ähnliche Klassen Funktionalitäten gemeinsam nutzen können. Des Weiteren erfahren Sie, wie Sie Klassen in Modulen speichern und von anderen Programmierern geschriebene Klassen in Ihre eigenen Programme importieren.

Kenntnisse in objektorientierter Programmierung helfen Ihnen dabei, die Welt so zu sehen, wie andere Programmierer sie sehen. Sie können dadurch ein echtes Verständnis Ihres Codes entwickeln, sodass Sie nicht nur wissen, was in den einzelnen Zeilen geschieht, sondern auch das Gesamtbild erkennen. Die Verwendung der Klassenlogik schult Sie, logisch zu denken, sodass Sie Programme schreiben können, um praktisch jedes Problem zu lösen, das sich Ihnen stellt.

Wenn Sie mit anderen Programmierern an komplexen Problemen arbeiten, machen Klassen Ihnen und Ihren Kollegen auch das Leben leichter. Da Sie und die anderen Programmierer Code schreiben, der auf derselben Art von Logik fußt, können Sie Ihre Arbeit gegenseitig besser verstehen. Ihre Programme ergeben für die Personen, mit denen Sie zusammenarbeiten, mehr Sinn, sodass alle mehr erreichen können.

Eine Klasse erstellen und verwenden

Mithilfe von Klassen können Sie fast alles modellieren. Als Einstieg wollen wir die einfache Klasse `Dog` schreiben, die für einen Hund steht – nicht für einen bestimmten Hund, sondern für Hunde im Allgemeinen. Was wissen wir über Hunde, die als Haustiere gehalten werden? Nun, sie alle haben einen Namen und ein Alter, und sie können sich hinsetzen und auf den Rücken rollen. Die beiden Informationen (Name und Alter) und die beiden Verhalten (Sitzen und Rollen) gehen in unsere Klasse `Dog` ein, da sie den meisten Hunden gemeinsam sind. Diese Klasse weist Python an, wie es ein Objekt anlegen kann, das einen Hund darstellt. Nachdem wir die Klasse geschrieben haben, erstellen wir individuelle Instanzen davon, die jeweils für einen bestimmten Hund stehen.

Die Klasse Dog erstellen

Jede Instanz der Klasse `Dog` hält den Namen (`name`) und das Alter (`age`) fest und gibt dem Hund eine Möglichkeit, sich zu setzen (`sit()`) und auf den Rücken zu rollen (`roll_over()`):

dog.py

```
❶ class Dog():
❷     """A simple attempt to model a dog."""

❸     def __init__(self, name, age):
          """Initialize name and age attributes."""
❹         self.name = name
          self.age = age
```

```
❺    def sit(self):
        """Simulate a dog sitting in response to a command."""
        print(f"{self.name} is now sitting.")

    def roll_over(self):
        """Simulate rolling over in response to a command."""
        print(f"{self.name} rolled over!")
```

Es gibt hier eine Menge noch unbekannter Einzelheiten, aber machen Sie sich darüber keine Sorgen. Sie werden diese Struktur in diesem Kapitel noch häufiger zu Gesicht bekommen und sich mit ihr vertraut machen. Bei ❶ definieren wir die Klasse `Dog`. Vereinbarungsgemäß bezeichnen Namen mit großem Anfangsbuchstaben in Python Klassen. Die Klammern in der Klassendefinition sind leer, da wir diese Klasse von Grund auf neu erstellen. Der Docstring bei ❷ beschreibt, was die Klasse macht.

Die Methode __init__()

Eine Funktion, die zu einer Klasse gehört, wird als *Methode* bezeichnet. Alles, was Sie über Funktionen gelernt haben, gilt auch für Methoden. Vorläufig ist die Bezeichnung der einzige merkbare Unterschied. Bei ❸ sehen Sie die besondere Methode `__init__()`, die Python automatisch ausführt, wenn Sie eine neue Instanz auf der Grundlage der Klasse `Dog` erstellen. Gemäß den Konventionen beginnt und endet der Methodenname jeweils mit zwei Unterstrichen, was Namenskonflikte zwischen den Standardmethoden von Python und Ihren eigenen Methoden verhindern hilft. Achten Sie darauf, die Unterstriche auf beiden Seiten des Methodennamens zu setzen. Wenn sie nur auf einer Seite vorhanden sind, wird die Methode beim Verwenden der Klasse nicht automatisch aufgerufen, was zu schwer zu findenden Fehlern führen kann.

Wir definieren die Methode `__init__()` so, dass sie drei Parameter annimmt, nämlich `self`, `name` und `age`. Der Parameter `self` ist in der Methodendefinition erforderlich und muss vor allen weiteren stehen. Wenn Python später `__init__()` aufruft (um eine Instanz von `Dog` zu erstellen), übergibt der Methodenaufruf automatisch das Argument `self`. Das macht jeder Aufruf einer Methode, die mit einer Klasse verknüpft ist. `self` ist ein Verweis auf die Instanz selbst und gibt der Instanz Zugriff auf die Attribute und Methoden in der Klasse. Wenn wir eine Instanz von `Dog` erstellen, ruft Python `__init__()` aus der Klasse `Dog` auf. Dabei übergeben wir `Dog()` einen Namen und ein Alter als Argument. Da `self` automatisch übergeben wird, müssen wir das nicht selbst tun. Wann immer wir eine Instanz der Klasse `Dog` erstellen wollen, geben wir nur Werte für die beiden letzten Parameter an, also für `name` und `age`.

Die beiden bei ❹ definierten Variablen in der Methode `__init__()` weisen jeweils das Präfix `self` auf. Dadurch stehen sie für alle Methoden in der Klasse zur Verfügung und sind auch über jede Instanz der Klasse zugänglich. `self.name = name` weist den Wert des Parameters `name` der Variablen `name` zu, die dann an die neu erstellte Instanz angehängt wird. Das Gleiche geschieht bei `self.age = age`. Variablen, die wie diese über Instanzen zugänglich sind, werden als *Attribute* bezeichnet.

In der Klasse `Dog` sind noch zwei weitere Methoden definiert, nämlich `sit()` und `roll_over()` (❺). Da sie keine weiteren Informationen wie einen Namen oder ein Alter benötigen, definieren wir sie einfach nur mit dem Parameter `self`. Die Instanzen, die wir später erstellen, haben Zugriff auf diese Methoden. Vorläufig tun `sit()` und `roll_over()` noch nicht viel – sie geben einfach die Meldung aus, dass sich der Hund hinsetzt bzw. herumrollt. Das Prinzip können wir jedoch auch für praxisgerechte Situationen einsetzen. Wenn diese Klasse Teil eines Computerspiels wäre, könnten diese Methoden Code dafür enthalten, dass sich ein animierter Hund hinsetzt oder auf dem Boden rollt. Bei einer Klasse für einen Roboterhund würden in diesen Methoden Anweisungen stehen, um den Roboter tatsächlich sich setzen oder herumrollen zu lassen.

Eine Instanz einer Klasse anlegen

Eine Klasse können Sie sich als einen Satz von Anweisungen vorstellen, die angeben, wie eine Instanz zu erstellen ist. Die Klasse `Dog` teilt Python also mit, wie es eine einzelne Instanz für einen bestimmten Hund anlegt. Genau das wollen wir mit folgendem Code erreichen:

```
  class Dog():
      -- schnipp --

❶ my_dog = Dog('Willie', 6)

❷ print(f"My dog's name is {my_dog.name}.")
❸ print(f"My dog is {my_dog.age} years old.")
```

Hier verwenden wir die Klasse `Dog` aus dem vorherigen Beispiel. Bei ❶ weisen wir Python an, einen Hund mit dem Namen `'Willie'` und dem Alter `6` zu erstellen. Wenn Python diese Zeile liest, ruft es die Methode `__init__()` in `Dog` mit den Argumenten `'Willie'` und `6` auf, die eine Instanz für diesen Hund anlegt und die Attribute `name` und `age` auf die angegebenen Werte setzt. Zwar verfügt `__init__()` nicht über eine ausdrückliche `return`-Anweisung, Python gibt aber automatisch eine Instanz für den Hund zurück, die wir der Variablen `my_dog` zuweisen. Die Namenskonvention ist hier sehr hilfreich: Wir können davon ausgehen, dass ein

Name mit großem Anfangsbuchstaben wie `Dog` zu einer Klasse gehört und ein kleingeschriebener Name wie `my_dog` zu einer einzelnen Instanz einer Klasse.

Zugriff auf die Attribute

Um auf die Attribute einer Instanz zuzugreifen, verwenden wir die Punktschreibweise. Bei ❷ rufen wir wie folgt den Wert des Attributs `name` von `my_dog` ab:

```
my_dog.name
```

Die Punktschreibweise wird in Python häufig verwendet. Diese Syntax zeigt, wie Python einen Attributwert findet: Python sieht sich die Instanz `my_dog` an und findet darin das zugehörige Attribut `name`. Das ist das gleiche Attribut, auf das in der Klasse `Dog` mit `self.name` verwiesen wird. Bei ❸ verwenden wir die gleiche Vorgehensweise für das Attribut `age`.

Als Ausgabe erhalten wir das, was wir über `my_dog` wissen:

```
My dog's name is Willie.
My dog is 6 years old.
```

Methoden aufrufen

Nachdem wir eine Instanz der Klasse `Dog` erstellt haben, können wir jede in `Dog` definierte Methode mit der Punktschreibweise aufrufen. Um dafür zu sorgen, dass sich unser Hund hinsetzt und auf dem Boden rollt, gehen wir wie folgt vor:

```
class Dog():
    -- schnipp --

my_dog = Dog('Willie', 6)
my_dog.sit()
my_dog.roll_over()
```

Um eine Methode aufzurufen, geben Sie den Namen der Instanz (hier: `my_dog`) gefolgt von einem Punkt und dann dem Methodennamen an. Wenn Python `my_dog.sit()` liest, sucht es in der Klasse `Dog` nach der Methode `sit()` und führt deren Code aus. Die Zeile `my_dog.roll_over()` wird auf die gleiche Weise interpretiert.

Jetzt macht Willie alles, was wir ihm befehlen:

```
Willie is now sitting.
Willie rolled over!
```

Diese Syntax ist sehr praktisch. Wenn Attribute und Methoden beschreibende Namen wie name, age, sit() und roll_over() tragen, können wir leicht daraus schließen, was ein Codeblock tun soll, selbst wenn wir ihn nie zuvor gesehen haben.

Mehrere Instanzen erstellen

Von einer Klasse können Sie so viele Instanzen erstellen, wie Sie brauchen. Im Folgenden legen wir einen zweiten Hund mit der Bezeichnung your_dog an:

```
class Dog():
    -- schnipp --

my_dog = Dog('Willie', 6)
your_dog = Dog('Lucy', 3)

print(f"My dog's name is {my_dog.name}.")
print(f"My dog is {my_dog.age} years old.")
my_dog.sit()

print(f"\nYour dog's name is {your_dog.name}.")
print(f"Your dog is {your_dog.age} years old.")
your_dog.sit()
```

Hier erstellen wir zwei Hunde namens Willie und Lucy. Jeder dieser Hunde ist eine eigene Instanz mit seinen eigenen Attributen, kann aber die gleichen Handlungen ausführen:

```
My dog's name is Willie.
My dog is 6 years old.
Willie is now sitting.

Your dog's name is Lucy.
Your dog is 3 years old.
Lucy is now sitting.
```

Selbst wenn wir für den zweiten Hund denselben Namen und dasselbe Alter angeben, erstellt Python dafür eine eigene Instanz der Klasse Dog. Sie können so viele Instanzen einer Klasse anlegen, wie Sie benötigen. Dabei müssen Sie den einzelnen Instanzen lediglich einen eindeutigen Variablennamen geben oder dafür sorgen, dass sie an einer eindeutigen Stelle in einer Liste oder einem Dictionary stehen.

Probieren Sie es selbst aus!

9-1 Restaurant: Erstellen Sie die Klasse `Restaurant`. Die Methode `__init__()` soll die beiden Attribute `restaurant_name` und `cuisine_type` speichern. Schreiben Sie die Methode `describe_restaurant()`, die diese beiden Informationen ausgibt, und die Methode `open_restaurant()`, die die Meldung ausgibt, dass das Restaurant geöffnet hat.

Legen Sie eine Instanz dieser Klasse namens `restaurant` an. Geben Sie beide Attribute einzeln aus und rufen Sie beide Methoden auf.

9-2 Drei Restaurants: Verwenden Sie die Klasse aus Übung 9-1 als Ausgangspunkt. Erstellen Sie drei verschiedene Instanzen dieser Klasse und rufen Sie für jede davon `describe_restaurant()` auf.

9-3 Benutzer: Erstellen Sie die Klasse `User` mit den Attributen `first_name` und `last_name` sowie verschiedenen weiteren Attributen, die gewöhnlich in einem Benutzerprofil gespeichert werden. Schreiben Sie die Methode `describe_user()`, die eine Übersicht der Angaben über den Benutzer ausgibt, sowie die Methode `greet_user()`, die eine personalisierte Begrüßung anzeigt.

Legen Sie mehrere Instanzen für verschiedene Benutzer an und rufen Sie beide Methoden für jeden dieser Benutzer auf.

Mit Klassen und Instanzen arbeiten

Mit Klassen können Sie viele Situationen aus der Realität nachstellen. Nachdem Sie die Klasse einmal geschrieben haben, arbeiten Sie anschließend meistens mit den Instanzen, die Sie davon angelegt haben. Dabei besteht eine der ersten Aufgaben darin, die Attribute einer einzelnen Instanz zu ändern. Das können Sie direkt oder mithilfe von Schreibmethoden durchführen.

Die Klasse Car

Im Folgenden schreiben wir eine neue Klasse, die ein Auto darstellt. Sie enthält Informationen darüber, mit was für einer Art Auto wir arbeiten, und eine Methode, um eine Übersicht über diese Informationen zurückzugeben:

car.py

```
class Car():
    """A simple attempt to represent a car."""

❶   def __init__(self, make, model, year):
        """Initialize attributes to describe a car."""
        self.make = make
        self.model = model
        self.year = year
```

```
❷     def get_descriptive_name(self):
          """Return a neatly formatted descriptive name."""
          long_name = f"{self.year} {self.make} {self.model}"
          return long_name.title()

❸ my_new_car = Car('audi', 'a4', 2024)
  print(my_new_car.get_descriptive_name())
```

Bei ❶ definieren wir in der Klasse `Car` wie zuvor in `Dog` die Methode `__init__()`. Auch hier steht der Parameter `self` wieder an erster Stelle. Darauf folgen die drei weiteren Parameter `make`, `model` und `year`. Die Methode nimmt diese Parameter entgegen und speichert sie in den Attributen der Instanzen, die aus dieser Klasse gebildet werden. Wenn wir eine neue `Car`-Instanz erstellen, müssen wir Marke, Modell und Baujahr dafür angeben.

Die Methode `get_descriptive_name()`, die wir bei ❷ erzeugen, stellt Baujahr, Marke und Modell eines Autos in einen String, der das Auto kurz beschreibt. Dadurch müssen wir die Attribute nicht einzeln ausgeben. Um in dieser Methode mit den Attributwerten zu arbeiten, schreiben wir `self.make`, `self.model` und `self.year`. Außerhalb der Klasse bei ❸ erstellen wir schließlich eine Instanz der Klasse `Car` und weisen sie der Variablen `my_new_car` zu. Dann rufen wir `get_descriptive_name()` auf, um zu zeigen, um was für ein Auto es sich handelt:

```
2024 Audi A4
```

Um die Klasse interessanter zu machen, wollen wir noch ein Attribut hinzufügen, das sich mit der Zeit ändert – den Kilometerstand (»mileage«).

Einen Standardwert für ein Attribut festlegen

Beim Erstellen einer Instanz können wir Attribute definieren, ohne sie als Parameter zu übergeben. Dies geschieht in der Methode `__init__()`, in der ihnen ein Standardwert zugewiesen wird.

Wir fügen unserer Klasse das Attribut `odometer_reading` für den Kilometerstand hinzu, das am Anfang immer den Wert `0` haben soll. Außerdem ergänzen wir die Klasse noch um die Methode `read_odometer()`, um den Kilometerstand abzulesen.

```
class Car():

    def __init__(self, make, model, year):
        """Initialize attributes to describe a car."""
        self.make = make
        self.model = model
```

```
        self.year = year
❶       self.odometer_reading = 0

    def get_descriptive_name(self):
        -- schnipp --

❷   def read_odometer(self):
        """Print a statement showing the car's mileage."""
        print(f"This car has {self.odometer_reading} miles on it.")

my_new_car = Car('audi', 'a4', 2024)
print(my_new_car.get_descriptive_name())
my_new_car.read_odometer()
```

Wenn Python jetzt die Methode `__init__()` aufruft, um eine neue Instanz zu erstellen, speichert es die Werte für Marke, Modell und Baujahr wie im vorherigen Beispiel als Attribute. Allerdings wird auch das neue Attribut `odometer_reading` angelegt und auf den Anfangswert `0` gesetzt (❶). Außerdem haben wir bei ❷ die neue Methode `read_odometer()`, mit der wir den Kilometerstand ablesen können.

Zu Anfang hat unser Auto einen Kilometerstand von 0:

```
2024 Audi A4
This car has 0 miles on it.
```

Da Autos normalerweise nicht mit einem Kilometerstand von genau 0 verkauft werden, brauchen wir eine Möglichkeit, um den Wert dieses Attributs zu ändern.

Attributwerte bearbeiten

Es gibt drei Möglichkeiten, um den Wert eines Attributs zu ändern: direkt in der Instanz, durch eine Methode oder durch Inkrementierung mithilfe einer Methode. Sehen wir uns diese drei Vorgehensweisen genauer an.

Direkte Änderung eines Attributwertes

Die einfachste Möglichkeit, um den Wert eines Attributs zu ändern, besteht darin, über die Instanz direkt darauf zuzugreifen. Der folgende Code setzt den Kilometerstand auf diese Weise auf `23`:

```
class Car():
    -- schnipp --

my_new_car = Car('audi', 'a4', 2019)
print(my_new_car.get_descriptive_name())
```

```
❶ my_new_car.odometer_reading = 23
   my_new_car.read_odometer()
```

Bei ❶ verwenden wir die Punktschreibweise, um auf das Attribut odometer_reading des Autos zuzugreifen und dessen Wert festzulegen. Diese Zeile weist Python an, in der Instanz my_new_car nach dem Attribut odometer_reading zu suchen und dessen Wert auf 23 zu setzen:

```
2024 Audi A4
This car has 23 miles on it.
```

Manchmal kann es praktisch sein, Attribute auf diese Weise anzusprechen. In anderen Fällen dagegen kann es sinnvoll sein, eine Methode zu schreiben, die diese Wertänderung für Sie vornimmt.

Änderung eines Attributwertes durch eine Methode

Es kann praktisch sein, Methoden zur Verfügung zu haben, die bestimmte Attributwerte ändern. Anstatt direkt auf das Attribut zuzugreifen, übergeben Sie den neuen Wert an die Methode und lassen sie die Änderung intern vornehmen.

Betrachten Sie dazu als Beispiel die Methode update_odometer():

```
   class Car():
       -- schnipp --

❶      def update_odometer(self, mileage):
           """Set the odometer reading to the given value."""
           self.odometer_reading = mileage

   my_new_car = Car('audi', 'a4', 2024)
   print(my_new_car.get_descriptive_name())

❷ my_new_car.update_odometer(23)
   my_new_car.read_odometer()
```

Die einzige Änderung, die wir hier an Car vornehmen, ist die Ergänzung um die Methode update_odometer() bei ❶. Sie nimmt einen Wert für den Kilometerstand entgegen und speichert ihn in self.odometer_reading. Mit der Instanz my_new_car rufen wir bei ❷ die Methode auf und übergeben ihr 23 als Argument (das dem Parameter mileage in der Methodendefinition zugeordnet wird). Dadurch wird der Kilometerstand auf 23 gesetzt, was die Ausgabe von read_odometer() zeigt:

```
2024 Audi A4
This car has 23 miles on it.
```

Wir können die Methode `update_odometer()` noch erweitern, sodass sie bei jeder Veränderung des Kilometerstands noch zusätzliche Arbeit erledigt. Beispielsweise können wir dafür sorgen, dass niemand den Kilometerstand zurückstellt:

```
    class Car():
        -- schnipp --

        def update_odometer(self, mileage):
            """
            Set the odometer reading to the given value.
            Reject the change if it attempts to roll the odometer back.
            """
❶           if mileage >= self.odometer_reading:
                self.odometer_reading = mileage
            else:
❷               print("You can't roll back an odometer!")
```

Jetzt prüft `update_odometer()` zunächst, ob der neue Wert auch sinnvoll ist, bevor die Methode das Attribut ändert. Ist der neue Wert für `mileage` größer oder gleich dem vorhandenen Kilometerstand `self.odometer_reading`, wird der Kilometerstand auf den neuen Wert gesetzt (❶). Anderenfalls erhalten Sie die Warnmeldung, dass Sie den Kilometerstand nicht zurückstellen können (❷).

Inkrementieren eines Attributwertes durch eine Methode

Es kann vorkommen, dass Sie einen Attributwert nicht auf einen neuen Wert setzen, sondern den vorhandenen Wert um einen bestimmten Betrag erhöhen möchten. Nehmen wir an, wir kaufen einen Gebrauchtwagen und fahren dann 100 km weit damit, bevor wir es in unserem Programm registrieren. Mit der folgenden Methode können wir dieses Inkrement übergeben und dem Kilometerstand zuschlagen:

```
    class Car():
        -- schnipp --

        def update_odometer(self, mileage):
            -- schnipp --

❶       def increment_odometer(self, miles):
            """Add the given amount to the odometer reading."""
            self.odometer_reading += miles

❷   my_used_car = Car('subaru', 'outback', 2015)
    print(my_used_car.get_descriptive_name())
```

```
❸ my_used_car.update_odometer(23_500)
  my_used_car.read_odometer()

❹ my_used_car.increment_odometer(100)
  my_used_car.read_odometer()
```

Die neue Methode `increment_odometer()` bei ❶ nimmt die Anzahl der gefahrenen Kilometer entgegen und addiert diesen Wert zu `self.odometer_reading`. Bei ❷ erstellen wir den Gebrauchtwagen `my_used_car` und setzen seinen Kilometerstand auf 23.500, indem wir bei ❸ die Methode `update_odometer()` aufrufen und ihr `23_500` übergeben. Um die zusätzlichen 100 Kilometer aufzuschlagen, rufen wir bei ❹ die Methode `increment_odometer()` auf und übergeben ihr `100`:

```
2015 Subaru Outback
This car has 23500 miles on it.
This car has 23600 miles on it.
```

Diese Methode können Sie leicht noch erweitern, sodass sie negative Inkremente ablehnt, damit niemand sie dazu missbraucht, den Kilometerstand zurückzustellen.

Hinweis

Mit Methoden wie diesen können Sie regeln, wie die Benutzer Ihrer Programme Werte wie hier den Kilometerstand ändern. Allerdings kann jeder, der Zugriff auf das Programm hat, den Wert ändern, indem er direkt auf das Attribut zugreift. Um wirksame Sicherheitsvorkehrungen einzurichten, müssen Sie neben den hier gezeigten grundlegenden Überprüfungen auch noch sehr aufs Detail achten.

Probieren Sie es selbst aus!

9-4 Anzahl der Gäste: Fügen Sie dem Programm aus Übung 9-1 das Attribut `number_served` mit dem Ausgangswert 0 hinzu. Erstellen Sie eine Instanz namens `restaurant` der Klasse und geben Sie die Anzahl der Gäste aus, die bis jetzt in dem Lokal bedient wurden. Ändern Sie den Wert dann und geben Sie ihn erneut aus.

Fügen Sie die Methode `set_number_served()` hinzu, um die Anzahl der bisherigen Besucher zu ändern. Rufen Sie die Methode mit einem neuen Wert für die Besucherzahl auf und geben Sie den Wert abermals aus.

Fügen Sie die Methode `increment_number_served()` hinzu, um die Besucherzahl zu inkrementieren. Rufen Sie diese Methode mit einer beliebigen Zahl für beispielsweise die Anzahl der Gäste an einem durchschnittlichen Geschäftstag auf.

→

9-5 Anmeldeversuche: Fügen Sie der Klasse `User` aus Übung 9-3 das Attribut `login_attempts` hinzu. Schreiben Sie die Methode `increment_login_attempts()`, die den Wert dieses Attributs um 1 erhöht, und die Methode `reset_login_attempts()`, die ihn auf 0 zurücksetzt.

Legen Sie eine Instanz der Klasse `User` an und rufen Sie mehrmals `increment_login_attempts()` auf. Geben Sie den Wert von `login_attempts` aus, um sich zu vergewissern, dass er korrekt inkrementiert wurde, und rufen Sie dann `reset_login_attempts()` auf. Überprüfen Sie dann, ob auch das Zurücksetzen geklappt hat, indem Sie den Wert von `login_attempts` erneut anzeigen lassen.

Vererbung

Wenn Sie eine Klasse schreiben, müssen Sie nicht immer bei null anfangen. Um eine Spezialisierung einer bereits vorhandenen Klasse zu schreiben, können Sie die *Vererbung* nutzen. Eine Klasse, die von einer anderen *erbt*, übernimmt deren sämtliche Attribute und Klassen. Die ursprüngliche Klasse bezeichnen wir als *Elternklasse*, die neue als *Kindklasse*. Neben den geerbten Attributen und Methoden der Elternklasse kann die Kindklasse aber auch über eigene Attribute und Methoden verfügen.

Die Methode __init__() für eine Kindklasse

Wenn Sie eine neue Klasse auf der Grundlage einer bereits vorhandenen schreiben, ist es oft praktisch, die Methode `__init__()` der Elternklasse aufzurufen. Dadurch werden alle darin definierten Attribute initialisiert und in der Kindklasse verfügbar gemacht.

Nehmen wir als Beispiel an, wir wollten ein Elektroauto modellieren. Dabei handelt es sich um eine besondere Art von Auto, weshalb wir unsere neue Klasse `ElectricCar` auf der Grundlage unserer Klasse `Car` erstellen. Auf diese Weise müssen wir nur Code für besondere Attribute und Verhaltensweisen von Elektroautos schreiben.

Fangen wir mit einer einfachen Version von `ElectricCar` an, die alles tut, was auch `Car` macht:

electric_car.py

```
❶ class Car():
    """A simple attempt to represent a car."""

    def __init__(self, make, model, year):
        """Initialize attributes to describe a car."""
        self.make = make
        self.model = model
        self.year = year
        self.odometer_reading = 0
```

```
    def get_descriptive_name(self):
    """Return a neatly formatted descriptive name."""
        long_name = f"{self.year} {self.make} {self.model}"
        return long_name.title()

    def read_odometer(self):
    """Print a statement showing the car's mileage."""
        print(f"This car has {self.odometer_reading} miles on it.")

    def update_odometer(self, mileage):
    """Set the odometer reading to the given value."""
        if mileage >= self.odometer_reading:
            self.odometer_reading = mileage
        else:
            print("You can't roll back an odometer!")

    def increment_odometer(self, miles):
    """Add the given amount to the odometer reading."""
        self.odometer_reading += miles

❷ class ElectricCar(Car):
    """Represent aspects of a car, specific to electric vehicles."""

❸     def __init__(self, make, model, year):
        """Initialize attributes of the parent class."""
❹         super().__init__(make, model, year)


❺ my_leaf = ElectricCar('nissan', 'leaf', 2024)
print(my_leaf.get_descriptive_name())
```

Bei ❶ beginnen wir mit `Car`. Wenn Sie eine Kindklasse erstellen, muss die Elternklasse Teil der aktuellen Datei sein und in dieser Datei vor der Kindklasse stehen. Die eigentliche Definition der Kindklasse `ElectricCar` beginnt bei ❷, wobei wir den Namen der Elternklasse in den Klammern angeben müssen. Die Methode `__init__()` bei ❸ nimmt die Informationen entgegen, die erforderlich sind, um eine Instanz der Klasse `Car` zu erstellen.

Bei ❹ sehen Sie die besondere Funktion `super()`, mit deren Hilfe Python eine Verbindung zwischen der Eltern- und der Kindklasse herstellen kann. Diese Zeile weist Python an, die Methode `__init__()` von `Car` aufzurufen. Dadurch erhält eine Instanz von `ElectricCar` alle in dieser Methode definierten Attribute. Die Bezeichnung *super* kommt von der Bezeichnung »superclass« (Oberklasse) für eine Elternklasse. Ebenso wird auch eine Kindklasse als Teilklasse oder »subclass« bezeichnet.

Um zu prüfen, ob die Vererbung funktioniert, erstellen wir ein Elektroauto mit den gleichen Informationen, die wir auch bei einem normalen Auto bereitstellen würden. Bei ❺ legen wir eine Instanz von `ElectricCar` an und speichern sie in `my_leaf`. Diese Zeile ruft die in `ElectricCar` definierte Methode `__init__()` auf, die Python wiederum anweist, die in der Elternklasse `Car` definierte Methode `__init__()` aufzurufen. Als Argumente übergeben wir die Werte `'nissan'`, `'leaf'` und `2024`.

Außer `__init__()` gibt es zurzeit noch keine besonderen Attribute oder Methoden für Elektroautos. Wir wollen uns vorläufig nur davon überzeugen, dass ein Elektroauto das Verhalten eines Autos zeigt:

```
2024 Nissan Leaf
```

Die Instanz von `ElectricCar` funktioniert wie eine Instanz von `Car`. Daher können wir jetzt dazu übergehen, Attribute und Methoden hinzuzufügen, die nur für Elektroautos gelten.

Attribute und Methoden der Kindklasse definieren

Einer Kindklasse können Sie neben den geerbten Elementen noch eigene Attribute und Methoden hinzufügen, die sie von ihrer Elternklasse unterscheiden.

Das wollen wir uns ansehen, indem wir ein Attribut hinzufügen, das es nur bei Elektroautos gibt (die Kapazität der Batterie), sowie eine Methode, die den Wert dieses Attributs ausgibt:

```
class Car():
    -- schnipp --

class ElectricCar(Car):
    """Represent aspects of a car, specific to electric vehicles."""

    def __init__(self, make, model, year):
        """
        Initialize attributes of the parent class.
        Then initialize attributes specific to an electric car.
        """
        super().__init__(make, model, year)
❶       self.battery_size = 40

❷   def describe_battery(self):
        """Print a statement describing the battery size."""
        print(f"This car has a {self.battery_size}-kWh battery.")

my_leaf = ElectricCar('nissan', 'leaf', 2024)
print(my_leaf.get_descriptive_name())
my_leaf.describe_battery()
```

Bei ❶ fügen wir das neue Attribut `self.battery_size` hinzu und setzen seinen Anfangswert auf `40`. Dieses Attribut erhalten alle Instanzen, die von der Klasse `ElectricCar` erstellt werden, aber nicht die Instanzen von `Car`. Außerdem fügen wir bei ❷ die Methode `describe_battery()` hinzu, die Angaben über die Batterie ausgibt. Wenn wir diese Methode aufrufen, erhalten wir eine Beschreibung, die nur für Elektroautos sinnvoll ist:

```
2024 Nissan Leaf
This car has a 40-kWh battery.
```

Die Klasse `ElectricCar` können Sie unbegrenzt weiter spezialisieren. Sie können ihr so viele Attribute und Methoden hinzufügen, wie Sie brauchen, um ein Elektroauto mit dem geforderten Grad an Genauigkeit zu modellieren. Attribute und Methoden, die allgemein für Autos und nicht speziell für Elektroautos gelten, sollten dagegen zur Klasse `Car` hinzugefügt werden und nicht zu `ElectricCar`. Jeder, der die Klasse `Car` verwendet, hat die entsprechende Funktionalität dann zur Verfügung, während die Klasse `ElectricCar` darüber hinaus nur Code für Informationen und Verhaltensweisen enthält, die es nur bei Elektroautos gibt.

Methoden der Elternklasse überschreiben

Methoden der Elternklasse, die nicht zu dem passen, was Sie in der Kindklasse tun wollen, können Sie überschreiben. Dazu definieren Sie in der Kindklasse eine Methode desselben Namens. Python ignoriert dann die Methode der Elternklasse und richtet sich nur nach der in der Kindklasse definierten Methode.

Nehmen wir an, die Klasse `Car` verfügt über die Methode `fill_gas_tank()`. Da sie für ein reines Elektroauto sinnlos ist, können Sie sie wie folgt überschreiben:

```
class ElectricCar(Car):
    -- schnipp --

    def fill_gas_tank(self):
        """Electric cars don't have gas tanks."""
        print("This car doesn't need a gas tank!")
```

Wenn jetzt jemand versucht, `fill_gas_tank()` für ein Elektroauto aufzurufen, ignoriert Python die Methode `fill_gas_tank()` aus `Car` und führt stattdessen diesen Code aus. Bei der Nutzung der Vererbung können Sie dafür sorgen, dass die Kindklassen alles aus der Elternklasse übernehmen, was Sie brauchen, und alles andere überschreiben.

Instanzen als Attribute

Wenn Sie in Ihrem Code Dinge aus der realen Welt modellieren, stellen Sie irgendwann möglicherweise fest, dass Sie einer Klasse immer weitere Einzelheiten hinzufügen. Die Anzahl der Attribute und Methoden nimmt stetig zu, und die Dateien werden länger. In einer solchen Situation kann es angebracht sein, einen Teil der Klasse als eine eigene Klasse zu schreiben, also die große Klasse in kleinere zu zerlegen, die dann zusammenarbeiten. Dieser Ansatz wird als *composition* bezeichnet.

Nehmen wir an, wir fügen der Klasse `ElectricCar` weitere Einzelheiten hinzu und stellen dabei fest, dass wir sehr viele Attribute und Methoden für die Batterie anhäufen. In diesem Fall können wir diese Attribute und Methoden in eine eigene Klasse namens `Battery` auslagern und eine Instanz von `Battery` als Attribut in `ElectricCar` verwenden:

```
class Car():
    -- schnipp --

❶ class Battery():
    """A simple attempt to model a battery for an electric car."""

❷     def __init__(self, battery_size=40):
        """Initialize the battery's attributes."""
        self.battery_size = battery_size

❸     def describe_battery(self):
        """Print a statement describing the battery size."""
        print(f"This car has a {self.battery_size}-kWh battery.")

class ElectricCar(Car):
    """Represent aspects of a car, specific to electric vehicles."""

    def __init__(self, make, model, year):
        """
        Initialize attributes of the parent class.
        Then initialize attributes specific to an electric car.
        """
        super().__init__(make, model, year)
❹         self.battery = Battery()

leaf = ElectricCar('nissan', 'leaf', 2024)

print(my_leaf.get_descriptive_name())
my_leaf.battery.describe_battery()
```

Bei ❶ definieren wir die neue Klasse Battery, die nichts von irgendeiner anderen Klasse erbt. Die Methode __init__() bei ❷ weist neben self nur noch den Parameter battery_size auf. Er ist optional; wird kein Wert angegeben, so wird die Kapazität auf 40 gesetzt. Auch die Methode describe_battery() haben wir in diese Klasse verlagert (❸).

In der Klasse ElectricCar fügen wir nun das Attribut self.battery hinzu (❹). Diese Zeile weist Python an, eine neue Instanz von Battery anzulegen (mit der Standardkapazität von 40, da wir keinen Wert angeben) und diese Instanz dem Attribut self.battery zuzuweisen. Das geschieht bei jedem Aufruf von __init__(). Für jede Instanz von ElectricCar wird also automatisch eine Instanz von Battery erstellt.

Anschließend legen wir ein Elektroauto an und weisen es der Variablen my_leaf zu. Wenn wir die Batterie beschreiben möchten, müssen wir dazu das Attribut battery dieses Autos verwenden:

```
my_leaf.battery.describe_battery()
```

Diese Zeile weist Python an, das Attribut battery in der Instanz my_leaf zu suchen und die Methode describe_battery() aufzurufen, die mit der in diesem Attribut gespeicherten Battery-Instanz verknüpft ist.

Die Ausgabe ist identisch mit derjenigen, die wir bereits kennen:

```
2024 Nissan Leaf
This car has a 40-kWh battery.
```

Das mag nach überflüssiger Arbeit aussehen, aber es bietet uns die Gelegenheit, die Batterie so ausführlich zu beschreiben, wie es nötig ist, ohne die Klasse ElectricCar unübersichtlich zu machen. Fügen wir Battery also noch eine weitere Methode hinzu, die die Reichweite des Autos auf der Grundlage der Batteriekapazität angibt:

```
class Car():
    -- schnipp --

class Battery():
    -- schnipp --

1   def get_range(self):
        """Print a statement about the range this battery provides."""
        if self.battery_size == 40:
            range = 150
        elif self.battery_size == 65:
```

```
            range = 225

        print(f"This car can go about {range} miles on a full charge.")

class ElectricCar(Car):
    -- schnipp --

my_leaf = ElectricCar('nissan', 'leaf', 2024)
print(my_leaf.get_descriptive_name())
my_leaf.battery.describe_battery()
❷ my_leaf.battery.get_range()
```

Die neue Methode `get_range()` bei ❶ führt eine einfache Analyse durch. Bei einer Batteriekapazität von 40 kWh setzt sie die Reichweite auf 150 Meilen, bei 65 kWh auf 225 Meilen. Anschließend gibt sie diesen Wert aus. Um diese Methode zu verwenden, müssen wir wiederum über das Attribut `battery` des Autos auf sie zugreifen, wie es bei ❷ geschieht.

Die Ausgabe verrät uns die Reichweite des Autos auf der Grundlage seiner Batteriekapazität:

```
2024 Nissan Leaf
This car has a 40-kWh battery.
This car can go approximately 150 miles on a full charge.
```

Reale Objekte modellieren

Bei der Modellierung komplizierter Dinge wie etwa Elektroautos kommen interessante Fragen auf. Ist die Reichweite eines Elektroautos eine Eigenschaft der Batterie oder des Autos? Wenn wir nur ein einziges Autos beschreiben, ist es wahrscheinlich kein Problem, die Methode `get_range()` der Klasse `Battery` zuzuschlagen. Haben wir es dagegen mit der gesamten Produktpalette eines Autoherstellers zu tun, kann es besser sein, `get_range()` in die Klasse `ElectricCar` zu verschieben. Die Methode kann dann immer noch die Batteriekapazität prüfen, um die Reichweite zu ermitteln, gibt aber die Reichweite des jeweiligen Automodells zurück. Alternativ können wir auch die Beziehung zwischen `get_range()` und der Batterie beibehalten, der Methode aber einen Parameter für das Automodell übergeben, sodass sie die Reichweite auf der Grundlage der Batteriekapazität und des Modells ermittelt.

Damit haben Sie in Ihrer Entwicklung als Programmierer einen interessanten Punkt erreicht. Wenn Sie sich mit Fragen wie diesen beschäftigen, konzentrieren Sie sich nicht mehr allein auf die Syntax, sondern betrachten das Problem von einer höheren Warte aus. Sie denken nicht mehr über Python nach, sondern darüber, wie Sie die Realität im Code darstellen. An diesem Punkt angelangt werden

Sie oft feststellen, dass es keine »richtigen« oder »falschen« Vorgehensweisen zur Modellierung gibt; manche Ansätze sind nur viel effizienter als andere. Um die effizienteste Darstellung zu finden, ist jedoch Übung erforderlich. Wenn Ihr Code so funktioniert, wie er soll, dann machen Sie es schon richtig. Seien Sie nicht entmutigt, wenn Sie Ihre Klassen mehrfach auseinandernehmen und umschreiben. Auf dem Weg zu sauberem, effizientem Code gehen wir alle diesen Weg.

Probieren Sie es selbst aus!

9-6 Eisdiele: Eine Eisdiele ist eine besondere Art von Restaurant. Schreiben Sie die Klasse `IceCreamStand`, die von der Klasse `Restaurant` aus Übung 9-1 oder 9-4 erbt. Beide Versionen dieser Klasse sind hierfür geeignet; wählen Sie einfach diejenige aus, die Ihnen besser gefällt. Fügen Sie das Attribut `flavors` hinzu, um eine Liste der angebotenen Eissorten zu speichern, und schreiben Sie eine Methode, die diese Sorten anzeigt. Legen Sie eine Instanz von `IceCreamStand` an und rufen Sie diese Methode auf.

9-7 Admin: Ein Administrator ist eine besondere Art von Benutzer. Schreiben Sie die Klasse `Admin`, die von der Klasse `User` aus Übung 9-3 oder 9-5 erbt. Fügen Sie das Attribut `privileges` hinzu, das eine Liste von Strings wie `"can add post"`, `"can delete post"`, `"can ban user"` usw. speichern kann. Schreiben Sie die Methode `show_privileges()`, die die Berechtigungen des Administrators anzeigt. Legen Sie eine Instanz von `Admin` an und rufen Sie die Methode auf.

9-8 Berechtigungen: Schreiben Sie eine eigene Klasse `Privileges` mit dem Attribut `privileges`, das ebenso eine Liste von Strings speichern kann wie in Übung 9-7. Verschieben Sie die Methode `show_privileges()` in diese Klasse. Legen Sie eine Instanz von `Privileges` als Attribut der Klasse `Admin` an. Erstellen Sie eine neue Instanz von `Admin` und zeigen Sie die Berechtigungen mithilfe der Methode an.

9-9 Umstellung auf eine neue Batterie: Verwenden Sie als Ausgangspunkt die letzte Version von *electric_car.py* aus diesem Abschnitt. Fügen Sie der Klasse `Battery` die Methode `upgrade_battery()` hinzu, die die Batteriekapazität prüft und auf 100 setzt, wenn sie nicht bereits diesen Wert hat. Erstellen Sie ein Elektroauto mit der Standardbatteriekapazität, rufen Sie `get_range()` auf, erhöhen Sie die Batteriekapazität und rufen Sie dann `get_range()` erneut auf. Dabei sollten Sie eine Erhöhung der Reichweite sehen.

Klassen importieren

Je größer der Funktionsumfang Ihrer Klassen, umso länger werden die Dateien, selbst wenn Sie die Vererbung und Komposition nutzen. Nach den Grundprinzipien von Python wollen wir unsere Dateien aber so sauber und übersichtlich halten wie möglich. Dazu können Sie Klassen in Modulen speichern und in Ihrem Hauptprogramm einfach die Klassen importieren, die Sie brauchen.

Eine einzelne Klasse importieren

Im Folgenden wollen wir ein Modul erstellen, das nur die Klasse Car enthält. Dabei gibt es jedoch ein Benennungsproblem: In diesem Kapitel verwenden wir bereits eine Datei namens *car.py*. Da das Modul allerdings den Code zur Darstellung eines Autos enthält, sollte es unbedingt *car.py* heißen. Daher speichern wir die Klasse Car tatsächlich in einem Modul namens *car.py* und ersetzen damit die bisher verwendete Datei *car.py*. Von jetzt an brauchen wir für alle Programme, die dieses Modul nutzen, einen spezifischeren Dateinamen, z.B. *my_car.py*. Die Datei *car.py* mit dem Code der Klasse Car sieht nun wie folgt aus:

car.py

```
❶ """A class that can be used to represent a car."""

class Car():
    """A simple attempt to represent a car."""

    def __init__(self, make, model, year):
        """Initialize attributes to describe a car."""
        self.make = make
        self.model = model
        self.year = year
        self.odometer_reading = 0

    def get_descriptive_name(self):
        """Return a neatly formatted descriptive name."""
        long_name = f"{self.year} {self.make} {self.model}"
        return long_name.title()

    def read_odometer(self):
        """Print a statement showing the car's mileage."""
        print(f"This car has {self.odometer_reading} miles on it.")

    def update_odometer(self, mileage):
        """
        Set the odometer reading to the given value.
        Reject the change if it attempts to roll the odometer back.
        """
        if mileage >= self.odometer_reading:
            self.odometer_reading = mileage
        else:
            print("You can't roll back an odometer!")

    def increment_odometer(self, miles):
        """Add the given amount to the odometer reading."""
        self.odometer_reading += miles
```

Bei ❶ geben wir einen Docstring für das Modul ein, der kurz dessen Inhalt beschreibt. Schreiben Sie für jedes Modul, das Sie erstellen, einen Docstring.

Als Nächstes wollen wir die Datei *my_car.py* erstellen. Dieses Programm importiert die Klasse Car und legt eine Instanz davon an:

my_car.py

```
❶ from car import Car

my_new_car = Car('audi', 'a4', 2024)
print(my_new_car.get_descriptive_name())

my_new_car.odometer_reading = 23
my_new_car.read_odometer()
```

Die import-Anweisung bei ❶ weist Python an, das Modul car zu öffnen und die Klasse Car zu importieren. Anschließend können wir diese Klasse so verwenden, als ob sie in derselben Datei definiert wäre. Die Ausgabe sieht genauso aus wie zuvor:

```
2024 Audi A4
This car has 23 miles on it.
```

Das Importieren von Klassen ist eine effiziente Vorgehensweise bei der Programmierung. Stellen Sie sich einmal vor, wie lang diese Programmdatei wäre, wenn Sie die gesamte Klasse Car darin aufnehmen würden! Dadurch, dass Sie die Klasse in ein Modul verschieben und nur das Modul importieren, können Sie nach wie vor auf denselben Funktionsumfang zurückgreifen, halten die Hauptprogrammdatei aber sauber und gut lesbar. Nachdem Sie dafür gesorgt haben, dass die Klassen wie gewünscht funktionieren, können Sie sie einfach in separate Dateien auslagern und sich dann besser auf die allgemeine Logik Ihres Hauptprogramms konzentrieren.

Mehrere Klassen in einem Modul speichern

In einem Modul können Sie beliebig viele Klassen speichern, allerdings sollten Sie in irgendeiner Beziehung zueinander stehen. Da auch die Klassen ElectricCar und Battery zur Darstellung von Autos beitragen, können wir sie ebenfalls in das Modul *car.py* aufnehmen:

car.py

```
"""A set of classes used to represent gas and electric cars."""

class Car():
    -- schnipp --

class Battery():
```

```
    """A simple attempt to model a battery for an electric car."""

    def __init__(self, battery_size=40):
        """Initialize the battery's attributes."""
        self.battery_size = battery_size

    def describe_battery(self):
        """Print a statement describing the battery size."""
        print(f"This car has a {self.battery_size}-kWh battery.")

    def get_range(self):
        """Print a statement about the range this battery provides."""
        if self.battery_size == 40:
            range = 150
        elif self.battery_size == 65:
            range = 225

        print(f"This car can go about {range} miles on a full charge.")

class ElectricCar(Car):
    """Models aspects of a car, specific to electric vehicles."""

    def __init__(self, make, model, year):
        """
        Initialize attributes of the parent class.
        Then initialize attributes specific to an electric car.
        """
        super().__init__(make, model, year)
        self.battery = Battery()
```

Jetzt können wir eine neue Datei namens *my_electric_car.py* erstellen, darin die Klasse `ElectricCar` importieren und eine Instanz für ein Elektroauto anlegen:

my_electric_car.py

```
from car import ElectricCar

my_leaf = ElectricCar('nissan', 'leaf', 2024)

print(my_leaf.get_descriptive_name())
my_leaf.battery.describe_battery()
my_leaf.battery.get_range()
```

Es ergibt sich wieder die gleiche Ausgabe wie zuvor, obwohl wir den Großteil der Logik in ein Modul verlagert haben:

```
2024 Nissan Leaf
This car has a 40-kWh battery.
This car can go approximately 150 miles on a full charge.
```

Mehrere Klassen aus einem Modul importieren

Sie können so viele Klassen importieren, wie Sie in Ihrer Programmdatei benötigen. Wenn wir in ein und derselben Programmdatei sowohl ein normales als auch ein Elektroauto erstellen wollen, müssen wir sowohl `Car` als auch `ElectricCar` importieren:

my_cars.py

```
❶ from car import Car, ElectricCar

❷ my_mustang = Car('ford', 'mustang', 2024)
  print(my_mustang.get_descriptive_name())

❸ my_leaf = ElectricCar('nissan', 'leaf', 2024)
  print(my_leaf.get_descriptive_name())
```

Um mehrere Klassen aus einem Modul zu importieren, geben Sie sie durch Kommata getrennt an (❶). Anschließend können Sie so viele Instanzen der importierten Klassen erstellen, wie Sie brauchen.

In diesem Beispiel legen wir einen Ford Mustang mit Gasantrieb (❷) und ein Elektroauto vom Typ Nissan Leaf (❸) an:

```
2024 Ford Mustang
2024 Nissan Leaf
```

Ein gesamtes Modul importieren

Sie können auch ein gesamtes Modul importieren und dann mithilfe der Punktschreibweise auf die Klassen zugreifen, die Sie benötigen. Diese Vorgehensweise ist einfach und sorgt für gut lesbaren Code. Da in jedem Aufruf, mit dem eine Instanz einer Klasse erstellt wird, der Modulname genannt wird, kann es auch keine Konflikte mit gleichlautenden Namen in der aktuellen Datei geben.

Das folgende Beispiel zeigt, wie Sie das gesamte Modul `car` importieren und dann ein normales Auto und ein Elektroauto erstellen:

my_cars.py

```
❶ import car

❷ my_mustang = car.Car('ford', 'mustang', 2024)
  print(my_mustang.get_descriptive_name())

❸ my_leaf = car.ElectricCar('nissan', 'leaf', 2024)
  print(my_leaf.get_descriptive_name())
```

Bei ❶ importieren wir das gesamte Modul `car`. Anschließend greifen wir mithilfe der Syntax *modulname*`.`*Klassenname* auf die Klassen zu, die wir benötigen. Bei ❷ erstellen wir wiederum einen Ford Mustang, bei ❸ einen Nissan Leaf.

Alle Klassen eines Moduls importieren

Mit der folgenden Syntax können Sie alle Klassen eines Moduls importieren:

```
from modulname import *
```

Diese Vorgehensweise ist jedoch aus zwei Gründen nicht empfehlenswert. Erstens ist es hilfreich, die `import`-Anweisungen am Anfang einer Datei lesen zu können, um sich einen Eindruck davon zu verschaffen, welche Klassen aus dem Modul verwendet werden. Zweitens kann es zu Konflikten mit bereits in der Datei vorhandenen Namen kommen. Wenn Sie versehentlich eine Klasse importieren, die denselben Namen hat wie etwas in Ihrer Programmdatei, kann das Fehler verursachen, deren Ursache sich nur schwer aufspüren lässt. Ich zeige Ihnen diese Vorgehensweise hier nur, da Sie im Code anderer Leute darauf stoßen können.

Wenn Sie viele Klassen aus einem Modul brauchen, ist es besser, das gesamte Modul zu importieren und mit der Schreibweise *modulname.Klassenname* auf die einzelnen Klassen zuzugreifen. Es werden dann zwar auch nicht alle Klassen am Anfang der Datei angezeigt, aber Sie können deutlich erkennen, wo das Modul innerhalb des Programms verwendet wird. Außerdem vermeiden Sie mögliche Namenskonflikte.

Ein Modul in ein Modul importieren

Manchmal müssen Sie Ihre Klassen auf mehrere Module verteilen, etwa um zu verhindern, dass eine Datei zu groß wird, oder wenn Sie nicht zusammengehörige Klassen nicht in demselben Modul speichern wollen. Dabei kann es sein, dass eine Klasse in einem Modul auf eine Klasse in einem anderen Modul angewiesen ist. In einem solchen Fall können Sie die erforderliche Klasse in das vorliegende Modul importieren.

Nehmen wir an, Sie speichern die Klassen `ElectricCar` und `Battery` in einem anderen Modul als die Klasse `Car`. Zur Veranschaulichung erstellen wir eine neue Datei namens *electric_car.py* (die die frühere gleichnamige Datei ersetzt) und kopieren dort diese beiden Klassen hinein:

electric_car.py

```
"""A set of classes that can be used to represent electric cars."""

❶ from car import Car
```

```
class Battery():
    -- schnipp --

class ElectricCar(Car):
    -- schnipp --
```

Da die Klasse `ElectricCar` auf ihre Elternklasse `Car` zugreifen muss, importieren wir diese bei ❶ in das Modul. Ohne diese Zeile würde Python eine Fehlermeldung ausgeben, wenn wir versuchen, das Modul `electric_car` zu importieren. Außerdem müssen wir das Modul car ändern, sodass es nur noch die Klasse `Car` enthält:

car.py

```
"""A class that can be used to represent a car."""

class Car():
    -- schnipp --
```

Jetzt können wir unabhängig voneinander Klassen aus beiden Modulen importieren, um jeweils die Art von Auto zu erstellen, die wir haben wollen:

my_cars.py

```
❶ from car import Car
  from electric_car import ElectricCar

  my_mustang = Car('ford', 'mustang', 2024)
  print(my_mustang.get_descriptive_name())

  my_leaf = ElectricCar('nissan', 'leaf', 2024)
  print(my_leaf.get_descriptive_name())
```

Bei ❶ importieren wir `Car` und `ElectricCar` jeweils aus ihren Modulen. Anschließend erstellen wir ein normales und ein Elektroauto. Beides funktioniert korrekt:

```
2024 Ford Mustang
2024 Nissan Leaf
```

Aliase verwenden

Wie Sie bereits in Kapitel 8 gesehen haben, können Aliase ziemlich hilfreich sein, wenn Sie den Code Ihres Projekts mithilfe von Modulen gliedern. Auch beim Importieren von Klassen können Sie Aliase verwenden.

Betrachten Sie als Beispiel ein Programm, mit dem Sie mehrere Elektrofahrzeuge erstellen wollen. Es kann ziemlich ermüdend sein, immer wieder `ElectricCar` schreiben (und lesen) zu müssen. Stattdessen können Sie in der `import`-Anweisung einen Alias für `ElectricCar` festlegen:

```
from electric_car import ElectricCar as EC
```

Anschließend können Sie beim Erstellen eines neuen Elektroautos einfach diesen Alias verwenden:

```
my_leaf = EC('nissan', 'leaf', 2024)
```

Sie können einem Modul auch einen Alias geben. Hier sehen Sie, wie Sie das Modul `entireelectric_car` mit einem Alias importieren:

```
import electric_car as ec
```

Jetzt können Sie diesen Modul-Alias mit dem vollständigen Klassennamen verwenden:

```
my_leaf = ec.ElectricCar('nissan', 'leaf', 2024)
```

Ihren eigenen Arbeitsablauf finden

Wie Sie sehen, bietet Ihnen Python viele Möglichkeiten, um den Code von umfangreichen Projekten zu strukturieren. Es ist wichtig, all diese Mittel zu kennen, sodass Sie die jeweils bestmögliche Vorgehensweise auswählen können, um Ihr Projekt zu gliedern, und in der Lage sind, fremde Projekte zu verstehen.

Wenn Sie erst mit der Programmierung beginnen, sollten Sie die Struktur Ihres Codes einfach halten. Versuchen Sie, alles in einer Datei zu belassen, und verschieben Sie die Klassen erst dann in eigene Module, wenn alles funktioniert. Sind Sie dagegen bereits mit dem Zusammenspiel von Modulen und Dateien vertraut, können Sie die Klassen schon zu Beginn eines Projekts in Module auslagern. Wählen Sie eine Vorgehensweise, mit der Sie funktionierenden Code schreiben können, und entwickeln Sie Ihre Fertigkeiten von dort aus weiter.

Probieren Sie es selbst aus!

9-10 Importierte Klasse Restaurant: Speichern Sie die letzte Version der Klasse `Restaurant` in einem Modul. Erstellen Sie eine neue Datei, die `Restaurant` importiert, eine Instanz davon bildet und eine der Methoden dieser Klasse aufruft, um sich zu vergewissern, dass die `import`-Anweisung korrekt funktioniert hat.

9-11 Importierte Klasse Admin: Speichern Sie die Klassen `User`, `Privileges` und `Admin` aus Übung 9-8 in einem Modul. Erstellen Sie eine neue Datei, legen Sie eine Instanz von `Admin` an und rufen Sie `show_privileges()` auf, um zu zeigen, dass alles geklappt hat.

9-12 Mehrere Module: Speichern Sie die Klasse `User` in einem Modul und die Klassen `Privileges` und `Admin` in einem anderen. Legen Sie in einer weiteren Datei eine Instanz von `Admin` an und rufen Sie `show_privileges()` auf, um zu zeigen, dass nach wie vor alles funktioniert.

Die Standardbibliothek von Python

Die *Python-Standardbibliothek* ist ein Satz von Modulen, die in jeder Python-Installation vorhanden sind. Da Sie nun wissen, wie Klassen funktionieren, können Sie diese und ähnliche, von anderen Programmierern geschriebene Module verwenden. Um irgendeine der Funktionen oder Klassen aus der Standardbibliothek zu nutzen, müssen Sie am Anfang Ihrer Datei lediglich eine einfache `import`-Anweisung einschließen. Sehen wir uns zur Veranschaulichung das Modul `random` an, das zur Modellierung vieler Situationen sehr praktisch ist.

Eine sehr hilfreiche Funktion aus diesem Modul ist `randint()`. Sie nimmt zwei Integerargumente entgegen und gibt einen zufälligen Integer aus dem Bereich zwischen diesen beiden Zahlen (und einschließlich dieser Zahlen) zurück.

Um etwa eine Zufallszahl zwischen 1 und 6 zu generieren, gehen Sie wie folgt vor:

```
>>> from random import randint
>>> randint(1, 6)
3
```

Eine weitere nützliche Funktion ist `choice()`. Sie nimmt eine Liste oder ein Tupel entgegen und gibt ein zufällig ausgewähltes Element zurück:

```
>>> from random import choice
>>> players = ['charles', 'martina', 'michael', 'florence', 'eli']
>>> first_up = choice(players)
>>> first_up
'florence'
```

Für sicherheitsrelevante Anwendungen sollten Sie das Modul `random` nicht verwenden, aber für viele andere Projekte ist es gut geeignet.

Hinweis

Sie können Module auch aus externen Quellen herunterladen. Eine Reihe von Beispielen dafür werden wir uns in Teil II ansehen, in dem wir solche externen Module für die einzelnen Projekte benötigen.

Probieren Sie es selbst aus!

9-13 Würfel: Erstellen Sie die Klasse `Die` (Würfel), die das Attribut `sides` mit dem Standardwert 6 hat. Schreiben Sie die Methode `roll_die()`, die eine Zufallszahl zwischen 1 und der Anzahl der Seiten ausgibt. Legen Sie einen sechsseitigen Würfel an und würfeln Sie damit zehn Mal.

Legen Sie außerdem einen zehn- und einen zwanzigseitigen Würfel an. Würfeln Sie mit beiden je zehn Mal.

9-14 Lotterie: Legen Sie eine Liste oder ein Tupel mit einer Folge von zehn Zahlen und fünf Buchstaben an. Wählen Sie zufällig vier Zahlen oder Buchstaben aus und geben Sie die Meldung aus, dass jedes Los mit diesen vier Zahlen oder Buchstaben einen Preis gewonnen hat.

9-15 Lotterieanalyse: Mit einer Schleife können Sie ermitteln, wie schwer es sein kann, in der Lotterie aus der vorherigen Übung zu gewinnen. Legen Sie die Liste oder das Tupel `my_ticket` an und schreiben Sie eine Schleife, die so lange Nummern zieht, bis Ihr Los gewinnt. Geben Sie eine Meldung aus, die besagt, wie oft die Schleife ausgeführt werden musste, um einen Gewinn zu erzielen.

9-16 Python-Modul der Woche: Eine hervorragende Quelle, um sich mit der Python-Standardbibliothek vertraut zu machen, ist die Website *Python Module of the Week* auf *https://pymotw.com/*. Schauen Sie sich das Inhaltsverzeichnis an, suchen Sie sich ein Modul aus, das Ihnen interessant vorkommt, und lesen Sie mehr darüber. Unter anderem können Sie sich dort auch die Dokumentation zu `random` ansehen.

Gestaltung von Klassen

Klassennamen sollten in »CamelCase« (mit Binnenmajuskeln) geschrieben werden, wobei Sie die Anfangsbuchstaben der einzelnen Wörter, aus denen sich der Name zusammensetzt, jeweils großschreiben. Unterstriche zur Absetzung dieser einzelnen Bestandteile voneinander werden nicht verwendet. Die Namen von Instanzen und Modulen werden dagegen in Kleinbuchstaben mit Unterstrichen geschrieben.

Unmittelbar auf die Klassendefinition sollte jeweils ein Docstring folgen, der kurz beschreibt, was die Klasse tut. Befolgen Sie dabei die Formatierungsrichtlinien für Docstrings in Funktionen. Außerdem sollte jedes Modul über einen Docstring verfügen, der beschreibt, wozu die darin enthaltenen Klassen verwendet werden können.

Zur Gliederung des Codes können Sie Leerzeilen verwenden, aber übertreiben Sie es nicht damit. Trennen Sie die Methoden in einer Klasse mit jeweils einer Leerzeile und die Klassen in einem Modul mit jeweils zwei.

Wenn Sie sowohl ein Modul aus der Standardbibliothek als auch ein eigenes Modul importieren müssen, sollte die Importanweisung für das Standardmodul an erster Stelle stehen. Fügen Sie dann eine Leerzeile ein und danach die Importanweisung für das selbst geschriebene Modul. In Programmen mit mehreren Importanweisungen lässt sich dadurch besser erkennen, woher die verschiedenen Module stammen.

Zusammenfassung

In diesem Kapitel haben Sie gelernt, wie Sie eigene Klassen schreiben, wie Sie mit Attributen Informationen in Klassen speichern, wie Sie Methoden schreiben, um Ihren Klassen das gewünschte Verhalten hinzuzufügen, wie Sie `__init__()`-Methoden schreiben, um Instanzen mit den gewünschten Attributen aus Ihren Klassen zu erstellen, wie Sie die Attribute einer Instanz direkt oder mithilfe von Methoden ändern können, wie Sie miteinander verwandte Klassen mithilfe der Vererbung leichter erstellen können und wie Sie Instanzen einer Klasse als Attribute in einer anderen Klasse angeben, um den Klassencode einfach zu halten.

Außerdem haben Sie erfahren, wie Sie Klassen in Modulen speichern, wie Sie die erforderlichen Klassen in die Dateien importieren, in denen Sie sie benötigen, und wie Sie damit Ihre Projekte gliedern. Außerdem haben Sie die Python-Standardbibliothek kennengelernt, ein Beispiel aus dem Modul `random` gesehen und erfahren, wie Sie Klassen gemäß den Python-Vereinbarungen gestalten.

In Kapitel 10 geht es darum, wie Sie Dateien nutzen können, um Ihre Programme und die Arbeitsergebnisse Ihrer Benutzer zu speichern. Außerdem werden wir über *Ausnahmen* sprechen. Dabei handelt es sich um besondere Objekte in Python, mit deren Hilfe Sie auf eventuell auftretende Fehler reagieren können.

10
Dateien und Ausnahmen

Sie sind jetzt in der Lage, strukturierte Programme zu schreiben, die sich einfach verwenden lassen. Nun ist es an der Zeit, Ihre Programme noch aussagekräftiger und nützlicher zu gestalten. In diesem Kapitel lernen Sie, wie Sie mit Dateien arbeiten, sodass Ihre Programme große Mengen an Daten schnell analysieren können. Außerdem erfahren Sie, wie Sie mit Fehlern umgehen können, damit Ihre Programme in einer unerwarteten Situation nicht abstürzen. Dazu verwenden Sie *Ausnahmen*. Das sind besondere Objekte, die Python erstellt, um Fehler zu handhaben, die bei der Ausführung eines Programms auftreten. Des Weiteren sehen wir uns das Modul `json` an, mit dem Sie Benutzerdaten speichern können, sodass sie bei Beendigung des Programms nicht verloren gehen.

Wenn Ihre Programme mit Dateien umgehen und Benutzerdaten speichern können, lassen sie sich einfacher nutzen. Die Benutzer können wählen, welche Daten sie eingeben und wann sie das tun. Sie können das Programm ausführen, damit arbeiten, es schließen und die Arbeit später an der gleichen Stelle wieder aufnehmen. Mithilfe von Ausnahmen können Sie mit fehlenden Dateien und anderen Situationen umgehen, die das Programm sonst zum Absturz bringen würden. Dadurch werden Ihre Programme widerstandsfähiger gegen schädliche Daten, ob sie nun versehentlich oder durch gezielte Angriffe in das Programm gelangt sind. Mit dem, was Sie in diesem Kapitel lernen, können Sie Ihre Programme nützlicher und stabiler gestalten.

Aus Dateien lesen

Eine unglaubliche Menge an Dateien steht in Form von Textdateien zur Verfügung. Sie können Wetterdaten, Verkehrsdaten, sozioökonomische Daten, literarische Werke usw. enthalten. Aus Dateien zu lesen ist besonders für Anwendungen zur Datenanalyse nützlich, aber auch in jeder anderen Situation, in der Sie Informationen, die in einer Datei gespeichert sind, untersuchen oder ändern wollen. Beispielsweise können Sie Programme schreiben, die den Inhalt einer Textdatei lesen und in eine Form umschreiben, die ein Browser anzeigen kann.

Wenn Sie mit den Informationen in einer Textdatei arbeiten möchten, müssen Sie diese Datei als Erstes in den Arbeitsspeicher einlesen. Dann können Sie den kompletten Inhalt einer Datei auf einmal durchgehen oder zeilenweise.

Den Inhalt einer Datei lesen

Zunächst einmal brauchen wir eine Datei mit einigen Textzeilen. Dazu verwenden wir eine Datei, die die Zahl Pi bis zur 30. Stelle enthält, wobei wir in jeder Zeile zehn Stellen unterbringen.

pi_digits.txt

```
3.1415926535
  8979323846
  2643383279
```

Um die Beispiele nachzuvollziehen, können Sie diese Zeilen in einen Editor eingeben und die Datei als *pi_digits.txt* speichern. Sie können die Datei aber auch von der Begleitwebsite zu diesem Buch auf *https://ehmatthes.github.io/pcc_3e* herunterladen. Legen Sie die Datei in dem Verzeichnis ab, in dem Sie auch die restlichen Programme zu diesem Kapitel unterbringen.

Das folgende Programm öffnet diese Datei, liest sie und gibt ihren Inhalt auf dem Bildschirm aus:

file_reader.py

```
❶ from pathlib import Path
  path = Path('pi_digits.txt')
❷ contents = path.read_text()
  print(contents)
```

Um mit dem Inhalt einer Datei arbeiten zu können, müssen wir Python den Pfad zu dieser Datei angeben. Ein Pfad ist der genaue Ort einer Datei oder eines Ordners auf einem System. Python bietet ein Modul namens `pathlib`, das die Arbeit mit Dateien und Verzeichnissen erleichtert, unabhängig davon, mit welchem Betriebssystem Sie oder die Benutzer Ihres Programms arbeiten. Ein Modul, das spezielle Funktionen wie diese bereitstellt, wird oft als Bibliothek bezeichnet, daher der Name `pathlib`. Wir beginnen mit dem Import der Klasse `Path` aus `pathlib`. Mit einem Path-Objekt, das auf eine Datei zeigt, kann man eine Menge anstellen. Zum Beispiel kann man prüfen, ob die Datei existiert, bevor man mit ihr arbeitet, den Inhalt der Datei lesen oder neue Daten in die Datei schreiben. In diesem Beispiel erstellen wir ein Path-Objekt, das die Datei *pi_digits.txt* enthält, die wir der Variablen `path` ❶ zuweisen. Da diese Datei im gleichen Verzeichnis gespeichert ist wie die *.py*-Datei, die wir schreiben, ist der Dateiname alles, was Path für den Zugriff auf die Datei benötigt.

Hinweis

VS Code sucht in dem Ordner nach Dateien, der zuletzt geöffnet wurde. Wenn Sie VS Code verwenden, öffnen Sie zunächst den Ordner, in dem Sie die Programme dieses Kapitels speichern. Wenn Sie zum Beispiel Ihre Programmdateien in einem Ordner mit dem Namen kapitel_10 speichern, drücken Sie CTRL-O (Befehl-O unter macOS) und öffnen Sie diesen Ordner.

Sobald wir ein Path-Objekt haben, das *pi_digits.txt* darstellt, verwenden wir die Methode `read_text()`, um den gesamten Inhalt der Datei ❷ zu lesen. Der Inhalt der Datei wird als eine einzige Zeichenkette zurückgegeben, die wir der Variablen `contents` zuweisen. Wenn wir den Wert von `contents` ausgeben, sehen wir den gesamten Inhalt der Textdatei:

```
3.1415926535
  8979323846
  2643383279
```

Der einzige Unterschied zwischen dieser Ausgabe und der ursprünglichen Datei ist eine zusätzliche Leerzeile am Ende der Ausgabe. Sie kommt dadurch zustande, dass die Funktion `read_text()` einen leeren String zurückgibt, wenn sie das Ende einer Datei erreicht. Um diese überflüssige Leerzeile zu entfernen, können Sie die Methode `rstrip()` verwenden:

```
from pathlim import Path

path = Path('pi_digits.txt')
contents = path.read_text()
contents = contents.rstrip()
print(contents)
```

Wie Sie aus Kapitel 2 wissen, entfernt diese Methode jeglichen Weißraum vom rechten Ende eines Strings. Jetzt entspricht die Ausgabe genau dem Inhalt der ursprünglichen Datei.

```
3.1415926535
  8979323846
  2643383279
```

Wir können das nachfolgende Zeilenende entfernen, wenn wir den Inhalt der Datei lesen, indem wir die Methode `rstrip()` unmittelbar nach dem Aufruf von `read_text()` anwenden:

```
contents = path.read_text().rstrip()
```

Diese Zeile weist Python an, die Methode `read_text()` für die Datei, mit der wir arbeiten, aufzurufen. Dann wird die Methode `rstrip()` auf die von `read_text()` zurückgegebene Zeichenkette angewendet. Die bereinigte Zeichenkette wird dann dem Inhalt der Variablen zugewiesen. Dieser Ansatz wird als Methodenverkettung bezeichnet und ist in der Programmierung häufig anzutreffen.

Relative und absolute Dateipfade

Wenn Sie der `Path` einen einfachen Dateinamen wie *pi_digits.txt* übergeben, sucht Python in dem Verzeichnis, in dem sich auch die Datei des ausgeführten Programms (die *.py*-Datei) befindet.

Es kann jedoch auch sein, dass sich die Datei, die Sie öffnen möchten, in einem anderen Verzeichnis befindet als Ihre Programmdatei. Nehmen wir beispielsweise an, Sie legen alle Programmdateien im Ordner *python_work* ab, speichern die Textdateien aber in einem Unterordner namens *text_files*, um sie von den Programmen getrennt zu halten. Wenn Sie `Path` einfach den Namen einer Datei in *text_files* übergeben, kann Python sie nicht finden, obwohl sich *text_files* in *python_work* befindet, denn Python durchsucht nur *python_work*, aber nicht die darin enthaltenen Unterordner. Damit Python Dateien aus einem anderen Verzeichnis als dem mit der Programmdatei öffnen kann, müssen Sie den richtigen *Pfad* zu der gewünschten Datei angeben.

Es gibt zwei Wege, Pfade in Programmen anzugeben. Ein relativer Pfad lässt Python an einer Stelle relativ zum aktuellen Verzeichnis suchen. Dabei geben Sie das gesuchte Verzeichnis relativ zu dem an, in dem sich die Datei des zurzeit ausgeführten Programms befindet. Da *text_files* innerhalb von *python_work* liegt, müssen wir einen Pfad erstellen, der mit dem Verzeichnis *text_files* beginnt und mit dem Dateinamen endet. So wird dieser Pfad erstellt:

```
path = Path('text_files/dateiname.txt')
```

Sie können Python jedoch auch genau sagen, wo sich die Datei auf dem Computer befindet, ohne dabei Bezug auf den Speicherort des Programms zu nehmen. Dazu verwenden Sie einen *absoluten Pfad*. Wenn Sie *text_files* nicht in *python_work* untergebracht haben, sondern in einem ganz anderen Ordner, dann können Sie `path` nicht einfach den Pfad `'text_files/`*dateiname*`.txt'` übergeben, da Python nur in *python_work* nach dem Speicherort sucht. Hier müssen Sie den vollständigen Pfad angeben, um deutlich zu machen, wo Python suchen soll.

Absolute Pfade sind gewöhnlich länger als relative, denn Sie beginnen im Root-Verzeichnis des Systems:

```
path = Path('/home/eric/data_files/text_files/dateiname.txt'
```

Mithilfe absoluter Pfade können Sie Dateien in beliebigen Speicherorten auf Ihrem System lesen. Vorläufig ist es jedoch am einfachsten, die Dateien im selben Verzeichnis zu speichern wie die Programmdateien oder in einem darin enthaltenen Unterordner.

> **Hinweis**
>
> Windows-Systeme verwenden bei der Anzeige von Dateipfaden einen umgekehrten Schrägstrich (\) anstelle eines Schrägstrichs (/), aber Sie sollten in Ihrem Code Schrägstriche verwenden, auch unter Windows. Die `pathlib`-Bibliothek verwendet automatisch die korrekte Darstellung des Pfades, wenn sie mit Ihrem System oder dem System eines anderen Benutzers interagiert.

Lesen der Zeilen einer Datei

Beim Lesen einer Datei wollen Sie oft die einzelnen Zeilen untersuchen, etwa weil Sie nach einer bestimmten Information suchen oder den Text ändern möchten. Beispielsweise kann es sein, dass Sie in einer Datei mit meteorologischen Daten mit den Zeilen arbeiten wollen, die das Wort *sunny* enthalten, oder in einer Nachrichtendatei alle Zeilen mit dem Tag `<headline>` mit einer besonderen Formatierung versehen möchten.

Sie können die Methode `splitlines()` verwenden, um eine lange Zeichenkette in eine Reihe von Zeilen umzuwandeln, und dann eine `for`-Schleife, um die einzelnen Zeilen einer Datei nacheinander zu untersuchen:

```
  from pathlib import Path
  path = Path('pi_digits.txt')
❶ contents = path.read_text()

❷ lines = contents.splitlines()
  for line in lines:
  print(line)
```

Wir beginnen mit dem Lesen des gesamten Inhalts der Datei, so wie wir es zuvor getan haben ❶. Wenn Sie mit den einzelnen Zeilen einer Datei arbeiten wollen, brauchen Sie beim Lesen der Datei keine Leerzeichen zu entfernen. Die Methode `splitlines()` gibt eine Liste aller Zeilen in der Datei zurück, und wir weisen diese Liste der Variablen lines zu ❷. Anschließend durchlaufen wir eine Schleife über diese Zeilen und geben jede einzelne aus:

```
3.1415926535
  8979323846
  2643383279
```

Da wir keine der Zeilen geändert haben, stimmt die Ausgabe genau mit der ursprünglichen Textdatei überein.

Dateiinhalte verarbeiten

Nachdem Sie den Inhalt einer Datei in den Arbeitsspeicher eingelesen haben, können Sie mit den Daten machen, was immer Sie wollen. Sehen wir uns also kurz an, was Sie mit den Ziffern von Pi anstellen können. Als Erstes versuchen wir, alle Ziffern aus der Datei zu einem einzigen String ohne Weißraum zusammenzufassen:

pi_string.py

```
  from pathlib import Path
  path = Path('pi_digits.txt')
  contents = path.read_text()

  lines = contents.splitlines()

❶ pi_string = ''
❷ for line in lines:
      pi_string += line.rstrip()

❸ print(pi_string)
  print(len(pi_string))
```

Als Erstes lesen wir die Datei ein und speichern die einzelnen Zeilen wie im vorherigen Beispiel in einer Liste. Bei ❶ erstellen wir dann die Variable `pi_string`, die die Ziffern von Pi enthalten soll. Mithilfe der Schleife bei ❷ fügen wir jede einzelne

Zeile zu `pi_string` hinzu und entfernen jeweils die Zeilenumbruchzeichen. Schließlich geben wir den resultierenden String bei ❸ aus und zeigen an, wie lang er ist:

```
3.1415926535  8979323846  2643383279
36
```

Die Variable `pi_string` enthält immer noch die Weißraumzeichen auf der linken Seite jeder Zeile. Um auch sie loszuwerden, verwenden wir `lstrip()` für die einzelnen Zeilen:

```
-- schnipp --
for line in lines:
    pi_string += line.lstrip()

print(pi_string)
print(len(pi_string))
```

Jetzt haben wir einen String, der Pi bis zur 30. Stelle enthält. Da er auch die 3 aus der Vorkommastelle und den Dezimalpunkt enthält, ist er insgesamt 32 Zeichen lang:

```
3.141592653589793238462643383279
32
```

Hinweis

Beim Lesen aus einer Textdatei interpretiert Python den gesamten Text als String. Wenn Sie eine Zahl einlesen und sie als numerischen Wert verwenden möchten, müssen Sie sie mit der Funktion `int()` in einen Integer bzw. mit `float()` in eine Fließkommazahl umwandeln.

Große Dateien: eine Million Stellen

Die Textdatei in unserem Beispiel enthält nur drei Zeilen, aber der Code würde bei umfangreichen Dateien genauso funktionieren. Auch wenn wir eine andere Textdatei verwenden, die nicht die ersten 30, sondern die erste Million Stellen der Zahl Pi enthält, können wir sie immer noch zu einem einzigen String zusammenfassen, ohne unser Programm zu ändern (abgesehen davon, dass wir die neue Datei übergeben müssen). Damit wir nicht zuschauen müssen, wie eine Million Stellen im Terminal angezeigt werden, wollen wir diesmal jedoch nur die ersten 50 Nachkommastellen ausgeben:

pi_st

```
from pathlib import Path
path = Path('pi_million_digits.txt')
contents = path.read_text()

lines = contents.splitlines()
pi_string = ''
for line in lines:
    pi_string += line.strip()

print(f"{pi_string[:52]}...")
print(len(pi_string))
```

Die Ausgabe beweist, dass wir jetzt tatsächlich einen String haben, der die Zahl Pi mit der ersten Million Nachkommastellen enthält:

```
3.14159265358979323846264338327950288419716939937510...
1000002
```

Python selbst setzt Ihnen keine Grenze für die Menge der Daten, mit denen Sie arbeiten können. Sie können so viele verwenden, wie der Arbeitsspeicher Ihres Systems verkraftet.

Hinweis

Um dieses Programm (und viele der folgenden Beispiele) ausführen zu können, müssen Sie die auf *www.dpunkt.de/python3crashcourse* verfügbaren Ressourcen herunterladen.

Ist Ihr Geburtsdatum in Pi enthalten?

Ich habe mich immer gefragt, ob mein Geburtsdatum irgendwo in der langen Zahlenkolonne von Pi vorkommt. Wir können unser vorheriges Programm erweitern, um herauszufinden, ob ein beliebiges Geburtsdatum in der ersten Million Nachkommastellen von Pi enthalten ist. Dazu drücken wir das Datum als Ziffernstring aus und untersuchen, ob dieser Teilstring irgendwo in `pi_string` vorhanden ist:

pi_birthday.py

```
-- schnipp --
for line in lines:
    pi_string += line.rstrip()

❶ birthday = input("Enter your birthday, in the form mmddyy: ")
❷ if birthday in pi_string:
    print("Your birthday appears in the first million digits of pi!")
else:
    print("Your birthday does not appear in the first million digits of pi.")
```

Bei ❶ fordern wir den Benutzer zur Eingabe seines Geburtsdatums auf, und bei ❷ prüfen wir, ob dieser String in `pi_string` enthalten ist. Probieren wir es aus:

```
Enter your birthday, in the form mmddyy: 120372
Your birthday appears in the first million digits of pi!
```

Mein Geburtsdatum erscheint tatsächlich in Pi! Nachdem Sie den Inhalt einer Datei gelesen haben, können Sie ihn auf jede vorstellbare Weise analysieren.

Probieren Sie es selbst aus!

10-1 Aussagen über Python: Öffnen Sie in Ihrem Texteditor eine leere Datei und schreiben Sie einige Zeilen mit Aussagen darüber, was Sie bereits über Python gelernt haben. Beginnen Sie jede Zeile mit der Wendung *In Python you can …* Speichern Sie die Datei als *learning_python.txt* in dem Verzeichnis, in dem Sie auch die Übungen zu diesem Kapitel ablegen. Schreiben Sie ein Programm, das die Datei liest und ihren Inhalt dreimal ausgibt, nämlich indem Sie die gesamte Datei einlesen, indem Sie das Dateiobjekt in einer Schleife durchlaufen und indem Sie die Zeilen in einer Liste speichern und dann außerhalb des `with`-Blocks damit arbeiten.

10-2 Aussagen über C: Mit der Methode `replace()` können Sie ein beliebiges Wort in einem String durch ein anderes Wort ersetzen, etwa `'dogs'` durch `'cats'`:

```
>>> message = "I really like dogs."
>>> message.replace('dog', 'cat')
'I really like cats.'
```

Lesen Sie die einzelnen Zeilen der Datei *learning_python.txt* ein und ersetzen Sie dabei jeweils das Wort *Python* durch den Namen einer anderen Sprache, z. B. C. Geben Sie die veränderten Zeilen auf dem Bildschirm aus.

10-3 Einfacherer Code: Das Programm `file_reader.py` in diesem Abschnitt verwendet eine temporäre Variable, `lines`, um zu zeigen, wie `splitlines()` funktioniert. Sie können die temporäre Variable überspringen und direkt eine Schleife über die Liste legen, die `splitlines()` zurückgibt:

```
for line in contents.splitlines()
```

Entfernen Sie die temporäre Variable aus jedem der Programme in diesem Abschnitt, um sie übersichtlicher zu gestalten.

In Dateien schreiben

Eine der einfachsten Möglichkeiten, um Daten zu speichern, besteht darin, sie in eine Datei zu schreiben. Wenn Sie das mit der Ausgabe eines Programms machen, steht sie Ihnen auch dann noch zur Verfügung, wenn Sie das Terminal mit der Ausgabe schließen. Sie können die Ausgabe auch nach Beendigung des Programms untersuchen und die Datei an andere Personen weitergeben. Es ist auch möglich, den Text später mit einem Programm wieder in den Arbeitsspeicher einzulesen und damit zu arbeiten.

Eine einzelne Zeile schreiben

Sobald Sie einen Pfad angegeben haben, können Sie mit der Methode `write_text()` in eine Datei schreiben. Um zu sehen, wie das funktioniert, schreiben wir eine einfache Nachricht und speichern sie in einer Datei, anstatt sie auf dem Bildschirm auszugeben.

write_message.py

```
from pathlib import Path
path = Path('programming.txt')
path.write_text("I love programming.")
```

Die Methode `write_text()` nimmt ein einziges Argument entgegen: die Zeichenkette, die Sie in die Datei schreiben wollen. Dieses Programm hat keine Terminalausgabe, aber wenn Sie die Datei programming.txt öffnen, sehen Sie eine Zeile:

programming.txt

```
I love programming.
```

Diese Datei verhält sich wie jede andere Datei auf Ihrem Computer, d.h., Sie können sie öffnen, neuen Text hineinschreiben, Text daraus kopieren oder darin einfügen usw.

Hinweis

Python kann nur Strings in eine Textdatei schreiben. Wenn Sie numerische Daten in einer solchen Datei speichern wollen, müssen Sie sie zuvor mit der Funktion `str()` ins Stringformat umwandeln.

Mehrere Zeilen schreiben

Die Methode `write_text()` erledigt einige Dinge hinter den Kulissen. Wenn die Datei, auf die der Pfad verweist, nicht existiert, erstellt sie diese Datei. Nachdem die Zeichenkette in die Datei geschrieben wurde, stellt sie sicher, dass die Datei ordnungsgemäß geschlossen wird. Dateien, die nicht ordnungsgemäß geschlossen werden, können zu fehlenden oder beschädigten Daten führen. Um mehr als eine Zeile in eine Datei zu schreiben, müssen Sie einen String erstellen, der den gesamten Inhalt der Datei enthält, und dann `write_text()` mit diesem String aufrufen. Lassen Sie uns mehrere Zeilen in die Datei *programming.txt* schreiben.

```
from pathlib import Path

contents = "I love programming.\n"
contents += "I love creating new games.\n"
contents += "I also love working with data.\n"

path = Path('programming.txt')
path.write_text(contents)
```

Wir definieren eine Variable namens `contents`, die den gesamten Inhalt der Datei enthält. In der nächsten Zeile verwenden wir den Operator +=, um diese Zeichenfolge zu ergänzen. Sie können dies so oft wie nötig tun, um Zeichenketten beliebiger Länge zu erstellen. In diesem Fall fügen wir am Ende jeder Zeile Zeilenumbrüche ein, um sicherzustellen, dass jede Anweisung in einer eigenen Zeile steht. Wenn Sie das Programm ausführen und dann programming.txt öffnen, sehen Sie jede dieser Zeilen in der Textdatei:

```
I love programming.
I love creating new games.
I also love working with data.
```

Ebenso wie bei der Ausgabe im Terminal können Sie auch Leerzeichen, Tabulatorzeichen und Leerzeilen verwenden, um den Text zu formatieren. Es gibt keine Begrenzung für die Länge der Strings, und auf diese Weise werden viele computergenerierte Dokumente erzeugt.

Hinweis

Seien Sie vorsichtig, wenn Sie `write_text()` für ein Pfadobjekt aufrufen. Wenn die Datei bereits existiert, löscht `write_text()` den bisherigen Inhalt der Datei und schreibt einen neuen. Später in diesem Kapitel werden Sie lernen, wie Sie mit `pathlib` prüfen können, ob eine Datei vorhanden ist.

Probieren Sie es selbst aus!

10-4 Gastbenutzer: Schreiben Sie ein Programm, das den Benutzer zur Angabe seines Namens auffordert und diesen Namen in die Datei *guest.txt* schreibt.

10-5 Gästebuch: Schreiben Sie eine `while`-Schleife, die Benutzer nach ihren Namen fragt. Geben Sie bei der Eingabe eines Namens einen Gruß aus und fügen Sie eine Zeile, die den Besuch dieses Benutzers vermerkt, zur Datei *guest_book.txt* hinzu. Sorgen Sie dafür, dass jeder Eintrag in dieser Datei in einer eigenen Zeile steht.

Ausnahmen

Für den Umgang mit Fehlern, die während der Ausführung eines Programms auftreten, verwendet Python besondere Objekte, die als *Ausnahmen* (*Exceptions*) bezeichnet werden. Wenn Python bei einem Fehler nicht weiß, was es als Nächstes tun soll, erstellt es ein solches Ausnahmeobjekt. Damit das Programm weiterlaufen kann, müssen Sie Code schreiben, der diese Ausnahme handhabt. Wenn Sie die Ausnahme nicht behandeln, hält das Programm an und zeigt eine *Rückverfolgung* (*Traceback*) an, die auch angibt, welche Ausnahme ausgelöst wurde.

Die Ausnahmebehandlung erfolgt in `try`-`except`-Blöcken. In solchen Blöcken weisen Sie Python an, etwas zu versuchen, sagen aber auch, was es tun soll, wenn eine Ausnahme auftritt. Bei der Verwendung von `try`-`except`-Blöcken kann das Programm auch dann weiterlaufen, wenn irgendetwas schiefgegangen ist. Anstelle von Tracebacks, die für Benutzer kaum verständlich sind, werden hilfreiche Fehlermeldungen angezeigt, die Sie selbst schreiben.

Division durch null

Zur Veranschaulichung sehen wir uns einen einfachen Fehler an, der dazu führt, dass Python eine Ausnahme auslöst. Wie Sie wissen, ist es nicht möglich, eine Zahl durch null zu dividieren, aber wir wollen Python trotzdem anweisen, dies zu tun:

division_calculator.py

```
print(5/0)
```

Natürlich kann Python diese Operation nicht ausführen, weshalb ein Traceback angezeigt wird:

```
  Traceback (most recent call last):
    File "division.py", line 1, in <module>
      print(5/0)
            ~^~
❶ ZeroDivisionError: division by zero
```

Der bei ❶ im Traceback gemeldete Fehler ZeroDivisionError ist ein Ausnahmeobjekt. Python erstellt Objekte dieser Art als Reaktion auf eine Situation, in der es nicht möglich ist, das zu tun, was wir angeordnet haben. Wenn das geschieht, hält Python das Programm an und teilt uns mit, welche Art von Ausnahme ausgelöst wurde. Diese Information hilft uns, das Programm zu korrigieren. Wir können Python mitteilen, was es tun soll, wenn diese Art von Ausnahme erneut auftritt, sodass wir in Zukunft auf diesen Fehler vorbereitet sind.

try-except-Blöcke

Wenn Sie den Verdacht haben, dass ein Fehler auftreten könnte, schreiben Sie einen try-except-Block, um die zu erwartende Ausnahme abzufangen. Dabei weisen Sie Python an, die Ausführung des Codes zu versuchen, sagen aber auch, was zu tun ist, wenn das zu einer bestimmten Ausnahme führt.

Ein try-except-Block für die Behandlung der Ausnahme ZeroDivisionError kann wie folgt aussehen:

```
try:
    print(5/0)
except ZeroDivisionError:
    print("You can't divide by zero!")
```

Hier stellen wir print(5/0), also die Zeile, die den Fehler verursacht, in einen try-Block. Wenn Code in einem try-Block funktioniert, überspringt Python den except-Block. Führt der Code dagegen zu einem Fehler, sucht Python nach einem except-Block für die ausgelöste Ausnahme und führt den darin enthaltenen Code aus.

In unserem Beispiel führt der Code im try-Block zur Ausnahme ZeroDivisonError, weshalb Python nach einem except-Block sucht, der angibt, wie darauf zu reagieren ist. Wenn Python den Code in diesem Block ausführt, sehen die Benutzer statt des Tracebacks eine erklärende Fehlermeldung:

```
You can't divide by zero!
```

Wenn auf den try-except-Block weiterer Code folgt, fährt das Programm mit der Ausführung fort, da wir Python gesagt haben, wie mit dem Fehler umzugehen ist. Sehen wir uns als Nächstes ein Beispiel an, in dem wir durch Abfangen der Ausnahme dafür sorgen, dass das Programm weiterläuft.

Abstürze mithilfe von Ausnahmen verhindern

Die ordnungsgemäße Handhabung von Fehlern ist vor allem dann wichtig, wenn das Programm nach dem Auftreten des Fehlers noch weitere Aufgaben zu erledigen hat. Das ist häufig bei Programmen der Fall, die Eingaben von Benutzern entgegennehmen. Wenn das Programm weiß, wie es auf ungültige Benutzereingaben reagieren soll, kann es um eine korrekte Eingabe bitten, anstatt einfach abzustürzen.

Betrachten wir als Beispiel ein einfaches Programm, das eine Division durchführt:

division_calculator.py

```
print("Give me two numbers, and I'll divide them.")
print("Enter 'q' to quit.")

while True:
❶    first_number = input("\nFirst number: ")
    if first_number == 'q':
        break
❷    second_number = input("Second number: ")
    if second_number == 'q':
        break
❸    answer = int(first_number) / int(second_number)
    print(answer)
```

Dieses Programm fordert den Benutzer bei ❶ auf, eine erste Zahl einzugeben. Sofern er nicht den Beendigungswert `'q'` eingibt, wird er anschließend bei ❷ um die Eingabe einer zweiten Zahl gebeten. Die erste Zahl wird dann durch die zweite geteilt, um die Antwort zu erhalten (❸). Da dieses Programm keine Vorkehrungen dafür trifft, Fehler abzufangen, stürzt es ab, wenn wir es veranlassen, eine Division durch null durchzuführen:

```
Give me two numbers, and I'll divide them.
Enter 'q' to quit.

First number: 5
Second number: 0
Traceback (most recent call last):
  File "division.py", line 9, in <module>
    answer = int(first_number) / int(second_number)
             ~~~~~~~~~~~~~~~~~~^~~~~~~~~~~~~~~~~~~
ZeroDivisionError: division by zero
```

Es ist schon schlimm genug, dass das Programm abstürzt, aber den Benutzern ein Traceback zu zeigen, ist noch schlimmer. Normale Benutzer können damit nichts anfangen, während Angreifer daraus mehr lernen können, als Ihnen lieb ist. Beispielsweise können sie darin den Namen der Programmdatei lesen und den Teil des Codes sehen, der nicht korrekt funktioniert. Erfahrene Angreifer können solche Informationen nutzen, um genau zu bestimmen, wie sie Ihre Programme knacken können.

Der else-Block

Um dieses Programm widerstandsfähiger gegen Fehleingaben zu machen, packen wir die Zeile, die einen Fehler hervorrufen kann – also die Zeile, die die Division ausführt –, in einen `try`-`except`-Block. Dieses Beispiel enthält auch einen `else`-Block. Darin wird jeglicher Code aufgenommen, der sich darauf verlassen können muss, dass der Code im `try`-Block fehlerlos ausgeführt wird.

```
-- schnipp --
while True:
    -- schnipp --
    if second_number == 'q':
        break
❶   try:
        answer = int(first_number) / int(second_number)
❷   except ZeroDivisionError:
        print("You can't divide by 0!")
❸   else:
        print(answer)
```

Wir bitten Python, die Division in einem `try`-Block zu versuchen (❶), in dem nur der Code steht, der einen Fehler verursachen könnte. Jeglicher Code, der auf eine erfolgreiche Ausführung des `try`-Blocks angewiesen ist, steht dagegen im `else`-Block. Hier geben wir mit dem Code im `else`-Block das Ergebnis aus (❸), wenn die Division fehlerlos durchgeführt werden konnte.

Der `except`-Block dagegen sagt Python, was bei der Ausnahme `ZeroDivisionError` zu tun ist (❷). Schlägt die Ausführung des `try`-Blocks aufgrund einer Division durch null fehl, geben wir dem Benutzer eine verständliche Meldung aus, wie er diesen Fehler vermeiden kann. Das Programm kann weiterlaufen, und es wird kein Traceback angezeigt.

```
Give me two numbers, and I'll divide them.
Enter 'q' to quit.

First number: 5
Second number: 0
You can't divide by 0!

First number: 5
Second number: 2
2.5

First number: q
```

Hier darf nur der Code stehen, der eine Ausnahme auslösen könnte. Code, der nur ausgeführt werden soll, wenn der try-Block erfolgreich durchgelaufen ist, gehört in den else-Block. Der except-Block sagt Python, was zu tun ist, wenn die Ausführung des Codes im try-Block eine bestimmte Ausnahme auslöst.

Wenn Sie mögliche Fehlerquellen voraussehen, können Sie stabile Programme schreiben, die auch dann weiterlaufen, wenn sie auf ungültige Daten stoßen oder angeforderte Ressourcen nicht finden können. Der Code wird dadurch widerstandsfähig sowohl gegenüber Benutzerfehlern als auch gegenüber bewussten Angriffen.

Datei nicht gefunden

Ein Problem, das bei der Arbeit mit Dateien häufig auftritt, sind fehlende Dateien. Es kann sein, dass die Datei, nach der Sie suchen, an einem anderen Speicherort abgelegt ist, dass der Dateiname falsch geschrieben wurde oder die Datei überhaupt nicht existiert. All diese Situationen lassen sich mit einem try-except-Block auf einfache Weise handhaben.

Versuchen wir, eine Datei zu lesen, die es gar nicht gibt. Das folgende Programm versucht, auf den Inhalt von *Alice in Wonderland* zuzugreifen, allerdings habe ich die Datei *alice.txt* in einem anderen Verzeichnis gespeichert als *alice.py*:

alice.py

```
from pathlib import Path
path = Path('alice.txt')
contents = path.read_text(encoding='utf-8')
```

Gegenüber dem bisher verwendeten read_text() zum Lesen in einer Datei gibt es hier kleine Änderungen. Wir geben hier das Argument encoding an, das erforderlich ist, wenn das System eine andere Standardcodierung hat als die zu lesende Datei. Das passiert am ehesten, wenn Sie aus einer Datei lesen, die nicht auf Ihrem System angelegt wurde.

Da Python nicht in einer Datei lesen kann, die es nicht findet, löst es eine Ausnahme aus:

```
Traceback (most recent call last):
❶ File "alice.py", line 4, in <module>
❷ contents = path.read_text(encoding='utf-8')
             ^^^^^^^^^^^^^^^^^^^^^^^^^^^^^^^^^

File "/.../pathlib.py", line 1056, in read_text
with self.open(mode='r', encoding=encoding, errors=errors) as f:
^^^^^^^^^^^^^^^^^^^^^^^^^^^^^^^^^^^^^^^^^^^^^^^^^^^^^^^^^^^^^^^

File "/.../pathlib.py", line 1042, in open
return io.open(self, mode, buffering, encoding, errors, newline)
^^^^^^^^^^^^^^^^^^^^^^^^^^^^^^^^^^^^^^^^^^^^^^^^^^^^^^^^^^^^^^^^^

❸ FileNotFoundError: [Errno 2] No such file or directory: 'alice.txt'
```

Dies ist ein längerer Traceback als die bisherigen, also schauen wir uns an, wie man komplexere Tracebacks sinnvoll nutzen kann. Oft ist es am besten, ganz am Ende des Tracebacks zu beginnen. In der letzten Zeile können wir sehen, dass eine `FileNotFoundError`-Ausnahme ausgelöst wurde ❸. Das ist wichtig, weil es uns zeigt, welche Art von Ausnahme in dem `except`-Block, den wir schreiben werden, zu verwenden ist. Wenn wir an den Anfang des Tracebacks ❶ zurückgehen, können wir sehen, dass der Fehler in Zeile 4 in der Datei *alice.py* aufgetreten ist. Die nächste Zeile zeigt den Code, der den Fehler ❷ verursacht hat. Der Rest des Tracebacks zeigt einige Codes aus den Bibliotheken, die am Öffnen und Lesen von Dateien beteiligt sind. Normalerweise müssen Sie nicht alle diese Zeilen in einem Traceback lesen oder verstehen. Um den Fehler zu behandeln, der ausgelöst wird, beginnt der `try`-Block mit der Zeile, die im Traceback als problematisch identifiziert wurde. In unserem Beispiel ist dies die Zeile, die `read_text()` enthält:

```
from pathlib import Path

path = Path('alice.txt')
try:
contents = path.read_text(encoding='utf-8')
❶ except FileNotFoundError:
print(f"Sorry, the file {path} does not exist.")
```

Da der Code im `try`-Block die Ausnahme `FileNotFoundError` hervorruft, schreiben wir einen `except`-Block für diese Ausnahme ❶. Python führt den darin enthaltenen Code aus, wenn die Datei nicht gefunden werden kann. Dadurch wird statt des Tracebacks eine benutzerfreundliche Fehlermeldung angezeigt:

```
Sorry, the file alice.txt does not exist.
```

Das Programm hat nichts mehr zu tun, wenn die Datei nicht existiert, sodass dies die einzige Ausgabe ist. Daher wollen wir das Beispiel erweitern, um uns anzusehen, wie Ihnen die Ausnahmebehandlung helfen kann, wenn Sie mit mehr als nur einer Datei arbeiten.

Text analysieren

Sie können Textdateien analysieren, die ganze Bücher enthalten. Viele klassische Werke der Literatur sind als einfache Textdateien verfügbar, da sie gemeinfrei sind. Die in diesem Abschnitt verwendeten Texte stammen von Project Gutenberg (*https://gutenberg.org*), einer Sammlung gemeinfreier literarischer Werke, die eine hervorragende Quelle für Programmierprojekte darstellt, in denen Sie mit solchen Texten arbeiten wollen.

Versuchen wir, den Text von *Alice in Wonderland* abzurufen und die Anzahl der Wörter zu bestimmen. Dazu verwenden wir die Stringmethode `split()`, die einen String nach Leerzeichen durchsucht und in eine Liste der einzelnen Wörter zerlegt:

```
from pathlib import Path
path = Path('alice.txt')
try:
    contents = path.read_text(encoding='utf-8')
except FileNotFoundError:
    print(f"Sorry, the file {path} does not exist.")
else:
    # Count the approximate number of words in the file:
❶   words = contents.split()
❷   num_words = len(words)
    print(f"The file {path} has about {num_words} words.")
```

Inzwischen habe ich die Datei *alice.txt* in das richtige Verzeichnis verschoben, sodass der `try`-Block diesmal fehlerlos ausgeführt werden kann. Bei ❶ wenden wir die Methode `split()` auf den String `contents` an, der den gesamten Text von *Alice in Wonderland* enthält, um eine Liste aller Wörter in dem Buch zu erstellen. Anschließend bestimmen wir mit `len()` die Länge dieser Liste, um die ungefähre Anzahl der Wörter im Originalstring in Erfahrung zu bringen (❷). Schließlich geben wir eine Meldung aus, die besagt, wie viele Wörter in der Datei gefunden wurden. Dieser Code steht im `else`-Block, da er nur dann funktioniert, wenn der Code im `try`-Block erfolgreich ausgeführt werden konnte. Die Ausgabe teilt uns mit, wie viele Wörter sich in *alice.txt* befinden:

```
The file alice.txt has about 29594 words.
```

Die Zahl ist ein bisschen hochgegriffen, da die hier verwendete Textdatei noch zusätzliche Informationen des Herausgebers enthält, bietet aber eine gute Annäherung an den Umfang von *Alice in Wonderland*.

Umgang mit mehreren Dateien

Wenn wir noch weitere Bücher analysieren wollen, ist es einfacher, den Hauptteil dieses Programms in eine Funktion zu verschieben, die wir `count_words()` nennen:

word_count.py

```
from pathlib import Path
def count_words(path):
❶   """Count the approximate number of words in a file."""
    try:
        contents = path.read_text(encoding='utf-8')
    except FileNotFoundError:
```

```
        print(f"Sorry, the file {path} does not exist.")
    else:
        # Count the approximate number of words in the file:
        words = contents.split()
        num_words = len(words)
        print(f"The file {path} has about {num_words} words.")

path = Path('alice.txt')
count_words(path)
```

Der Code ist größtenteils unverändert geblieben. Wir haben ihn lediglich eingerückt und in den Rumpf von `count_words()` verschoben. Es ist eine gute Angewohnheit, bei Änderungen an einem Programm auch die Kommentare anzupassen. Daher haben wir den Kommentar in einen Docstring umgewandelt und die Formulierung darin leicht abgewandelt (❶).

Jetzt können wir eine einfache Schleife schreiben, um die Anzahl der Wörter in jedem gewünschten Text zu bestimmen. Dazu speichern wir die Namen aller zu analysierenden Dateien in einer Liste und rufen dann für jedes Element dieser Liste `count_words()` auf. Ausprobieren wollen wir das mit den Büchern *Alice in Wonderland*, *Siddharta*, *Moby Dick* und *Little Women*, die alle gemeinfrei sind. Dabei habe ich *siddhartha.txt* absichtlich nicht in das Verzeichnis von *word_count.py* verschoben, um zu zeigen, wie gut das Programm mit einer fehlenden Datei umgehen kann:

```
from pathlib import Path

def count_words(filename):
    -- schnipp --

filenames = ['alice.txt', 'siddhartha.txt', 'moby_dick.txt',
        'little_women.txt']
for filename in filenames:
    path = Path(filename)
    count_words(path)
```

Die Dateinnamen sind als einfache Strings abgelegt. Jeder String wird dann in ein `Path`-Objekt konvertiert ❶, bevor wir `count_words()` aufrufen. Dass die Datei *siddharta.txt* fehlt, hat keine Auswirkungen auf die Ausführung des Programms:

```
The file alice.txt has about 29465 words.
Sorry, the file siddhartha.txt does not exist.
The file moby_dick.txt has about 215830 words.
The file little_women.txt has about 189079 words.
```

Die Verwendung des `try-except`-Blocks bietet hier zwei erhebliche Vorteile. Erstens verhindern wir, dass die Benutzer Tracebacks zu sehen bekommen, und zweitens sorgen wir dafür, dass das Programm mit der Analyse der Texte weitermachen kann, die es findet. Hätten wir die durch das Fehlen von *siddharta.txt* ausgelöste Ausnahme `FileNotFoundError` nicht abgefangen, würde das komplette Traceback angezeigt, und das Programm würde anhalten und weder *Moby Dick* noch *Little Women* analysieren.

Fehler stillschweigend übergehen

Im vorstehenden Beispiel haben wir die Benutzer darüber informiert, dass eine der Dateien nicht zur Verfügung steht. Sie müssen aber nicht jede Ausnahme melden, die Sie abfangen. Es kann manchmal auch sinnvoll sein, den Fehler stillschweigend zu übergehen und einfach weiterzumachen, als sei nichts geschehen. Dazu schreiben Sie wie gehabt einen `try`-Block, weisen Python im `except`-Block aber ausdrücklich an, nichts zu tun. Dazu dient die Anweisung `pass`:

```
def count_words(path):
    """Count the approximate number of words in a file."""
    try:
        -- schnipp --
    except FileNotFoundError:
        pass
    else:
        -- schnipp --
```

Der einzige Unterschied zwischen diesem und dem vorhergehenden Code ist die Anweisung `pass` im `except`-Block. Wenn jetzt die Ausnahme `FileNotFoundError` auftritt, wird zwar ebenfalls der Code im `except`-Block ausgeführt, aber nichts geschieht. Es gibt weder ein Traceback, noch wird eine Fehlermeldung ausgegeben. Die Benutzer sehen die Ergebnisse der Wortzählungen für die vorhandenen Dateien, erhalten aber keinen Hinweis darauf, dass eine Datei nicht gefunden wurde:

```
The file alice.txt has about 29594 words.
The file moby_dick.txt has about 215864 words.
The file little_women.txt has about 189142 words.
```

Die Anweisung `pass` fungiert auch als Platzhalter. Sie dient als Gedächtnisstütze dafür, dass Sie sich an einem bestimmten Punkt in der Programmausführung entschieden haben, nichts zu tun, später aber möglicherweise noch etwas tun möchten. Beispielsweise können wir die Namen aller fehlenden Dateien in eine gesonderte Datei namens *missing_files.txt* schreiben. Die Benutzer werden diese Datei nicht sehen, aber wir können sie lesen und etwas wegen der fehlenden Texte unternehmen.

Welche Fehler sollten Sie melden und welche nicht?

Woher wissen Sie, ob Sie den Benutzern einen Fehler melden oder ihn stillschweigend übergehen sollen? Wenn die Benutzer wissen, welche Texte analysiert werden sollten, werden sie eine Nachricht darüber begrüßen, warum das bei einigen Texten nicht geschehen ist. Erwarten sie dagegen nur, irgendwelche Analyseergebnisse zu sehen, ohne zu wissen, welche Bücher untersucht werden, müssen sie nicht unbedingt darüber informiert werden, welche der Texte nicht verfügbar waren. Benutzern Informationen zu geben, die sie überhaupt nicht brauchen, kann die Nutzbarkeit eines Programms verringern. Die Strukturen zur Fehlerbehandlung von Python geben Ihnen eine genaue Kontrolle darüber, wie viel Sie den Benutzern mitteilen, wenn etwas schiefgeht. Dabei entscheiden Sie, wie viele Informationen Sie geben.

In gut geschriebenem und getestetem Code sollten interne Fehler wie Syntax- oder Logikfehler kaum vorkommen. Wenn sich ein Programm aber auf externe Umstände verlassen muss, z. B. Benutzereingaben, das Vorhandensein bestimmter Dateien oder die Verfügbarkeit einer Netzwerkverbindung, besteht die Möglichkeit, dass eine Ausnahme auftritt. Mit etwas Erfahrung werden Sie lernen, wo Sie in Ihre Programme Blöcke zur Ausnahmebehandlung aufnehmen müssen und wie viel Sie den Benutzern über die jeweiligen Fehler mitteilen sollten.

Probieren Sie es selbst aus!

10-6 Addition: Ein häufiges Problem beim Einholen von numerischen Benutzereingaben besteht darin, dass Text anstelle von Zahlen eingegeben wird. Wenn Sie dann versuchen, die Eingabe in einen Integer umzuwandeln, erhalten Sie einen Wertfehler (`ValueError`). Schreiben Sie ein Programm, das um die Eingabe zweier Zahlen bittet. Addieren Sie sie und geben Sie das Ergebnis aus. Fangen Sie die Ausnahme `ValueError` ab, die auftritt, wenn mindestens eine der Eingaben keine Zahl ist, und geben Sie eine aussagekräftige Fehlermeldung aus. Testen Sie das Programm, indem Sie einmal zwei Zahlen eingeben und einmal Text anstelle einer der Zahlen.

10-7 Folge von Additionen: Schließen Sie den Code aus Übung 10-5 in eine `while`-Schleife ein, sodass die Benutzer weitere Zahlen eingeben können, auch nachdem sie versehentlich Text anstelle einer Zahl angegeben haben.

→

10-8 Katzen und Hunde: Erstellen Sie die Dateien *cats.txt* und *dogs.txt* und speichern Sie darin jeweils mindestens drei Katzen- bzw. Hundenamen. Schreiben Sie ein Programm, das diese Dateien liest und ihren Inhalt auf dem Bildschirm ausgibt. Schließen Sie den Code in einen `try-except`-Block ein, um die Ausnahme `FileNotFound` abzufangen, und geben Sie eine aussagekräftige Meldung aus, wenn eine Datei fehlt. Verschieben Sie eine der Dateien an einen anderen Speicherort auf Ihrem System und vergewissern Sie sich, dass der `except`-Block korrekt ausgeführt wird.

10-9 Katzen und Hunde ohne Fehlermeldung: Ändern Sie den `except`-Block in Übung 10-7, sodass ein Fehler aufgrund einer fehlenden Datei stillschweigend übergangen wird.

10-10 Häufige Wörter: Suchen Sie sich auf Project Gutenberg (*http://gutenberg.org/*) einige Texte aus, die Sie analysieren möchten. Laden Sie die entsprechenden Textdateien herunter oder kopieren Sie den Rohtext vom Browser in eine Textdatei auf Ihrem Computer.

Mit der Methode `count()` können Sie herausfinden, wie oft ein Wort oder eine Wendung in einem String steht. Der folgende Code zählt beispielsweise die Vorkommen des Wortes `'row'` in einem String:

```
>>> line = "Row, row, row your boat"
>>> line.count('row')
2
>>> line.lower().count('row')
3
```

Wenn Sie den String mit `lower()` in Kleinbuchstaben umwandeln, erfassen Sie alle Vorkommen des gesuchten Wortes ungeachtet der Groß- und Kleinschreibung.

Schreiben Sie ein Programm, das die auf Project Gutenberg ausgewählten Dateien liest und ermittelt, wie oft das Wort `'the'` darin jeweils vorkommt. Das Ergebnis wird jedoch zu hoch sein, da hierbei auch Wörter wie `'then'` und `'there'` mitgezählt werden. Versuchen Sie, die Vorkommen von `'the '` (also mit einem nachfolgenden Leerzeichen) zu zählen, und schauen Sie sich an, wie viel niedriger diese Anzahl ist.

Daten speichern

In vielen Ihrer Programme bitten Sie die Benutzer, bestimmte Informationen einzugeben, z.B. bevorzugte Einstellungen in einem Spiel oder Daten zur Visualisierung. Ganz unabhängig von der Art Ihres Programms legen Sie diese Benutzereingaben in Datenstrukturen wie Listen oder Dictionaries ab. Beim Schließen des Programms sollen diese Informationen jedoch gewöhnlich erhalten bleiben. Eine einfache Möglichkeit dazu bietet die Datenspeicherung mithilfe des Moduls `json`.

Mit diesem Modul können Sie einfache Python-Datenstrukturen in JSON-formatierte Strings konvertieren und sie bei der nächsten Ausführung des Programms wieder aus dieser Datei laden. Es ist sogar möglich, damit Daten aus einem Python-Programm in einem anderen zu verwenden – sogar in Programmen, die in anderen Sprachen geschrieben sind, da das JSON-Format nicht Python-spezifisch ist. Dieses Format ist nicht nur sehr nützlich und übertragbar, sondern auch leicht zu erlernen.

Hinweis

Das JSON-Format (JavaScript Object Notation) wurde ursprünglich für JavaScript entwickelt, ist inzwischen aber zu einem gängigen Format geworden, das in vielen Sprachen genutzt wird, darunter auch Python.

json.dump() und json.load()

Wir wollen ein kurzes Programm schreiben, das eine Folge von Zahlen speichert, und ein anderes Programm, das diese Zahlen wieder in den Arbeitsspeicher einliest. Dabei verwendet das erste Programm `json.dump()` und das zweite `json.load()`.

Die Funktion `json.dump()` nimmt ein Argument entgegen, nämlich die zu speichernden Daten, die ins JSON-Format konvertiert werden sollen. Die Funktion gibt einen String zurück, den wir in eine Datei schreiben können:

number_writer.py

```
from pathlib import Path
import json

numbers = [2, 3, 5, 7, 11, 13]

❶ path = Path('numbers.json')
❷ contents = json.dumps(numbers)
path.write_text(contents)
```

Als Erstes importieren wir das Modul `json` und erstellen die Liste der Zahlen, mit der wir arbeiten wollen. Dann geben wir den Namen der Datei an, in der wir die Liste speichern wollen ❶. Um anzugeben, dass die Dateien im JSON-Format angelegt werden, ist es üblich, die Dateiendung *.json* zu verwenden. Als Nächstes verwenden wir die Funktion `json.dumps()` ❷, um einen String zu erzeugen, der die JSON-Darstellung der Daten enthält, mit denen wir arbeiten. Sobald wir diese Zeichenkette haben, schreiben wir sie mit der gleichen `write_text()`-Methode in die Datei, die wir zuvor verwendet haben.

Dieses Programm zeigt keine Ausgabe an, aber wir können die Datei *numbers.json* öffnen und uns den Inhalt ansehen. Die darin gespeicherten Daten liegen in einem Format vor, das wie eine Python-Liste aussieht:

```
[2, 3, 5, 7, 11, 13]
```

Als Nächstes schreiben wir ein separates Programm, das die Liste mithilfe von `json.load()` wieder in den Arbeitsspeicher einliest:

number_reader.py

```
from pathlib import Path
import json

❶ path = Path('numbers.json')
❷ contents = path.read_text()
❸ numbers = json.loads(contents)

print(numbers)
```

Wir stellen sicher, dass wir aus derselben Datei lesen, in die wir geschrieben haben ❶. Da die Datendatei nur eine Textdatei mit spezieller Formatierung ist, können wir sie mit der Methode `read_text()` lesen ❷. Anschließend übergeben wir den Inhalt der Datei an `json.loads()` ❸. Diese Funktion nimmt eine JSON-formatierte Zeichenkette entgegen und gibt ein Python-Objekt (in diesem Fall eine Liste) zurück, das wir den Zahlen zuweisen. Schließlich drucken wir die wiederhergestellte Zahlenliste aus und sehen, dass es sich um dieselbe Liste handelt, die in *number_writer.py* erstellt wurde:

```
[2, 3, 5, 7, 11, 13]
```

Dies ist eine einfache Möglichkeit, um Daten zwischen zwei Programmen auszutauschen.

Benutzergenerierte Daten speichern und lesen

Die Speicherung mithilfe von `json` ist besondere für benutzergenerierte Daten nützlich, da Sie sie sonst verlieren würden, wenn das Programm beendet wird. Im folgenden Beispiel fordern wir den Benutzer bei der ersten Ausführung des Programms zur Eingabe seines Namens auf und sorgen dafür, dass das Programm sich diesen Namen merkt, sodass er auch bei der nächsten Ausführung noch zur Verfügung steht.

Als Erstes sehen wir uns an, wie wir den Namen speichern:

remember_me.py

```
from pathlib import Path
import json

❶ username = input("What is your name? ")

❷ path = Path('username.json')
contents = json.dump(username)
path.write_text(contents)
❸ print(f"We'll remember you when you come back, {username}!")
```

Bei ❶ fragen wir nach dem zu speichernden Benutzernamen. Danach schreiben wir die gesammelten Daten bei ❷ in eine Datei namens *username.json*. Abschließend geben wir bei ❸ die Meldung aus, dass wir uns die eingegebene Information gemerkt haben:

```
What is your name? Eric
We'll remember you when you come back, Eric!
```

Als Nächstes schreiben wir ein Programm, das einen Benutzer begrüßt, dessen Name bereits gespeichert wurde:

greet_user.py

```
from pathlib import Path
import json

❶ path = Path('username.json')
contents = path.read_text()
❷ username = json.loads(contents)

print(f"Welcome back, {username}!")
```

Bei ❶ lesen wir mit `json.load()` die in *username.json* gespeicherte Information und weisen sie der Variablen `username` zu. Nachdem wir den Benutzernamen wiederhergestellt haben, können wir ihn anschließend bei ❷ zur persönlichen Begrüßung verwenden:

```
Welcome back, Eric!
```

Als Nächstes kombinieren wir diese beiden Programme in einer Datei. Wenn jemand *remember_me.py* ausführt, soll der Benutzername, falls vorhanden, aus der Datei gewonnen werden. Wenn das nicht möglich ist, fragen wir nach einem Benutzernamen und speichern ihn in *username.json* für das nächste Mal. Wir könnten hier einen `try-except`-Block schreiben, um angemessen zu reagieren, wenn *username.json* nicht existiert, aber stattdessen verwenden wir eine praktische Methode aus dem `pathlib`-Modul.

remember_me.py

```
from pathlib import Path
import json

path = Path('username.json')
❶ if path.exists():
contents = path.read_text()
username = json.loads(contents)
print(f"Welcome back, {username}!")
❷ else:
username = input("What is your name? ")
```

```
contents = json.dumps(username)
path.write_text(contents)
print(f"We'll remember you when you come back, {username}!")
```

Es gibt viele hilfreiche Methoden, die Sie mit `Path`-Objekten verwenden können. Die Methode `exists()` gibt `True` zurück, wenn eine Datei oder ein Ordner existiert, und `False`, wenn nicht. Hier verwenden wir `path.exists()`, um herauszufinden, ob ein Benutzername bereits gespeichert wurde ❶. Wenn *username.json* existiert, laden wir den Benutzernamen und geben eine personalisierte Begrüßung für den Benutzer aus. Wenn die Datei *username.json* nicht existiert ❷, fragen wir nach einem Benutzernamen und speichern den Wert, den der Benutzer eingibt. Wir geben auch die vertraute Nachricht aus, dass wir uns an den Benutzer erinnern werden, wenn er wiederkommt.

Unabhängig davon, welcher Block ausgeführt wird, erhalten wir als Ergebnis einen Benutzernamen und eine Begrüßung. Bei der ersten Ausführung des Programms sieht die Ausgabe wie folgt aus:

```
What is your name? Eric
We'll remember you when you come back, Eric!
```

Ansonsten:

```
Welcome back, Eric!
```

Auch wenn es sich bei den Daten in diesem Abschnitt nur um eine einzelne Zeichenkette handelt, würde das Programm genauso gut mit allen Daten funktionieren, die in eine JSON-formatierte Zeichenkette konvertiert werden können.

Refactoring

Sie werden oft an einen Punkt gelangen, an dem Ihr Code zwar funktioniert, Sie ihn aber immer noch verbessern können, indem Sie ihn in eine Folge von Funktionen aufteilen, die fest umrissene Aufgaben erfüllen. Dieser Vorgang wird als *Refactoring* bezeichnet. Dadurch wird Ihr Code übersichtlicher, leichter verständlich und leichter erweiterbar.

Auch an *remember_me.py* können wir ein Refactoring vornehmen, indem wir den Großteil der Logik in Funktionen auslagern. Da es bei diesem Programm vor allem darum geht, den Benutzer zu begrüßen, verschieben wir zunächst den gesamten vorhandenen Code in eine Funktion namens `greet_user()`:

remember_me.py

```
from pathlib import Path
import json
```

```
def greet_user():
❶   """Greet the user by name."""
    path = Path('username.json')
    if path.exists():
        contents = path.read_text()
        username = json.loads(contents)
        print(f"Welcome back, {username}!")
    else:
        username = input("What is your name? ")
        contents = json.dumps(username)
        path.write_text(contents)
        print(f"We'll remember you when you come back, {username}!")
greet_user()
```

Da wir jetzt eine Funktion verwenden, schreiben wir die Kommentare jetzt als einen Docstring, der erklärt, wie das Programm funktioniert (❶). Die Datei wirkt jetzt schon etwas aufgeräumter, allerdings erledigt die Funktion `greet_user()` noch mehr Aufgaben, als nur den Benutzer zu begrüßen: Sie ruft auch einen gespeicherten Benutzernamen ab, falls einer vorhanden ist, und fordert den Benutzer anderenfalls dazu auf, einen Namen einzugeben.

Nehmen wir also ein weiteres Refactoring vor, sodass `greet_user` nicht so viele verschiedene Aufgaben durchführt. Als Erstes verschieben wir dazu den Code zum Abrufen eines gespeicherten Benutzernamens in eine eigene Funktion:

```
from pathlib import Path
import json

def get_stored_username(path):
❶   """Get stored username if available."""
    if path.exists():
        contents = path.read_text()
        username = json.loads(contents)
        return username
    else:
❷       return None

def greet_user():
    """Greet the user by name."""
    path = Path('username.json')
    username = get_stored_username(path)
❸   if username:
        print(f"Welcome back, {username}!")
    else:
        username = input("What is your name? ")
        contents = json.dumps(username)
        path.write_text(contents)
        print(f"We'll remember you when you come back, {username}!")
greet_user()
```

Die neue Funktion `get_stored_username()` erfüllt jetzt einen fest umrissenen Zweck, der auch im Docstring bei ❶ angegeben wird: Sie ruft einen gespeicherten Benutzernamen ab und gibt ihn zurück. Existiert der Pfad `get_stored_username()` nicht, der übergeben wird, gibt sie `None` zurück (❷). Das ist eine bewährte Vorgehensweise: Eine Funktion sollte entweder den erwarteten Wert zurückgeben oder `None`. Dadurch können wir den Rückgabewert der Funktion einem einfachen Test unterziehen. Bei ❸ geben wir die Begrüßung aus, wenn der Versuch, den Benutzernamen abzurufen, erfolgreich gewesen ist; anderenfalls fordern wir zur Eingabe eines neuen Benutzernamens auf.

Wir sollten allerdings noch einen weiteren Codeblock aus `greet_user()` auslagern, nämlich den für die Aufforderung, einen neuen Benutzernamen einzugeben, falls keiner gespeichert war. Auch diesen Code verschieben wir in eine Funktion eigens für diesen Zweck:

```
from pathlib import Path
import json

def get_stored_username(path):
    """Get stored username if available."""
    -- schnipp --

def get_new_username(path):
    """Prompt for a new username."""
    username = input("What is your name? ")
    contents = jason.dumps(username)
    path-write_text(contents)
    return username

def greet_user():
    """Greet the user by name."""
    path = Path('username.json')
❶   username = get_stored_username(path)
    if username:
        print(f"Welcome back, {username}!")
    else:
❷       username = get_new_username(path)
        print(f"We'll remember you when you come back, {username}!")

greet_user()
```

Jede Funktion in dieser endgültigen Version von *remember_me.py* dient einem einzigen, fest umrissenen Zweck. Wenn wir `greet_user()` aufrufen, gibt sie die jeweils passende Meldung aus: Entweder grüßt sie einen bekannten Benutzer mit Namen oder heißt einen neuen Benutzer willkommen. Das erreicht sie, indem sie die Funktion `get_stored_username()` aufruft ❶, deren Zweck darin besteht, einen gespeicherten Benutzernamen abzurufen, falls er vorhanden ist. Falls nötig ruft `greet_user()` die Funktion `get_new_username()` ❷ auf, die nur dazu dient, einen neuen Benutzernamen anzufordern und zu speichern. Diese Aufteilung der Arbeit ist eine wesentliche Vorgehensweise, um verständlichen Code zu schreiben, der sich leicht pflegen und erweitern lässt.

Probieren Sie es selbst aus!

10-11 Lieblingszahl: Schreiben Sie ein Programm, das den Benutzer dazu auffordert, seine Lieblingszahl einzugeben, und diese Zahl mit `json.dump()` in einer Datei speichert. Schreiben Sie ein weiteres Programm, das diesen Wert liest und die folgende Meldung ausgibt: »I know your favorite number! It's _____.«

10-12 Ein Programm, das sich die Lieblingszahl merkt: Kombinieren Sie die beiden Programme, die Sie in Übung 10-11 geschrieben haben, in einer einzigen Datei. Ist bereits eine Lieblingszahl gespeichert, soll das Programm sie dem Benutzer anzeigen, anderenfalls soll es ihn dazu auffordern, eine Zahl einzugeben, und diese dann speichern. Führen Sie das Programm zweimal aus, um sich zu vergewissern, dass es funktioniert.

10-13 Benutzerverzeichnis: Das Beispiel `remember_me.py` speichert nur eine Information, nämlich den Benutzernamen. Erweitern Sie dieses Beispiel, indem Sie nach zwei weiteren Informationen über den Benutzer fragen, und speichern Sie dann alle gesammelten Informationen in einem Verzeichnis. Schreiben Sie dieses Wörterbuch mit `json.dumps()` in eine Datei, und lesen Sie es mit `json.loads()` wieder ein. Geben Sie eine Zusammenfassung aus, die genau zeigt, was sich Ihr Programm über den Benutzer gemerkt hat.

10-14 Benutzer verifizieren: In der endgültigen Version von *remember_me.py* setzen wir voraus, dass der Benutzer seinen Namen bereits eingegeben hat oder das Programm zum ersten Mal ausgeführt wird. Wir können es jedoch um den Fall erweitern, dass der aktuelle Benutzer nicht derjenige ist, der das Programm beim letzten Mal verwendet hat.

Dazu fragen Sie den Benutzer, ob der gespeicherte Name korrekt ist, bevor Sie die personalisierte Begrüßung ausgeben. Verneint der Benutzer, rufen Sie `get_new_username()` auf, um den richtigen Namen zu erfragen.

Zusammenfassung

In diesem Kapitel haben Sie gelernt, wie Sie mit Dateien arbeiten können, wie Sie den gesamten Inhalt einer Datei auf einmal einlesen, wie Sie den Inhalt einer Datei zeilenweise lesen, wie Sie eine Datei überschreiben und wie Sie eine beliebige Menge Text hineinschreiben. Sie haben erfahren, wie Sie wahrscheinliche Ausnahmen handhaben, die in Ihren Programmen vorkommen können. Außerdem wurde Ihnen gezeigt, wie Sie Python-Datenstrukturen speichern können, um Benutzereingaben festzuhalten, sodass sie nicht bei jedem Programmstart erneut bereitgestellt werden müssen.

In Kapitel 11 sehen wir uns an, wie Sie Ihren Code testen können. Dadurch können Sie sich vergewissern, dass der von Ihnen entwickelte Code korrekt funktioniert, und vorhandene Fehler beheben.

11

Code testen

Wenn Sie eine Funktion oder Klasse entwickeln, können Sie auch Tests für diesen Code schreiben. Mit solchen Tests beweisen Sie, dass der Code bei allen vorgesehenen Arten von Eingaben wie erwartet funktioniert. Sie können sich so sicher sein, dass Ihr Code auch dann richtig funktioniert, wenn andere Personen Ihre Programme nutzen. Außerdem können Sie neuen Code testen, während Sie ihn hinzufügen, um sicherzugehen, dass die Änderungen das bisherige Verhalten des Programms nicht beeinträchtigen. Alle Programmierer machen Fehler, weshalb alle Programmierer ihren Code häufig testen müssen, um Probleme zu beheben, bevor die Benutzer darüber stolpern.

In diesem Kapitel lernen Sie, wie Sie Ihren Code mit `pytest` prüfen. Die `pytest`-Bibliothek ist eine Sammlung von Werkzeugen, die Ihnen helfen, Ihre ersten Tests schnell und einfach zu schreiben und Ihre Tests zu unterstützen, wenn sie zusammen mit Ihren Projekten an Komplexität zunehmen. Python enthält `pytest` nicht standardmäßig, daher lernen Sie, externe Bibliotheken zu installieren. Wenn Sie wissen, wie man externe Bibliotheken installiert, steht Ihnen eine große Auswahl an gut durchdachtem Code zur Verfügung. Diese Bibliotheken werden die Arten von Projekten, an denen Sie arbeiten können, immens erweitern.

Sie erfahren, wie Sie einen Testfall einrichten, wie Sie prüfen, ob verschiedene Eingaben zu den gewünschten Ausgaben führen, und wie Ihnen ein nicht bestandener Test helfen kann, Ihren Code zu verbessern. Wir sehen uns an, wie Sie Funktionen und Klassen prüfen und wie viele Tests Sie für ein Projekt schreiben müssen.

Pytest mit pip installieren

Python enthält zwar viele Funktionen in der Standardbibliothek, aber Entwickler sind auch stark auf Pakete von Drittanbietern angewiesen. Ein Drittanbieterpaket ist eine Bibliothek, die außerhalb des Kerns der Python-Sprache entwickelt wurde. Einige beliebte Bibliotheken von Drittanbietern werden schließlich in die Standardbibliothek aufgenommen und sind von da an in den meisten Python-Installationen enthalten. Dies geschieht am häufigsten bei Bibliotheken, die sich wahrscheinlich nicht mehr ändern werden, sobald die ersten Fehler behoben sind. Diese Art von Bibliotheken können sich im gleichen Tempo weiterentwickeln wie die gesamte Sprache.

Viele Pakete werden jedoch aus der Standardbibliothek herausgehalten, damit sie unabhängig von der Sprache selbst entwickelt werden können. Diese Pakete werden in der Regel häufiger aktualisiert, als dies der Fall wäre, wenn sie an den Zeitplan von Python gebunden wären. Dies gilt für `pytest` und die meisten der Bibliotheken, die wir in der zweiten Hälfte dieses Buches verwenden werden. Sie sollten nicht blind jedem Paket eines Drittanbieters vertrauen, aber Sie sollten sich auch nicht von der Tatsache abschrecken lassen, dass eine Menge wichtiger Funktionen durch solche Pakete implementiert werden.

pip aktualisieren

Python enthält ein Werkzeug namens pip, das zur Installation von Drittanbieterpaketen verwendet wird. Da pip bei der Installation von Paketen aus externen Quellen hilft, wird es häufig aktualisiert, um mögliche Sicherheitsprobleme zu beheben. Wir beginnen also mit der Aktualisierung von pip. Öffnen Sie ein neues Terminalfenster und geben Sie den folgenden Befehl ein:

```
$ python -m pip install --upgrade pip
❶ Requirement already satisfied: pip in /.../python3.11/site-packages
  (22.0.4)
  --schnipp--
❷ Successfully installed pip-22.1.2
```

Der erste Teil dieses Befehls, `python -m pip`, weist Python an, das Modul `pip` auszuführen. Der zweite Teil, `install --upgrade`, weist `pip` an, ein Paket zu aktualisieren, das bereits installiert wurde. Der letzte Teil gibt an, welches Drittanbieterpaket aktualisiert werden soll. Die Ausgabe zeigt, dass meine aktuelle Version von `pip`, Version 22.0.4 1, durch die neueste Version zum Zeitpunkt der Erstellung dieses Artikels, 22.1.2 2, ersetzt wurde.

Mit folgendem Befehl können Sie jedes auf Ihrem System installierte Drittanbieterpaket aktualisieren.

```
$ python -m pip install --upgrade package_name
```

Hinweis

Wenn Sie Linux verwenden, ist pip möglicherweise nicht in Ihrer Installation von Python enthalten. Wenn Sie eine Fehlermeldung erhalten, während Sie versuchen, pip zu aktualisieren, lesen Sie die Anweisungen in Anhang A.

Pytest installieren

Nachdem `pip` jetzt aktuell ist, können wir `pytest` installieren:

```
$ python -m pip install --user pytest
Collecting pytest
--schnipp--
Successfully installed attrs attrs-21.4.0 iniconfig-1.1.1 ...pytest-7.x.x
```

Wir verwenden immer noch den Kernbefehl `pip install`, diesmal ohne das Flag `--upgrade`. Stattdessen verwenden wir `--user`, was Python anweist, dieses Paket nur für den aktuellen Benutzer zu installieren. Die Ausgabe zeigt, dass die neueste Version von `pytest` erfolgreich installiert wurde, zusammen mit einer Reihe von anderen Paketen, von denen `pytest` abhängt.

Sie können folgenden Befehl verwenden, um viele Pakete von Drittanbietern zu installieren:

```
$ python -m pip install --user package_name
```

Hinweis

Wenn Sie Schwierigkeiten bei der Ausführung dieses Befehls haben, versuchen Sie, denselben Befehl ohne das `--user`-Flag auszuführen.

Funktionen testen

Wenn wir uns mit dem Wesen von Tests beschäftigen wollen, brauchen wir zunächst einmal Code, den wir testen können. Dazu verwenden wir die folgende einfache Funktion, die einen Vor- und einen Nachnamen entgegennimmt und einen formatierten vollständigen Namen zurückgibt:

name_function.py

```
def get_formatted_name(first, last):
    """Generate a neatly formatted full name."""
    full_name = f"{first} {last}"
    return full_name.title()
```

Die Funktion get_formatted_name() setzt den Vor- und Nachnamen mit einem Leerzeichen dazwischen zum vollständigen Namen zusammen, versieht die Bestandteile mit großen Anfangsbuchstaben und gibt den Namen zurück. Um zu prüfen, ob die Funktion get_formatted_name() funktioniert, schreiben wir ein Programm, das sie nutzt: Es fordert den Benutzer auf, einen Vor- und einen Nachnamen einzugeben, und zeigt den formatierten vollständigen Namen an.

names.py

```
from name_function import get_formatted_name

print("Enter 'q' at any time to quit.")
while True:
    first = input("\nPlease give me a first name: ")
    if first == 'q':
        break
    last = input("Please give me a last name: ")
    if last == 'q':
        break

    formatted_name = get_formatted_name(first, last)
    print("f"\tNeatly formatted name: {formatted_name}.")
```

Dieses Programm importiert die Funktion get_formatted_name() aus *name_function.py*. Benutzer können eine Folge von Vor- und Nachnamen eingeben, um sich die vollständigen Namen anzeigen zu lassen:

```
Enter 'q' at any time to quit.

Please give me a first name: janis
Please give me a last name: joplin
        Neatly formatted name: Janis Joplin.

Please give me a first name: bob
Please give me a last name: dylan
        Neatly formatted name: Bob Dylan.

Please give me a first name: q
```

Wie wir sehen, werden die vollständigen Namen korrekt generiert. Nehmen wir aber an, wir wollen die Funktion `get_formatted_name()` so ändern, dass sie auch einen zweiten Vornamen berücksichtigen kann. Dabei müssen wir jedoch darauf achten, dass wir das funktionierende Verhalten, also die Zusammensetzung von Namen ohne zweiten Vornamen, nicht beeinträchtigen. Um unseren Code zu testen, könnten wir bei jeder Änderung an `get_formatted_name()` jedes Mal *names.py* ausführen und einen Namen wie `Janis Joplin` eingeben, aber das wäre ziemlich mühselig. Zum Glück bietet `pytest` eine Möglichkeit, die Ausgabe von Funktionen automatisiert zu testen. Dadurch können wir uns vergewissern, dass die Funktion immer korrekt arbeitet, wenn wir ihr solche Art Namen übergeben, für die wir Tests geschrieben haben.

Unit-Tests und Testfälle

Es gibt viele Möglichkeiten, Software zu testen. Eine der einfachsten wird als *Unit-Test* bezeichnet. Ein *Unit-Test* überprüft einen einzelnen Aspekt des Verhaltens einer Funktion. Ein *Testfall* ist eine Zusammenstellung von Unit-Tests, die insgesamt prüfen, ob sich eine Funktion so verhält, wie sie es tun soll, und zwar in allen Situationen, für die sie gedacht ist. Ein guter Testfall muss alle möglichen Arten von Eingaben berücksichtigen, die eine Funktion erhalten mag, und Tests für jede dieser Situationen bereitstellen. Ein Testfall mit *vollständiger Abdeckung* schließt einen kompletten Satz von Unit-Tests für sämtliche Möglichkeiten ein, die Funktion einzusetzen. Bei einem umfangreichen Projekt erfordert es jedoch enorme Anstrengung, eine vollständige Abdeckung zu erreichen. Oft reicht es jedoch aus, Tests für die kritischen Verhaltensweisen des Codes zu schreiben und erst dann vollständige Abdeckung anzustreben, wenn das Projekt breit genutzt wird.

Ein bestandener Test

Mit `pytest` ist es ziemlich einfach, den ersten Unit-Test zu schreiben. Wir werden eine einzelne Testfunktion erstellen. Die Testfunktion ruft die Funktion auf, die wir testen, und wir treffen eine Annahme über den Wert, der zurückgegeben wird. Wenn unsere Annahme richtig ist, wird der Test bestanden; wenn die Annahme falsch ist, schlägt der Test fehl.

Hier ist der erste Test der Funktion `get_formatted_name()`:

```
from name_function import get_formatted_name

❶ def test_first_last_name(self):
        """Do names like 'Janis Joplin' work?"""
❷       formatted_name = get_formatted_name('janis', 'joplin')
❸       self.assertEqual(formatted_name, 'Janis Joplin')
```

Bevor wir den Test durchführen, wollen wir uns diese Funktion genauer ansehen. Der Name einer Testdatei ist wichtig; er muss mit `test_` beginnen. Wenn wir `pytest` auffordern, die von uns geschriebenen Tests auszuführen, sucht es nach einer Datei, die mit `test_` beginnt, und führt alle Tests aus, die es in dieser Datei findet. In der Testdatei importieren wir zunächst die Funktion, die wir testen wollen: `get_formatted_name()`. Dann definieren wir eine Testfunktion: in diesem Fall `test_first_last_name()` ❶. Das ist ein längerer Name als der, den wir bisher verwendet haben, und dies aus einem guten Grund. Erstens müssen Testfunktionen mit dem Wort `test` beginnen, gefolgt von einem Unterstrich. Jede Funktion, die mit `test_` beginnt, wird von `pytest` erkannt und als Teil des Testprozesses ausgeführt. Außerdem sollten die Testnamen länger und aussagekräftiger sein als ein typischer Funktionsname. Sie werden die Funktion nie selbst aufrufen; `pytest` findet die Funktion und führt sie für Sie aus. Testfunktionsnamen sollten lang genug sein, damit Sie, wenn Sie den Namen in einem Testbericht sehen, ein gutes Gefühl dafür bekommen, welches Verhalten getestet wurde.

Als Nächstes rufen wir die Funktion auf, die wir testen wollen ❷. Hier rufen wir `get_formatted_name()` mit den Argumenten 'janis' und 'joplin' auf, genau wie wir es bei `names.py` gemacht haben. Den Rückgabewert dieser Funktion weisen wir `formatted_name` zu. Schließlich machen wir eine Annahme ❸. Eine Annahme ist eine Vermutung über eine Bedingung. Hier sagen wir, dass der Wert von `formatted_name` 'Janis Joplin' sein sollte.

```
$ pytest
======================== test session starts ======================
❶ platform darwin -- Python 3.x.x, pytest-7.x.x, pluggy-1.x.x
❷ rootdir: /.../python_work/chapter_11
❸ collected 1 item
❹ test_name_function.py .                                    [100%]
========================= 1 passed in 0.00s ========================
```

Versuchen wir, uns einen Reim auf diese Ausgabe zu machen. Zuerst einmal sehen wir einige Informationen über das System, auf dem der Test läuft ❶. Ich teste dies auf einem macOS-System, daher kann es sein, dass Sie hier eine andere Ausgabe bekommen. Am wichtigsten ist, dass wir sehen können, welche Versionen von Python, `pytest` und anderen Paketen verwendet werden, um den Test auszuführen. Als Nächstes sehen wir das Verzeichnis, in dem der Test von ❷ aus ausgeführt wird: in meinem Fall `python_work/chapter_11`. Wir sehen, dass `pytest` einen Test gefunden hat, der ausgeführt wird ❸, und wir sehen die Testdatei, die ausgeführt wird ❹. Der Punkt nach dem Namen der Datei sagt uns, dass ein einzelner Test bestanden wurde, und die 100 % machen deutlich, dass alle Tests ausgeführt wurden. Ein großes Projekt kann Hunderte oder Tausende von Tests umfassen, und die Punkte und die Anzeige der prozentualen Fertigstellung können bei der Überwachung des Gesamtfortschritts des Testlaufs hilfreich sein. Die letzte Zeile zeigt an, dass ein Test bestanden wurde und weniger als 0,01 Sekunden für die Ausführung des Tests benötigt wurden.

Diese Ausgabe zeigt, dass sich die Funktion `get_formatted_name()` in ihrer jetzigen Form bei Namen, die aus einem Vor- und einem Nachnamen bestehen, immer korrekt verhält. Wenn wir `get_formatted_name()` ändern, können wir diesen Test einfach erneut ausführen. Besteht die Funktion den Testfall nach wie vor, wissen wir, dass sie Namen wie Janis Joplin immer noch richtig verarbeitet.

Hinweis

Wenn Sie nicht sicher sind, wie Sie zum richtigen Ort im Terminal navigieren können, lesen Sie »Ausführen von Python-Programmen über ein Terminalfenster« in Kapitel 1. Wenn Sie eine Meldung sehen, dass der Befehl pytest nicht gefunden wurde, verwenden Sie stattdessen den Befehl `python -m pytest`.

Ein nicht bestandener Test

Was passiert, wenn eine Funktion einen Test nicht besteht? Um das zu zeigen, ändern wir `get_formatted_name()` so, dass sie auch zweite Vornamen berücksichtigt, allerdings in einer Weise, die zu einer fehlerhaften Verarbeitung von Namen ohne zweiten Vornamen wie Janis Joplin führt.

Die neue Version von `get_formatted_name()` braucht ein zusätzliches Argument für den zweiten Vornamen:

name_function.py

```
def get_formatted_name(first, middle, last):
    """Generate a neatly formatted full name."""
    full_name = f"{first} {middle} {last}"
    return full_name.title()
```

Diese Version funktioniert bei Personen mit einem zweiten Vornamen, aber wenn wir sie testen, stellen wir fest, dass sie nicht mehr richtig läuft, wenn wir nur einen Vor- und einen Nachnamen eingeben.

Bei der Ausführung von `pytest` erhalten wir jetzt folgende Ausgabe:

```
$ pytest
======================== test session starts ========================
--snip--
❶ test_name_function.py F [100%]
❷ ============================= FAILURES =============================
❸ _________________________ test_first_last_name _________________________
    def test_first_last_name():
        """Do names like 'Janis Joplin' work?"""
❹ >   formatted_name = get_formatted_name('janis', 'joplin')
```

```
❺ E    TypeError: get_formatted_name() missing 1 required positional
       argument: 'last'
test_name_function.py:5: TypeError
===================== short test summary info =====================
FAILED test_name_function.py::test_first_last_name - TypeError:
get_formatted_name() missing 1 required positional argument: 'last'
======================== 1 failed in 0.04s ========================
```

Wenn eine Funktion einen Test nicht besteht, werden sehr viele Informationen angezeigt, denn schließlich müssen Sie genau wissen, was vorgefallen ist. Das Erste, was Sie in der Ausgabe sehen, ist das Zeichen `F` (❶), das besagt, dass ein Test zu einem Fehler geführt hat. Dann folgt ein Abschnitt, der sich auf `FAILURES` ❷ konzentriert, denn fehlgeschlagene Tests sind in der Regel das Wichtigste, worauf man sich bei einem Testlauf konzentrieren sollte. Als Nächstes sehen wir, dass `test_first_last_name()` die Testfunktion war, die fehlgeschlagen ist ❸. Eine spitze Klammer ❹ zeigt die Codezeile an, die das Testversagen verursacht hat. Das `E` in der nächsten Zeile ❺ zeigt den eigentlichen Fehler an, der den Abbruch verursacht hat: ein Typfehler aufgrund des fehlenden erforderlichen Positionsarguments, `last`. Die wichtigsten Informationen werden in einer kürzeren Zusammenfassung am Ende wiederholt, sodass Sie, wenn Sie viele Tests ausführen, schnell einen Überblick darüber bekommen, welche Tests fehlgeschlagen sind und warum.

Was tun bei einem nicht bestandenen Test?

Was müssen Sie tun, wenn eine Funktion einen Test nicht besteht? Sofern Sie die richtigen Bedingungen überprüfen, bedeutet ein bestandener Test, dass sich die Funktion korrekt verhält, und ein nicht bestandener, dass es in dem neu hinzugefügten Code einen Fehler gibt. Ändern Sie also nicht den Test. Wenn Sie das tun, bestehen Ihre Tests zwar, aber jeder Code, der Ihre Funktion so aufruft, wie der Test es tut, funktioniert plötzlich nicht mehr. Korrigieren Sie stattdessen den Code. Schauen Sie sich an, welche Änderungen Sie an der Funktion vorgenommen haben, und finden Sie heraus, warum diese Änderungen das bisherige Verhalten beeinträchtigen.

In unserem Fall brauchte `get_formatted_name()` früher zwei Parameter, nämlich einen Vor- und einen Nachnamen, jetzt aber zusätzlich noch einen zweiten Vornamen. Die Ergänzung um einen obligatorischen zweiten Vornamen macht das gewünschte Verhalten von `get_formatted_name()` zunichte. Die beste Möglichkeit besteht hier darin, den zweiten Vornamen optional zu machen. Wenn wir das tun, sollte die Funktion den Test auf Namen wie Janis Joplin wieder bestehen, aber auch Namen mit einem zweiten Vornamen akzeptieren. Ändern wir `get_formatted_name()` also entsprechend und führen wir den Testfall erneut aus. Wenn er bestanden wird, müssen wir anschließend noch prüfen, ob die Funktion auch zweite Vornamen richtig handhabt.

Um den zweiten Vornamen optional zu machen, verschieben wir den Parameter `middle` in der Funktionsdefinition ans Ende der Parameterliste und geben einen leeren Standardwert dafür an. Außerdem fügen wir eine `if`-Anweisung hinzu, die prüft, ob ein zweiter Vorname angegeben ist, und den vollständigen Namen entsprechend zusammenbaut:

name_function.py

```
def get_formatted_name(first, last, middle=''):
    """Generate a neatly formatted full name."""
    if middle:
        full_name = f"{first} {middle} {last}"
    else:
        full_name = f"{first} {last}"
    return full_name.title()
```

In dieser neuen Version von `get_formatted_name()` ist der zweite Vorname optional. Wird er der Funktion übergeben, so wird der Gesamtname aus allen drei Bestandteilen zusammengesetzt, anderenfalls nur aus dem Vor- und Nachnamen. Die Funktion sollte jetzt beide Arten von Namen richtig handhaben können. Um zu prüfen, ob sie Namen wie Janis Joplin korrekt verarbeitet, führen wir erneut *test_name_function.py* aus:

```
$ pytest
========================= test session starts =========================
--schnipp--
test_name_function.py .                                         [100%]
========================== 1 passed in 0.00s ==========================
```

Jetzt besteht sie den Test wieder. Das ist hervorragend, denn dadurch haben wir uns vergewissern können, dass die Funktion Namen wie Janis Joplin wieder richtig verarbeitet, ohne dass wir sie manuell überprüfen müssen. Die Reparatur der Funktion war einfach, da wir durch den nicht bestandenen Test darauf hingewiesen wurden, welcher neue Code das vorhandene Verhalten beeinträchtigt hat.

Neue Tests hinzufügen

Nachdem wir wissen, dass *get_formatted_name()* wieder für einfache Namen funktioniert, wollen wir einen zweiten Test für Personen mit einem zweiten Vornamen schreiben. Dazu fügen wir der Datei `test_name_function.py` eine weitere Testfunktion hinzu:

```
from name_function import get_formatted_name

def test_first_last_name():
        -- schnipp --

    def test_first_last_middle_name():
        """Do names like 'Wolfgang Amadeus Mozart' work?"""
❶       formatted_name = get_formatted_name(
            'wolfgang', 'mozart', 'amadeus')
❷       assert formatted_name, 'Wolfgang Amadeus Mozart'
```

Diese neue Funktion nennen wir `test_first_last_middle_name()`. Der Name muss mit `test_` beginnen, damit die Funktion automatisch ausgeführt wird, wenn wir `pytest` ausführen. Den Rest des Namens gestalten wir so, dass deutlich wird, welches Verhalten von `get_formatted_name()` wir damit testen wollen. Wird der Test nicht bestanden, können wir sofort erkennen, welche Arten von Namen betroffen sind.

Um die Funktion zu testen, rufen wir `get_formatted_name` mit einem Vornamen, einem Nachnamen und einem zweiten Vornamen auf (❶) und prüfen mithilfe einer Annahme, ob der zurückgegebene Name dem erwarteten entspricht (❷). Wenn wir `pytest` erneut ausführen, werden jetzt beide Tests bestanden:

```
$ pytest
======================== test session starts ========================
--snip--
collected 2 items
❶ test_name_function.py .. [100%]
========================= 2 passed in 0.01s =========================
```

Die beiden Punkte ❶ zeigen an, dass zwei Tests bestanden wurden, was auch in der letzten Zeile der Ausgabe deutlich wird. Großartig – wir wissen jetzt, dass unsere Funktion sowohl Namen wie Janis Joplin als auch Namen wie Wolfgang Amadeus Mozart korrekt verarbeitet!

> **Probieren Sie es selbst aus!**
>
> **11-1 Stadt und Land:** Schreiben Sie eine Funktion, die als Parameter den Namen einer Stadt und des zugehörigen Landes entgegennimmt, und einen String der Form *Stadt, Land* zurückgibt, also z. B. `Santiago, Chile`. Speichern Sie die Funktion in dem Modul *city_functions.py* und speichern Sie diese Datei in einem neuen Ordner, damit `pytest` nicht versucht, die bereits geschriebenen Tests auszuführen.
>
> Legen Sie die Datei *test_cities.py* an, um diese Funktion zu prüfen. Schreiben Sie die Funktion `test_city_country()`, um sich zu vergewissern, dass ein Aufruf der Funktion mit Werten wie `'santiago'` und `'chile'` den gewünschten String hervorruft. Führen Sie den Test aus und sehen Sie nach, ob `test_city_country()` den Test besteht.
>
> **11-2 Bevölkerung:** Erweitern Sie Ihre Funktion, sodass noch `population` als dritter Parameter erforderlich ist. Damit soll die Funktion einen String der Form *Stadt, Land* – `population` *xxx* zurückgeben, z. B. `Santiago, Chile – population 5000000`. Führen Sie den Test erneut aus. Jetzt sollte `test_city_country()` bei dem Test durchfallen.
>
> Ändern Sie die Funktion erneut, indem Sie den Parameter `population` optional machen. Führen Sie den Test erneut aus, wobei die Funktion den Test jetzt wieder bestehen sollte.
>
> Schreiben Sie als zweiten Test `test_city_country_population()`, um zu prüfen, ob Sie die Funktion mit den Werten `'santiago'`, `'chile'` und `'population=5000000'` aufrufen können. Führen Sie die Tests abermals aus und vergewissern Sie sich, dass der neue Test bestanden wird.

Klassen testen

Bis jetzt haben Sie nur Tests für einzelne Funktionen geschrieben. Im Folgenden sehen wir uns Tests für eine ganze Klasse an. Da Sie in vielen Ihrer eigenen Programme Klassen verwenden werden, ist es praktisch, eine Möglichkeit zu haben, um zu prüfen, ob sie korrekt funktionieren. Mit solchen Tests können Sie sich vergewissern, dass die Verbesserungen, die Sie daran vornehmen, nicht versehentlich das bisherige Verhalten beeinträchtigen.

Verschiedene Annahmen

Bis jetzt haben Sie nur eine Art von Annahmen gesehen: eine Annahme, dass eine Zeichenkette einen bestimmten Wert hat. Wenn Sie einen Test schreiben, können Sie jede Annahme aufstellen, die sich als bedingte Anweisung ausdrücken lässt. Wenn das der Fall ist, sind damit Ihre Annahmen über das Verhalten dieses Programmteils bestätigt; Sie können also sicher sein, dass keine Fehler vorhanden sind. Ist die Annahme jedoch falsch, schlägt der Test fehl, und Sie wissen, dass Sie einen Fehler beheben müssen. Tabelle 11–1 zeigt häufig verwendete Annahmen, die Sie für den Test einsetzen können.

Annahme	Verwendung
`assert a ==b`	Beide Variablen sollen gleich sein.
`assert a != b`	Beide Variablen sollen nicht gleich sein.
`assert a`	A soll `True` sein.
`assert not a`	A soll `False` sein.
`assert` *element* `in` *liste*	Element soll sich in der Liste befinden.
`assert` *element* `not in` *liste*	Element soll sich nicht in der Liste befinden.

Tab. 11–1 *Zusicherungsmethoden im Modul* `unittest`

Dies sind nur einige Beispiele; alles, was als bedingte Anweisung ausgedrückt werden kann, kann in einen Test aufgenommen werden.

Eine Beispielklasse zum Testen

Das Testen einer Klasse ähnelt dem Testen einer Funktion. Der Großteil der Arbeit besteht darin, das Verhalten der Methoden in der Klasse zu prüfen. Es gibt jedoch einige Unterschiede. Um uns das genauer anzusehen, schreiben wir zunächst eine Klasse, die wir testen können. Die folgende Beispielklasse hilft bei der Durchführung anonymer Umfragen:

survey.py

```
class AnonymousSurvey():
    """Collect anonymous answers to a survey question."""

❶   def __init__(self, question):
        """Store a question, and prepare to store responses."""
        self.question = question
        self.responses = []

❷   def show_question(self):
        """Show the survey question."""
        print(self.question)

❸   def store_response(self, new_response):
        """Store a single response to the survey."""
        self.responses.append(new_response)

❹   def show_results(self):
        """Show all the responses that have been given."""
        print("Survey results:")
        for response in self.responses:
            print(f"- {response}")
```

Am Anfang dieser Klasse stehen die Frage, die Sie stellen wollen (❶), und eine leere Liste zur Speicherung der Antworten. Des Weiteren verfügt die Klasse über Methoden, um die Frage auszugeben (❷), eine neue Antwort zur Antwortliste hinzuzufügen (❸) und alle Antworten auf der Liste anzuzeigen (❹). Um eine Instanz dieser Klasse zu bilden, müssen Sie lediglich eine Frage angeben. Anschließend können Sie die Frage mit `show_question()` anzeigen, die Antworten mit `store_response()` speichern und die Ergebnisse mit `show_results()` ausgeben.

Um zu zeigen, dass die Klasse `AnonymousSurvey` funktioniert, schreiben wir ein Programm, in dem sie verwendet wird:

language_survey.py

```
from survey import AnonymousSurvey

# Formuliert die Frage und erstellt eine Umfrage.
question = "What language did you first learn to speak?"
language_survey = AnonymousSurvey(question)

# Zeigt die Frage an und speichert die Antworten darauf.
language_survey.show_question()
print("Enter 'q' at any time to quit.\n")
while True:
    response = input("Language: ")
    if response == 'q':
        break
    language_survey.store_response(response)

# Zeigt die Ergebnisse an.
print("\nThank you to everyone who participated in the survey!")
language_survey.show_results()
```

Dieses Programm definiert eine Frage (`"What language did you first learn to speak?"`) und erstellt ein `AnonymousSurvey`-Objekt mit dieser Frage. Anschließend ruft es `show_question()` auf, um die Frage anzuzeigen, und bittet um Antworten. Jede Antwort wird bei ihrem Eingang gespeichert. Nach der Eingabe aller Antworten (zum Beenden tippt der Benutzer `q` ein) gibt `show_results()` die Ergebnisse aus:

```
What language did you first learn to speak?
Enter 'q' at any time to quit.

Language: English
Language: Spanish
Language: English
Language: Mandarin
Language: q

Thank you to everyone who participated in the survey!
Survey results:
- English
```

```
- Spanish
- English
- Mandarin
```

Bei dieser einfachen anonymen Umfrage funktioniert die Klasse. Nehmen wir aber an, wir wollen `AnonymousSurvey` und das Modul `survey` verbessern. Beispielsweise können wir allen Benutzern die Möglichkeit bieten, mehr als eine Antwort einzugeben. Wir können auch eine Methode schreiben, die nur die verschiedenartigen Antworten ausgibt und anzeigt, wie oft sie jeweils gegeben wurden. Es ist auch denkbar, eine weitere Klasse für nicht anonyme Umfragen zu schreiben.

Bei all diesen Änderungen besteht die Gefahr, dass wir das jetzige Verhalten der Klasse `AnonymousSurvey` beeinträchtigen. Wenn Sie jedem Benutzer erlauben, mehrere Antworten zu geben, kann es sein, dass Sie dabei versehentlich die Handhabung einzelner Antworten ändern. Um sicherzugehen, dass wir das vorhandene Verhalten bei der Weiterentwicklung des Moduls nicht verschlechtern, schreiben wir Tests für die Klasse.

Die Klasse AnonymousSurvey testen

Wir wollen nun einen Test schreiben, der einen Aspekt des Verhaltens von `AnonymousSurvey` prüft, nämlich die Speicherung einer einzelnen Antwort auf die Frage.

test_survey.py

```
from survey import AnonymousSurvey
❶ def test_store_single_response():
    """Test that a single response is stored properly."""
    question = "What language did you first learn to speak?"
❷   language_survey = AnonymousSurvey(question)
    language_survey.store_response('English')
❸   assert 'English' in language_survey.responses
```

Wir beginnen mit dem Import der Klasse, die wir testen wollen, `AnonymousSurvey`. Mit der ersten Testfunktion wird überprüft, ob die Antworten in der Liste der Antworten der Umfrage landen. Ein guter beschreibender Name für diese Funktion ist `test_store_single_response()` ❶. Wenn dieser Test fehlschlägt, wissen wir anhand des Funktionsnamens in der Testzusammenfassung, dass es ein Problem beim Speichern einer einzelnen Antwort in der Umfrage gab. Um das Verhalten einer Klasse zu testen, müssen wir eine Instanz der Klasse erstellen. Wir erstellen eine Instanz namens `language_survey` ❷ mit der Frage »Welche Sprache haben Sie zuerst gelernt zu sprechen?« Mit der Methode `store_response()` wird eine einzelne Antwort, Englisch, gespeichert. Anschließend wird überprüft, ob die Antwort korrekt gespeichert wurde, indem festgestellt wird, ob Englisch in der Liste `language_survey.responses` ❸ enthalten ist. Wenn Sie den Befehl `pytest` ohne Argumente ausführen, werden standardmäßig alle Tests ausgeführt, die `pytest` im aktuellen Verzeichnis findet. Um sich auf die Tests in einer Datei zu konzentrieren, geben Sie den Namen der Testdatei an, die Sie ausführen möchten. Hier führen wir nur den einen Test aus, den wir für `AnonymousSurvey` geschrieben haben.

```
$ pytest test_survey.py
======================== test session starts ========================
--snip--
test_survey.py .                                               [100%]
========================= 1 passed in 0.01s =========================
```

Das ist zwar gut zu wissen, doch eine Umfrage ist nur dann sinnvoll, wenn es mehrere Antworten gibt. Daher überprüfen wir als Nächstes, ob auch drei Antworten korrekt gespeichert werden. Dazu fügen wir eine weitere Methode zu `TestAnonymousSurvey` hinzu:

```
from survey import AnonymousSurvey

    def test_store_single_response(self):
        -- schnipp --

    def test_store_three_responses(self):
        """Test that three individual responses are stored properly."""
        question = "What language did you first learn to speak?"
        language_survey = AnonymousSurvey(question)
❶       responses = ['English', 'Spanish', 'Mandarin']
        for response in responses:
            language_survey.store_response(response)

❷       for response in responses:
            assert response in language_survey.responses
```

In der neuen Funktion `test_store_three_responses()` erstellen wir wie in `test_store_single_response()` ein Umfrageobjekt. Außerdem definieren wir eine Liste mit drei verschiedenen Antworten (❶) und rufen dann für jeder dieser Antworten `store_response()` auf. Wenn die Antworten gespeichert sind, führen wir eine weitere Schleife aus, in der wir uns vergewissern, dass sich alle Antworten in `my_survey.responses` befinden (❷).

Wenn wir nun die Testdatei erneut ausführen, werden beide Tests bestanden, sowohl derjenige für eine einzelne als auch derjenige für drei Antworten:

```
$ pytest test_survey.py
======================== test session starts ========================
--snip--
test_survey.py .                                               [100%]
========================= 2 passed in 0.01s =========================
```

Das funktioniert hervorragend. Allerdings sind die Tests ein bisschen redundant. Um sie wirtschaftlicher zu gestalten, nutzen wir ein weiteres Merkmal von `pytest`.

Verwenden von Fixtures

In `test_survey.py` haben wir in jeder Testfunktion eine neue Instanz von `AnonymousSurvey` erstellt. Für das kurze Beispiel, mit dem wir arbeiten, ist das in Ordnung, aber in einem realen Projekt mit Dutzenden oder Hunderten von Tests wäre das problematisch. Beim Testen hilft eine Fixture dabei, eine Testumgebung einzurichten. Oft bedeutet dies, dass eine Ressource erstellt wird, die von mehr als einem Test verwendet wird. Wir erstellen eine Fixture in `pytest`, indem wir eine Funktion mit dem Decorator `@pytest.fixture` schreiben. Ein Decorator ist eine Anweisung, die vor einer Funktionsdefinition steht. Python wendet diese Anweisung auf die Funktion an, bevor sie ausgeführt wird, um das Verhalten des Funktionscodes zu ändern. Machen Sie sich keine Sorgen, wenn das kompliziert klingt; Sie können Decorators aus Drittanbieterpaketen verwenden, bevor Sie lernen, sie selbst zu schreiben. Lassen Sie uns eine Fixture verwenden, um eine einzelne Umfrageinstanz zu erstellen, die in beiden Testfunktionen in `test_survey.py` verwendet werden kann:

```
  import pytest
  from survey import AnonymousSurvey
❶ @pytest.fixture
❷ def language_survey():
      """A survey that will be available to all test functions."""
      question = "What language did you first learn to speak?"
      language_survey = AnonymousSurvey(question)
      return language_survey

❸ def test_store_single_response(language_survey):
      """Test that a single response is stored properly."""
❹ language_survey.store_response('English')
  assert 'English' in language_survey.responses

❺ def test_store_three_responses(language_survey):
      """Test that three individual responses are stored properly."""
      responses = ['English', 'Spanish', 'Mandarin']
      for response in responses:
❻ language_survey.store_response(response)

  for response in responses:
      assert response in language_survey.responses
```

Wir müssen jetzt pytest importieren, weil wir einen Decorator verwenden, der in pytest definiert ist. Wir wenden den @pytest.fixture-Decorator (❶) auf die neue Funktion language_survey() (❷) an. Diese Funktion erstellt ein AnonymousSurvey-Objekt und gibt die neue Umfrage zurück. Beachten Sie, dass sich die Definitionen beider Testfunktionen (❸ ❺) geändert haben; jede Testfunktion hat jetzt einen Parameter namens language_survey. Wenn ein Parameter in einer Testfunktion mit dem Namen einer Funktion mit dem @pytest.fixture-Decorator übereinstimmt, wird das Fixture automatisch ausgeführt und der Rückgabewert an die Testfunktion übergeben. In diesem Beispiel versorgt die Funktion language_survey() sowohl test_store_single_response() als auch test_store_three_responses() mit einer language_survey-Instanz. Beide Testfunktionen enthalten keinen neuen Code, aber zwei Zeilen wurden aus jeder Funktion (❹ ❻) entfernt: die Zeile, in der eine Frage definiert wurde, und die Zeile, in der ein AnonymousSurvey-Objekt erstellt wurde. Wenn wir die Testdatei erneut ausführen, werden beide Tests weiterhin bestanden. Diese Tests sind besonders nützlich, wenn man versucht, AnonymousSurvey zu erweitern, um mehrere Antworten für jede Person zu verarbeiten. Nachdem Sie den Code so geändert haben, dass er mehrere Beantwortungen zulässt, können Sie diese Tests ausführen und sicherstellen, dass Sie die Fähigkeit, eine einzelne Antwort oder eine Reihe von einzelnen Antworten zu speichern, nicht beeinträchtigt haben.

Die obige Struktur sieht mit Sicherheit kompliziert aus; sie enthält einen der abstraktesten Codes, die Sie bisher gesehen haben. Sie müssen Fixtures nicht sofort verwenden; es ist besser, Tests zu schreiben, die viel sich wiederholenden Code enthalten, als gar keine Tests zu schreiben. Sie sollten nur wissen, dass es, wenn Sie genug Tests geschrieben haben und die Wiederholungen Sie stören, eine bewährte Methode gibt, um mit den Wiederholungen klarzukommen. Außerdem machen Fixtures in einfachen Beispielen wie diesem den Code nicht wirklich kürzer oder einfacher zu verstehen. Aber in Projekten mit vielen Tests oder in Situationen, in denen es viele Zeilen braucht, um eine Ressource zu erstellen, die in mehreren Tests verwendet wird, können Fixtures Ihren Testcode drastisch verbessern. Wenn Sie eine Fixture schreiben wollen, schreiben Sie eine Funktion, die die Ressource erzeugt, die von mehreren Testfunktionen verwendet wird. Fügen Sie der neuen Funktion den @pytest.fixture-Decorator hinzu und fügen Sie den Namen dieser Funktion als Parameter für jede Testfunktion hinzu die diese Ressource verwendet. Ihre Tests werden von nun an kürzer und einfacher zu schreiben und zu pflegen sein.

Probieren Sie es selbst aus!

11-3 Angestellte: Schreiben Sie die Klasse `Employee`, deren `__init__()`-Methode einen Vornamen, einen Nachnamen und ein Jahresgehalt entgegennimmt und als Attribute speichert. Fügen Sie die Methode `give_raise()` hinzu, die das Jahresgehalt um den Standardwert von 5000 $ erhöht, aber auch andere Werte für die Gehaltserhöhung entgegennimmt.

Schreiben Sie eine Testdatei für `Employee` mit den beiden Funktionen `test_give_default_raise()` und `test_give_custom_raise()`. Schreiben Sie Ihre Tests einmal mit und einmal ohne Fixture, und sorgen Sie dafür, dass beide Tests bestanden werden. Schreiben Sie dann eine Fixture, um nicht in jeder dieser Funktionen eine neue Instanz von `Employee` erstellen zu müssen. Führen Sie den Test erneut aus und sorgen Sie dafür, dass beide bestanden werden.

Zusammenfassung

In diesem Kapitel haben Sie gelernt, wie man mit den Werkzeugen des `pytest`-Moduls Tests für Funktionen und Klassen schreibt. Sie haben gelernt, Testfunktionen zu schreiben, die bestimmte Verhaltensweisen Ihrer Funktionen und Klassen überprüfen. Sie haben gesehen, wie Fixtures verwendet werden, um effizient Ressourcen zu erstellen, die in mehreren Testfunktionen in einer Testdatei verwendet werden können.

Tests bilden ein wichtiges Thema, das Anfängern meistens nicht beigebracht wird. Für die ersten, einfachen Programme, die Sie als Neuling schreiben, müssen Sie auch keine Tests erstellen, aber sobald Sie an Projekten zu arbeiten beginnen, die einen beträchtlichen Entwicklungsaufwand erfordern, sollten Sie die entscheidenden Verhaltensweisen Ihrer Funktionen und Klassen prüfen. Damit können Sie sicherstellen, dass Erweiterungen Ihres Projekts die bereits vorhandenen Teile nicht beeinträchtigen, weshalb Sie solche Erweiterungen leichteren Herzens vornehmen können. Falls Sie versehentlich eine bestehende Funktionalität stören, können Sie das sofort erkennen und leicht beheben. Auf einen fehlgeschlagenen Test zu reagieren, den Sie selbst durchführen, ist viel einfacher, als auf die Meldung eines Fehlers von einem unglücklichen Benutzer zu antworten.

Andere Programmierer werden Ihre Projekte höher wertschätzen, wenn Sie einige erste Tests einschließen. Dann fühlen sie sich sicherer, mit Ihrem Code zu experimentieren, und sind eher geneigt, mit Ihnen an Projekten zusammenzuarbeiten. Wenn Sie zu einem Projekt anderer beitragen, wird von Ihnen erwartet, dass Ihr Code vorhandene Tests besteht und dass Sie selbst Tests für neue Verhaltensweisen schreiben, die Sie dem Projekt hinzufügen.

Probieren Sie die Möglichkeiten für Tests aus, um sich damit vertraut zu machen. Schreiben Sie Tests für die wichtigsten Verhaltensweisen Ihrer Funktionen und Klassen. Allerdings sollten Sie in Ihren ersten Projekten noch keine vollständige Abdeckung anstreben, sofern Sie keinen gewichtigen Grund dafür haben.

Teil 2

Projekte

Herzlichen Glückwunsch! Sie haben jetzt ausreichend Kenntnisse über Python, um damit beginnen zu können, sinnvolle interaktive Projekte zu schreiben. Durch die Arbeit an eigenen Projekten erwerben Sie neue Fähigkeiten und festigen Ihre Kenntnisse der in Teil I eingeführten Grundlagen.

Teil II enthält drei sehr unterschiedliche Projekte. Sie können sich ein einzelnes Projekt herauspicken, aber auch alle bearbeiten, und zwar in jeder beliebigen Reihenfolge. Die folgende kurze Beschreibung soll Ihnen bei der Entscheidung helfen, womit Sie anfangen möchten.

Alien Invasion – ein Python-Spiel

Im Projekt *Alien Invasion* (Kapitel 12 bis 14) nutzen Sie das Paket Pygame, um ein 2D-Spiel zu entwickeln, in dem es darum geht, außerirdische Raumschiffe abzuschießen, die sich vom oberen Bildschirmrand nach unten bewegen. Das Spiel umfasst mehrere Level mit immer höherer Geschwindigkeit und immer höherem Schwierigkeitsgrad. Am Ende des Projekts haben Sie die Fähigkeiten erworben, die Sie zur Entwicklung eigener 2D-Spiele mit Pygame benötigen.

Datenvisualisierung

Das Projekt zur Datenvisualisierung beginnt in Kapitel 15. Dort lernen Sie, wie Sie Daten generieren und mithilfe von `matplotlib` und Pygal funktionale und optisch ansprechende Visualisierungen erstellen. In Kapitel 16 erfahren Sie, wie Sie auf Daten in Onlinequellen zugreifen und sie in ein Visualisierungspaket einspeisen, um Wetterdaten darzustellen oder eine Karte der Erdbebenaktivität in aller Welt zu gestalten. Schließlich zeigt Ihnen Kapitel 17, wie Sie ein Programm schreiben, das Daten automatisch herunterlädt und visualisiert. Kenntnisse in solchen Visualisierungen ermöglichen es Ihnen, sich Fähigkeiten auf dem Gebiet des Data Mining zu erwerben, die heutzutage eine der meistgefragten Fähigkeiten von Programmierern sind.

Webanwendungen

Im Webanwendungsprojekt (Kapitel 18 bis 20) verwenden Sie das Paket Django, um eine einfache Webanwendung zu schreiben, mit der die Benutzer ein Tagebuch über verschiedene Lernfächer führen können. Dabei erstellen die Benutzer ein Konto mit einem Benutzernamen und einem Passwort, geben das Fach an und nehmen dann Einträge über das vor, was sie jeweils lernen. Des Weiteren erfahren Sie, wie Sie diese App mobil bereitstellen, sodass Sie weltweit zugänglich ist.

Nachdem Sie dieses Projekt durchgearbeitet haben, können Sie eigene einfache Webanwendungen erstellen und Ihr Wissen mittels weiterführender Quellen über das Schreiben von Anwendungen mit Django vertiefen.

Projekt 1

Alien Invasion

12
Das eigene Kampfschiff

In diesem und den beiden folgenden Kapiteln wollen wir ein Spiel namens *Alien Invasion* schreiben. Dazu verwenden wir Pygame, eine Zusammenstellung von leistungsfähigen Python-Modulen für den Umgang mit Grafik, Animation und sogar Ton, die es leichter macht, anspruchsvolle Spiele zu gestalten. Da sich Pygame um Aufgaben wie die Ausgabe von Bildern auf dem Monitor kümmert, brauchen Sie nicht mühselig Code dafür zu schreiben, sondern können sich auf die eigentliche Logik des Spielablaufs konzentrieren.

In diesem Kapitel richten Sie Pygame ein und erstellen ein Raumschiff, das sich in Reaktion auf die Eingaben des Spielers nach rechts und links bewegt und Geschosse abfeuert. In den nächsten beiden Kapiteln fügen Sie eine Flotte außerirdischer Raumschiffe hinzu, die es abzuschießen gilt, und nehmen Verbesserungen vor, indem Sie etwa die Anzahl der Schiffe beschränken, die dem Spieler zur Verfügung stehen, und den Punktestand ausgeben.

Anhand dieses Kapitels lernen Sie auch, wie Sie umfangreiche Projekte verwalten, die mehrere Dateien umspannen. Wir führen auch eine Menge Refactorings durch und kümmern uns um die Gliederung der Dateien, um das Projekt zu strukturieren und den Code effizient zu gestalten.

Die Gestaltung eines Spiels ist eine ideale Möglichkeit, um eine Programmiersprache zu lernen und gleichzeitig Spaß dabei zu haben. Es ist ein erhebendes Gefühl, zu sehen, wie sich andere Personen in ein Spiel vertiefen, das Sie geschrieben haben. Ein einfaches Spiel zu erstellen gibt Ihnen auch einen Einblick darin, wie professionelle Programmierer Spiele entwickeln. Während Sie dieses Kapitel durcharbeiten, sollten Sie den vorgestellten Code jeweils eingeben und ausführen, um zu verstehen, wie die einzelnen Blöcke zum Spielablauf beitragen. Experimentieren Sie ruhig mit unterschiedlichen Werten und Einstellungen, um ein besseres Verständnis dafür zu gewinnen, wie Sie die Interaktion in Ihren Spielen weiterentwickeln können.

Hinweis

Das Projekt *Alien Invasion* umfasst mehrere Dateien. Daher sollten Sie auf Ihrem System einen eigenen Ordner namens *alien_invasion* anlegen und sämtliche Dateien für dieses Projekt darin speichern, damit die `import`-Anweisungen korrekt funktionieren.

Wenn Sie sich schon dazu bereit fühlen, eine Versionssteuerung zu verwenden, können Sie das bei diesem Projekt tun. Einen Überblick über Versionssteuerung erhalten Sie in Anhang D.

Das Projekt planen

Bei einem umfangreichen Projekt ist es wichtig, einen Plan aufzustellen, bevor Sie damit beginnen, Code zu schreiben. Dieser Plan hilft Ihnen dabei, sich nicht zu verzetteln, und erhöht die Wahrscheinlichkeit dafür, dass Sie das Projekt auch fertigstellen.

Wir schreiben daher zunächst eine allgemeine Beschreibung des Spielablaufs. Sie deckt zwar nicht alle Einzelheiten von *Alien Invasion* ab, vermittelt aber eine gute Vorstellung davon, wie wir beim Schreiben dieses Spiels vorgehen müssen:

> *In Alien Invasion steuert der Spieler ein Raumschiff, das mittig am unteren Bildschirmrand erscheint. Er kann das Schiff mit den Pfeiltasten nach rechts und links verschieben und mithilfe der Leertaste Geschosse abfeuern. Zu Spielbeginn füllt eine Flotte außerirdischer Raumschiffe den Himmel aus und bewegt sich auf dem Bildschirm seitwärts und nach unten. Der Spieler schießt, um die gegnerischen Schiffe zu zerstören. Wenn er alle abgeschossen hat, erscheint eine neue Flotte, die sich schneller bewegt als die vorhergehende. Stößt ein außerirdisches Schiff auf das Schiff des Spielers oder erreicht es den unteren Bildschirmrand, verliert der Spieler ein Schiff. Hat der Spieler drei Schiffe verloren, endet das Spiel.*

In der ersten Entwicklungsphase erstellen wir ein Schiff, das sich nach Drücken der Pfeiltasten nach rechts und links bewegen kann und Geschosse abfeuert, wenn der Spieler die Leertaste drückt. Nachdem wir dieses Verhalten eingerichtet haben, wenden wir uns den Außerirdischen zu und nehmen Verbesserungen am Spielablauf vor.

Pygame installieren

Bevor Sie mit dem Programmieren beginnen, installieren Sie Pygame. Dies geschieht auf die gleiche Weise, wie wir pytest in Kapitel 11 installiert haben: mit pip. Wenn Sie Kapitel 11 übersprungen haben oder eine Auffrischung zu pip benötigen, lesen Sie »Installation von pytest mit pip«. Um Pygame zu installieren, geben Sie den folgenden Befehl in ein Terminalfenster ein:

```
$ python -m pip install --user pygame
```

Wenn Sie einen anderen Befehl als `python` verwenden, um Programme auszuführen oder eine Terminalsitzung zu starten, etwa `python3`, verwenden Sie den passenden Befehl.

Erste Schritte für das Spielprojekt

Jetzt können wir damit beginnen, unser Spiel zu gestalten. Dazu legen wir als Erstes ein leeres Pygame-Fenster an, in das wir später die Spielelemente wie unser eigenes Schiff und die Schiffe der Außerirdischen zeichnen. Außerdem sorgen wir dafür, dass das Spiel auf unsere Eingaben reagiert, legen die Hintergrundfarbe fest und laden ein Bild unseres Schiffes.

Ein Pygame-Fenster anlegen und auf Benutzereingaben reagieren

Wir erstellen ein leeres Pygame-Fenster, indem wir eine Klasse zur Darstellung des Spiels schreiben. Legen Sie in Ihrem Texteditor eine neue Datei an, speichern Sie sie als *alien_invasion.py* und geben Sie Folgendes ein:

alien_invasion.py

```
import sys

import pygame

class AlienInvasion:
    """Overall class to manage game assets and behavior."""
```

```
    def __init__(self):
        """Initialize the game, and create game resources."""
❶       pygame.init()

❷       self.screen = pygame.display.set_mode((1200, 800))
        pygame.display.set_caption("Alien Invasion")

    def run_game(self):
        """Start the main loop for the game."""
❸       while True:
            # Lauscht auf Tastatur- und Mausereignisse.
❹           for event in pygame.event.get():
❺               if event.type == pygame.QUIT:
                    sys.exit()

            # Macht den zuletzt gezeichneten Bildschirm sichtbar.
❻           pygame.display.flip()

if __name__ == '__main__':
    # Erstellt eine Spielinstanz und führt das Spiel aus.
    ai = AlienInvasion()
    ai.run_game()
```

Als Erstes importieren wir das Modul `pygame`, das alles enthält, was wir zur Entwicklung eines Spiels benötigen, sowie das Modul `sys`, das wir brauchen, damit der Spieler das Spiel beenden kann.

Am Anfang von *Alien Invasion* steht die Klasse `AlienInvasion`. In der Methode `__init__()` initialisiert die Funktion `pygame.init()` die Hintergrundeinstellungen, die Pygame benötigt, um korrekt laufen zu können (❶). Bei ❷ rufen wir `pygame.display.set_mode()` auf, um ein Fenster anzuzeigen, in das wir alle grafischen Elemente des Spiels zeichnen. Dabei übergeben wir als Argument das Tupel `(1200, 800)`, um die Abmessungen des Spielfensters auf eine Breite von 1200 Pixel und eine Höhe von 800 Pixel festzulegen. (Passen Sie diese Abmessungen an die Größe Ihres Bildschirms an.) Dieses Fenster weisen wir dem Attribut `self.screen` zu, sodass es in allen Methoden der Klasse zur Verfügung steht.

Das zu `self.screen` zugewiesene Objekt ist eine *Oberfläche*. In Pygame werden die Teile des Bildschirms, in denen ein Spielelement angezeigt wird, Oberflächen genannt. Alle grafischen Elemente, auch die außerirdischen oder Ihre eigenen Schiffe, sind Oberflächen. Die von `display.set_mode()` zurückgegebene Oberfläche stellt das gesamte Spielfenster dar. Wenn wir die Animationsschleife des Spiels starten, wird diese Oberfläche bei jedem Durchlauf neu gezeichnet, sodass sie mit allen von den Eingaben des Benutzers ausgelösten Änderungen aktualisiert werden kann.

Gesteuert wird das Spiel durch die Methode `run_game()`. Sie enthält eine kontinuierlich ausgeführte `while`-Schleife (❸), die wiederum eine Ereignisschleife sowie Code für die Aktualisierung des Bildschirms enthält. Ein *Ereignis* ist eine Aktion, die der Benutzer während des Spiels vornimmt, z.B. die Betätigung einer Taste oder eine Mausbewegung. Damit unser Programm auf solche Aktionen reagieren kann, schreiben wir eine *Ereignisschleife* (❹), die auf Ereignisse *lauscht* und je nach der Art des aufgetretenen Ereignisses bestimmte Maßnahmen ausführt.

Um die von Pygame erkannten Ereignisse abzurufen, verwenden wir die Methode `pygame.event.get()`. Sie gibt eine Liste der Ereignisse zurück, die seit dem letzten Aufruf der Funktion stattgefunden haben. Jedes Tastatur- und jedes Mausereignis führt dazu, dass die `for`-Schleife ausgeführt wird. Innerhalb der Schleife verwenden wir eine Folge von `if`-Anweisungen, um die einzelnen Ereignisse zu identifizieren und darauf zu reagieren. Klickt der Spieler beispielsweise auf die Schließen-Schaltfläche des Spielfensters, wird das Ereignis `pygame.QUIT` erkannt, weshalb wir `sys.exit()` aufrufen, um das Spiel zu beenden (❺).

Der Aufruf von `pygame.display.flip()` bei ❻ weist Pygame an, den zuletzt gezeichneten Bildschirm sichtbar zu machen. Hierzu wird bei jedem Durchlauf der `while`-Schleife ein leerer Bildschirm gezeichnet und der alte Bildschirm gelöscht, sodass nur der neue zu sehen ist. Wenn wir Spielelemente verschieben, sorgt `pygame.display.flip()` dafür, dass die Anzeige ständig aktualisiert wird und jeweils die neuesten Positionen der Elemente darstellt und die alten verbirgt. Dadurch entsteht die Illusion einer flüssigen Bewegung.

Am Ende der Datei legen wir eine Instanz des Spiels an und rufen `run_game()` auf. Dabei stellen wir die Funktion in einen `if`-Block, sodass sie nur ausgeführt wird, wenn die Datei direkt aufgerufen wird. Wenn Sie die Datei *alien_invasion.py* jetzt ausführen, sehen Sie ein leeres Pygame-Fenster.

Steuerung der Framerate

Im Idealfall sollten Spiele auf allen Systemen mit der gleichen Geschwindigkeit, also der gleichen Framerate, laufen. Die Steuerung der Framerate eines Spiels, das auf verschiedenen Systemen laufen kann, ist ein komplexes Thema, aber Pygame bietet eine relativ einfache Möglichkeit, dieses Ziel zu erreichen. Wir erstellen eine Uhr und stellen sicher, dass die Uhr bei jedem Durchlauf der Hauptschleife einmal tickt. Jedes Mal, wenn die Schleife schneller abläuft als in der von uns definierten Rate, berechnet Pygame die richtige Zeitspanne für eine Pause, damit das Spiel mit einer gleichmäßigen Rate läuft. Wir definieren die Uhr in der Methode `__init__()`:

```
def __init__(self):
    """Initialize the game, and create game resources."""
    pygame.init()
```

```
        self.clock = pygame.time.Clock()-
        -schnipp--
```

Nach der Initialisierung von pygame erstellen wir eine Instanz der Klasse Clock aus dem pygame.time-Modul. Dann bringen wir die Uhr am Ende der while-Schleife in run_game() zum Ticken:

```
def run_game(self):
    """Start the main loop for the game."""
    while True:
            --schnipp--
            pygame.display.flip()
            self.clock.tick(60)
```

Die tick()-Methode nimmt ein Argument entgegen: die Framerate für das Spiel. Hier verwende ich einen Wert von 60, sodass Pygame sein Bestes tut, um die Schleife genau 60 Mal pro Sekunde laufen zu lassen.

Hinweis

Die Uhr von pygame sollte dazu beitragen, dass das Spiel auf den meisten Systemen konstant läuft. Wenn das Spiel auf Ihrem System weniger konstant läuft, können Sie verschiedene Werte für die Framerate ausprobieren. Wenn Sie auf Ihrem System keine gute Framerate finden, können Sie den Taktgeber ganz weglassen und die Einstellungen des Spiels so anpassen, dass es auf Ihrem System gut läuft.

Die Hintergrundfarbe festlegen

Standardmäßig zeigt Pygame einen schwarzen Bildschirm an, aber das sieht langweilig aus. Daher wollen wir eine andere Hintergrundfarbe festlegen:

alien_invasion.py

```
def __init__(self):
    -- schnipp --
    pygame.display.set_caption("Alien Invasion")

    # Legt die Hintergrundfarbe fest.
❶   self.bg_color = (230, 230, 230)

def run_game(self):
    -- schnipp --
        for event in pygame.event.get():
            if event.type == pygame.QUIT:
                sys.exit()

        # Zeichnet den Bildschirm bei jedem Schleifendurchlauf neu.
❷       self.screen.fill(self.bg_color)

        # Macht den zuletzt gezeichneten Bildschirm sichtbar.
```

```
        pygame.display.flip()
        self.clock.tick(60)
```

In Pygame werden Farben im RGB-System definiert, also als eine Mischung aus Rot, Grün und Blau. Die Werte der einzelnen Farbanteile reichen dabei jeweils von 0 bis 255. Der Farbwert `(255, 0, 0)` steht für Rot, `(0, 255, 0)` für Grün und `(0, 0, 255)` für Blau. Durch die Mischung von RGB-Werten können Sie 16 Millionen Farben erzeugen. Bei der Angabe `(230, 230, 230)` werden Rot, Grün und Blau in gleichen Anteilen gemischt, was ein helles Grau ergibt. Diese Farbe weisen wir bei ❶ `self.bg_color` zu.

Bei ❷ füllen wir den Bildschirm mithilfe von `fill()` mit der Hintergrundfarbe. Diese Methode nimmt nur ein einziges Argument an, nämlich eine Farbe.

Eine Klasse für Einstellungen anlegen

Jedes Mal, wenn wir unser Spiel um eine neue Funktionalität erweitern, fügen wir gewöhnlich auch neue Einstellungen hinzu. Anstatt diese Einstellungen über den Code zu verteilen, schreiben wir das Modul `settings` mit der Klasse `Settings`, um alle Einstellungen zentral zu speichern. Dadurch müssen wir nicht viele einzelne Einstellungen weitergeben, sondern nur ein einziges Einstellungsobjekt. Das vereinfacht unsere Funktionsaufrufe. Außerdem erleichtert es spätere Änderungen am Erscheinungsbild des Spiels, da wir dann nicht mehr alle Dateien nach verschiedenen Einstellungen durchsuchen, sondern nur noch gezielt einige Werte in *settings.py* umstellen müssen.

Erstellen Sie eine neue Datei namens *settings.py* innerhalb Ihres Ordners *alien_invasion* und fügen Sie folgenden ersten Entwurf der Klasse `Settings` hinzu:

settings.py

```
class Settings():
    """A class to store all settings for Alien Invasion."""

    def __init__(self):
        """Initialize the game's settings."""
        # Bildschirmeinstellungen
        self.screen_width = 1200
        self.screen_height = 800
        self.bg_color = (230, 230, 230)
```

Um eine Instanz von `Settings` zu bilden und für den Zugriff auf die Einstellungen zu nutzen, ändern wir *alien_invasion.py* wie folgt ab:

alien_invasion.py

```
-- schnipp --
import pygame

from settings import Settings
```

```
class AlienInvasion:
    """Overall class to manage game assets and behavior."""

    def __init__(self):
        """Initialize the game, and create game resources."""
        pygame.init()
        self.clock = pygame.time.Clock()
❶       self.settings = Settings()

❷       self.screen = pygame.display.set_mode(
            (self.settings.screen_width, self.settings.screen_height))
        pygame.display.set_caption("Alien Invasion")

    def run_game(self):
            -- schnipp --
            # Zeichnet den Bildschirm bei jedem Schleifendurchlauf neu.
❸           self.screen.fill(self.settings.bg_color)

            # Macht den zuletzt gezeichneten Bildschirm sichtbar.
            pygame.display.flip()
            self.clock.tick(60)
-- schnipp --
```

Wir importieren `Settings` in die Hauptprogrammdatei und legen nach dem Aufruf von `pygame.init()` eine Instanz davon an, die wir `self.settings` zuweisen (❶). Wenn wir nun bei ❷ das Bildschirmobjekt erstellen, verwenden wir die Attribute `screen_width` und `screen_height` von `self.settings`. Auch beim Füllen des Bildschirms greifen wir auf die in `self.settings` festgelegte Hintergrundfarbe zurück (❸).

Wenn Sie *alien_invasion.py* jetzt ausführen, werden Sie keinen Unterschied bemerken, da wir lediglich die bereits verwendeten Einstellungen verschoben haben. Als Nächstes werden wir jedoch einige neue Elemente auf dem Bildschirm hinzufügen.

Das Bild eines Raumschiffs hinzufügen

Als Nächstes fügen wir das Raumschiff des Spielers hinzu. Um es auf dem Bildschirm anzuzeigen, laden wir ein Bild und zeichnen dieses mit der Pygame-Methode `blit()` auf den Bildschirm.

Bei der Auswahl von Grafiken für Ihre Spiele müssen Sie auf die Rechte achten. Die sicherste und billigste Möglichkeit für Anfänger besteht darin, Grafiken zu verwenden, die lizenzfrei angeboten werden und das Recht einschließen, sie zu verändern. Finden können Sie so etwas auf Websites wie beispielsweise *https://opengameart.com/*.

In einem Spiel können Sie fast jede Art von Bilddatei verwenden, aber am einfachsten ist es, Bitmap-Dateien (*.bmp*) zu nehmen, da Pygame standardmäßig Grafiken dieser Art lädt. Zwar können Sie Pygame auch für andere Dateitypen konfigurieren, aber oft müssen dazu noch zusätzliche Bibliotheken zur Bildbearbeitung auf Ihrem Computer installiert sein. Die meisten angebotenen Bilder liegen in den Formaten *.jpg* und *.png* vor, aber mit Programmen wie Photoshop, GIMP und Paint können Sie sie in Bitmaps umwandeln.

Achten Sie besonders auf die Farbe des Hintergrunds in dem ausgewählten Bild. Versuchen Sie nach Möglichkeit, eine Datei mit transparentem oder einfarbigem Hintergrund zu finden, den Sie dann in einem Bildbearbeitungsprogramm durch die gewünschte Hintergrundfarbe ersetzen können. Ihre Spiele sind optisch ansprechender, wenn die Hintergrundfarbe des Bildes der Hintergrundfarbe des Spielfelds entspricht. Alternativ können Sie auch die Spielfeldfarbe an den Hintergrund des Bildes anpassen.

Für *Alien Invasion* können Sie die Datei *ship.bmp* (Abb. 12–1) verwenden, die auf der Begleitwebsite zu diesem Buch auf *https://ehmatthes.github.io/pcc_3e* zu finden ist. Die Hintergrundfarbe dieses Bildes entspricht den Einstellungen, die wir in diesem Projekt vorgenommen haben. Legen Sie innerhalb des Hauptprojektordners *alien_invasion* den Ordner *images* an und speichern Sie *ship.bmp* darin ab.

Abb. 12–1 *Das Raumschiff für Alien Invasion*

Die Klasse Ship

Um das Raumschiff im Spiel zu verwenden, schreiben wir das Modul `ship` mit der Klasse `Ship`, die das Verhalten des Spielerraumschiffs bestimmt.

ship.py

```
import pygame
```

```
class Ship:
    """A class to manage the ship."""

    def __init__(self, ai_game):
        """Initialize the ship and set its starting position."""
❶       self.screen = ai_game.screen
❷       self.screen_rect = ai_game.screen.get_rect()

        # Lädt das Bild des Schiffes und ruft dessen umgebendes Rechteck ab.
❸       self.image = pygame.image.load('images/ship.bmp')
        self.rect = self.image.get_rect()

        # Platziert jedes neue Schiff mittig am unteren Bildschirmrand.
❹       self.rect.midbottom = self.screen_rect.midbottom

❺   def blitme(self):
        """Draw the ship at its current location."""
        self.screen.blit(self.image, self.rect)
```

Pygame arbeitet sehr effizient, da es Sie alle Spielelemente wie Rechtecke (»rectangles«) behandeln lässt, auch wenn sie nicht wie Rechtecke geformt sind. Das ist eine praktische Vorgehensweise, da Rechtecke sehr einfache geometrische Formen sind. Wenn Pygame etwa herausfinden muss, ob zwei Spielelemente kollidiert sind, geht das viel schneller, wenn diese Objekte als Rechtecke aufgefasst werden. Das funktioniert gewöhnlich so gut, dass die Spieler gar nicht bemerken, dass das Programm nicht die wahren Formen der einzelnen Elemente betrachtet. In dieser Klasse behandeln wir daher sowohl das Raumschiff als auch den Bildschirm als Rechtecke.

Als Erstes importieren wir wieder das Modul `pygame`. Die `__init__()`-Methode von `Ship` nimmt zwei Parameter entgegen, nämlich den Selbstverweis `self` und einen Verweis auf die aktuelle Instanz der Klasse `AlienInvasion`. Dadurch erhält das Schiff Zugriff auf alle in dieser Klasse definierten Ressourcen. Bei ❶ weisen wir den Bildschirm einem Attribut von `Ship` zu, damit wir in allen Methoden dieser Klasse ohne Schwierigkeiten darauf zugreifen können. Anschließend greifen wir bei ❷ mit der Methode `get_rect()` auf das Attribut `rect` des Bildschirms zu und weisen es `self.screen_rect` zu. Dadurch können wir das Schiff an der gewünschten Stelle auf dem Bildschirm platzieren.

Um das Bild zu laden, rufen wir die Funktion `pygame.image.load()` auf (❸) und übergeben ihr den gewünschten Standort des Schiffes. Die Funktion gibt eine Oberfläche für das Schiff zurück, die wir `self.image` zuweisen. Anschließend greifen wir mithilfe von `get_rect()` auf das Attribut `rect` der Oberfläche zu, sodass wir es später zur Platzierung des Schiffes verwenden können.

Bei der Arbeit mit einem rect-Objekt können Sie die x- und y-Koordinaten des oberen, unteren, linken und rechten Randes sowie des Mittelpunkts verwenden. Wenn Sie einen dieser Werte festlegen, bestimmen Sie damit die aktuelle Position des Rechtecks. Um ein Spielelement zentriert zu platzieren, müssen Sie das Attribut center, centerx oder centery des Rechtecks verwenden. Wollen Sie es dagegen an einem Bildschirmrand ausrichten, müssen Sie das Attribut top, bottom, left oder right nutzen. Es gibt auch Attribute, die diese Eigenschaften kombinieren, z. B. midbottom, midtop, midleft und midright. Um die horizontale oder vertikale Position des Rechtecks anzupassen, können Sie einfach die Attribute x und y verwenden, bei denen es sich um die x- und y-Koordinaten der oberen linken Ecke des Rechtecks handelt. Die Nutzung dieser Attribute erspart Ihnen die Berechnungen, die Spieleentwickler früher manuell durchführen mussten.

Hinweis

In Pygame liegt der Koordinatenursprung (0, 0) in der oberen linken Ecke des Bildschirms, wobei die Koordinaten nach rechts bzw. unten zunehmen. Auf einem Bildschirm von 1200 x 800 Pixeln hat die untere rechte Ecke also die Koordinaten (1200, 800). Diese Koordinaten beziehen sich auf das Fenster des Spiels, nicht auf den physischen Bildschirm!

Um das Schiff mittig am unteren Bildschirmrand zu platzieren, setzen wir den Wert von self.rect.midbottom auf den Wert, den das midbottom-Attribut für das Rechteck des Bildschirms hat (❹). Pygame platziert das Bild des Schiffes daraufhin so, dass es horizontal zentriert und vertikal am unteren Rand des Bildschirms ausgerichtet wird.

Bei ❺ definieren wir die Methode blitme(), die das Bild an der von self.rect angegebenen Position auf den Bildschirm zeichnet.

Das Schiff auf den Bildschirm zeichnen

Als Nächstes erweitern wir *alien_invasion.py* so, dass der Code eine Schiffsinstanz anlegt und die Methode blitme() für das Schiff aufruft:

alien_invasion.py

```
-- schnipp --
from settings import Settings
from ship import Ship

class AlienInvasion:
    """Overall class to manage game assets and behavior."""

    def __init__(self):
        -- schnipp --
        pygame.display.set_caption("Alien Invasion")
```

```
❶         self.ship = Ship(self)

      def run_game(self):
          -- schnipp --
          # Zeichnet den Bildschirm bei jedem Schleifendurchlauf neu.
          self.screen.fill(self.settings.bg_color)
❷         self.ship.blitme()

          # Macht den zuletzt gezeichneten Bildschirm sichtbar.
          pygame.display.flip()
  -- schnipp --
```

Hier importieren wir `Ship` und legen nach dem Erstellen des Bildschirms eine Instanz davon an (❶). Der Aufruf von `Ship()` erfordert ein Argument, nämlich eine Instanz von `AlienInvasion`. Das Argument `self` verweist hier auf die aktuelle Instanz dieser Klasse. Dieser Parameter gibt `Ship` Zugriff auf die Ressourcen des Spiels wie das `screen`-Objekt. Diese `Ship`-Instanz weisen wir `self.ship` zu.

Nachdem wir den Hintergrund ausgefüllt haben, zeichnen wir das Schiff mithilfe von `ship.blitme()` auf den Bildschirm, sodass es vor dem Hintergrund angezeigt wird (❷).

Wenn Sie jetzt *alien_invasion.py* ausführen, sehen Sie ein fast leeres Spielfeld mit unserem Raumschiff unten in der Mitte am Bildschirmrand (siehe Abb. 12–2).

Abb. 12–2 *Alien Invasion mit einem Schiff mittig am unteren Bildschirmrand*

Refactoring: Die Methoden _check_events() und _update_screen()

Bei größeren Projekten führen Sie häufig ein *Refactoring* an dem bereits geschriebenen Code durch, bevor Sie weiteren Code hinzufügen. Dabei vereinfachen Sie die Struktur des vorhandenen Codes, sodass es leichter wird, darauf aufzubauen. In diesem Abschnitt zerlegen wir die Methode `run_game()`, die schon ziemlich lang geworden ist, in zwei *Hilfsmethoden*. Eine Hilfsmethode funktioniert innerhalb einer Klasse, ist aber nicht dazu bestimmt, von Code außerhalb der Klasse verwendet zu werden. Ein einzelner führender Unterstrich kennzeichnet in Python eine Hilfsmethode.

Die Methode _check_events()

Wir verlagern den Code für den Umgang mit Ereignissen in eine eigene Methode, die wir `_check_events()` nennen. Dadurch vereinfachen wir nicht nur `run_game()`, sondern separieren auch die Ereignisschleife, sodass wir Ereignisse unabhängig von anderen Aspekten des Spiels wie etwa der Aktualisierung des Bildschirms handhaben können.

Das folgende Listing zeigt die neue Methode `_check_events()` und die Änderungen am Code von `run_game()` in der Klasse `AlienInvasion`:

alien_invasion.py

```
    def run_game(self):
        """Start the main loop for the game."""
        while True:
❶           self._check_events()
            # Zeichnet den Bildschirm bei jedem Schleifendurchlauf neu.
            -- schnipp --

❷   def _check_events(self):
        """Respond to keypresses and mouse events."""
        for event in pygame.event.get():
            if event.type == pygame.QUIT:
                sys.exit()
```

Bei ❷ erstellen wir die neue Methode `_check_events()`und nehmen die Codezeilen, die prüfen, ob der Spieler geklickt hat, um das Spiel zu beenden, darin auf.

Um eine Methode aus einer Klasse heraus aufzurufen, wird die Punktschreibweise mit der Variablen `self` und dem Namen der Methode verwendet (❶). Auf diese Weise rufen wir `_check_events()` in der `while`-Schleife in `run_game()` auf.

Die Methode _update_screen()

Um run_game() weiter zu vereinfachen, verschieben wir den Code zur Aktualisierung des Bildschirms in die Methode _update_screen():

alien_invasion.py

```
def run_game(self):
    """Start the main loop for the game."""
    while True:
        self._check_events()
        self._update_screen()
        self.clock.tick(60)

def _check_events(self):
    -- schnipp --

def _update_screen(self):
    """Update images on the screen, and flip to the new screen."""
    self.screen.fill(self.settings.bg_color)
    self.ship.blitme()

    pygame.display.flip()
```

Damit haben wir den Code, der den Hintergrund und das Raumschiff zeichnet und auf dem Bildschirm darstellt, in _update_screen() verlagert. Der Rumpf der Hauptschleife in run_game() ist dadurch viel einfacher geworden. Es ist jetzt leicht zu erkennen, dass wir darin nach neuen Ereignissen Ausschau halten und den Bildschirm (die Framerate) bei jedem Schleifendurchlauf aktualisieren.

Wenn Sie bereits eine Reihe von Spielen geschrieben haben, werden Sie Ihren Code wahrscheinlich schon von Anfang an in solche Methoden unterteilen. Sollten Sie aber noch nie ein Projekt wie dieses in Angriff genommen haben, ist Ihnen möglicherweise nicht klar, wie Sie Ihren Code gliedern sollen. Die hier gezeigte Vorgehensweise, zunächst einmal funktionierenden Code zu schreiben und ihn dann bei zunehmender Komplexität umzustrukturieren, gibt Ihnen auch eine Vorstellung davon, wie die Entwicklung in der Praxis vonstattengeht: Sie beginnen damit, Ihren Code auf so einfache Weise wie möglich zu schreiben, und führen dann, wenn das Projekt immer vielschichtiger wird, Refactorings durch.

Nachdem wir den Code jetzt so umstrukturiert haben, dass wir ihn leichter erweitern können, wollen wir uns um die dynamischen Aspekte des Spiels kümmern.

Probieren Sie es selbst aus!

12-1 Blauer Himmel: Erstellen Sie ein Pygame-Fenster mit einem blauen Hintergrund.

12-2 Spielfigur: Suchen Sie ein Bitmap-Bild einer Spielfigur, die Ihnen gefällt, oder konvertieren Sie ein Bild ins Bitmap-Format. Erstellen Sie eine Klasse, die die Figur in die Mitte des Bildschirms zeichnet, und passen Sie die Hintergrundfarbe des Bildes an die des Bildschirms an oder umgekehrt.

Das Schiff bewegen

Als Nächstes wollen wir dafür sorgen, dass der Spieler das Schiff nach rechts und links bewegen kann. Dazu schreiben wir Code, der darauf reagiert, dass der Spieler die Tasten mit den nach rechts bzw. links weisenden Pfeilen drückt. Dabei konzentrieren wir uns erst auf die Bewegung nach rechts und wenden anschließend die gleichen Prinzipien auf die Bewegung nach links an. Dabei lernen Sie, wie Sie die Bewegung von Bildern auf dem Bildschirm steuern können.

Auf Tastenbetätigungen reagieren

Wenn der Spieler eine Taste drückt, wird dies in Pygame als Ereignis registriert. Da die Methode `pygame.event.get()` jegliche Ereignisse erfasst, müssen wir in der Methode `_check_events()` genau angeben, auf welche Art von Ereignissen sie lauschen soll.

Ein Tastendruck wird als `KEYDOWN`-Ereignis registriert. Allerdings müssen wir bei einem solchen Ereignis noch prüfen, ob die betätigte Taste tatsächlich diejenige war, die ein bestimmtes Ereignis auslösen soll. Beispielsweise wollen wir den Wert des Attributs `rect.x` erhöhen, um das Schiff nach rechts zu bewegen, wenn der Benutzer die Taste mit dem nach rechts weisenden Pfeil drückt:

alien_invasion.py

```
    def _check_events(self):
        """Respond to keypresses and mouse events."""
        for event in pygame.event.get():
            if event.type == pygame.QUIT:
                sys.exit()
❶           elif event.type == pygame.KEYDOWN:
❷               if event.key == pygame.K_RIGHT:
                    # Bewegt das Schiff nach rechts.
❸                   self.ship.rect.x += 1
```

Im Rumpf von _check_events() ergänzen wir die Ereignisschleife um einen elif-Block für den Fall, dass Pygame ein KEYDOWN-Ereignis erfasst (❶). Wir prüfen, ob es sich bei der gedrückten Taste (event.key) um die Taste mit dem Rechtspfeil handelt (❷), die durch pygame.K_RIGHT dargestellt wird. Wenn ja, bewegen wir das Schiff nach rechts, indem wir den Wert von self.ship.rect.x um 1 erhöhen (❸).

Wenn Sie *alien_invasion.py* jetzt ausführen, bewegt sich das Schiff jedes Mal, wenn Sie die Taste mit dem nach rechts weisenden Pfeil drücken, ein Pixel nach rechts. Das ist schon einmal ein Anfang, aber nicht besonders wirkungsvoll, um die Bewegung eines Raumschiffs zu steuern. Daher wollen wir als Nächstes kontinuierliche Bewegungen zulassen.

Kontinuierliche Bewegung

Wenn der Spieler die Pfeiltaste gedrückt hält, soll sich das Schiff kontinuierlich nach rechts bewegen, bis die Taste wieder losgelassen wird. Mit dem Ereignis pygame.KEYUP können wir erkennen, wann eine Taste losgelassen wird. Um für kontinuierliche Bewegung zu sorgen, verwenden wir die Ereignisse KEYDOWN und KEYUP sowie ein Flag namens moving_right.

Solange dieses Flag den Wert False hat, ist das Schiff nicht in Bewegung. Drückt der Spieler die Rechtspfeiltaste, so setzen wir das Flag auf True. Beim Loslassen der Taste erhält das Flag wieder den Wert False.

Da die Klasse Ship für alle Merkmale des Schiffes zuständig ist, fügen wir ihr das Attribut moving_right sowie die Methode update() hinzu, die den Status dieses Flags prüft. Hat das Flag den Wert True, ändert die Methode die Position des Schiffes. Wir rufen diese Methode bei jedem Durchlauf der while-Schleife einmal auf, um die Position des Schiffes zu aktualisieren.

An der Klasse Ship müssen wir dazu folgende Änderungen vornehmen:

ship.py

```
class Ship:
    """A class to manage the ship."""

    def __init__(self, ai_game):
        -- schnipp --
        # Platziert jedes neue Schiff mittig am unteren Bildschirmrand.
        self.rect.midbottom = self.screen_rect.midbottom

        # Movement flag; ; beginnen mit einem unbewegten Schiff.
❶       self.moving_right = False

❷   def update(self):
        """Update the ship's position based on the movement flag."""
        if self.moving_right:
            self.rect.x += 1
```

```
    def blitme(self):
        -- schnipp --
```

Wir ergänzen die Methode `__init__()` um das Attribut `self.moving_right` und setzen es zunächst auf `False` (❶). Außerdem fügen wir die Methode `update()` hinzu, die das Schiff nach rechts verschiebt, wenn das Flag den Wert `True` hat (❷). Da `update()` von außerhalb der Klasse aufgerufen wird, handelt es sich bei ihr nicht um eine Hilfsmethode.

Als Nächstes ändern wir `_check_events()`, sodass `moving_right` auf `True` gesetzt wird, wenn der Benutzer die Rechtspfeiltaste drückt, und auf `False`, wenn er sie wieder loslässt:

alien_invasion.py

```
    def _check_events(self):
        """Respond to keypresses and mouse events."""
        for event in pygame.event.get():
            -- schnipp --
            elif event.type == pygame.KEYDOWN:
                if event.key == pygame.K_RIGHT:
❶                   self.ship.moving_right = True
❷           elif event.type == pygame.KEYUP:
                if event.key == pygame.K_RIGHT:
                    self.ship.moving_right = False
```

Bei ❶ ändern wir die bisherige Reaktion des Spiels auf eine Betätigung der Rechtspfeiltaste. Anstatt die Position des Schiffes direkt zu ändern, setzen wir lediglich `moving_right` auf `True`. Bei ❷ fügen wir einen neuen `elif`-Block hinzu, der auf `KEYUP`-Ereignisse reagiert und `moving_right` wieder auf `False` setzt, wenn die Rechtspfeiltaste (`K_RIGHT`) losgelassen wird.

Schließlich ändern wir noch die `while`-Schleife in `run_game()`, sodass darin jetzt bei jedem Durchlauf die Methode `update()` für das Schiff aufgerufen wird:

alien_invasion.py

```
    def run_game(self):
        """Start the main loop for the game."""
        while True:
            self._check_events()
            self.ship.update()
            self._update_screen()
            self.clock.tick(60)
```

Wir aktualisieren die Position des Schiffes, nachdem wir auf Tastaturereignisse gelauscht haben, aber bevor wir den Bildschirm aktualisieren. Dadurch können wir die Position als Reaktion auf Eingaben des Spielers verändern und stellen sicher, dass beim Zeichnen des Schiffes auf den Bildschirm die neue Position verwendet wird.

Wenn Sie jetzt *alien_invasion.py* ausführen und die Taste mit dem nach rechts weisenden Pfeil gedrückt halten, bewegt sich das Schiff kontinuierlich nach rechts, bis Sie die Taste wieder loslassen.

Bewegung nach rechts und links

Da sich das Schiff jetzt kontinuierlich nach rechts bewegen kann, ist es ganz einfach, ihm auch noch die Bewegung nach links beizubringen. Dazu müssen wir abermals die Klasse `Ship` und die Methode `_check_events()` abwandeln. Die Methoden `__init__()` und `update()` in `Ship` ändern wir dazu wie folgt:

ship.py

```
def __init__(self, ai_game):
    -- schnipp --
    # Bewegungsflags ; ; beginnen mit einem unbewegten Schiff.
    self.moving_right = False
    self.moving_left = False

def update(self):
    """Update the ship's position based on movement flags."""
    if self.moving_right:
        self.rect.x += 1
    if self.moving_left:
        self.rect.x -= 1
```

In `__init__()` fügen wir das Flag `self.moving_left` hinzu. Statt `elif` verwenden wir in `update()` zwei getrennte `if`-Blöcke. Wenn der Spieler bei einem Wechsel der Bewegungsrichtung eine kurze Zeit lang beide Tasten gedrückt hält, wird der Wert von `rect.x` für das Schiff dadurch erst erhöht, dann verringert, sodass das Schiff stehen bleibt. Hätten wir für die Bewegung nach links einen `elif`-Block verwendet, so hätte die Rechtspfeiltaste in einem solchen Fall dagegen Priorität. Durch die Verwendung von zwei `if`-Blöcken erreichen wir daher eine Bewegung, die besser der Absicht des Spielers entspricht.

Außerdem müssen wir zwei Ergänzungen an `_check_events()` vornehmen:

alien_invasion.py

```
def _check_events(self):
    """Respond to keypresses and mouse events."""
    for event in pygame.event.get():
        --snip--
        elif event.type == pygame.KEYDOWN:
            if event.key == pygame.K_RIGHT:
                self.ship.moving_right = True
            elif event.key == pygame.K_LEFT:
                self.ship.moving_left = True

        elif event.type == pygame.KEYUP:
            if event.key == pygame.K_RIGHT:
```

```
                self.ship.moving_right = False
            elif event.key == pygame.K_LEFT:
                self.ship.moving_left = False
```

Bei einem `KEYDOWN`-Ereignis für `K_LEFT` setzen wir `moving_left` auf `True`, bei einem `KEYUP`-Ereignis auf `False`. Hier können wir `elif`-Blöcke verwenden, da jedes Ereignis nur mit einer Taste verknüpft ist. Wenn der Spieler beide Tasten gleichzeitig drückt, werden zwei getrennte Ereignisse erkannt.

Wenn Sie *alien_invasion.py* jetzt ausführen, können Sie das Schiff kontinuierlich nach rechts und nach links bewegen. Halten Sie beide Tasten gedrückt, hält das Schiff an.

Die Bewegungssteuerung können wir aber noch verbessern. Als Nächstes passen wir die Geschwindigkeit des Schiffes an und schränken seinen Bewegungsspielraum ein, sodass es nicht hinter dem Bildschirmrand verschwindet.

Die Geschwindigkeit des Schiffes anpassen

Zurzeit bewegt sich das Schiff um ein Pixel pro Durchlauf durch die `while`-Schleife. Um die Geschwindigkeit regeln zu können, fügen wir der Klasse `Settings` das Attribut `ship_speed` hinzu. Damit legen wir fest, wie weit das Schiff bei jedem Schleifendurchlauf verschoben wird. In *settings.py* sieht unser neues Attribut wie folgt aus:

settings.py

```
class Settings():
    """A class to store all settings for Alien Invasion."""

    def __init__(self):
        -- schnipp --

        # Schiffseinstellungen
        self.ship_speed = 1.5
```

Den Anfangswert von `ship_speed` setzen wir auf `1.5`. Wenn wir das Schiff bewegen, wird seine Position jetzt um 1,5 statt nur um 1 Pixel verschoben.

Für die Geschwindigkeitseinstellung verwenden wir Fließkommawerte, da wir damit eine feinere Kontrolle der Schiffsgeschwindigkeit bekommen, wenn wir das Spieltempo später erhöhen. Da `rect`-Attribute wie `x` jedoch nur Integerwerte speichern können, müssen wir noch einige Änderungen an `Ship` vornehmen:

ship.py

```
class Ship:
    """A class to manage the ship."""

❶   def __init__(self, ai_game):
        """Initialize the ship and set its starting position."""
```

```
        self.screen = ai_game.screen
        self.settings = ai_game.settings
        -- schnipp --

        # Platziert ein neues Schiff mittig am unteren Bildschirmrand.
        -- schnipp --

        # Speichert einen Fließkommawert für den extakten Schiffsmittelpunkt.
❷       self.x = float(self.rect.x)

        # Bewegungsflags ; mit einem unbewegten Schiff beginnen
        self.moving_right = False
        self.moving_left = False

    def update(self):
        """Update the ship's position based on movement flags."""
        # Aktualisiert den Wert für den Mittelpunkt des Schiffs,
        # nicht des Rechtecks.
        if self.moving_right:
❸           self.x += self.settings.ship_speed
        if self.moving_left:
            self.x -= self.settings.ship_speed

        # Aktualisiert das rect-Objekt auf der Grundlage von self.x.
❹       self.rect.x = self.x

    def blitme(self):
        -- schnipp --
```

Wir erstellen das Attribut `settings` für `Ship`, sodass wir es in `update()` verwenden können (❶). Da wir die Position des Schiffes nun um Bruchteile von Pixeln verschieben, müssen wir diese Position einer Variablen zuweisen, die Fließkommazahlen aufnehmen kann. Sie können zwar einen Fließkommawert angeben, um ein Attribut eines `rect`-Objekts festzulegen, gespeichert wird dabei aber nur der Integeranteil dieses Werts. Um die Position des Schiffes genau festzuhalten, definieren wir das neue Attribut `self.x`, das Fließkommawerte aufnehmen kann (❷). Mit der Funktion `float()` wandeln wir den Wert von `self.rect.x` in einen Fließkommawert um und speichern das Ergebnis in `self.x`.

Wenn wir die Position des Schiffes in `update()` verschieben, wird der Wert von `self.x` nun jeweils um den in `settings.ship_speed` gespeicherten Betrag geändert (❸). Nach der Aktualisierung von `self.x` nutzen wir dessen neuen Wert, um das Attribut `self.rect.x` zu aktualisieren, das die Position des Schiffes bestimmt (❹). Dabei wird in `self.rect.x` nur der Integeranteil von `self.x` gespeichert, was aber für die Anzeige des Schiffes ausreicht.

Jetzt können wir den Wert von `ship_speed` ändern, wobei jede Einstellung größer als 1 dafür sorgt, dass sich das Schiff schneller bewegt. Das ist hilfreich, um das Schiff schnell genug reagieren zu lassen, sodass es die gegnerischen Schiffe abschießen kann, und ermöglicht uns außerdem, das Spieltempo bei fortschreitendem Spielverlauf zu erhöhen.

Hinweis

Auf macOS kann es vorkommen, dass sich das Schiff selbst bei hohen Geschwindigkeitswerten sehr langsam bewegt. Dieses Problem können Sie dadurch lösen, dass Sie das Spiel im Vollbildmodus ausführen, worum wir uns in Kürze kümmern werden.

Den Bewegungsbereich des Schiffes einschränken

Wenn Sie eine der Pfeiltasten zu lange gedrückt halten, verschwindet das Schiff hinter dem Bildschirmrand. Das wollen wir korrigieren, sodass das Schiff anhält, wenn es den Rand erreicht. Dazu ändern wir die Methode `update()` in `Ship`:

ship.py

```
    def update(self):
        """Update the ship's position based on movement flags."""
        # Aktualisiert den Wert für den Mittelpunkt des Schiffs,
        # nicht des Rechtecks.
❶       if self.moving_right and self.rect.right < self.screen_rect.right:
            self.x += self.settings.ship_speed
❷       if self.moving_left and self.rect.left > 0:
            self.x -= self.settings.ship_speed

        # Aktualisiert das rect-Objekt auf der Grundlage von self.x.
        self.rect.x = self.x
```

Dieser Code prüft erst die Position des Schiffes, bevor er den Wert von `self.x` ändert. Dabei gibt `self.rect.right` die x-Koordinate für den rechten Rand des Rechtecks um das Schiff zurück. Solange dieser Wert kleiner als der von `self.screen_rect.right` ist, hat das Schiff den rechten Rand des Bildschirms noch nicht erreicht (❶). Das Gleiche gilt für den linken Rand: Solange der Wert für den linken Rand des Rechtecks größer als 0 ist, befindet sich das Schiff noch nicht am linken Bildschirmrand (❷). Damit stellen wir sicher, dass wir den Wert von `self.x` nur dann ändern, wenn sich das Schiff innerhalb dieser Grenzen befindet.

Wenn Sie *alien_invasion.py* jetzt ausführen, hält das Schiff an beiden Bildschirmrändern an. Das ist schon eine tolle Sache: Wir haben lediglich eine Bedingung in einer `if`-Anweisung geändert, und schon sieht es so aus, als ob das Schiff gegen eine Wand oder ein Kraftfeld stößt, wenn es den Bildschirmrand berührt!

Refactoring von _check_events()

Je weiter wir das Spiel entwickeln, umso länger wird die Methode `_check_events()`. Daher wollen wir sie in zwei getrennte Methoden für `KEYDOWN`- bzw. `KEYUP`-Ereignisse zerlegen:

alien_invasion.py

```
def _check_events(self):
    """Respond to keypresses and mouse events."""
    for event in pygame.event.get():
        if event.type == pygame.QUIT:
            sys.exit()
        elif event.type == pygame.KEYDOWN:
            self._check_keydown_events(event)
        elif event.type == pygame.KEYUP:
            self._check_keyup_events(event)

def _check_keydown_events(self, event):
    """Respond to keypresses."""
    if event.key == pygame.K_RIGHT:
        self.ship.moving_right = True
    elif event.key == pygame.K_LEFT:
        self.ship.moving_left = True

def _check_keyup_events(self, event):
    """Respond to key releases."""
    if event.key == pygame.K_RIGHT:
        self.ship.moving_right = False
    elif event.key == pygame.K_LEFT:
        self.ship.moving_left = False
```

Wir erstellen hier die beiden neuen Hilfsmethoden `_check_keydown_events()` und `_check_keyup_events()`, die jeweils einen `self`- und einen `event`-Parameter benötigen. Die Rümpfe dieser Methoden haben wir dem Code von `_check_events()` entnommen. Außerdem haben wir den alten Code durch Aufrufe der beiden neuen Methoden ersetzt. Diese klare Codestruktur macht die Methode `_check_events()` einfacher, wodurch sich weitere Reaktionen auf Eingaben des Spielers leichter hinzufügen lassen.

Beenden mit Q

Es kann ziemlich nervtötend sein, jedes Mal auf das X oben im Spielfenster zu klicken, um das Spiel nach dem Test eines neuen Elements zu beenden. Daher wollen wir die Möglichkeit hinzufügen, das Spiel durch Drücken der Taste [Q] zu beenden:

alien_invasion.py

```
def _check_keydown_events(self, event):
    -- schnipp --
    elif event.key == pygame.K_LEFT:
        self.ship.moving_left = True
    elif event.key == pygame.K_q:
        sys.exit()
```

Dazu fügen wir in `_check_keydown_events()` einen neuen Block ein, der das Spiel beendet, wenn der Spieler [Q] drückt. Jetzt können Sie beim Testen einfach diese Taste betätigen, um das Spiel abzubrechen, anstatt den Cursor zur Schließen-Schaltfläche bewegen zu müssen.

Das Spiel im Vollbildmodus ausführen

Pygame ermöglicht auch einen Vollbildmodus. Manche Spiele sehen darin einfach besser aus als in einem regulären Fenster, und auf manchen Systemen können Sie im Vollbildmodus auch eine bessere Leistung erzielen.

Um das Spiel im Vollbildmodus auszuführen, nehmen Sie die folgenden Änderungen an `__init__()` vor:

alien_invasion.py

```
    def __init__(self):
        """Initialize the game, and create game resources."""
        pygame.init()
        self.settings = Settings()

❶       self.screen = pygame.display.set_mode((0, 0), pygame.FULLSCREEN)
❷       self.settings.screen_width = self.screen.get_rect().width
        self.settings.screen_height = self.screen.get_rect().height
        pygame.display.set_caption("Alien Invasion")
```

Beim Erstellen der Bildschirmoberfläche übergeben wir die Größe `(0, 0)` und den Parameter `pygame.FULLSCREEN` (❶). Dadurch weisen wir Pygame an, eine bildschirmfüllende Fenstergröße zu ermitteln. Da wir die Höhe und Breite des Bildschirms nicht im Voraus kennen, aktualisieren wir diese Einstellungen im `settings`-Objekt mit den Attributen `width` und `height` des Bildschirmrechtecks, nachdem wir den Bildschirm angelegt haben (❷).

Wenn Ihnen das Erscheinungsbild und Verhalten des Spiels im Vollbildmodus gefällt, behalten Sie diese Einstellungen bei. Bevorzugen Sie dagegen das Spiel in seinem eigenen Fenster, kehren Sie einfach zu der früheren Version zurück, in der wir eine eigene Bildschirmgröße für das Spiel festgelegt haben.

Hinweis

Vergewissern Sie sich, dass Sie das Spiel auch im Vollbildmodus über die Taste [Q] abbrechen können. Pygame bietet keine Standardmöglichkeit an, um ein Spiel im Vollbildmodus zu beenden.

Zwischenstand

Im nächsten Abschnitt verleihen wir unserem Schiff die Fähigkeit, Geschosse abzufeuern, wozu wir die neue Datei *bullet.py* brauchen und Änderungen an einigen unserer bisherigen Dateien vornehmen müssen. Zurzeit haben wir drei Dateien mit einer Reihe von Klassen und Methoden. Bevor wir den Funktionsumfang erweitern, wollen wir uns die einzelnen Dateien noch einmal kurz ansehen, um uns über den Aufbau des Projekts klar zu werden.

alien_invasion.py

Die Hauptdatei *alien_invasion.py* enthält die Klasse `AlienInvasion`, die eine Reihe wichtiger Attribute für das ganze Spiel erstellt: Die Einstellungen werden `settings` zugewiesen und die Hauptspieloberfläche dem Attribut `screen`. Auch eine Instanz von `Ship` wird in der Datei angelegt. Des Weiteren ist in diesem Modul die Hauptschleife des Spiels gespeichert, nämlich die `while`-Schleife, die `_check_events()`, `ship.update()` und `_update_screen()` aufruft. Außerdem wird die Clock mit jedem Schleifendurchlauf aktualisiert.

Die Methode `_check_events()` erkennt spielrelevante Ereignisse wie das Drücken und Loslassen von Tasten und verarbeitete sie mit den Methoden `_check_keydown_events()` und `_check_keyup_events()`. Vorläufig sind es diese Methoden, die die Bewegungen des Schiffes steuern. Außerdem enthält die Klasse `AlienInvasion` die Hilfsmethode `_update_screen()`, die den Bildschirm bei jedem Durchlauf der Hauptschleife neu zeichnet.

Wenn Sie *Alien Invasion* spielen wollen, müssen Sie nur die Datei *alien_invasion.py* ausführen. Die anderen Dateien, also *settings.py* und *ship.py*, enthalten Code, der in diese Datei importiert wird.

settings.py

Die Datei *settings.py* enthält die Klasse `Settings`. Diese Klasse verfügt nur über eine `__init__()`-Methode, die die Attribute für das Erscheinungsbild des Spiels und die Geschwindigkeit des Schiffes initialisiert.

ship.py

Die Datei *ship.py* enthält die Klasse `Ship` mit der Methode `__init__()`, der Methode `update()` zur Veränderung der Position des Schiffes und der Methode `blitme()`, um das Schiff auf den Bildschirm zu zeichnen. Das Bild des Schiffes ist in der Datei *ship.bmp* im Ordner *images* gespeichert.

Probieren Sie es selbst aus!

12-3 Pygame-Dokumentation: Wir sind in unserem Spiel jetzt schon so weit gekommen, dass Sie einen Blick auf die Pygame-Dokumentation werfen sollten. Die Website von Pygame finden Sie auf *https://pygame.org* und die Dokumentation auf *https://pygame.org/docs*. Sie brauchen die Dokumentation nicht, um dieses Projekt zu vollenden, aber sie kann hilfreich sein, wenn Sie *Alien Invasion* abwandeln oder ein eigenes Spiel entwerfen wollen.

12-4 Rakete: Gestalten Sie ein Spiel, bei dem zu Anfang eine Rakete im Mittelpunkt des Bildschirms angezeigt wird. Der Spieler soll die Rakete mit den vier Pfeiltasten nach oben, unten, rechts und links bewegen können. Sorgen Sie dafür, dass die Rakete hinter keinem der Bildschirmränder verschwindet.

12-5 Tasten: Legen Sie eine Pygame-Datei an, die einen leeren Bildschirm anzeigt und in der Ereignisschleife jeweils den Inhalt des Attributs `event.key` ausgibt, wenn das Ereignis `pygame.KEYDOWN` erfasst wird. Führen Sie das Programm aus und drücken Sie verschiedene Tasten, um zu sehen, wie Pygame reagiert.

Geschosse

Wir wollen unserem Raumschiff nun die Möglichkeit hinzufügen, zu schießen. Wenn der Spieler die Leertaste drückt, soll ein Geschoss (ein schmales Rechteck) abgefeuert werden. Diese Projektile wandern senkrecht nach oben über den Bildschirm, bis sie am oberen Bildrand verschwinden.

Einstellungen für Geschosse hinzufügen

Als Erstes fügen wir in *settings.py* am Ende der Methode `__init__()` die erforderlichen Werte für die neue Klasse `Bullet` hinzu:

settings.py

```
def __init__(self):
    -- schnipp --
    # Geschosseinstellungen
    self.bullet_speed = 1.0
    self.bullet_width = 3
    self.bullet_height = 15
    self.bullet_color = (60, 60, 60)
```

Diese Einstellungen sorgen dafür, dass wir dunkelgraue Geschosse mit einer Breite von 3 und einer Höhe von 15 Pixeln erstellen, die sich ein wenig schneller bewegen als das Schiff.

Die Klasse Bullet

Als Nächstes legen wir die Datei *bullet.py* mit der Klasse `Bullet` an. Der erste Teil sieht wie folgt aus:

bullet.py

```
import pygame
from pygame.sprite import Sprite

class Bullet(Sprite):
    """A class to manage bullets fired from the ship"""

    def __init__(self, ai_game):
        """Create a bullet object at the ship's current position."""
        super().__init__()
        self.screen = ai_game.screen
        self.settings = ai_game.settings
        self.color = self.settings.bullet_color

        # Erstellt ein Geschossrechteck bei (0, 0) und legt dann die richtige
        # Position fest.
❶       self.rect = pygame.Rect(0, 0, self.settings.bullet_width,
            self.settings.bullet_height)
❷       self.rect.midtop = ai_game.ship.rect.midtop

        # Speichert die Position des Geschosses als Fließkommawert.
❸       self.y = float(self.rect.y)
```

Die Klasse `Bullet` erbt von der Klasse `Sprite`, die wir aus dem Modul `pygame.sprite` importieren. Die Verwendung von *Sprites* erlaubt es Ihnen, verwandte Elemente in Ihrem Spiel zu gruppieren und alle auf einmal zu beeinflussen. Um eine Instanz von `Bullet` zu bilden, benötigt `__init__()` die aktuelle Instanz von `AlienInvasion`. Außerdem müssen wir `super()` aufrufen, um von `Sprite` erben zu können. Des Weiteren legen wir Attribute für die `screen`- und `settings`-Objekte und für die Geschossfarbe fest.

Bei ❶ erstellen wir das Attribut `rect` des Geschosses. Da wir für die Geschosse keine Bilder verwenden, konstruieren wir das Rechteck mithilfe der Klasse `pygame.Rect()` selbst. Für diese Klasse müssen wir die x- und y-Koordinate der oberen linken Ecke des Rechtecks sowie seine Breite und Höhe angeben. Wir initialisieren das Rechteck mit der Position `(0, 0)`, verschieben es aber in der nächsten Zeile an die richtige Stelle, da die Position des Geschosses von der Position des Schiffes abhängt. Breite und Höhe des Geschosses entnehmen wir den Werten in `self.settings`.

Bei ❷ setzen wir das Attribut `midtop` des Geschosses auf den Wert von `midtop` für das Schiff. Dadurch tritt das Geschoss aus der Spitze des Schiffes aus, was so aussieht, als würde es von dem Raumfahrzeug abgefeuert. Um Änderungen an der Geschossgeschwindigkeit auch im Bereich von Pixelbruchteilen vornehmen zu können, speichern wir die y-Koordinate des Geschosses bei ❸ als Fließkommawert.

Der zweite Teil von *bullet.py* mit den Methoden `update()` und `draw_bullet()` sieht wie folgt aus:

bullet.py

```
    def update(self):
        """Move the bullet up the screen."""
        # Aktualisiert die Fließkommaposition des Geschosses.
❶       self.y -= self.settings.bullet_speed
        # Aktualisiert die Position des Rechtecks.
❷       self.rect.y = self.y

    def draw_bullet(self):
        """Draw the bullet to the screen."""
❸       pygame.draw.rect(self.screen, self.color, self.rect)
```

Die Methode `update()` kümmert sich um die Position des Geschosses. Nach dem Abfeuern wandert ein Geschoss über den Bildschirm nach oben, was bedeutet, dass der Wert seiner y-Koordinate abnimmt. Um die Position zu verändern, müssen wir also den in `settings.bullet_speed` gespeicherten Wert von `self.y` subtrahieren (❶) und `self.rect.y` auf den neuen Wert von `self.y` setzen (❷).

Mithilfe der Einstellung `bullet_speed` können wir die Geschwindigkeit der Geschosse im Spielverlauf erhöhen oder so einstellen, wie es für ein angemessenes Verhalten des Spiels erforderlich ist. Die x-Koordinate eines Geschosses ändert sich nach dem Abfeuern nicht; es wandert auf einer senkrechten Linie nach oben, auch wenn sich das Schiff bewegt.

Wenn wir ein Geschoss auf den Bildschirm zeichnen wollen, rufen wir `draw.bullet()` auf. Die Funktion `draw.rect()` füllt den Teil des Bildschirms, der durch das Rechteck des Geschosses definiert ist, mit der in `self.color` gespeicherten Farbe aus (❸).

Geschosse in Gruppen speichern

Da wir jetzt die Klasse `Bullet` und die erforderlichen Einstellungen definiert haben, können wir Code schreiben, um jedes Mal ein Geschoss abzufeuern, wenn der Spieler die Leertaste drückt. Als Erstes erstellen wir in `AlienInvasion` eine Gruppe, in der wir alle aktiven Geschosse speichern, sodass wir sie gemeinsam handhaben können. Diese Gruppe ist eine Instanz der Klasse `pygame.sprite.Group`, die sich wie eine Liste mit einigen besonderen Merkmalen verhält und für Spiele sehr hilfreich ist. Anschließend verwenden wir diese Gruppe, um die Geschosse bei jedem Durchlauf der Hauptschleife auf den Bildschirm zu zeichnen und die Positionen der einzelnen Geschosse zu aktualisieren.

Zuerst importieren wie die Klasse `Bullet`:

```
--snip--
from ship import Ship
from bullet import Bullet
```

Dann erstellen wir die Gruppe mit den Bullets in `__init__()`:

alien_invasion.py

```
    def __init__(self):
        -- schnipp --
        self.ship = Ship(self)
        self.bullets = pygame.sprite.Group()
```

Anschließend müssen wir die Position der Geschosse bei jedem Durchlauf der `while`-Schleife aktualisieren:

alien_invasion.py

```
    def run_game(self):
        """Start the main loop for the game."""
        while True:
            self._check_events()
            self.ship.update()
❶           self.bullets.update()
            self._update_screen()
            self.clock.tick(60)
```

Wenn Sie `update()` wie bei ❶ für eine Gruppe aufrufen, wird die Methode automatisch für alle darin enthaltenen Sprites ausgeführt. Die Zeile `self.bullets.update()` ruft `bullet.update()` daher für jedes Geschoss in der Gruppe `bullets` auf.

Geschosse abfeuern

Um bei einer Betätigung der Leertaste ein Geschoss abzufeuern, müssen wir in `AlienInvasion` die Methode `_check_keydown_events()` erweitern. Eine Änderung von `_check_keyup_events()` ist jedoch nicht notwendig, da beim Loslassen der Taste nichts geschieht. Außerdem müssen wir `_update_screen()` anpassen, damit alle Geschosse auf den Bildschirm gezeichnet werden, bevor wir `flip()` aufrufen.

Da beim Abfeuern von Geschossen eine Menge Arbeit zu erledigen ist, schreiben wir dafür die neue Methode `_fire_bullet()`:

alien_invasion.py

```
    def _check_keydown_events(self, event):
        -- schnipp --
        elif event.key == pygame.K_q:
            sys.exit()
❶       elif event.key == pygame.K_SPACE:
            self._fire_bullet()

    def _check_keyup_events(self, event):
        -- schnipp --

    def _fire_bullet(self):
        """Create a new bullet and add it to the bullets group."""
❷       new_bullet = Bullet(self)
❸       self.bullets.add(new_bullet)

    def _update_screen(self):
        """Update images on the screen, and flip to the new screen."""
        self.screen.fill(self.settings.bg_color)
        self.ship.blitme()
❹       for bullet in self.bullets.sprites():
            bullet.draw_bullet()
        pygame.display.flip()
-- schnipp --
```

Wir rufen `_fire_bullet()` auf, wenn die Leertaste gedrückt wird (❶). In dieser Hilfsmethode erstellen wir eine Instanz von `Bullet` namens `new_bullet` (❷), die wir mit `add()` zur Gruppe `bullets` hinzufügen (❸). Die Methode `add()` ähnelt `append()`, ist aber eigens für Pygame-Gruppen vorgesehen.

Die Methode `bullets.sprites()` gibt eine Liste aller Sprites in der Gruppe `bullets` zurück. Um alle abgefeuerten Geschosse auf den Bildschirm zu zeichnen, durchlaufen wir diese Liste und rufen für jedes darin enthaltene Element `draw_bullet()` auf (❹). Die Schleife platzieren wir vor der Zeile, die das Schiff zeichnet, sodass sich die Geschosse nicht damit schneiden.

Wenn Sie *alien_invasion.py* jetzt ausführen, können Sie nicht nur das Schiff nach rechts und links bewegen, sondern auch beliebig viele Geschosse abfeuern. Die Projektile wandern nach oben über den Bildschirm und verschwinden, wenn sie den oberen Rand erreichen (siehe Abb. 12–3). Größe, Farbe und Geschwindigkeit der Geschosse können Sie in *settings.py* ändern.

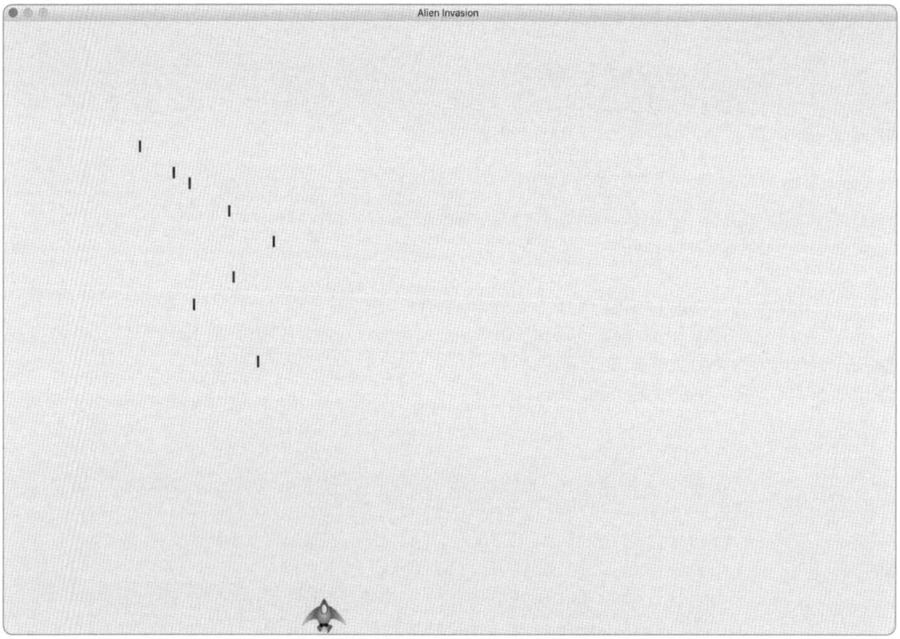

Abb. 12–3 *Das Schiff nach dem Abfeuern einer Salve von Geschossen*

Alte Geschosse löschen

Die Geschosse verschwinden, wenn sie den oberen Rand erreichen, was aber nur daran liegt, dass Pygame nicht über den Bildschirmrand hinaus zeichnen kann. In Wirklichkeit bestehen die Geschosse weiterhin. Die Beträge ihrer negativen y-Koordinaten nehmen nur immer weiter zu. Das ist ein Problem, da sie nach wie vor Arbeitsspeicher und Rechenleistung verschlingen.

Wir müssen diese alten Geschosse loswerden, da das Spiel sonst durch diese unnötige Rechenarbeit lahmgelegt wird. Dazu ermitteln wir, wann der `bottom`-Wert des Rechtecks eines Geschosses den Wert `0` annimmt, was bedeutet, dass das Geschoss den oberen Bildschirmrand überquert hat:

alien_invasion.py

```
    def run_game(self):
        """Start the main loop for the game."""
        while True:
            self._check_events()
            self.ship.update()
            self.bullets.update()

            # Entfernt die verschwundenen Geschosse.
❶           for bullet in self.bullets.copy():
❷               if bullet.rect.bottom <= 0:
❸                   self.bullets.remove(bullet)
```

```
❹           print(len(self.bullets))

            self._update_screen()
            self.clock.tick(60)
```

Wenn Sie eine Liste (oder eine Pygame-Gruppe) mit einer `for`-Schleife durchlaufen, erwartet Python, dass die Länge dieser Liste unverändert bleibt, solange die Schleife läuft. Das bedeutet, dass wir in einer `for`-Schleife keine Elemente aus einer Liste oder Gruppe entfernen können. Also müssen wir eine Kopie der Gruppe durchlaufen. Wir richten die `for`-Schleife mithilfe der Methode `copy()` ein (❶), sodass wir `bullets` innerhalb der Schleife verändern können. Dabei prüfen wir für jedes Geschoss, ob es den Bildschirmrand überschritten hat (❷). Wenn ja, entfernen wir es bei ❸ aus `bullets`. Bei ❹ zeigen wir mit einem Aufruf von `print()` an, wie viele Geschosse zurzeit im Spiel vorhanden sind, um uns zu vergewissern, dass die verschwundenen Geschosse tatsächlich entfernt werden, sobald sie den oberen Bildschirmrand erreichen.

Wenn dieser Code korrekt funktioniert, können wir in einer Terminalausgabe sehen, dass die Anzahl der Geschosse wieder auf 0 sinkt, wenn eine Gruppe von Geschossen den oberen Bildschirmrand überquert hat. Vergewissern Sie sich, dass dies wirklich funktioniert, und entfernen Sie den `print()`-Aufruf wieder. Wenn Sie sie im Code belassen, wird das Spiel erheblich langsamer, da es mehr Zeit kostet, eine Ausgabe ins Terminal zu schreiben, als Grafiken in das Spielfenster zu zeichnen.

Die Anzahl der Geschosse begrenzen

Bei vielen Ballerspielen ist die Anzahl der Geschosse begrenzt, die gleichzeitig auf dem Bildschirm angezeigt werden, um die Spieler dazu zu bringen, genau zu schießen. Das wollen wir auch in *Alien Invasion* so machen.

Dazu speichern wir zunächst die Anzahl der erlaubten Geschosse in *settings.py*:

```
# Geschosseinstellungen
-- schnipp --
self.bullet_color = (60, 60, 60)
self.bullets_allowed = 3
```

Dadurch kann der Spieler nur maximal drei Geschosse auf einmal verwenden. In `AlienInvasion` vergleichen wir dann in `_fire_bullet()` die Menge der vorhandenen mit der Menge der zulässigen Geschosse, bevor wir ein neues Geschoss erzeugen:

alien_invasion.py

```
def _fire_bullet(self):
    """Create a new bullet and add it to the bullets group."""
    if len(self.bullets) < self.settings.bullets_allowed:
        new_bullet = Bullet(self)
        self.bullets.add(new_bullet)
```

Wenn der Spieler die Leertaste drückt, prüfen wir die Länge von `bullets`. Ist `len(self.bullets)` kleiner als 3, erstellen wir ein neues Geschoss. Sind dagegen bereits drei Geschosse auf dem Spielfeld, geschieht bei der Betätigung der Leertaste nichts. Wenn Sie das Spiel jetzt ausführen, können Sie nur noch Salven von maximal drei Geschossen abfeuern.

Die Methode _update_bullets()

Da wir unsere Klasse `AlienInvasion` möglichst übersichtlich halten wollen, lagern wir den Code für die Handhabung der Geschosse in eine eigene Methode aus. Dazu erstellen wir die neue Methode `_update_bullets()` und fügen sie unmittelbar vor `_update_screen()` ein:

alien_invasions.py

```
def _update_bullets(self):
    """Update position of bullets and get rid of old bullets."""
    # Aktualisiert die Geschosspositionen.
    self.bullets.update()

    # Entfernt die verschwundenen Geschosse.
    for bullet in self.bullets.copy():
        if bullet.rect.bottom <= 0:
            self.bullets.remove(bullet)
```

Den Code in `_update_bullets()` haben wir aus `run_game()` entnommen. Wir mussten lediglich die Kommentare deutlicher formulieren.

Damit sieht die `while`-Schleife in `run_game()` wieder ganz einfach aus:

alien_invasion.py

```
while True:
    self._check_events()
    self.ship.update()
    self._update_bullets()
    self._update_screen()
    self.clock.tick(60)
```

Die Hauptschleife enthält nur ein Minimum an Code, sodass wir einfach durch Lesen der Methodennamen erkennen können, was in dem Spiel vor sich geht. Die Hauptschleife lauscht auf Benutzereingaben und danach aktualisiert sie die Positionen des Schiffes und der abgefeuerten Geschosse. Anschließend nutzen wir diese aktualisierten Positionen, um den Bildschirm neu zu zeichnen, und aktualisieren Clock bei jedem Schleifendurchlauf.

Führen Sie *alien_invasion.py* erneut aus und vergewissern Sie sich, dass Sie nach wie vor schießen können, ohne dass Fehler auftreten.

Probieren Sie es selbst aus!

12-6 Seitwärts schießen: Schreiben Sie ein Spiel, in dem sich ein Schiff auf der linken Seite des Bildschirms befindet und vom Spiel nach oben und unten bewegt werden kann. Bei Betätigung der Leertaste soll das Schiff Geschosse abfeuern, die sich horizontal über den Bildschirm bewegen. Sorgen Sie dafür, dass die Geschosse entfernt werden, wenn sie hinter dem Bildschirmrand verschwinden.

Zusammenfassung

In diesem Kapitel haben Sie gelernt, wie Sie einen Plan für ein Spiel aufstellen, welchen grundlegenden Aufbau ein in Pygame geschriebenes Spiel hat, wie Sie eine Hintergrundfarbe festlegen, wie Sie Einstellungen in einer eigenen Klasse speichern, in der sie sich leichter anpassen lassen, wie Sie Bilder auf den Bildschirm zeichnen, wie Sie dem Spieler Kontrolle über die Bewegung der Spielelemente geben, wie Sie Elemente erstellen, die sich von selbst bewegen (etwa Geschosse, die den Bildschirm überqueren), und wie Sie Objekte entfernen, die nicht mehr benötigt werden. Sie haben auch erfahren, wie Sie den Code fortlaufend einem Refactoring unterziehen, um die weitere Entwicklung zu erleichtern.

In Kapitel 13 fügen wir die Außerirdischen zu unserem Spiel hinzu. Am Ende von Kapitel 13 sind Sie in der Lage, deren Schiffe abzuschießen – und zwar hoffentlich, bevor sie Ihr Schiff erreichen!

13
Die Außerirdischen

In diesem Kapitel fügen wir die Invasoren zu *Alien Invasion* hinzu. Als Erstes platzieren wir ein außerirdisches Raumschiff am oberen Bildrand und dann erstellen wir eine ganze Flotte davon. Sie soll sich seitwärts und nach unten bewegen, und wenn eines der gegnerischen Schiffe von einem Geschoss getroffen wurde, entfernen wir es. Des Weiteren begrenzen wir die Anzahl der Schiffe, die dem Spieler zur Verfügung stehen, und beenden das Spiel, wenn alle eigenen Schiffe verbraucht sind.

Bei der Arbeit in diesem Kapitel erfahren Sie auch mehr über Pygame und über die Handhabung umfangreicher Projekte. Sie lernen auch, wie Sie Kollisionen zwischen Objekten im Spiel erkennen, hier zwischen Geschossen und Invasionsschiffen. Dadurch können Sie Interaktionen zwischen Elementen in Ihrem Spiel festlegen: Beispielsweise können Sie eine Figur zwischen den Wänden eines Labyrinths einsperren oder einen Ball von einer Figur zu einer anderen werfen lassen. Auch hier gehen wir wieder anhand eines Plans vor, in dem wir immer wieder mal nachschauen, um uns beim Schreiben des Codes nicht zu verzetteln.

Bevor wir den neuen Code schreiben, um die Invasionsflotte auf den Bildschirm zu bringen, wollen wir einen Blick auf unser Projekt werfen und unseren Plan auf den neuesten Stand bringen.

Überblick über das Projekt

Wenn Sie in einem umfangreichen Projekt eine neue Phase der Entwicklung beginnen, sollten Sie sich den Plan noch einmal genau ansehen, um zu klären, was Sie mit dem neu zu schreibenden Code erreichen möchten. In diesem Kapitel haben wir Folgendes vor:

- Wir fügen in der oberen linken Ecke des Bildschirms ein Invasionsschiff mit ausreichend freiem Platz darum ein.
- Füllen Sie den oberen Teil des Bildschirms mit so vielen Aliens, wie waagerecht hineinpassen. Wir werden dann weitere Reihen von Aliens erstellen, bis wir eine vollständige Flotte haben.
- Wir bewegen die Flotte seitwärts und nach unten, bis alle Invasionsschiffe abgeschossen sind oder eines davon unser eigenes Schiff berührt oder den unteren Bildschirmrand erreicht. Wird die gesamte Flotte abgeschossen, erstellen wir eine neue. In den beiden anderen Fällen zerstören wir das eigene Schiff und erstellen ebenfalls eine neue Flotte.
- Wir begrenzen die Anzahl der Schiffe, die der Spieler benutzen kann, und beenden das Spiel, wenn er alle seine Schiffe verbraucht hat.

Während wir neue Funktionen zu unserem Spiel hinzufügen, werden wir diesen Plan noch verfeinern, aber als Ausgangspunkt reicht er so vollkommen aus.

Bevor Sie einem Projekt eine neue Gruppe von Funktionen hinzufügen, sollten Sie den bisherigen Code überprüfen. Da jede neue Phase die Komplexität eines Projekts erhöht, ist es am besten, unübersichtlichen und ineffizienten Code vorher aufzuräumen. Da wir schon ein fortlaufendes Refactoring durchgeführt haben, liegen zurzeit keine solchen Arbeiten an.

Das erste Invasionsschiff

Das Invasionsschiff platzieren wir auf die gleiche Weise auf dem Bildschirm wie unser eigenes Kampfschiff. Das Verhalten der gegnerischen Raumschiffe legen wir in der Klasse `Alien` fest, die die gleiche Struktur aufweist wie `Ship`. Der Einfachheit halber verwenden wir auch hier Bitmap-Bilder. Sie können ein eigenes Bild für die Invasionsschiffe auswählen oder einfach das aus Abbildung 13–1 verwenden, das Sie auf der Begleitwebsite zu diesem Buch auf *https:// ehmatthes.github.io/pcc_3e* finden. Dieses Bild hat den gleichen hellgrauen Hintergrund wie der Bildschirm. Speichern Sie die Bilddatei, die Sie verwenden möchten, im Ordner *images*.

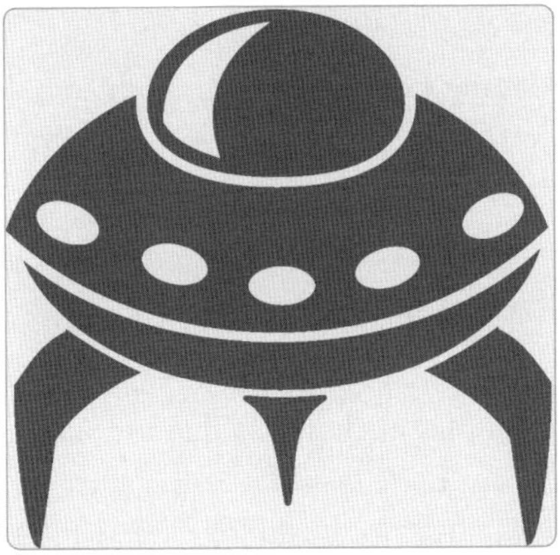

Abb. 13–1 *Das Invasionsschiff, das wir als Grundlage für die gegnerische Flotte verwenden*

Die Klasse Alien

Als Erstes schreiben wir die Klasse `Alien` und speichern sie als *alien.py*:

alien.py

```
import pygame
from pygame.sprite import Sprite

class Alien(Sprite):
    """A class to represent a single alien in the fleet."""

    def __init__(self, ai_game):
        """Initialize the alien and set its starting position."""
        super().__init__()
        self.screen = ai_game.screen

        # Lädt das Bild des Invasionsschiffs und legt das rect-Attribut fest.
        self.image = pygame.image.load('images/alien.bmp')
        self.rect = self.image.get_rect()

        # Platziert jedes neue Invasionsschiff oben links auf dem Bildschirm.
❶       self.rect.x = self.rect.width
        self.rect.y = self.rect.height

        # Speichert die genaue Position des Invasionsschiffs.
❷       self.x = float(self.rect.x)
```

Diese Klasse ist fast komplett identisch mit der Klasse `Ship`. Eine Ausnahme bildet die Platzierung des Invasionsschiffes: Wir bringen es zu Anfang in der Nähe der oberen linken Ecke des Bildschirms unter, wobei wir jedoch links davon und darüber jeweils Platz von der Breite bzw. Höhe des Schiffes lassen, damit es gut erkennbar ist (❶). Da wir hauptsächlich an der horizontalen Geschwindigkeit der Invasoren interessiert sind, verfolgen wir genau die horizontale Position jedes ihrer Schiffe (❷).

Die Klasse `Alien` benötigt keine eigene Methode, um das Schiff auf den Bildschirm zu zeichnen. Stattdessen verwenden wir eine Pygame-Gruppenmethode, die automatisch alle Elemente einer Gruppe ausgibt.

Eine Instanz von Alien erstellen

Wir möchten eine Instanz von `Alien` erstellen, um das erste Invasionsschiff auf dem Bildschirm anzuzeigen. Da dies noch mit zu den Einrichtungsarbeiten gehört, fügen wir den Code dafür am Ende der Methode `__init__()` in `AlienInvasion` ein. Da wir letzten Endes eine ganze Flotte von Invasionsschiffen erstellen wollen, was ziemlich viel Arbeit erfordert, legen wir dafür die neue Hilfsmethode `_create_fleet()` an.

Die Reihenfolge der Methoden in einer Klasse spielt keine Rolle, solange sie nur irgendeinen Sinn hat. Ich habe `_create_fleet()` unmittelbar vor `_update_screen()` eingefügt, aber sie würde auch an jeder anderen Stelle in `AlienInvasion` funktionieren.

Als Erstes müssen wir die Klasse `Alien` importieren. Die aktualisierten `import`-Anweisungen in *alien_invasion.py* sehen damit wie folgt aus:

alien_invasion.py

```
-- schnipp --
from bullet import Bullet
from alien import Alien
```

Die Methode `__init__()` hat nun die folgende Form:

alien_invasion.py

```
def __init__(self):
    -- schnipp --
    self.ship = Ship(self)
    self.bullets = pygame.sprite.Group()
    self.aliens = pygame.sprite.Group()

    self._create_fleet()
```

Um die Gruppe für die Flotte der Invasionsschiffe zu erstellen, rufen wir die Methode `_create_fleet()` auf, die wir noch schreiben müssen. Sie sieht wie folgt aus:

alien_invasion.py

```
def _create_fleet(self):
    """Create the fleet of aliens."""
    # Erstellt ein Invasionsschiff.
    alien = Alien(self)
    self.aliens.add(alien)
```

In dieser Methode legen wir eine Instanz von `Alien` an und fügen sie der Gruppe für die Flotte hinzu. Das Invasionsschiff wird an der Standardposition oben links auf dem Bildschirm platziert.

Damit das Invasionsschiff auf dem Bildschirm erscheint, rufen wir in `_update_screen()` die Methode `draw()` der Gruppe auf:

alien_invasion.py

```
def _update_screen(self):
    -- schnipp --
    self.ship.blitme()
    self.aliens.draw(self.screen)

    pygame.display.flip()
```

Beim Aufruf von `draw()` für eine Gruppe zeichnet Pygame jedes ihrer Elemente an die Position, die deren Attribut `rect` angibt. Die Methode `draw()` erfordert ein Argument, nämlich die Oberfläche, auf die die Elemente gezeichnet werden sollen. Abbildung 13–2 zeigt den Bildschirm mit einem ersten Invasionsschiff.

Abb. 13–2 *Das erste Invasionsschiff erscheint.*

Als Nächstes schreiben wir Code, um eine ganze Flotte von Invasionsschiffen zu zeichnen.

Die Invasionsflotte erstellen

Um eine Flotte zu zeichnen, müssen wir herausfinden, wie wir den oberen Teil dieses Fensters mit Aliens ausfüllen können, ohne dass das Spielfenster überfüllt wird. Es gibt eine Reihe von Möglichkeiten, dieses Ziel zu erreichen. Wir fangen an, indem wir Aliens am oberen Rand des Bildschirms hinzufügen, bis kein Platz mehr für ein neues Alien vorhanden ist. Dann wiederholen wir diesen Vorgang, solange wir vertikal genug Platz haben, um eine neue Reihe hinzuzufügen.

Reihen von Invasionsschiffen erstellen

Jetzt sind wir bereit, eine ganze Reihe von Außerirdischen zu erstellen. Um eine ganze Gruppe zu erstellen, erzeugen wir zunächst einen einzelnen Außerirdischen, damit wir Zugriff auf die Breite haben. Wir platzieren einen Außerirdischen auf der linken Seite des Bildschirms und fügen dann so lange Außerirdische hinzu, bis uns der Platz ausgeht.

alien_invasion.py

```
     def _create_fleet(self):
    """Create the fleet of aliens."""
    # Ein Alien erzeugen und weitere hinzufügen, bis kein Platz mehr.
    # Abstand entspricht einer Alien-Breite.
    alien = Alien(self)
    alien_width = alien.rect.width
❶      current_x = alien_width
❷      while current_x < (self.settings.screen_width - 2 * alien_width):
❸          new_alien = Alien(self)
❹          new_alien.x = current_x
      new_alien.rect.x = current_x
      self.aliens.add(new_alien)
❺          current_x += 2 * alien_width
```

Wir erhalten die Breite des Aliens von dem ersten Alien, das wir erstellt haben, und definieren dann eine Variable namens `current_x` (❶). Diese bezieht sich auf die horizontale Position des nächsten Aliens, das wir auf dem Bildschirm platzieren wollen. Wir setzen diese Variable zunächst auf eine Alien-Breite, um das erste Alien in der Flotte vom linken Rand des Bildschirms aus zu platzieren. Als Nächstes beginnen wir mit der `while`-Schleife (❷); wir fügen so lange Aliens hinzu, wie genug Platz ist, um eines zu setzen. Um festzustellen, ob noch Platz für einen weiteren Außerirdischen ist, vergleichen wir `current_x` mit einem Maximalwert. Ein erster Versuch, diese Schleife zu definieren, könnte wie folgt aussehen:

```
while current_x < self.settings.screen_width:
```

Das scheint zu funktionieren, aber es würde den letzten Außerirdischen in der Reihe an den äußersten rechten Rand des Bildschirms setzen. Also fügen wir einen kleinen Rand auf der rechten Seite des Bildschirms hinzu. Solange am rechten Rand des Bildschirms mindestens zwei Alienbreiten Platz sind, gehen wir in die Schleife und fügen ein weiteres Alien zur Flotte hinzu. Immer, wenn genügend horizontaler Platz vorhanden ist, um die Schleife fortzusetzen, wollen wir zwei Dinge tun: einen Außerirdischen an der richtigen Position erstellen und die horizontale Position des nächsten Außerirdischen in der Reihe festlegen. Wir erstellen ein Alien und weisen es `new_alien` (❸) zu. Dann setzen wir die genaue horizontale Position auf den aktuellen Wert von `current_x` (❹). Wir positionieren das Rechteck des Außerirdischen ebenfalls an diesem Wert und fügen den neuen Außerirdischen der Gruppe `self.aliens` hinzu.

Schließlich erhöhen wir den Wert von `current_x` (❺). Wir fügen zwei Alienbreiten zur horizontalen Position hinzu, um an dem gerade hinzugefügten Alien etwas Platz zu lassen. Python wertet die Bedingung am Anfang der `while`-Schleife neu aus und entscheidet, ob noch Platz für einen weiteren Außerirdischen ist. Wenn kein Platz mehr vorhanden ist, wird die Schleife beendet, und wir sollten eine vollständige Reihe von Außerirdischen haben.

Wenn Sie *Alien Invasion* jetzt ausführen, wird die erste Reihe von Invasionsschiffen angezeigt (siehe Abb. 13–3).

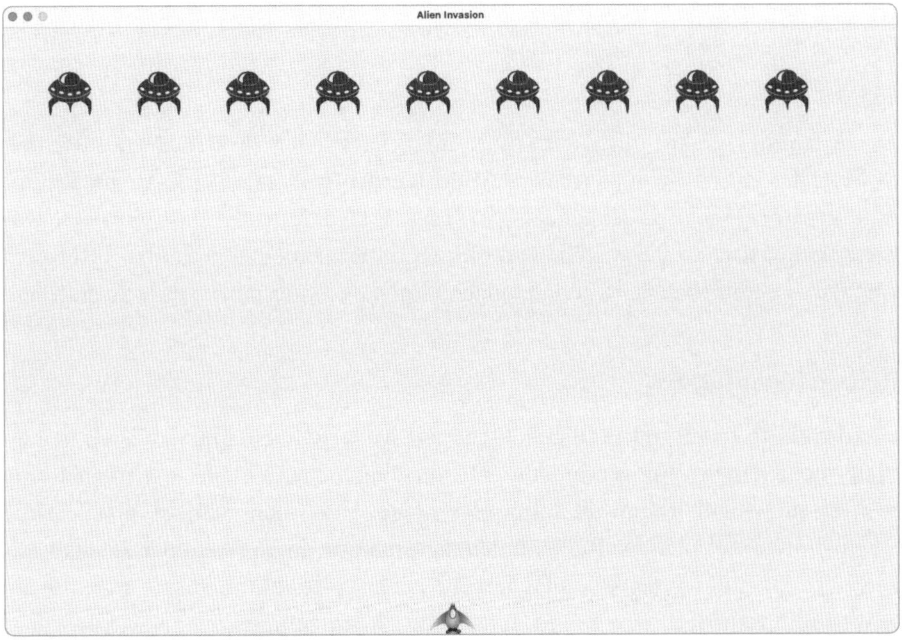

Abb. 13–3 *Die erste Reihe der Invasionsschiffe*

Hinweis

Es ist nicht immer offensichtlich, wie man eine Schleife wie die in diesem Abschnitt gezeigte konstruiert. Das Schöne am Programmieren ist, dass die anfänglichen Ideen, wie man ein Problem wie dieses angehen kann, nicht unbedingt richtig sein müssen. Es ist durchaus möglich, eine Schleife wie diese zu beginnen, und wenn die Aliens zu weit rechts stehen, die Schleife dann so lange zu ändern, bis der Platz auf dem Bildschirm passt.

Refactoring von _create_fleet()

Wenn unser bisheriger Code alles wäre, was wir für den Aufbau der Flotte bräuchten, würden wir `_create_fleet()` wahrscheinlich unverändert lassen. Allerdings haben wir noch weitere Arbeiten zu erledigen, weshalb wir die Methode lieber noch ein wenig aufräumen. Dazu fügen wir die neue Hilfsmethode `_create_alien()` hinzu und rufen sie von `_create_fleet()` auf:

alien_invasion.py

```
    def _create_fleet(self):
        --snip--
        while current_x < (self.settings.screen_width - 2 * alien_width):
        self._create_alien(current_x)current_x += 2 * alien_width
❶   def _create_alien(self, x_position):
        """Create an alien and place it in the row."""
        new_alien = Alien(self)
        new_alien.x = x_position
        new_alien.rect.x = x_position
        self.aliens.add(new_alien)
```

Die Methode _create_alien() benötigt einen Parameter zusätzlich zu `self`: den x-Wert, der angibt, wo das Alien platziert werden soll (❶). Der Code im Rumpf von `_create_alien()` ist derselbe wie in `_create_fleet()`, außer dass wir den Parameternamen `x_position` anstelle von `current_x` verwenden. Durch dieses Refactoring wird es einfacher, neue Zeilen hinzuzufügen und eine ganze Flotte zu erstellen.

Reihen hinzufügen

Um die Flotte zu vervollständigen, fügen wir weitere Zeilen hinzu, bis wir keinen Platz mehr haben. Wir verwenden eine verschachtelte Schleife – wir legen eine weitere `while`-Schleife um die aktuelle Schleife. Die innere Schleife platziert die Aliens horizontal in einer Reihe, indem sie sich auf die x-Werte der Aliens konzentriert. Die äußere Schleife platziert die Aliens vertikal, indem sie sich auf die y-Werte konzentriert. Wir hören auf, Reihen hinzuzufügen, wenn wir uns dem unteren Rand des Bildschirms nähern, sodass genug Platz für das Schiff und etwas Raum zum Beschießen der Aliens bleibt.

So verschachteln Sie die beiden while-Schleifen in _create_fleet():

alien_invasion.py

```
def _create_fleet(self):
    """Create the fleet of aliens."""
    # Create an alien and keep adding aliens until there's no room left.
    # Spacing between aliens is one alien width and one alien height.
    alien = Alien(self)
❶   alien_width, alien_height = alien.rect.size

❷   current_x, current_y = alien_width, alien_height
❸   while current_y < (self.settings.screen_height - 3 * alien_height):
        while current_x < (self.settings.screen_width - 2 * alien_width):
❹           self._create_alien(current_x, current_y)
            current_x += 2 * alien_width

❺       # Finished a row; reset x value, and increment y value.
        current_x = alien_width
        current_y += 2 * alien_height
```

Wir müssen die Höhe des Aliens kennen, um die Reihen zu platzieren, also erfassen wir die Breite und Höhe des Aliens mit dem Größenattribut eines Alien-Rects (❶). Das Größe eines Rects ist ein Tupel, das seine Breite und Höhe enthält. Als Nächstes setzen wir die ursprünglichen x- und y-Werte für die Platzierung des ersten Aliens in der Flotte (❷). Wir platzieren ihn eine Alien-Breite von links und eine Alien-Höhe von oben nach unten. Dann definieren wir die `while`-Schleife, die steuert, wie viele Reihen auf dem Bildschirm platziert werden (❸). Solange der y-Wert für die nächste Reihe kleiner ist als die Bildschirmhöhe minus drei Alien-Höhen, fügen wir weitere Reihen hinzu. (Wenn dies nicht die richtige Menge ergibt, können wir den Wert später anpassen.)

Wir rufen `_create_alien()` auf und übergeben ihm den y-Wert und die x-Position (❹). Gleich werden wir `_create_alien()` ändern. Beachten Sie die Einrückung der letzten beiden Codezeilen (❺). Sie befinden sich innerhalb der äußeren `while`-Schleife, aber außerhalb der inneren. Dieser Block wird ausgeführt, nachdem die innere Schleife beendet ist; er wird einmal ausgeführt, nachdem jede Zeile erstellt wurde. Nachdem jede Zeile hinzugefügt wurde, setzen wir den Wert von `current_x` zurück, damit der erste Außerirdische in der nächsten Zeile an der gleichen Position wie der erste Außerirdische in den vorherigen Zeilen platziert wird. Dann addieren wir zwei Alien-Höhen zum aktuellen Wert von `current_y`, damit die nächste Reihe weiter unten auf dem Bildschirm platziert wird. Die Einrückung ist hier sehr wichtig; wenn Sie nicht die korrekte Flotte sehen, wenn Sie *alien_invasion.py* am Ende dieses Abschnitts ausführen, überprüfen Sie die Einrückung aller Zeilen in diesen verschachtelten Schleifen. Wir müssen `_create_alien()` ändern, um die vertikale Position des Aliens korrekt zu setzen:

```
def _create_alien(self, x_position, y_position):
    """Create an alien and place it in the fleet."""
    new_alien = Alien(self)
    new_alien.x = x_position
    new_alien.rect.x = x_position
    new_alien.rect.y = y_position
    self.aliens.add(new_alien)
```

Wir ändern die Definition der Methode, um den y-Wert für das neue Alien zu übernehmen, und wir legen die vertikale Position des Rects im Rumpf der Methode fest.

Wenn Sie das Spiel jetzt ausführen, sehen Sie wie in Abbildung 13–4 eine ganze Invasionsflotte.

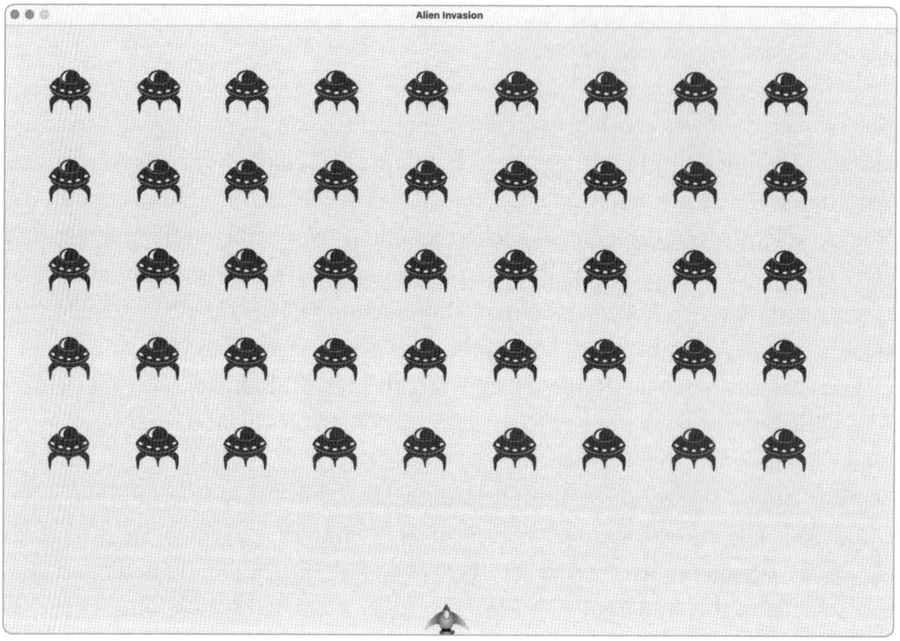

Abb. 13–4 *Die Flotte erscheint.*

Im nächsten Abschnitt setzen wir diese Flotte in Bewegung.

Probieren Sie es selbst aus!

13-1 Sterne: Beschaffen Sie sich ein Bild für einen Stern und lassen Sie auf dem Bildschirm ein Raster von Sternen erscheinen.

→

13-2 Natürlichere Sterne: Um ein realistischeres Sternenmuster zu bilden, platzieren Sie die Sterne zufällig. Eine Zufallszahl können Sie, wie in Kapitel 9 gezeigt, wie folgt erzeugen:

```
from random import randint
random_number = randint(-10,10)
```

Dieser Code gibt einen zufälligen Integerwert zwischen -10 und 10 zurück. Verändern Sie in dem Code aus Übung 13-1 die Positionen der einzelnen Sterne um einen zufälligen Betrag.

Die Flotte in Bewegung setzen

Als Nächstes sorgen wir dafür, dass die Invasionsflotte nach rechts über den Bildschirm fliegt, bis sie auf den rechten Rand trifft, dann um einen festen Betrag nach unten sinkt und wieder nach links fliegt. Dieses Bewegungsmuster setzen wir fort, bis alle Invasionsschiffe abgeschossen sind oder eines von ihnen mit dem Schiff des Spielers kollidiert oder den unteren Bildschirmrand erreicht. Im ersten Schritt lassen wir die Flotte nach rechts fliegen.

Die Invasoren nach rechts bewegen

Um die Invasionsschiffe zu bewegen, verwenden wir die Methode `update()` aus *alien.py* und rufen sie für alle Elemente in der Gruppe `aliens` auf. Als Erstes fügen wir jedoch eine Einstellung für die Geschwindigkeit der Invasionsschiffe hinzu:

settings.py

```
def __init__(self):
    -- schnipp --
    # Invasionsschiffseinstellungen
    self.alien_speed = 1.0
```

Anschließend nutzen wir diese Einstellung in der Implementierung von `update()` in *alien.py*:

alien.py

```
    def __init__(self, ai_game):
        """Initialize the alien and set its starting position."""
        super().__init__()
        self.screen = ai_game.screen
        self.settings = ai_game.settings
        -- schnipp --

    def update(self):
        """Move the alien to the right."""
```

```
❶         self.x += self.settings.alien_speed
❷         self.rect.x = self.x
```

In `__init__()` erstellen wir einen Einstellungsparameter, sodass wir in `update()` auf die Geschwindigkeit des Invasionsschiffes zugreifen können. Immer wenn wir die Position eines solchen Schiffes aktualisieren, verschieben wir es um den in `alien_speed` gespeicherten Betrag nach rechts. Die genaue Position des Invasionsschiffes verfolgen wir mit dem Attribut `self.x`, das Fließkommawerte enthalten kann (❶). Mit dem Wert dieses Attributs aktualisieren wir dann die Position des Rechtecks für das Invasionsschiff in `rect` (❷).

In der `while`-Schleife befinden sich bereits Aufrufe, um das Schiff des Spielers und die Geschosse zu aktualisieren. Jetzt fügen wir Aufrufe hinzu, um auch die Positionen der einzelnen Invasionsschiffe zu aktualisieren:

alien_invasion.py

```
        while True:
            self._check_events()
            self.ship.update()
            self._update_bullets()
            self._update_aliens()
            self._update_screen()
            self.clock.tick(60)
```

Da wir Code schreiben wollen, um die Bewegungen der Flotte zu steuern, legen wir die neue Methode `_update_aliens()` an. Dabei sorgen wir dafür, dass die Positionen der Invasionsschiffe nach denen der Geschosse aktualisiert werden, da wir noch prüfen müssen, ob irgendwelche der Gegner von unseren Geschossen getroffen wurden.

Wo Sie diese Methode innerhalb des Moduls unterbringen, spielt keine Rolle. Um den Code sauber geordnet zu halten, habe ich sie hinter `_update_bullets()` gestellt, um die Reihenfolge der Methodenaufrufe in der `while`-Schleife widerzuspiegeln. Die erste Version von `_update_aliens()` sieht wie folgt aus:

alien_invasion.py

```
    def _update_aliens(self):
        """Update the positions of all aliens in the fleet."""
        self.aliens.update()
```

Hier wenden wir die Methode `update()` auf die Gruppe `aliens` an, die automatisch die Methode `update()` der einzelnen Invasionsschiffe aufruft. Wenn Sie *Alien Invasion* jetzt ausführen, können Sie sehen, wie sich die Flotte nach rechts bewegt und hinter dem Bildschirmrand verschwindet.

Einstellungen für die Flugrichtung der Flotte

Als Nächstes richten wir die Einstellungen ein, die erforderlich sind, damit sich die Flotte nach unten und nach links bewegen kann, wenn sie auf den rechten Bildschirmrand stößt. Dieses Verhalten setzen wir wie folgt um:

settings.py

```
# Invasionsschiffseinstellungen
self.alien_speed = 1.0
self.fleet_drop_speed = 10
# Der Wert 1 für fleet_direction bedeutet "nach rechts", -1 "nach links".
self.fleet_direction = 1
```

Die Einstellung `fleet_drop_speed` legt fest, wie weit die Flotte jeweils tiefer sinkt, wenn eines ihrer Schiffe einen der seitlichen Bildschirmränder erreicht. Es ist sinnvoll, diese Einstellung von der für die Horizontalgeschwindigkeit getrennt zu halten, sodass Sie beide Werte unabhängig voneinander festlegen können.

Um in `fleet_direction` die Flugrichtung anzugeben, können wir auch Textwerte wie `'left'` und `'right'` verwenden, aber dann müssten wir jedes Mal mit `if-elif`-Anweisungen nach der Flugrichtung fragen. Da es nur zwei mögliche Richtungen gibt, verwenden wir einfach die Werte 1 und -1 und schalten zwischen ihnen um, wenn die Flotte ihre Flugrichtung umkehren soll. Diese Zahlen sind sinnvoll, da wir bei der Bewegung nach rechts etwas zum Wert der x-Koordinaten der Invasionsschiffe addieren und bei der Bewegung nach links etwas davon subtrahieren.

Auf Randberührungen prüfen

Wir brauchen eine Methode, um festzustellen, wann ein Invasionsschiff den Bildschirmrand erreicht hat. Außerdem müssen wir die Methode `update()` ändern, damit die Invasionsschiffe sich in die jeweils erforderliche Richtung bewegen können. Der Code dazu gehört in die Klasse `Alien`:

alien.py

```
    def check_edges(self):
        """Return True if alien is at edge of screen."""
        screen_rect = self.screen.get_rect()
❶       return (self.rect.right >= screen_rect.right or self.rect.left <= 0)

    def update(self):
        """Move the alien right or left."""
❷       self.x += (self.settings.alien_speed *
                        self.settings.fleet_direction)
        self.rect.x = self.x
```

Wir können die neue Methode check_edges() jetzt für jedes Invasionsschiff aufrufen, um zu prüfen, ob es sich an einem der seitlichen Bildschirmränder befindet. Wenn das Attribut right seines Rechtecks größer oder gleich dem Attribut right des Bildschirmrechtecks ist, befindet sich das Schiff am rechten Rand; ist der Wert von left kleiner oder gleich 0, hat es den linken Rand erreicht (❶). Anstatt diesen bedingten Test in einen if-Block einzufügen, fügen wir ihn direkt in die return-Anweisung ein. Diese Methode gibt True zurück, wenn sich das Alien am rechten oder linken Rand befindet, und False, wenn es sich an keinem der beiden Ränder befindet.

In der Methode update() lassen wir jetzt Bewegungen in beide Richtungen zu, indem wir den Geschwindigkeitsfaktor für Invasionsschiffe mit dem Wert von fleet_direction multiplizieren (❷). Ist fleet_direction gleich 1, wird der Wert von alien_speed_factor zur aktuellen Position des Invasionsschiffes addiert, sodass es sich nach rechts bewegt; ist fleet_direction dagegen -1, wird der Wert von der aktuellen Position subtrahiert, was zu einer Bewegung nach links führt.

Sinken und Flugrichtung ändern

Wenn ein Invasionsschiff den Bildschirmrand erreicht, muss die gesamte Flotte nach unten sinken und die Flugrichtung ändern. Daher müssen wir Code zur Klasse AlienInvasion hinzufügen, um zu prüfen, ob Gegner den Bildschirmrand erreicht haben. Dazu schreiben wir die Methoden _check_fleet_edges() und _change_fleet_direction() und ändern _update_aliens(). Ich stelle die beiden neuen Methoden hier hinter _create_alien(), allerdings gilt auch hier wieder, dass die Platzierung der Methoden in der Klasse keine Auswirkungen hat.

alien_invasion.py

```
    def _check_fleet_edges(self):
        """Respond appropriately if any aliens have reached an edge."""
❶       for alien in self.aliens.sprites():
            if alien.check_edges():
❷               self._change_fleet_direction()
                break

    def _change_fleet_direction(self):
        """Drop the entire fleet and change the fleet's direction."""
        for alien in self.aliens.sprites():
❸           alien.rect.y += self.settings.fleet_drop_speed
        self.settings.fleet_direction *= -1
```

In _check_fleet_edges() durchlaufen wir die gesamte Flotte in einer Schleife und rufen für jedes Invasionsschiff check_edges() auf (❶). Wenn diese Funktion True zurückgibt, wissen wir, dass ein Schiff den Rand berührt hat und die ganze Flotte die Richtung ändern muss. Daher rufen wir `_change_fleet_direction()` auf und brechen die Schleife ab (❷). In `_change_fleet_direction()` wiederum durchlaufen wir alle Invasionsschiffe, bewegen jedes davon um `fleet_drop_speed` nach unten (❸) und kehren dann den Wert von `fleet_direction` um, indem wir den aktuellen Wert mit -1 multiplizieren. Die Zeile, die die Flugrichtung der Flotte umkehrt, gehört nicht mehr zur `for`-Schleife. Wir möchten die vertikale Position für jedes Invasionsschiff ändern, die Flugrichtung aber nur einmal für die ganze Flotte.

An `_update_aliens()` nehmen wir folgende Änderungen vor:

alien_invasion.py

```
def _update_aliens(self):
    """ Check if the fleet is at an edge, then update positions """
    self._check_fleet_edges()
    self.aliens.update()
```

Jetzt rufen wir in dieser Methode `_check_fleet_edges()` auf, bevor wir die Positionen der einzelnen Invasionsschiffe aktualisieren.

Wenn Sie das Spiel jetzt ausführen, pendelt die Flotte zwischen den Bildschirmrändern hin und her und sinkt jedes Mal ein wenig tiefer, wenn sie einen der Ränder berührt. Jetzt können wir anfangen, die Invasoren abzuschießen und nach Gegnern Ausschau zu halten, die das eigene Schiff berühren oder bis zum unteren Bildschirmrand durchbrechen.

Probieren Sie es selbst aus!

13-3 Regentropfen: Beschaffen Sie sich ein Bild für einen Regentropfen und erstellen Sie ein Raster aus Tropfen. Sorgen Sie dafür, dass der Regen nach unten sinkt und am unteren Bildschirmrand verschwindet.

13-4 Dauerregen: Wandeln Sie den Code aus Übung 13-3 so ab, dass jedes Mal, wenn eine Reihe Regentropfen am unteren Bildschirmrand verschwindet, eine neue am oberen Bildschirmrand erscheint und nach unten zu sinken beginnt.

Invasoren abschießen

Wir haben jetzt ein eigenes Kampfschiff und eine Flotte von Außerirdischen, aber wenn unsere Geschosse eines der Invasionsschiffe erreichen, dringen sie einfach hindurch. Das liegt daran, dass wir noch keine Prüfung auf Kollisionen hinzugefügt haben. In der Spieleprogrammierung bedeutet eine *Kollision*, dass sich zwei Spielelemente überlappen. Damit wir mit unseren Geschossen die Invasionsschiffe abschießen können, suchen wir mit der Funktion `sprite.groupcollide()` nach Kollisionen zwischen Mitgliedern der beiden Gruppen.

Kollisionen von Geschossen erkennen

Wenn ein Geschoss ein Invasionsschiff trifft, wollen wir das sofort erfahren, damit wir das Schiff so bald wie möglich verschwinden lassen können. Dazu halten wir unmittelbar nach der Aktualisierung der Geschosspositionen nach Kollisionen Ausschau.

Die Funktion `sprite.groupcollide()` vergleicht die Rechtecke der Elemente einer Gruppe mit denen der Elemente einer anderen Gruppe, in diesem Fall das Rechteck jedes Geschosses mit den Rechtecken aller Invasionsschiffe. Sie gibt ein Dictionary der Geschosse und Invasionsschiffe zurück, die kollidiert sind, wobei das Geschoss jeweils als Schlüssel und das getroffene Invasionsschiff als zugehöriger Wert dient. (Dieses Dictionary sehen wir uns bei der Besprechung des Punktesystems in Kapitel 14 genauer an.)

Zur Prüfung auf Kollisionen fügen wir folgenden Code am Ende von `_update_bullets()` hinzu:

alien_invasion.py

```
def _update_bullets(self):
    """Update position of bullets and get rid of old bullets."""
    -- schnipp --

    # Prüft, ob Geschosse ein Invasionsschiff getroffen haben.
    # Wenn ja, werden das Geschoss und das getroffene Schiff entfernt.
    collisions = pygame.sprite.groupcollide(
            self.bullets, self.aliens, True, True)
```

Der neu hinzugefügte Code durchläuft alle Geschosse in der Gruppe `bullets` und für jedes Geschoss alle Invasionsschiffe in der Gruppe `aliens` und prüft, ob ihre Rechtecke überlappen. Wenn ja, fügt die Funktion `groupcollide()` ein Schlüssel-Wert-Paar zu dem von ihr zurückgegebenen Dictionary hinzu. Die beiden `True`-Argumente weisen Pygame an, beide Objekte zu löschen, die in die Kollision verwickelt waren, also sowohl das Geschoss als auch das Invasionsschiff. (Wenn Sie ein »Hochenergiegeschoss« simulieren wollen, das bis zum oberen Bildschirmrand fliegen und alle Invasionsschiffe zerstören kann, die ihm im Weg liegen, setzen Sie das erste boolesche Argument auf `False`, belassen das zweite aber auf `True`. Ein getroffenes Invasionsschiff verschwindet dann wie gehabt, aber das Geschoss bleibt aktiv, bis es jenseits des oberen Bildschirmrands verschwindet.)

Wenn Sie *Alien Invasion* jetzt ausführen, verschwinden die getroffenen Invasionsschiffe. Abbildung 13–5 zeigt einen Bildschirm, auf dem ein Teil der Flotte bereits abgeschossen wurde.

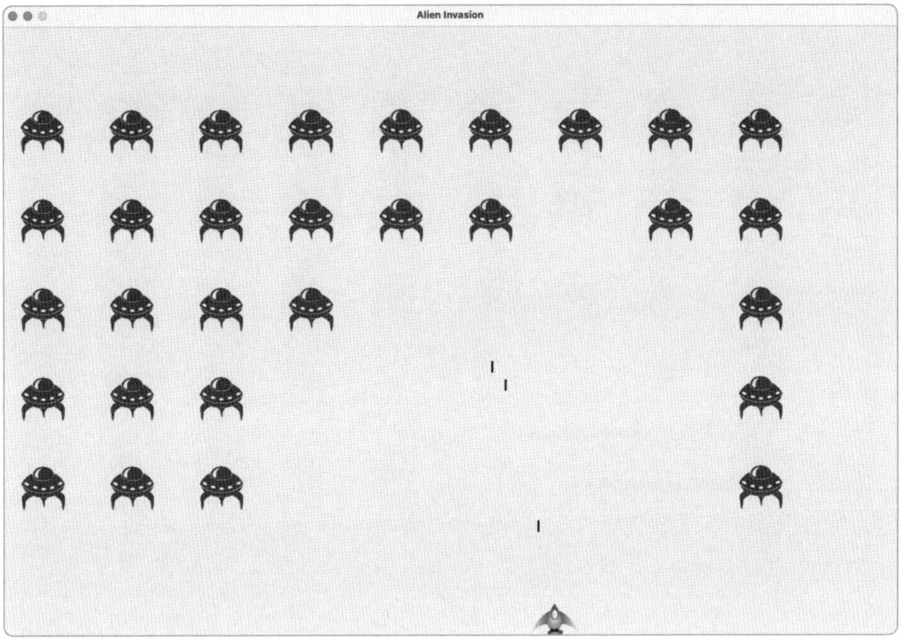

Abb. 13–5 *Jetzt können wir die Invasoren abschießen.*

Größere Geschosse zu Testzwecken

Viele Verhaltensweisen von *Alien Invasion* können Sie einfach dadurch testen, dass Sie das Spiel ausführen. Manchmal kann ein solcher Test in der normalen Version des Spiels jedoch sehr mühselig sein. Beispielsweise wäre es ziemlich aufwendig, mehrmals alle Invasoren auf dem Bildschirm abzuschießen, nur um zu prüfen, ob der Code korrekt auf die vollständige Vernichtung der Flotte reagiert.

Um besondere Funktionen zu testen, können Sie einzelne Einstellungen des Spiels ändern, um sich besser auf einen bestimmten Bereich konzentrieren zu können. So können Sie beispielsweise das Spielfeld verkleinern, damit Sie weniger Invasoren abschießen müssen, die Geschossgeschwindigkeit erhöhen oder die Anzahl der Projektile erhöhen, die gleichzeitig abgefeuert werden können.

Beim Testen von *Alien Invasion* habe ich gern extrabreite Geschosse verwendet, die auch nach der Kollision mit einem Invasorenschiff aktiv bleiben (siehe Abb. 13–6). Setzen Sie `bullet_width` doch einmal auf 300 und probieren Sie aus, wie schnell Sie damit die ganze Flotte ausradieren können!

Durch Änderungen wie diese können Sie das Spiel mit viel weniger Aufwand testen. Außerdem gewinnen Sie dabei möglicherweise Ideen für Bonuseigenschaften, die Sie für erfolgreiche Spieler bereitstellen können. Vergessen Sie aber nicht, die Einstellungen nach dem Abschluss des Tests wieder auf die normalen Werte zurückzusetzen!

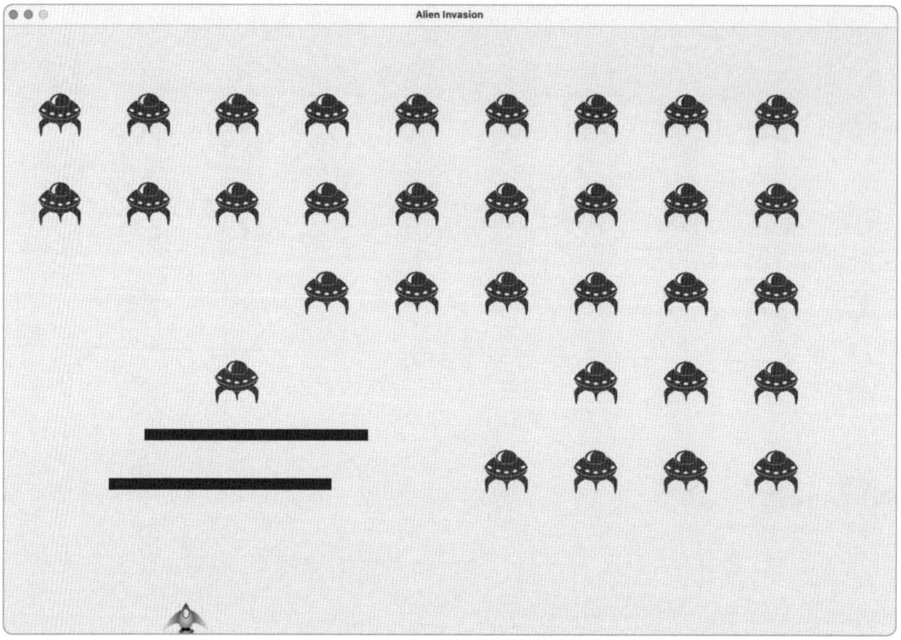

Abb. 13–6 *Mithilfe von Hochleistungsgeschossen lassen sich einige Aspekte des Spiels leichter testen.*

Die Flotte auffüllen

Ein Hauptmerkmal von *Alien Invasion* besteht darin, dass die Außerirdischen unerbittlich sind: Jedes Mal, wenn Sie eine Flotte zerstören, erscheint eine neue!

Um das zu erreichen, müssen wir zunächst prüfen, ob die Gruppe `aliens` leer ist. Wenn ja, rufen wir `_create_fleet()` auf. Diese Prüfung führen wir am Ende von `_update_bullets()` durch, da dies die Methode ist, in der wir die einzelnen Invasionsschiffe zerstören:

alien_invasion.py

```
    def _update_bullets(self):
        -- schnipp --
❶       if not self.aliens:
            # Zerstört vorhandene Geschosse und erstellt eine neue Flotte.
❷           self.bullets.empty()
            self._create_fleet()
```

Da eine leere Gruppe zu `False` ausgewertet wird, bietet der bei ❶ gezeigte Code eine einfache Möglichkeit, um zu prüfen, ob die Gruppe `aliens` leer ist. Wenn das der Fall ist, verwenden wir die Methode `empty()`, die alle restlichen Sprites aus einer Gruppe entfernt, um alle eventuell noch vorhandenen Geschosse loszuwerden (❷). Außerdem rufen wir `_create_fleet()` auf, um den Bildschirm wieder mit Invasionsschiffen zu füllen.

Jetzt erscheint eine neue Flotte, sobald wir die vorherige zerstört haben.

Die Geschosse beschleunigen

Wenn Sie beim jetzigen Stand des Spiels das Feuer auf die Invasoren eröffnen, kann es sein, dass sich die Geschosse mit einer Geschwindigkeit bewegen, die für echten Spielspaß nicht gut geeignet ist. Es kann sein, dass sie sich etwas zu langsam oder etwas zu schnell bewegen. Um *Alien Invasion* gut spielbar zu machen, müssen Sie daher unter Umständen die Einstellungen anpassen. Achten Sie darauf, dass das Spiel zum Ende hin immer schneller wird, aber übertreiben Sie es nicht.

Dazu passen Sie den Wert von `bullet_speed` in *settings.py* an. Auf meinem System habe ich den Geschwindigkeitsfaktor auf 1,5 heraufgesetzt, sodass sich die Geschosse ein bisschen schneller bewegen:

settings.py

```
# Geschosseinstellungen
self.bullet_speed = 1.5
self.bullet_width = 3
-- schnipp --
```

Was der ideale Wert für diese Einstellung ist, hängt von Ihrem Gefühl ab. Probieren Sie aus, welcher Wert bei Ihnen am besten funktioniert.

Refactoring von _update_bullets()

Als Nächstes wollen wir die Methode `_update_bullets()` einem Refactoring unterziehen, damit sie nicht so viele verschiedene Aufgaben ausführt. Dazu lagern wir den Code für Kollisionen mit Invasionsschiffen in eine eigene Methode aus:

alien_invasion.py

```
def _update_bullets(self):
    -- schnipp --
    # Entfernt alle verschwundenen Geschosse.
    for bullet in self.bullets.copy():
        if bullet.rect.bottom <= 0:
            self.bullets.remove(bullet)

    self._check_bullet_alien_collisions()

def _check_bullet_alien_collisions(self):
    """Respond to bullet-alien collisions."""
    # Entfernt alle kollidierten Geschosse und Invasionsschiffe.
    collisions = pygame.sprite.groupcollide(
            self.bullets, self.aliens, True, True)
```

```
        if not self.aliens:
            # Zerstört vorhandene Geschosse und erstellt eine neue Flotte.
            self.bullets.empty()
            self._create_fleet()
```

Die neue Methode `_check_bullet_alien_collisions()` prüft, ob es Kollisionen zwischen Geschossen und Invasionsschiffen gegeben hat, und ergreift die entsprechenden Maßnahmen, wenn die gesamte Flotte vernichtet wurde. Damit verhindern wir, dass `_update_bullets()` zu lang wird, und erleichtern die weitere Entwicklung.

Probieren Sie es selbst aus!

13-5 Seitwärts schießen, Teil 2: Seit Übung 12-6, in der Sie ein Spiel mit seitlicher Schussrichtung erstellt haben, sind wir schon ein ganz schönes Stück vorangekommen. Erweitern Sie das Spiel aus Übung 12-6 bis zu dem Punkt, den wir bei *Alien Invasion* erreicht haben: Fügen Sie eine Invasionsflotte hinzu und lassen Sie sie seitwärts auf Ihr Schiff zufliegen. Sie können auch Code schreiben, der die feindlichen Schiffe an zufälligen Positionen am rechten Bildschirmrand verteilt und dann in Ihre Richtung bewegt. Sorgen Sie auch dafür, dass von Geschossen getroffene Invasionsschiffe verschwinden.

Spielende

Wenn es nicht möglich wäre, zu verlieren, wäre das Spiel keine Herausforderung und würde bald keinen Spaß mehr machen. Daher sorgen wir dafür, dass das Schiff des Spielers zerstört wird, wenn er die Außerirdischen nicht schnell genug abschießt und eines der Invasionsschiffe sein eigenes Schiff berührt oder den unteren Bildrand erreicht. Außerdem begrenzen wir die Anzahl der Schiffe, die dem Spieler zur Verfügung stehen. Hat er alle seine Schiffe verloren, endet das Spiel.

Kollisionen zwischen Invasoren und dem eigenen Schiff erkennen

Als Erstes prüfen wir, ob eines der Invasionsschiffe unser eigenes Schiff getroffen hat, sodass wir entsprechend reagieren können. Diese Prüfung nehmen wir in `AlienInvasion` unmittelbar nach der Aktualisierung der Positionen der außerirdischen Schiffe vor:

alien_invasion.py

```
    def _update_aliens(self):
        -- schnipp --
        self.aliens.update()

        # Prüft auf Kollisionen zwischen Invasoren und dem eigenen Schiff.
❶       if pygame.sprite.spritecollideany(self.ship, self.aliens):
```

```
❷            print("Ship hit!!!")
```

Die Funktion `spritecollideany()` nimmt zwei Argumente entgegen, nämlich einen Sprite und eine Gruppe, und prüft, ob irgendein Mitglied der Gruppe mit dem Sprite kollidiert ist. Sobald sie eine solche Kollision feststellt, bricht sie den weiteren Schleifendurchlauf ab. Hier durchlaufen wir damit die Gruppe `aliens` und geben das erste Invasorenschiff zurück, das mit unserem eigenen Schiff kollidiert ist.

Findet keine Kollision statt, hat `spritecollideany()` den Rückgabewert `None`, sodass der `if`-Block bei ❶ nicht ausgeführt wird. Hat dagegen ein Invasorenschiff unser eigenes Schiff getroffen, gibt die Funktion das betreffende gegnerische Schiff zurück und führt den `if`-Block aus, sodass *Ship hit!!!* ausgegeben wird (❷). Eigentlich müssten wir in diesem Fall eine ganze Reihe von Aufgaben ausführen: Wir müssen alle verbliebenen Invasoren und Geschosse entfernen, das eigene Schiff wieder in die Mitte stellen und eine neue Flotte erzeugen. Bevor wir Code dafür schreiben, wollen wir uns jedoch vergewissern, dass unsere Vorgehensweise zur Erkennung von Kollisionen zwischen unserem Schiff und denen der Außerirdischen funktioniert. Ein Aufruf von `print()` bietet eine einfache Möglichkeit dafür.

Wenn Sie jetzt *Alien Invasion* ausführen, erscheint die Meldung *Ship hit!!!* im Terminal, wenn eines der Invasionsschiffe gegen unser eigenes stößt. Zum Testen sollten Sie `alien_drop_speed` auf 50 oder 100 hochsetzen, damit die Außerirdischen Ihr Schiff schneller erreichen.

Auf Kollisionen zwischen Invasoren und dem eigenen Schiff reagieren

Jetzt müssen wir uns überlegen, was passieren soll, wenn ein Invasionsschiff mit unserem eigenen kollidiert. Anstatt die Instanz `ship` zu zerstören und eine neue zu erstellen, zählen wir, wie oft das Schiff getroffen wurde. Dazu verwenden wir Statistiken, die uns später auch bei der Verfolgung des Punktestandes helfen.

Um die Spielstatistiken zu erfassen, schreiben wir die neue Klasse `GameStats` und speichern sie in *game_stats.py*:

game_stats.py

```
class GameStats:
    """Track statistics for Alien Invasion."""

    def __init__(self, ai_game):
        """Initialize statistics."""
        self.settings = ai_game.settings
        self.reset_stats()

    def reset_stats(self):
        """Initialize statistics that can change during the game."""
        self.ships_left = self.settings.ship_limit
```

Wir legen eine Instanz von GameStats für die gesamte Zeit an, in der *Alien Invasion* läuft. Dabei müssen wir aber eine Möglichkeit vorsehen, einige Statistiken zurückzusetzen, wenn der Spieler ein neues Spiel beginnt. Dazu initialisieren wir den Großteil der Statistiken in der Methode reset_stats() statt in __init__(). Damit die Statistiken korrekt eingerichtet werden, wenn die Instanz von GameStats gebildet wird, rufen wir reset_stats() in __init__() auf. Wenn der Spieler später ein neues Spiel beginnt, können wir reset_stats() jedoch jederzeit allein aufrufen.

Zurzeit haben wir nur eine einzige Statistik, nämlich ships_left, deren Wert sich im Spielverlauf ändert. Die Anzahl der Schiffe, die dem Spieler zu Anfang zur Verfügung stehen, speichern wir als ship_limit in *settings.py*:

settings.py

```
# Schiffseinstellungen
self.ship_speed = 1.5
self.ship_limit = 3
```

Außerdem müssen wir in *alien_invasion.py* einige Änderungen vornehmen, um eine Instanz von GameStats anzulegen. Als Erstes aktualisieren wir dazu die import-Anweisungen am Anfang der Datei:

alien_invasion.py

```
import sys
from time import sleep

import pygame

from settings import Settings
from game_stats import GameStats
from ship import Ship
-- schnipp --
```

Wir importieren die Funktion sleep() aus dem Modul time in der Python-Standardbibliothek, sodass wir das Spiel einen Augenblick lang anhalten können, wenn das eigene Schiff getroffen wurde. Außerdem importieren wir GameStats.

In __init__() legen wir eine Instanz von GameStats an:

```
    def __init__(self):
        -- schnipp --
        self.screen = pygame.display.set_mode(
            (self.settings.screen_width, self.settings.screen_height))
        pygame.display.set_caption("Alien Invasion")

        # Erstellt eine Instanz zum Speichern der Spielstatistiken.
        self.stats = GameStats(self)

        self.ship = Ship(self)
        -- schnipp --
```

Wir legen die Instanz an, nachdem wir das Fenster für das Spiel erstellt haben, aber bevor wir die anderen Spielelemente definieren, z.B. das Schiff.

Wenn ein Invasionsschiff das eigene Schiff trifft, subtrahieren wir 1 von der Anzahl der verbleibenden Schiffe, zerstören alle vorhandenen Invasoren und Geschosse, erstellen eine neue Flotte und platzieren das eigene Schiff wieder mittig am unteren Bildschirmrand. Außerdem halten wir das Spiel einen Augenblick lang an, damit der Spieler erkennen kann, dass eine Kollision stattgefunden hat, bevor eine neue Flotte erscheint.

Den meisten Code dafür packen wir in die neue Methode `_ship_hit()`, die wir aus `_update_aliens()` heraus aufrufen, wenn ein Invasionsschiff das eigene Schiff berührt:

alien_invasion.py

```
    def _ship_hit(self):
        """Respond to the ship being hit by an alien."""
        # Verringert die Anzahl der verbleibenden Schiffe.
❶       self.stats.ships_left -= 1

        # Entfernt alle verbliebenen Invasionsschiffe und Geschosse.
❷       self.bulltes.empty()
        self.aliens.empty()

        # Erstellt eine neue Flotte und zentriert das eigene Schiff.
❸       self._create_fleet()
        self.ship.center_ship()

        # Hält das Spiel kurz an.
❹       sleep(0.5)
```

Die neue Methode `_ship_hit()` kümmert sich um die Reaktion darauf, dass das eigene Schiff von einem Invasionsschiff getroffen wurde. Sie verringert die Anzahl der verbleibenden eigenen Schiffe um 1 (❶) und leert die Gruppen `bullets` und `aliens` (❷).

Als Nächstes erstellen wir die neue Flotte und zentrieren das eigene Schiff (❸). (Die Methode `center_ship()` werden wir in Kürze zu `Ship` hinzufügen.) Nachdem alle Spielelemente aktualisiert worden sind, aber bevor diese Änderungen auf den Bildschirm gezeichnet werden, halten wir das Spiel mit der Funktion `sleep()` eine halbe Sekunde lang an, sodass der Spieler erkennen kann, dass sein Schiff getroffen wurde (❹). Wenn diese Funktion beendet ist, fährt der Code mit der Methode `_update_screen()` fort, die die neue Flotte auf den Bildschirm zeichnet.

In `_update_aliens()` ersetzen wir im Fall, dass das eigene Schiff getroffen wurde, den Aufruf von `print()` durch den Aufruf von `_ship_hit()`:

alien_invasion.py

```
    def _update_aliens(self):
        -- schnipp --
```

```
        if pygame.sprite.spritecollideany(self.ship, self.aliens):
            self._ship_hit()
```

Die neue Methode `center_ship()` gehört in *ship.py*:

ship.py

```
    def center_ship(self):
        """Center the ship on the screen."""
        self.rect.midbottom = self.screen_rect.midbottom
        self.x = float(self.rect.x)
```

Wir zentrieren das Schiff auf die gleiche Weise wie in `__init__()`. Anschließend setzen wir das Attribut `self.x` zurück, mit dem wir die genaue Schiffsposition bestimmen können.

Hinweis

Beachten Sie, dass wir niemals mehr als ein Schiff erstellen. Wir legen für das gesamte Spiel nur eine einzige Schiffsinstanz an und zentrieren sie einfach neu, nachdem das Schiff getroffen wurde. Es ist die Statistik `ships_left`, die uns mitteilt, wann dem Spieler die Schiffe ausgegangen sind.

Führen Sie das Spiel aus, schießen Sie einige Außerirdische ab und lassen Sie zu, dass einer der Invasoren auf Ihrem Schiff landet. Das Spiel sollte jetzt kurz anhalten, und daraufhin sollte eine neue Flotte erscheinen und Ihr Schiff wieder mittig am unteren Bildschirmrand platziert sein.

Wenn Invasoren den unteren Bildschirmrand erreichen

Wenn ein Invasionsschiff den unteren Bildschirmrand erreicht, reagieren wir darauf genauso wie auf eine Kollision zwischen einem Invasor und unserem eigenen Schiff. Um dieses Ereignis zu überprüfen, fügen wir eine neue Methode zu *alien_invasion.py* hinzu:

alien_invasion.py

```
    def _check_aliens_bottom(self):
        """Check if any aliens have reached the bottom of the screen."""
        for alien in self.aliens.sprites():
❶           if alien.rect.bottom >= self.settings.screen_height:
                # Gleiche Reaktion wie bei einer Kollision mit dem Schiff.
                self._ship_hit()
                break
```

Die Methode `_check_aliens_bottom()` prüft, ob ein Invasionsschiff den unteren Bildschirmrand erreicht hat. Das ist der Fall, wenn sein `rect.bottom`-Wert größer oder gleich dem der Höhe des Bildschirms ist (❶). Wenn das geschieht, rufen wir _ship_hit() auf. Sobald ein Invasionsschiff den unteren Bildrand berührt, ist es nicht mehr nötig, den Rest zu überprüfen, weshalb wir die Schleife nach dem Aufruf von _ship_hit() abbrechen.

Die Methode rufen wir von _update_aliens() aus auf:

alien_invasion.py

```
def _update_aliens(self):
-- schnipp --
# Prüft auf Kollisionen zwischen Invasoren und dem eigenen Schiff.
if pygame.sprite.spritecollideany(self.ship, self.aliens):
    self._ship_hit()

# Prüft auf Invasoren, die den unteren Bildschirmrand erreichen.
self._check_aliens_bottom()
```

Der Aufruf von _check_aliens_bottom() erfolgt, nachdem wir die Positionen aller Invasionsschiffe überprüft und die Prüfung auf eine Kollision mit unserem Schiff durchgeführt haben. Jetzt erscheint eine neue Flotte jedes Mal, wenn ein Invasionsschiff unser eigenes trifft oder den unteren Bildschirmrand erreicht.

Game over!

Alien Invasion macht jetzt schon den Eindruck eines vollständigen Spiels, allerdings endet es nie; der Wert von ships_left wird einfach negativ! Daher fügen wir das Flag game_active als Attribut hinzu, um zu signalisieren, dass dem Spieler die Schiffe ausgegangen sind. Dieses Flag richten wir am Ende der Methode __init__() in AlienInvasion ein:

game_stats.py

```
def __init__(self):
    -- schnipp --
    # Startet Alien Invasion im aktiven Zustand.
    self.game_active = True
```

Außerdem fügen wir zu _ship_hit() neuen Code hinzu, der game_active auf False setzt, wenn der Spieler alle seine Schiffe verloren hat:

alien_invasion.py

```
def _ship_hit(self):
    """Respond to ship being hit by alien."""
    if self.stats.ships_left > 0:
        # Verringert ships_left.
        self.stats.ships_left -= 1
      -- schnipp --
        # Hält das Spiel an.
        sleep(0.5)
    else:
        self.game_active = False
```

Die Methode `_ship_hit()` ist größtenteils unverändert geblieben. Wir haben den gesamten bisherigen Code in einen `if`-Block verschoben, damit er nur dann ausgeführt wird, wenn der Spieler noch mindestens ein Schiff zur Verfügung hat. Wenn das der Fall ist, erstellen wir eine neue Flotte, legen eine Pause ein und machen weiter. Ist dagegen kein Schiff mehr übrig, setzen wir `game_active` auf `False`.

Welche Teile des Spiels müssen ausgeführt werden?

Wir müssen angeben, welche Teile des Spiels immer ausgeführt werden sollen und welche nur dann, wenn das Spiel aktiv ist:

alien_invasion.py

```
def run_game(self):
    """Start the main loop for the game."""
    while True:
        self._check_events()

        if self.stats.game_active:
            self.ship.update()
            self._update_bullets()
            self._update_aliens()

        self._update_screen()
        self.clock.tick(60)
```

In der Hauptschleife müssen wir immer `_check_events()` aufrufen, auch wenn das Spiel inaktiv ist. Schließlich müssen wir immer noch wissen, ob der Spieler [Q] gedrückt hat, um das Spiel zu beenden, oder auf die Schaltfläche zum Schließen des Fensters geklickt hat. Außerdem müssen wir den Bildschirm weiterhin aktualisieren, sodass wir Änderungen vornehmen können, während wir darauf warten, dass der Spieler ein neues Spiel startet. Die restlichen Funktionen müssen wir dagegen nur dann aufrufen, wenn das Spiel aktiv ist, da es bei inaktivem Spiel schließlich nicht nötig ist, irgendwelche Spielelemente zu aktualisieren.

Wenn Sie jetzt *Alien Invasion* spielen, hält das Spiel an, sobald Sie alle Ihre Schiffe verloren haben.

Probieren Sie es selbst aus!

13-6 Spielende: Verfolgen Sie in der Spielversion mit seitlicher Schussrichtung, wie oft das eigene Schiff getroffen wird und wie oft die Invasionsschiffe. Überlegen Sie sich eine sinnvolle Bedingung, um das Spiel zu beenden, und halten Sie das Spiel an, wenn diese Situation eintritt.

Zusammenfassung

In diesem Kapitel haben Sie gelernt, wie Sie einem Spiel eine große Menge identischer Elemente hinzufügen (hier eine Flotte von Invasionsschiffen), wie Sie verschachtelte Schleifen verwenden, um ein Raster von Elementen zu erzeugen, wie Sie große Mengen von Spielelementen bewegen, indem Sie die `update()`-Methoden der einzelnen Elemente aufrufen, wie Sie die Bewegungsrichtung von Objekten auf dem Bildschirm steuern, wie Sie auf Ereignisse reagieren (z.B. das Erreichen des Bildschirmrands), wie Sie Kollisionen zwischen Elementen erkennen und darauf reagieren, wie Sie Spielstatistiken führen und wie Sie anhand eines `game_active`-Flags bestimmen, wann das Spiel enden soll.

Im letzten Kapitel zu diesem Projekt fügen wir eine *Play*-Schaltfläche hinzu, damit der Spieler entscheiden kann, wann er das Spiel zum ersten Mal startet und ob er nach dem Ende eines Spiels eine neue Runde spielen möchte. Außerdem erhöhen wir das Spieltempo jedes Mal, wenn der Spieler die gesamte Flotte abgeschossen hat, und fügen eine Punktwertung hinzu. Am Ende haben wir ein komplettes spielbares Spiel!

14
Das Wertungssystem

In diesem Kapitel wollen wir letzte Hand an unser Spiel *Alien Invasion* legen. Wir fügen eine *Play*-Schaltfläche hinzu, um das Spiel zu starten oder nach seinem Ende erneut starten zu können, wir sorgen dafür, dass es bei jedem neuen Level an Tempo zunimmt, und richten ein Wertungssystem ein. Am Ende dieses Kapitels haben Sie ausreichend Kenntnisse, um eigene Spiele zu gestalten, die den Punktestand anzeigen, die immer schwieriger werden, je weiter der Spieler voranschreitet, und die eigene Wertungssysteme haben.

Eine Play-Schaltfläche hinzufügen

In diesem Abschnitt fügen wir eine *Play*-Schaltfläche hinzu, die vor Spielbeginn zu sehen ist und erneut erscheint, nachdem das Spiel beendet wurde, sodass der Spieler es neu starten kann.

Zurzeit beginnt das Spiel, sobald wir *alien_invasion.py* ausführen. Wir wollen nun als Erstes dafür sorgen, dass sich das Spiel zu Anfang im inaktiven Zustand befindet, und dann den Spieler dazu auffordern, auf die Schaltfläche *Play* zu klicken, um es zu starten. Dazu ändern wir wir die Methode `__init__()` von *AlienInvasion* wie folgt:

game_stats.py

```
def __init__(self, ai_game):
    """Initialize statistics."""
    self.settings = ai_game.settings
    self.reset_stats()

    # Startet das Spiel im inaktiven Zustand.
    self.game_active = False
```

Jetzt beginnt das Spiel im inaktiven Zustand. Allerdings hat der Spieler zurzeit keine Möglichkeit, es zu starten. Daher wollen wir als Nächstes die Schaltfläche *Play* hinzufügen.

Die Klasse Button

Da Pygame nicht über eingebaute Methoden für Schaltflächen verfügt, schreiben wir selbst eine Klasse namens `Button`, um ein ausgefülltes Rechteck mit Beschriftung zu erstellen. Mithilfe dieses Codes können Sie beliebige Schaltflächen für ein Spiel anlegen. Der erste Teil der Klasse `Button`, gespeichert in *button.py*, sieht wie folgt aus:

button.py

```
import pygame.font

class Button:
    """ Eine Klasse für die Buttons im Spiel """

❶   def __init__(self, ai_game, msg):
        """Initialize button attributes."""
        self.screen = ai_game.screen
        self.screen_rect = self.screen.get_rect()

        # Legt die Abmessungen und Eigenschaften der Schaltfläche fest.
❷       self.width, self.height = 200, 50
        self.button_color = (0, 135, 0)
        self.text_color = (255, 255, 255)
❸       self.font = pygame.font.SysFont(None, 48)

        # Erstellt das rect-Objekt der Schaltfläche und zentriert es.
❹       self.rect = pygame.Rect(0, 0, self.width, self.height)
        self.rect.center = self.screen_rect.center

        # Der Schaltflächentext muss nur einmal eingerichtet werden.
❺       self._prep_msg(msg)
```

Als Erstes importieren wir das Modul `pygame.font`, mit dem Pygame Text auf dem Bildschirm darstellen kann. Die Methode `__init__()` nimmt als Parameter `self`, das `ai_game`-Objekt sowie `msg` entgegen, in dem der Text für die Schaltfläche enthalten ist (❶). Bei ❷ legen wir die Abmessungen der Schaltfläche fest und färben mit `button_color` und `text_color` das `rect`-Objekt der Schaltfläche grün und den Text weiß.

Um den Text darzustellen, richten wir bei ❸ das Attribut `font` ein. Dabei weisen wir Pygame mit dem Argument `None` an, die Standardschrift zu verwenden, und legen die Schriftgröße auf `48` fest. Um die Schaltfläche mittig auf dem Bildschirm anzuzeigen, erstellen wir ein `rect`-Objekt für die Schaltfläche (❹) und setzen dessen `center`-Attribut auf den gleichen Wert wie das `center`-Attribut des Bildschirms.

Bei der Arbeit mit Text zeigt Pygame den darzustellenden String als Bild an. Bei ❺ rufen wir dazu `_prep_msg()` auf. Der Code dafür sieht wie folgt aus:

button.py

```
    def _prep_msg(self, msg):
        """Turn msg into a rendered image and center text on the button."""
❶       self.msg_image = self.font.render(msg, True, self.text_color,
                self.button_color)
❷       self.msg_image_rect = self.msg_image.get_rect()
        self.msg_image_rect.center = self.rect.center
```

Die Methode `_prep_msg()` braucht den Parameter `self` sowie den als Bild darzustellenden Text (`msg`). Der Aufruf von `font.render()` wandelt den in `msg` gespeicherten Text in ein Bild um, das wir anschließend in `self.msg_image` speichern (❶). Dabei nimmt `font.render()` selbst einen booleschen Wert entgegen, um die Kantenglättung (Antialiasing) ein- oder auszuschalten. Die restlichen Argumente dieser Methode sind die Schrift- und die Hintergrundfarbe. Hier setzen wir die Kantenglättung auf `True` und den Texthintergrund auf die Hintergrundfarbe der Schaltfläche. (Wenn Sie keine Hintergrundfarbe angeben, stellt Pygame den Text mit transparentem Hintergrund dar.)

Bei ❷ zentrieren wir das Textbild auf der Schaltfläche, indem wir ein `rect`-Objekt für das Bild erstellen und dessen `center`-Attribut mit dem der Schaltfläche gleichsetzen.

Schließlich müssen wir noch die Methode `draw_button()` schreiben, die wir aufrufen, um die Schaltfläche auf den Bildschirm zu zeichnen:

button.py

```
def draw_button(self):
    """ Zeichnet eine leere Schaltfläche und dann den Text. """
    self.screen.fill(self.button_color, self.rect)
    self.screen.blit(self.msg_image, self.msg_image_rect)
```

Hier rufen wir screen.fill() auf, um die rechteckige Grundform der Schaltfläche zu zeichnen, und dann screen.blit(), um das Bild des Textes wiederzugeben. Dabei übergeben wir das Bild und das zugehörige rect-Objekt. Damit ist unsere Klasse Button fertig.

Die Schaltfläche auf den Bildschirm zeichnen

Nun können wir die Klasse Button verwenden, um in AlienInvasion eine *Play*-Schaltfläche zu erstellen. Als Erstes passen wir die import-Anweisungen an:

alien_invasion.py

```
-- schnipp --
from game_stats import GameStats
from button import Button
```

Da wir nur eine *Play*-Schaltfläche brauchen, erstellen wir sie in der __init__()-Methode von AlienInvasion. Dazu platzieren wir den folgenden Code am Ende der Methode:

alien_invasion.py

```
    def __init__(self):
        -- schnipp --
        self._game_active = False

        # Erstellt die Play-Schaltfläche.
        self.play_button = Button(self, "Play")
```

Dieser Code erstellt zwar eine Instanz von Button mit dem Text *Play*, zeichnet die Schaltfläche aber nicht auf den Bildschirm. Dazu rufen wir in _update_screen() die Methode draw_button() der Schaltfläche auf:

alien_invasion.py

```
    def _update_screen(self):
        -- schnipp --
        self.aliens.draw(self.screen)

        # Zeichnet die Play-Schaltfläche nur bei inaktivem Spiel.
        if not self.game_active:
            self.play_button.draw_button()

        pygame.display.flip()
```

Wir zeichnen die Schaltfläche unmittelbar vor dem Wechsel zur neuen Anzeige, nachdem wir alle anderen Spielelemente gezeichnet haben, damit sie auf der obersten Ebene erscheint. Außerdem schließen wir den Code dafür in einen if-Block ein, damit die Schaltfläche nur dann erscheint, wenn das Spiel inaktiv ist.

Wenn Sie *Alien Invasion* jetzt ausführen, sehen Sie in der Mitte des Bildschirms die Schaltfläche *Play* (siehe Abb. 14–1).

Abb. 14–1 *Bei inaktivem Spiel erscheint die Schaltfläche Play.*

Das Spiel starten

Damit ein neues Spiel gestartet wird, wenn der Spieler auf *Play* klickt, müssen wir am Ende von `_check_events()` den folgenden `elif`-Block hinzufügen, der auf Mausereignisse über der Schaltfläche achtet:

alien_invasion.py

```
    def _check_events(self):
        """Respond to keypresses and mouse events."""
        for event in pygame.event.get():
            if event.type == pygame.QUIT:
                -- schnipp --
❶           elif event.type == pygame.MOUSEBUTTONDOWN:
❷               mouse_pos = pygame.mouse.get_pos()
❸               self._check_play_button(mouse_pos)
```

Bei einem Klick irgendwo auf dem Bildschirm erkennt Pygame ein `MOUSEBUTTONDOWN`-Ereignis (❶). Da wir aber nur auf Mausklicks auf der *Play*-Schaltfläche reagieren wollen, verwenden wir die Methode `pygame.mouse.get_pos()`, die ein Tupel mit den x- und y-Koordinaten des Mauscursors während des Klicks zurückgibt (❷). Diese Werte senden wir an die neue Methode `_check_play_button()` (❸).

Diese Methode – die ich hinter `_check_events()` platziert habe – sieht wie folgt aus:

alien_invasion.py

```
    def _check_play_button(self, mouse_pos):
        """Start a new game when the player clicks Play."""
❶       if self.play_button.rect.collidepoint(mouse_pos):
            self.stats.game_active = True
```

Wir verwenden hier die rect-Methode `collidepoint()`, um herauszufinden, ob der Mausklick in dem Bereich stattgefunden hat, der durch das rect-Objekt der Schaltfläche definiert wird (❶). Wenn ja, setzen wir `game_active` auf `True`, sodass das Spiel beginnt.

Jetzt können wir das Spiel starten und komplett durchspielen. Wenn das Spiel endet, wird `game_active` wieder auf `False` gesetzt, sodass die *Play*-Schaltfläche erneut erscheint.

Das Spiel zurücksetzen

Unser Code funktioniert zwar, wenn der Spieler zum ersten Mal auf *Play* klickt, aber nicht, wenn er das nach dem Ende des ersten Spiels erneut versucht. Grund dafür ist, dass die Bedingungen, die zur Beendigung des Spiels führten, nicht zurückgesetzt wurden.

Um das zu korrigieren, müssen wir bei jedem Klick auf *Play* die Spielstatistiken zurücksetzen, die alten Invasionsschiffe und Geschosse entfernen, eine neue Flotte aufbauen und das eigene Schiff zentrieren:

alien_invasion.py

```
    def _check_play_button(self, mouse_pos):
        """Start a new game when the player clicks Play."""
        if self.play_button.rect.collidepoint(mouse_pos):
            # Setzt die Spielstatistiken zurück.
❶           self.stats.reset_stats()
            self.game_active = True

            # Entfernt die verbliebenen Invasionsschiffe und Geschosse.
❷           self.aliens.empty()
            self.bullets.empty()

            # Erstellt eine neue Flotte und zentriert das eigene Schiff.
❸           self._create_fleet()
            self.ship.center_ship()
```

Bei ❶ setzen wir die Spielstatistiken zurück, sodass der Spieler wieder über drei Schiffe verfügt. Außerdem setzen wir `game_active` auf `True` (damit das Spiel beginnt, sobald der Code dieser Funktion komplett ausgeführt wurde), leeren die Gruppen `aliens` und `bullets` (❷), erstellen eine neue Invasionsflotte und zentrieren das eigene Schiff (❸).

Jetzt wird das Spiel jedes Mal ordnungsgemäß zurückgesetzt, wenn Sie auf *Play* klicken, sodass Sie es so oft hintereinander spielen können, wie Sie wollen.

Die Play-Schaltfläche deaktivieren

Es gibt noch ein Problem mit unserer *Play*-Schaltfläche: Der zugehörige Bildschirmbereich reagiert auch dann auf Klicks, wenn die Schaltfläche gar nicht angezeigt wird. Wenn Sie bei laufendem Spiel versehentlich auf diese Stelle klicken, wird das Spiel neu gestartet.

Um das zu korrigieren, sorgen wir dafür, dass das Spiel nur dann neu gestartet wird, wenn `game_active` den Wert `False` hat:

alien_invasion.py

```
    def _check_play_button(self, mouse_pos):
        """Start a new game when the player clicks Play."""
❶       button_clicked = self.play_button.rect.collidepoint(mouse_pos)
❷       if button_clicked and not self.game_active:
            # Setzt die Spielstatistiken zurück.
            self.stats.reset_stats()
            -- schnipp --
```

Im Flag `button_clicked` wird entweder `True` oder `False` gespeichert (❶), und das Spiel wird nur dann neu gestartet, wenn auf *Play* geklickt wurde *und* das Spiel zurzeit nicht aktiv ist (❷). Um dieses Verhalten zu testen, starten Sie das Spiel und klicken dann wiederholt auf die Stelle, die für die *Play*-Schaltfläche vorgesehen ist. Wenn alles wie vorgesehen funktioniert, sollten diese Klicks jetzt keine Auswirkungen auf den Spielverlauf haben.

Den Mauszeiger ausblenden

Der Mauszeiger soll sichtbar sein, wenn das Spiel inaktiv ist, aber danach ist er nur im Weg. Daher sorgen wir dafür, dass er bei aktivem Spiel unsichtbar ist. Das können wir am Ende des `if`-Blocks in `_check_play_button()` erledigen:

alien_invasion.py

```
    def _check_play_button(self, mouse_pos):
        """Start a new game when the player clicks Play."""
        button_clicked = self.play_button.rect.collidepoint(mouse_pos)
        if button_clicked and not self.game_active:
            -- schnipp --
            # Blendet den Mauszeiger aus.
            pygame.mouse.set_visible(False)
```

Wenn wir set_visible() den Wert False übergeben, blendet Pygame den Mauszeiger aus, während er sich über dem Spielfenster befindet.

Damit der Spieler nach Spielende auf *Play* klicken kann, müssen wir den Mauszeiger wieder einblenden. Dazu verwenden wir folgenden Code:

alien_invasion.py

```
def _ship_hit(self):
    """Respond to ship being hit by alien."""
    if self.stats.ships_left > 0:
        -- schnipp --
    else:
        self.game_active = False
        pygame.mouse.set_visible(True)
```

Sobald das Spiel inaktiv wird – was in _ship_hit() geschieht –, blenden wir den Mauszeiger wieder ein. Durch die Beachtung solcher Kleinigkeiten macht unser Spiel einen professionelleren Eindruck. Der Spieler kann sich dann besser auf das Spiel konzentrieren statt auf die Orientierung in der Benutzeroberfläche.

Probieren Sie es selbst aus!

14-1 Spiel per Tastendruck starten: Da wir das eigene Schiff in *Alien Invasion* über die Tastatur steuern, ist es sinnvoll, auch das Spiel über eine Taste zu starten. Fügen Sie Code hinzu, sodass der Benutzer das Spiel auch durch Drücken von [P] beginnen kann. Dabei kann es hilfreich sein, einen Teil des Codes von _check_play_button() in eine Methode namens _start_game() auszulagern, die sowohl von _check_play_button() als auch von _check_keydown_events() aus aufgerufen werden kann.

14-2 Scheibenschießen: Erstellen Sie ein Rechteck, das sich am rechten Bildrand mit gleichbleibender Geschwindigkeit nach oben und unten bewegt, und ein Schiff am linken Bildrand. Der Spieler soll das Schiff nach oben und unten bewegen und dabei Geschosse auf die rechteckige »Zielscheibe« abgeben können. Fügen Sie eine *Play*-Schaltfläche hinzu, um das Spiel zu starten. Wenn der Spieler die Zielscheibe dreimal nicht getroffen hat, soll das Spiel enden und die Schaltfläche wieder angezeigt werden, sodass der Benutzer das Spiel neu starten kann.

Levels

Wenn der Spieler die gesamte Invasionsflotte abgeschossen hat, erreicht er ein neues Level, aber zurzeit ändert sich dabei der Schwierigkeitsgrad des Spiels nicht. Um das Spiel etwas lebendiger und anspruchsvoller zu gestalten, wollen wir das Tempo jedes Mal erhöhen, wenn der Spieler eine Flotte vernichtet hat.

Die Geschwindigkeitseinstellungen ändern

Als Erstes müssen wir die Klasse `Settings` umstrukturieren, indem wir die Einstellungen in statische und dynamische Werte aufteilen. Außerdem sorgen wir dafür, dass alle Einstellungen, die sich im Spielverlauf ändern können, zu Beginn eines neuen Spiels zurückgesetzt werden. Damit sieht die Methode `__init__()` in *settings.py* jetzt wie folgt aus:

settings.py

```
def __init__(self):
    """Initialize the game's static settings."""
    # Bildschirmeinstellungen
    self.screen_width = 1200
    self.screen_height = 800
    self.bg_color = (230, 230, 230)

    # Schiffseinstellungen
    self.ship_limit = 3

    # Geschosseinstellungen
    self.bullet_width = 3
    self.bullet_height = 15
    self.bullet_color = (60, 60, 60)
    self.bullets_allowed = 3

    # Invasionsschiffseinstellungen
    self.fleet_drop_speed = 10

    # Stärke der Beschleunigung des Spiels
❶   self.speedup_scale = 1.1

❷   self.initialize_dynamic_settings()
```

Nach wie vor initialisieren wir in `__init__()` die Einstellungen, die konstant bleiben sollen. Bei ❶ fügen wir jedoch noch die Einstellung `speedup_scale` hinzu, um festzulegen, wie stark das Spieltempo erhöht werden soll: Bei einem Wert von 2 wird das Spieltempo mit jedem neuen Level verdoppelt, bei 1 bleibt es gleich. Ein Wert wie 1,1 sorgt dafür, dass die Geschwindigkeit weit genug erhöht wird, um das Spiel spannender zu gestalten, ohne es aber unspielbar zu machen. Schließlich rufen wir `initialize_dynamic_settings()` auf, um die Werte der Attribute zu initialisieren, die sich im Spielverlauf ändern sollen (❷).

Der Code für `initialize_dynamic_settings()` sieht wie folgt aus:

settings.py

```
def initialize_dynamic_settings(self):
    """Initialize settings that change throughout the game."""
    self.ship_speed = 1.5
    self.bullet_speed = 2.5
    self.alien_speed = 1.0
```

```
        # Der Wert 1 für fleet_direction bedeutet "nach rechts",
        # -1 "nach links".
        self.fleet_direction = 1
```

Diese Methode legt den Anfangswert für die Geschwindigkeiten des eigenen Schiffes, der Geschosse und der Invasionsschiffe fest. Diese Geschwindigkeiten müssen wir im Verlauf des Spiels erhöhen und bei Beginn eines neuen Spiels wieder zurücksetzen. Damit sich die Invasionsflotte zu Spielbeginn stets nach rechts bewegt, haben wir auch `fleet_direction` in diese Methode aufgenommen. Den Wert von `fleet_drop_speed` müssen wir dagegen nicht erhöhen, denn wenn sich die Invasionsschiffe schneller quer über den Bildschirm bewegen, sinken sie auch schneller.

Um die Geschwindigkeiten des eigenen Schiffes, der Geschosse und der Invasionsschiffe zu erhöhen, wenn der Spieler ein neues Level erreicht, schreiben wir die neue Methode `increase_speed()`:

settings.py

```
    def increase_speed(self):
        """Increase speed settings."""
        self.ship_speed *= self.speedup_scale
        self.bullet_speed *= self.speedup_scale
        self.alien_speed *= self.speedup_scale
```

Zur Beschleunigung multiplizieren wir die einzelnen Geschwindigkeitseinstellungen jeweils mit dem Wert von `speedup_scale`.

Um das Spieltempo in einem neuen Level zu erhöhen, rufen wir `increase_speed()` in `_check_bullet_alien_collisions()` auf, wenn das letzte Invasionsschiff einer Flotte abgeschossen wurde:

alien_invasion.py

```
    def _check_bullet_alien_collisions(self):
        -- schnipp --
        if not self.aliens:
            # Zerstört vorhandene Geschosse und erstellt eine neue Flotte.
            self.bullets.empty()
            self._create_fleet()
            self.settings.increase_speed()
```

Die Werte der Geschwindigkeitseinstellungen `ship_speed`, `alien_speed` und `bullet_speed` zu erhöhen, reicht aus, um das gesamte Spiel zu beschleunigen.

Die Geschwindigkeit zurücksetzen

Beim Start eines neuen Spiels müssen wir alle veränderten Einstellungen wieder auf den Anfangswert zurücksetzen, damit das Spiel nicht gleich mit der höheren Geschwindigkeit der vorherigen Runde beginnt.

alien_invasion.py

```
def _check_play_button(self, mouse_pos):
    """Start a new game when the player clicks Play."""
    button_clicked = self.play_button.rect.collidepoint(mouse_pos)
    if button_clicked and not self.stats.game_active:
        # Setzt die Spieleinstellungen zurück.
        self.settings.initialize_dynamic_settings()
        -- schnipp --
```

Jetzt sollte *Alien Invasion* etwas kniffliger sein und damit auch mehr Spaß machen. Jedes Mal, wenn Sie den Bildschirm bereinigen, beschleunigt das Spiel und wird dadurch ein wenig schwieriger. Wird es zu schnell zu schwierig, setzen Sie den Wert von `settings.speedup_scale` herab; ist es dagegen nicht schwierig genug, erhöhen Sie den Wert leicht. Versuchen Sie, den idealen Wert zu finden, um den Schwierigkeitsgrad in angemessener Weise zu erhöhen. Die ersten Levels sollten leicht sein, die nachfolgenden schwierig, aber machbar, und erst die letzten praktisch unmöglich zu schaffen.

Probieren Sie es selbst aus!

14-3 Scheibenschießen mit Erhöhung des Schwierigkeitsgrads: Verwenden Sie das Spiel aus Übung 14-2 als Ausgangspunkt, sorgen Sie aber dafür, dass sich das Ziel im Spielverlauf immer schneller bewegt. Wenn der Spieler auf *Play* klickt, um das Spiel neu zu starten, soll es wieder mit der ursprünglichen Geschwindigkeit beginnen.

14-4 Schwierigkeitsgrade auswählen: Legen Sie in *Alien Invasion* eine Reihe von Schaltflächen an, über die der Spieler einen Schwierigkeitsgrad für das Spiel auswählen kann. Weisen Sie den Schaltflächen dabei jeweils geeignete Werte für diejenigen Attribute in `Settings` zu, die gebraucht werden, um einen anderen Schwierigkeitsgrad einzustellen.

Die Punktwertung

Als Nächstes richten wir ein System ein, um den Punktestand in Echtzeit zu verfolgen und außerdem den Highscore, das Level und die Anzahl der verbliebenen eigenen Schiffe anzuzeigen.

Da es sich bei dem Punktestand um eine Spielstatistik handelt, fügen wir das Attribut `score` zu `GameStats` hinzu:

game_stats.py

```
class GameStats:
    -- schnipp --
    def reset_stats(self):
        """Initialize statistics that can change during the game."""
        self.ships_left = self.ai_settings.ship_limit
        self.score = 0
```

Damit der Punktestand bei jedem Neustart des Spiels zurückgesetzt wird, initialisieren wir `score` in `reset_stats()` statt in `__init__()`.

Den Punktestand anzeigen

Um den Punktestand auf dem Bildschirm anzuzeigen, erstellen wir zunächst die Klasse `Scoreboard` und speichern sie in *scoreboard.py*. Zurzeit dient sie zur Wiedergabe des aktuellen Punktestands, aber wir werden sie später auch dazu nutzen, den Highscore, das Level und die Anzahl der verbliebenen Schiffe anzugeben. Der erste Teil der Klasse sieht wie folgt aus:

scoreboard.py

```
import pygame.font

class Scoreboard:
    """A class to report scoring information."""

❶   def __init__(self, ai_game):
        """Initialize scorekeeping attributes."""
        self.screen = ai_game.screen
        self.screen_rect = self.screen.get_rect()
        self.settings = ai_game.settings
        self.stats = ai_game.stats

        # Schriftart für die Anzeige des Punktestands.
❷       self.text_color = (30, 30, 30)
❸       self.font = pygame.font.SysFont(None, 48)

        # Richtet das Anfangsbild für den Punktestand ein.
❹       self.prep_score()
```

Da `Scoreboard` Text auf dem Bildschirm ausgeben soll, müssen wir als Erstes das Modul `pygame.font` importieren. Danach übergeben wir der Methode `__init__()` den Parameter `ai_game`, sodass sie auf die Objekte `settings`, `screen` und `stats` zugreifen und damit die Werte melden kann, die wir verfolgen wollen (❶). Außerdem legen wir die Textfarbe fest (❷) und instanziieren ein `font`-Objekt (❸).

Um den wiederzugebenden Text in ein Bild umzuwandeln, rufen wir `prep_score()` auf (❹), deren Code wir folgt aussieht:

scoreboard.py

```
    def prep_score(self):
        """Turn the score into a rendered image."""
❶       score_str = str(self.stats.score)
❷       self.score_image = self.font.render(score_str, True,
                self.text_color, self.settings.bg_color)

        # Zeigt den Punktestand oben rechts auf dem Bildschirm an.
❸       self.score_rect = self.score_image.get_rect()
```

```
❹        self.score_rect.right = self.screen_rect.right - 20
❺        self.score_rect.top = 20
```

In prep_score() wandeln wir als Erstes den numerischen Wert stats.score in einen String um (❶), den wir dann an render() übergeben, um das Bild zu erzeugen (❷). Um den Punktestand deutlich lesbar auf dem Bildschirm anzuzeigen, müssen wir render die Hintergrundfarbe des Bildschirms und die Textfarbe übergeben.

Wir platzieren die Anzeige des Punktestands in der oberen rechten Ecke des Bildschirms und sorgen dafür, dass sie nach links wachsen kann, wenn der Punktestand zunimmt und die Zahl länger wird. Damit die Anzeige am rechten Bildschirmrand ausgerichtet bleibt, erstellen wir das rect-Objekt score_rect (❸) und richten seinen rechten Rand 20 Pixel vom rechten Bildschirmrand entfernt ein (❹). Außerdem platzieren wir seine Oberkante 20 Pixel unterhalb des oberen Bildschirmrands (❺).

Als Letztes schreiben wir noch die Methode show_score(), um das Bild mit dem Punktestand anzuzeigen:

scoreboard.py

```
def show_score(self):
    """Draw score to the screen."""
    self.screen.blit(self.score_image, self.score_rect)
```

Diese Methode zeichnet das Bild des Punktestands an der in score_rect festgelegten Stelle auf den Bildschirm.

Eine Anzeigetafel erstellen

Zur Darstellung des Punktestands erstellen wir in AlienInvasion eine Instanz von Scoreboard. Als Erstes erweitern wir die import-Anweisungen:

alien_invasion.py

```
-- schnipp --
from game_stats import GameStats
from scoreboard import Scoreboard
```

Dann legen wir in __init__() eine Instanz von Scoreboard an:

alien_invasion.py

```
    def __init__(self):
        -- schnipp --
        pygame.display.set_caption("Alien Invasion")

        # Bildet eine Instanz, um Spielstatistiken zu speichern und eine
        # Anzeigetafel zu erstellen.
        self.stats = GameStats(self)
        self.sb = Scoreboard(self)
        -- schnipp --
```

In _update_screen() zeichnen wir die Anzeigetafel nun auf den Bildschirm:

alien_invasion.py

```
def _update_screen(self):
    -- schnipp --
    self.aliens.draw(self.screen)

    # Zeichnet die Informationen über den Punktestand.
    self.sb.show_score()

    # Zeichnet die Play-Schaltfläche, wenn das Spiel inaktiv ist.
    -- schnipp --
```

Die Methode show_score() rufen wir nun unmittelbar vor dem Zeichnen der Play-Schaltfläche auf.

Wenn Sie jetzt *Alien Invasion* ausführen, wird oben rechts auf dem Bildschirm 0 angezeigt, wie Sie in Abbildung 14–2 sehen. Nachdem wir damit bestätigt haben, dass der Punktestand ausgegeben wird, können wir das Wertungssystem im Folgenden weiter ausbauen.

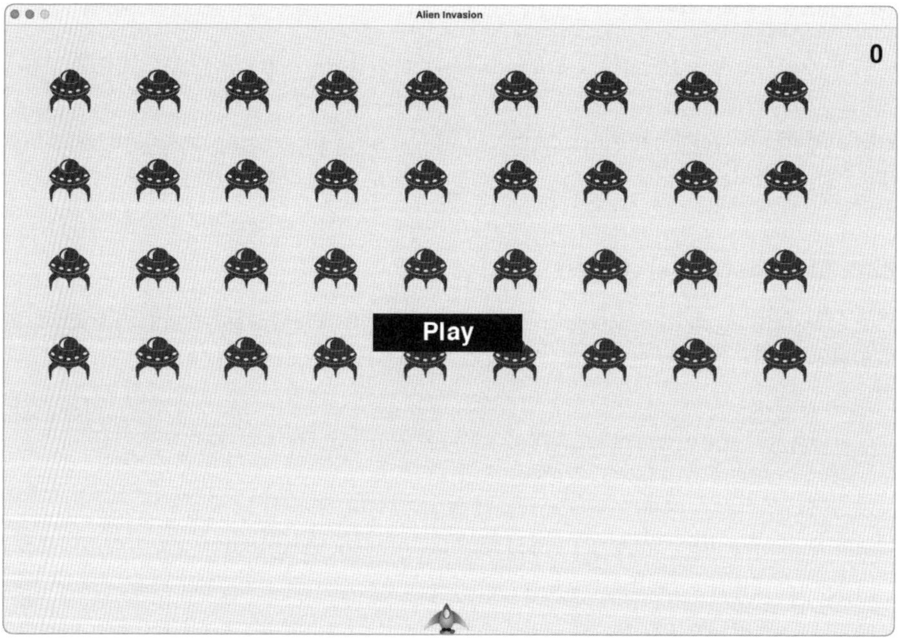

Abb. 14–2 *Der Punktestand wird in der oberen rechten Ecke des Bildschirms angezeigt.*

Als Nächstes sorgen wir dafür, dass es für den Abschuss von Invasionsschiffen auch tatsächlich Punkte gibt.

Den Punktestand bei jedem Abschuss erhöhen

Um die erzielten Punkte dynamisch anzuzeigen, aktualisieren wir den Wert von `stats.score` jedes Mal, wenn ein Invasionsschiff getroffen wurde, und rufen dann `prep_score()` auf, um das Bild mit dem Punktestand zu aktualisieren. Als Erstes müssen wir jedoch festlegen, wie viele Punkte ein Spieler bei jedem Abschuss erhält:

settings.py

```
def initialize_dynamic_settings(self):
    -- schnipp --

    # Punktwertung
    self.alien_points = 50
```

Im weiteren Spielverlauf werden wir den Punktwert pro abgeschossenem Invasionsschiff erhöhen. Damit dieser Punktwert beim Start eines neuen Spiels zurückgesetzt wird, legen wir ihn in `initialize_dynamic_settings()` fest.

Die Aktualisierung des Punktestands bei jedem Abschuss erfolgt in `_check_bullet_alien_collisions()`:

alien_invasion.py

```
def _check_bullet_alien_collisions(self):
    """Respond to bullet-alien collisions."""
    # Entfernt alle kollidierten Geschosse und Invasionsschiffe.
    collisions = pygame.sprite.groupcollide(
            self.bullets, self.aliens, True, True)

    if collisions:
        self.stats.score += self.settings.alien_points
        self.sb.prep_score()
    -- schnipp --
```

Wenn ein Geschoss ein Invasionsschiff trifft, gibt Pygame das Dictionary `collisions` zurück. Wir prüfen, ob dieses Dictionary existiert, und wenn das der Fall ist, addieren wir den Wert für das abgeschossene Schiff zum Punktestand. Danach rufen wir `prep_score()`auf, um das neue Bild für den aktualisierten Punktestand zu erstellen.

Wenn Sie *Alien Invasion* jetzt spielen, können Sie Punkte sammeln.

Den Punktestand zurücksetzen

Im jetzigen Zustand erstellt der Code nur dann ein Bild für einen neuen Punktestand, wenn ein Invasionsschiff getroffen wurde. Das führt dazu, dass bei einem neuen Spiel der alte Wert noch sichtbar ist, bis wir das erste Invasionsschiff abschießen.

Um das zu korrigieren, sorgen wir dafür, dass auch beim Beginn eines neuen Spiels der Punktestand eingerichtet wird:

alien_invasion.py

```
def _check_play_button(self, mouse_pos):
    -- schnipp --
    if button_clicked and not self.game_active:
        -- schnipp --
        # Setzt die Spielstatistiken zurück.
        self.stats.reset_stats()
        self.sb.prep_score()
        -- schnipp --
```

Wenn ein neues Spiel beginnt, rufen wir nach dem Zurücksetzen der Spielstatistiken `prep_score()` auf. Dadurch wird die Anzeigetafel mit einem Punktestand von 0 vorbereitet.

Alle Treffer berücksichtigen

Es kann sein, dass unser Code in seiner jetzigen Form einige Treffer nicht berücksichtigt. Wenn während eines Schleifendurchlaufs zwei Geschosse ihr Ziel treffen oder wenn wir ein extrabreites Geschoss verwenden, das mehrere Invasionsschiffe vernichten kann, erhält der Spieler jeweils nur Punkte für einen einzigen Abschuss. Um das zu korrigieren, verbessern wir die Erkennung von Kollisionen zwischen unseren Geschossen und den Gegnern.

In `_check_bullet_alien_collisions()` wird jedes Geschoss, das mit einem Invasionsschiff kollidiert, zu einem Schlüssel in dem Dictionary `collisions`. In dem damit verbundenen Wert wird eine Liste der Invasionsschiffe gespeichert, mit denen das Geschoss zusammengestoßen ist. Wenn wir das Dictionary `collisions` durchlaufen, können wir dafür sorgen, dass wir Punkte für jedes getroffene Schiff vergeben:

alien_invasion.py

```
def _check_bullet_alien_collisions(self):
    -- schnipp --
    if collisions:
        for aliens in collisions.values():
            self.stats.score += self.settings.alien_points * len(aliens)
        self.sb.prep_score()
    -- schnipp --
```

Wenn das Dictionary `collisions` existiert, durchlaufen wir alle darin enthaltenen Werte, bei denen es sich jeweils um Listen der Invasionsschiffe handelt, die von einem einzigen Geschoss getroffen wurden. Anschließend multiplizieren wir die Anzahl der Invasionsschiffe in jeder dieser Listen mit dem Punktwert für einen Treffer und addieren das Ergebnis zum aktuellen Punktestand. Um dieses Verhalten zu testen, ändern wir die Geschossbreite auf 300 Pixel und vergewissern uns, ob wir tatsächlich Punkte für alle Invasionsschiffe erhalten, die wir mit diesem Superbreitprojektil abräumen. Anschließend müssen wir die Geschossbreite natürlich wieder auf den normalen Wert zurücksetzen.

Den Punktwert erhöhen

Da das Spiel mit jedem Level schwieriger wird, sollen die Abschüsse auch immer mehr Punkte einbringen. Dazu fügen wir Code hinzu, der bei einer Erhöhung des Spieltempos auch den Punktwert heraufsetzt:

settings.py

```
class Settings:
    """A class to store all settings for Alien Invasion."""

    def __init__(self):
        -- schnipp --
        # Stärke der Beschleunigung des Spiels
        self.speedup_scale = 1.1

        # Stärke der Punktwerterhöhung bei Treffern
❶       self.score_scale = 1.5

        self.initialize_dynamic_settings()

    def initialize_dynamic_settings(self):
        -- schnipp --

    def increase_speed(self):
        """Increase speed settings and alien point values."""
        self.ship_speed *= self.speedup_scale
        self.bullet_speed *= self.speedup_scale
        self.alien_speed *= self.speedup_scale

❷       self.alien_points = int(self.alien_points * self.score_scale)
```

Mit `score_scale` legen wir die Rate fest, mit der die Punktwerte erhöht werden (❶). Schon eine kleine Erhöhung der Spielgeschwindigkeit (Faktor 1,1) erhöht den Schwierigkeitsgrad sehr schnell, aber um einen merkbaren Unterschied bei den erzielten Punkten zu sehen, müssen wir den Punktwert um einen größeren Faktor erhöhen (1,5). Jetzt wird zusammen mit der Spielgeschwindigkeit auch der Punktwert für jeden Treffer erhöht. Damit wir nur ganzzahlige Punktwerte bekommen, verwenden wir die Funktion `int()`.

Um uns den Punktwert pro Abschuss ansehen zu können, fügen wir der Methode `increase_speed()` in `Settings` einen `print()`-Aufruf hinzu:

settings.py

```
def increase_speed(self):
    -- schnipp --
    self.alien_points = int(self.alien_points * self.score_scale)
    print(self.alien_points)
```

Jetzt wird im Terminal bei Erreichen eines neuen Levels jeweils der neue Punktwert angezeigt.

> **Hinweis**
>
> Entfernen Sie den `print()`-Aufruf wieder, nachdem Sie sich vergewissert haben, dass der Punktwert tatsächlich erhöht wird, da er ansonsten die Leistung beeinträchtigen und den Spieler ablenken könnte.

Den Punktestand runden

Bei den meisten Ballerspielen dieser Art wird der Punktestand in Vielfachen von 10 angezeigt, weshalb wir das auch bei *Alien Invasion* tun wollen. Außerdem wollen wir die Anzeige so formatieren, dass bei längeren Zahlen Tausendertrennzeichen verwendet werden. Diese Änderungen nehmen wir in der Klasse `Scoreboard` vor:

scoreboard.py

```
    def prep_score(self):
        """Turn the score into a rendered image."""
❶       rounded_score = round(self.stats.score, -1)
❷       score_str = f"{rounded_score:,}"
        self.score_image = self.font.render(score_str, True,
                self.text_color, self.settings.bg_color)
        -- schnipp --
```

Die Funktion `round()` rundet normalerweise eine Fließkommazahl auf die Anzahl der Nachkommastellen, die ihr als zweites Argument übergeben wird. Wenn Sie als zweites Argument aber eine negative Zahl angeben, rundet diese Funktion auf die nächste 10er-, 100er-, 1000er-Stelle usw. Der Code bei ❶ weist Python also an, den Wert aus `stats.score` auf die nächste 10er-Stelle zu runden und `rounded_score` zuzuweisen.

Bei ❷ verwenden wir dann einen Formatbezeichner in der f-Zeichenkette für die Punktzahl. Ein Formatbezeichner ist eine spezielle Zeichenfolge, die die Art und Weise der Darstellung eines Variablenwerts ändert. In diesem Fall weist die Zeichenfolge `:,` Python an, an den entsprechenden Stellen des angegebenen Zahlenwerts Kommas einzufügen. Dies führt zu Zeichenfolgen wie 1,000,000 anstelle von 1000000. Wenn Sie das Spiel jetzt ausführen, erhalten Sie eine formatierte, gerundete Anzeige Ihres Punktestands, auch wenn Sie schon viele Punkte ergattert haben (siehe Abb. 14–3).

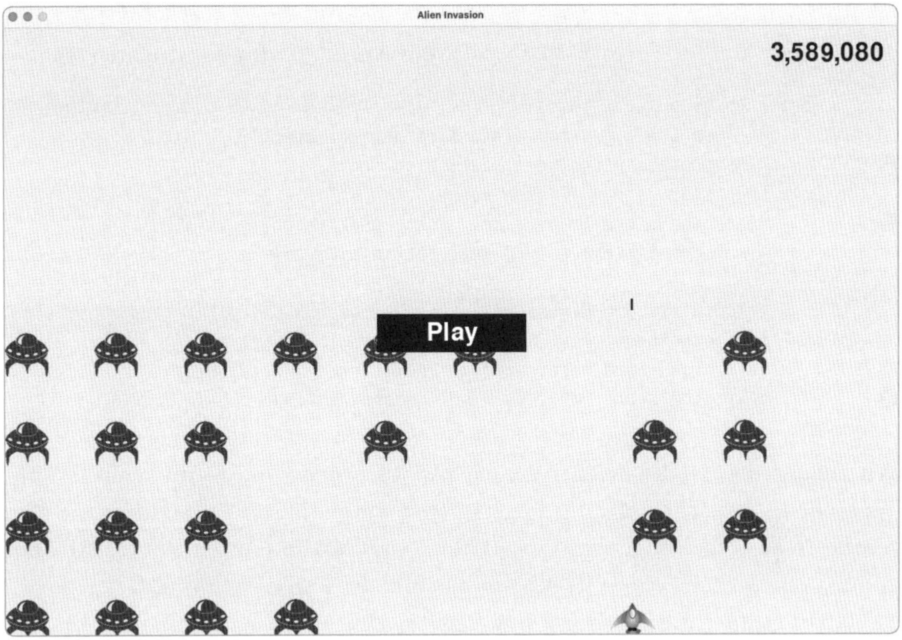

Abb. 14–3 *Gerundeter Punktestand mit Tausendertrennzeichen*

Highscore

Jeder Spieler hat den Ehrgeiz, den Highscore zu überbieten. Daher wollen wir auch in *Alien Invasion* den Highscore ermitteln und anzeigen, damit die Spieler ein Ziel haben, auf das sie hinarbeiten können. Die Speicherung des Highscores erfolgt in `GameStats`:

game_stats.py

```
def __init__(self, ai_game):
    -- schnipp --
    # Der Highscore darf nie zurückgesetzt werden.
    self.high_score = 0
```

Da der Highscore nie zurückgesetzt werden soll, initialisieren wir `high_score` in `__init__()` statt in `reset_stats()`.

Jetzt müssen wir noch `Scoreboard` erweitern, um den Highscore anzeigen zu können. Wenden wir uns dabei als Erstes der Methode `__init__()` zu:

scoreboard.py

```
    def __init__(self, ai_game):
        -- schnipp --
        # Richtet die Anfangsbilder für die Anzeigetafel ein.
        self.prep_score()
❶       self.prep_high_score()
```

Da der Highscore getrennt vom aktuellen Punktestand angezeigt wird, brauchen wir die neue Methode `prep_high_score()`, um das Bild dafür einzurichten (❶):

scoreboard.py

```
    def prep_high_score(self):
        """Turn the high score into a rendered image."""
❶       high_score = round(self.stats.high_score, -1)
        high_score_str = f"{high_score:,}"
❷       self.high_score_image = self.font.render(high_score_str, True,
                self.text_color, self.settings.bg_color)

        # Zentriert die Highscore-Anzeige am oberen Bildschirmrand.
        self.high_score_rect = self.high_score_image.get_rect()
❸       self.high_score_rect.centerx = self.screen_rect.centerx
❹       self.high_score_rect.top = self.score_rect.top
```

Wir runden den Highscore auf die nächste 10er-Stelle und formatieren ihn mit Tausendertrennzeichen (❶). Dann generieren wir ein Bild für den Highscore (❷), zentrieren das zugehörige `rect`-Objekt horizontal (❸) und setzen sein `top`-Attribut auf den `top`-Wert des `rect`-Objekts für das Bild des Punktestands (❹).

Jetzt zeichnet die Methode `show_score()` den aktuellen Punktestand in die obere rechte Ecke und den Highscore in die Mitte des oberen Bildrands:

scoreboard.py

```
    def show_score(self):
        """Draw score to the screen."""
        self.screen.blit(self.score_image, self.score_rect)
        self.screen.blit(self.high_score_image, self.high_score_rect)
```

Um zu prüfen, ob ein neuer Highscore vorliegt, schreiben wir eine neue Methode `check_high_score()` in `Scoreboard`:

scoreboard.py

```
    def check_high_score(self):
        """Check to see if there's a new high score."""
        if self.stats.score > self.stats.high_score:
            self.stats.high_score = self.stats.score
            self.prep_high_score()
```

Die Methode `check_high_score()` vergleicht den aktuellen Punktestand mit dem Highscore. Ist der aktuelle Punktestand größer, aktualisieren wir den Wert von `high_score` und rufen `prep_high_score()` auf, um das Bild für den Highscore anzupassen.

Wir müssen `check_high_score()` in `_check_bullet_alien_collisions()` jedes Mal aufrufen, nachdem ein Invasionsschiff getroffen wurde und wir den Punktestand aktualisiert haben:

alien_invasion.py

```
def _check_bullet_alien_collisions(self):
    -- schnipp --
    if collisions:
        for aliens in collisions.values():
            self.stats.score += self.settings.alien_points * len(aliens)
        self.sb.prep_score()
        self.sb.check_high_score()
    -- schnipp --
```

Wenn das Dictionary `collisions` vorhanden ist, rufen wir `check_high_score()` auf, und zwar nachdem wir den Punktestand für alle getroffenen Invasionsschiffe aktualisiert haben.

Wenn Sie *Alien Invasion* zum ersten Mal spielen, ist Ihr Punktestand der Highscore und wird an beiden Stellen angezeigt. Ab dem zweiten Spiel sehen Sie aber wie in Abbildung 14–4 den bisher erreichten Highscore in der Mitte des oberen Bildrands und Ihren aktuellen Punktestand in der rechten oberen Ecke.

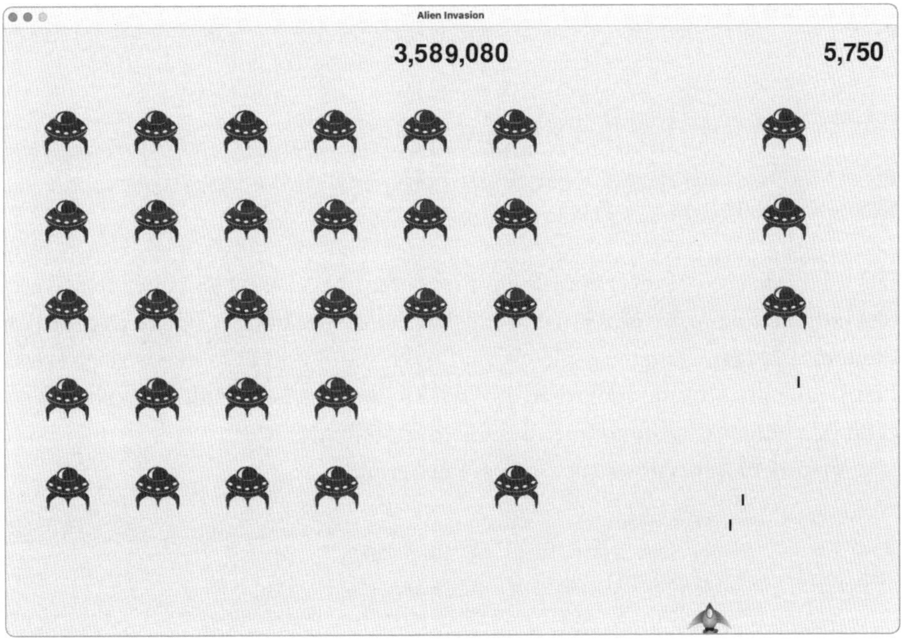

Abb. 14–4 *Der Highscore wird mittig am oberen Bildrand angezeigt.*

Das Level anzeigen

Um im Spiel das aktuelle Level anzuzeigen, müssen wir zunächst einmal in `GameStats` ein Attribut für dieses Level einfügen. Damit es beim Start eines neuen Spielbeginns zurückgesetzt werden kann, initialisieren wir es in `reset_stats()`:

game_stats.py

```
def reset_stats(self):
    """Initialize statistics that can change during the game."""
    self.ships_left = self.settings.ship_limit
    self.score = 0
    self.level = 1
```

Damit Scoreboard das aktuelle Level anzeigt, rufen wir in `__init__()` die neue Methode `prep_level()` auf:

scoreboard.py

```
def __init__(self, ai_game):
    -- schnipp --
    self.prep_high_score()
    self.prep_level()
```

Die Methode `prep_level()` selbst sieht wie folgt aus:

scoreboard.py

```
    def prep_level(self):
        """Turn the level into a rendered image."""
        level_str = str(self.stats.level)
❶       self.level_image = self.font.render(level_str, True,
                self.text_color, self.settings.bg_color)

        # Platziert die Levelanzeige unter dem Punktestand.
        self.level_rect = self.level_image.get_rect()
❷       self.level_rect.right = self.score_rect.right
❸       self.level_rect.top = self.score_rect.bottom + 10
```

Die Methode `prep_level()` erstellt ein Bild des in `stats.level` gespeicherten Werts (❶) und setzt dessen `right`-Attribut auf das `right`-Attribut des Rechtecks für den Punktestand (❷). Damit zwischen dem Punktestand und der Levelanzeige etwas Platz verbleibt, setzt sie außerdem das `top`-Attribut des Levelbildes auf einen Wert zehn Pixel unter der Unterkante des Punktestandbildes (❸).

Außerdem müssen wir `show_score()` erweitern:

scoreboard.py

```
def show_score(self):
    """Draw scores and level to the screen."""
    self.screen.blit(self.score_image, self.score_rect)
    self.screen.blit(self.high_score_image, self.high_score_rect)
    self.screen.blit(self.level_image, self.level_rect)
```

In der zusätzlichen Zeile wird das Levelbild auf den Bildschirm gezeichnet.

In `_check_bullet_alien_collisions()` sorgen wir dafür, dass `stats.level` inkrementiert und die Levelanzeige angepasst wird:

alien_invasion.py

```
def _check_bullet_alien_collisions(self):
    -- schnipp --
    if not self.aliens:
```

```
        # Zerstört vorhandene Geschosse und erstellt eine neue Flotte.
        self.bullets.empty()
        self._create_fleet()
        self.settings.increase_speed()

        # Setzt das Level herauf.
        self.stats.level += 1
        self.sb.prep_level()
```

Nachdem eine Flotte zerstört worden ist, erhöhen wir den Wert von `stats.level` um 1 und rufen `prep_level()` auf, damit das neue Level korrekt angezeigt wird.

Damit die Levelanzeige bei Beginn eines neuen Spiels korrekt aktualisiert wird, rufen wir `prep_level()` auch dann auf, wenn der Spieler auf *Play* klickt:

alien_invasion.py

```
def _check_play_button(self, mouse_pos):
    -- schnipp --
    if button_clicked and not self.game_active:
        -- schnipp --
        self.sb.prep_score()
        self.sb.prep_level()
        -- schnipp --
```

Dabei rufen wir `prep_level()` unmittelbar nach `prep_score()` auf.

Jetzt können Sie, wie in Abbildung 14–5 zu sehen, jeweils erkennen, auf welchem Level des Spiels Sie sich befinden:

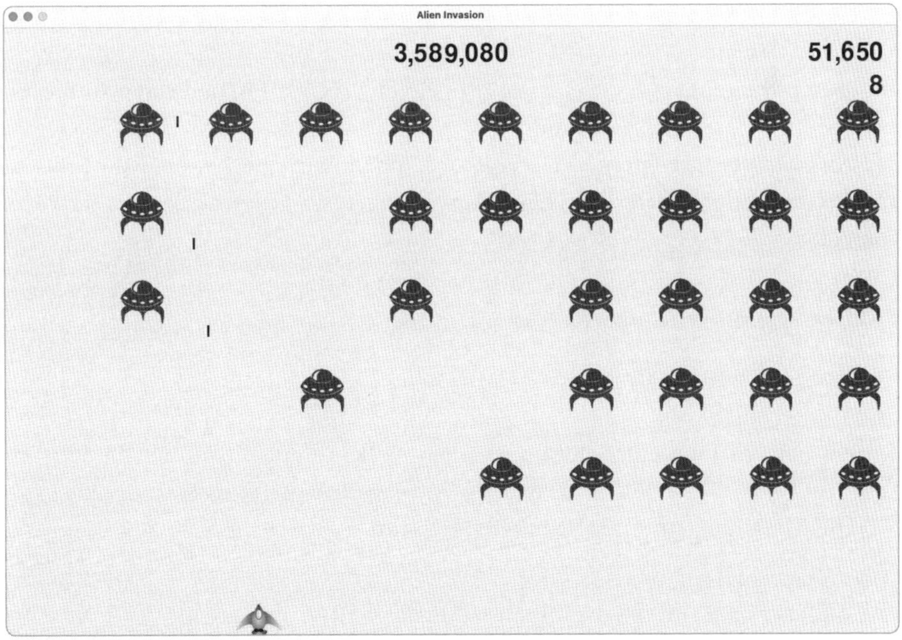

Abb. 14–5 *Unter dem Punktestand wird das aktuelle Level angezeigt.*

Hinweis

In manchen klassischen Spielen tragen die einzelnen Anzeigen Beschriftungen wie *Score*, *Highscore* und *Level*. Das haben wir hier weggelassen, da die Bedeutung der Zahlen klar wird, sobald Sie das Spiel spielen. Um solche Beschriftungen anzugeben, fügen Sie die entsprechenden Strings einfach vor dem Aufruf von `font.render()` in `Scoreboard` hinzu.

Die Anzahl der verfügbaren Schiffe anzeigen

Als Letztes wollen wir die Anzahl der Schiffe anzeigen, die dem Spieler noch zur Verfügung stehen – allerdings in grafischer Form. Dazu zeichnen wir wie in vielen klassischen Arcade-Spielen die entsprechende Menge von Schiffen in die obere linke Ecke.

Dazu müssen wir als Erstes dafür sorgen, dass `Ship` von `Sprite` erbt, damit wir eine Gruppe von Schiffen erstellen können:

ship.py

```
import pygame
from pygame.sprite import Sprite

❶ class Ship(Sprite):
    """A class to manage the ship."""

    def __init__(self, ai_game):
        """Initialize the ship and set its starting position."""
❷       super().__init__()
        -- schnipp --
```

Bei ❶ importieren wir `Sprite`, damit `Ship` davon erben kann, und rufen zu Beginn von `__init__()` bei ❷ `super()` auf.

Als Nächstes erweitern wir `Scoreboard`, indem wir eine Gruppe von Schiffen für die Anzeige erstellen. Die `import`-Anweisungen für `Scoreboard` sehen jetzt wie folgt aus:

scoreboard.py

```
import pygame.font
from pygame.sprite import Group

from ship import Ship
```

Da wir eine Gruppe von Schiffen erstellen wollen, importieren wir die Klassen `Group` und `Ship`.

Die Methode `__init__()` sieht wie folgt aus:

scoreboard.py

```
    def __init__(self, ai_game):
        """Initialize scorekeeping attributes."""
        self.ai_game = ai_game
```

```
        self.screen = ai_game.screen
        -- schnipp --
        self.prep_level()
        self.prep_ships()
```

Da wir die Spielinstanz benötigen, um einige Schiffe zu erstellen, weisen wir sie einem Attribut zu. Nach `prep_level()` rufen wir die Methode `prep_ships()` auf, die wie folgt aussieht:

scoreboard.py

```
    def prep_ships(self):
        """Show how many ships are left."""
❶       self.ships = Group()
❷       for ship_number in range(self.stats.ships_left):
            ship = Ship(self.ai_game)
❸           ship.rect.x = 10 + ship_number * ship.rect.width
❹           ship.rect.y = 10
❺           self.ships.add(ship)
```

Die Methode `prep_ships()` erstellt die leere Gruppe `self.ships`, die die Schiffsinstanzen aufnehmen soll (❶). Um diese Gruppe zu füllen, führen wir die Schleife einmal für jedes verbliebene Schiff aus (❷). Innerhalb der Schleife erstellen wir ein neues Schiff und richten seine x-Koordinate so ein, dass es neben dem vorherigen platziert wird und die ganze Gruppe auf der linken Seite einen Abstand von 10 Pixeln vom Rand einhält (❸). Für die y-Koordinate wählen wir einen Abstand von 10 Pixeln vom oberen Bildrand, damit die Schiffe in der oberen linken Ecke erscheinen (❹). Schließlich fügen wir das neue Schiff zu der Gruppe `ships` hinzu (❺).

Jetzt müssen wir die Schiffe noch auf den Bildschirm zeichnen:

scoreboard.py

```
    def show_score(self):
        """Draw scores, level, and ships to the screen."""
        self.screen.blit(self.score_image, self.score_rect)
        self.screen.blit(self.high_score_image, self.high_score_rect)
        self.screen.blit(self.level_image, self.level_rect)
        self.ships.draw(self.screen)
```

Um die Schiffe auf dem Bildschirm darzustellen, rufen wir `draw()` für die Gruppe auf, woraufhin Pygame die einzelnen Schiffe zeichnet.

Um dem Spieler zu Anfang zu zeigen, wie viele Schiffe er zur Verfügung hat, rufen wir bei Beginn eines neuen Spiels `prep_ships()` auf. Das erledigen wir in der Methode `_check_play_button()` von `AlienInvasion`:

alien_invasion.py

```
    def _check_play_button(self, mouse_pos):
        -- schnipp --
        if button_clicked and not self.game_active:
            -- schnipp --
            self.sb.prep_level()
```

```
            self.sb.prep_ships()
            -- schnipp --
```

Wir müssen prep_ships() auch immer dann aufrufen, wenn ein Schiff getroffen wurde, damit wir die Anzeige aktualisieren und anzeigen können, dass der Spieler ein Schiff verloren hat:

alien_invasion.py

```
    def _ship_hit(self):
        """Respond to ship being hit by alien."""
        if self.stats.ships_left > 0:
            # Verringert ships_left um 1 und aktualisiert die Anzeigetafel.
            self.stats.ships_left -= 1
            self.sb.prep_ships()
            -- schnipp --
```

Wir rufen prep_ships() auf, nachdem wir den Wert von ships_left verringert haben. Dadurch wird nach der Zerstörung eines Schiffes immer die richtige Anzahl verbliebener Schiffe angezeigt.

Abbildung 14–6 zeigt das fertige Anzeigesystem, bei dem die verbleibenden Schiffe in der oberen linken Bildschirmecke dargestellt werden.

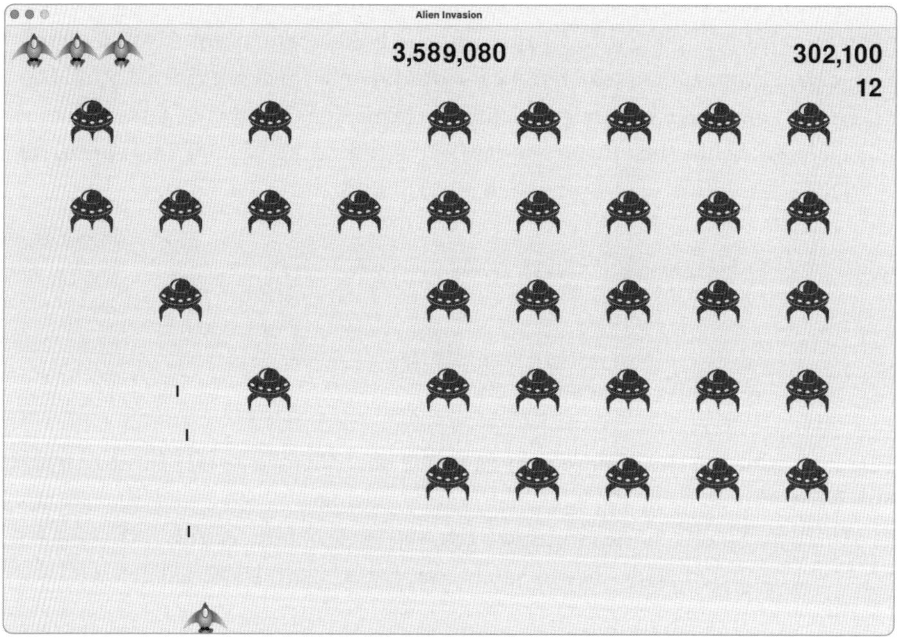

Abb. 14–6 *Das fertige Anzeigesystem für Alien Invasion*

Probieren Sie es selbst aus!

14-5 Dauerhafter Highscore: Wenn das Spiel geschlossen wird, so wird auch der Highscore zurückgesetzt. Korrigieren Sie dies, indem Sie den Highscore vor dem Aufruf von `sys.exit()` in eine Datei schreiben und zur Initialisierung des Werts ihn in `GameStats` wieder einlesen.

14-6 Refactoring: Halten Sie nach Funktionen und Methoden Ausschau, die mehr als eine Aufgabe ausführen, und nehmen Sie ein Refactoring daran vor, um den Code sauber strukturiert und effizient zu halten. Beispielsweise können Sie den Code von `_check_bullet_alien_collisions()`, der nach der Zerstörung einer Flotte ein neues Level startet, in eine eigene Funktion namens `start_new_level()` auslagern. Es ist auch möglich, die vier Methodenaufrufe in der `__init__()`-Methode von `Scoreboard` in eine Methode namens `prep_images()` zu verschieben, um `__init__()` zu verkürzen. Die Methode `prep_images()` kann auch hilfreich sein, um `_check_play_button()` oder `start_game()` zu vereinfachen.
Hinweis: Bevor Sie sich an das Refactoring machen, sollten Sie in Anhang D nachlesen, wie Sie das Projekt wieder in einen funktionsfähigen Zustand zurücksetzen können, falls sich beim Refactoring Fehler einschleichen.

14-7 Alien Invasion erweitern: Überlegen Sie sich eine Möglichkeit, um *Alien Invasion* zu erweitern. Beispielsweise könnten die Invasionsschiffe Geschosse nach unten auf Ihr Schiff abfeuern. Sie könnten auch Schilde hinzufügen, hinter denen sich Ihr Schiff verbergen kann und die durch die Geschosse beider Seiten zerstört werden. Mit einem Modul wie `pygame.mixer` können Sie auch Klangeffekte für Explosionen oder das Abfeuern der Geschosse hinzufügen.

14-8 Seitwärts schießen, abschließende Version: Erweitern Sie die Variante mit seitlicher Schussrichtung um alles, was wir in diesem Projekt durchgeführt haben. Fügen Sie eine *Play*-Schaltfläche hinzu, beschleunigen Sie das Spiel von Level zu Level und entwickeln Sie ein Punktwertungssystem. Führen Sie während der Arbeit an Ihrem Code immer wieder ein Refactoring durch und halten Sie nach Gelegenheiten Ausschau, das Spiel über die in diesem Kapitel dargestellten Möglichkeiten hinaus zu erweitern.

Zusammenfassung

In diesem Kapitel haben Sie gelernt, wie Sie eine *Play*-Schaltfläche hinzufügen, um ein Spiel zu starten, wie Sie Mausereignisse erkennen und wie Sie den Mauszeiger verbergen, während das Spiel läuft. Damit können Sie Ihren eigenen Spielen beliebige Schaltflächen hinzufügen, z.B. auch eine Hilfeschaltfläche, um Anweisungen für den Spielverlauf anzuzeigen. Des Weiteren haben Sie erfahren, wie Sie die Geschwindigkeit des Spiels mit der Zeit anpassen, wie Sie eine dynamische Punktwertung umsetzen und wie Sie Informationen in Form von Text oder Grafik anzeigen.

Projekt 2

Datenvisualisierung

15
Daten generieren

Bei der *Datenvisualisierung* geht es darum, Daten durch grafische Darstellung zu untersuchen und Muster darin aufzuzeigen. Das ist eng verwandt mit der *Datenanalyse*, bei der wir mithilfe von Code Muster und Verbindungen in einer Datenmenge aufspüren. Bei einer Datenmenge kann es sich um eine kurze Liste von Zahlen handeln, die in eine einzelne Codezeile passen, aber auch um Terabytes an Daten, die die unterschiedlichsten Informationen enthalten.

Es geht bei der Visualisierung nicht nur darum, die Daten der Ästhetik halber in Form von hübschen Bildern anzuzeigen. Eine einfache, optisch ansprechende Darstellung einer Datenmenge kann die Bedeutung klarer machen. Betrachter können dadurch Muster und einen Sinn in den Datenmengen erkennen, die sie sonst nicht erkannt hätten.

Zum Glück brauchen Sie auch zur Visualisierung vielschichtiger Daten keinen Supercomputer. Die Effizienz von Python ermöglicht es Ihnen, Datenmengen aus Millionen von einzelnen Datenpunkten mit nicht mehr als einem Laptop rasch zu untersuchen. Dabei muss es sich bei den Datenpunkten nicht einmal um Zahlen handeln. Mithilfe der Grundkenntnisse, die Sie sich im ersten Teil dieses Buches angeeignet haben, können Sie auch nicht numerische Daten analysieren.

Python wird für Anwendungen mit vielen Daten in der Genetik, Klimaforschung, politischer und ökonomischer Analyse usw. eingesetzt. Spezialisten haben eine beeindruckende Menge von Visualisierungs- und Analysewerkzeugen in Python geschrieben, von denen viele auch Ihnen zur Verfügung stehen. Eines der beliebtesten Werkzeuge ist die Bibliothek Matplotlib für mathematische Diagramme. Wir werden sie einsetzen, um einfache Diagramme – wie Linien- und Streudiagramme – zu erstellen. Außerdem bauen wir nach dem Prinzip der *Zufallsbewegung* (*Random Walk*), einer Visualisierung aufgrund einer Folge von zufälligen Entscheidungen, eine besonders interessante Datenmenge auf.

Wir verwenden auch das Paket Plotly für die Analyse von Würfelergebnissen. Die Größe der mit Plotly erstellten Visualisierungen kann automatisch an die Anzeigegröße verschiedener Geräte angepasst werden. Außerdem bieten diese Visualisierungen eine Reihe interaktiver Funktionen. Beispielsweise können jeweils verschiedene Aspekte der Datenmenge hervorgehoben werden, wenn der Benutzer mit dem Mauszeiger über die einzelnen Bereiche der Visualisierung fährt. Mit Matplotlib und Plotly werden wir Daten analysieren, an denen Sie am meisten interessiert sind.

Matplotlib installieren

Um Matplotlib für Ihre ersten Visualisierungen zu verwenden, müssen Sie es mit pip installieren, genau wie wir es mit pytest in Kapitel 11 getan haben (siehe »Installation von pytest mit pip«). Geben Sie dazu an einer Eingabeaufforderung im Terminal folgenden Befehl ein:

```
$ python -m pip install --user matplotlib
```

Wenn Sie `python3` statt `python` verwenden, um Programme auszuführen oder eine Terminalsitzung zu beginnen, müssen Sie Folgendes eingeben:

```
$ python3 -m pip install --user matplotlib
```

Um sich anzusehen, welche Arten von Visualisierungen Sie mit Matplotlib anlegen können, besuchen Sie die Beispielgalerie auf *https://matplotlib.org/* und klicken Sie auf *Plot Types*. Wenn Sie auf eines der Beispiele klicken, sehen Sie den Code, der zur Generierung des jeweiligen Diagramms verwendet wurde.

Einfache Liniendiagramme

Wir wollen nun mithilfe von Matplotlib ein einfaches Liniendiagramm ausgeben und die Datenvisualisierung dann zusätzlich gestalten, um sie aussagekräftiger zu machen. Als Daten für das Diagramm verwenden wir die Folge der Quadratzahlen 1, 4, 9, 16 und 25.

Um einen einfachen Liniengraph zu erzeugen, geben Sie die Zahlen lediglich an Matplotlib weiter; die Bibliothek erledigt dann den Rest:

mpl_squares.py

```
import matplotlib.pyplot as plt

squares = [1, 4, 9, 16, 25]
❶ fig, ax = plt.subplots()
ax.plot(squares)

plt.show()
```

Als Erstes importieren wir das Modul `pyplot` und geben ihm den Alias `plt`, damit wir nicht immer `pyplot` schreiben müssen. (Diese Abkürzung wird in vielen Onlinebeispielen verwendet, weshalb wir sie hier ebenfalls nutzen.) `pyplot` enthält eine Reihe von Funktionen, die zum Erstellen von Diagrammen hilfreich sind.

Anschließend legen wir die Liste `squares` mit den Daten an, die wir darstellen wollen. Nach einer weiteren gängigen Matplotlib-Konvention rufen wir die Funktion `subplots()` auf (❶), die ein oder mehrere Diagramme in einer Abbildung erstellen kann. Die Variable `fig` steht dabei für die gesamte Abbildung oder die Sammlung der erstellten Diagramme und die Variable `ax` für ein einzelnes Diagramm in der Abbildung. Letztere ist die Variable, die wir meistens verwenden werden, wenn wir eine grafische Ausgabe definieren und anpassen.

Wir verwenden nun die Methode `plot()`, die versucht, die Daten auf sinnvolle Weise auszugeben. Die Funktion `plt.show()` öffnet den Viewer von Matplotlib, in dem das Diagramm angezeigt wird (siehe Abb. 15–1). In dem Viewer können Sie das Diagramm vergrößern und verschieben. Ein Klick auf das Diskettensymbol erlaubt Ihnen auch, das Diagrammbild zu speichern.

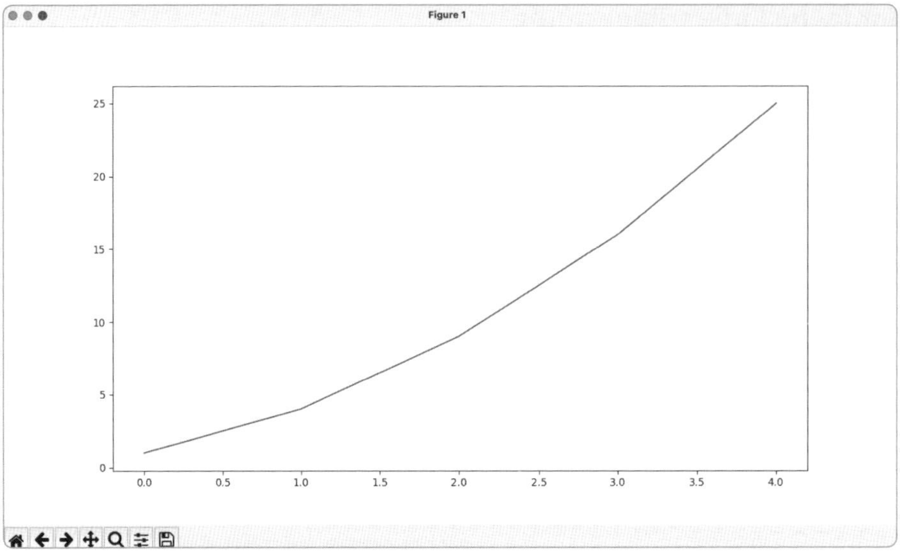

Abb. 15–1 *Eines der einfachsten Diagramme, das Sie in Matplotlib erstellen können*

Beschriftung und Linienstärke ändern

Das Diagramm in Abbildung 15–1 zeigt zwar den Anstieg der Zahlen, aber die Beschriftung ist zu klein und die Linie zu dünn, um die Angaben im Diagramm leicht lesen zu können. In Matplotlib können Sie jedoch jeden Aspekt der grafischen Darstellung anpassen.

Daher wollen wir einige der verfügbaren Gestaltungsmöglichkeiten nutzen, um die Lesbarkeit des Diagramms zu verbessern. Zunächst fügen wir einen Titel hinzu und beschriften die Achsen:

mpl_squares.py

```
import matplotlib.pyplot as plt

squares = [1, 4, 9, 16, 25]

fig, ax = plt.subplots()
❶ ax.plot(squares, linewidth=3)

# Legt Diagrammtitel und Achsenbeschriftungen fest.
❷ ax.set_title("Square Numbers", fontsize=24)
❸ ax.set_xlabel("Value", fontsize=14)
ax.set_ylabel("Square of Value", fontsize=14)

# Legt die Größe der Teilstrichbeschriftungen fest.
❹ ax.tick_params(axis='both', labelsize=14)

plt.show()
```

Der Parameter `linewidth` bei ❶ legt die Dicke der von `plot()` gezeichneten Linie fest. Nachdem ein Diagramm erstellt wurde, gibt es viele Methoden, um es zu ändern, bevor es präsentiert wird. Mit der Funktion `title()` bei ❷ geben wir einen Titel für das Diagramm an. Die `fontsize`-Parameter, die wiederholt in dem Code auftauchen, dienen dazu, die Größen der verschiedenen Textelemente im Diagramm festzulegen.

Mit den Methoden `set_xlabel()` und `set_ylabel()` können Sie die Achsen benennen (❸) und mit `tick_params()` die Beschriftungen der Teilstriche gestalten (❹). Die Schriftgröße setzen Sie dabei für beide Achsen auf 14.

Wie Sie in Abbildung 15–2 sehen, lässt sich das Diagramm jetzt viel besser lesen, da die Schrift größer und die Linie dicker ist. Es lohnt sich oft, ein wenig mit den Werten zu experimentieren, um das bestmögliche Erscheinungsbild für das Diagramm zu erhalten.

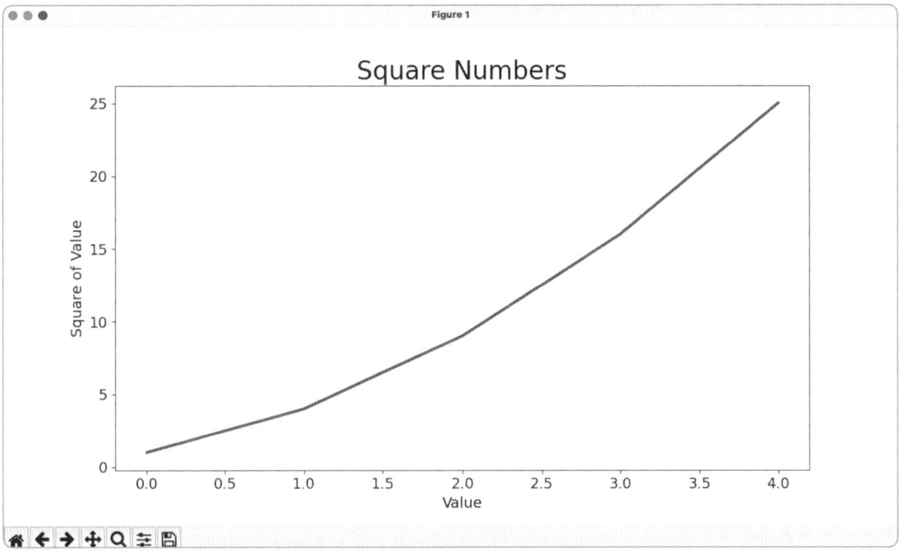

Abb. 15–2 *Das Diagramm ist jetzt viel besser zu lesen.*

Das Diagramm korrigieren

Dank der besseren Lesbarkeit können wir jetzt aber auch erkennen, dass die Daten gar nicht richtig ausgegeben werden! Beispielsweise wird am rechten Ende des Diagramms als Quadratzahl von 4,0 der Wert 25 angegeben. Das müssen wir unbedingt korrigieren.

Wenn Sie `plot()` eine einzelne Folge von Zahlen übergeben, geht die Funktion davon aus, dass der erste Datenpunkt dem x-Wert 0 entspricht. In Wirklichkeit muss es in unserem Beispiel aber der x-Wert 1 sein. Um das Standardverhalten außer Kraft zu setzen, übergeben wir `plot()` sowohl die Eingangs- als auch die Ausgangswerte:

mpl_squares.py

```
import matplotlib.pyplot as plt

input_values = [1, 2, 3, 4, 5]
squares = [1, 4, 9, 16, 25]

fig, ax = plt.subplots()
ax.plot(input_values, squares, linewidth=3)

# Legt Diagrammtitel und Achsenbeschriftungen fest.
-- schnipp --
```

Jetzt stellt `plot()` die Daten korrekt dar, da sie keine Annahmen darüber treffen muss, wie die Ausgangsdaten zustande gekommen sind. Wie Sie in Abbildung 15–3 sehen, ist das resultierende Diagramm jetzt richtig.

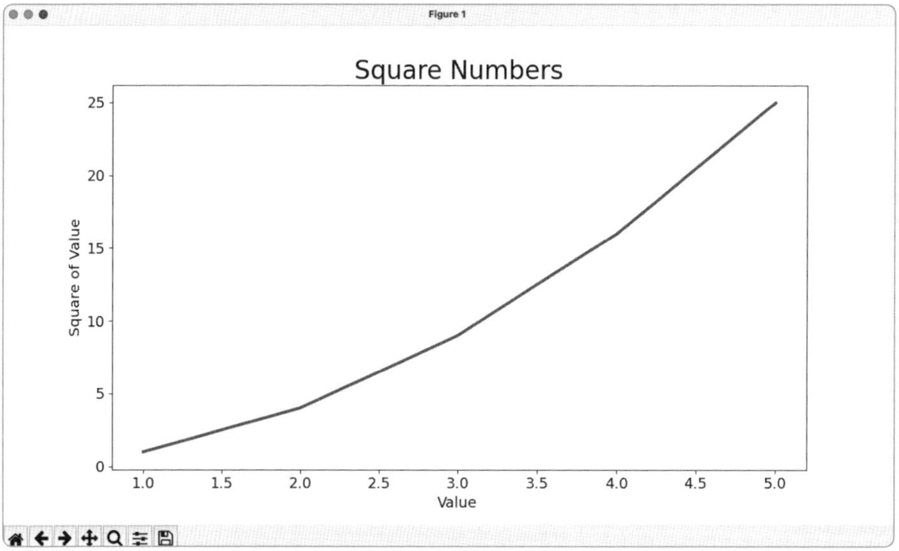

Abb. 15–3 *Die Daten werden jetzt korrekt wiedergegeben.*

Bei der Verwendung von `plot()` können Sie zahlreiche Argumente angeben und viele Funktionen zur Anpassung nutzen. Im weiteren Verlauf dieses Kapitels sehen wir uns noch mehr dieser Funktionen an, wobei wir allerdings mit interessanteren Datenmengen arbeiten.

Vordefinierte Formatierungen verwenden

In Matplotlib stehen eine Reihe vordefinierter Formatierungen zur Verfügung. Diese Formatierungen enthalten viele Voreinstellungen für sinnvolle Ausgangswerte für Hintergrundfarben, Rasterlinien, Linienbreiten, Schriftarten, Schriftgrößen usw. Dadurch können Sie Ihre Diagramme ohne aufwendige Anpassungen ansprechend gestalten. Um sich anzusehen, welche Formatierungen auf Ihrem System vorhanden sind, geben Sie in einer Terminalsitzung die folgenden Zeilen ein:

```
>>> import matplotlib.pyplot as plt
>>> plt.style.available
['Solarize_Light2', '_classic_test_patch', '_mpl-gallery',
-- schnipp --
```

Um diese Formatierungen zu nutzen, müssen Sie lediglich eine einzige Codezeile vor der Stelle einfügen, an der Sie mit dem Erstellen des Diagramms beginnen, bevor Sie `subplots()` aufrufen:

mpl_squares.py

```
import matplotlib.pyplot as plt

input_values = [1, 2, 3, 4, 5]
squares = [1, 4, 9, 16, 25]

plt.style.use('seaborn')
fig, ax = plt.subplots()
-- schnipp --
```

Dieser Code erzeugt das Diagramm aus Abbildung 15–4. Es gibt eine breite Palette von vordefinierten Formatierungen. Probieren Sie aus, welche davon Ihnen am besten gefallen.

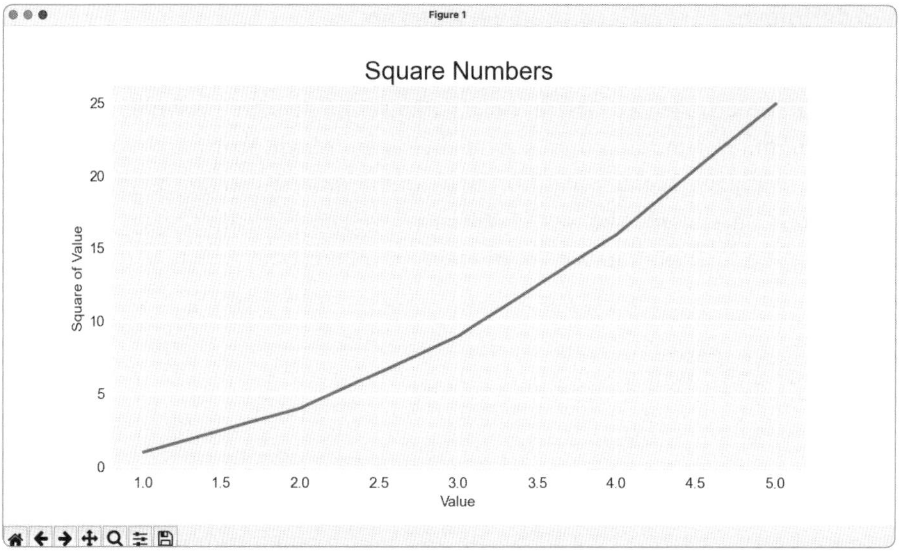

Abb. 15–4 *Ein Diagramm mit der vordefinierten Formatierung Seaborn*

Einzelne Punkte mit scatter() darstellen und gestalten

Manchmal ist es praktisch, einzelne Punkte aufgrund bestimmter Merkmale darstellen und gestalten zu können, beispielsweise um kleine Werte in einer Farbe und größere Werte in einer anderen Farbe anzuzeigen oder um eine große Datenmenge in einer bestimmten Gestaltung auszugeben und einzelne Punkte darin durch andere Merkmale hervorzuheben.

Um einen einzelnen Punkt darzustellen, übergeben Sie die einzelnen x- und y-Werte des Punktes an `scatter()`:

scatter_squares.py

```
import matplotlib.pyplot as plt

plt.style.use('seaborn')
fig, ax = plt.subplots()
ax.scatter(2, 4)

plt.show()
```

Um diese Ausgabe interessanter darzustellen, wollen wir sie gestalten. Wir fügen einen Titel und Achsenbeschriftungen hinzu und machen den Text groß genug, um ihn leicht lesen zu können:

```
import matplotlib.pyplot as plt
```

```
plt.style.use('seaborn')
fig, ax = plt.subplots()
❶ ax.scatter(2, 4, s=200)

# Legt Diagrammtitel und Achsenbeschriftungen fest.
ax.set_title("Square Numbers", fontsize=24)
ax.set_xlabel("Value", fontsize=14)
ax.set_ylabel("Square of Value", fontsize=14)

# Legt die Größe der Teilstrichbeschriftungen fest.
ax.tick_params(labelsize=14)

plt.show()
```

Bei ❶ rufen wir `scatter()` auf und übergeben das Argument `s`, um die Größe der Punkte im Diagramm festzulegen. Wenn Sie jetzt *scatter_squares.py* ausführen, wird in der Mitte des Diagramms ein einzelner Punkt angezeigt (siehe Abb. 15–5).

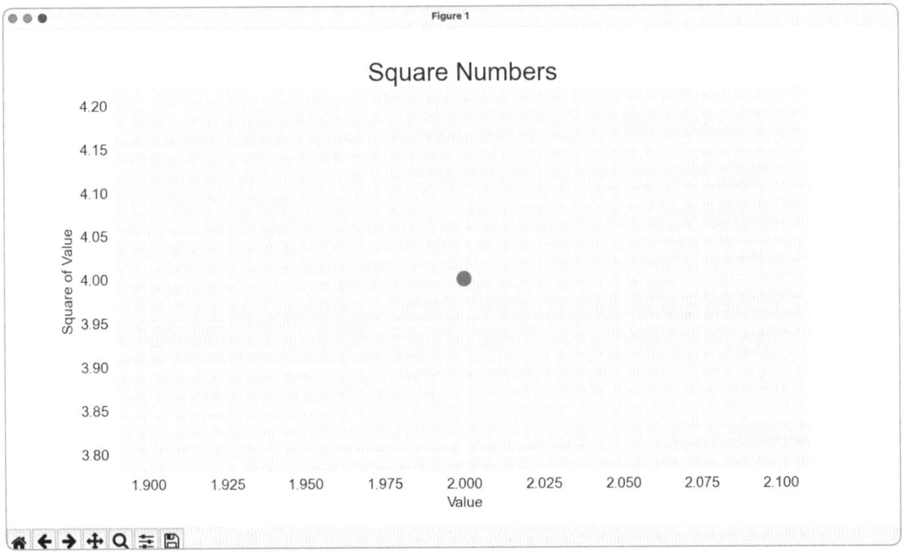

Abb. 15–5 *Ausgabe eines einzelnen Punkts in einem Diagramm*

Eine Folge von Punkten mit scatter() ausgeben

Um eine Folge von Punkten auszugeben, übergeben wir `scatter()` je eine Liste von x- und von y-Werten:

scatter_squares.py

```
import matplotlib.pyplot as plt

x_values = [1, 2, 3, 4, 5]
y_values = [1, 4, 9, 16, 25]
```

```
plt.style.use('seaborn')
fig, ax = plt.subplots()
ax.scatter(x_values, y_values, s=100)

# Legt Diagrammtitel und Achsenbeschriftungen fest.
-- schnipp --
```

Die Liste `x_values` enthält die Zahlen, die quadriert werden sollen, und `y_values` die zugehörigen Quadrate. Wenn wir diese Listen an `scatter()` übergeben, liest Matplotlib jeweils einen Wert aus jeder Liste und stellt das Paar als Punkt dar, also `(1, 1)`, `(2, 4)`, `(3, 9)`, `(4, 16)` und `(5, 25)`. Das Ergebnis sehen Sie in Abbildung 15–6.

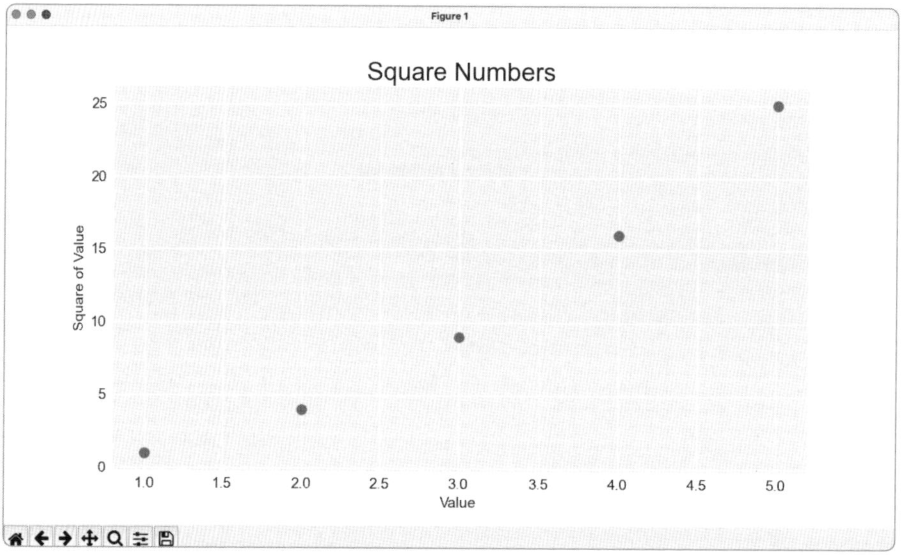

Abb. 15–6 *Ein Streudiagramm mit mehreren Punkten*

Daten automatisch berechnen

Die Listen manuell zu schreiben ist sehr unwirtschaftlich, vor allem bei vielen Punkten. Anstatt die Werte einzeln einzugeben, lassen wir sie in einer Schleife berechnen. Für die ersten 1000 Quadratzahlen sieht das wie folgt aus:

scatter_squares.py

```
import matplotlib.pyplot as plt

❶ x_values = range(1, 1001)
  y_values = [x**2 for x in x_values]

  plt.style.use('seaborn')
```

```
    fig, ax = plt.subplots()
❷   ax.scatter(x_values, y_values, s=10)

    # Legt Diagrammtitel und Achsenbeschriftungen fest.
    -- schnipp --

    # Legt die Bereiche für die Achsen fest.
❸   ax.axis([0, 1100, 0, 1100000])

    plt.show()
```

Hier verwenden wir als Ausgangspunkt eine Liste der x-Werte, die die Zahlen von 1 bis 1000 enthält (❶). Danach generieren wir die y-Werte, indem wir die x-Werte in einer Schleife mit Listennotation durchlaufen (`for x in x_values`) und dabei jeweils quadrieren (`x**2`). Die Ergebnisse speichern wir in `y_values`. Anschließend übergeben wir die Eingangs- und die Ausgangsliste an `scatter()` (❷). Da die Datenmenge viel umfangreicher ist, stellen wir die einzelnen Punkte mit einer geringeren Größe dar.

Vor Ausgabe des Diagramms legen wir mit der Methode `axis()` den Bereich der einzelnen Achsen fest ❸. Diese Methode benötigt vier Werte, nämlich jeweils den Minimal- und den Maximalwert der x- und der y-Achse. Hier lassen wir die x-Achse von 0 bis 1100 und die y-Achse von 0 bis 1.100.000 laufen. Das Ergebnis sehen Sie in Abbildung 15–7.

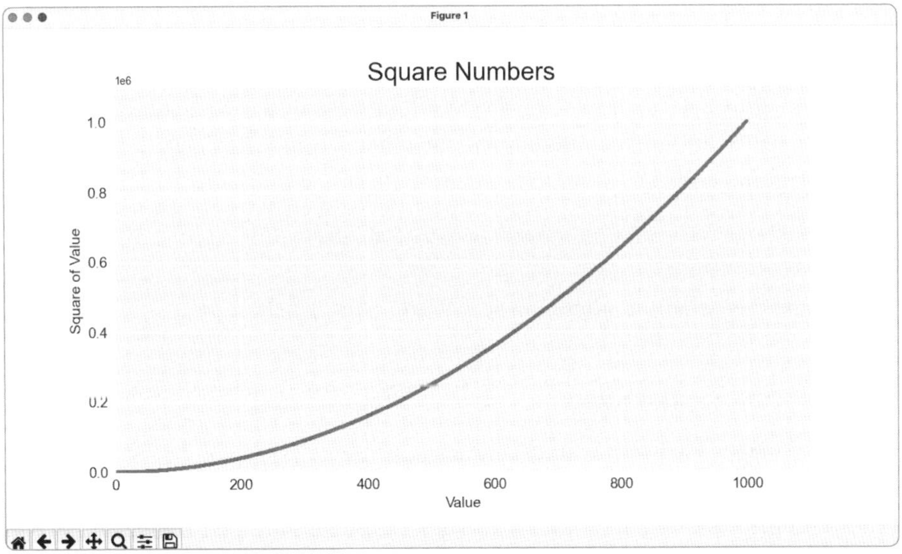

Abb. 15–7 *Python kann 1000 Punkte genauso einfach in einem Diagramm darstellen wie fünf Punkte.*

Eigene Beschriftungen anlegen

Wenn die Zahlen auf einer Achse groß genug werden, verwendet Matplotlib standardmäßig die wissenschaftliche Notation für die Beschriftung der Striche. Dies ist in der Regel eine gute Sache, da größere Zahlen in einfacher Notation viel unnötigen Platz in einer Visualisierung einnehmen. Fast jedes Element eines Diagramms ist anpassbar, sodass Sie Matplotlib anweisen können, die einfache Notation zu verwenden, wenn Sie dies bevorzugen:

```
--schnipp--
# Den Bereich für die Achsen festlegen.
ax.axis([0, 1100, 0, 1_100_000])
ax.ticklabel_format(style='plain')

plt.show()
```

Mit der Methode ticklabel_format() können Sie den Standardstil für die Beschriftung eines Diagramms umgehen.

Eigene Farben festlegen

Um die Farbe der Punkte zu ändern, übergeben Sie `scatter()` das Argument `color` mit dem gewünschten Farbnamen, wie das folgende Beispiel zeigt:

```
ax.scatter(x_values, y_values, color='red', s=10)
```

Farben können Sie auch mit dem RGB-Modell angeben. Dazu übergeben Sie im Argument `color` ein Tupel mit drei Fließkommawerten (der Reihenfolge nach für den Rot-, den Grün- und den Blauanteil) zwischen 0 und 1. Beispielsweise erhalten Sie mit dem folgenden Code eine Linie aus hellgrünen Punkten:

```
ax.scatter(x_values, y_values, color=(0, 0.8, 0), s=10)
```

Werte nahe 0 ergeben dunklere Farben, Werte nahe 1 hellere.

Eine Colormap verwenden

Eine *Colormap* (»Farbzuordnung«) ist eine festgelegte Folge von Farben, die einen Verlauf von einer Anfangs- zu einer Endfarbe ergeben. Colormaps werden in Visualisierungen verwendet, um Muster in den Daten hervorzuheben. Beispielsweise können Sie niedrige Werte mit einer hellen und hohe mit einer dunkleren Farbe versehen. Die Verwendung einer Colormap stellt sicher, dass alle Punkte in der Visualisierung gleichmäßig und genau entlang einer gut gestalteten Farbskala variieren.

Das Modul pyplot enthält eine Reihe von Colormaps. Um sie nutzen zu können, müssen wir angeben, wie pyplot die Farben den einzelnen Punkten in der Datenmenge zuordnen soll. Beispielsweise können wir wie folgt jedem Punkt eine Farbe auf der Grundlage seines y-Werts zuweisen:

scatter_squares.py

```
--schnipp--
plt.style.use('seaborn')
fig, ax = plt.subplots()
ax.scatter(x_values, y_values, c=y_values, cmap=plt.cm.Blues, s=10)

# Legt Diagrammtitel und Achsenbeschriftungen fest.
-- schnipp --
```

Das c-Argument ist ähnlich wie color, aber es wird verwendet, um eine Folge von Werten mit einer Farbzuordnung zu verknüpfen. Wir übergeben in c die Liste der y-Werte und geben im Argument cmap an, welche Colormap pyplot verwenden soll. Durch diesen Code werden die Punkte mit kleinen y-Werten hellblau dargestellt und die Punkte mit großen y-Werten dunkelblau. Das Ergebnis sehen Sie in Abbildung 15–8.

Hinweis

Einen Überblick über alle in pyplot verfügbaren Colormaps finden Sie auf *https://matplotlib.org/*. Wählen Sie *Tutorials*, scrollen Sie zu *Color* herunter und klicken Sie dort auf Choosing *Colormaps in Matplotlib*.

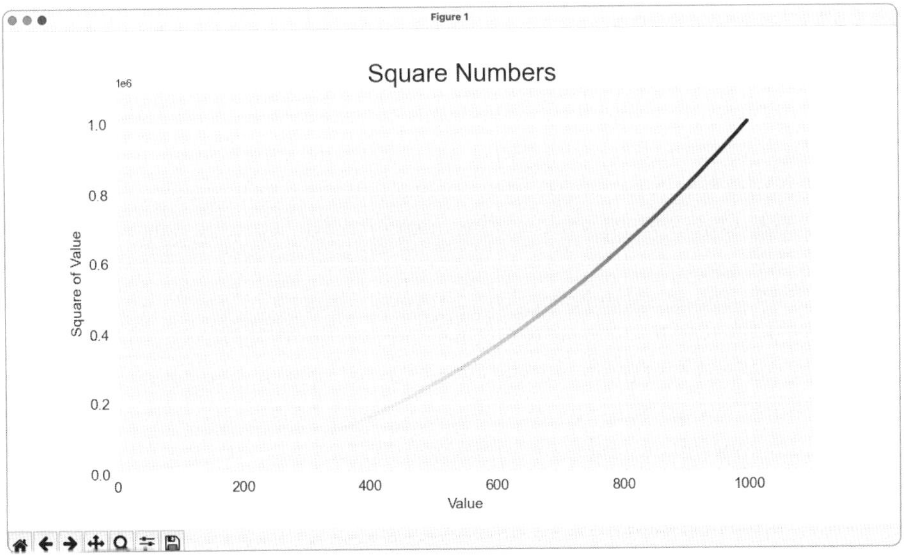

Abb. 15–8 *Ein Diagramm mit der Colormap* Blues

Diagramme automatisch speichern

Wenn Sie das Diagramm in einer Datei speichern möchten, anstatt es im Matplotlib-Viewer anzuzeigen, können Sie `plt.savefig()` anstelle von `plt.show()` verwenden:

```
plt.savefig('squares_plot.png', bbox_inches='tight')
```

Das erste Argument ist der gewünschte Dateiname für das Diagrammbild. Gespeichert wird die Datei im selben Verzeichnis wie das Programm. Das zweite Argument sorgt dafür, dass überschüssiger Weißraum um die Ränder des Diagramms entfernt wird. Wollen Sie diesen Weißraum beibehalten, können Sie dieses Argument weglassen. Sie können `savefig()` auch mit einem `Path`-Objekt aufrufen und die Ausgabedatei an eine beliebige Stelle auf Ihrem System schreiben.

Probieren Sie es selbst aus!

15-1 Kubikzahlen: Wenn Sie eine Zahl in die dritte Potenz erheben, erhalten Sie ihre *Kubikzahl*. Geben Sie die ersten fünf und dann die ersten 5000 Kubikzahlen in einem Diagramm aus.

15-2 Farbige Kubikzahlen: Wenden Sie eine Colormap auf das Kubikzahlendiagramm an.

Zufallsbewegungen

In diesem Abschnitt generieren wir in Python Daten für eine Zufallsbewegung und erstellen mithilfe von Matplotlib eine optisch ansprechende Darstellung davon. Eine *Zufallsbewegung* (*Random Walk*) ist ein Pfad, der durch eine Folge einfacher Entscheidungen bestimmt ist. Sie können sich das wie den Weg einer Ameise vorstellen, die die Orientierung verloren hat und bei jedem Schritt in eine willkürliche Richtung geht.

Zufallsbewegungen haben praktische Anwendungen in der Physik, Biologie, Chemie und Wirtschaft. Beispielsweise bewegt sich ein Pollenkorn auf einer Wasseroberfläche, weil es ständig von den Wassermolekülen umhergestoßen wird. Da die Molekularbewegung in einem Wassertropfen zufällig ist, ist auch der Pollenpfad auf der Oberfläche eine Zufallsbewegung. Der Code, den wir im Folgenden schreiben werden, stellt viele solcher Situationen aus der Realität nach.

Die Klasse RandomWalk

Um eine Zufallsbewegung erstellen zu können, schreiben wir die Klasse `RandomWalk`, die zufällige Entscheidungen über die Bewegungsrichtung fällt. Sie benötigt drei Attribute: eine Variable zum Speichern der Anzahl von Punkten in der Bewegung sowie zwei Listen für die x- und y-Koordinaten dieser Punkte.

In dieser Klasse brauchen wir nur zwei Methoden, nämlich `__init__()` und `fill_walk()`, wobei letztere die Punkte auf dem Zufallspfad berechnet. Sehen wir uns als Erstes die Methode `__init__()` an:

random_walk.py

```
❶ from random import choice

  class RandomWalk:
      """A class to generate random walks."""

❷     def __init__(self, num_points=5000):
          """Initialize attributes of a walk."""
          self.num_points = num_points

          # Alle Bewegungen beginnen bei (0, 0).
❸         self.x_values = [0]
          self.y_values = [0]
```

Um Zufallsentscheidungen zu treffen, speichern wir jeweils die möglichen Bewegungen in einer Liste und entscheiden mithilfe der Funktion `choice()` aus dem Modul `random` bei jedem Schritt, welche dieser Bewegungen wir ausführen (❶). Die Standardanzahl von Punkten in einer Zufallsbewegung setzen wir auf 5000, was groß genug ist, um interessante Muster zu erzeugen, aber immer noch klein genug, um den Vorgang rasch durchzuführen (❷). Bei ❸ erstellen wir die beiden Listen für die x- und y-Werte, wobei jeder Zufallspfad bei `(0, 0)` beginnt.

Richtungen wählen

Wir verwenden die folgende Methode `fill_walk()`, um eine ganze Liste von Punkten zu dem Zufallspfad hinzuzufügen und jeweils die Richtung der einzelnen Schritte zu wählen. Fügen Sie diese Methode zu *random_walk.py* hinzu:

random_walk.py

```
      def fill_walk(self):
          """Calculate all the points in the walk."""

          # Führt Schritte aus, bis der Pfad die angegebene Länge erreicht hat.
❶         while len(self.x_values) < self.num_points:

              # Wählt die Richtung und die Weglänge in dieser Richtung aus.
```

```
❷   x_direction = choice([1, -1])

    x_distance = choice([0, 1, 2, 3, 4])
❸   x_step = x_direction * x_distance

    y_direction = choice([1, -1])
    y_distance = choice([0, 1, 2, 3, 4])
❹   y_step = y_direction * y_distance

    # Lehnt Bewegungen ab, die nicht vom Fleck führen.
❺   if x_step == 0 and y_step == 0:
        continue

    # Berechnet den nächsten x- und y-Wert.
❻   x = self.x_values[-1] + x_step
    y = self.y_values[-1] + y_step

    self.x_values.append(x)
    self.y_values.append(y)
```

Bei ❶ richten wir eine Schleife ein, die so lange läuft, bis der Pfad mit der verlangten Anzahl an Punkten gefüllt ist. Der Hauptteil der Methode `fill_walk()` weist Python dann an, wie die vier Zufallsentscheidungen jeweils zu fällen sind: Geht es nach rechts oder links? Wie weit geht es in diese Richtung? Geht es nach oben oder unten? Wie weit geht es in diese Richtung?

Zur Auswahl des Wertes für `x_direction` verwenden wir `choice([1, -1])`. Als Rückgabewert erhalten wir `1` für eine Bewegung nach rechts oder `-1` für eine Bewegung nach links (❷). Danach gibt die Funktion `choice([0, 1, 2, 3, 4])` an, wie weit wir uns in die gewählte Richtung (`x_direction`) bewegen sollen, indem sie zufällig einen Integer zwischen 0 und 4 auswählt. Durch die Einbeziehung der 0 sind auch Wege möglich, in denen wir uns nur entlang einer Achse bewegen.

Bei ❸ und ❹ bestimmen wir die Länge der einzelnen Schritte in x- und y-Richtung, indem wir die gewählte Richtung mit der gewählten Entfernung multiplizieren. Bei einem positiven Ergebnis für `x_step` bewegen wir uns nach rechts, bei einem negativen nach links und bei 0 nur vertikal. Entsprechend bedeutet ein positives Ergebnis für `y_step` eine Bewegung nach oben, ein negatives eine Bewegung nach unten und 0 eine horizontale Bewegung. Sind sowohl `x_step` als auch `y_step` gleich 0, würde die Bewegung anhalten, aber um das zu verhindern, fahren wir mit der Schleife fort und ignorieren diesen Schritt (❺).

Um den nächsten x-Wert für den Pfad zu bekommen, addieren wir den Wert in `x_step` zu dem zuletzt in `x_values` gespeicherten Wert (❻). Für die y-Werte gehen wir entsprechend vor. Wenn wir diese neuen Koordinaten haben, hängen wir sie an `x_values` und `y_values` an.

Den Zufallspfad als Diagramm ausgeben

Der Code zur Darstellung aller Punkte unserer Zufallsbewegung sieht wie folgt aus:

rw_visual.py

```
import matplotlib.pyplot as plt

from random_walk import RandomWalk

# Erstellt einen Zufallspfad.
❶ rw = RandomWalk()
rw.fill_walk()

# Gibt die Punkte in einem Diagramm aus.
plt.style.use('classic')
fig, ax = plt.subplots()
❷ ax.scatter(rw.x_values, rw.y_values, s=15)
❸ ax.set_aspect('equal')
plt.show()
```

Zu Anfang importieren wir `pyplot` und `RandomWalk`. Dann erstellen wir einen Zufallspfad, weisen ihn `rw` zu (❶) und rufen `fill_walk()` dafür auf. Bei ❷ übergeben wir die x- und y-Werte des Pfades an `scatter()` und legen eine passende Punktgröße fest. Standardmäßig skaliert Matplotlib jede Achse unabhängig. Aber dieser Ansatz würde die meisten Pfade horizontal oder vertikal ausdehnen. Hier verwenden wir die set_aspect()-Methode, um festzulegen, dass beide Achsen den gleichen Abstand zwischen den Markierungen haben sollen ❸.

Abbildung 15–9 zeigt das resultierende Diagramm mit 5000 Punkten. (In den Bildern in diesem Abschnitt haben wir den Viewer von Matplotlib weggelassen; er wird aber nach wie vor angezeigt, wenn Sie *rw_visual.py* ausführen.)

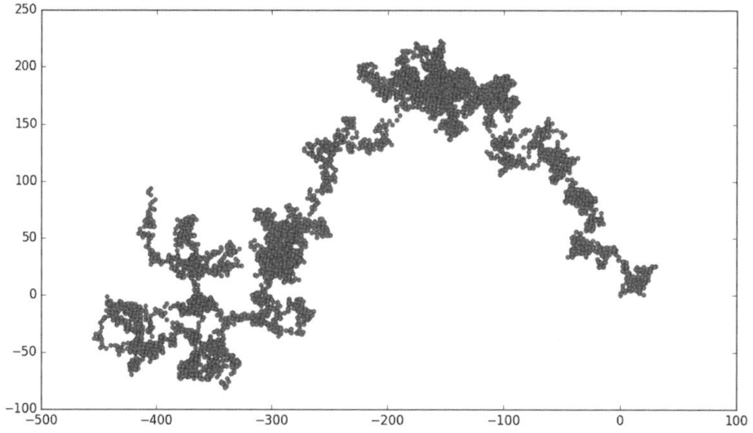

Abb. 15–9 *Ein Zufallspfad aus 5000 Punkten*

Mehrere Zufallspfade erstellen

Da jeder Zufallspfad anders aussieht, kann es Spaß machen, die möglichen Muster auszuprobieren. Um mit dem vorstehenden Code mehrere Pfade darzustellen, ohne das Programm mehrfach ausführen zu müssen, können Sie ihn wie folgt in eine while-Schleife stellen:

rw_visual.py

```
import matplotlib.pyplot as plt

from random_walk import RandomWalk

# Erstellt neue Pfade, solange das Programm aktiv ist.
while True:
    # Erstellt einen Zufallspfad.
    -- schnipp --
    plt.show()

    keep_running = input("Make another walk? (y/n): ")
    if keep_running == 'n':
        break
```

Dieser Code erstellt einen Zufallspfad, zeigt ihn im Viewer von Matplotlib an und hält dann mit geöffnetem Viewer an. Wenn Sie den Viewer schließen, werden Sie gefragt, ob ein weiterer Pfad angelegt werden soll. Wenn Sie weitere Pfade erzeugen, sehen Sie, dass diese in der Nähe des Ausgangspunkts verharren, andere werden größtenteils in einer Richtung abwandern, bei einigen wird es zwischendurch dünne Abschnitte geben, die Punktkonzentrationen verbinden, usw. Um das Programm zu beenden, drücken Sie [n].

Den Pfad gestalten

In diesem Abschnitt passen wir das Diagramm an, um die wichtigen Merkmale der einzelnen Pfade hervorzuheben und störende Elemente in den Hintergrund zu verlagern. Dazu müssen wir erst einmal festlegen, welche Merkmale wir betonen möchten, beispielsweise Anfang und Ende der Bewegung und den Weg, der dabei beschritten wurde, sowie die Merkmale, die wir abschwächen wollen, etwa die Teilstriche und Beschriftungen. Am Ende haben wir eine einfache grafische Darstellung, die deutlich den Weg zeigt, dem die jeweilige Zufallsbewegung gefolgt ist.

Die Punkte färben

Um die Reihenfolge der Punkte in der Bewegung zu zeigen, verwenden wir eine Colormap. Außerdem entfernen wir die schwarze Umrandung der Punkte, damit die Farbe der Punkte deutlicher zu erkennen ist. Um die Punkte entsprechend ihrer Position in der Bewegung zu färben, übergeben wir im Argument `c` die Liste der Positionen aller Punkte. Da die Punkte in der Reihenfolge der Bewegung dargestellt werden, enthält die Liste nur die Zahlen von 0 bis 4999:

rw_visual.py

```
-- schnipp --
while True:
    # Erstellt einen Zufallspfad.
    rw = RandomWalk()
    rw.fill_walk()

    # Gibt die Punkte in einem Diagramm aus.
    plt.style.use('classic')
    fig, ax = plt.subplots()
❶   point_numbers = range(rw.num_points)
    ax.scatter(rw.x_values, rw.y_values, c=point_numbers, cmap=plt.cm.Blues,
        edgecolors='none', s=15)
    ax.set_aspect('equal')
    plt.show()

    -- schnipp --
```

Bei ❶ erzeugen wir mit `range()` eine Liste von genauso vielen Zahlen, wie sich Punkte in dem Pfad befinden. Diese Liste übergeben wir dann an `point_numbers` und übergeben sie im Argument `c`. Anschließend wenden wir die Colormap `Blues` an und übergeben `edgecolor=none`, um die schwarzen Ränder um die einzelnen Punkte zu entfernen. Dadurch erhalten wir ein Diagramm der Zufallsbewegung, in dem die Farbe der Punkte vom ersten bis zum letzten von Hell- zu Dunkelblau verläuft, die genau zeigen, wie sich der Pfad von seinem Startpunkt bis zu seinem Endpunkt bewegt (siehe Abb. 15–10).

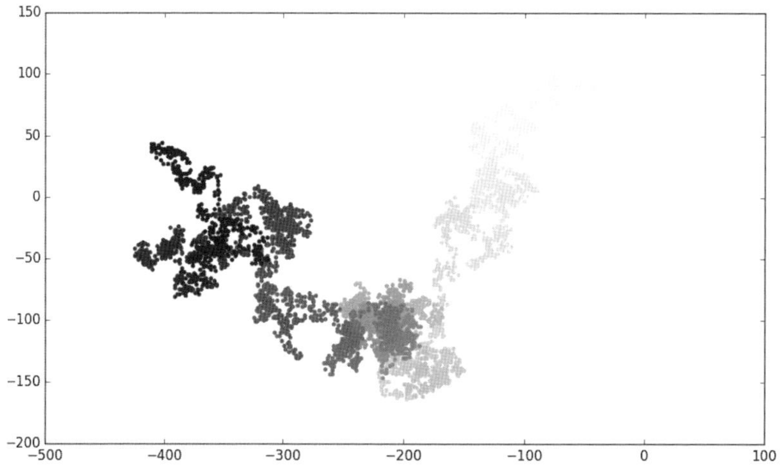

Abb. 15–10 *Ein mit der Colormap* `Blues` *eingefärbter Zufallspfad*

Start- und Endpunkt anzeigen

Es wäre schön, wenn wir die Punkte nicht nur nach ihrer Reihenfolge in der Bewegung einfärben, sondern auch noch sehen könnten, wo der Pfad genau beginnt und wo er endet. Dazu geben wir den ersten und den letzten Punkt einzeln aus, nachdem wir schon die ganze Folge dargestellt haben, und gestalten sie größer und in einer anderen Farbe:

rw_visual.py

```
-- schnipp --
while True:
    -- schnipp --
    ax.scatter(rw.x_values, rw.y_values, c=point_numbers, cmap=plt.cm.Blues,
        edgecolors='none', s=15)
        ax.set_aspect('equal')

    # Hebt den ersten und den letzten Punkt hervor.
    ax.scatter(0, 0, c='green', edgecolors='none', s=100)
    ax.scatter(rw.x_values[-1], rw.y_values[-1], c='red', edgecolors='none',
        s=100)

    plt.show()
    -- schnipp --
```

Um den Startpunkt zu zeigen, geben wir den Punkt (0, 0) in Grün und mit einem höheren Größenwert (s=100) aus als die anderen. Zur Kennzeichnung des Endpunkts geben wir den letzten x- und y-Wert in Rot und ebenfalls in der Größe 100 aus. Achten Sie darauf, diesen Code unmittelbar vor dem Aufruf von plt.show() einzufügen, damit der Start- und der Endpunkt über den anderen Punkten ausgegeben werden.

Wenn Sie den Code jetzt ausführen, können Sie genau erkennen, wo die Bewegung begann und wo sie endete. (Wenn die Punkte nicht klar genug hervorgehoben sind, passen Sie die Farbe und die Größe an.)

Die Achsen entfernen

Da die Achsen nur von dem Pfad ablenken, entfernen wir sie mit dem folgenden Code:

rw_visual.py

```
-- schnipp --
while True:
    -- schnipp --
    ax.scatter(rw.x_values[-1], rw.y_values[-1], c='red', edgecolors='none',
        s=100)

    # Entfernt die Achsen.
    ax.get_xaxis().set_visible(False)
    ax.get_yaxis().set_visible(False)

    plt.show()
    -- schnipp --
```

Um die Achsen zu ändern, verwenden wir die Methoden ax.get_xaxis() und ax.get_yaxis(), um die einzelnen Achsen abzurufen, und verketten dann die Methode set_visible(), um sie unsichtbar zu machen. Wenn Sie weiter mit Visualisierungen arbeiten, werden Sie häufig diese Verkettung von Methoden sehen, um verschiedene Aspekte der Visualisierung anzupassen.

Wenn Sie *rw_visual.py* jetzt ausführen, werden die Diagramme ohne Achsen angezeigt.

Datenpunkte hinzufügen

Als Nächstes wollen wir die Menge der Punkte erhöhen, damit wir mehr Daten zur Verfügung haben. Dazu erhöhen wir den Wert von num_points, wenn wir die Instanz von RandomWalk bilden, und passen die Größe der einzelnen Punkte beim Zeichnen des Diagramms an:

rw_visual.py

```
-- schnipp --
while True:
    # Erstellt einen Zufallspfad.
    rw = RandomWalk(50_000)
    rw.fill_walk()

    # Gibt die Punkte in einem Diagramm aus.
    plt.style.use('classic')
    fig, ax = plt.subplots()
    point_numbers = range(rw.num_points)
    ax.scatter(rw.x_values, rw.y_values, c=point_numbers, cmap=plt.cm.Blues,
        edgecolor='none', s=1)
    -- schnipp --
```

Mit diesem Code erzeugen wir eine Zufallsbewegung mit 50.000 Punkten und geben die Punkte jeweils mit der Größe `s=1` aus. Das resultierende Diagramm, das Sie in Abbildung 15–11 sehen, wirkt sehr fluffig und wolkenartig. Mit einem einfachen Streudiagramm haben wir ein Kunstwerk geschaffen!

Experimentieren Sie mit dem Code, um zu sehen, wie weit Sie die Anzahl der Punkte in der Zufallsbewegung heraufsetzen können, bevor das System merkbar langsamer wird und das Diagramm seinen optischen Reiz verliert.

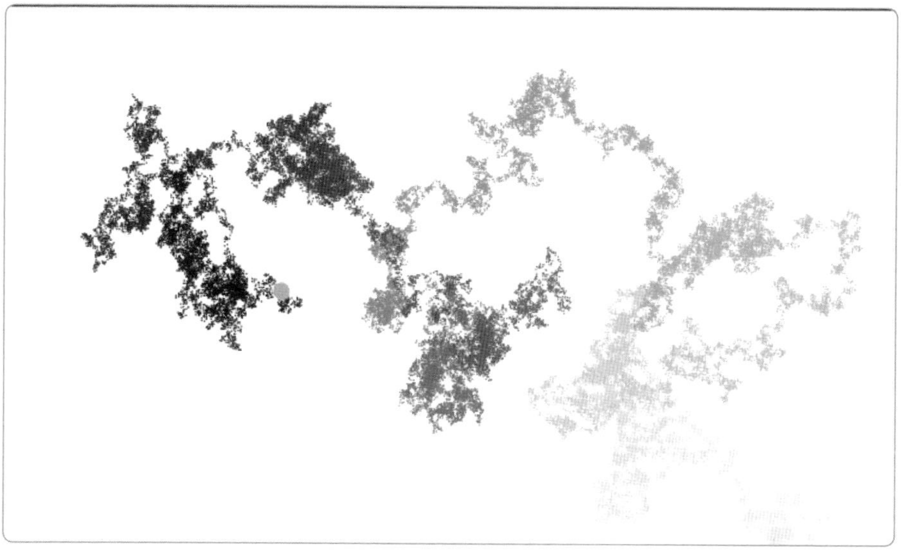

Abb. 15–11 *Eine Zufallsbewegung mit 50.000 Punkten*

Die Größe an den Bildschirm anpassen

Eine Visualisierung kann die Muster in den Daten viel besser vermitteln, wenn sie gut auf den Bildschirm passt. Um das Diagrammfenster auf die Bildschirmgröße einzustellen, ändern Sie wie folgt die Größe der Matplotlib-Ausgabe durch Aufruf von `subplots()`:

```
fig, ax = plt.subplots(figsize=(15, 9))
```

Beim Erstellen eines Diagramms mit `subplots()` können Sie das Argument `figsize` übergeben, um die Größe der Abbildung festzulegen. Der Parameter `figsize` hat die Form eines Tupels, das Matplotlib die Abmessungen des Diagrammfensters in Zoll mitteilt.

Matplotlib geht von einer Bildschirmauflösung von 100 Pixeln pro Zoll aus. Wenn Sie mit dem vorstehenden Code nicht die passende Diagrammgröße erzielen können, müssen Sie die Zahlen entsprechend anpassen. Falls Sie die Auflösung Ihres Systems genau kennen, können Sie sie im Parameter `dpi` direkt an `plt.subplots()` übergeben:

```
fig, ax = plt.subplots(figsize=(10, 6), dpi=128)
```

So können Sie den verfügbaren Platz auf Ihrem Bildschirm optimal nutzen.

Probieren Sie es selbst aus!

15-3 Molekularbewegung: Ersetzen Sie `plt.scatter()` in *rw_visual.py* durch `plt.plot()`. Um den Pfad eines Pollenkorns auf der Oberfläche eines Wassertropfens zu simulieren, übergeben Sie der Funktion `rw.x_values` und `rw.y_values` und das Argument `linewidth`. Verwenden Sie 5000 statt 50.000 Punkten, damit das Diagramm nicht zu komplex wird.

15-4 Modifizierte Zufallsbewegung: In der Klasse `RandomWalk` werden `x_step` und `y_step` anhand derselben Bedingungen generiert: Die Richtung wird zufällig aus der Liste `[1, -1]` ausgewählt und die Schrittweite aus der Liste `[0, 1, 2, 3, 4]`. Ändern Sie die Werte in diesen Listen, um herauszufinden, welche Auswirkungen das auf die Form der Zufallsbewegungen insgesamt hat. Probieren Sie eine längere Liste von möglichen Entfernungen aus, z. B. von 0 bis 8, oder entfernen Sie den Eintrag -1 aus der Liste für die x- oder die y-Richtung.

15-5 Refactoring: Die Methode `fill_walk()` ist ziemlich lang. Erstellen Sie die neue Methode `get_step()`, um die Richtung und Entfernung für jeden einzelnen Schritt zu bestimmen, und berechnen Sie dann den Schritt. Dazu müssen Sie in `fill_walk()` schließlich zwei Aufrufe von `get_step()` verwenden:

```
x_step = self.get_step()
y_step = self.get_step()
```

Dieses Refactoring soll die Größe von `fill_walk()` verringern und die Methode leichter lesbar und verständlicher machen.

Würfeln mit Plotly

In diesem Abschnitt verwenden wir das Plotly, um interaktive Visualisierungen zu erstellen. Plotly eignet sich insbesondere für Datenvisualisierungen, die in einem Browser angezeigt werden sollen, da sie automatisch an die Bildschirmgröße angepasst werden. Außerdem sind die von Plotly angelegten Visualisierungen interaktiv. Wenn Benutzer den Mauszeiger über bestimmte Elemente bewegen, werden Informationen darüber hervorgehoben. Wir werden unsere erste Visualisierung mit nur ein paar Zeilen Code erstellen, indem wir Plotly Express verwenden, eine Untergruppe von Plotly, die den Schwerpunkt auf die Erstellung von Diagrammen mit so wenig Code wie möglich legt. Sobald wir wissen, dass unser Plot korrekt ist, passen wir die Ausgabe an, so wie wir es mit Matplotlib getan haben.

In diesem Projekt analysieren wir Würfelvorgänge. Bei einem regulären sechsflächigen Würfel kann jede der Zahlen von 1 bis 6 mit der gleichen Wahrscheinlichkeit auftreten. Wenn Sie zwei Würfel verwenden und die Augenzahlen addieren, sind einige Ergebnisse jedoch wahrscheinlicher als andere. Um zu bestimmen, welche Zahlen am häufigsten erwürfelt werden, generieren wir eine Datenmenge, die Würfelergebnisse simuliert, und stellen den Ausgang einer großen Zahl von Würfelvorgängen in einem Diagramm dar.

Diese Arbeit hilft bei der Modellierung von Würfelspielen, aber die Grundideen gelten auch für Spiele, bei denen der Zufall eine Rolle spielt, wie z. B. bei Kartenspielen. Sie bezieht sich auch auf viele reale Situationen, in denen der Zufall einen wichtigen Faktor darstellt.

Plotly installieren

Plotly installieren Sie ebenso wie Matplotlib mithilfe von `pip`:

```
$ python -m pip install --user plotly
$ python -m pip install --user pandas
```

Plotly Express hängt von Pandas ab, einer Bibliothek für effizientes Arbeiten mit Daten, die wir ebenfalls installieren müssen. Wenn Sie bei der Installation von Matplotlib `python3` oder einen anderen Befehl verwendet haben, müssen Sie das auch hier tun.

Um zu sehen, welche Arten von Visualisierungen mit Plotly möglich sind, besuchen Sie die Galerie der Diagrammtypen auf *https://plot.ly.com/python/*. Zu jedem Beispiel ist auch der Quellcode angegeben, sodass Sie erkennen können, wie die Visualisierungen mit Plotly erstellt werden.

Die Klasse *Die*

Um den Wurf eines einzelnen Würfels zu simulieren, erstellen wie die Klasse `Die`:

die.py

```
from random import randint

class Die:
    """A class representing a single die."""

❶   def __init__(self, num_sides=6):
        """Assume a six-sided die."""
        self.num_sides = num_sides

    def roll(self):
        """"Return a random value between 1 and number of sides."""
❷       return randint(1, self.num_sides)
```

Die Methode `__init__()` nimmt ein optionales Argument entgegen, nämlich die Anzahl der Seiten des Würfels. Wird es nicht angegeben, hat der Würfel sechs Seiten (❶). (Für Würfel gibt es Kurzbezeichnungen nach der Anzahl ihrer Flächen, z.B. W6 für einen sechsseitigen Würfel, W8 für einen achtseitigen usw.)

Die Methode `roll()` gibt mithilfe der Funktion `randint()` einen zufälligen Integerwert von 1 bis zur Anzahl der Seiten (`num_sides`) zurück (❷).

Würfeln

Bevor wir eine Visualisierung auf Basis der Klasse `Die` erstellen, müssen wir zunächst einmal Zahlen erwürfeln, die Ergebnisse anzeigen, und uns davon überzeugen, dass sie sinnvoll sind.

die_visual.py

```
from die import Die

# Erstellt einen W6.
❶ die = Die()

# Würfelt mehrere Male und speichert die Ergebnisse in einer Liste.
results = []
❷ for roll_num in range(100):
    result = die.roll()
    results.append(result)

print(results)
```

Bei ❶ erstellen wir eine Instanz von `Die` mit der Standardanzahl von sechs Seiten. Damit würfeln wir 100 Mal (❷) und speichern die einzelnen Ergebnisse in der Liste `results`. Ein Beispiel für diese Liste sieht wie folgt aus:

```
[4, 6, 5, 6, 1, 5, 6, 3, 5, 3, 5, 3, 2, 2, 1, 3, 1, 5, 3, 6, 3, 6, 5, 4,
 1, 1, 4, 2, 3, 6, 4, 2, 6, 4, 1, 3, 2, 5, 6, 3, 6, 2, 1, 1, 3, 4, 1, 4,
 3, 5, 1, 4, 5, 5, 2, 3, 3, 1, 2, 3, 5, 6, 2, 5, 6, 1, 3, 2, 1, 1, 1, 6,
 5, 5, 2, 2, 6, 4, 1, 4, 5, 1, 1, 1, 4, 5, 3, 3, 1, 3, 5, 4, 5, 6, 5, 4,
 1, 5, 1, 2]
```

Wie diese Ergebnisse zeigen, funktioniert die Klasse `Die` wie erwartet. Der kleinste und der größte mögliche Wert (1 und 6) sind enthalten, aber keine Werte außerhalb des gewünschten Bereichs (wie etwa 0 oder 7). Außerdem sind alle Zahlen von 1 bis 6 vertreten. Sehen wir uns nun an, wie oft die einzelnen Zahlen jeweils erscheinen.

Die Ergebnisse analysieren

Um die Ergebnisse unserer W6-Würfe zu analysieren, zählen wir, wie oft wir die einzelnen Zahlen jeweils erhalten haben:

die_visual.py

```
-- schnipp --
# Würfelt mehrere Male und speichert die Ergebnisse in einer Liste.
results = []
❶ for roll_num in range(1000):
    result = die.roll()
    results.append(result)

# Analysiert die Ergebnisse.
frequencies = []
❷ poss_results = range(1, die.num_sides+1)
for value in poss_results:
❸     frequency = results.count(value)
❹     frequencies.append(frequency)

print(frequencies)
```

Da wir die Ergebnisse jetzt nicht mehr ausgeben, können wir die Anzahl der simulierten Würfe auf 1000 erhöhen (❶). Für die Analyse erstellen wir die leere Liste `frequencies`, in der wir festhalten, wie oft jeder einzelne Wert erwürfelt wurde. Wir erzeugen dann alle möglichen Ergebnisse, die wir erhalten könnten; in diesem Beispiel sind das alle Zahlen von 1 bis zu der Anzahl der Seiten, die der Würfel hat. Bei ❷ durchlaufen wir die möglichen Werte und zählen, wie oft sie jeweils in `results` vorkommen (❸). Anschließend hängen wir die Anzahl an die Liste `frequencies` an (❹). Bevor wir uns an die Visualisierung machen, geben wir die Liste zunächst aus:

```
[155, 167, 168, 170, 159, 181]
```

Das sieht nach einem sinnvollen Ergebnis aus: Wir haben sechs Häufigkeiten, eine für jede Augenzahl unseres W6, und keine dieser Häufigkeiten unterscheidet sich signifikant von den anderen. Nun wollen wir dieses Ergebnis grafisch darstellen.

Ein Histogramm erstellen

Da wir nun die gewünschten Daten haben, können wir mit Plotly Express in nur wenigen Zeilen Code eine Visualisierung erstellen:

die_visual.py

```
import plotly.express as px
from die import Die
-- schnipp --

for value poss_results:
    frequency = results.count(value)
    frequencies.append(frequency)

# Stellt die Ergebnisse grafisch dar.
fig = px.bar(x=poss_results, y=frequencies)
fig.show()
```

Zunächst importieren wir das Modul `plotly.express` unter Verwendung des üblichen Alias `px`. Anschließend verwenden wir die Funktion `px.bar()`, um ein Balkendiagramm zu erstellen. In der einfachsten Anwendung dieser Funktion müssen wir nur eine Menge von x- und y-Werten übergeben. Hier sind die x-Werte die möglichen Ergebnisse eines einzelnen Würfels, und die y-Werte sind die Häufigkeiten für jedes mögliche Ergebnis. Die letzte Zeile ruft `fig.show()` auf, was Plotly anweist, das resultierende Diagramm als HTML-Datei zu rendern und diese Datei in einem neuen Browser-Tab zu öffnen. Das Ergebnis ist in Abbildung 15–12 zu sehen. Dies ist ein sehr einfaches Diagramm, und es ist sicherlich nicht vollständig. Aber das ist genau die Art und Weise, wie Plotly Express verwendet werden soll: Sie schreiben ein paar Zeilen Code, sehen sich das Diagramm an und stellen sicher, dass es die Daten so darstellt, wie Sie es wollen. Wenn Ihnen gefällt, was Sie sehen, können Sie die Elemente des Diagramms wie Beschriftungen und Stile anpassen. Wenn Sie jedoch andere Diagrammtypen ausprobieren möchten, können Sie dies jetzt tun, ohne zusätzliche Zeit für Anpassungsarbeiten aufwenden zu müssen. Probieren Sie es einfach aus, indem Sie `px.bar()` durch etwas wie `px.scatter()` oder `px.line()` ersetzen. Eine vollständige Liste der verfügbaren Diagrammtypen finden Sie unter *https://plotly.com/python/plotly-express*. Dieses Diagramm ist dynamisch und interaktiv. Wenn Sie die Größe Ihres Browserfensters ändern, passt sich das Diagramm an den verfügbaren Platz an. Wenn Sie mit dem Mauszeiger über einen der Balken fahren, wird ein Pop-up-Fenster angezeigt, in dem die spezifischen Daten zu diesem Balken hervorgehoben werden.

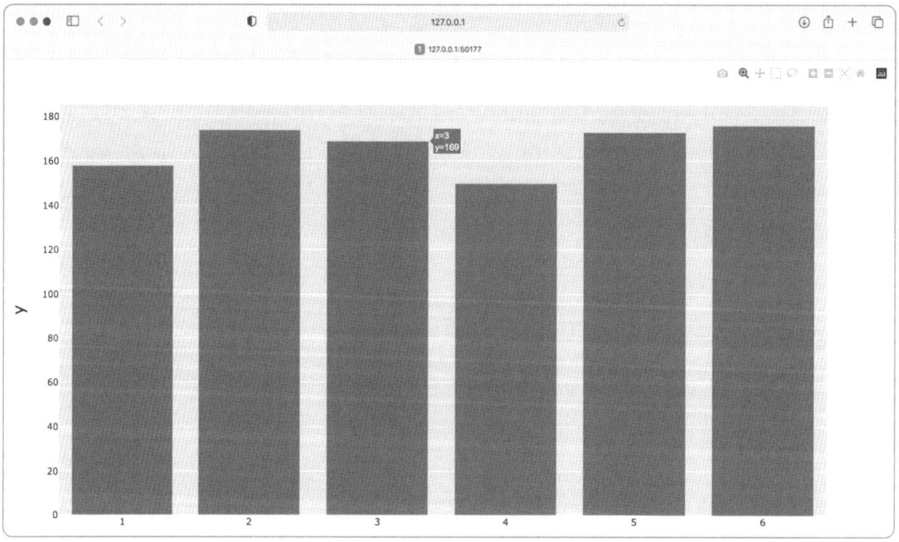

Abb. 15–12 *Die erste Ausgabe von Plotly Express*

Das Diagramm anpassen

Da wir nun wissen, dass wir die richtige Art von Diagramm haben und unsere Daten korrekt dargestellt werden, können wir uns darauf konzentrieren, die entsprechenden Beschriftungen und Stile für das Diagramm hinzuzufügen. Die erste Möglichkeit, ein Diagramm mit Plotly anzupassen, besteht darin, einige optionale Parameter im ersten Aufruf zu verwenden, der das Diagramm erzeugt, in diesem Fall `px.bar()`. Hier sehen Sie, wie Sie einen allgemeinen Titel und eine Beschriftung für jede Achse hinzufügen.

```
--schnipp--
# Die Ergebnisse visualisieren.
❶ title = "Results of Rolling One D6 1,000 Times"
❷ labels = {'x': 'Result', 'y': 'Frequency of Result'}
fig = px.bar(x=poss_results, y=frequencies, title=title, labels=labels)
fig.show()
```

Zuerst definieren wir den gewünschten Titel, der hier *Title* (❶) zugewiesen ist. Um Achsenbeschriftungen zu definieren, schreiben wir ein Dictionary (❷). Die Schlüssel des Dictionarys beziehen sich auf die Beschriftungen, die wir anpassen wollen, und die Werte sind die benutzerdefinierten Beschriftungen, die wir verwenden wollen. Hier geben wir der x-Achse die Bezeichnung *Result* und der y-Achse die Bezeichnung *Frequency of Result*. Der Aufruf von `px.bar()` enthält nun die optionalen Argumente `title` und `labels`. Bei der Erstellung des Diagramms wird nun für jede Achse ein geeigneter Titel und eine Beschriftung verwendet, wie in Abbildung 15–13 dargestellt.

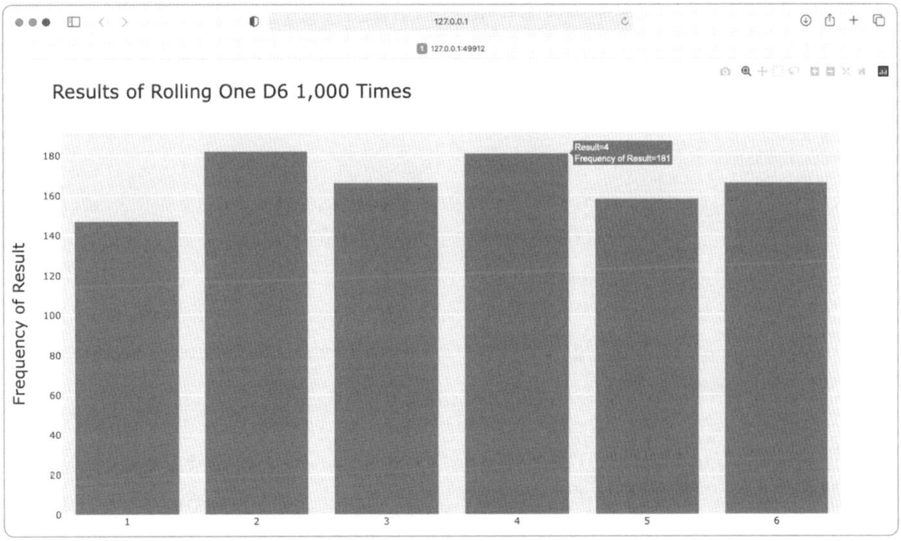

Abb. 15–13 *Eine einfache mit Plotly erzeugte Balkengrafik*

Ergebnisse bei zwei Würfeln

Mit zwei Würfeln zugleich können Sie größere Augenzahlen erwürfeln und erhalten eine andere Verteilung der Ergebnisse. Im Folgenden ändern wir unseren Code so ab, dass wir zwei W6-Würfel erstellen. Bei jedem Wurf addieren wir die Augenzahlen beider Würfel und speichern die Summe in `results`. Speichern Sie eine Kopie von *die_visual.py* als *dice_visual.py* und nehmen Sie daran die folgenden Änderungen vor:

dice_visual.py

```
import plotly.express as px

from die import Die

# Erstellt zwei W6-Würfel.
die_1 = Die()
die_2 = Die()

# Würfelt mehrere Male und speichert die Ergebnisse in einer Liste.
results = []
for roll_num in range(1000):
❶    result = die_1.roll() + die_2.roll()
    results.append(result)

# Analysiert die Ergebnisse.
frequencies = []
❷ max_result = die_1.num_sides + die_2.num_sides
❸ poss_results = range(2, max_result+1):
    frequency = results.count(value)
    frequencies.append(frequency)

# Stellt die Ergebnisse grafisch dar.
title = "Results of Rolling Two D6 Dice 1,000 Times"
labels = {'x': 'Result', 'y': 'Frequency of Result'}
fig = px.bar(x=poss_results, y=frequencies, title=title, labels=labels)
fig.show()
```

Nachdem wir zwei Instanzen von `Die` erstellt haben, würfeln wir mit beiden und berechnen die Summe der Augenzahlen für jeden Wurf (❶). Das größtmögliche Ergebnis (12) erhalten wir, wenn beide Würfel die größtmögliche Augenzahl zeigen; diesen Wert speichern wir in `max_result` (❷). Der kleinstmögliche Wert (2) ist die Summe der beiden niedrigsten Werte. Durch Variable `max_result` lässt sich der Code zur Erzeugung von `poss_results` viel einfacher lesen (❸). Bei der Analyse müssen wir zählen, wie oft die einzelnen Ergebnisse zwischen 2 und `max_result` jeweils vorgekommen sind. (Wir hätten auch `range(2, 13)` verwenden können, aber das würde nur bei zwei W6-Würfeln funktionieren. Wenn Sie reale Situationen modellieren, ist es am besten, den Code so zu schreiben, dass Sie ihn leicht an unterschiedliche Bedingungen anpassen können. In seiner jetzigen Form können wir den Code für zwei Würfel beliebiger Flächenzahl verwenden.)

Wenn Sie den Code ausführen, sollten Sie eine Grafik wie in Abbildung 15–14 sehen.

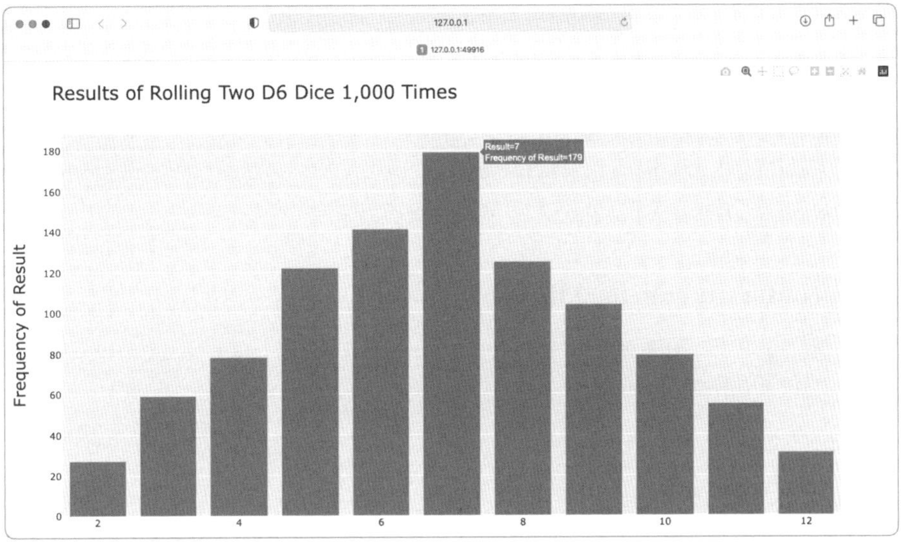

Abb. 15–14 *Simulierte Ergebnisse von 1000 Würfen mit zwei sechsseitigen Würfeln*

Dieses Diagramm zeigt angenähert, welche Ergebnisse Sie bei einem Paar von W6-Würfeln mit welcher Wahrscheinlichkeit erhalten. Wie Sie sehen, ist es am wenigsten wahrscheinlich, eine 2 oder eine 12 zu erwürfeln, während eine 7 die höchste Wahrscheinlichkeit hat. Das liegt daran, dass es sechs Möglichkeiten gibt, eine 7 zu erwürfeln, nämlich 1 und 6, 2 und 5, 3 und 4, 4 und 3, 5 und 2 und 6 und 1.

Weitere Anpassungen

Es gibt ein Problem, das wir mit dem soeben erstellten Diagramm angehen sollten. Da es nun 11 Balken gibt, lassen die Standard-Layouteinstellungen für die x-Achse einige Balken unbeschriftet. Während die Standardeinstellungen für die meisten Visualisierungen gut funktionieren, würde dieses Diagramm besser aussehen, wenn alle Balken beschriftet wären. Plotly verfügt über eine `update_layout()`-Methode, mit der eine Vielzahl von Aktualisierungen an einer Figur vorgenommen werden kann, nachdem sie erstellt wurde. So können Sie Plotly anweisen, jedem Balken eine eigene Beschriftung zu geben:

```
--snip--
fig = px.bar(x=poss_results, y=frequencies, title=title, labels=labels)
# Further customize chart.
fig.update_layout(xaxis_dtick=1)

fig.show()
```

Die Methode `update_layout()` wirkt auf das `fig`-Objekt, das das gesamte Diagramm darstellt. Hier verwenden wir das Argument `xaxis_dtick`, das den Abstand zwischen den Markierungen auf der x-Achse angibt. Wir setzen diesen Abstand auf 1, sodass jeder Balken beschriftet ist. Wenn Sie `dice_visual.py` erneut ausführen, sollten Sie auf jedem Balken eine Beschriftung sehen.

Würfel unterschiedlicher Flächenzahl

Sehen wir uns an, was geschieht, wenn wir einen sechs- und einen zehnseitigen Würfel 50.000 Mal werfen:

dice_visual_d6d10.py

```
import plotly.express as px

from die import Die

# Erstellt einen W6 und einen W10.
die_1 = Die()
❶ die_2 = Die(10)

# Würfelt mehrere Male und speichert die Ergebnisse in einer Liste.
results = []
for roll_num in range(50_000):
    result = die_1.roll() + die_2.roll()
    results.append(result)

# Analysiert die Ergebnisse.
-- schnipp --

# Stellt die Ergebnisse grafisch dar.
❷ title = "Results of Rolling a D6 and a D10 50,000 Times"
labels = {'x': 'Result', 'y': 'Frequency of Result'}
--schnipp--
```

Um den W10-Würfel zu erstellen, übergeben wir bei der Bildung der zweiten `Die`-Instanz den Wert `10` (❶). Außerdem ändern wir die erste Schleife, um 50.000 statt nur 1000 Würfe zu simulieren. Wir passen auch den Diagrammtitel und den Namen der Ausgabedatei an (❷).

Abbildung 15–15 zeigt das resultierende Diagramm. Wir haben jetzt nicht mehr eindeutig ein Ergebnis mit der höchsten Wahrscheinlichkeit, sondern gleich fünf, da es jeweils sechs Möglichkeiten gibt, um eine 7, 8, 9, 10 oder 11 zu erwürfeln. Daher sind dies die am häufigsten vorkommenden Ergebnisse und alle sind gleich wahrscheinlich.

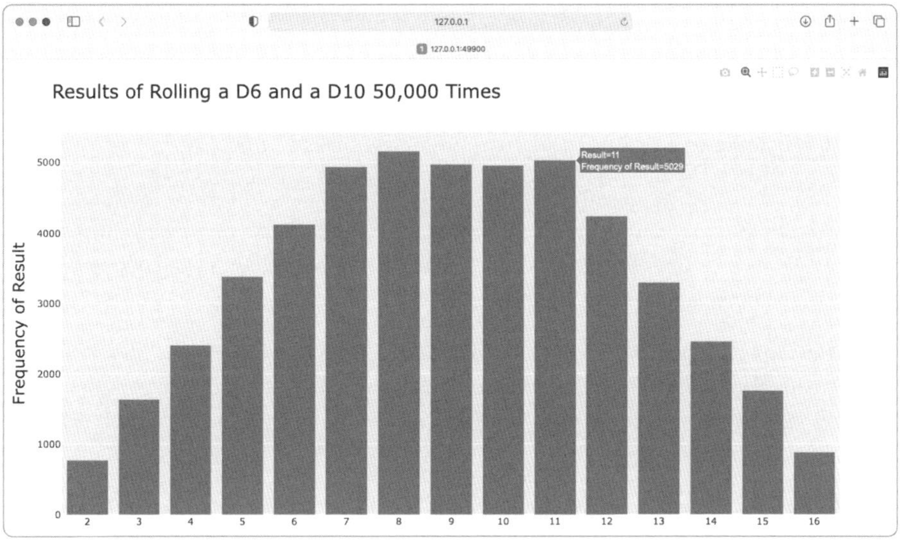

Abb. 15–15 *Simulierte Ergebnisse von 50.000 Würfen mit einem sechs- und einem zehnseitigen Würfel*

Die Nutzung von Plotly zur Modellierung von Würfelvorgängen ermöglicht es uns, die dabei auftretenden Phänomene ohne großen Aufwand zu analysieren. In nur wenigen Minuten können Sie eine hohe Zahl von Würfen mit verschiedenartigen Würfeln simulieren.

Diagramme speichern

Wenn Ihnen eine Abbildung gefällt, können Sie das Diagramm jederzeit über Ihren Browser als HTML-Datei speichern. Sie können dies aber auch programmgesteuert tun. Um Ihr Diagramm als HTML-Datei zu speichern, ersetzen Sie den Aufruf von `fig.show()` durch einen Aufruf von `fig.write_html()`:

```
fig.write_html('dice_visual_d6d10.html')
```

Die Methode `write_html()` benötigt ein Argument: den Namen der Datei, in die geschrieben werden soll. Wenn Sie nur einen Dateinamen angeben, wird die Datei in demselben Verzeichnis wie die `.py`-Datei gespeichert. Sie können `write_html()` auch mit einem `Path`-Objekt aufrufen und die Ausgabedatei an eine beliebige Stelle auf Ihrem System schreiben.

Probieren Sie es selbst aus!

15-6 Zwei W8: Simulieren Sie 1000 Würfe von zwei achtflächigen Würfeln. Versuchen Sie sich das resultierende Diagramm vorzustellen, bevor Sie die Simulation ausführen, und prüfen Sie nachher, ob Sie das richtige Gespür gehabt haben. Erhöhen Sie die Anzahl der Würfe nach und nach, bis Sie an die Grenzen der Leistungsfähigkeit Ihres Systems stoßen.

15-7 Drei Würfel: Wenn Sie drei W6-Würfel verwenden, können Sie als kleinste Zahl eine 3 und als größte eine 18 werfen. Erstellen Sie eine Visualisierung für den Wurf von drei Würfeln.

15-8 Multiplikation: Bei der Verwendung von zwei Würfeln addieren Sie gewöhnlich die einzelnen Augenzahlen. Erstellen Sie eine Visualisierung dafür, dass Sie die Augenzahlen stattdessen miteinander multiplizieren.

15-9 Listennotation: Der Klarheit halber wurden die `for`-Schleifen in den Listings dieses Abschnitts in der langen Form dargestellt. Wenn Sie sich in der Listennotation sicher fühlen, versuchen Sie, eine oder beide Schleifen in jedem der hier gezeigten Programme in dieser Form umzuschreiben.

15-10 Übungen mit der jeweils anderen Bibliothek: Versuchen Sie, Matplotlib zur Visualisierung von Würfelvorgängen und Plotly zur Visualisierung einer Zufallsbewegung einzusetzen. (Für diese Übung müssen Sie jeweils die Dokumentation der beiden Bibliotheken zurate ziehen.)

Zusammenfassung

In diesem Kapitel haben Sie gelernt, wie Sie Datenmengen generieren und diese Daten visualisieren, wie Sie mit Matplotlib einfache Diagramme erstellen, wie Sie Zufallsbewegungen mit Streudiagrammen untersuchen, wie Sie mit Plotly ein Histogramm erstellen und wie Sie damit das Ergebnis von Würfen mit verschiedenartigen Würfeln analysieren.

Die Generierung eigener Datenmengen durch Code ist eine interessante und vielseitige Möglichkeit, um eine breite Palette von realen Situationen zu modellieren und zu untersuchen. Halten Sie bei den folgenden Datenvisualisierungsprojekten Ausschau nach Situationen, die Sie mit Code modellieren können. Schauen Sie sich die Visualisierungen in den Medien an und versuchen Sie herauszufinden, welche mit ähnlichen Methoden wie denen in diesen Projekten erstellt wurden.

In Kapitel 16 geht es darum, Daten von Onlinequellen herunterzuladen und mit Matplotlib und Plotly zu untersuchen.

16 Daten herunterladen

In diesem Kapitel laden Sie Datenmengen von Onlinequellen herunter und erstellen Visualisierungen dafür. Online lässt sich eine erstaunliche Menge an Daten finden, von denen viele noch nicht gründlich untersucht wurden. Die Fähigkeit zur Analyse dieser Daten ermöglicht es Ihnen, Muster und Verbindungen in diesen Daten aufzuspüren, die noch niemand entdeckt hat.

Im Folgenden greifen wir zur Visualisierung auf Daten in zwei gängigen Formaten zu, nämlich CSV und JSON. Mit dem Python-Modul `csv` verarbeiten wir Wetterdaten im CSV-Format, wobei wir Höchst- und Tiefsttemperaturen an zwei verschiedenen Orten im Zeitverlauf untersuchen. Mithilfe von Matplotlib zeichnen wir ein Diagramm auf der Grundlage der heruntergeladenen Daten, um die Temperaturschwankungen in zwei verschiedenen Umgebungen darzustellen, nämlich in Sitka in Alaska und im kalifornischen Death Valley. Weiter hinten in diesem Kapitel verwenden wir außerdem das Modul `json`, um auf Erdbebendaten im GeoJSON-Format zuzugreifen, und die Bibliothek Plotly, um eine Weltkarte zu zeichnen, die angibt, wo zuletzt Erdbeben stattfanden und wie stark sie waren.

Am Ende dieses Kapitels angelangt, können Sie mit unterschiedlichen Typen und Formaten von Datenmengen arbeiten und haben tiefere Kenntnisse über anspruchsvolle Visualisierungen. Die Fähigkeit, auf Onlinedaten verschiedener Art zuzugreifen und diese dazustellen, ist unverzichtbar, um mit einer großen Bandbreite von Datenmengen in der Praxis zu arbeiten.

Das Dateiformat CSV

Eine einfache Möglichkeit zur Speicherung von Daten in einer Textdatei besteht darin, sie in Form einer Folge von Werten zu schreiben, die durch Kommata getrennt sind. Dateien dieser Art werden als *CSV-Dateien* (Comma-Separated Values) bezeichnet. Das folgende Beispiel zeigt meteorologische Daten in diesem Format:

```
"USW00025333","SITKA AIRPORT, AK US","2018-01-01",,"44","40"
```

Das sind die Wetterdaten von Sitka in Alaska vom 1. Januar 2018. Darin enthalten sind die Tageshöchst- und -tiefsttemperaturen sowie verschiedene andere Messwerte. Menschen können CSV-Dateien zwar nur schwer lesen, doch Programme können sie sehr leicht verarbeiten und Werte daraus entnehmen, was die Datenanalyse beschleunigt.

Als erstes Beispiel verwenden wir eine kleine Menge von Wetterdaten aus Sitka im CSV-Format, die auf der Begleitwebsite zu diesem Buch auf *https://ehmatthes.github.io/pcc_3e* zur Verfügung steht. Legen Sie in dem Ordner, in dem Sie die Programme zu diesem Kapitel speichern, einen Ordner namens *weather_data* an und kopieren Sie die Datei *sitka_weather_07-2021_simple.csv* dort hinein. (Wenn Sie die Ressourcen zu diesem Buch herunterladen, verfügen Sie über sämtliche Dateien, die Sie für dieses Projekt brauchen.)

Hinweis

Die Wetterdaten für dieses Projekt stammen ursprünglich von *https://ncdc.noaa.gov/cdo-web/*.

CSV-Spaltenköpfe analysieren

Das Modul csv aus der Python-Standardbibliothek analysiert die Zeilen in einer CSV-Datei und ermöglicht es uns, die Werte, an denen wir interessiert sind, rasch zu entnehmen. Als Erstes untersuchen wir die erste Zeile der Datei, die die Spaltenköpfe für die Daten enthält. Sie geben an, welche Arten von Informationen sich in der Datei befinden:

sitka_highs.py

```
from pathlib import Path
import csv

❶ path = Path('weather_data/sitka_weather_07-2021_simple.csv')
lines = path.read_text().splitlines()
❷ reader = csv.reader(lines)
❸ header_row = next(reader)
print(header_row)
```

Zunächst importieren wir `Path` und das `csv`-Modul. Dann erstellen wir ein `Path`-Objekt, das im Ordner `weather_data` nachschaut und auf die spezifische Wetterdatendatei verweist, mit der wir arbeiten wollen (❶). Wir lesen die Datei und verketten die Methode `splitlines()`, um eine Liste aller Zeilen in der Datei zu erhalten, die wir `lines` zuweisen.

Als Nächstes erstellen wir ein `Reader`-Objekt (❷). Dies ist ein Objekt, mit dem jede Zeile der Datei geparst werden kann. Um ein `Reader`-Objekt zu erstellen, rufen Sie die Funktion `csv.reader()` auf und übergeben ihr die Liste der Zeilen aus der CSV-Datei. Mit einem `Reader`-Objekt gibt die Funktion `next()` die nächste Zeile in der Datei zurück, beginnend mit dem Anfang der Datei. Hier rufen wir `next()` nur einmal auf, sodass wir die erste Zeile der Datei erhalten, die die Kopfzeilen der Datei enthält (❸).

Die zurückgegebenen Daten speichern wir in `header_row`. Diese Variable enthält jetzt Spaltenköpfe mit meteorologischen Begriffen, die uns sagen, was die Informationen in den Datenzeilen bedeuten:

```
['STATION', 'NAME', 'DATE', 'TAVG', 'TMAX', 'TMIN']
```

Das Objekt `reader` verarbeitet die erste Zeile der kommagetrennten Werte in der Datei und speichert sie jeweils als Element in einer Liste. Mit dem Spaltenkopf `STATION` ist der Code der einzelnen Wetterstationen gemeint, die die Daten aufgezeichnet haben. Die Stellung dieses Spaltenkopfs verrät uns, dass es sich bei dem ersten Wert in jeder Zeile um diesen Code handelt. Der Spaltenkopf `NAME` besagt, dass der zweite Wert jeder Zeile der Name der Wetterstation ist, von der die Aufzeichnung stammt. Die restlichen Spaltenköpfe geben die verschiedenen Arten von Informationen in den einzelnen Messungen an. Zurzeit sind wir vor allem am Datum (`DATE`), an der Tageshöchsttemperatur (`TMAX`) und der Tagestiefsttemperatur (`TMIN`) interessiert. Diese einfache Datenmenge enthält nur Niederschlags- und Temperaturdaten. Wenn Sie Wetterdaten selbst herunterladen, können Sie auch verschiedene andere Messwerte wie Windgeschwindigkeit, Windrichtung und ausführlichere Angaben zu Niederschlägen einbeziehen.

Die Spaltenköpfe und ihre Position ausgeben

Um einen besseren Überblick über die Spaltenköpfe zu bekommen, geben wir sie einzeln zusammen mit ihrer Position in der Liste aus:

sitka_highs.py

```
-- schnipp --
    reader = csv.reader(lines)
    header_row = next(reader)

    for index, column_header in enumerate(header_row):
        print(index, column_header)
```

Die Funktion `enumerate()` gibt beim Durchlaufen der Liste jeweils den Index und den Wert jedes Elements zurück (❶). (Beachten Sie, dass wir die Zeile `print(header_row)` durch diese ausführlichere Version ersetzt haben.)

Die Ausgabe zeigt den Index jedes Spaltenkopfes:

```
0 STATION
1 NAME
2 DATE
3 TAVG
4 TMAX
5 TMIN
```

Hier können wir unmittelbar ablesen, dass das Datum und die Tageshöchsttemperatur in den Spalten 2 bzw. 4 gespeichert sind. Um diese Daten zu gewinnen, müssen wir jede Zeile in *sitka_weather_07-2021_simple.csv* verarbeiten und die Werte an den Indizes 2 und 5 entnehmen.

Daten entnehmen und lesen

Da wir jetzt wissen, welche Spalten die gewünschten Daten enthalten, können wir sie einlesen. Als Erstes extrahieren wir die Tageshöchsttemperaturen:

sitka_highs.py

```
-- schnipp --
    reader = csv.reader(f)
    header_row = next(reader)

    # Höchsttemperaturen extrahieren.
❶   highs = []
❷   for row in reader:
❸       high = int(row[4])
        highs.append(high)

print(highs)
```

Wir erstellen die leere Liste `highs` (❶) und durchlaufen die restlichen Zeilen in der Datei (❷). Das Reader-Objekt macht in der CSV-Datei dort weiter, wo es aufgehört hat, und gibt automatisch jede Zeile zurück, die auf seine aktuelle Position folgt. Da wir bereits die Spaltenköpfe gelesen haben, beginnt die Schleife bei der zweiten Zeile, in der die eigentlichen Daten ihren Anfang nehmen. Bei jedem Durchlauf durch die Schleife entnehmen wir die Daten am Index 5, also in der Spalte `TMAX`, und weisen sie der Variablen `high` zu (❸). Mit der Funktion `int()` wandeln wir die als String gespeicherten Daten in ein numerisches Format um, damit wir sie weiterverarbeiten können. Anschließend hängen wir den Wert an `highs` an.

Das folgende Listing zeigt die Daten, die nun in `highs` gespeichert sind:

```
[61, 60, 66, 60, 65, 59, 58, 58, 57, 60, 60, 60, 57, 58, 60, 61, 63, 63,
70,64, 59, 63, 61, 58, 59, 64, 62, 70, 70, 73, 66]
```

Damit haben wir die Tageshöchsttemperaturen für jedes Datum abgerufen und in einer Liste gespeichert. Nun können wir diese Daten grafisch darstellen.

Daten in einem Temperaturdiagramm darstellen

Um die Temperaturdaten zu visualisieren, erstellen wir zunächst mit Matplotlib ein einfaches Diagramm:

sitka_highs.py

```
from pathlib import Path
import csv

import matplotlib.pyplot as plt

path = Path('weather_data/sitka_weather_07-2021_simple.csv')
lines = path.read_text().splitlines()
    -- schnipp --

# Stellt die Höchsttemperaturen grafisch dar.
plt.style.use('seaborn')
fig, ax = plt.subplots()
❶ ax.plot(highs, color='red')

# Formatiert das Diagramm.
❷ plt.title("Daily High temperatures, July 2021", fontsize=24)
❸ plt.xlabel('', fontsize=16)
plt.ylabel("Temperature (F)", fontsize=16)
plt.tick_params(axis='both', which='major', labelsize=16)

plt.show()
```

Der Funktion `plot()` übergeben wir die Liste der Höchsttemperaturen (❶) sowie das Argument `color='red'`, um die Punkte rot darzustellen. (Wir wollen die Höchsttemperaturen in Rot und die Tiefsttemperaturen in Blau ausgeben.) Anschließend geben wir noch einige weitere Formatierungsaspekte wie die Schriftgröße und die Beschriftungen (❷) an, die Ihnen aus Kapitel 15 bekannt vorkommen sollten. Da wir später die Kalenderdaten hinzufügen werden, beschriften wir die x-Achse noch nicht, allerdings sorgen wir mit `plt.xlabel()` schon einmal dafür, dass die Standardbeschriftungen besser lesbar sind (❸). Abbildung 16–1 zeigt das resultierende einfache Liniendiagramm mit den Tageshöchsttemperaturen im Juli 2021 in Sitka, Alaska.

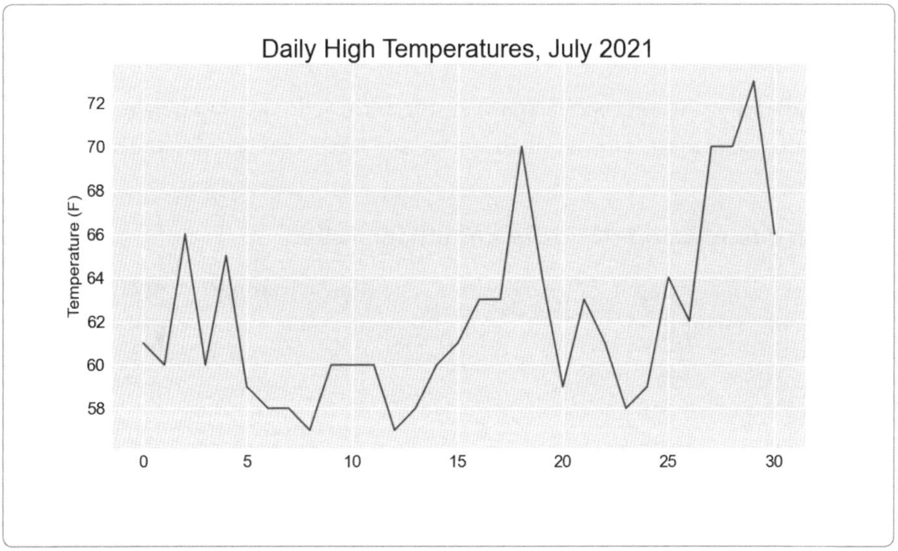

Abb. 16–1 *Ein Liniendiagramm mit den Tageshöchsttemperaturen (in Fahrenheit) im Juli 2018 in Sitka, Alaska*

Das Modul datetime

Um unser Diagramm aussagekräftiger zu machen, fügen wir ihm die Kalenderdaten hinzu. Das erste Datum finden wir in der zweiten Zeile der Datei mit den Wetterdaten:

```
"USW00025333","SITKA AIRPORT, AK US","2021-07-01",,"61","53"
```

Da die Daten als Strings eingelesen werden, brauchen wir eine Möglichkeit, um den String `'2021-07-01'` in ein Objekt umzuwandeln, das für das entsprechende Datum steht. Ein solches Objekt können wir mit der Methode `strptime()` des Moduls `datetime` konstruieren. Sehen wir uns zunächst in einer Terminalsitzung an, wie `strptime()` funktioniert:

```
>>> from datetime import datetime
>>> first_date = datetime.strptime('2021-07-01', '%Y-%m-%d')
>>> print(first_date)
2021-07-01 00:00:00
```

Als Erstes importieren wir die Klasse `datetime` aus dem gleichnamigen Modul. Dann rufen wir die Methode `strptime()` auf und übergeben als erstes Argument den String mit dem umzuwandelnden Datum. Das zweite Argument teilt Python mit, wie das Datum formatiert ist. `'%Y-'` besagt, dass Python den ersten Teil des Strings bis zum ersten Bindestrich als vierstellige Jahresangabe betrachten soll, `'%m-'` bedeutet, dass der Teil vor dem zweiten Bindestrich die Monatsnummer ist, und `'%d'` heißt, dass der letzte Teil des Strings eine Tageszahl von 1 bis 31 ist.

Der Methode `strptime()` können Sie verschiedene Argumente übergeben, um festzulegen, wie das Datum interpretiert werden soll. Einige dieser Argumente finden Sie in Tabelle 16–1.

Argument	Bedeutung
`%A`	Name des Wochentags, z. B. *Montag*
`%B`	Monatsname, z. B. *Januar*
`%m`	Nummer des Monats (01 bis 12)
`%d`	Nummer des Tages im Monat (01 bis 31)
`%Y`	vierstelliges Jahr, z. B. 2015
`%y`	zweistelliges Jahr, z. B. 15
`%H`	Stunde im 24-Stunden-Format (00 bis 23)
`%I`	Stunde im 12-Stunden-Format (01 bis 12)
`%p`	Angabe `am` oder `pm` für vor- oder nachmittags
`%M`	Minute (00 bis 59)
`%S`	Sekunde (00 bis 59)

Tab. 16–1 *Argumente zur Datums- und Uhrzeitformatierung im Modul* `datetime`

Datumsangaben im Diagramm darstellen

Wir können das Temperaturdiagramm nun dadurch verbessern, dass wir jeweils das zugehörige Datum zu den Tageshöchsttemperaturen abrufen und sie an der x-Achse ausgeben:

sitka_highs.py

```
from pathlib import Path
import csv
from datetime import datetime

import matplotlib.pyplot as plt

path = Path('weather_data/sitka_weather_07-2021_simple.csv')
lines = path.read_text().splitlines()
    reader = csv.reader(lines)
    header_row = next(reader)

    # Extrahiert die Datumsangaben und Höchsttemperaturen.
❶   dates, highs = [], []
    for row in reader:
❷       current_date = datetime.strptime(row[2], '%Y-%m-%d')
        high = int(row[5])
        dates.append(current_date)
        highs.append(high)

# Stellt die Höchsttemperaturen grafisch dar.
plt.style.use('seaborn')
fig, ax = plt.subplots()
❸ ax.plot(dates, highs, color='red')

# Formatiert das Diagramm.
plt.title("Daily High Temperatures, July 2021", fontsize=24)
plt.xlabel('', fontsize=16)
❹ fig.autofmt_xdate()
plt.ylabel("Temperature (F)", fontsize=16)
plt.tick_params(axis='both', which='major', labelsize=16)

plt.show()
```

Wir erstellen zwei leere Listen, um die Datums- und Temperaturangaben aus der Datei zu speichern (❶). Anschließend wandeln wir jeweils die Datumsinformation (`row[2]`) in ein `datetime`-Objekt um (❷) und hängen es an `dates` an. Bei ❸ übergeben wir die Werte für Datum und Höchsttemperatur an `plot()`. Mit dem Aufruf von `fig.autofmt_xdate()` bei ❹ geben wir die Datumsangaben aus, wobei wir sie jedoch diagonal in das Diagramm zeichnen, damit sie sich nicht überlappen. Abbildung 16–2 zeigt das erweiterte Diagramm.

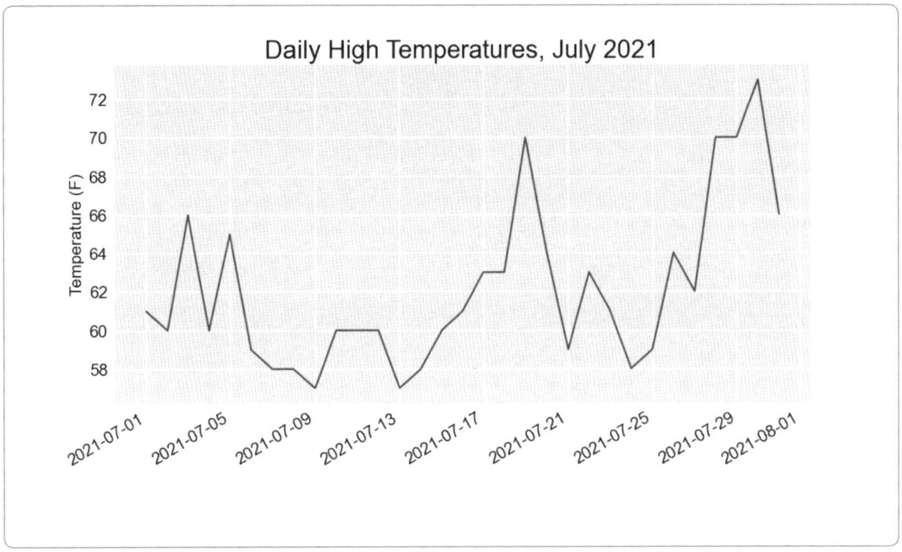

Abb. 16–2 *Mit den Datumsangaben auf der x-Achse ist das Diagramm jetzt aussagekräftiger.*

Ein Diagramm für einen längeren Zeitraum

Nachdem wir unser Diagramm nun eingerichtet haben, wollen wir mehr Daten hinzufügen, um uns ein vollständigeres Bild des Wetters in Sitka zu machen. Kopieren Sie die Datei *sitka_weather_2021_simple.csv*, die Wetterdaten für Sitka für ein ganzes Jahr enthält, in den Ordner mit den Programmen zu diesem Kapitel.

Jetzt können wir ein Diagramm mit den Wetterdaten von 2018 erstellen:

sitka_highs.py

```
-- schnipp --
path = Path('weather_data/sitka_weather_2021_simple.csv')
lines = path.read_text().splitlines()
-- schnipp --
# Formatiert das Diagramm.
plt.title("Daily High Temperatures - 2021", fontsize=24)
plt.xlabel('', fontsize=16)
-- schnipp --
```

Als Dateinamen geben wir jetzt den der neuen Datendatei *sitka_weather_2018_simple.csv* an. Außerdem ändern wir den Titel der grafischen Darstellung, sodass er zu dem neuen Inhalt passt. Abbildung 16–3 zeigt das resultierende Diagramm.

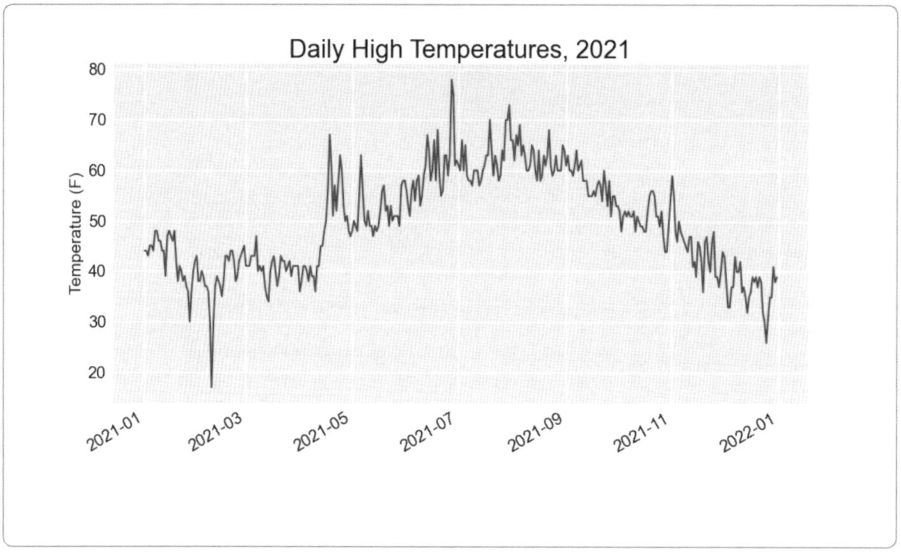

Abb. 16–3 *Ein Diagramm mit den Daten eines ganzen Jahres*

Eine zweite Datenreihe darstellen

Wir können das Diagramm noch aussagekräftiger machen, indem wir auch die Tiefsttemperaturen darstellen. Dazu müssen wir die entsprechenden Angaben aus der Datendatei entnehmen und dem Diagramm hinzufügen:

sitka_highs_lows.py

```
-- schnipp --
    reader = csv.reader(lines)
    header_row = next(reader)

    # Extrahiert Datum, Höchst- und Tiefsttemperaturen.
❶   dates, highs, lows = [], [], []
    for row in reader:
        current_date = datetime.strptime(row[2], '%Y-%m-%d')
        high = int(row[5])
❷       low = int(row[6])
        dates.append(current_date)
        highs.append(high)
        lows.append(low)

# Stellt die Höchst- und Tiefsttemperaturen grafisch dar.
plt.style.use('seaborn')
fig, ax = plt.subplots()
ax.plot(dates, highs, color='red')
❸ ax.plot(dates, lows, color='blue')

# Formatiert das Diagramm.
❹ plt.title("Daily High and Low Temperatures - 2021", fontsize=24)
-- schnipp --
```

Bei ❶ fügen wir die leere Liste `lows` für die Tiefsttemperaturen hinzu. Anschließend entnehmen wir die Tiefsttemperaturen für jedes Datum jeweils von der sechsten Stelle in jeder Zeile (`row[5]`) und speichern sie (❷). Bei ❸ rufen wir `plot()` auch für die Tiefsttemperaturen auf und färben diese Datenpunkte blau. Außerdem passen wir den Titel an. Das fertige Diagramm sehen Sie in Abbildung 16–4.

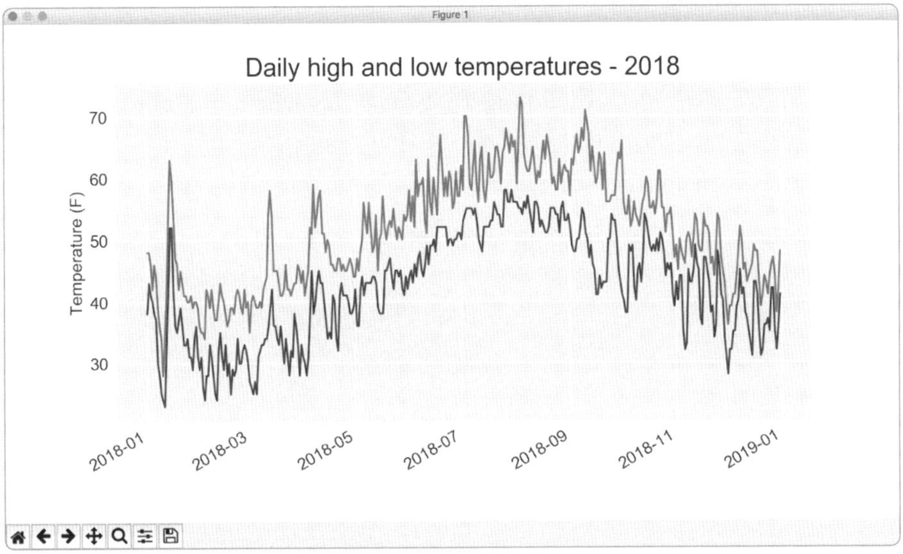

Abb. 16–4 *Zwei Datenreihen in einem Diagramm*

Einen Diagrammbereich einfärben

Anhand der beiden Datenreihen können wir jetzt den Bereich der Temperaturschwankungen an jedem einzelnen Tag untersuchen. Um unserem Diagramm den letzten Schliff zu geben, färben wir den Bereich zwischen Tageshöchst- und -tiefsttemperaturen. Dazu verwenden wir die Methode `fill_between()`, die eine Folge von x-Werten und zwei Folgen von y-Werten entgegennimmt und den Raum zwischen den y-Folgen mit einer Farbe füllt:

sitka_highs_lows.py

```
    -- schnipp --
    # Stellt die Höchst-und Tiefsttemperaturen grafisch dar.
    plt.style.use('seaborn')
    fig, ax = plt.subplots()
❶   ax.plot(dates, highs, color='red', alpha=0.5)
    ax.plot(dates, lows, color='blue', alpha=0.5)
❷   plt.fill_between(dates, highs, lows, facecolor='blue', alpha=0.1)
    -- schnipp --
```

Das Argument `alpha` bei ❶ bestimmt die Transparenz der Farbe. Bei einem Alphawert von 0 ist die Farbe unsichtbar, bei einem Wert von 1 (dem Standardwert) vollständig deckend. Mit der Einstellung `alpha=0.5` machen wir die rote und die blaue Linie heller.

Bei ❷ übergeben wir `fill_between()` die Liste `dates` mit den x-Werten und die beiden Listen `highs` und `lows` mit den y-Werten. Das Argument `facecolor` bestimmt die Farbe des ausgefüllten Bereichs. Damit dieser Bereich die Linien für die beiden Datenreihen verbindet, ohne von ihnen abzulenken, setzen wir ihn auf einen niedrigen `alpha`-Wert von 0,1. Abbildung 16–5 zeigt das Diagramm mit dem eingefärbten Bereich zwischen den Höchst- und Tiefsttemperaturen.

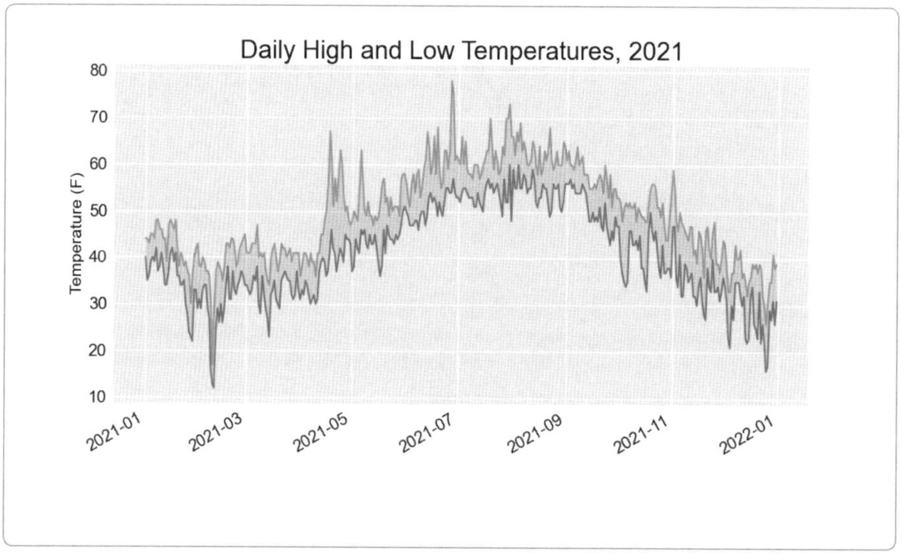

Abb. 16–5 *Der Bereich zwischen den beiden Datenreihen wird eingefärbt.*

Durch diese Einfärbung lässt sich der Bereich der Schwankung zwischen den beiden Datenreihen unmittelbar erkennen.

Fehlerprüfung

Den Code in *sitka_highs_lows.py* sollten wir für jeden beliebigen Standort ausführen können. Gelegentlich kann es jedoch vorkommen, dass eine Messstation nicht richtig funktioniert und die Daten oder zumindest einige davon nicht liefert. Solche fehlenden Daten können zu Ausnahmen führen, die das Programm zum Absturz bringen, wenn sie nicht korrekt gehandhabt werden.

Sehen wir uns als Beispiel an, was geschieht, wenn wir versuchen, ein Temperaturdiagramm für das Death Valley in Kalifornien zu erstellen. Kopieren Sie die

Datei *death_valley_2018_simple.csv* in den Ordner mit den Programmen zu diesem Kapitel.

Führen wir nun als Erstes den Code aus, der die Spaltenköpfe in der Datei anzeigt:

death_valley_highs_lows.py

```
ifrom pathlib import Path
import csvpath = Path('weather_data/death_valley_2021_simple.csv')
lines = path.read_text().splitlines()
    reader = csv.reader(lines)
    header_row = next(reader)

    for index, column_header in enumerate(header_row):
        print(index, column_header)
```

Dadurch erhalten wir folgende Ausgabe:

```
0 STATION
1 NAME
2 DATE
3 PRCP
4 TMIN
5 TOBS
```

Das Datum ist wiederum am Index 2 angegeben, die Höchst- und Tiefsttemperaturen aber an den Indizes 3 und 4, weshalb wir den Code ändern müssen, sodass er diese neuen Positionen widerspiegelt. Darüber hinaus enthält diese Datei statt einer Tagesdurchschnittstemperatur einen Messwert für eine bestimmte Beobachtungszeit (`TOBS`).

Speichern Sie eine Kopie von *sitka_highs_lows.py* unter death_valley_highs_lows.py. Ändern Sie sie wie folgt mit den angegebenen Indizes ab, um ein Diagramm für das Tal des Todes zu erstellen, und schauen Sie sich an, was passiert:

death_valley_highs_lows.py

```
-- schnipp --
path = Path('weather_data/death_valley_2021_simple.csv')
lines = path.read_text().splitlines():
    -- schnipp --
    # Extrahiert Datum, Höchst- und Tiefsttemperaturen.
    dates, highs, lows = [], [], []
    for row in reader:
        current_date = datetime.strptime(row[2], '%Y-%m-%d')
        high = int(row[3])
        low = int(row[4])
        dates.append(current_date)
-- schnipp --
```

Wir aktualisieren das Programm, um aus der Datendatei des Death Valley zu lesen, und ändern die Indizes so, dass sie den `TMAX`- und `TMIN`-Positionen dieser Datei entsprechen. Wenn wir das Programm ausführen, erhalten wir einen Fehler:

```
Traceback (most recent call last):
  File "death_valley_highs_lows.py", line 15, in <module>
    high = int(row[3])
ValueError: invalid literal for int() with base 10: ''
```

Das Traceback zeigt, dass Python die Höchsttemperatur für eines der Daten nicht verarbeiten kann, da sich ein leerer String (`''`) nicht in einen Integer umwandeln lässt (❶). Anstatt die Daten zu durchsuchen und herauszufinden, welcher Messwert fehlt, wollen wir Fälle von fehlenden Daten automatisch behandeln.

Dazu führen wir einen Fehlerprüfungscode aus, wenn wir die Werte aus der CSV-Datei einlesen. Dadurch können wir eventuell auftretende Ausnahmen abfangen. Dazu gehen wir auf folgende Weise vor:

death_valley_highs_lows.py

```
-- schnipp --
        for row in reader:
            current_date = datetime.strptime(row[2], '%Y-%m-%d')
❶           try:
                high = int(row[3])
                low = int(row[4])
            except ValueError:
❷               print(f"Missing data for {current_date}")
❸           else:
                dates.append(current_date)
                highs.append(high)
                lows.append(low)

# Stellt die Höchst- und Tiefsttemperaturen grafisch dar.
-- schnipp --

# Formatiert das Diagramm.
title = "Daily High and Low Temperatures - 2021\nDeath Valley, CA"
plt.title(title, fontsize=20)
plt.xlabel('', fontsize=16)
-- schnipp --
```

Bei der Untersuchung jeder Zeile versuchen wir, das Datum, die Höchst- und die Tiefsttemperatur zu entnehmen (❶). Wenn Daten fehlen, löst Python die Ausnahme `ValueError` aus, die wir dadurch abfangen, dass wir eine Fehlermeldung mit dem zugehörigen Datum ausgeben (❷). Anschließend fährt die Schleife damit fort, die nächste Zeile zu verarbeiten. Wenn wir alle Daten für ein Datum abrufen können, ohne dass ein Fehler auftritt, wird der `else`-Block ausgeführt, der die Daten an die zugehörige Liste anhängt (❸). Da wir in diesem Diagramm Informationen über einen anderen Standort darstellen, passen wir auch den Titel entsprechend an. Da er länger ist, verwenden wir außerdem eine kleinere Schrift (❹).

Wenn Sie *death_valley_highs_lows.py* jetzt ausführen, können Sie erkennen, dass die Daten zu einem einzigen Kalenderdatum fehlen:

```
Missing data for 2021-05-04 00:00:00
```

Da der Fehler behandelt wird, kann der Code ein Diagramm erstellen, bei dem die fehlenden Daten einfach übersprungen werden. Abbildung 16–6 zeigt das Ergebnis.

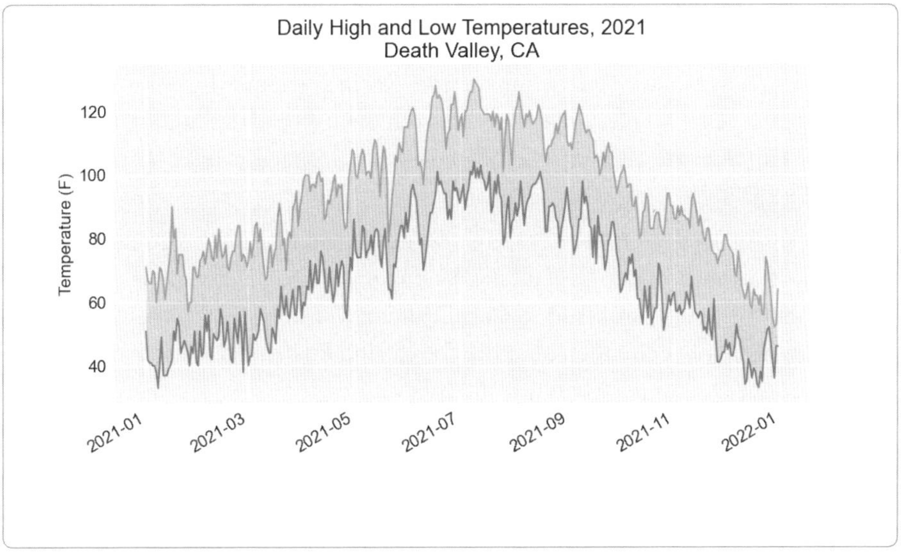

Abb. 16–6 *Tageshöchst- und -tiefsttemperaturen für das Death Valley*

Wenn wir dieses Diagramm mit dem für Sitka vergleichen, können wir erkennen, dass es im Death Valley insgesamt wärmer ist als im Südosten von Alaska. Nun, das war auch nicht anders zu erwarten. Wir können jedoch auch sehen, dass der Bereich der täglichen Temperaturschwankungen in der Wüste größer ist. Das wird durch die Höhe des gefärbten Bereichs deutlich.

In vielen der Datenmengen, mit denen Sie arbeiten, werden einzelne Daten fehlen, falsch formatiert oder inkorrekt sein. Um mit diesen Situationen umzugehen, können Sie die Werkzeuge einsetzen, die Sie in der ersten Hälfte dieses Buches kennengelernt haben. Hier haben wir einen `try-except-else`-Block verwendet, um mit fehlenden Daten fertig zu werden. Manchmal müssen Sie auch Daten mit `continue` überspringen oder einige bereits abgerufene Daten mit `remove()` oder `del` wieder entfernen. Gehen Sie jeweils so vor, wie es sinnvoll ist, um eine aussagekräftige, korrekte Visualisierung zu erreichen.

Daten selbst herunterladen

Wenn Sie selbst Wetterdaten herunterladen wollen, gehen Sie dazu wie folgt vor:

1. Besuchen Sie die Klimadaten-Website des NOAA (National Oceanic and Atmospheric Administration) auf *https://www.ncdc.noaa.gov/cdo-web/*. Klicken Sie im Abschnitt *Discover Data By* auf **Search Tool** und wählen Sie im Menü *Select Weather Observation Type/Dataset* den Punkt **Daily Summaries**.
2. Wählen Sie einen Datumsbereich aus. Wählen Sie dann im Menü *Search For* aus, wonach Sie suchen wollen (Postleitzahl, Stadt usw.), geben Sie den entsprechenden Wert ein und klicken Sie auf **Search**.
3. Auf der nächsten Seite werden Ihnen eine Karte und einige Informationen über das gewünschte Gebiet angezeigt. Klicken Sie unter dem Standortnamen auf **View Full Details**. Alternativ können Sie auch auf die Karte klicken und dann auf **Full Details**.
4. Scrollen Sie nach unten und klicken Sie auf **Station List**, um zu sehen, welche Wetterstationen in der Gegend zur Verfügung stehen. Wählen Sie eine davon aus und klicken Sie auf **Add to Cart**. Auf der Website wird zwar ein Einkaufswagen-Symbol verwendet, aber die Daten sind kostenlos. Klicken Sie auf den Einkaufswagen in der oberen rechten Ecke.
5. Wählen Sie im Menü *Select the Output Format* den Punkt **Custom GHCN-Daily CSV**. Vergewissern Sie sich, dass der Datumsbereich stimmt, und klicken Sie auf **Continue**.
6. Auf der nächsten Seite können Sie auswählen, welche Arten von Daten Sie haben wollen. Beispielsweise können Sie nur Daten über die Lufttemperatur herunterladen oder alle von der Station angebotenen Daten. Treffen Sie Ihre Auswahl und klicken Sie auf **Continue**.
7. Auf der letzten Seite erhalten Sie einen Überblick über Ihre Bestellung. Geben Sie Ihre E-Mail-Adresse an und klicken Sie auf **Submit Order**. Sie erhalten eine Bestätigung des Bestelleingangs, und einige Minuten später sollte eine weitere E-Mail mit einem Link eingehen, von dem Sie die Daten herunterladen können.

Die heruntergeladenen Daten sind auf die gleiche Weise aufgebaut wie diejenigen, mit denen wir in diesem Abschnitt gearbeitet haben, es kann jedoch sein, dass die Spaltenköpfe abweichen. Wenn Sie der hier angegebenen Vorgehensweise folgen, können Sie die Daten in Form von Diagrammen darstellen.

Probieren Sie es selbst aus!

16-1 Niederschlag in Sitka: Sitka liegt in einem Regenwald der gemäßigten Breiten und erhält daher ziemliche Mengen an Niederschlag. In der Datendatei *sitka_weather_2021_simple.csv* finden Sie den Spaltenkopf `PRCP`. Die zugehörige Spalte enthält die täglichen Niederschläge. Erstellen Sie ein Diagramm für die Daten in dieser Spalte. Wenn Sie neugierig sind, wie wenig Regen in der Wüste fällt, können Sie diese Übung auch für das Death Valley wiederholen.

16-2 Vergleich Sitka/Death Valley: Die Temperaturskalen in den Diagrammen für Sitka und das Death Valley spiegeln die unterschiedlichen Temperaturbereiche wider. Um die Temperaturen an beiden Orten direkt vergleichen zu können, muss der Maßstab der y-Achse jedoch in beiden Diagrammen gleich sein. Ändern Sie die Einstellungen für die y-Achse für eines oder beide Diagramme aus den Abbildungen 16–5 und 16–6 und führen Sie einen direkten Vergleich zwischen den Temperaturbereichen in Sitka und Death Valley (oder zwei beliebigen anderen Orten) durch.

16-3 San Francisco: Ähneln die Temperaturen in San Francisco eher denen in Sitka oder denen im Death Valley? Laden Sie Daten für San Francisco herunter und legen Sie ein Diagramm mit den Höchst- und Tiefsttemperaturen in der Stadt an, um sie zu vergleichen.

16-4 Automatische Indizes: In diesem Abschnitt haben wir die Indizes der Spalten `TMIN` und `TMAX` hartcodiert. Bestimmen Sie die Indizes für die gewünschten Werte dagegen anhand der Kopfzeile, damit Ihr Programm sowohl mit den Sitka- als auch mit den Death-Valley-Daten umgehen kann. Sorgen Sie auch dafür, dass auf der Grundlage des Namens der Wetterstation automatisch ein passender Titel für den Graphen generiert wird.

16-5 Eigene Experimente: Erstellen Sie weitere Visualisierungen, um andere Wetterdaten für weitere Orte zu untersuchen.

Globale Daten im GeoJSON-Format visualisieren

In diesem Abschnitt laden Sie eine Datenmenge über sämtliche Erdbeben herunter, die während eines Monats in aller Welt stattgefunden haben. Anschließend erstellen Sie eine Karte, die zeigt, wo diese Erdbeben aufgetreten sind und wie stark sie jeweils waren. Da die Daten im GeoJSON-Format vorliegen, verwenden wir zu ihrer Verarbeitung das Modul `json`. Mithilfe von `scatter_geo()` von Plotly für Ortsdaten erstellen Sie grafische Darstellungen, die die Verteilung von Erdbeben auf der Welt deutlich zeigen.

Erdbebendaten herunterladen

Erstellen Sie einen Ordner mit dem Namen `eq_data` innerhalb des Ordners, in dem Sie die Programme dieses Kapitels speichern. Kopieren Sie die Datei *eq_1_day_m1.geojson* in diesen neuen Ordner. Die Stärke von Erdbeben wird in Zahlenwerten nach der Richterskala angegeben. Die Datei enthält Daten über alle Erdbeben mit einer Stärke von 1 oder größer, die sich während eines Zeitraums von 24 Stunden ereignet haben. Diese Daten stammen aus dem Feed mit Erdbebendaten des United States Geological Survey, zu finden auf *https://earthquake.usgs.gov/earthquakes/feed/*.

JSON-Daten untersuchen

Wenn Sie *eq_1_day_m1.json* öffnen, werden Sie feststellen, dass die Daten sehr dicht gepackt und schwer zu lesen sind:

```
{"type":"FeatureCollection","metadata":{"generated":1649052296000,...
{"type":"Feature","properties":{"mag":1.6,"place":"63 km SE of Ped...
{"type":"Feature","properties":{"mag":2.2,"place":"27 km SSE of Ca...
{"type":"Feature","properties":{"mag":3.7,"place":"102 km SSE of S...
{"type":"Feature","properties":{"mag":2.92000008,"place":"49 km SE...
{"type":"Feature","properties":{"mag":1.4,"place":"44 km NE of Sus...
-- schnipp --
```

Die Formatierung dieser Datei ist für Computer ausgelegt, nicht für Menschen. Sie können jedoch erkennen, dass sie einige Dictionaries enthält und dass darin tatsächlich die Informationen vorliegen, an denen wir interessiert sind, nämlich die Stärke und die Orte der Erdbeben.

Das Modul `json` bietet eine Reihe von Werkzeugen, um mit JSON-Daten zu arbeiten. Einige davon sind in der Lage, die Datei umzuformatieren, sodass wir uns die Rohdaten besser ansehen können, bevor wir sie im Programm verarbeiten.

Als Erstes werden wir die Daten laden und in einem leichter lesbaren Format darstellen. Da diese Datendatei ziemlich lang ist, geben wir sie nicht auf dem Bildschirm aus, sondern schreiben sie in eine neue Datei. Anschließend können wir diese Datei öffnen und einfach durch die Daten scrollen.

eq_explore_data.py

```
   from pathlib import Path
   import json
   # Liest die Daten als String und konvertiert sie in ein Python-Objekt.
   path = Path('eq_data/eq_data_1_day_m1.geojson')
   contents = path.read_text()
❶  all_eq_data = json.loads(contents)

# Eine besser lesbare Version der Datendatei erzeugen.
❷  path = Path('eq_data/readable_eq_data.geojson')
```

```
❸ readable_contents = json.dumps(all_eq_data, indent=4)
  path.write_text(readable_contents)
```

Wir lesen die Datendatei als String und verwenden `json.loads()`, um die String-Darstellung der Datei in ein Python-Objekt umzuwandeln (❶). Dies ist derselbe Ansatz, den wir in Kapitel 10 verwendet haben. In diesem Fall wird der gesamte Datensatz in ein einzelnes Wörterbuch umgewandelt, das wir `all_eq_data` zuweisen. Anschließend definieren wir einen neuen Pfad, in den wir dieselben Daten in einem besser lesbaren Format schreiben können (❷). Die Funktion `json.dumps()`, die Sie in Kapitel 10 kennengelernt haben, kann ein optionales Einrückungsargument annehmen (❸), das ihr mitteilt, wie stark verschachtelte Elemente in der Datenstruktur eingerückt werden sollen.

Der Anfang der Datei *eq_data.json* im Verzeichnis *data* sieht wie folgt aus:

readable_eq_data.json

```
  {
      "type": "FeatureCollection",
❶     "metadata": {
          "generated": 1649052296000,
          "url": "https://earthquake.usgs.gov/earthquakes/.../1.0_day.geojson",
          "title": "USGS Magnitude 1.0+ Earthquakes, Past Day",
          "status": 200,
          "api": "1.10.3",
          "count": 160
      },
❷     "features": [
      -- schnipp --
```

Der erste Teil der Datei enthält einen Abschnitt mit dem Schlüssel `"metadata"` (❶). Er sagt uns, wann die Datei generiert wurde und wo die Daten online zu finden sind. Außerdem gibt er einen für Menschen lesbaren Titel und die Anzahl der in dieser Datei aufgeführten Erdbeben an. In dem vorliegenden Zeitraum von 24 Stunden wurden 160 Erdbeben aufgezeichnet.

Die Struktur dieser *geoJSON*-Datei ist für ortsgestützte Daten sehr gut geeignet. Die Informationen sind in einer Liste mit dem Schlüssel `"features"` gespeichert (❷), wobei jeder Eintrag in der Liste einem einzelnen Erdbeben entspricht. Die Struktur mag verwirrend aussehen, ist aber sehr praktisch. Geologen können dadurch so viele Informationen über jedes Erdbeben in einem Dictionary speichern, wie sie brauchen, und dann alle diese Dictionaries in eine lange Liste stellen.

Das Dictionary für ein einzelnes Erdbeben sieht wie folgt aus:

readable_eq_data.json

```
-- schnipp --
    {
        "type": "Feature",
❶       "properties": {
            "mag": 0.96,
            -- schnipp --
❷           "title": "M 1.6 - 27 km NNW of Susitna, Alaska"
        },
❸       "geometry": {
            "type": "Point",
            "coordinates": [
❹               -150.7585,
❺               61.7591,
                56.3
            ]
        },
        "id": "ak0224bju1jx"
    },
```

Der Schlüssel `"properties"` enthält jeweils eine Menge Informationen über das betreffende Erdbeben (❶). Wir sind hier vor allem an der Stärke interessiert, die mit dem Schlüssel `"mag"` verknüpft ist, sowie an dem Titel, der einen Überblick über Stärke und Ort gibt (❷).

Der Schlüssel `"geometry"` gibt an, wo das Erdbeben aufgetreten ist (❸). Diese Informationen benötigen wir, um es später auf einer Weltkarte anzeigen zu können. Die geografische Länge (❹) und Breite (❺) eines Erdbebens sind jeweils in einer Liste unter dem Schlüssel `"coordinates"` angegeben.

Die Angaben in der Datei sind weit stärker verschachtelt als der Code, den wir gewöhnlich schreiben. Das mag ziemlich verwirrend aussehen, aber keine Sorge: Python kümmert sich um den Großteil dieser komplizierten Zusammenhänge. Wir dagegen arbeiten nur immer mit einer oder zwei Verschachtelungsebenen. Als Erstes entnehmen wir den Daten ein Dictionary für eines der aufgezeichneten Erdbebeben.

Hinweis

Bei Ortsangaben nennen wir gewöhnlich erst die geografische Breite und dann die Länge. Diese Konvention entwickelte sich wahrscheinlich, weil das Prinzip der geografischen Breite viel eher entdeckt wurde als das der Länge. Viele Geodaten-Frameworks geben jedoch erst die Länge und dann die Breite an, da dies der (x-y)-Schreibweise entspricht, die wir für kartesische Koordinaten verwenden. Auch das GeoJSON-Format folgt der Schreibweise (Länge, Breite). Wenn Sie ein anderes Framework verwenden, müssen Sie sich darüber informieren, in welcher Reihenfolge die Koordinaten darin angegeben sind.

Eine Liste aller Erdbeben aufstellen

Als Erstes erstellen wir eine Liste mit sämtlichen Informationen über alle aufgezeichneten Erdbeben:

eq_explore_data.py

```
from pathlib import Path
import json

# Liest die Daten als String und konvertiert sie in ein Python-Objekt.
path = Path('eq_data/eq_data_1_day_m1.geojson')
contents = path.read_text()all_eq_data = json.loads(contents)
# Alle Erdbeben im Datensatz analysieren.
all_eq_dicts = all_eq_data['features']
print(len(all_eq_dicts))
```

Hier entnehmen wir die Daten unter dem Schlüssel `'features'` im Dictionary `all_eq_data` und weisen sie `all_eq_dicts` zu. Die Ausgabe bestätigt, dass wir tatsächlich alle 160 in der Datei verzeichneten Erdbeben erfasst haben:

```
160
```

Der Code ist erstaunlich kurz. Die sauber formatierte Datei *readable_eq_data.json* umfasst mehr als 6000 Zeilen, aber mit nur wenigen Zeilen Code können wir sämtliche Daten lesen und in einer Python-Liste speichern. Als Nächstes entnehmen wir die Stärken der einzelnen Erdbeben.

Die Stärken entnehmen

Wir können nun die Liste mit den Daten über die einzelnen Erdbeben durchlaufen und die Informationen daraus gewinnen, die wir benötigen. Als Erstes wollen wir die Angaben zur Stärke der einzelnen Beben entnehmen:

eq_explore_data.py

```
-- schnipp --
all_eq_dicts = all_eq_data['features']

❶ mags = []
for eq_dict in all_eq_dicts:
❷     mag = eq_dict['properties']['mag']
    mags.append(mag)

print(mags[:10])
```

Hier haben wir eine leere Liste zum Speichern der Stärken angelegt und dann das Dictionary `all_eq_dicts` in einer Schleife durchlaufen (❶), in der jedes Erdbeben durch das Dictionary `eq_dict` dargestellt wird. Darin wiederum ist die Stärke jeweils im Abschnitt 'properties' unter dem Schlüssel 'mag' gespeichert (❷). Wir legen jede Stärke in der Variablen mag ab und hängen sie an die Liste mags an.

Um zu überprüfen, ob wir auch tatsächlich die richtigen Daten extrahieren, geben wir die ersten zehn Stärken aus:

```
[1.6, 1.6, 2.2, 3.7, 2.92000008, 1.4, 4.6, 4.5, 1.9, 1.8]
```

Als Nächstes entnehmen wir die Ortsdaten für die einzelnen Erdbeben, um eine Karte erstellen zu können.

Ortsdaten entnehmen

Die Ortsdaten der einzelnen Erdbeben sind unter dem Schlüssel "geometry" gespeichert. In dem zugehörigen Dictionary gibt es den Schlüssel "coordinates", bei dessen ersten beiden Werten es sich um die geografische Länge und Breite handelt. Diese Daten können wir wie folgt entnehmen:

eq_explore_data.py

```
-- schnipp --
all_eq_dicts = all_eq_data['features']

mags, lons, lats = [], [], []
for eq_dict in all_eq_dicts:
    mag = eq_dict['properties']['mag']
❶   lon = eq_dict['geometry']['coordinates'][0]
    lat = eq_dict['geometry']['coordinates'][1]
    mags.append(mag)
    lons.append(lon)
    lats.append(lat)

print(mags[:10])
print(lons[:5])
print(lats[:5])
```

Wir erstellen jeweils leere Listen für die Längen- und Breitenangaben. Der Code eq_dict['geometry'] greift auf das Dictionary mit den Ortsangaben für das Erdbeben zu (❶). Der zweite Schlüssel entnimmt die Liste der mit 'coordinates' verknüpften Werte, und der Index 0 schließlich ruft den ersten Wert aus der Liste der Koordinaten ab, der der geografischen Länge des Erdbebenortes entspricht.

Wenn wir die ersten fünf Längen und Breiten ausgeben, können wir erkennen, dass wir tatsächlich die richtigen Daten entnommen haben:

```
[1.6, 1.6, 2.2, 3.7, 2.92000008, 1.4, 4.6, 4.5, 1.9, 1.8]
[-150.7585, -153.4716, -148.7531, -159.6267, -155.248336791992]
[61.7591, 59.3152, 63.1633, 54.5612, 18.7551670074463]
```

Damit sind wir nun in der Lage, die Erdbeben auf einer Karte einzutragen.

Eine Weltkarte zeichnen

Mit den bisher gewonnenen Informationen können wir eine einfache Weltkarte erstellen. Sie wird zwar zunächst nicht sehr ansehnlich aussehen, aber wir wollen zunächst dafür sorgen, dass die Informationen korrekt angezeigt werden, bevor wir uns um das Erscheinungsbild kümmern. Der Code für unsere Ausgangskarte sieht wie folgt aus:

eq_world_map.py

```
from pathlib import Path
import json

import plotly.express as px

--schnipp--
for eq_dict in all_eq_dicts:
--schnipp--

title = 'Global Earthquakes'
❶ fig = px.scatter_geo(lat=lats, lon=lons, title=title)
fig.show()
```

Wir importieren `plotly.express` mit dem Alias `px`, so wie wir es in Kapitel 15 getan haben. Die Funktion `scatter_geo()` (❶)ermöglicht es Ihnen, ein Streudiagramm mit geografischen Daten auf einer Karte zu überlagern. In der einfachsten Anwendung dieses Diagrammtyps müssen Sie nur eine Liste von Breitengraden und eine Liste von Längengraden angeben. Wir übergeben die Liste `lats` an das Argument `lat` und `lons` an das Argument `lon`. Wenn Sie diese Datei ausführen, sollten Sie eine Karte sehen, die wie die in Abbildung 16-7 aussieht. Hier zeigt sich erneut die Leistungsfähigkeit der Plotly-Express-Bibliothek: In nur drei Zeilen Code erhalten wir eine Karte der globalen Erdbebenaktivität.

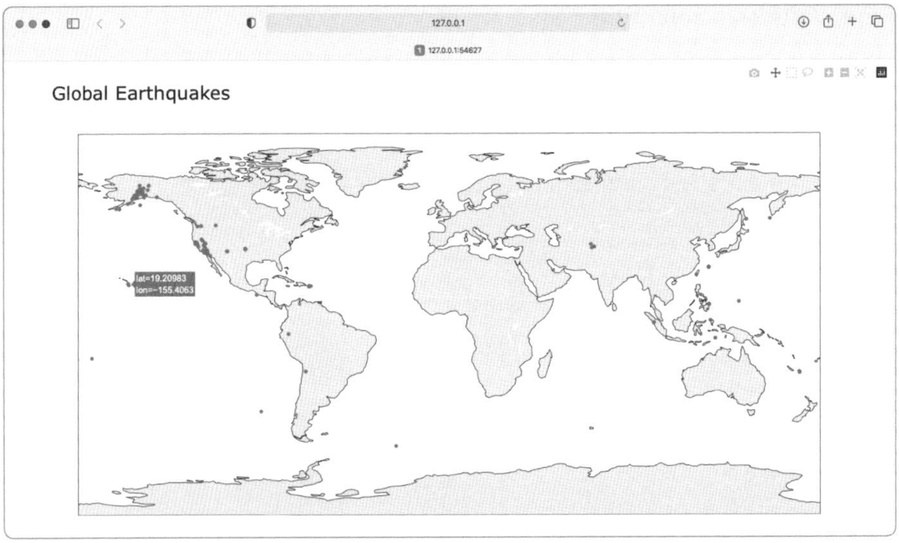

Abb. 16–7 *Eine einfache Weltkarte mit allen Erdbeben, die im Verlauf von 24 Stunden aufgetreten sind*

Da wir nun wissen, dass die Informationen in unserem Datensatz korrekt dargestellt werden, können wir einige Änderungen vornehmen, um die Karte aussagekräftiger und leichter lesbar zu machen.

Darstellung der Stärke

Auf einer Karte der Erdbebenaktivität sollte die Stärke eines jeden Erdbebens angegeben werden. Wir können auch weitere Daten einbeziehen, da wir nun wissen, dass die Daten korrekt dargestellt werden.

```
--schnipp--
# Liest die Daten als String und konvertiert sie in ein Python-Objekt.
path = Path('eq_data/eq_data_30_day_m1.geojson')
contents = path.read_text()
--schnippp--

title = 'Global Earthquakes'
fig = px.scatter_geo(lat=lats, lon=lons, size=mags, title=title)
fig.show()
```

Wir laden die Datei `eq_data_30_day_m1.geojson`, um die Erdbebenaktivität von 30 Tagen zu erfassen. Außerdem verwenden wir das Argument size im Aufruf von `px.scatter_geo()`, das angibt, wie die Punkte auf der Karte skaliert werden sollen. Wir übergeben `listmags` an `size`, sodass Erdbeben mit einer höheren Stärke als größere Punkte auf der Karte angezeigt werden. Die resultierende Karte ist in Abbildung 16–8 dargestellt. Erdbeben treten in der Regel in der Nähe tektonischer Plattengrenzen auf, und der längere Zeitraum der Erdbebentätigkeit in dieser Karte zeigt die genaue Lage dieser Grenzen.

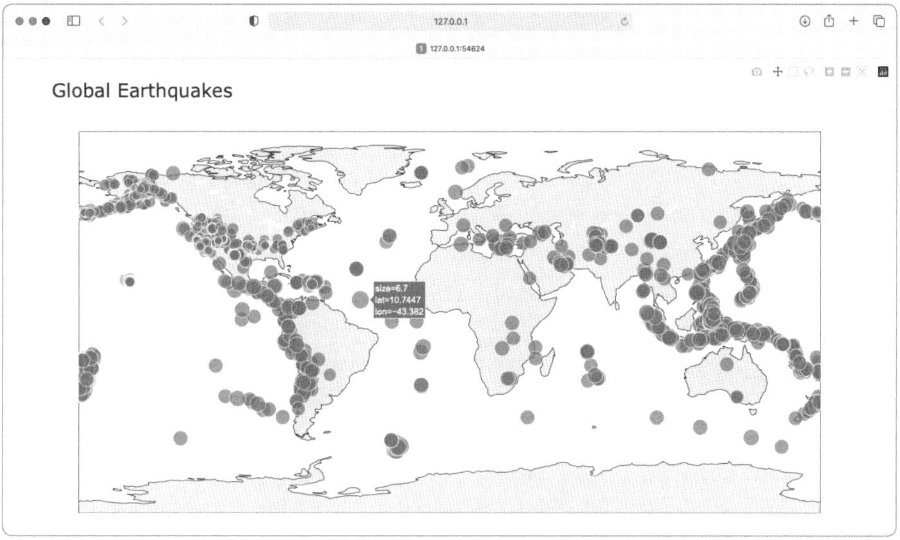

Abb. 16–8 *Die Karte zeigt jetzt die Stärke aller Erdbeben in den letzten 30 Tagen.*

Die Farben der Markierungen anpassen

Wir können die Farbskalen von Plotly verwenden, um die Farbe der einzelnen Markierungen entsprechend der Stärke des jeweiligen Erdbebens anzupassen. Wir werden auch eine andere Projektion für die Basiskarte verwenden.

eq_world_map.py

```
-- schnipp --
fig = px.scatter_geo(lat=lats, lon=lons, size=mags, title=title,
❶ color=mags,
❷ color_continuous_scale='Viridis',
❸ labels={'color':'Magnitude'},
❹ projection='natural earth',
)
fig.show(
```

Alle wichtigen Änderungen finden in dem Aufruf der Funktion `px.scatter_geo()` statt. Das Argument `color` teilt Plotly mit, welche Werte es verwenden soll, um zu bestimmen, wo jeder Marker auf der Farbskala (❶) liegt. Wir verwenden die `mags`-Liste, um die Farbe für jeden Punkt zu definieren, genauso wie wir es mit dem Argument `size` getan haben. Das Argument `color_continuous_scale` teilt Plotly mit, welche Farbskala verwendet werden soll (❷). *Viridis* ist eine Farbskala, die von Dunkelblau bis Hellgelb reicht und für diesen Datensatz gut geeignet ist. Standardmäßig ist die Farbskala auf der rechten Seite der Karte mit "*color*" beschriftet; dies ist nicht repräsentativ dafür, was die Farben tatsächlich bedeuten. Das Argument `labels`, das in Kapitel 15 gezeigt wird, nimmt ein Dictionary als Wert (❸) an. Wir müssen in diesem Diagramm nur eine benutzerdefinierte Beschriftung festlegen und sicherstellen, dass die Farbskala mit *Stärke* und nicht mit *Farbe* beschriftet ist.

Wir fügen ein weiteres Argument hinzu, um die Basiskarte zu ändern, auf der die Erdbeben dargestellt werden. Das Argument `projection` akzeptiert eine Reihe von gängigen Kartenprojektionen (❹). Hier verwenden wir die Projektion `natural earth`, die die Enden der Karte abrundet. Beachten Sie auch das nachgestellte Komma nach dem letzten Argument. Wenn ein Funktionsaufruf eine lange Liste von Argumenten hat, die sich über mehrere Zeilen erstreckt, ist es üblich, ein Komma am Ende hinzuzufügen, damit Sie immer bereit sind, in der nächsten Zeile ein weiteres Argument hinzuzufügen. Wenn Sie das Programm jetzt ausführen, sehen Sie eine viel schönere Karte. In Abbildung 16–9 zeigt die Farbskala die Stärke der einzelnen Erdbeben an; die stärksten Erdbeben heben sich als hellgelbe Punkte ab, im Gegensatz zu den vielen dunkleren Punkten. Sie können auch erkennen, in welchen Regionen der Welt die Erdbebenaktivität besonders hoch ist.

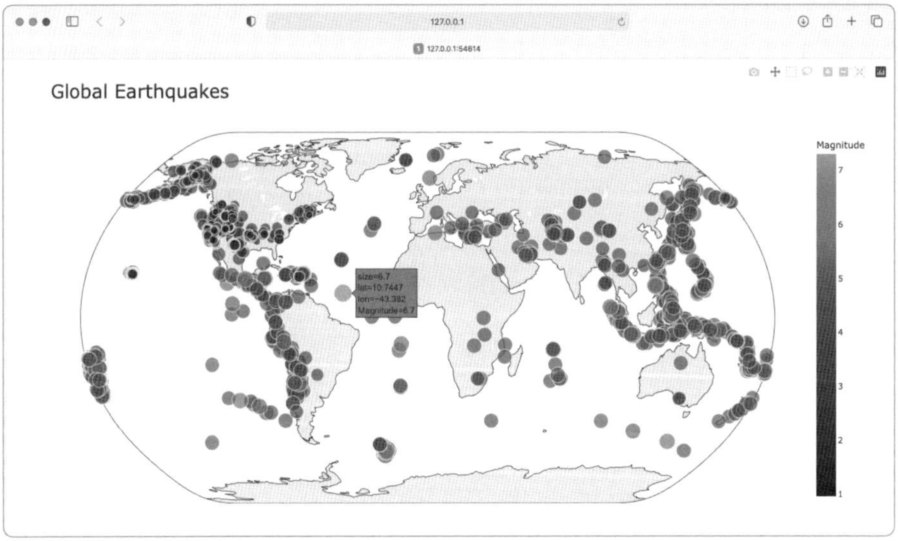

Abb. 16–9 *Darstellung von Erdbeben in einem Zeitraum von 30 Tagen, wobei die Stärke jeweils durch die Größe und den Grauwert der Markierung deutlich gemacht wird*

Weitere Farbpaletten

Um sich anzusehen, welche anderen Farbpaletten in Plotly zur Verfügung stehen, geben Sie die folgenden zwei Zeilen in das Terminalfenster ein:

```
>>> import plotly.express as px
>>> px.colors.named_colorscales()
['aggrnyl', 'agsunset', 'blackbody', ..., 'mygbm'
```

Probieren Sie diese Farbskalen in der Erdbebenkarte oder in einem anderen Datensatz aus, bei dem kontinuierlich variierende Farben helfen können, Muster in den Daten zu erkennen.

Maustext hinzufügen

Als letzten Schliff wollen wir unserer Karte Text hinzufügen, der erscheint, wenn der Betrachter mit dem Mauszeiger über eine Markierung für ein Erdbeben fährt. Neben der Länge und Breite, die dabei standardmäßig angezeigt werden, wollen wir auch die Stärke sowie eine Beschreibung des Ortes angeben.

Für diese Änderungen müssen wir der Datei noch einige zusätzliche Daten entnehmen und zu dem Dictionary in `data` hinzufügen:

eq_world_map.py

```
    -- schnipp --
❶ mags, lons, lats, eq_titles = [], [], [], []
        mag = eq_dict['properties']['mag']
        lon = eq_dict['geometry']['coordinates'][0]
        lat = eq_dict['geometry']['coordinates'][1]
❷       eq_title = eq_dict['properties']['title']
        mags.append(mag)
        lons.append(lon)
        lats.append(lat)
        eq.titles.append(eq_title)

  title = 'Global Earthquakes'
  fig = px.scatter_geo(lat=lats, lon=lons, size=mags, title=title,
        --schnipp--
        projection='natural earth',
❸       hover_name=eq_titles,)
  fig.show()
```

Zunächst erstellen wir eine Liste namens `eq_titles`, um den Titel jedes Erdbebens zu speichern (❶). Der Abschnitt `Title` der Daten enthält einen beschreibenden Namen für die Stärke und den Ort jedes Erdbebens sowie seinen Längen- und Breitengrad. Diese Informationen werden der Variablen `eq_title` (❷) zugewiesen und dann an die Liste `eq_titles` angehängt. Im Aufruf von `px.scatter_geo()` übergeben wir `eq_titles` an das `hover_name`-Argument (❸). Plotly fügt nun die Informationen aus dem Titel jedes Erdbebens dem Maustext für jeden Punkt hinzu. Wenn Sie dieses Programm ausführen, sollten Sie in der Lage sein, mit dem Mauszeiger über eine beliebige Markierung zu fahren und eine Beschreibung des Ortes zu sehen, an dem das Erdbeben stattgefunden hat, sowie die genaue Stärke des Bebens. Ein Beispiel für diese Informationen ist in Abbildung 16–10 zu sehen.

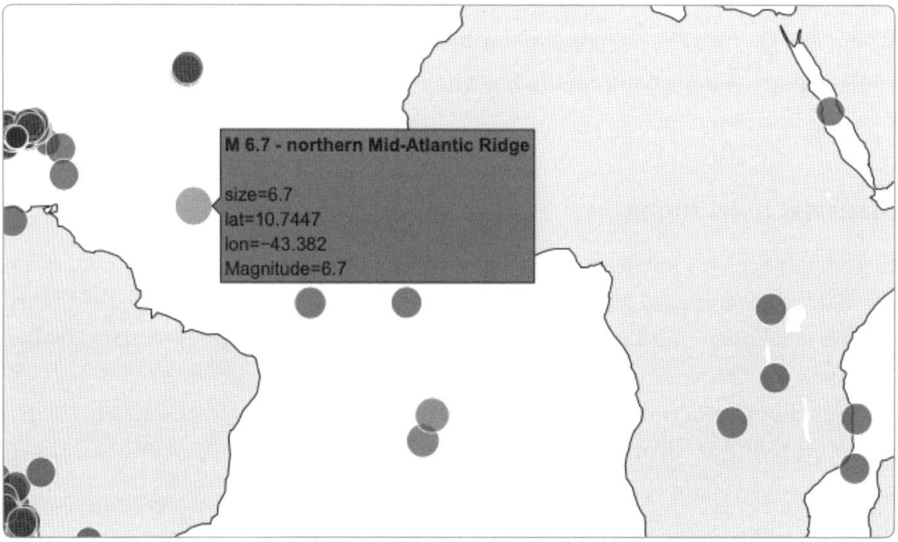

Abb. 16–10 *Der Maustext enthält eine Zusammenfassung des jeweiligen Erdbebens.*

Das ist beeindruckend! In weniger als 30 Zeilen Code haben wir eine optisch ansprechende und aussagekräftige Karte der globalen Erdbebentätigkeit erstellt, die auch die geologische Struktur des Planeten veranschaulicht. Plotly bietet eine Vielzahl von Möglichkeiten, das Aussehen und die Eigenschaften Ihrer Visualisierungen anzupassen. Mit den vielen Optionen von Plotly können Sie Diagramme und Karten erstellen, die genau das anzeigen, was Sie wollen.

Probieren Sie es selbst aus!

16-6 Refactoring: Die Schleife, die die Daten aus `all_eq_dicts` entnimmt, weist die Stärke, die geografische Länge, die Breite und den Titel für jedes Erdbeben zunächst einer Variablen zu, bevor sie diese Werte an die entsprechende Liste anhängt. Diese Vorgehensweise dient dazu, deutlich zu zeigen, wie Daten aus einer GeoJSON-Datei entnommen werden können, ist aber nicht zwingend erforderlich. Anstatt diese temporären Variablen zu verwenden, können Sie die Werte auch jeweils in einer einzigen Zeile aus `eq_dict` entnehmen und an die zugehörige Liste anhängen. Dadurch können Sie den Rumpf der Schleife auf lediglich vier Zeilen verkürzen.

16-7 Automatischer Titel: In diesem Abschnitt haben wir den allgemeinen Titel *Global Earthquakes* verwendet. Stattdessen können Sie den Titel für den Datensatz im Metadatenteil der GeoJSON-Datei verwenden. Übernehmen Sie diesen Wert und weisen Sie ihn der Variablen `title` zu.

16-8 Aktuelle Erdbeben: Online stehen Datendateien mit Informationen über die Erdbeben im Zeitraum der letzten Stunde, des letzten Tages, der letzten sieben Tage und der letzten 30 Tage zur Verfügung. Auf *https://earthquake.usgs.gov/earthquakes/feed/v1.0/geojson.php* finden Sie die Links zu diesen verschiedenen Datenmengen, jeweils geordnet nach Stärken. Laden Sie eine dieser Datenmengen herunter und erstellen Sie eine Visualisierung der aktuellen Erdbebenaktivität.

16-9 Brände: In den Materialien zu diesem Kapitel finden Sie auch die Datei *world_fires_1_day.csv* über Brände an verschiedenen Orten rund um die Welt einschließlich der Angabe der geografischen Länge und Breite und der Helligkeit der Feuer. Verwenden Sie die Datenverarbeitungsmöglichkeiten aus dem ersten Teil dieses Kapitels und die Kartierungsmöglichkeiten aus dem zweiten Teil, um eine Karte zu erstellen, die anzeigt, welche Teile der Welt von Bränden betroffen sind.

Aktuellere Daten darüber können Sie von *https://earthdata.nasa.gov/earth-observation-data/near-real-time/firms/active-fire-data/* herunterladen. Im Abschnitt SHP, KML and *TXT* finden Sie dort Links zu den Daten im CSV-Format.

Zusammenfassung

In diesem Kapitel haben Sie gelernt, wie Sie mit realen Datenmengen arbeiten, wie Sie CSV- und JSON-Dateien verarbeiten und daraus die gewünschten Daten extrahieren. Anhand von Wetterdaten haben Sie weitere Erfahrungen mit Matplotlib gesammelt, nämlich wie Sie das Modul `datetime` verwenden und wie Sie in einem Diagramm mehrere Datenreihen ausgeben. Außerdem haben Sie erfahren, wie Sie mit Plotly geografische Daten auf einer Weltkarte darstellen und wie Sie die Kartendarstellung anpassen können.

Wenn Sie erfahrener im Umgang mit CSV- und JSON-Dateien sind, können Sie fast alle Arten von Daten verarbeiten, die Sie analysieren möchten. Die meisten online verfügbaren Daten lassen sich in mindestens einem dieser beiden Formate herunterladen. Durch die Arbeit mit diesen Formaten können Sie auch lernen, wie Sie mit anderen Formaten umgehen müssen.

Im nächsten Kapitel schreiben Sie Programme, die automatisch Daten von Onlinequellen herunterladen und visualisieren. Das ist für Hobbyprogrammierer sehr unterhaltsam und für Profis eine wesentliche Fähigkeit.

17
APIs

In diesem Kapitel lernen Sie, wie Sie ein eigenständiges Programm schreiben, das Daten herunterlädt und darstellt. Dieses Programm setzt eine API (Application Programming Interface, Anwendungsprogrammierschnittstelle) ein, um von einer Website automatisch bestimmte Informationen abzurufen statt ganzer Seiten. Anschließend gestaltet es eine Visualisierung dieser Informationen. Programme wie dieses greifen für ihre Visualisierungen stets auf aktuelle Daten zurück. Wie schnell sich die Informationen also auch immer ändern mögen, die Darstellung ist immer auf dem neuesten Stand.

APIs

Eine API ist ein Teil einer Website. Sie sorgt für die Interaktion mit Programmen, die besondere URLs verwenden, um spezifische Informationen abzurufen. Eine solche Anforderung wird *API-Aufruf* genannt. Die angeforderten Daten werden in einem leicht zu verarbeitenden Format wie JSON oder CSV zurückgegeben. Die meisten Apps, die auf externe Datenquellen angewiesen sind, z.B. solche für Social-Media-Sites, setzen API-Aufrufe ein.

Git und GitHub

Die Informationen, die wir hier visualisieren wollen, stammen von GitHub, einer Website, die die Zusammenarbeit mehrerer Programmierer an einem Projekt ermöglicht. Wir verwenden die API von GitHub, um Informationen über Python-Projekte auf der Site anzufordern, und erstellen dann mit Plotly eine interaktive Darstellung der Beliebtheit dieser Projekte.

Der Name GitHub (*https://github.com*) geht auf Git zurück, ein verteiltes Versionssteuerungssystem. Git hilft dabei, die einzelnen Beiträge zu einem Projekt so zu verwalten, dass die Änderungen einer Person nicht mit den Änderungen anderer Personen kollidieren. Wenn Sie einem Projekt ein neues Merkmal hinzufügen, merkt sich Git, welche Änderungen Sie an den einzelnen Dateien vornehmen. Erweist sich Ihr neuer Code als funktionsfähig, so bestätigen Sie die Änderungen (*Commit*), woraufhin Git den neuen Zustand des Projekts aufzeichnet. Haben Sie dagegen einen Fehler begangen und möchten Sie Ihre Änderungen rückgängig machen, können Sie ganz einfach zu einem vorherigen funktionsfähigen Zustand zurückkehren. (Mehr über Versionssteuerung mit Git erfahren Sie in Anhang D.) Auf GitHub sind die Projekte in *Repositories* gespeichert, in denen sich jeweils alles befindet, was zu dem Projekt gehört: der Code, Informationen über die Mitarbeiter, jegliche Berichte über Probleme oder Bugs usw.

Wenn Benutzern ein Projekt auf GitHub gefällt, können sie ihm eine Sternewertung geben, um ihre Zustimmung zu zeigen und selbst den Überblick über die Projekte zu wahren, die ihnen gefallen und die sie nutzen möchten. In diesem Kapitel schreiben wir ein Programm, das automatisch Informationen über die Python-Projekte mit den höchsten Sternewertungen auf GitHub herunterlädt und visualisiert.

Daten mithilfe eines API-Aufrufs anfordern

Über die API von GitHub können Sie viele verschiedene Informationen anfordern. Wie aber sieht ein solcher API-Aufruf aus? Geben Sie beispielsweise Folgendes in die Adressleiste Ihres Browsers ein und drücken Sie die Eingabetaste:

```
https://api.github.com/search/repositories?q=language:python+sort:stars
```

Dieser Aufruf gibt die Anzahl der zurzeit auf GitHub vorgehaltenen Python-Projekte sowie Informationen über die beliebtesten Python-Repositories zurück. Schauen wir uns diesen Aufruf im Einzelnen an. Der erste Teil, `http://api.github.com/`, leitet die

Anforderung zu dem Teil der GitHub-Website, die auf API-Aufrufe reagiert. Der nächste Teil, `search/repositories`, weist die API an, eine Suche in allen Repositories auf GitHub durchzuführen.

Das Fragezeichen hinter `repositories` bedeutet, dass als Nächstes ein Argument übergeben wird. Das `q` steht für »query«, also eine Abfrage, die wir hinter dem Gleichheitszeichen angeben können (`q=`). Mit `language:python` geben wir an, dass wir nur an Repositories interessiert sind, in denen Python als Hauptsprache verwendet wird. Der letzte Teil, `&sort=stars`, sortiert die Projekte nach der Anzahl der Sterne, die sie erhalten haben.

Der folgende Ausschnitt zeigt die ersten Zeilen der Antwort:

```
{
❶  "total_count": 8961993,
❷  "incomplete_results": true,
❸  "items": [
    {
      "id": 54346799,
      "node_id": "MDEwOlJlcG9zaXRvcnk1NDM0Njc5OQ==",
      "name": "public-apis",
      "full_name": "public-apis/public-apis",
      -- schnipp --
```

Wie Sie an dieser Ausgabe erkennen können, ist die URL nicht für die Eingabe durch Menschen gedacht, sondern für die Verarbeitung durch ein Programm. GitHub hat zum Zeitpunkt der Abfrage knapp neun Millionen Python-Projekte gefunden ❶. Der Wert für `incomplete_results` ist `true`, was bedeutet, dass GitHub die Abfrage nicht vollständig verarbeitet hat ❷. GitHub begrenzt die Dauer jeder Abfrage, um die API für alle Nutzer ansprechbar zu halten. In diesem Fall wurden einige der beliebtesten Python-Repositories gefunden, aber es war nicht genug Zeit für alle. Die zurückgegebenen Einträge (`"items"`) werden in der anschließenden Liste angezeigt, die Einzelheiten über die beliebtesten Python-Projekte auf GitHub enthält (❸).

Das Paket requests installieren

Mithilfe des Pakets `requests` kann ein Python-Programm auf einfache Weise Informationen von einer Website anfordern und die zurückgegebenen Daten untersuchen. Zur Installation von `requests` verwenden Sie `pip`:

```
$ python -m pip install --user requests
```

Wenn Sie einen anderen Befehl als `python` verwenden, um Programme auszuführen oder eine Terminalsitzung zu starten, z. B. `python3`, sieht Ihr Befehl wie folgt aus:

```
$ python3 -m pip install --user requests
```

API-Antworten verarbeiten

Wir schreiben ein Programm, das einen API-Aufruf ausgibt und die Ergebnisse verarbeitet:

python_repos.py

```
import requests

# Führt einen API-Aufruf durch und prüft die Antwort.
❶ url = "https://api.github.com/search/repositories?q=language:python&sort=stars"
url += "?q=language:python+sort:stars+stars:>10000"
❷ headers = {"Accept": "application/vnd.github.v3+json"}
❸ r = requests.get(url, headers=headers)
❹ print(f"Status code: {r.status_code}")


# Konvertiert das Antwort-Objekt in ein Dictionary.
❺ response_dict = r.json()

# Verarbeitet die Ergebnisse.
print(response_dict.keys())
```

Wir importieren zunächst das Modul `requests`. Dann weisen wir die URL des API-Aufrufs der `url`-Variablen ❶ zu. Da es sich um einen langen URL handelt, teilen wir ihn in zwei Zeilen auf. Die erste Zeile ist der Hauptteil der URL, und die zweite Zeile ist der Abfrage-String. Wir haben dem ursprünglichen Abfrage-String eine weitere Bedingung hinzugefügt: `stars:>10000`, die GitHub anweist, nur nach Python-Repositories zu suchen, die mehr als 10.000 Sterne haben. Dies sollte es GitHub ermöglichen, eine vollständige, konsistente Reihe von Ergebnissen zu liefern.

Die GitHub-API ist zurzeit bei der dritten Version angelangt, weshalb wir bei ❷ Header für den API-Aufruf definieren, die ausdrücklich die Verwendung dieser Version verlangen und die Ergebnisse im JSON-Format übergeben. Anschließend verwenden wir bei ❸ `requests` für den Aufruf der API.

Wir rufen `get()` auf und übergeben ihr die URL und den von uns definierten Header. Das Antwortobjekt weisen wir der Variablen `r` zu. Dieses Objekt verfügt über das Attribut `status_code`, das angibt, ob die Anforderung erfolgreich war. (Der Statuscode 200 bedeutet eine erfolgreiche Anforderung.) Bei ❹ geben wir den Wert von `status_code` aus, um uns zu vergewissern, dass der Aufruf erfolgreich ausgeführt wurde.

Die API gibt Informationen im JSON-Format zurück, weshalb wir sie bei ❺ mit der Methode `json()` in ein Python-Dictionary umwandeln, das wir anschließend in `response_dict` speichern.

Am Ende geben wir die Schlüssel von `response_dict` aus. Dabei erhalten wir folgendes Ergebnis:

```
Status code: 200
dict_keys(['total_count', 'incomplete_results', 'items'])
```

Der Statuscode 200 zeigt uns, dass die Anforderung erfolgreich war. Das Antwort-Dictionary enthält nur drei Schlüssel, nämlich `'total_count'`, `'incomplete_results'` und `'items'`. Sehen wir uns nun dieses Antwort-Dictionary genauer an.

Hinweis

Bei einfachen API-Aufrufen wie diesen können wir davon ausgehen, dass ein kompletter Satz von Ergebnissen zurückgegeben wird, weshalb wir den Wert von `'incomplete_results'` relativ gefahrlos ignorieren können. Bei komplizierteren Aufrufen sollte Ihr Programm diesen Wert jedoch prüfen.

Das Antwort-Dictionary verarbeiten

Die Daten, die von dem API-Aufruf dargestellt und in einem Dictionary gespeichert wurden, können wir nun weiter verarbeiten. Als Erstes wollen wir eine Übersicht davon ausgeben, um uns zu vergewissern, dass wir auch wirklich die erwarteten Informationen erhalten haben:

python_repos.py

```
import requests

# Führt einen API-Aufruf durch und speichert die Antwort.
-- schnipp --

# Komvertiert die API-Antwort in einem Dictionary.
response_dict = r.json()
❶ print(f"Total repositories: {response_dict['total_count']}")
print(f"Complete results: {not response_dict['incomplete_results']}")

# Gibt Informationen über die Repositories aus.
❷ repo_dicts = response_dict['items']
print(f"Repositories returned: {len(repo_dicts)}")

# Untersucht das erste Repository.
❸ repo_dict = repo_dicts[0]
❹ print(f"\nKeys: {len(repo_dict)}")
❺ for key in sorted(repo_dict.keys()):
    print(key)
```

Wir beginnen mit der Untersuchung des Antwort-Dictionarys, indem wir den Wert für `total_count` ausgeben, der die Gesamtzahl der von diesem API-Aufruf zurückgegebenen Python-Repositories darstellt (❶). Wir verwenden auch den Wert für `incomplete_results`, damit wir wissen, ob GitHub die Abfrage vollständig verarbeiten konnte. Anstatt diesen Wert direkt zu verwenden, geben wir das Gegenteil aus: Ein Wert von `True` bedeutet, dass wir einen vollständigen Satz von Ergebnissen erhalten haben.

Der Wert von `items` ist eine Liste von Dictionaries, die jeweils Daten über ein einzelnes Python-Repository enthalten. Bei ❷ übergeben wir diese Liste an `repo_dicts`. Um zu sehen, über wie viele Repositories Informationen vorliegen, geben wir die Länge von `repo_dicts` aus.

Wir wollen uns nun die über die einzelnen Repositories zurückgegebenen Informationen genauer ansehen. Dazu entnehmen wir das erste Element aus `repo_dicts` und übergeben es an `repo_dict` (❸). Anschließend geben wir die Anzahl der Schlüssel in dem Dictionary aus, um zu sehen, wie viele Informationen vorliegen (❹). Bei ❺ geben wir alle Schlüssel des Dictionarys aus, sodass wir erkennen können, welcher Art diese Informationen sind.

Damit erhalten wir schon ein etwas klareres Bild der Daten:

```
Status code: 200
Total repositories: 248
Complete results: True
Repositories returned: 30

❶ Keys: 78
active forking
archive_url
archived
-- schnipp --
url
visibility
watchers
watchers_count
```

Zum Zeitpunkt der Entstehung dieses Textes gibt es nur 248 Python-Repositories mit über 10.000 Sternen (❶). Wir können sehen, dass GitHub den API-Aufruf vollständig verarbeiten konnte (❷). In dieser Antwort gab GitHub Informationen über die ersten 30 Repositories zurück, die den Bedingungen unserer Abfrage entsprechen. Wenn wir mehr Repositories benötigen, können wir weitere Seiten mit Daten anfordern.

Die GitHub-API gibt eine Menge Informationen über jedes Repository zurück, denn in `repo_dict` befinden sich 78 Schlüssel (❸)! Wenn Sie sich die Schlüssel genauer anschauen, erhalten Sie einen Eindruck davon, welche Arten von Informationen Sie über ein Projekt abrufen können. (Um in Erfahrung zu bringen, welche Informationen über eine API zur Verfügung stehen, müssen Sie entweder die Dokumentation lesen oder die Informationen wie hier mithilfe von Code untersuchen.)

Im Folgenden wollen wir die Werte einiger Schlüssel aus `repo_dict` entnehmen:

python_repos.py

```
-- schnipp --
# Untersucht das erste Repository.
repo_dict = repo_dicts[0]

print("\nSelected information about first repository:")
❶ print(f"Name: {repo_dict['name']}")
❷ print(f"Owner: {repo_dict['owner']['login']}")
❸ print(f"Stars: {repo_dict['stargazers_count']}")
print(f"Repository: {repo_dict['html_url']}")
❹ print(f"Created: {repo_dict['created_at']}")
❺ print(f"Updated: {repo_dict['updated_at']}")
print(f"Description: {repo_dict['description']}")
```

Wir geben hier die Werte einer Reihe von Schlüsseln aus dem Dictionary für das erste Repository aus. Dabei beginnen wir mit dem Namen des Projekts (❶). Bei ❷ verwenden wir den Schlüssel `owner`, um ein komplettes Dictionary mit Angaben über den Besitzer des Projekts abzurufen, sowie den Schlüssel `login`, um an den Anmeldenamen des Besitzers zu kommen. Die Anzahl der Sterne für das Projekt und die URL für sein GitHub-Repository rufen wir bei ❸ ab. Anschließend zeigen wir, wann es erstellt (❹) und wann es zum letzten Mal aktualisiert wurde (❺). Abschließend geben wir die Beschreibung des Repositorys aus. Als Ergebnis erhalten wir Folgendes:

```
Status code: 200
Total repositories: 248
Complete results: True
Repositories returned: 30

Selected information about first repository:
Name: public-apis
Owner: public-apis
Stars: 191493
Repository: https://github.com/public-apis/public-apis
Created: 2016-03-20T23:49:42Z
Updated: 2022-05-12T06:37:11Z
Description: A collective list of free APIs
```

Zur Zeit der Abfassung dieses Buches war *public-apis* das Python-Projekt mit der höchsten Sternewertung auf GitHub. Der Besitzer firmiert unter demselben Namen, und das Projekt hat Sterne von mehr als 200.000 GitHub-Benutzern erhalten. Des Weiteren können wir die URL für das Projekt-Repository und das Erstellungsdatum vom März 2016 erkennen sowie feststellen, dass das Projekt erst kürzlich aktualisiert wurde. Die Beschreibung teilt uns mit, dass *public-apis* eine Liste beliebter, frei erhältlicher APIs enthält, an denen Python-Programmierer interessiert sein können.

Ein Überblick über die höchstbewerteten Repositories

In unsere Visualisierung wollen wir Daten über mehr als ein Repository aufnehmen. Daher schreiben wir eine Schleife, um ausgewählte Informationen über jedes der von dem API-Aufruf zurückgegebenen Repositories auszugeben:

python_repos.py

```
-- schnipp --
# Gibt Informationen über die Repositories aus.
repo_dicts = response_dict['items']
print(f"Repositories returned: {len(repo_dicts)}")

❶ print("\nSelected information about each repository:")
❷ for repo_dict in repo_dicts:
      print(f"\nName: {repo_dict['name']}")
      print(f"Owner: {repo_dict['owner']['login']}")
      print(f"Stars: {repo_dict['stargazers_count']}")
      print(f"Repository: {repo_dict['html_url']}")
      print(f"Description: {repo_dict['description']}")
```

Bei ❶ geben wir eine einführende Meldung aus. Anschließend durchlaufen wir bei ❷ alle Dictionaries in `repo_dicts`. Innerhalb dieser Schleife geben wir jeweils den Projektnamen, den Besitzer, die Anzahl der Sterne, die GitHub-URL und die Beschreibung aus:

```
Status code: 200
Total repositories: 248
Complete results: True
Repositories returned: 30

Selected information about each repository:

Name: public-apis0
wner: public-apis
Stars: 191494
Repository: https://github.com/public-apis/public-apis
Description: A collective list of free APIs

Name: system-design-primer
Owner: donnemartin
Stars: 179952
Repository: https://github.com/donnemartin/system-design-primer
Description: Learn how to design large-scale systems. Prep for the systemde-
sign interview. Includes Anki flashcards.
--schnipp--

Name: PayloadsAllTheThings
Owner: swisskyrepo
Stars: 37227
Repository: https://github.com/swisskyrepo/PayloadsAllTheThings
```

```
Description: A list of useful payloads and bypass for Web Application
Securityand Pentest/CTF
```

In diesen Ergebnissen tauchen einige interessante Projekte auf, bei denen es sich durchaus lohnt, sie genauer anzusehen. Wenden Sie aber nicht zu viel Zeit dafür auf, denn wir wollen in Kürze eine Visualisierung erstellen, die es viel einfacher macht, uns diese Ergebnisse anzuschauen.

Grenzwerte für die API-Aufrufrate

Die meisten APIs setzen einen Grenzwert für die Rate der Aufrufe fest, also dafür, wie viele Anforderungen Sie pro Zeiteinheit stellen können. Um den Grenzwert für GitHub kennenzulernen, geben Sie *https://api.github.com/rate_limit* in Ihrem Browser ein. Sie erhalten folgende Antwort:

```
{
    "resources": {
    --schnipp--
❶   "search": {
❷   "limit": 10,
❸   "remaining": 9,
❹   "reset": 1652338832,
    "used": 1,
    "resource": "search"
},
    -- schnipp --
```

Was wir in Erfahrung bringen müssen, ist der Grenzwert für die Abfragerate der Such-API (❶). Bei ❷ können wir erkennen, dass diese Grenze bei zehn Anforderungen pro Minute liegt und dass wir in der laufenden Minute noch acht Anforderungen guthaben (❸). Der Wert, der dem Schlüssel `reset` zugewiesen ist, besagt, wann unser Kontingent zurückgesetzt wird (❹). Diese Angabe erfolgt in *Unix-* oder *Epochenzeit*, also als die Anzahl der Sekunden seit Mitternacht des 1. Januar 1970. Wenn Ihr Kontingent erschöpft ist, erhalten Sie eine diesbezügliche Mitteilung. Warten Sie in diesem Fall, bis das Kontingent zurückgesetzt wird.

Hinweis

Bei vielen APIs ist es erforderlich, sich zu registrieren und einen API-Schlüssel oder Zugriffstoken zu erwerben, um Aufrufe tätigen zu können. Während der Abfassung dieses Buches war das bei GitHub zwar noch nicht notwendig, aber mit einem Zugriffstoken können Sie ein weit größeres Kontingent nutzen.

Angaben zu Repositories mit Plotly visualisieren

Wir haben jetzt interessante Daten vorliegen und wollen als Nächstes eine Visualisierung erstellen, die die unterschiedliche Beliebtheit der Python-Projekte auf GitHub zeigt. Dazu legen wir ein interaktives Balkendiagramm an, bei dem die Höhe der Balken für die Anzahl der Sterne steht und ein Klick auf die Beschriftung eines der Balken zum GitHub-Repository für das Projekt führt. Speichern Sie eine Kopie des Programms, an dem wir bis jetzt gearbeitet haben, unter dem Namen *python_repos_visual.py* und nehmen Sie folgende Änderungen daran vor:

python_repos_visual.py

```
import requests
import plotly.express as px
# Make an API call and check the response.
url = "https://api.github.com/search/repositories"
url += "?q=language:python+sort:stars+stars:>10000
"headers = {"Accept": "application/vnd.github.v3+json"}
r = requests.get(url, headers=headers)
❶ print(f"Status code: {r.status_code}")

# Process overall results.
response_dict = r.json()
❷ print(f"Complete results: {not response_dict['incomplete_results']}")

# Process repository information.
repo_dicts = response_dict['items']
❸ repo_names, stars = [], []
for repo_dict in repo_dicts:
    repo_names.append(repo_dict['name'])
    stars.append(repo_dict['stargazers_count'])

# Make visualization.
❹ fig = px.bar(x=repo_names, y=stars)
fig.show()
```

Wir importieren Plotly Express und führen dann den API-Aufruf wie bisher durch. Wir geben weiterhin den Status der Antwort des API-Aufrufs aus, damit wir wissen, ob es ein Problem gibt (❶). Wenn wir die Gesamtergebnisse verarbeiten, geben wir weiterhin die Meldung aus, die bestätigt, dass wir einen vollständigen Satz von Ergebnissen erhalten haben ❷. Wir entfernen den Rest der `print()`-Aufrufe, da wir uns nicht mehr in der Versuchsphase befinden; wir wissen, dass wir die gewünschten Daten haben. Anschließend erstellen wir zwei leere Listen ❸, um die Daten zu speichern, die wir in das erste Diagramm aufnehmen werden. Wir benötigen die Namen der einzelnen Projekte, um die Balken zu beschriften (`repo_names`), und die Anzahl der Sterne, um die Höhe der Balken zu bestimmen (`stars`). In der

Schleife fügen wir den Namen jedes Projekts und die Anzahl der Sterne an diese Listen an.

Wir erstellen die erste Visualisierung mit nur zwei Codezeilen ❹. Dies entspricht der Philosophie von Plotly Express, dass Sie in der Lage sein sollten, Ihre Visualisierung so schnell wie möglich zu begutachten, bevor Sie ihr Aussehen verfeinern. Hier verwenden wir die Funktion `px.bar()`, um ein Balkendiagramm zu erstellen. Wir übergeben die Liste `repo_names` als x-Argument und `stars` als y-Argument.

Das resultierende Diagramm sehen Sie in Abbildung 17–1. Wir können darin ablesen, dass die ersten Projekte einen deutlich höheren Beliebtheitsgrad haben als die restlichen. Alle sind jedoch wichtige Projekte für die Python-Umgebung.

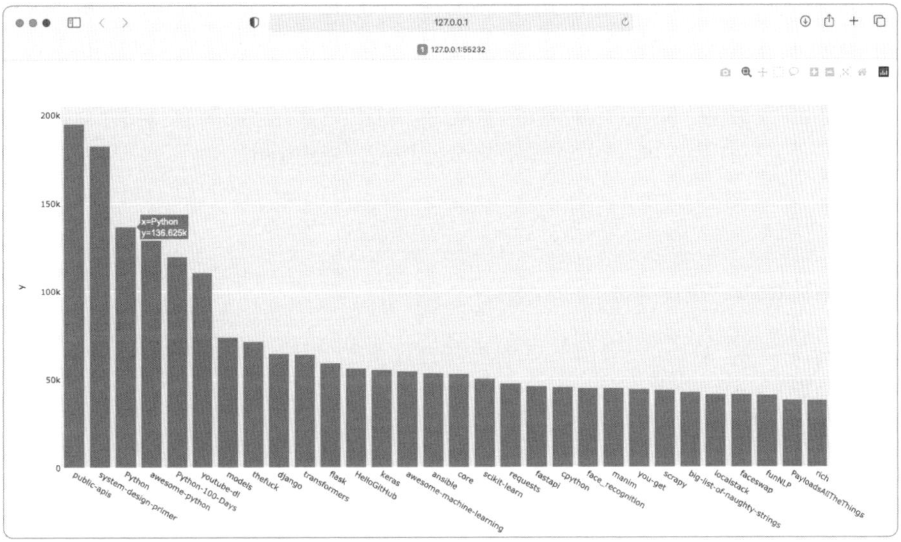

Abb. 17–1 *Die höchstbewerteten Python-Projekte auf GitHub*

Das Diagramm gestalten

Plotly unterstützt eine Reihe von Möglichkeiten zur Gestaltung und Anpassung der Diagramme, sobald Sie wissen, dass die Informationen im Diagramm korrekt sind. Wir werden einige Änderungen im anfänglichen `px.bar()`-Aufruf vornehmen und dann einige weitere Anpassungen am `fig`-Objekt, nachdem es erstellt wurde. Wir beginnen mit dem Styling des Diagramms, indem wir einen Titel und Beschriftungen für jede Achse hinzufügen:

python_repos_visual.py

```
-- schnipp --
# Visualisierung erstellen.
title = "Most-Starred Python Projects on GitHub"
labels = {'x': 'Repository', 'y': 'Stars'}
fig = px.bar(x=repo_names, y=stars, title=title, labels=labels)
❶ fig.update_layout(title_font_size=28, xaxis_title_font_size=20,
    yaxis_title_font_size=20)
fig.show()
```

Zunächst fügen wir einen Titel und Beschriftungen für jede Achse hinzu, wie wir es in den Kapiteln 15 und 16 getan haben. Anschließend verwenden wir die Methode `fig.update_layout()`, um bestimmte Elemente des Diagramms zu ändern (❶). Plotly verwendet eine Regel, nach der Teile eines Diagrammelements durch Unterstriche verbunden sind. Wenn Sie sich mit der Dokumentation von Plotly vertraut machen, werden Sie feststellen, dass die verschiedenen Elemente eines Diagramms nach einheitlichen Mustern benannt und verändert werden. Hier setzen wir die Schriftgröße für den Titel auf 28 und die Schriftgröße für jeden Achsentitel auf 20. Das Ergebnis ist in Abbildung 17–2 dargestellt.

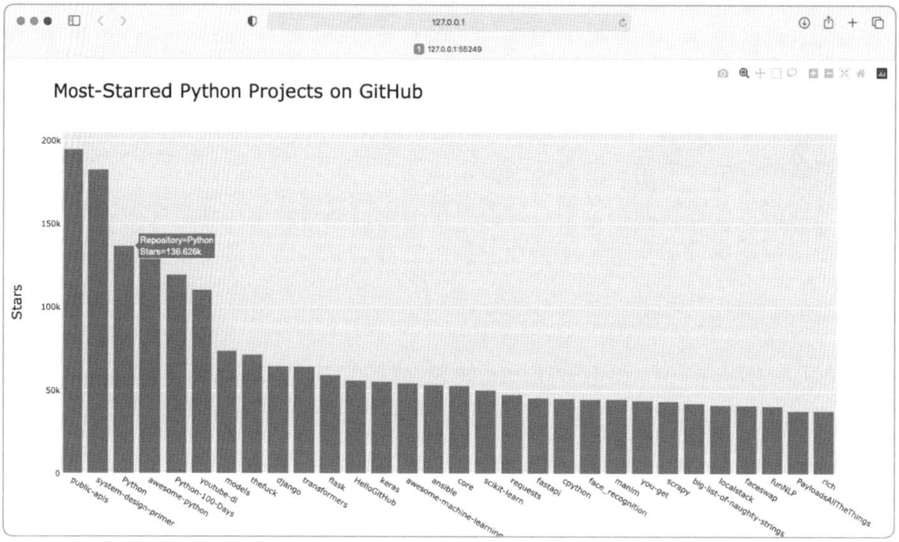

Abb. 17–2 *Dem Hauptdiagramm und den einzelnen Achsen wurde ein Titel hinzugefügt.*

Eigenen Maustext hinzufügen

Wenn Sie in einem Plotly-Diagramm mit dem Mauszeiger über einen Balken fahren, wird die Information angezeigt, für die der Balken steht, in unserem Fall die Anzahl der Sterne für das zugehörige Projekt. Eine solche Anzeige wird allgemein als *Quickinfo*, *Kurzinfo*, *Hovertext* oder *Maustext* bezeichnet (und bei Erklärungen zu Symbolleisten meistens als *Tooltip*). Wir wollen nun eigenen Maustext erstellen, um auch die Projektbeschreibung und den Besitzer anzuzeigen.

Dazu müssen wir zusätzliche Daten abrufen und das `data`-Objekt ändern:

python_repos_visual.py

```
    -- schnipp --
    # Resository-Information verarbeiten.
    repo_dicts = response_dict['items']
❶   repo_names, stars, hover_texts = [], [], []
    for repo_dict in repo_dicts:
    repo_names.append(repo_dict['name'])
    stars.append(repo_dict['stargazers_count'])

# Maustext erzeugen.
2   owner = repo_dict['owner']['login']
description = repo_dict['description']
3   hover_text = f"{owner}<br />{description}"
    hover_texts.append(hover_text)

# Visualisierung erstellen.
    title = "Most-Starred Python Projects on GitHub
    "labels = {'x': 'Repository', 'y': 'Stars'}
❹   fig = px.bar(x=repo_names, y=stars, title=title, labels=labels,
        hover_name=hover_texts)
fig.update_layout(title_font_size=28, xaxis_title_font_size=20,
        yaxis_title_font_size=20)
fig.show()
```

Als Erstes definieren wir die neue leere Liste `hover_texts` für den Text, den wir zu jedem Projekt anzeigen lassen wollen (❶). In der Schleife zur Datenverarbeitung rufen wir jeweils den Besitzer und die Beschreibung der einzelnen Projekte ab (❷). In Plotly können Sie in Textelementen HTML-Code verwenden. Daher versehen wir den String für den Maustext mit einem Zeilenumbruch (`<br />`) zwischen dem Benutzernamen des Projektbesitzers und der Beschreibung (❸). Den Text fügen wir in der Liste `hover_texts` ein.

Im Aufruf von `px.bar()` fügen wir das Argument `hover_name` hinzu und übergeben ihm `hover_texts` ❹. Dies ist der gleiche Ansatz, den wir verwendet haben, um die Beschriftung für jeden Punkt in der Karte der globalen Erdbebenaktivität anzupassen. Während Plotly die einzelnen Balken erstellt, zieht es die Beschriftungen aus dieser Liste und zeigt sie nur an, wenn der Betrachter den Mauszeiger über einen Balken bewegt. Abbildung 17–3 zeigt einen dieser benutzerdefinierten Maustexte.

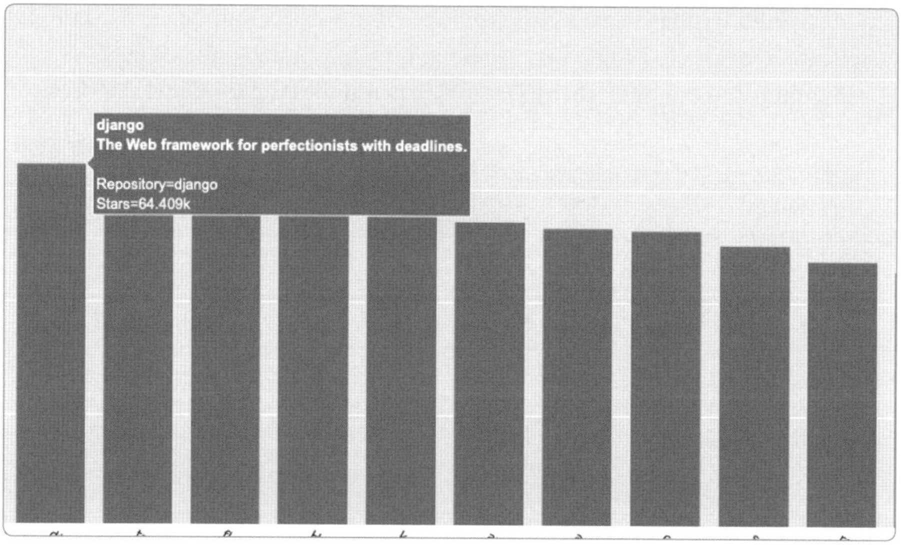

Abb. 17–3 *Beim Bewegen des Mauszeigers über einen Balken werden der Besitzer und eine Beschreibung des entsprechenden Projektes angezeigt.*

Links zu dem Diagramm hinzufügen

Da wir in Plotly HTML-Code in Textelementen verwenden können, ist es auf einfache Weise möglich, Diagrammen Links hinzuzufügen. In unserem Diagramm wollen wir es den Betrachtern ermöglichen, über einen Klick auf die x-Werte zur Startseite des betreffenden Projekts auf GitHub zu gelangen. Dazu müssen wir die URLs aus den Daten entnehmen und beim Anlegen der Teilstrichbeschriftungen verwenden:

python_repos_visual.py

```
-- schnipp --
# Verarbeitet die Repository-Informationen.
repo_dicts = response_dict['items']
❶ repo_links, stars, hover_texts = [], [], []
for repo_dict in repo_dicts:
    # Repo-Namen in aktive Links konvertieren
    repo_name = repo_dict['name']
❷   repo_url = repo_dict['html_url']
❸   repo_link = f"<a href='{repo_url}'>{repo_name}</a>"
    repo_links.append(repo_link)

    stars.append(repo_dict['stargazers_count'])
    -- schnipp --

# Erstellt die Visualisierung.
title = "Most-Starred Python Projects on GitHub"
labels = {'x': 'Repository', 'y': 'Stars'}
```

```
fig = px.bar(x=repo_links, y=stars, title=title, labels=labels,
    hover_name=hover_texts)
fig.update_layout(title_font_size=28, xaxis_title_font_size=20,
    yaxis_title_font_size=20)

fig.show()
```

Den Namen der Liste haben wir hier von `repo_names` in `repo_links` geändert, um zu vermitteln, welche Arten von Informationen wir für das Diagramm zusammenstellen (❶). Wir beziehen die URL für das Projekt aus `repo_dict` und weisen sie der temporären Variablen `repo_url` zu (❷). Bei ❸ erstellen wir den Link zu dem Projekt mit dem HTML-Ankertag, das die Form `<a href='URL'>Linktext</a>` aufweist, und hängen ihn anschließend an die Liste `repo_links` an.

Wenn wir `px-bar()` aufrufen, greifen wir mit `repo_links` auf die x-Werte des Diagramms dieser Liste zurück. Das Ergebnis sieht genauso aus wie zuvor, doch wenn Sie jetzt auf einen der Projektnamen am unteren Rand des Diagramms klicken, werden Sie zu der Projektseite auf GitHub geleitet. Damit haben Sie jetzt aus den über die API abgerufenen Daten eine interaktive, informative Visualisierung erstellt.

Marker-Farben anpassen

Sobald ein Diagramm erstellt wurde, kann fast jeder Aspekt durch eine Aktualisierungsmethode angepasst werden. Wir haben bereits die Methode `update_layout()` verwendet. Eine weitere Methode, `update_traces()`, kann verwendet werden, um die Daten, die in einem Diagramm dargestellt werden, anzupassen. Ändern wir die Balken in ein dunkleres Blau, mit etwas Transparenz:

```
--schnipp--
fig.update_layout(title_font_size=28, xaxis_title_font_size=20,
        yaxis_title_font_size=20)

fig.update_traces(marker_color='SteelBlue', marker_opacity=0.6)

fig.show()
```

In Plotly bezieht sich ein `trace` auf eine Sammlung von Daten in einem Diagramm. Die `update_traces()`-Methode kann eine Reihe von verschiedenen Argumenten annehmen; jedes Argument, das mit `marker_` beginnt, beeinflusst die Marker im Diagramm. Hier setzen wir die Farbe jedes Markers auf `"SteelBlue"`; jede benannte CSS-Farbe kann hier verwendet werden. Außerdem setzen wir die Deckkraft der einzelnen Marker auf 0,6. Eine Deckkraft von 1,0 ist völlig undurchsichtig, und eine Deckkraft von 0 ist unsichtbar.

Mehr über Plotly und die GitHub-API

Die Dokumentation von Plotly ist umfangreich und gut gegliedert; es kann jedoch schwierig sein, zu entscheiden, wo man anfangen soll zu lesen. Ein guter Startpunkt ist der Artikel »*Plotly Express in Python*« auf *https://plotly.com/python/plotly-express*. Hier finden Sie einen Überblick über alle Diagramme, die Sie mit Plotly Express erstellen können, und Sie können Links zu längeren Artikeln über jeden einzelnen Diagrammtyp finden. Wenn Sie verstehen wollen, wie Sie Plotly-Diagramme besser anpassen können, wird der Artikel »*Styling Plotly Express Figures in Python*« das, was Sie in den Kapiteln 15–17 gesehen haben, vertiefen. Sie können diesen Artikel unter *https://plotly.com/python/styling-plotly-express* finden. Weitere Informationen über die GitHub-API finden Sie in der Dokumentation unter *https://docs.github.com/en/rest*. Hier erfahren Sie, wie Sie eine Vielzahl von Informationen von GitHub abrufen können. Um das in diesem Projekt Gesehene zu vertiefen, suchen Sie in der Seitenleiste nach dem Abschnitt »Suche« der Referenz. Wenn Sie über ein GitHub-Konto verfügen, können Sie sowohl mit Ihren eigenen Daten als auch mit den öffentlich verfügbaren Daten aus den Repositories anderer Benutzer arbeiten.

Die API von Hacker News

Als ein weiteres Beispiel dafür, wie Sie API-Aufrufe auf Websites verwenden können, sehen wir uns Hacker News an (*http://news.ycombinator.com/*). Dort können Sie Artikel über Programmierung und Technologie einstellen und über solche Artikel diskutieren. Die API von Hacker News bietet Zugriff auf Daten über alle Beiträge und Kommentare auf der Website. Sie ist auch ohne eine Registrierung für einen Zugangsschlüssel nutzbar.

Der folgende Aufruf gibt Informationen über den Artikel zurück, der zur Zeit der Abfassung dieses Buches an der Spitze stand:

```
https://hacker-news.firebaseio.com/v0/item/31353677.json
```

Wenn Sie diese URL in einen Browser eingeben, wird eine Seite mit Text in geschweiften Klammern angezeigt, was bedeutet, dass es sich dabei um ein Dictionary handelt. Allerdings lässt sich diese Antwort ohne eine übersichtlichere Formatierung nur schwer untersuchen. Daher wenden wir wie im Erdbebenprojekt aus Kapitel 16 die Methode `json.dump()` auf diese URL an, um eine bessere Einsicht in die zurückgegebenen Informationen über den Artikel zu erhalten:

hn_article.py

```
import requests
import json
```

```
# Führt einen API-Aufruf durch und speichert die Antwort.
url = 'https://hacker-news.firebaseio.com/v0/item/31353677.json'
r = requests.get(url)
print(f"Status code: {r.status_code}")

# Untersucht die Struktur der Daten.
response_dict = r.json()
response_string = json.dumps(response_dict, indent=4)
❶ print(response_string)
```

Alle Teile dieses Programm sollten Ihnen bekannt vorkommen, da wir sie bereits in den beiden vorherigen Kapiteln verwendet haben. Der Hauptunterschied besteht darin, dass wir die formatierte Antwortzeichenfolge (❶) ausgeben können, anstatt sie in eine Datei zu schreiben, da die Ausgabe nicht besonders lang ist.

Als Ausgabe erhalten wir ein Dictionary mit Informationen über den Artikel mit der ID 31353667:

readable_hn_data.json

```
{
"by": "sohkamyung",
❶ "descendants": 302,
"id": 31353677,
❷ "kids": [31354987,31354235,
--schnipp--
],
"score": 785,
"time": 1652361401,
❸ "title": "Astronomers reveal first image of the black hole
    at the heart of our galaxy",
"type": "story",
❹ "url": "https://public.nrao.edu/news/.../"
}
```

Dieses Dictionary enthält eine Reihe von Schlüsseln für eine weitere Verarbeitung der Informationen. Der Schlüssel `'descendants'` gibt die Anzahl der Kommentare zu diesem Artikel an (❶), und im Schlüssel `'kids'` finden Sie die IDs der direkten Kommentare zu dem Artikel (❷). Da jeder dieser Kommentare wiederum selbst Kommentare aufweisen kann, ist die Anzahl der »Nachkommen« größer als die Anzahl der »Kinder«. Des Weiteren können wir den Titel des diskutierten Artikels (❸) und seine URL (❹) sehen.

Mit der folgenden URL rufen wir die IDs der aktuellen Spitzenartikel auf Hacker News als einfache Liste ab:

```
https://hacker-news.firebaseio.com/v0/topstories.json
```

Mit diesem Aufruf können wir herausfinden, welche Artikel sich zurzeit auf der Startseite befinden, und dann eine Folge von API-Aufrufen der zuvor gezeigten Art ausführen. Dadurch ist es uns möglich, eine Übersicht aller Artikel auf der Startseite von Hacker News auszugeben:

hn_submissions.py

```
  from operator import itemgetter

  import requests

  # Führt einen API-Aufruf durch und prüft die Antwort.
❶ url = 'https://hacker-news.firebaseio.com/v0/topstories.json'
  r = requests.get(url)
  print(f"Status code: {r.status_code}")

  # Verarbeitet die Informationen über die einzelnen Beiträge.
❷ submission_ids = r.json()
❸ submission_dicts = []
  for submission_id in submission_ids[:5]:
      # Führt einen neuen API-Aufruf für jeden Beitrag aus.
❹     url = f"https://hacker-news.firebaseio.com/v0/item/{submission_id}.json"
      r = requests.get(url)
      print(f"id: {submission_id}\tstatus: {r.status_code}")
      response_dict = r.json()

      # Legt ein Dictionary für jeden Artikel an.
❺     submission_dict = {
          'title': response_dict['title'],
          'hn_link': f"https://news.ycombinator.com/item?id={submission_id}",
          'comments': response_dict['descendants'],
      }
❻     submission_dicts.append(submission_dict)

❼ submission_dicts = sorted(submission_dicts, key=itemgetter('comments'),
                              reverse=True)

❽ for submission_dict in submission_dicts:
      print(f"\nTitle: {submission_dict['title']}")
      print(f"Discussion link: {submission_dict['hn_link']}")
      print(f"Comments: {submission_dict['comments']}")
```

Als Erstes führen wir den API-Aufruf durch und geben den Statuscode der Antwort aus (❶). Dieser Aufruf gibt eine Liste mit den IDs der 500 beliebtesten Artikel auf Hacker News zurück, die wir bei ❷ in eine Python-Liste umwandeln und `submission_ids` zuweisen. Diese IDs verwenden wir dazu, einen Satz von Dictionaries mit Informationen über einzelne Beiträge zu erstellen.

Bei ❸ legen wir die leere Liste `submission_dicts` an, in der wir die Dictionaries speichern werden. Anschließend durchlaufen wir die IDs der ersten 30 Beiträge und führen dafür jeweils einen API-Aufruf durch, indem wir eine URL zusammenstellen, die den aktuellen Wert von `submission_id` enthält (❹). Um zu sehen, ob unsere Anforderungen erfolgreich waren, geben wir jeweils den Statuscode aus.

Bei ❺ erstellen wir ein Dictionary für den zurzeit verarbeiteten Beitrag, in dem wir den Titel, den Link zur zugehörigen Diskussionsseite und die Anzahl der bisher erhaltenen Kommentare speichern. Anschließend hängen wir jedes `submission_dict` an die Liste `submission_dicts` an (❻).

Die Beiträge auf Hacker News sind nach ihrer Gesamtwertung geordnet, in die verschiedene Faktoren einfließen, darunter die Anzahl der dafür abgegebenen Stimmen, die Anzahl der Kommentare und die Aktualität. Um die Liste der Dictionaries nach der Anzahl der Kommentare zu ordnen, verwenden wir die Funktion `itemgetter()` (❼) aus dem Modul `operator`. Wenn wir ihr den Schlüssel `'comments'` übergeben, entnimmt sie jedem Dictionary in der Liste den zugehörigen Wert. Anschließend sortiert die Funktion `sorted()` die Liste nach diesem Wert. Damit die am häufigsten kommentierten Beiträge an erster Stelle stehen, nehmen wir die Sortierung in absteigender Reihenfolge vor.

Anschließend durchlaufen wir die sortierte Liste bei ❽ und geben zu jedem der Beiträge drei Informationen aus, nämlich den Titel, den Link zur Diskussionsseite und die Anzahl der Kommentare:

```
Status code: 200
id: 31390506       status: 200
id: 31389893       status: 200
id: 31390742       status: 200
--schnipp--

Title: Fly.io: The reclaimer of Heroku's magic
Discussion link: https://news.ycombinator.com/item?id=31390506
Comments: 134

Title: The weird Hewlett Packard FreeDOS option
Discussion link: https://news.ycombinator.com/item?id=31389893
Comments: 64

Title: Modern JavaScript Tutorial
Discussion link: https://news.ycombinator.com/item?id=31390742
Comments: 20
-- schnipp --
```

Auf ähnliche Weise können Sie auch über beliebige andere APIs Informationen abrufen und analysieren. Diese Daten können Sie dann visualisieren, um etwa zu zeigen, für welche Beiträge die meisten Kommentare geschrieben wurden. Dies ist auch die Grundlage für Apps, mit denen Sie die Anzeige von Websites wie Hacker News an Ihre Lesegewohnheiten anpassen können. Mehr darüber, auf welche

Arten von Informationen Sie über die Hacker-News-API zugreifen können, erfahren Sie in der Dokumentation auf *https://github.com/HackerNews/API/*.

Hinweis

Hacker News erlaubt es Unternehmen, die es unterstützen, manchmal spezielle Stellenanzeigen zu schalten, für die Kommentare deaktiviert sind. Wenn Sie dieses Programm ausführen, während einer dieser Beiträge erscheint, erhalten Sie einen `KeyError`. Wenn dies ein Problem verursacht, können Sie den Code, der `submission_dict` generiert, in einen `try-except`-Block einschließen und diese Beiträge überspringen.

Probieren Sie es selbst aus!

17-1 Andere Sprachen: Ändern Sie den API-Aufruf in *python_repos.py*, um ein Diagramm der beliebtesten Projekte in anderen Sprachen zu erstellen, z. B. in JavaScript, Rust, C, Java, Perl, Haskell und Go.

17-2 Aktive Diskussionen: Erstellen Sie anhand der Daten von *hn_submissions.py* ein Diagramm, das die zurzeit aktivsten Diskussionen auf Hacker News darstellt. Die Höhe der einzelnen Balken soll dabei der Anzahl der Kommentare zu dem jeweiligen Beitrag entsprechen. Verwenden Sie den Titel des Beitrags als Beschriftung und formatieren Sie die Balken jeweils als Links zu den zugehörigen Diskussionsseiten. Wenn Sie bei der Erstellung eines Diagramms einen `KeyError` erhalten, verwenden Sie einen `try-except`-Block, um die Werbebeiträge zu überspringen.

17-3 Testen von python_repos.py: In *python_repos.py* haben wir den Wert von `status_code` ausgegeben, um uns zu vergewissern, dass der API-Aufruf erfolgreich war. Schreiben Sie das Programm `pytest`, das überprüft, ob der Wert von `status_code` 200 ist. Überlegen Sie, welche anderen Zusicherungen Sie noch verwenden können. Beispielsweise können Sie prüfen, ob die erwartete Anzahl von Elementen zurückgegeben wurde oder die Anzahl der Repositories einen bestimmten Betrag übersteigt.

17-4 Eigene Nachforschungen: Schauen Sie sich die Dokumentation für Plotly und für die GitHub- oder die Hacker-News-API an und nutzen Sie die dort gewonnenen Kenntnisse, um das Erscheinungsbild der bisher erstellten Diagramme abzuwandeln oder um andere Informationen abzurufen und zu visualisieren. Wenn Sie neugierig auf andere APIs sind, werfen Sie einen Blick auf die APIs, die im GitHub-Repository unter *https://github.com/public-apis* erwähnt werden.

Zusammenfassung

In diesem Kapitel haben Sie gelernt, wie Sie eigenständige Programme schreiben, die APIs nutzen, um automatisch Daten abzurufen, und diese Daten dann visualisieren. Als Beispiele haben wir die GitHub-API verwendet, um die höchstbewerteten Python-Projekte auf GitHub zu ermitteln, und uns auch kurz die API von Hacker News angesehen. Dabei haben Sie gelernt, wie Sie das Paket `requests` verwenden, um automatisch API-Aufrufe auszugeben, und wie Sie die Ergebnisse solcher Aufrufe automatisch verarbeiten. Des Weiteren haben wir einige Plotly-Einstellungen vorgestellt, mit denen Sie das Erscheinungsbild Ihrer Diagramme verbessern können.

Im nächsten Kapitel erstellen wir als letztes Projekt eine Webanwendung mithilfe von Django.

Projekt 3

Webanwendungen

18
Erste Schritte mit Django

Mit der Entwicklung des Internets hat sich die Grenze zwischen Websites und mobilen Anwendungen verschoben. Sowohl Websites als auch Apps helfen den Nutzern, auf unterschiedliche Weise mit Daten zu interagieren. Glücklicherweise können Sie Django verwenden, um ein einzelnes Projekt zu erstellen, das sowohl eine dynamische Website als auch eine Reihe von mobilen Apps bedient. Django ist das populärste Web-Framework von Python, eine Sammlung von Tools, die für die Erstellung interaktiver Webanwendungen entwickelt wurden. In diesem Kapitel lernen Sie, wie Sie Django verwenden, um ein Projekt namens Learning Log zu erstellen, ein Online-Tagebuchsystem, mit dem Sie die Informationen, die Sie zu verschiedenen Themen gelernt haben, verfolgen können.

Als Erstes schreiben wir eine Spezifikation für das Projekt und definieren Modelle für die Daten, mit denen die Anwendung arbeiten soll. Wir nutzen den Admin-Server von Django, um einige Anfangsdaten einzugeben, und lernen, wie wir Views und Vorlagen schreiben, damit Django die Seiten unserer Website erstellen kann.

Django kann auf Seitenanforderungen reagieren und vereinfacht das Lesen und Schreiben in Datenbanken, die Verwaltung von Benutzern usw. In den Kapiteln 19 und 20 arbeiten wir unser Projekt Learning Log weiter aus und stellen es schließlich auf einem Server bereit, sodass Sie (und alle anderen auf dieser Welt) es nutzen können.

Ein Projekt einrichten

Wenn Sie mit der Arbeit an etwas so Wichtigem wie einer Webanwendung beginnen, müssen Sie zunächst die Ziele des Projekts in einer Spezifikation beschreiben.

In diesem Abschnitt schreiben wir eine Spezifikation für Learning Log und beginnen mit der Arbeit an der ersten Phase des Projekts. Dazu gehört das Einrichten einer virtuellen Umgebung und die Ausarbeitung der ersten Aspekte eines Django-Projekts.

Eine Spezifikation schreiben

Eine vollständige Spezifikation erklärt die Projektziele, beschreibt den Funktionsumfang sowie das Erscheinungsbild und die Benutzeroberfläche. Wie jedes gute Projekt und jeder Businessplan muss auch die Spezifikation beim Thema bleiben und dazu beitragen, dass das Projekt nicht aus dem Ruder läuft. Wir werden hier keine vollständige Projektspezifikation schreiben, sondern nur einige klare Zielvorgaben machen, damit wir uns bei der Entwicklung nicht verzetteln:

> *Wir schreiben die Webanwendung Learning Log, die es den Benutzern ermöglicht, ein Protokoll über die Fachgebiete zu führen, für die sie sich interessieren, und Tagebucheinträge über das zu machen, was sie über die einzelnen Fachgebiete gelernt haben. Die Startseite von Learning Log soll die Website beschreiben und die Benutzer dazu einladen, sich entweder zu registrieren oder anzumelden. Wenn die Benutzer angemeldet sind, sollen sie in der Lage sein, neue Fachgebiete anzulegen, neue Einträge hinzuzufügen und vorhandene Einträge zu lesen und zu bearbeiten.*

Wenn Sie über ein neues Thema recherchieren, kann das Führen eines Protokolls über das Gelernte Ihnen helfen, den Überblick über neue und bereits bekannte Informationen zu behalten. Das gilt besonders, wenn man sich mit technischen Themen beschäftigt. Eine gute App, wie die, die wir erstellen werden, kann dabei helfen, diesen Prozess effizienter zu gestalten.

Eine virtuelle Umgebung erstellen

Um mit Django zu arbeiten, müssen wir zunächst eine *virtuelle Umgebung* dafür aufbauen. Dabei handelt es sich um einen Ort auf Ihrem System, an dem Sie Pakete installieren und von allen anderen Python-Paketen isolieren können. Diese Trennung der Bibliotheken eines Projekts von anderen Projekten ist vorteilhaft. Um Learning Log auf einem Server bereitzustellen, was wir in Kapitel 20 tun werden, ist dies sogar notwendig.

Legen Sie für das Projekt ein neues Verzeichnis namens *learning_log* an, wechseln Sie im Terminal zu diesem Verzeichnis und erstellen Sie dort die virtuelle Umgebung:

```
learning_log$ python -m venv ll_env
learning_log$
```

Hier führen wir das Modul `venv` aus und erstellen damit die virtuelle Umgebung `ll_env` (wobei es sich bei den ersten beiden Zeichen um kleine L und nicht um Einsen handelt). Wenn Sie zum Ausführen von Programmen und Installieren von Paketen einen anderen Befehl nehmen, z. B. `python3`, müssen Sie ihn auch hier verwenden.

Die virtuelle Umgebung aktivieren

Als Nächstes müssen wir die virtuelle Umgebung wie folgt aktivieren:

```
  learning_log$ source ll_env/bin/activate
❶ (ll_env)learning_log$
```

Dieser Befehl führt das Skript `activate` in `ll_env/bin` aus. Wenn die Umgebung aktiv ist, wird ihr Name an der Eingabeaufforderung in Klammern angezeigt, wie Sie bei ❶ sehen. Sie können nun neue Pakete in der Umgebung installieren und die bereits installierten Pakete nutzen. In `ll_env` installierte Pakete sind nur verfügbar, solange die Umgebung aktiv ist.

Hinweis

Unter Windows verwenden Sie zur Aktivierung der virtuellen Umgebung den Befehl `ll_env\Scripts\activate` (ohne das Wort `source`). Wenn Sie in der PowerShell arbeiten, müssen Sie `Activate` möglicherweise mit großem Anfangsbuchstaben schreiben.

Wenn Sie die virtuelle Umgebung nicht mehr benötigen, schalten Sie sie mit deactivate wieder aus:

```
(ll_env)learning_log$ deactivate
learning_log$
```

Die Umgebung wird auch deaktiviert, wenn Sie das Terminal schließen, in dem sie ausgeführt wird.

Django installieren

Mit aktivierter virtueller Umgebung können Sie pip wie folgt aktualisieren und Django installieren:

```
(ll_env)learning_log$ pip install --upgrade pip
(ll_env)learning_log$ pip install django
Collecting django
--snip--

Installing collected packages: sqlparse, asgiref, django
Successfully installed asgiref-3.5.2 django-4.1 sqlparse-0.4.2(ll_env)
learning_log$
```

Da es Ressourcen aus einer Vielzahl von Quellen herunterlädt, wird pip ziemlich oft aktualisiert. Es ist sinnvoll, pip zu aktualisieren, wenn Sie eine neue virtuelle Umgebung erstellen.

Da wir jetzt in einer virtuellen Umgebung arbeiten, ist der Befehl zur Installation von Django auf allen Systemen derselbe. Es ist nicht nötig, längere Befehle zu verwenden, wie z.B. `python -m pip install package_name`, oder das `--userflag` einzuschließen. Denken Sie daran, dass Django nur verfügbar ist, wenn die `ll_env`-Umgebung aktiv ist.

Hinweis

Da ungefähr alle acht Monate eine neue Version von Django veröffentlicht wird, kann es sein, dass Sie bei der Installation eine andere Version als die hier angegebene sehen. Dieses Projekt wird sehr wahrscheinlich auch auf neueren Versionen laufen, ohne dass Änderungen erforderlich sind. Wenn Sie auf jeden Fall dieselbe Version von Django verwenden wollen wie hier, geben Sie den Befehl `pip install django==4.1.*` ein. Dadurch wird das neueste Release von Django 4.1 installiert. Sollte es mit der von Ihnen verwendeten Version Probleme geben, schlagen Sie im Begleitmaterial zu diesem Buch auf *https://ehmatthes.github.io/pcc_3e* nach (in englischer Sprache).

Ein Projekt in Django erstellen

Um ein neues Projekt zu erstellen, geben Sie die folgenden Befehle ein. Achten Sie dabei darauf, dass Sie die aktive virtuelle Umgebung nicht verlassen (der Name `ll_env` muss in Klammern angegeben sein).

```
❶ (ll_env)learning_log$ django-admin.py startproject lll_project .
❷ (ll_env)learning_log$ ls
  ll_env ll_project manage.py
❸ (ll_env)learning_log$ ll project
  __init__.py asgi.py settings.py urls.py wsgi.py
```

Der Befehl `startproject` bei ❶ weist Django an, das neue Projekt *ll_project* einzurichten. Durch den Punkt (.) am Ende des Befehls wird das neue Projekt mit einer Verzeichnisstruktur erstellt, die die spätere Bereitstellung auf einem Server erleichtert.

Hinweis

Wenn Sie den Punkt weglassen, kommt es bei der Bereitstellung der Anwendung zu Problemen. Sollten Sie ihn vergessen haben, löschen Sie die erstellten Dateien und Ordner (außer *ll_env*) und führen Sie den Befehl erneut aus.

Die Ausgabe des Befehls `ls` (bzw. `dir` unter Windows) (❷) zeigt, dass Django das neue Verzeichnis *ll_project* sowie die Datei *manage.py* angelegt hat. Dabei handelt es sich um ein kurzes Programm, das Befehle entgegennimmt und in die entsprechenden Bestandteile von Django einspeist, um sie auszuführen. Solche Befehle verwenden wir für Aufgaben wie die Arbeit mit Datenbanken oder die Ausführung von Servern.

Das Verzeichnis *ll_project* enthält vier Dateien (❸), von denen *settings.py*, *urls.py* und *wsgi.py* am wichtigsten sind. Die Datei *settings.py* steuert die Interaktion von Django und die Verwaltung des Projekts. Wir werden im Laufe des Projekts einige dieser Einstellungen ändern und einige eigene hinzufügen. Die Datei *urls.py* teilt Django mit, welche Seiten als Reaktion auf Browseranforderungen angelegt werden müssen, und *wsgi.py* unterstützt Django dabei, die erzeugten Dateien bereitzustellen. Der Dateiname ist ein Akronym von *Web Server Gateway Interface*.

Die Datenbank erstellen

Da Django die meisten Informationen über ein Projekt in einer Datenbank speichert, müssen wir eine solche Datenbank für Learning Log anlegen. Geben Sie dazu den folgenden Befehl ein (in der aktiven Umgebung):

```
(ll_env)learning_log$ python manage.py migrate
❶ Operations to perform:
    Apply all migrations: admin, auth, contenttypes, sessions
  Running migrations:
    Applying contenttypes.0001_initial... OK
    Applying auth.0001_initial... OK
    -- schnipp --
    Applying sessions.0001_initial... OK
❷ (ll_env)learning_log$ ls
    db.sqlite3  ll_env ll_project manage.py
```

Die Änderung einer Datenbank nennen wir *Migration*. Mit dem Befehl `migrate` weisen Sie Django an, dafür zu sorgen, dass die Datenbank auf den aktuellen Zustand des Projekts abgestimmt wird. Wenn wir den Befehl in einem neuen Projekt mit SQLite (mehr darüber erfahren Sie in Kürze) zum ersten Mal geben, erstellt Django eine neue Datenbank. Bei ❶ meldet Django, dass es die Datenbank zur Speicherung der Informationen vorbereitet, die für Administrations- und Authentifizierungsaufgaben benötigt werden.

Die Ausgabe des Befehls `ls` zeigt, dass Django eine weitere Datei erstellt hat, nämlich *db.sqlite3* (❷). Für eine SQLite-Datenbank wird nur eine einzige Datei benötigt, was ideal für einfache Anwendungen ist, da Sie nicht viel Aufwand zur Verwaltung der Datenbank betreiben müssen.

Hinweis

Um die Befehle von *manage.py* auszuführen, müssen Sie in einer aktiven virtuellen Umgebung den Befehl `python` verwenden, auch wenn Sie zur Ausführung von sonstigen Programmen einen anderen nehmen, etwa `python3`. In einer virtuellen Umgebung bezieht sich der Befehl `python` auf die Version von Python, die die Umgebung erstellt hat.

Das Projekt anzeigen

Wir vergewissern uns, dass Django das Projekt korrekt eingerichtet hat, indem wir den Befehl `runserver` ausführen, um das Projekt in seinem aktuellen Zustand zu sehen:

```
(ll_env)learning_log$ python manage.py runserver
Watching for file changes with StatReloader
Performing system checks...

❶ System check identified no issues (0 silenced).
  May 19, 2022 - 21:52:35
❷ Django version 4.1, using settings 'll_project.settings'
❸ Starting development server at http://127.0.0.1:8000/
  Quit the server with CONTROL-C.
```

Django startet einen Server – den sogenannten *Entwicklungsserver* –, sodass Sie das Projekt auf Ihrem System einsehen können, um sich ein Bild davon zu machen, wie gut es funktioniert. Wenn Sie eine Seite anfordern, indem Sie im Browser eine URL eingeben, reagiert der Django-Server darauf, indem er die entsprechende Seite aufbaut und an den Browser sendet.

Bei ❶ prüft Django, ob das Projekt ordnungsgemäß eingerichtet ist, bei ❷ gibt es die verwendete Django-Version und den Namen der Einstellungsdatei aus und bei ❸ meldet es schließlich die URL, unter der das Projekt bereitgestellt wird. Die URL *http://127.0.0.1:8000/* bedeutet, dass das Projekt an Port 8000 Ihres Computers nach Anforderungen lauscht, also auf *localhost*. Damit wird ein Server bezeichnet, der nur Anforderungen auf Ihrem System verarbeitet. Niemand sonst kann die Seiten sehen, die Sie entwickeln.

Öffnen Sie einen Webbrowser und geben Sie die URL *http://localhost:8000/* ein (oder *http://127.0.0.1:8000*, falls das nicht funktioniert). Daraufhin sehen Sie die Seite aus Abbildung 18–1, die Django erstellt hat, um Ihnen zu sagen, dass alles so weit funktioniert. Lassen Sie den Server vorerst laufen. Wenn Sie ihn beenden wollen, drücken Sie in dem Terminal, in dem Sie den Befehl `runserver` gegeben haben, einfach `Strg` + `C`.

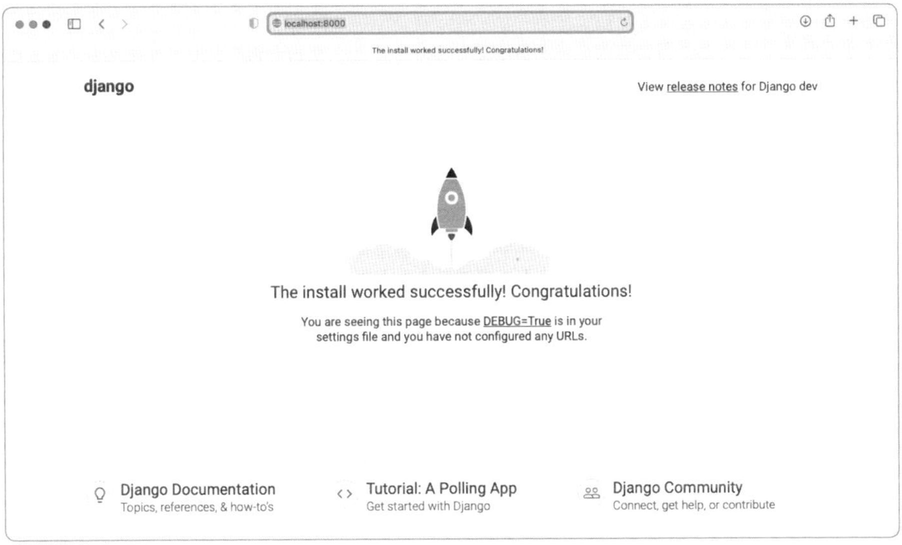

Abb. 18–1 *Bis jetzt funktioniert alles.*

Hinweis

Falls Sie die Fehlermeldung *That port is already in use* erhalten, müssen Sie Django mit `python manage.py runserver 8001` anweisen, einen anderen Port zu verwenden. Erhöhen Sie die Nummern, bis Sie einen offenen Port finden.

Probieren Sie es selbst aus!

18-1 Neue Projekte: Um eine bessere Vorstellung von dem zu bekommen, was Django macht, erstellen Sie eine Reihe neuer Projekte und schauen sich an, was dabei erzeugt wird. Legen Sie einen neuen Ordner mit einem einfachen Namen wie *tik_gram* oder *insta_tok* an (außerhalb des Verzeichnisses *learning_log*), wechseln Sie im Terminal zu diesem Ordner, erstellen Sie eine virtuelle Umgebung, installieren Sie Django und führen Sie den Befehl `django-admin.py startproject tg_project .` aus (achten Sie darauf, den Punkt am Ende des Befehls anzugeben!).

Schauen Sie sich an, welche Ordner und Dateien durch diesen Befehl erstellt werden, und vergleichen Sie das mit Learning Log. Machen Sie das mehrere Male, bis Ihnen klar ist, was Django zu Beginn eines neuen Projekts alles anlegt. Löschen Sie dann die Projektverzeichnisse.

Eine App anlegen

Ein Django-*Projekt* setzt sich aus mehreren *Apps* zusammen. Wir wollen zunächst eine einzige App erstellen, die die meiste Arbeit in unserem Projekt erledigt. In Kapitel 19 fügen wir dann eine weitere App hinzu, die sich um die Verwaltung der Benutzerkonten kümmert.

In dem zuvor geöffneten Terminalfenster sollte nach wie vor `runserver` ausgeführt werden. Öffnen Sie ein neues Terminalfenster (oder einen neuen Tab) und wechseln Sie zu dem Verzeichnis, in dem sich *manage.py* befindet. Aktivieren Sie die virtuelle Umgebung und führen Sie den Befehl `startapp` aus:

```
learning_log$ source ll_env/bin/activate
(ll_env)learning_log$ python manage.py startapp learning_logs
❶ (ll_env)learning_log$ ls
db.sqlite3   learning_logs  ll_env ll_project  manage.py
❷ (ll_env)learning_log$ ls learning_logs/
__init__.py  admin.py  apps.py  migrations  models.py  tests.py  views.py
```

Der Befehl `startapp` *Appname* weist Django an, die erforderliche Infrastruktur für eine App anzulegen. Wenn Sie sich anschließend das Projektverzeichnis ansehen, können Sie den neuen Ordner *learning_logs* erkennen (❶). Verwenden Sie den Befehl `ls`, um sich anzuschauen, was Django alles angelegt hat (❷). Die wichtigsten Dateien sind *models.py*, *admin.py* und *views.py*. Mit *models.py* legen wir fest, welche Daten wir in unserer App verwalten. Mit den Dateien *admin.py* und *views.py* werden wir uns später beschäftigen.

Modelle definieren

Halten wir einen Augenblick inne, um uns zu überlegen, was für Daten wir verwalten müssen. Jeder Benutzer legt in seinem Lerntagebuch eine Reihe von Fachgebieten an. Alle Einträge, die der Benutzer vornimmt, werden jeweils einem Fachgebiet zugeordnet und als Text dargestellt. Außerdem müssen wir den Zeitstempel jedes Eintrags speichern, damit wir den Benutzern zeigen können, wann sie die einzelnen Einträge vorgenommen haben.

Öffnen Sie die Datei *models.py* und schauen Sie sich die vorhandenen Inhalte an:

models.py

```
from django.db import models

# Create your models here.
```

Hier wird das Modul `models` importiert, und in dem Kommentar werden wir dazu aufgefordert, eigene Modelle zu erstellen. Ein *Modell* weist Django an, wie es mit den Daten umgehen soll, die in der App gespeichert werden. Ein Modell ist eine Klasse, die wie jede andere über Attribute und Methoden verfügt. Das Modell für die Fachgebiete eines Benutzers sieht wie folgt aus:

```
  from django.db import models

  class Topic(models.Model):
      """A topic the user is learning about."""
❶     text = models.CharField(max_length=200)
❷     date_added = models.DateTimeField(auto_now_add=True)

❸     def __str__(self):
          """Return a string representation of the model."""
          return self.text
```

Unsere Klasse `Topic` erbt von `Model`, einer im Lieferumfang von Django enthaltenen Elternklasse, die den grundlegenden Funktionsumfang eines Modells definiert. In `Topic` haben wir nur zwei Attribute definiert, nämlich `text` und `date_added`.

Das Attribut `text` ist vom Typ `CharField`, besteht also aus Zeichen oder Text (❶). Sie können `CharField` immer verwenden, wenn Sie kleine Textmengen speichern wollen, z. B. einen Namen, einen Titel oder einen Ortsnamen. Bei der Definition eines `CharField`-Attributs müssen wir Django mitteilen, wie viel Platz es dafür in der Datenbank vorsehen soll. Hier geben wir eine Maximallänge von 200 Zeichen an, was für die Namen der meisten Fachgebiete ausreichen sollte.

Das Attribut `date_added` ist vom Typ `DateTimeField` und wird für Datums- und Uhrzeitangaben verwendet (❷). Wir übergeben das Argument `auto_now_add=True`, um Django anzuweisen, das Attribut automatisch auf das aktuelle Datum und die aktuelle Uhrzeit zu setzen, wenn der Benutzer ein neues Fachgebiet anlegt.

Es ist eine gute Idee, Django mitzuteilen, wie es eine Instanz eines Modells darstellen soll. Wenn ein Modell eine `__str__()`-Methode hat, ruft Django diese Methode immer dann auf, wenn es eine Ausgabe erzeugen muss, die sich auf eine Instanz dieses Modells bezieht. Hier haben wir eine `__str__()`-Methode geschrieben, die den Wert zurückgibt, der dem Textattribut ❸ zugewiesen ist.

Um sich anzusehen, welche Arten von Feldern Sie in einem Modell verwenden können, schlagen Sie im Modellfeldverzeichnis auf *https://docs.djangoproject.com/en/4.1/ref/models/fields/* nach. Für dieses Projekt brauchen Sie nicht alle diese Informationen, aber wenn Sie Ihre eigenen Apps entwickeln, ist diese Übersicht sehr hilfreich.

Modelle aktivieren

Damit unsere Modelle verwendet werden, müssen wir Django anweisen, unsere App in das Gesamtprojekt aufzunehmen. In der Datei *settings.py* (im Verzeichnis *ll_project*) finden Sie einen Abschnitt, der Django mitteilt, welche Apps im Projekt installiert sind und zusammenarbeiten:

settings.py

```
-- schnipp --
INSTALLED_APPS = [
    'django.contrib.admin',
    'django.contrib.auth',
    'django.contrib.contenttypes',
    'django.contrib.sessions',
    'django.contrib.messages',
    'django.contrib.staticfiles',
]
-- schnipp --
```

Um unsere eigene App zu diesem Tupel hinzuzufügen, ändern wir `INSTALLED_APPS` wie folgt:

```
-- schnipp --
INSTALLED_APPS = [
    # Eigene Apps
    'learning_logs',

    # Django-Standard-Apps.
    'django.contrib.admin',
    -- schnipp --
]
-- schnipp --
```

Die Apps innerhalb eines Projekts zu gruppieren, hilft dabei, den Überblick zu behalten, wenn das Projekt wächst. Hier haben wir den neuen Abschnitt *Eigene*

Apps begonnen, der zurzeit nur `learning_logs` enthält. Es ist wichtig, die eigenen Apps vor die Standard-Apps zu stellen, damit Ihre Apps ggf. das Verhalten der Standard-Apps überschreiben können.

Als Nächstes müssen wir Django anweisen, die Datenbank zu ändern, sodass darin Informationen für das Modell `Topic` gespeichert werden können. Führen Sie im Terminal folgenden Befehl aus:

```
(ll_env)learning_log$ python manage.py makemigrations learning_logs
Migrations for 'learning_logs':
  learning_logs/migrations/0001_initial.py
    - Create model Topic
(ll_env)learning_log$
```

Der Befehl `makemigrations` sorgt dafür, dass Django die Änderungen an der Datenbank ermittelt, die erforderlich sind, um darin Daten im Zusammenhang mit jeglichen neu definierten Modellen zu speichern. Die Ausgabe zeigt, dass Django die Migrationsdatei *0001_initial.py* angelegt hat. Dadurch wird in der Datenbank eine Tabelle für das Modell `Topic` erstellt.

Anschließend führen wir diese Migration aus, sodass Django die Datenbank ändert:

```
(ll_env)learning_log$ python manage.py migrate
Operations to perform:
  Apply all migrations: admin, auth, contenttypes, learning_logs, sessions
Running migrations:
  Applying learning_logs.0001_initial... OK
```

Die Ausgabe ist größtenteils identisch mit derjenigen bei der ersten Ausführung des Befehls `migrate`. Wichtig ist die letzte Zeile der Ausgabe: Hier bestätigt Django, dass die Migration von `learning_logs` erfolgreich ausgeführt wurde.

Wenn Sie ändern wollen, welche Daten Learning Log verwaltet, müssen Sie immer die hier gezeigten drei Schritte ausführen: Sie müssen *models.py* ändern, `makemigrations` für `learning_logs` aufrufen und anschließend Django mit `migrate` auffordern, das Projekt zu migrieren.

Die Admin-Site von Django

Auf der *Admin-Site* von Django können Sie Ihre Modelle auf einfache Weise verwalten. Die Admin-Site sollte nur von den Website-Administratoren genutzt werden, nicht von den normalen Benutzern. In diesem Abschnitt richten wir die Admin-Site ein und fügen dafür einige Fachgebiete zum Modell `Topic` hinzu.

Einen Superuser einrichten

In Django können Sie einen Benutzer anlegen, der sämtliche auf der Website verfügbaren Berechtigungen besitzt. Dies ist der sogenannte *Superuser*. Die *Berechtigungen* legen fest, welche Aktionen ein Benutzer ausführen kann. Bei der Berechtigungseinstellung mit den stärksten Einschränkungen kann ein Benutzer nur öffentliche Informationen auf der Website lesen. Registrierte Benutzer dagegen haben die Berechtigung, ihre eigenen privaten Daten sowie einige ausgewählte, nur für Mitglieder zugängliche Informationen zu lesen. Um ein Projekt verwalten zu können, muss der Besitzer der Website gewöhnlich Zugriff auf alle Informationen haben, die auf der Site gespeichert sind. Gute Administratoren gehen dabei sehr behutsam mit den sensiblen Informationen der Benutzer um, um deren Vertrauen in die Anwendung nicht zu missbrauchen.

Um in Django einen Superuser anzulegen, geben Sie den folgenden Befehl ein und antworten Sie auf die Eingabeaufforderungen:

```
   (ll_env)learning_log$ python manage.py createsuperuser
❶ Username (leave blank to use 'eric'): ll_admin
❷ Email address:
❸ Password:
   Password (again):
   Superuser created successfully.
   (ll_env)learning_log$
```

Wenn Sie den Befehl `createsuperuser` ausführen, fordert Django Sie auf, einen Benutzernamen für den Superuser einzugeben (❶). Hier verwenden wir den Namen *ll_admin*, aber Sie können jeden beliebigen Benutzernamen vergeben. Wenn Sie wollen, können Sie auch eine E-Mail-Adresse angeben; ansonsten lassen Sie das entsprechende Feld einfach leer (❷). Das Passwort müssen Sie zweimal eingeben (❸).

Hinweis

Einige sensible Informationen können vor den Administratoren der Website verborgen sein. Beispielsweise speichert Django nicht die Passwörter, die Sie eingeben, sondern einen davon abgeleiteten String, der als *Hash* bezeichnet wird. Wenn Sie zur Anmeldung Ihr Passwort eingeben, wandelt Django diese Eingabe ebenfalls in einen Hash um und vergleicht ihn mit dem gespeicherten Hash. Sind die beiden Hashes identisch, werden Sie authentifiziert. Sollte es einem Angreifer gelingen, in die Datenbank der Website einzudringen, kann er daher nur die gespeicherten Hashes lesen, aber nicht die Passwörter. Die eigentlichen Passwörter aus diesen Hashes zu ermitteln, ist jedoch so gut wie unmöglich.

Ein Modell auf der Admin-Site registrieren

Django fügt der Admin-Site einige Modelle automatisch hinzu, etwa `User` und `Group`, aber die von uns selbst erstellten Modelle müssen wir manuell registrieren.

Beim Anlegen der App `learning_logs` hat Django die Datei *admin.py* im selben Verzeichnis erstellt wie *models.py*. Öffnen Sie die Datei *admin.py:*

admin.py

```
from django.contrib import admin

# Register your models here.
```

Um `Topic` auf der Admin-Site zu registrieren, müssen Sie Folgendes eingeben:

```
from django.contrib import admin

from .models import Topic

admin.site.register(Topic)
```

Dieser Code importiert das Modell `Topic`, das wir registrieren möchten, wobei der Punkt vor `models` Django anweist, *models.py* in dem Verzeichnis zu suchen, in dem sich auch *admin.py* befindet. Der Code `admin.site.register()` sorgt dafür, dass wir unser Modell über die Admin-Site verwalten können.

Greifen Sie nun mit dem Superuser-Konto auf die Admin-Site zu. Öffnen Sie dazu *http://localhost:8000/admin/* und geben Sie den Benutzernamen und das Passwort für den zuvor erstellten Superuser ein. Daraufhin sehen Sie den Bildschirm wie den aus Abbildung 18–2. Auf dieser Seite können Sie neue Benutzer und Gruppen hinzufügen und die bestehenden ändern, aber auch mit den Daten rund um das von uns erstellte Modell `Topic` arbeiten.

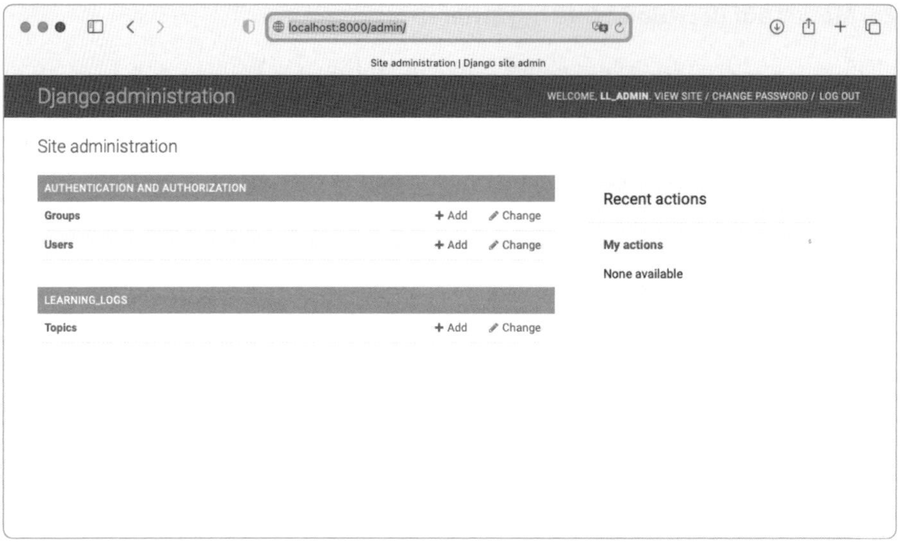

Abb. 18–2 *Die Admin-Site mit* `Topics`

Hinweis

Sollte Ihr Browser Ihnen mitteilen, dass die Webseite nicht verfügbar sei, prüfen Sie, ob der Django-Server nach wie vor in einer Terminalsitzung läuft. Ist das nicht der Fall, aktivieren Sie eine virtuelle Umgebung und geben Sie erneut den Befehl `python manage.py runserver` ein. Wenn Sie während der Entwicklung Probleme haben, das Projekt einzusehen, lohnt es sich, als ersten Schritt zur Fehlerbehebung alle offenen Terminals zu schließen und den Befehl `runserver` erneut einzugeben.

Fachgebiete hinzufügen

Nachdem wir das Modell `Topic` auf der Admin-Site registriert haben, wollen wir ein erstes Fachgebiet hinzufügen. Klicken Sie auf *Topics*, um auf die gleichnamige Seite zu gelangen. Sie ist größtenteils leer, da wir noch keine Fachgebiete haben, die wir verwalten könnten. Wenn Sie auf *Add Topic* klicken, wird ein Formular zum Hinzufügen eines neuen Fachgebiets eingeblendet. Geben Sie in das erste Feld *Chess* ein und klicken Sie auf *Save*. Dadurch gelangen Sie zur Verwaltungsseite *Topics* zurück, wo Sie das gerade angelegte Fachgebiet sehen können.

Um noch mehr Daten zur Verfügung zu haben, erstellen wir noch ein weiteres Fachgebiet. Klicken Sie erneut auf *Add Topic* und legen Sie *Rock Climbing* an. Wenn Sie auf *Save* klicken, werden auf der *Topics*-Hauptseite jetzt sowohl *Chess* als auch *Rock Climbing* aufgeführt.

Das Modell für die Einträge definieren

Damit die Benutzer in ihrem Lerntagebuch notieren können, was sie jeweils über Schach und Klettern gelernt haben, müssen wir ein Modell für solche Einträge definieren. Jeder Eintrag muss mit dem zugehörigen Fachgebiet verknüpft sein. Hierbei handelt es sich um eine *n:1-Beziehung*, da mehrere Einträge zu einem einzigen Fachgebiet gehören können.

Der Code für das Modell `Entry` sieht wie folgt aus und gehört in die Datei *models.py*:

models.py

```
from django.db import models

class Topic(models.Model):
    -- schnipp --

❶ class Entry(models.Model):
    """Something specific learned about a topic."""
❷     topic = models.ForeignKey(Topic, on_delete=models.CASCADE)
❸     text = models.TextField()
    date_added = models.DateTimeField(auto_now_add=True)

❹     class Meta:
        verbose_name_plural = 'entries'

    def __str__(self):
        """Return a simple string representating the entry."""
❺         return f"{self.text[:50]}..."
```

Die Klasse `Entry` erbt ebenso wie `Topic` von der Django-Grundklasse `Model` (❶). Bei `topic`, dem ersten Attribut, handelt es sich um eine `ForeignKey`-Instanz (❷). Der Begriff *Fremdschlüssel* (»foreign key«) stammt aus der Datenbankterminologie und bezeichnet einen Verweis auf einen anderen Datensatz in der Datenbank. Hier ist es der Code, der die einzelnen Einträge mit ihrem Fachgebiet verknüpft. Wird ein Fachgebiet erstellt, so wird ihm ein Schlüssel oder eine ID zugewiesen. Wenn Django eine Verbindung zwischen zwei Informationen herstellen muss, greift es dazu auf deren Schlüssel zurück. Diese Verbindungen werden wir in Kürze nutzen, um alle Einträge zu einem bestimmten Fachgebiet abzurufen. Das Argument `on_delete=models.CASCADE` weist Django an, beim Löschen eines Fachgebiets auch alle damit verbundenen Einträge zu entfernen. Dieser Vorgang wird als *kaskadierendes Löschen* bezeichnet.

Das zweite Attribut heißt `text` und ist eine Instanz von `TextField` (❸). Wir haben diese Art von Feld gewählt, da wir dafür keine Maximalgröße angeben müssen, was unseren Zwecken entgegenkommt, da wir die Länge der einzelnen Einträge nicht beschränken wollen. Das Attribut `date_added` gibt uns die Möglichkeit, die Einträge in der Reihenfolge darzustellen, in der sie angelegt wurden, und jeweils einen Zeitstempel neben ihnen anzuzeigen.

Bei ❹ verschachteln wir die Klasse `Meta`, die zusätzliche Informationen für die Verwaltung eines Modells enthält, in unserer Klasse `Entry`. Hier verwenden wir sie dazu, ein besonderes Attribut zu setzen, um Django anzuweisen, bei der Bezugnahme auf mehrere Einträge *entries* zu schreiben statt *entrys*.

Die Methode `__str__()` gibt an, welche Informationen über einen einzelnen Eintrag angezeigt werden sollen. Hier verlangen wir, nur die ersten 50 Zeichen von `text` anzuzeigen, aber Auslassungspunkte hinzuzufügen, um deutlich zu machen, dass der Eintrag nicht vollständig zu sehen ist (❺).

Das Modell Entry in die Datenbank aufnehmen

Da wir ein neues Modell hinzugefügt haben, müssen wir die Datenbank erneut migrieren. Dieser Vorgang wird Ihnen im Laufe der Zeit zur zweiten Natur: Sie nehmen Änderungen an *models.py* vor, führen `python manage.py makemigrations` *Appname* aus und geben anschließend den Befehl `python manage.py migrate` ein.

Geben Sie die folgenden Befehle ein, um die Datenbank zu migrieren, und prüfen Sie die Ausgabe:

```
   (ll_env)learning_log$ python manage.py makemigrations learning_logs
   Migrations for 'learning_logs':
❶    learning_logs/migrations/0002_entry.py
       - Create model Entry
   (ll_env)learning_log$ python manage.py migrate
   Operations to perform:
     -- schnipp --
❷    Applying learning_logs.0002_entry... OK
```

Hier wird die neue Migration *0002_entry.py* erstellt, die Django anweist, wie die Datenbank zu ändern ist, um darin Informationen für das Modell `Entry` speichern zu können (❶). An der Ausgabe des anschließenden Befehls `migrate` können wir erkennen, dass Django diese Migration angewendet hat und alles funktioniert hat (❷).

Das Modell Entry auf der Admin-Site registrieren

Unser neues Modell `Entry` müssen wir auch noch registrieren. Dazu müssen wir *admin.py* wie folgt ändern:

admin.py

```
from django.contrib import admin

from .models import Topic, Entry

admin.site.register(Topic)
admin.site.register(Entry)
```

Auf *http://localhost/admin/* wird unter *Learning_Logs* jetzt auch *Entries* aufgeführt. Klicken Sie auf den Link *Add* für *Entries* oder auf *Entries* und wählen Sie *Add entry*. Daraufhin wird eine Drop-down-Liste angezeigt, in der Sie das Fachgebiet auswählen können, für das Sie einen Eintrag erstellen wollen, sowie ein Textfeld, um den Eintrag hinzuzufügen. Wählen Sie *Chess* aus der Liste aus und fügen Sie einen Eintrag hinzu. Mein erster Eintrag lautete:

> *The opening is the first part of the game, roughly the first ten moves or so. In the opening, it's a good idea to do three things – bring out your bishops and knights, try to control the center of the board, and castle your king.*
>
> *Of course, these are just guidelines. It will be important to learn when to follow these guidelines and when to disregard these suggestions.*

Wenn Sie jetzt auf *Save* klicken, kehren Sie zur Hauptverwaltungsseite für Einträge zurück. Dabei können Sie erkennen, wie sinnvoll es war, `text[:50]` für die Stringdarstellung der einzelnen Einträge anzugeben: Es ist viel einfacher, in der Verwaltungsschnittstelle mit mehreren Einträgen zu arbeiten, wenn Sie nur jeweils den ersten Teil davon sehen und nicht den gesamten Text.

Wir wollen noch einen zweiten Eintrag für Schach und einen für Klettern erstellen, damit wir einige Daten haben, mit denen wir arbeiten können. Für Schach verwenden wir folgenden zweiten Eintrag:

> *In the opening phase of the game, it's important to bring out your bishops and knights. These pieces are powerful and maneuverable enough to play a significant role in the beginning moves of a game.*

Unser erster Eintrag zum Klettersport sieht wie folgt aus:

> *One of the most important concepts in climbing is to keep your weight on your feet as much as possible. There's a myth that climbers can hang all day on their arms. In reality, good climbers have practiced specific ways of keeping their weight over their feet whenever possible.*

Diese drei Einträge dienen uns als Arbeitsmaterial für die weitere Entwicklung von Learning Log.

Die Django-Shell

Da wir nun einige Daten eingegeben haben, können wir sie programmgesteuert in einer interaktiven Terminalsitzung untersuchen. Diese interaktive Umgebung ist die Django-*Shell*. Sie ist hervorragend dafür geeignet, ein Projekt zu testen und

Fehler darin zu beheben. Die folgenden Zeilen zeigen ein Beispiel für eine Shell-Sitzung:

```
  (ll_env)learning_log$ python manage.py shell
❶ >>> from learning_logs.models import Topic
  >>> Topic.objects.all()
  <QuerySet [<Topic: Chess>, <Topic: Rock Climbing>]>
```

Der Befehl `python manage.py. shell` (ausgeführt in einer aktiven virtuellen Umgebung) startet einen Python-Interpreter, in dem Sie die Daten in der Projektdatenbank untersuchen können. Hier importieren wir zunächst das Modell `Topic` aus dem Modul `learning_logs.models` (❶) und rufen dann mit der Methode `Topic.objects.all()` alle Instanzen dieses Modells ab. Die zurückgegebene Liste wird als *Abfragesatz* (*Queryset*) bezeichnet.

Einen Abfragesatz können wir wie eine Liste in einer Schleife durchlaufen. Um beispielsweise die IDs der einzelnen `Topic`-Objekte abzurufen, gehen Sie wie folgt vor:

```
>>> topics = Topic.objects.all()
>>> for topic in topics:
... print(topic.id, topic)
...
1 Chess
2 Rock Climbing
```

Wir weisen den Abfragesatz `topics` zu und geben dann das Attribut `id` und die Stringdarstellung jedes Fachgebiets aus. Wie Sie sehen, hat Schach die ID 1 und Klettern die ID 2.

Wenn Sie die ID eines Objekts kennen, können Sie es mit der Methode `Topic.objects.get()` abrufen und seine Attribute untersuchen. Sehen wir uns als Beispiel die Werte der Attribute `text` und `date_added` für Schach an:

```
>>> t = Topic.objects.get(id=1)
>>> t.text
'Chess'
>>> t.date_added
datetime.datetime(2022, 5, 20, 3, 33, 36, 928759,
            tzinfo=datetime.timezone.utc)
```

Wir können uns auch die Einträge zu einem Fachgebiet ansehen. Im Modell `Entry` haben wir das Attribut `topic` als Fremdschlüssel definiert, der eine Verbindung zwischen dem Eintrag und dem zugehörigen Fachgebiet herstellt. Anhand dieser Verbindung kann Django jeden Eintrag zu einem gegebenen Fachgebiet abrufen:

```
❶ >>> t.entry_set.all()
<QuerySet [<Entry: The opening is the first part of the game, roughly...>,
<Entry:
In the opening phase of the game, it's important t...>]>
```

Um Daten über eine Fremdschlüsselbeziehung abzurufen, müssen Sie den Namen des verknüpften Modells in Kleinbuchstaben gefolgt von einem Unterstrich und dem Wort `set` angeben (❶). Nehmen wir an, Sie haben die Modelle `Pizza` und `Topping`, wobei `Topping` über einen Fremdschlüssel mit `Pizza` verknüpft ist. Wenn Sie ein Objekt namens `my_pizza` haben, das für eine einzelne Pizza steht, können Sie alle Beläge der Pizza mithilfe von `my_pizza.topping_set.all()` abrufen.

Diese Syntax werden wir auch verwenden, wenn wir den Code für die Seiten schreiben, die die Benutzer anfordern können. Die Shell ist sehr praktisch, um sich zu vergewissern, dass der Code tatsächlich die gewünschten Daten abruft. Funktioniert der Code in der Shell wie erwartet, so können Sie davon ausgehen, dass er auch in den Projektdateien funktioniert. Ruft er dagegen Fehler hervor oder ruft er die falschen Daten ab, können Sie ihn in der einfachen Shell-Umgebung viel leichter korrigieren als in Dateien, die Webseiten generieren. Wir werden uns im Folgenden nicht mehr häufig mit der Shell beschäftigen, aber Sie sollten sie weiterhin nutzen, um die Django-Syntax zum Abrufen der in dem Projekt gespeicherten Daten zu üben.

Bei jeder Änderung an Ihren Modellen müssen Sie die Shell neu starten, um zu sehen, welche Auswirkungen diese Änderungen haben. Um eine Shell-Sitzung zu beenden, drücken Sie [Strg] + [D] bzw. unter Windows [Strg] + [Z] und die Eingabetaste.

Probieren Sie es selbst aus!

18-2 Kurze Einträge: Die Methode `__str__()` im Modell `Entry` hängt an die Darstellung aller Einträge in der Admin-Site Auslassungspunkte an. Ergänzen Sie die Methode um eine `if`-Anweisung, um die Auslassungspunkte nur dann anzuzeigen, wenn der eigentliche Eintrag länger als 50 Zeichen ist. Erstellen Sie einen Eintrag von weniger als 50 Zeichen und überzeugen Sie sich, dass bei seiner Darstellung auf der Admin-Site keine Auslassungspunkte angegeben werden.

18-3 Die Django-API: Der Code, der auf die Daten in Ihrem Projekt zugreift, ist eine *Abfrage*. Schauen Sie sich die Dokumentation für Datenabfragen auf *https://docs.djangoproject.com/en/2.2/topics/db/queries/* an. Ein Großteil dieses Stoffes wird für Sie neu sein, aber er ist sehr hilfreich für Ihre eigenen Projekte.

18-4 Pizzeria: Legen Sie das neue Projekt namens `pizzeria_project` mit der App `pizzas` an. Definieren Sie das Modell `Pizza` mit dem Feld `name`, das Pizzabezeichnungen wie `Hawaii` oder `Quattro Stagioni` aufnehmen soll, und das Modell `Topping` mit den Feldern `pizza` und `name`. Bei `pizza` handelt es sich um einen Fremdschlüssel für `Pizza`, während `name` hier Bezeichnungen wie `Ananas`, `Schinken` und `Artischocken` aufnehmen soll.

Registrieren Sie beide Modelle auf der Admin-Site und geben Sie über diese Site einige Bezeichnungen für Pizzas und Beläge ein. Untersuchen Sie die eingegebenen Daten in der Shell.

Seiten erstellen: die Startseite von Learning Log

Webseiten werden in Django in drei Schritten erstellt: Sie legen die URLs fest, schreiben die Ansichten und erstellen die Vorlagen. Das können Sie in jeder beliebigen Reihenfolge tun, aber in diesem Projekt werden wir stets als Erstes das URL-Muster definieren. Es beschreibt den Aufbau der URLs und gibt an, wonach Django Ausschau halten muss, wenn es eine Browseranforderung mit einer URL erhält und die zurückzugebende Seite sucht.

Jede URL wird einer bestimmten *Ansicht* zugeordnet. Die Ansichtsfunktion ruft die für die Seite erforderlichen Daten ab und verarbeitet sie. Um die Seite darzustellen, greift sie oft auf eine *Vorlage* (*Template*) zurück, die die allgemeine Struktur der Seite enthält. Um uns anzusehen, wie das funktioniert, wollen wir Learning Log eine Startseite hinzufügen. Dazu definieren wir die URL für diese Seite, schreiben die Ansichtsfunktion und erstellen eine einfache Vorlage.

Da wir uns nur vergewissern wollen, dass Learning Log wie erwartet funktioniert, erstellen wir zunächst nur eine einfache Seite. Es macht Spaß, eine Web-App zu gestalten, wenn sie richtig funktioniert. Eine App, die zwar gut aussieht, aber nicht richtig funktioniert, ist sinnlos. Vorläufig soll die Startseite lediglich den Titel und eine kurze Beschreibung anzeigen.

Eine URL zuordnen

Um Seiten anzufordern, geben die Benutzer URLs in den Browser ein oder klicken auf Links. Daher müssen Sie bestimmen, welche URLs in Ihrem Projekt benötigt werden. Als Erstes brauchen Sie die URL der Startseite, denn dies ist die grundlegende URL, die Besucher verwenden, um auf Ihr Projekt zuzugreifen. Zurzeit gibt die Basis-URL *http://localhost:8000/* die Django-Standardseite zurück, die uns mitteilt, dass das Projekt korrekt eingerichtet wurde. Das ändern wir, indem wir diese Basis-URL der Startseite von Learning Log zuordnen.

Öffnen Sie im Hauptordner *ll_project* die Datei *urls.py*. Sie sollten folgenden Code sehen:

urls.py

```
❶ from django.contrib import admin
  from django.urls import path

❷ urlpatterns = [
❸     path('admin/', admin.site.urls),
  ]
```

In den ersten beiden Zeilen werden das `admin`-Modul und eine Funktion zur Verwaltung von URLs importiert (❶). Im Rumpf der Datei wird die Variable `urlpatterns` definiert (❷). Da diese *urls.py*-Datei für das Projekt als Ganzes gilt, muss diese Variable die URL-Muster für alle Apps im Projekt enthalten. Der Code bei ❸ schließt das Modul `admin.site.urls` ein, das alle URLs definiert, die von der Admin-Site aus angefordert werden können.

Wir müssen nun die URLs für `learning_logs` hinzufügen:

```
from django.contrib import admin
from django.urls import path, include

urlpatterns = [
    path('admin/', admin.site.urls),
    path('', include('learning_logs.urls')),
]
```

Mit der neuen Zeile haben wir das Modul `learning_logs.urls` eingeschlossen und die `include()`-Funktion importiert.

Die standardmäßige *urls.py*-Datei befindet sich im Ordner *ll_project*. Wir müssen nun noch eine zweite im Ordner *learning_logs* anlegen. Erstellen Sie eine neue Python-Datei, speichern Sie sie als *urls.py* in *learning_logs* und geben Sie folgenden Code darin ein:

urls.py

```
❶ """Defines URL patterns for learning_logs."""

❷ from django.urls import path

❸ from . import views

❹ app_name = 'learning_logs'
❺ urlpatterns = [
      # Startseite
❻     path('', views.index, name='index'),
  ]
```

Um deutlich zu machen, in welcher *urls.py*-Datei wir arbeiten, fügen wir zu Beginn der Datei einen Docstring hinzu (❶). Anschließend importieren wir die Funktion `path`, die wir brauchen, um URLs und Ansichten einander zuzuordnen (❷), sowie das Modul `views` (❸). Der Punkt weist Python an, Ansichten aus dem Verzeichnis zu importieren, in dem sich auch das aktuelle *urls.py*-Modul befindet. Die Variable `app_name` hilft Django, diese *urls.py*-Datei von gleichnamigen Dateien anderer Apps innerhalb desselben Projekts zu unterscheiden (❹). Die Variable `urlpatterns` in diesem Modul ist eine Liste der Seiten, die von der App `learning_logs` aus angefordert werden können (❺).

Das eigentliche URL-Muster ist ein Aufruf der Funktion `url()`, die drei Argumente entgegennimmt (❻). Das erste ist ein String, der es Django ermöglicht, die aktuelle Anfrage korrekt weiterzuleiten. Django empfängt die angeforderte URL und versucht, die Anforderung an eine Ansicht weiterzuleiten. Dazu durchsucht es alle definierten URL-Muster auf eines, das mit der Anforderung übereinstimmt. Da Django die Basis-URL für das Projekt ignoriert (*http://localhost:8000/*), stimmt der leere String (`''`) mit der Basis-URL überein. Keine andere URL ergibt eine Übereinstimmung mit diesem Muster, und wenn zu einer angeforderten URL kein passendes URL-Muster vorhanden ist, gibt Django eine Fehlerseite zurück.

Das zweite Argument von `path()` bei ❻ gibt an, welche Funktion in *views.py* aufgerufen werden soll. Wird eine Übereinstimmung zwischen der angeforderten URL und dem definierten Muster gefunden, ruft Django die Funktion `index()` aus *views.py* auf. (Die Ansichtsfunktion schreiben wir im nächsten Abschnitt.) Das dritte Argument gibt diesem URL-Muster den Namen `index`, sodass wir in anderen Codeabschnitten des Projekts einfacher darauf verweisen können. Wenn wir einen Link zur Startseite angeben möchten, können wir diesen Namen verwenden, anstatt die URL auszuschreiben.

Eine Ansicht schreiben

Eine Ansichtsfunktion nimmt Informationen von einer Anforderung entgegen, bereitet die erforderlichen Daten zum Erstellen einer Seite vor und sendet sie dann zum Browser. Dabei verwendet sie häufig eine Vorlage, die bestimmt, wie die Seite aussehen soll.

Als wir den Befehl `python manage.py startapp` ausgeführt haben, wurde automatisch die Datei *views.py* in *learning_logs* erstellt. Sie sieht zurzeit wie folgt aus:

views.py

```
from django.shortcuts import render

# Create your views here.
```

In ihrem jetzigen Zustand importiert die Datei lediglich die Funktion `render()`, die die Antwort auf der Grundlage der von der Ansicht bereitgestellten Daten darstellt. Öffnen Sie *views.py* und fügen Sie den folgenden Code für die Startseite ein:

```
from django.shortcuts import render

def index(request):
    """The home page for Learning Log"""
    return render(request, 'learning_logs/index.html')
```

Wenn eine URL-Anforderung mit dem zuvor definierten Muster übereinstimmt, sucht Django in der Datei *views.py* nach der Ansichtsfunktion `index()` und übergibt ihr das `request`-Objekt. Da wir hier keine Daten für die Seite verarbeiten müssen, besteht der Code der Funktion nur aus dem Aufruf von `render()`. Diese Funktion wiederum hat zwei Argumente, nämlich das ursprüngliche `request`-Objekt und eine Vorlage, um die Seite aufzubauen. Diese Vorlage schreiben wir als Nächstes.

Eine Vorlage schreiben

Die Vorlage (auch Template genannt) bestimmt, wie eine Webseite aussehen soll. Django fügt dann bei der Anforderung einer Seite die erforderlichen Daten hinzu. In einer Vorlage können Sie auf alle Daten zugreifen, die von der Ansicht zur Verfügung gestellt werden. Da unsere Ansicht für die Startseite keinerlei Daten bereitstellt, ist die zugehörige Vorlage sehr einfach.

Erstellen Sie innerhalb des Ordners *learning_logs* den Ordner *templates* und darin wiederum einen Ordner namens *learning_logs*. Das mag sich verwirrend und überflüssig anhören, aber Django kann diese Struktur eindeutig interpretieren, selbst in einem umfangreichen Projekt mit zahlreichen Apps. Legen Sie nun im inneren *learning_logs*-Ordner die Datei *index.html* an. Der Pfad zu dieser Datei lautet insgesamt *ll_project/learning_logs/templates/learning_logs/index.html*. Geben Sie den folgenden Code in diese Datei ein:

index.html

```
<p>Learning Log</p>

<p>Learning Log helps you keep track of your learning, for any topic you're
learning about.</p>
```

Dies ist eine sehr einfache Datei. Falls Sie nicht mit HTML vertraut sind: Die Tags <p> und </p> markieren Absätze, wobei <p> einen Absatz beginnt und </p> ihn beendet. Hier haben wir zwei Absätze, nämlich einen für den Titel und einen weiteren mit einer Erklärung, was die Benutzer mit Learning Log anfangen können.

Wenn wir jetzt die Basis-URL *http://localhost:8000/* anfordern, sehen wir statt der Django-Standardseite die Seite, die wir gerade eben erstellt haben. Die angeforderte URL stimmt mit dem Muster '' überein, weshalb Django die Funktion views.index() aufruft, die die Seite mithilfe der Vorlage in *index.html* darstellt. Die resultierende Seite sehen Sie in Abbildung 18–3.

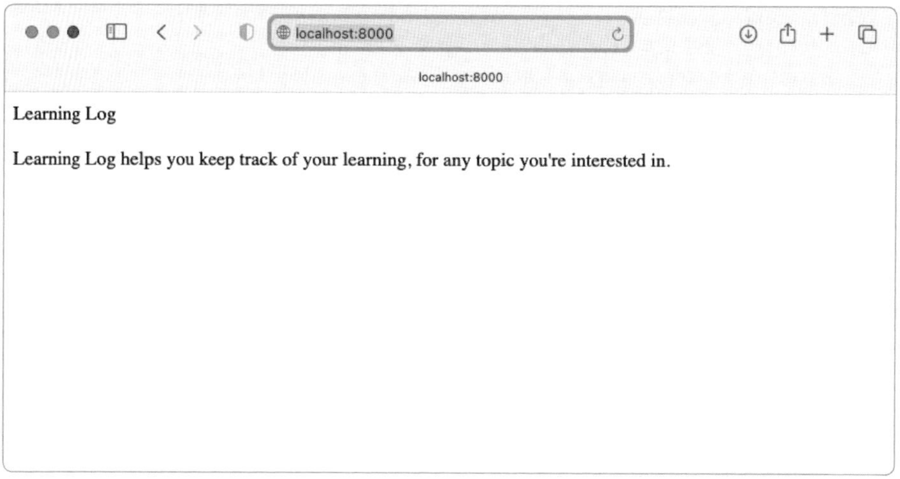

Abb. 18–3 *Die Startseite von Learning Log*

Das scheint ziemlich viel Aufwand zu sein, um eine einzige Seite zu erstellen, doch die Trennung zwischen URLs, Ansichten und Vorlagen hat sich bewährt, denn sie erlaubt es, die einzelnen Aspekte eines Projekts voneinander zu trennen. Bei großen Projekten können sich dann einzelne Mitarbeiter jeweils auf ihr Spezialgebiet konzentrieren: Während sich ein Datenbankspezialist um die Modelle kümmert, konzentriert sich ein Programmierer auf den Ansichtscode und ein Spezialist für das Frontend gestaltet die Vorlagen.

Hinweis

Unter Umständen wird die folgende Fehlermeldung angezeigt:

```
ModuleNotFoundError: No module named 'learning_logs.urls'
```

Wenn das passiert, halten Sie den Entwicklungsserver an, indem Sie in dem Terminalfenster, in dem Sie den Befehl `runserver` gegeben haben, `Strg` + `C` drücken, und führen den Befehl `python manage.py runserver` erneut aus. Danach sollten Sie die Startseite sehen können. Bei Fehlern dieser Art sollten Sie immer versuchen, den Server anzuhalten und neu zu starten.

Probieren Sie es selbst aus!

18-5 Menüplaner: Stellen Sie sich eine App vor, die bei der Planung der Mahlzeiten einer Woche hilft. Erstellen Sie den neuen Ordner *meal_planner* und richten Sie darin ein neues Django-Projekt ein. Legen Sie die neue App `meal_plans` an und gestalten Sie eine einfache Startseite für das Projekt.

18-6 Pizzeria-Startseite: Fügen Sie dem Pizzeria-Projekt aus Übung 18-4 eine Startseite hinzu.

Weitere Seiten erstellen

Nachdem wir jetzt den Ablauf zum Erstellen einer Seite kennen, können wir unser Projekt Learning Log weiter ausbauen. Wir legen zwei Seiten an, die Daten anzeigen, nämlich eine Seite, die alle Fachgebiete aufführt, und eine Seite, die die Einträge für ein bestimmtes Fachgebiet zeigt. Für jede dieser Seiten geben wir ein URL-Muster an und schreiben eine Ansichtsfunktion und eine Vorlage. Zuvor aber gestalten wir eine Basisvorlage, von der alle anderen Vorlagen in unserem Projekt erben können.

Vererbung bei Vorlagen

In einer Website gibt es immer einige Elemente, die auf jeder Seite angezeigt werden müssen. Anstatt sie direkt auf jede einzelne Seite zu schreiben, nehmen wir sie in eine Basisvorlage auf, von der dann alle anderen Seiten erben. Dadurch können Sie sich auf die besonderen Aspekte der einzelnen Seiten konzentrieren. Außerdem wird es dadurch einfacher, das Erscheinungsbild des Projekts zu ändern.

Die Elternvorlage

Wir erstellen die Vorlage *base.html* im selben Verzeichnis wie *index.html*. Diese Datei enthält die Elemente, die allen Seiten gemeinsam sind. Alle anderen Vorlagen erben von *base.html*. Das einzige Element, das wir zurzeit auf allen Seiten ausgeben möchten, ist der Titel am Seitenanfang, den wir überdies als Link zur Startseite gestalten wollen:

base.html

```
  <p>
❶   <a href="{% url 'learning_logs:index' %}">Learning Log</a>
  </p>

❷ {% block content %}{% endblock content %}
```

Der erste Teil dieser Datei erstellt einen Absatz mit dem Namen des Projekts, der auch als Link zur Startseite fungiert. Um einen Link anzulegen, verwenden wir ein *Vorlagen-Tag*, das durch geschweifte Klammern und Prozentzeichen dargestellt wird, also als `{% %}`. Dieser Code erzeugt die Informationen, die auf der Seite dargestellt werden sollen. In unserem Beispiel generiert `{% url 'learning_logs:index' %}` eine URL, die dem URL-Muster `index` in *learning_logs/urls.py* entspricht (❶). Hierbei ist `learning_logs` der *Namensraum* und `index` ein in diesem Namensraum eindeutig benanntes URL-Muster. Der Namensraum stammt dabei aus dem Wert, den wir `app_name` in der Datei *learning_logs/urls.py* zugewiesen haben.

Auf einer einfachen HTML-Seite wird ein Link durch ein *Ankertag* gekennzeichnet:

```
<a href="link-url">Linktext</a>
```

Dadurch, dass das Vorlagen-Tag die URL generiert, können wir unsere URLs leichter auf dem neuesten Stand halten. Um in unserem Projekt eine URL zu ändern, müssen wir lediglich das URL-Muster in *urls.py* anpassen, woraufhin Django bei der nächsten Anforderung der Seite automatisch die aktualisierte URL einfügt. Da jede Seite des Projekts von *base.html* erbt, erhält von jetzt an jede Seite den Link zur Startseite.

Bei ❷ fügen wir ein Paar von `block`-Tags ein. Dieser Block mit dem Namen `content` ist ein Platzhalter. Welche Informationen in diesen Block eingehen, wird in den Kindvorlagen festgelegt.

In einer Kindvorlage müssen nicht sämtliche Blöcke der Elternvorlage definiert sein. Dadurch ist es möglich, in Elternvorlagen Platz für beliebig viele Blöcke vorzusehen und in den Kindvorlagen nur einen Teil davon zu nutzen.

Hinweis

In Python-Code verwenden wir normalerweise vier Leerzeichen zur Einrückung. Da Vorlagendateien jedoch gewöhnlich mehr verschachtelte Ebenen aufweisen als Python-Dateien, ist es üblich, hier pro Einrückungsebene nur jeweils zwei Leerzeichen zu verwenden.

Die Kindvorlage

Als Nächstes müssen wir die Vorlage *index.html* so umschreiben, dass sie von *base.html* erbt. Fügen Sie den folgenden Code zu *index.html* hinzu:

index.html

```
❶ {% extends "learning_logs/base.html" %}

❷ {% block content %}
    <p>Learning Log helps you keep track of your learning, for any topic you're
    interested in.</p>
❸ {% endblock content %}
```

Wenn Sie dies mit der ursprünglichen Version von *index.html* vergleichen, können Sie erkennen, dass wir den Titel »Learning Log« durch Code ersetzt haben, durch den diese Vorlage von ihrer Elternvorlage erbt (❶). In der ersten Zeile einer Kindvorlage muss das Tag `{% extends ... %}` stehen, damit Django weiß, von welcher Elternvorlage sie erbt. Da die Datei *base.html* zu `learning_logs` gehört, schließen wir *learning_logs* in den Pfad zur Elternvorlage ein. Diese Zeile überführt den gesamten Inhalt von *base.html* in die Kindvorlage und ermöglicht es, in *index.html* zu definieren, was an der Stelle stehen soll, die durch den `content`-Block freigehalten wird.

Diesen Inhaltsblock definieren wir bei ❷, indem wir das Tag `{% block ... %}` mit der Angabe `content` einfügen. Alles, was wir nicht von der Elternvorlage erben, steht in einem `content`-Block. Hier ist es der Absatz, der das Projekt Learning Log beschreibt. Bei ❸ kennzeichnen wir das Ende der Inhaltsdefinition mit dem Tag `{% endblock content %}`. Das Tag muss nicht unbedingt einen Namen haben, aber wenn eine Vorlage mehrere Blöcke enthält, ist es hilfreich zu wissen, welcher davon hier endet.

Hier werden auch schon die Vorteile der Vorlagenvererbung deutlich: In einer Kindvorlage müssen wir nur den Inhalt angeben, der ausschließlich auf der betreffenden Seite vorkommt. Das vereinfacht nicht nur die Vorlage, sondern erleichtert auch Änderungen an der Website. Wenn Sie ein Element bearbeiten wollen, das auf mehreren Seiten vorkommt, müssen Sie das nur in der Elternvorlage tun. Die Änderungen werden dann auf alle Seiten übertragen, die von dieser Vorlage erben. In einem Projekt mit Dutzenden oder Hunderten von Seiten kann diese Struktur jegliche Verbesserungen der Site deutlich vereinfachen und beschleunigen.

In großen Projekten ist es üblich, eine Elternvorlage namens *base.html* für die gesamte Site sowie weitere Elternvorlagen für die größeren Abschnitte zu verwenden. Alle Abschnittsvorlagen erben von *base.html*, und alle Seiten erben von einer Abschnittsvorlage. Dadurch können Sie das Erscheinungsbild der gesamten Website, einzelner Abschnitte und individueller Seiten leicht ändern. Diese Vorgehensweise sorgt für einen effizienten Arbeitsablauf und unterstützt Sie dabei, Ihr Projekt kontinuierlich zu verbessern.

Die Seite Topics

Da wir nun eine effiziente Vorgehensweise zum Erstellen von Seiten haben, können wir uns den nächsten beiden Seiten zuwenden, nämlich denjenigen zur Anzeige der Fachgebiete bzw. der Einträge zu einem Fachgebiet. Die Seite, die alle vom Benutzer erstellten Fachgebiete aufführt, ist die erste, bei der wir mit Daten arbeiten müssen.

Das URL-Muster für die Seite Topics

Als Erstes müssen wir die URL für die Seite mit den Fachgebieten definieren. Dabei ist es üblich, einen einfachen URL-Abschnitt zu verwenden, der angibt, welche Arten von Informationen auf der betreffenden Seite zu finden sind. Dazu benutzen wir das Wort *topics*, sodass sich für die Seite mit den Fachgebieten die URL *http://localhost:8000/topics/* ergibt. Die Datei *learning_logs/urls.py* müssen wir dazu wie folgt ergänzen:

urls.py

```
"""Defines URL patterns for learning_logs."""
-- schnipp --
urlpatterns = [
    # Startseite
    path('', views.index, name='index'),
    # Seite, die alle Fachgebiete anzeigt.
❶   path('topics/', views.topics, name='topics'),
]
```

Das neue URL-Muster ist das Wort `topics`, gefolgt von einem Schrägstrich (❶). Dieser Ausdruck stimmt mit einer URL überein, die aus der Basis-URL gefolgt von *topics* besteht. Ob der Schrägstrich hinter *topics* angegeben wird oder nicht, spielt dabei keine Rolle, aber sonst darf nichts mehr hinter *topics* stehen. Jede Anforderung mit einer URL, die diesem Muster entspricht, wird an die Funktion `topics()` in *views.py* übergeben.

Die Ansicht für die Seite Topics

Die Funktion `topics()` muss einige Daten von der Datenbank abrufen und an die Vorlage senden. Dazu erweitern wir *views.py* wie folgt:

views.py

```
   from django.shortcuts import render

❶  from .models import Topic

   def index(request):
       -- schnipp --
❷  def topics(request):
       """Show all topics."""
❸      topics = Topic.objects.order_by('date_added')
❹      context = {'topics': topics}
❺      return render(request, 'learning_logs/topics.html', context)
```

Als Erstes importieren wir das Modell mit den benötigten Daten (❶). Die Funktion `topics()` braucht einen Parameter, nämlich das `request`-Objekt, das Django vom Server empfangen hat (❷). Bei ❸ rufen wir aus der Datenbank die `Topic`-Objekte ab, sortiert nach dem Attribut `date_added`. Den resultierenden Abfragesatz weisen wir `topics` zu.

Bei ❹ definieren wir ein Dictionary als *Kontext*, den wir an die Vorlage senden. Die Schlüssel in diesem Dictionary namens `context` sind die Namen, die wir in der Vorlage für den Zugriff auf die Daten verwenden, und bei den Werten handelt es sich um die zu sendenden Daten. In diesem Fall haben wir nur ein Schlüssel-Wert-Paar mit dem Satz der Fachgebiete, die wir auf der Seite anzeigen. Wenn wir eine Seite erstellen, die auf Daten zurückgreift, müssen wir an `render()` neben dem `request`-Objekt und dem Pfad zur Vorlage auch die Variable `context` übergeben (❺) und das `context`-Dictionary.

Die Vorlage Topics

Die Vorlage für die Seite mit den Fachgebieten empfängt das Dictionary `context`, sodass sie die von `topics()` bereitgestellten Daten nutzen kann. Erstellen Sie die Datei *topics.html* in demselben Verzeichnis, in dem sich auch *index.html* befindet. Um die Fachgebiete aufzulisten, schreiben wir diese Vorlage wie folgt:

topics.html

```
{% extends 'learning_logs/base.html' %}

{% block content %}

  <p>Topics</p>
```

```
❶   <ul>
❷     {% for topic in topics %}
❸       <li>{{ topic.text }}</li>
❹     {% empty %}
        <li>No topics have been added yet.</li>
❺     {% endfor %}
❻   </ul>

{% endblock content %}
```

Mit dem Tag {% extends %} sorgen wir wie auf der Homepage dafür, dass die Vorlage von *base.html* erbt. Danach öffnen wir den content-Block. Der Rumpf dieser Seite enthält eine Spiegelstrichaufzählung der eingegebenen Fachgebiete. In HTML wird eine Spiegelstrichaufzählung als *ungeordnete Liste* bezeichnet und durch die Tags <ul> und </ul> markiert. Bei ❶ beginnen wir mit dieser Aufzählung.

Das Vorlagen-Tag bei ❷ entspricht einer for-Schleife und durchläuft die Liste topics im Dictionary context. Der Code in dieser Vorlage unterscheidet sich in einigen wichtigen Einzelheiten von normalem Python-Code. In Python werden Einrückungen genutzt, um deutlich zu machen, welche Zeilen zu der Schleife einer for-Anweisung gehören, während wir bei for-Schleifen in einer Vorlage mit dem Tag {% endfor %} ausdrücklich kennzeichnen müssen, wo die Schleife endet. Schleifen in Vorlagen werden wie folgt geschrieben:

```
{% for element in liste %}
    macht irgendetwas mit jedem Element
{% endfor %}
```

In der Schleife wollen wir aus jedem Fachgebiet ein Element der Spiegelstrichaufzählung machen. Um in einer Vorlage eine Variable auszugeben, müssen wir den Variablennamen in doppelte geschweifte Klammern einschließen. Die Klammern erscheinen nicht auf der Seite, sondern dienen lediglich als Signal für Django, dass wir eine Vorlagenvariable verwenden. Bei jedem Durchlauf der Schleife wird der Code {{ topic }} bei ❸ durch den Wert des aktuellen Textattributs von topic ersetzt. Die HTML-Tags <li> und </li> kennzeichnen ein Listenelement. Was zwischen diesen Tags steht, wird jeweils als ein Element der umgebenden, durch <ul> und </ul> begrenzten Spiegelstrichaufzählung ausgegeben.

Das Vorlagen-Tag {% empty %} bei ❹ weist Django an, was zu tun ist, wenn die Liste keine Elemente enthält. In diesem Fall geben wir die Meldung aus, dass noch keine Fachgebiete hinzugefügt worden sind. Die beiden letzten Zeilen beenden die for-Schleife (❺) und die Spiegelstrichaufzählung (❻).

Nun müssen wir auch die Basisvorlage ändern, um ihr einen Link zur Seite *Topics* hinzuzufügen:

base.html

```
    <p>
❶     <a href="{% url 'learning_logs:index' %}">Learning Log</a> -
❷     <a href="{% url 'learning_logs:topics' %}">Topics</a>
    </p>

    {% block content %}{% endblock content %}
```

Hinter dem Link zur Startseite fügen wir einen Bindestrich hinzu (❶), und dahinter geben wir den Link zur Seite *Topics* an, wobei wir wieder das Vorlagen-Tag `{% url %}` verwenden (❷). Diese Zeile weist Django an, einen Link zu erzeugen, der dem URL-Muster `'topics'` in *learning_logs/urls.py* entspricht.

Wenn Sie die Startseite in Ihrem Browser aktualisieren, sehen Sie jetzt den Link *Topics*. Ein Klick darauf führt Sie zu der Seite aus Abbildung 18–4.

Abb. 18–4 *Die Seite Topics*

Einzelne Fachgebietsseiten

Nun müssen wir eine Seite für ein einzelnes Fachgebiet erstellen, die den Namen dieses Gebiets und alle zugehörigen Einträge anzeigt. Auch dafür müssen wir wieder ein URL-Muster definieren und eine Ansicht sowie eine Vorlage schreiben. Außerdem verbessern wir die Seite *Topics*, indem wir aus den Elementen in der Liste Links machen, die zu der zugehörigen Fachgebietsseite führen.

Das URL-Muster für eine Fachgebietsseite

Das URL-Muster für die Fachgebietsseite unterscheidet sich von den vorherigen, da wir hier anhand des Attributs `id` bestimmen, welches Fachgebiet angefordert wurde. Wenn der Benutzer beispielsweise die Seite für Schach anfordert, also das Fachgebiet mit der ID 1, dann ergibt sich die URL *http://localhost:8000/topics/1/*. In *learning_logs/urls.py* legen wir das URL-Muster für diese Seite wie folgt fest:

urls.py

```
-- schnipp --
urlpatterns = [
    -- schnipp --
    # Seite für ein einzelnes Fachgebiet
    path('topics/<int:topic_id>/', views.topic, name='topic'),
]
```

Sehen wir uns den String `'topics/<int:topic_id>/'` in diesem URL-Muster genauer an. Der erste Teil weist Django an, nach URLs Ausschau zu halten, in denen das Wort *topics* hinter der Basis-URL steht. Der zweite Teil, `/<int:topic_id>/`, stimmt mit einem Integer zwischen zwei Schrägstrichen überein und weist ihn dem Argument namens `topic_id` zu.

Wenn Django eine URL findet, die diesem Muster entspricht, ruft es die Funktion `topic()` mit dem in `topic_id` abgelegten Wert als Argument auf. Mithilfe dieses Werts können wir in der Funktion das richtige Fachgebiet abrufen.

Die Ansicht für eine Fachgebietsseite

Die Funktion `topic()` muss das angeforderte Fachgebiet und alle damit verknüpften Einträge aus der Datenbank abrufen:

views.py

```
   -- schnipp --
❶  def topic(request, topic_id):
       """Show a single topic and all its entries."""
❷      topic = Topic.objects.get(id=topic_id)
❸      entries = topic.entry_set.order_by('-date_added')
❹      context = {'topic': topic, 'entries': entries}
❺      return render(request, 'learning_logs/topic.html', context)
```

Dies ist die erste Ansichtsfunktion, für die wir noch einen anderen Parameter benötigen als das `request`-Objekt. Sie nimmt den vom Ausdruck `/<int:topic_id>/` erfassten Wert entgegen und weist sie `topic_id` zu (❶). Dann rufen wir bei ❷ das Fachgebiet mit `get()` ab, wie wir es in der Django-Shell getan haben. Bei ❸ ermitteln wir die Einträge, die mit dem Fachgebiet verknüpft sind, und sortieren sie nach dem Attribut `date_added`, wobei das Minuszeichen dafür sorgt, dass sie in absteigender Reihenfolge geordnet werden, also mit dem neuesten Eintrag an der Spitze. Wir speichern das Fachgebiet und die Einträge im Dictionary `context` (❹) und rufen `render()` mit dem `request`-Objekt der Vorlage *topic.html* und dem `context`-Dictionary auf (❺).

Hinweis

Die Codephrasen bei ❷ und ❸ werden als *Abfragen* bezeichnet, da sie die Datenbank nach bestimmten Informationen abfragen. Wenn Sie in Ihren Projekten solche Abfragen schreiben, sollten Sie sie am besten erst in der Django-Shell ausprobieren. In der Shell erhalten Sie viel schneller eine Rückmeldung, als wenn Sie erst eine Ansicht und eine Vorlage schreiben und die Ergebnisse dann im Browser überprüfen.

Die Vorlage für eine Fachgebietsseite

Die Vorlage muss den Namen des Fachgebiets und die zugehörigen Einträge anzeigen. Sollten für ein Fachgebiet noch keine Einträge vorliegen, müssen wir den Benutzer darüber informieren.

topic.html

```
{% extends 'learning_logs/base.html' %}

{% block content %}

❶  <p>Topic: {{ topic.text }}</p>

   <p>Entries:</p>
❷  <ul>
❸  {% for entry in entries %}
     <li>
❹      <p>{{ entry.date_added|date:'M d, Y H:i' }}</p>
❺      <p>{{ entry.text|linebreaks }}</p>
     </li>
❻  {% empty %}
     <li>There are no entries for this topic yet.</li>
   {% endfor %}
   </ul>

{% endblock content %}
```

Wie für alle Seiten in diesem Projekt erweitern wir auch für diese die Basisvorlage *base.html*. Danach geben wir den Namen des angeforderten Textattributs aus (❶), den wir der Vorlagenvariablen `{{ topic }}` entnehmen. Sie steht uns hier zur Verfügung, da sie im Dictionary `context` enthalten ist. Anschließend beginnen wir mit der Spiegelstrichaufzählung (❷) und durchlaufen dazu alle Einträge, wie wir es zuvor für die Fachgebiete getan haben (❸).

Unter jedem Aufzählungspunkt werden zwei Informationen aufgeführt, nämlich der Zeitstempel und der vollständige Text jedes Eintrags. Um den Zeitstempel anzugeben, zeigen wir den Wert des Attributs `date_added` an (❹). Ein senkrechter Strich (`|`) in Django-Vorlagen ist ein *Filter*, also eine Funktion, die den Wert in einer Vorlagenvariablen während des Renderings ändert. Aufgrund des Filters `date:'M d, Y H:i'` werden die Zeitstempel im Format *January 1, 2022 23:00* angezeigt. Die nächste Zeile gibt nur das aktuelle `text`-Attribut aus. Mit dem Filter `linebreaks` (❺) sorgen wir jedoch dafür, dass lange Einträge Zeilenumbrüche in einem Format enthalten, das Browser verstehen können. Bei ❻ geben wir wieder mithilfe des Vorlagen-Tags `{% empty %}` eine Meldung aus, wenn keine Einträge vorhanden sind.

Links von der Seite Topics

Bevor wir uns die einzelnen Fachgebietsseiten im Browser ansehen, wollen wir noch die Seite *Topics* ändern und die darin aufgeführten Fachgebietsnamen als Links gestalten, die zu der jeweiligen Fachgebietsseite führen. Dazu wandeln wir *topics.html* wie folgt ab:

topics.html

```
-- schnipp --
    {% for topic in topics %}
      <li>
        <a href="{% url 'learning_logs:topic' topic.id %}">
              {{ topic.text }}</a></li>
      </li>
    {% empty %}
-- schnipp --
```

Um den Link zu generieren, verwenden wir wieder das Vorlagen-Tag für URLs, wobei wir auf das URL-Muster `'topic'` in `learning_logs` zurückgreifen. Da dieses Muster das Argument `topic_id` erfordert, fügen wir dem Tag das Attribut `topic.id` hinzu. Jetzt wird der Name jedes Fachgebiets in der Liste als Link zu der entsprechenden Fachgebietsseite formatiert, z. B. *http://localhost:8000/topics/1/*.

Wenn Sie die Seite *Topics* aktualisieren und auf ein Fachgebiet klicken, sehen Sie jetzt eine Seite wie in Abbildung 18–5.

Hinweis

Es gibt einen feinen, aber wichtigen Unterschied zwischen `topic.id` und `topic_id`. Der Ausdruck `topic.id` untersucht ein Fachgebiet und ruft den Wert der zugehörigen ID ab. Die Variable `topic_id` dagegen ist ein Verweis auf diese ID im Code. Wenn Sie bei der Arbeit mit IDs auf Probleme stoßen, vergewissern Sie sich, dass Sie diese Ausdrücke ordnungsgemäß verwenden.

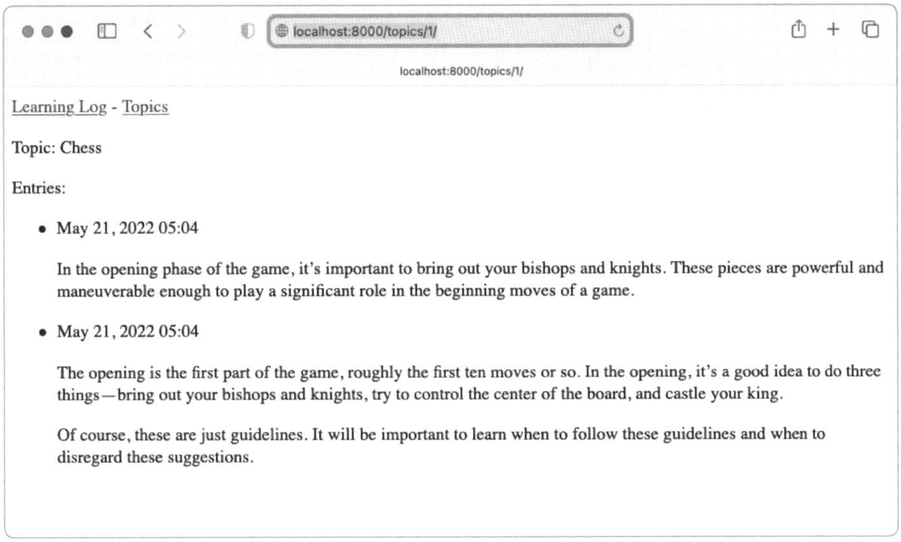

Abb. 18–5 *Die Seite für ein einzelnes Fachgebiet mit allen zugehörigen Einträgen*

Probieren Sie es selbst aus!

18-7 Vorlagendokumentation: Schauen Sie sich die Dokumentation zu Django-Vorlagen auf *https://docs.djangoproject.com/en/4.1/ref/templates/* an. Sie können sie bei der Arbeit an Ihren eigenen Projekten zum Nachschlagen nutzen.

18-8 Seiten für das Pizzeria-Projekt: Fügen Sie dem Pizzeria-Projekt aus Übung 18-6 eine Seite hinzu, die die Bezeichnungen der verfügbaren Pizzas zeigt. Gestalten Sie jede dieser Pizzabezeichnungen als Link zu einer Seite, die die Beläge der betreffenden Pizza angibt. Nutzen Sie die Vorlagenvererbung, um die Seiten rationell anlegen zu können.

Zusammenfassung

In diesem Kapitel haben Sie gelernt, wie Sie Webanwendungen mithilfe des Frameworks Django erstellen können. Dazu haben Sie eine kurze Spezifikation des Projekts geschrieben, Django in einer virtuellen Umgebung installiert, das Projekt eingerichtet und geprüft, dass diese Einrichtung korrekt abgelaufen ist. Sie haben gelernt, eine App anzulegen, Modelle für die Daten in der App zu definieren, Datenbanken nach Änderungen an Ihren Modellen mithilfe von Django zu migrieren, einen Superuser für eine Admin-Site anzulegen und Daten über die Admin-Site einzugeben.

Des Weiteren haben Sie sich die Django-Shell angesehen, die es Ihnen ermöglicht, in einer Terminalsitzung mit den Daten Ihres Projekts zu arbeiten. Sie haben erfahren, wie Sie URLs definieren, Ansichtsfunktionen schreiben und Vorlagen für die Seiten Ihrer Website erstellen und wie Sie mithilfe der Vorlagenvererbung den Aufbau der einzelnen Vorlagen vereinfachen und Änderungen an der Website im Laufe des Projekts erleichtern.

In Kapitel 19 erstellen wir selbsterklärende, benutzerfreundliche Seiten, auf denen die Benutzer neue Fachgebiete und Einträge hinzufügen und vorhandene Einträge außerhalb der Admin-Site bearbeiten können. Außerdem fügen wir ein Registrierungssystem hinzu, sodass die Benutzer ein Konto anlegen und ein eigenes Lerntagebuch starten können. Das ist der Dreh- und Angelpunkt einer Webanwendung: die Möglichkeit, etwas zu erstellen, mit dem beliebig viele Benutzer arbeiten können.

19 Benutzerkonten

Entscheidend für eine Webanwendung ist, dass sich jeder Benutzer von überall auf der Welt mit einem Konto dafür registrieren und sie dann verwenden kann. In diesem Kapitel erstellen wir Formulare, mit deren Hilfe die Benutzer ihre eigenen Fachgebiete und Einträge hinzufügen und bestehende Einträge bearbeiten können. Sie erfahren auch, wie Django Vorsorge gegen gängige Angriffe auf formulargestützte Seiten trifft, sodass Sie sich nicht zu viele Gedanken über die Sicherheit Ihrer Apps machen müssen.

Außerdem richten wir ein System zur Benutzerauthentifizierung ein. Dazu erstellen Sie eine Registrierungsseite, auf der die Benutzer ein Konto anlegen können, und beschränken dann den Zugang zu bestimmten Seiten auf angemeldete Benutzer. Dabei müssen wir auch einige der Ansichtsfunktionen ändern, sodass die Benutzer nur ihre eigenen Daten sehen können. Sie lernen auch, wie Sie die Daten Ihrer Benutzer schützen.

Dateneingabe durch die Benutzer

Bevor wir ein Authentifizierungssystem und eine Möglichkeit zum Anlegen von Konten einrichten, wollen wir zunächst einige Seiten hinzufügen, um den Benutzern die Eingabe eigener Daten zu ermöglichen. Dabei sollen die Benutzer neue Fachgebiete und neue Einträge erstellen und ihre vorherigen Einträge bearbeiten können.

Zurzeit lassen sich Daten nur vom Superuser und nur in der Admin-Site eingeben. Da die Benutzer die Admin-Site nicht verwenden sollen, erstellen wir mithilfe der Formularfunktionen von Django Seiten für die Dateneingabe durch Benutzer.

Neue Fachgebiete hinzufügen

Als Erstes wollen wir den Benutzern die Möglichkeit geben, ein neues Fachgebiet hinzuzufügen. Formularseiten erstellen wir auf die gleiche Weise wie die Seiten, die wir bereits angelegt haben: Wir definieren eine URL, schreiben eine Ansichtsfunktion und gestalten eine Vorlage. Der einzige größere Unterschied besteht darin, dass wir jetzt das Modul *forms.py* für die Verwendung von Formularen einsetzen.

Das Modellformular für Fachgebiete

Eine Website, auf der ein Benutzer Informationen eingeben kann, ist ein HTML-Element namens *form*. Wenn Benutzer Informationen eingeben, müssen wir *validieren*, dass dies Informationen der richtigen Art sind und nicht etwa irgendwelche schädlichen Dinge wie Code für einen Angriff auf den Server. Anschließend müssen wir die gültigen Informationen verarbeiten und an einem passenden Ort in unserer Datenbank speichern. Django erledigt einen Großteil dieser Arbeit automatisch.

Die einfachste Möglichkeit, um in Django ein Formular zu erstellen, besteht in der Verwendung eines *Modellformulars* (`ModelForm`), das die Informationen aus den in Kapitel 18 definierten Modellen nutzt, um automatisch ein Formular zu gestalten. Erstellen Sie die Datei *forms.py* im selben Verzeichnis wie *models.py* und schreiben Sie darin ein erstes Formular:

forms.py

```
from django import forms

from .models import Topic

❶ class TopicForm(forms.ModelForm):
      class Meta:
❷         model = Topic
```

```
❸           fields = ['text']
❹           labels = {'text': ''}
```

Als Erstes importieren wir das Modul `forms` sowie das Modell, mit dem wir arbeiten wollen, in diesem Fall also `Topic`. Bei ❶ definieren wir die Klasse `TopicForm`, die von `forms.ModelForm` erbt.

In seiner einfachsten Form besteht ein `ModelForm` aus einer verschachtelten `Meta`-Klasse, die Django sagt, welches Modell es als Grundlage für das Formular verwenden und welche Felder es darin einschließen soll. Bei ❷ erstellen wir ein Formular auf der Grundlage des Modells `Topic`, wobei wir nur das Feld `text` einschließen (❸). Der leere String im `labels`-Dictionary bei ❹ weist Django an, keine Beschriftung für das Feld `text` anzugeben.

Die URL new_topic

Die URL für eine neue Seite sollte kurz und aussagekräftig sein. Wenn ein Benutzer ein neues Fachgebiet anlegen möchte, schicken wir ihn daher zu *http://localhost:8000/new_topic/*. In *learning_logs/urls.py* fügen wir dazu das folgende URL-Muster für die Seite `new_topic` hinzu:

urls.py

```
-- schnipp --
urlpatterns = [
    -- schnipp --
    # Seite zum Hinzufügen neuer Fachgebiete
    path('new_topic/', views.new_topic, name='new_topic'),
]
```

Anforderungen, die diesem URL-Muster entsprechen, werden an die Ansichtsfunktion `new_topic()` gesendet, die wir als Nächstes schreiben.

Die Ansichtsfunktion new_topic()

Die Funktion `new_topic()` muss zwei verschiedene Situationen handhaben, nämlich eine ursprüngliche Anforderung der Seite `new_topic` (wobei ein leeres Formular angezeigt wird) und die Verarbeitung der mithilfe des Formulars eingereichten Daten. In letzterem Fall muss sie den Benutzer anschließend wieder zur Seite *Topics* zurückleiten.

views.py

```
from django.shortcuts import render, redirect

from .models import Topic
from .forms import TopicForm
```

```
   -- schnipp --
   def new_topic(request):
       """Add a new topic."""
❶      if request.method != 'POST':
           # Keine Daten übermittelt; es wird ein leeres Formular erstellt.
❷          form = TopicForm()
       else:
           # POST-Daten übermittelt; Daten werden verarbeitet.
❸          form = TopicForm(data=request.POST)
❹          if form.is_valid():
❺              form.save()
❻              return redirect('learning_logs:topics')

       # Zeigt ein leeres oder ein als ungültiges erkanntes Formular an.
❼      context = {'form': form}
       return render(request, 'learning_logs/new_topic.html', context)
```

Wir importieren die Funktion `redirect`, die wir brauchen, um den Benutzer nach dem Einreichen des neuen Fachgebiets wieder zur Seite *Topics* zurückzubringen. Außerdem importieren wir das zuvor geschriebene Formular `TopicForm`.

GET- und POST-Anforderungen

Die beiden Hauptarten von Anforderungen, mit denen Sie zu tun haben, sind GET- und POST-Anforderungen. GET-Anforderungen nehmen Sie für Seiten, die die Daten auf dem Server lediglich lesen müssen. Wenn ein Benutzer dagegen über ein Formular Informationen eingibt, verwenden Sie gewöhnlich POST-Anforderungen. Im Folgenden legen wir die POST-Methode für die Verarbeitung aller unserer Formulare fest. (Es gibt noch einige weitere Arten von Anforderungen, die wir jedoch in diesem Projekt nicht verwenden werden.)

Die Funktion `new_topic()` nimmt das `request`-Objekt als Parameter entgegen. Wenn der Benutzer die Seite aufruft, sendet der Browser eine GET-Anforderung, und wenn er das ausgefüllte Formular absendet, erfolgt eine POST-Anforderung. Je nach Art der Anforderung wissen wir also, ob der Benutzer ein leeres Formular haben möchte (GET) oder ein ausgefülltes Formular zur Verarbeitung einreicht (POST).

Der Test bei ❶ prüft, welche Art von Anforderungsmethode verwendet wurde. Ist es nicht POST, so handelt es sich wahrscheinlich um GET, weshalb wir ein leeres Formular zurückgeben. (Sollte es sich um eine andere Art von Anforderung handeln, sind wir mit dieser Reaktion immer noch auf der sicheren Seite.) Wir erstellen dazu eine Instanz von `TopicForm` (❷), weisen sie der Variablen `form` zu und senden das Formular an die Vorlage, die im Dictionary `context` angegeben ist (❼).

Da wir bei der Instanziierung von `TopicForm` keine Argumente angegeben haben, erstellt Django ein leeres Formular, das der Benutzer ausfüllen kann.

Handelt es sich bei der Anforderungsmethode dagegen um POST, wird der `else`-Block ausgeführt, der die in dem Formular übermittelten Daten verarbeitet. Auch hier bilden wir eine Instanz von `TopicForm` (❸), übergeben ihr aber diesmal die in `request.POST` gespeicherten Daten, die der Benutzer eingegeben hat. Das zurückgegebene `form`-Objekt enthält die vom Benutzer eingereichten Informationen.

Bevor wir diese Informationen in der Datenbank speichern, müssen wir zunächst sicherstellen, dass sie gültig sind (❹). Die Methode `is_valid()` prüft, ob alle erforderlichen Felder ausgefüllt wurden (standardmäßig sind alle Formularfelder Pflichtfelder) und ob die eingegebenen Daten dem Feldtyp entsprechen, also beispielsweise, ob die Länge von `text` weniger als 200 Zeichen beträgt, wie wir es in *models.py* festgelegt haben (siehe Kapitel 18). Diese automatische Validierung erspart uns eine Menge Arbeit. Wenn die Daten gültig sind, rufen wir `save()` auf (❺), wodurch die Daten aus dem Formular in die Datenbank geschrieben werden. Danach können wir die Seite verlassen. Die Funktion `redirect()` nimmt den Namen einer Ansicht und leitet den Benutzer auf die damit verbundene Ansicht weiter. Hier verwenden wir `redirect()`, um den Benutzer zur Seite *Topics* weiterzuleiten, in deren Liste der Fachgebiete jetzt auch das neu angelegte zu sehen ist.

Am Ende der Ansichtsfunktion wird die Variable `context` definiert und die Seite mithilfe der Vorlage *new_topic.html* dargestellt, die wir als Nächstes schreiben. Dieser Code steht außerhalb der `if`-Blöcke. Er wird ausgeführt, wenn ein leeres Formular erstellt wurde, aber auch, wenn ein übermitteltes Formular als ungültig erkannt wurde. Die Anzeige eines ungültigen Formulars schließt auch einige Standardfehlermeldungen ein, die dem Benutzer helfen sollen, akzeptable Daten einzureichen.

Die Vorlage new_topic

Um das in den vorherigen Schritten erstellte Formular anzuzeigen, schreiben wir die Vorlage *new_topic.html*:

new_topic.html

```
{% extends "learning_logs/base.html" %}

{% block content %}
  <p>Add a new topic:</p>
❶ <form action="{% url 'learning_logs:new_topic' %}" method='post'>
❷   {% csrf_token %}
❸   {{ form.as_div }}
❹   <button name="submit">Add topic</button>
  </form>

{% endblock content %}
```

Auch diese Vorlage ist eine Erweiterung von *base.html*, weist also die gleiche Grundstruktur auf wie die anderen Seiten in Learning Log. Bei ❶ definieren wir ein HTML-Formular mit `<from>` und `</form>`. Das Argument `action` teilt dem Browser mit, wohin die Formulardaten gesendet werden sollen. In diesem Fall gehen sie an die Ansichtsfunktion `new_topic()`. Das Argument `method` weist den Browser an, die Daten als POST-Anforderung zu übermitteln.

Das Vorlagen-Tag `{% csrf_token %}` bei ❷ soll verhindern, dass Angreifer das Formular missbrauchen, um damit nicht autorisierten Zugriff auf den Server zu erlangen. (Diese Art von Angriff wird als *siteübergreifende Fälschung einer Anforderung* oder *Cross-Site Request Forgery* bezeichnet; daher die Buchstabenfolge `csrf`.) Bei ❸ zeigen wir das Formular an. Wie Sie hier erkennen können, geht das mit Django sehr einfach. Wir müssen lediglich die Vorlagenvariable `{{ form.as_p }}` angeben, woraufhin Django automatisch alle erforderlichen Felder für die Anzeige erstellt. Der Modifizierer `as_p` bedeutet, dass die Formularelemente HTML-Elemente `<div></div>` dargestellt werden sollen, was eine einfache Möglichkeit bildet, um das Formular übersichtlich zu halten.

Da Django keine Schaltfläche zum Einreichen des Formulars (»submit«) erstellt, legen wir sie bei ❹ selbst an, bevor wir es schließen.

Ein Link zur Seite new_topic

Als Nächstes fügen wir auf der Seite *Topics* einen Link zu `new_topic` ein:

topics.html

```
{% extends "learning_logs/base.html" %}

{% block content %}

  <p>Topics</p>

  <ul>
    -- schnipp --
  </ul>

  <a href="{% url 'learning_logs:new_topic' %}">Add a new topic:</a>

{% endblock content %}
```

Diesen Link platzieren wir hinter der Liste der vorhandenen Fachgebiete. In Abbildung 19–1 sehen Sie das resultierende Formular. Legen Sie damit selbst testhalber einige Fachgebiete an.

Abb. 19–1 *Die Seite zum Hinzufügen eines neuen Fachgebiets*

Neue Einträge hinzufügen

Die Benutzer wollen natürlich nicht nur neue Fachgebiete, sondern vor allem neue Einträge hinzufügen. Um die Möglichkeit dazu bereitzustellen, müssen wir wiederum eine URL definieren, eine Ansichtsfunktion und eine Vorlage schreiben und einen Link zu der Seite vorsehen. Als Erstes jedoch fügen wir *forms.py* eine neue Klasse hinzu.

Das Modellformular für Einträge

Wir müssen ein Formular erstellen, das mit dem Modell `Entry` verknüpft ist. Hierzu sind jedoch mehr Anpassungen erforderlich als bei `TopicForm`:

forms.py

```
from django import forms

from .models import Topic, Entry

class TopicForm(forms.ModelForm):
    -- schnipp --

class EntryForm(forms.ModelForm):
    class Meta:
        model = Entry
        fields = ['text']
❶       labels = {'text': ''}
❷       widgets = {'text': forms.Textarea(attrs={'cols': 80})}
```

Als Erstes erweitern wir die `import`-Anweisung, um neben `Topic` auch `Entry` einzuschließen. Die neue Klasse `EntryForm` erbt von `forms.ModelForm` und enthält die eingebettete Klasse `Meta`, die das zugrunde liegende Modell sowie die in das Formular aufzunehmenden Felder angibt. Auch hier geben wir dem Feld `'text'` wieder eine leere Beschriftung (❶).

Bei `Entryform` ❷ schließen wir das Attribut `widgets` ein. *Widgets* sind HTML-Formularelemente, z. B. ein- oder mehrzeilige Textfelder oder Drop-down-Listen. Mit dem Attribut `widgets` können wir die Standardauswahl von Django für die zu verwendenden Widgets überschreiben. Hier weisen wir Django an, als Eingabe-Widget für das Feld `'text'` ein Element vom Typ `forms.Textarea` mit einer Breite von 80 statt der üblichen 40 Spalten zu verwenden. Dadurch bekommt der Benutzer genügend Platz, um einen sinnvollen Eintrag zu schreiben.

Die URL für new_entry

Da neue Einträge mit einem Fachgebiet verknüpft werden müssen, ist es erforderlich, in die URL für die Seite zum Hinzufügen neuer Einträge das Argument `topic_id` aufzunehmen. Dazu ergänzen wir *learning_logs/urls.py* um folgenden Ausdruck:

urls.py

```
-- schnipp --
urlpatterns = [
    -- schnipp --
    # Seite zum Hinzufügen neuer Fachgebiete
    path('new_entry/<int:topic_id>/', views.new_entry, name='new_entry'),
]
```

Dieses URL-Muster steht für URLs der Form *http://localhost:8000/new_entry/id/*, wobei *id* eine Zahl ist, die einer Fachgebiets-ID entspricht. Durch <int:topic_id> wird der numerische Wert erfasst und in der Variablen `topic_id` gespeichert. Wird eine URL angefordert, die diesem Muster entspricht, sendet Django die Anforderung und die Fachgebiets-ID an die Ansichtsfunktion `new_entry()`.

Die Ansichtsfunktion new_entry()

Die Ansichtsfunktion für `new_entry` ähnelt sehr stark der Ansichtsfunktion zum Hinzufügen eines neuen Fachgebiets. Fügen Sie den folgenden Code zur Datei *views.py* hinzu:

views.py

```
from django.shortcuts import render, redirect

from .models import Topic
from .forms import TopicForm, EntryForm
```

```
    -- schnipp --
    def new_entry(request, topic_id):
        """Add a new entry for a particular topic."""
❶       topic = Topic.objects.get(id=topic_id)

❷       if request.method != 'POST':
            # Keine Daten übermittelt; es wird ein leeres Formular erstellt.
❸           form = EntryForm()
        else:
            # POST-Daten übermittelt; Daten werden verarbeitet.
❹           form = EntryForm(data=request.POST)
            if form.is_valid():
❺               new_entry = form.save(commit=False)
❻               new_entry.topic = topic
                new_entry.save()
❼               return redirect('learning_logs:topic', topic_id=topic_id)

        # Zeigt ein leeres oder ein als ungültiges erkanntes Formular an.
        context = {'topic': topic, 'form': form}
        return render(request, 'learning_logs/new_entry.html', context)
```

Wir erweitern die `import`-Anweisung, um das zuvor erstellte Formular `EntryForm` einzuschließen. Die Definition von `new_entry()` enthält den Parameter `topic_id`, um die von der URL erhaltene Fachgebiets-ID festzuhalten. Da wir das Fachgebiet brauchen, um die Seite darzustellen und die Formulardaten zu verarbeiten, rufen wir bei ❶ mithilfe von `topic_id` das `topic`-Objekt ab.

Bei ❷ prüfen wir, ob es sich bei der Anforderungsmethode um POST oder GET gehandelt hat. Bei einer GET-Anforderung wird der `if`-Block ausgeführt, in dem wir eine leere Instanz von `EntryForm` erstellen (❸).

War es dagegen eine POST-Anforderung, verarbeiten wir die Daten, indem wir eine Instanz von `EntryForm` bilden, die mit den POST-Daten aus dem `request`-Objekt gefüllt ist (❹). Anschließend prüfen wir, ob das Formular gültig ist. Wenn ja, müssen wir erst das Attribut `topic` des Eintragsobjekts einrichten, bevor wir das Objekt in der Datenbank speichern. In den Aufruf von `save()` schließen wir daher das Argument `commit=False` ein (❺), damit Django ein neues Eintragsobjekt erstellt und in `new_entry` speichert, ohne es bereits in der Datenbank abzulegen. Wir setzen das Attribut `topic` von `new_entry` auf die Fachgebiets-ID, die wir zu Beginn der Funktion aus der Datenbank entnommen haben (❻), und rufen dann `save()` ohne Argumente auf. Dadurch wird der Eintrag mit der richtigen Zuordnung zu seinem Fachgebiet in der Datenbank gespeichert.

Der Aufruf von `redirect()` bei ❼ erfordert zwei Argumente, nämlich den Namen der Ansicht, zu der wir den Benutzer umleiten wollen, und das Argument der Ansichtsfunktion. Hier führen wir eine Weiterleitung zu `topic()` durch, die das Argument `topic_id` benötigt. Anschließend stellt die Ansicht die Seite mit dem

Fachgebiet dar, zu dem der Benutzer eine Ergänzung gemacht hat und auf der jetzt der neue Eintrag in der Liste erscheinen sollte.

Am Ende der Funktion erzeugen wir das Dictionary `context` und stellen die Seite mithilfe der Vorlage *new_entry.html* dar. Dieser Code wird sowohl für ein leeres Formular als auch für ein vom Benutzer eingereichtes und als ungültig erkanntes Formular ausgeführt.

Die Vorlage new_entry

Wie der folgende Code zeigt, ähnelt die Vorlage für `new_entry` derjenigen für `new_topic`:

new_entry.html

```
{% extends "learning_logs/base.html" %}

{% block content %}

❶   <p><a href="{% url 'learning_logs:topic' topic.id %}">{{ topic }}</a></p>

    <p>Add a new entry:</p>
❷   <form action="{% url 'learning_logs:new_entry' topic.id %}" method='post'>
      {% csrf_token %}
      {{ form.as_div }}
      <button name='submit'>Add entry</button>
    </form>

{% endblock content %}
```

Am oberen Seitenrand zeigen wir das Fachgebiet an (❶), sodass der Benutzer erkennt, wozu er einen Eintrag hinzufügt. Diese Angabe ist als Link zur Hauptseite für das Fachgebiet gestaltet.

Das Argument `action` des Formulars enthält in der URL den Wert von `topic_id`, sodass die Ansichtsfunktion den neuen Eintrag dem richtigen Fachgebiet zuordnen kann (❷). Abgesehen davon sieht diese Vorlage genauso aus wie *new_topic.html*.

Links zur Seite new_entry

Als Nächstes müssen wir in jede Fachgebietsseite einen Link zur Seite `new_entry` aufnehmen.

topic.html

```
{% extends "learning_logs/base.html" %}

{% block content %}
```

```
    <p>Topic: {{ topic }}</p>

    <p>Entries:</p>
    <p>
      <a href="{% url 'learning_logs:new_entry' topic.id %}">Add new entry</a>
    </p>

    <ul>
    -- schnipp --
    </ul>

  {% endblock content %}
```

Da die häufigste Maßnahme, die die Benutzer auf dieser Seite durchführen, das Hinzufügen eines neuen Eintrags sein wird, platzieren wir den Link unmittelbar vor der Anzeige der vorhandenen Einträge. Abbildung 19–2 zeigt die Seite `new_entry`. Jetzt können die Benutzer nicht nur neue Fachgebiete anlegen, sondern darin auch jeweils so viele Einträge vornehmen, wie sie wollen. Probieren Sie die neue Seite `new_entry` aus, indem Sie Einträge zu einigen Ihrer Fachgebiete hinzufügen.

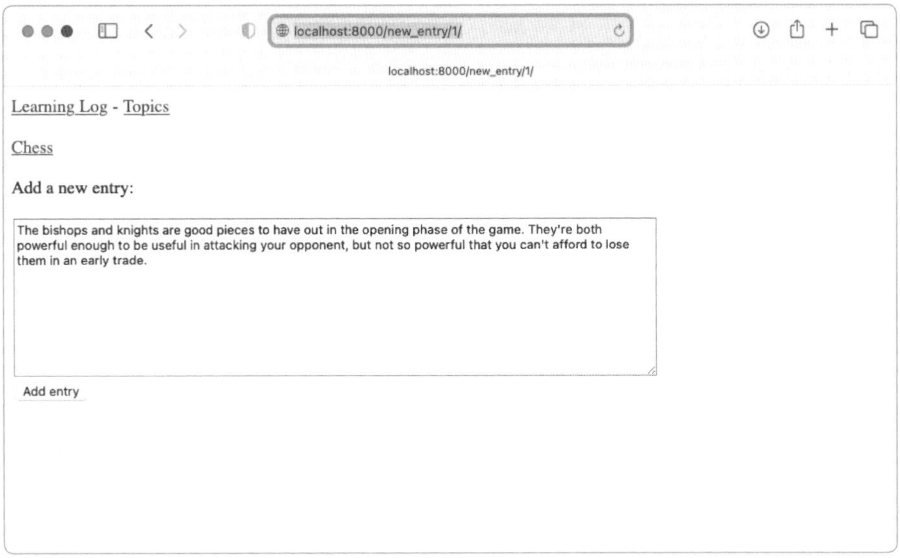

Abb. 19–2 *Die Seite* `new_entry`

Einträge bearbeiten

Wir brauchen auch eine Seite, auf der die Benutzer ihre bereits vorhandenen Einträge bearbeiten können.

Die URL für edit_entry

In der URL für diese Seite müssen wir die ID des zu bearbeitenden Eintrags übergeben. Dazu ergänzen wir *learning_logs/urls.py* wie folgt:

urls.py

```
-- schnipp --
urlpatterns = [
    -- schnipp --
    # Seite zum Bearbeiten eines Eintrags
    path('edit_entry/<int:entry_id>/', views.edit_entry, name='edit_entry'),
]
```

Die in der URL übergebene URL passt zu Mustern wie (z. B. *http://localhost:8000/edit_entry/id/*). Der Wert von `id` wird dem Parameter `entry_id` übergeben. Anforderungen, deren URL diesem Muster entspricht, werden von Django an die Ansichtsfunktion `edit_entry()` gesendet.

Die Ansichtsfunktion edit_entry()

Wenn die Seite `edit_entry` eine GET-Anforderung erhält, gibt `edit_entry()` ein Formular zur Bearbeitung des Eintrags zurück. Empfängt sie dagegen eine POST-Anforderung mit revidiertem Eintragstext, speichert sie die neue Version des Textes in der Datenbank.

views.py

```
from django.shortcuts import render, redirect

from .models import Topic, Entry
from .forms import TopicForm, EntryForm
-- schnipp --

def edit_entry(request, entry_id):
    """Edit an existing entry."""
❶   entry = Entry.objects.get(id=entry_id)
    topic = entry.topic

    if request.method != 'POST':
        # Ursprüngliche Anforderung; das mit dem jetzigen Eintrag vorab
        # ausgefüllte Formular wird angezeigt.
❷       form = EntryForm(instance=entry)
    else:
        # POST-Daten übermittelt; Daten werden verarbeitet.
❸       form = EntryForm(instance=entry, data=request.POST)
        if form.is_valid():
❹           form.save()
❺           return redirect('learning_logs:topic', topic_id=topic.id)

    context = {'entry': entry, 'topic': topic, 'form': form}
    return render(request, 'learning_logs/edit_entry.html', context)
```

Als Erstes müssen wir das Modell `Entry` importieren. Bei ❶ rufen wir das Eintragsobjekt, das der Benutzer bearbeiten möchte, sowie das zugehörige Fachgebiet ab. In dem `if`-Block, der bei einer GET-Anforderung ausgeführt wird, bilden wir eine Instanz von `EntryForm` mit dem Argument `instance=entry` (❷), um ein Formular zu erstellen, das bereits mit den Informationen aus dem vorhandenen Eintragsobjekt ausgefüllt ist. Der Benutzer sieht also die bisherigen Daten, sodass er sie bearbeiten kann.

Bei der Verarbeitung einer POST-Anforderung übergeben wir `instance=entry` und `data=request.POST` (❸). Die Argumente weisen Django an, eine Formular instanz zu erstellen, die auf dem vorhandenen Eintragsobjekt basiert, aber mit den relevanten Daten aus `request.POST` aktualisiert wird. Anschließend prüfen wir, ob das Formular gültig ist. Wenn ja, rufen wir `save()` ohne Argumente auf (❹). Anschließend leiten wir den Benutzer zur Seite `topic` um (❺), wo er die bearbeitete Version des Eintrags sehen kann.

Wenn wir ein Ausgangsformular zur Bearbeitung des Eintrags anzeigen oder wenn das eingereichte Formular ungültig ist, erstellen wir das Dictionary `context` und stellen die Seite mit dem Template *edit_entry.html* dar.

Die Vorlage edit_entry

Als Nächstes erstellen wir die Vorlage *edit_entry.html*, die sehr stark *new_entry.html* ähnelt:

edit_entry.html

```
{% extends "learning_logs/base.html" %}

{% block content %}

  <p><a href="{% url 'learning_logs:topic' topic.id %}">{{ topic }}</a></p>

  <p>Edit entry:</p>

❶ <form action="{% url 'learning_logs:edit_entry' entry.id %}" method='post'>
    {% csrf_token %}
    {{ form.as_div }}
❷   <button name="submit">Save changes</button>
  </form>

{% endblock content %}
```

Bei ❶ sendet das Argument `action` das Formular zur Verarbeitung zurück an die Funktion `edit_entry()`. Im Tag `{% url %}` geben wir die Eintrags-ID als Argument an, damit die Ansichtsfunktion das richtige Eintragsobjekt ändern kann. Die Schaltfläche zum Absenden versehen wir mit der Beschriftung *Save changes*, damit die Benutzer wissen, dass sie damit Änderungen speichern und keine neuen Einträge vornehmen (❷).

Links zur Seite edit_entry

Wir müssen nun für jeden Eintrag auf einer Fachgebietsseite einen Link zur Seite `edit_entry` vorsehen:

topic.html

```
-- schnipp --
 {% for entry in entries %}
   <li>
     <p>{{ entry.date_added|date:'M d, Y H:i' }}</p>
     <p>{{ entry.text|linebreaks }}</p>
     <p>
       <a href="{% url 'learning_logs:edit_entry' entry.id %}">Edit entry</a>
     </p>
   </li>
-- schnipp --
```

Den Bearbeitungslink fügen wir jeweils hinter dem Datum und dem Text eines Eintrags ein. Mit dem Tag `{% url %}` geben wir eine URL an, die dem Muster `edit_entry` folgt und das ID-Attribut des aktuellen Eintrags in der Schleife enthält (`entry.id`). Der Linktext *Edit entry* erscheint hinter jedem Eintrag auf der Seite. Wie die Fachgebietsseite mit diesen Links aussieht, können Sie in Abbildung 19–3 erkennen.

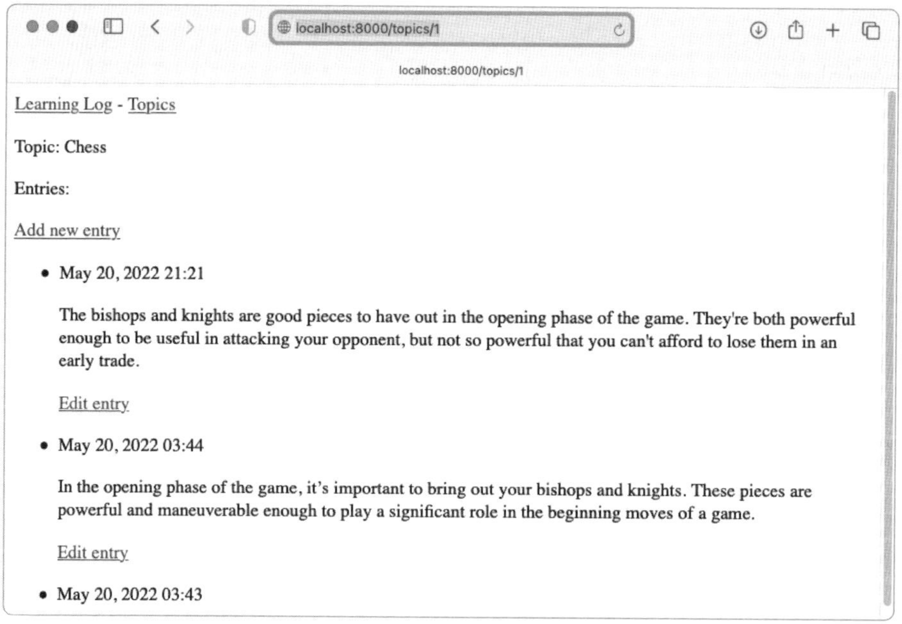

Abb. 19–3 *Jeder Eintrag verfügt nun über einen Link zur Bearbeitung.*

Damit hat Learning Log nun bereits den Großteil des erforderlichen Funktionsumfangs. Die Benutzer können Fachgebiete und Einträge hinzufügen und beliebige

Einträge lesen. Im nächsten Abschnitt richten wir ein Registrierungssystem ein, damit jeder ein Konto bei Learning Log erstellen und dann seine eigenen Fachgebiete und Einträge anlegen kann.

Probieren Sie es selbst aus!

19-1 Blog: Erstellen Sie ein neues Django-Projekt namens `Blog`. Erstellen Sie eine App namens `blogs`, mit einem Modell, das einen allgemeinen Blog beschreibt, und einem Modell für einen einzelnen Blogbeitrag. Geben Sie jedem Modell einen entsprechenden Satz von Feldern. Legen Sie einen Superuser für das Projekt an, und verwenden Sie die Admin-Site, um einen Blog und einige kurze Beiträge zu erstellen. Erstellen Sie eine Startseite, die alle Beiträge in einer geeigneten Reihenfolge anzeigt.

Erstellen Sie Seiten für die Erstellung eines Blogs, für die Erstellung neuer Beiträge und für die Bearbeitung vorhandener Beiträge. Probieren Sie Ihre Seiten aus, um sicherzustellen, dass sie funktionieren.

Benutzerkonten einrichten

In diesem Abschnitt richten wir ein System zur Benutzerregistrierung und Autorisierung ein. Damit ist es möglich, ein Konto anzulegen und sich darin an- und abzumelden. Für den gesamten Funktionsumfang der Benutzerverwaltung erstellen wir eine neue App. Um uns möglichst viel Arbeit zu ersparen, greifen wir auf das in Django enthaltene Standardsystem zur Benutzerauthentifizierung zurück. Außerdem ändern wir das Modell `Topic`, damit jedes Fachgebiet zu einem bestimmten Benutzer gehört.

Die App accounts

Als Erstes legen wir mit dem Befehl `startapp` die neue App `accounts` an:

```
   (ll_env)learning_log$ python manage.py startapp accounts
   (ll_env)learning_log$ ls
❶  accounts db.sqlite3  learning_logs  ll env ll_project manage.py  users
   (ll_env)learning_log$ ls accounts
❷  __init__.py  admin.py  apps.py  migrations  models.py  tests.py  views.py
```

Das Standard-Authentifizierungssystem basiert auf dem Konzept der Benutzerkonten, sodass die Verwendung des Namens `accounts` die Integration in das Standardsystem erleichtert. Mit dem hier gezeigten `startapp`-Befehl wird ein neues Verzeichnis mit dem Namen `accounts` ❶ angelegt, dessen Struktur mit der von `learning_logs`-App ❷ identisch ist.

Die App accounts zu settings.py hinzufügen

Unsere neue App müssen wir nun wie folgt zu `INSTALLED_APPS` in *settings.py* hinzufügen:

settings.py

```
-- schnipp --
INSTALLED_APPS = [
    # Eigene Apps
    'learning_logs',
    'accounts',

    # Django-Standard-Apps.
    -- schnipp --
]
-- schnipp --
```

Jetzt schließt Django die App `accounts` in das Gesamtprojekt ein.

URLs von accounts einschließen

Wir müssen auch die Datei *urls.py* an der Projektwurzel so ändern, dass sie die für die App `accounts` geschriebenen URLs enthält:

ll_project/urls.py

```
from django.contrib import admin
from django.urls import path, include

urlpatterns = [
    path('admin/', admin.site.urls),
    path('accounts/', include('accounts.urls')),
    path('', include('learning_logs.urls')),
]
```

Die neue Zeile schließt die Datei *urls.py* aus `accounts` ein. Mit dieser Zeile stimmen alle URLs überein, die mit *accounts* beginnen, z. B. *http://localhost:8000/accounts/login/*.

Die Anmeldeseite

Nun richten wir als Erstes die Anmeldeseite ein. Dazu verwenden wir die Standardansicht `login` von Django, weshalb die URL-Muster für diese App ein wenig anders aussehen als gewohnt. Legen Sie eine neue *urls.py*-Datei im Verzeichnis *ll_project/accounts/* an und fügen Sie folgenden Code darin ein:

accounts/urls.py

```
"""Defines URL patterns for accounts"""

from django.urls import path, include
```

```
❶ app_name = 'accounts'
  urlpatterns = [
      # Schließt Standard-Authentifizierungs-URLs ein.
❷     path('', include('django.contrib.auth.urls')),
  ]
```

Neben der Funktion `path` importieren wir auch `include`, sodass wir einige der in Django definierten Standard-URLs für Authentifizierungszwecke verwenden können. Zu diesen Standard-URLs gehören benannte URL-Muster wie `'login'` und `'logout'`. Wir setzen die Variable `app_name` auf `'accounts'`, damit Django diese URLs von denen anderer Apps unterscheiden kann (❶). Auch die Standard-URLs von Django sind über den Namensraum `accounts` zugänglich, wenn wir sie in die Datei *urls.py* der App `accounts` einschließen.

Die URL *http://localhost:8000/accounts/login/* stimmt mit dem URL-Muster für die Anmeldeseite überein (❷). Das Wort *accounts* in dieser URL weist Django an, in *accounts/urls.py* nachzuschlagen, während *login* angibt, dass Anforderungen an die Django-Standardansicht `view` gesendet werden sollen.

Die Vorlage login

Wenn der Benutzer die Anmeldeseite anfordert, verwendet Django zwar seine Standardansicht `login`, doch wir müssen nach wie vor eine Vorlage für diese Seite bereitstellen. Da die Standardansichten für die Authentifizierung nach Vorlagen in einem Ordner namens *registration* suchen, müssen wir diesen Ordner einrichten. Legen Sie im Verzeichnis *ll_project/accounts/* das Verzeichnis *templates* an und darin ein weiteres Verzeichnis namens *registration*. Schreiben Sie wie folgt die Vorlage *login.html* und speichern Sie sie in *ll_project/users/accounts/registration/*:

login.html

```
  {% extends "learning_logs/base.html" %}

  {% block content %}

❶   {% if form.errors %}
      <p>Your username and password didn't match. Please try again.</p>
    {% endif %}

❷   <form action="{% url 'accounts:login' %}" method='post'>
      {% csrf_token %}
❸     {{ form.as _div }}

❹     <button name="submit">Log in</button>
    </form>

  {% endblock content %}
```

Diese Vorlage erweitert *base.html*, damit auch die Anmeldeseite das gleiche Erscheinungsbild hat wie der Rest der Website. Beachten Sie, dass eine Vorlage in einer App auf einer Vorlage aus einer anderen App beruhen kann.

Wenn das Attribut `errors` des Formulars gesetzt ist, geben wir eine Fehlermeldung aus (❶). Darin teilen wir dem Benutzer mit, dass die eingegebene Kombination aus Benutzername und Passwort mit keiner in der Datenbank vorhandenen Kombination übereinstimmt.

Da die Anmeldeansicht das Formular verarbeiten soll, setzen wir das Argument `action` auf die URL der Anmeldeseite (❷). Die Anmeldeansicht sendet ein `form`-Objekt an die Vorlage, wobei uns die Aufgabe zufällt, dieses Formular anzuzeigen (❸) und eine Schaltfläche zum Einreichen bereitzustellen (❹).

Die LOGIN_REDIRECT_URL-Einstellung

Sobald sich ein Benutzer erfolgreich anmeldet, muss Django wissen, wohin es den Benutzer schicken soll. Wir steuern dies in der Datei `settings`. Fügen Sie den folgenden Code an das Ende der Datei *settings.py* an:

```
--schnipp--
# My settings.
LOGIN_REDIRECT_URL = 'learning_logs:index'
```

Bei all den Standardeinstellungen in *settings.py* ist es hilfreich, den Abschnitt zu markieren, in dem wir neue Einstellungen hinzufügen. Die erste neue Einstellung, die wir hinzufügen, ist `LOGIN_REDIRECT_URL`, die Django mitteilt, zu welcher URL nach einem erfolgreichen Login-Versuch umgeleitet werden soll.

Links zur Anmeldeseite

Wir fügen den Anmeldelink zu *base.html* hinzu, damit er auf jeder Seite erscheint. Da wir diesen Link nicht anzeigen wollen, wenn der Benutzer bereits angemeldet ist, stellen wir ihn in ein `{% if %}`-Tag.

base.html

```
  <p>
    <a href="{% url 'learning_logs:index' %}">Learning Log</a> -
    <a href="{% url 'learning_logs:topics' %}">Topics</a> -
❶   {% if user.is_authenticated %}
❷     Hello, {{ user.username }}.
    {% else %}
❸     <a href="{% url 'accounts:login' %}">Log in</a>
    {% endif %}
  </p>

  {% block content %}{% endblock content %}
```

Im Authentifizierungssystem von Django steht in jeder Vorlage das Objekt `user` mit dem Attribut `is_authenticated` zur Verfügung. Ist das Attribut `True`, so ist der Benutzer angemeldet, ist es `False`, so ist er nicht angemeldet. Dadurch können Sie jeweils unterschiedliche Meldungen für authentifizierte und nicht authentifizierte Benutzer ausgeben.

Hier zeigen wir bereits angemeldeten Benutzern eine Begrüßung an (❶). Da bei solchen Benutzern auch das Attribut `username` gesetzt ist, können wir damit die Begrüßung personalisieren (❷). Bei ❸ geben wir für Benutzer, die nicht authentifiziert sind, den Link zur Anmeldeseite an.

Die Anmeldeseite verwenden

Da wir bereits ein Benutzerkonto eingerichtet haben, können wir prüfen, ob die Anmeldeseite funktioniert. Rufen Sie *http://localhost:8000/admin/* auf. Wenn Sie immer noch als Administrator angemeldet sind, klicken Sie auf den Abmeldelink am oberen Bildschirmrand.

Wechseln Sie nun zu *http://localhost:8000/accounts/login/*, wo Ihnen die Anmeldeseite aus Abbildung 19–4 angezeigt wird. Geben Sie die zuvor eingerichtete Kombination aus Benutzername und Passwort ein. Dadurch gelangen Sie wieder auf die Startseite. Am Kopf der Seite werden Sie jetzt mit Ihrem Benutzernamen begrüßt.

Abb. 19–4 *Die Anmeldeseite*

Abmelden

Nun müssen wir eine Möglichkeit schaffen, dass sich die Benutzer abmelden können. Abmeldeanfragen sollten als POST-Anfragen übermittelt werden, also fügen wir ein kleines Abmeldeformular in *base.html* ein. Wenn Benutzer auf die Abmelde-Schaltfläche klicken, werden sie auf eine Seite weitergeleitet, die bestätigt, dass sie abgemeldet wurden.

Das Abmeldeformular zu base.html hinzufügen

Das Abmeldeformular nehmen wir in *base.html* auf, damit er auf jeder Seite zur Verfügung steht. Dabei fügen wir ihn innerhalb eines `if`-Blocks ein `{% if user.is_authenticated %}`, damit er nur angemeldeten Benutzern angezeigt wird.

base.html

```
--schnipp–
{% block content %}{% endblock content %}

{% if user.is_authenticated %}
❶   <hr />
❷   <form action="{% url 'accounts:logout' %}" method='post'>
     {% csrf_token %}
     <button name='submit'>Log out</button>
    </form>{
% endif %}
```

Das Standard-URL-Muster für die Abmeldung ist *accounts/logout/*. Die Anforderung muss jedoch als POST-Anforderung gesendet werden; andernfalls können Angreifer Abmeldeanforderungen leicht erzwingen. Um die Abmeldeanforderung als POST zu senden, erstellen wir ein einfaches Formular. Wir platzieren das Formular am unteren Rand der Seite, unterhalb eines `horizontal rule`-Elements (`<hr />`) ❶. Dies ist ein einfacher Weg, um die Abmeldeschaltfläche immer in einer konsistenten Position unter allen anderen Inhalten auf der Seite zu haben. Das Formular selbst hat die Logout-URL als Aktionsargument und `post` als Anforderungsmethode ❷. Jedes Formular in Django muss den `{% csrf_token %}` enthalten, selbst ein einfaches Formular wie dieses. Dieses Formular ist bis auf den Submit-Button leer.

Die LOGOUT_REDIRECT_URL-Einstellung

Sobald sich ein Benutzer erfolgreich abmeldet, muss Django wissen, wohin es den Benutzer schicken soll. Wir steuern das in der Datei *settings.py*:

```
--schnipp--
#Meine Einstellungen.
LOGIN_REDIRECT_URL = 'learning_logs:index'
LOGOUT_REDIRECT_URL = 'learning_logs:index
```

Die Registrierungsseite

Als Nächstes erstellen wir eine Seite, auf der sich neue Benutzer registrieren können. Dazu verwenden wir das Standardformular `UserCreationForm` von Django, schreiben die Ansichtsfunktion und die Vorlage aber selbst.

Die URL für die Registrierungsseite

Der folgende Code gibt das URL-Muster für die Registrierungsseite an, die sich in der Datei *accounts/urls.py* befindet.

urls.py

```
"""Defines URL patterns for users"""

from django.urls import path, include

from . import views

app_name = 'accounts'
urlpatterns = [
    # Schließt Standard-Authentifizierungs-URLs ein.
    path('', include('django.contrib.auth.urls')),
    # Registrierungsseite.
    path('register/', views.register, name='register'),
]
```

Wir importieren das Modul `views` von `accounts`, das wir benötigen, um unsere eigene Ansicht für die Registrierungsseite zu schreiben. Das Muster für diese Seite entspricht der URL *http://localhost:8000/accounts/register/*. Übereinstimmende Anforderungen werden an die Funktion `register()` gesendet, die wir als Nächstes schreiben.

Die Ansichtsfunktion register()

Die Ansichtsfunktion `register()` zeigt ein leeres Registrierungsformular an, wenn die Registrierungsseite zum ersten Mal angefordert wird, und verarbeitet später die eingereichten Formulare. Außerdem meldet sie den neuen Benutzer nach erfolgreicher Registrierung an. Fügen Sie den folgenden Code zu *accounts/views.py* hinzu:

views.py

```
from django.shortcuts import render, redirect
from django.contrib.auth import login
from django.contrib.auth.forms import UserCreationForm

def register(request):
    """Register a new user."""
    if request.method != 'POST':
        # Zeigt das leere Registrierungsformular an.
❶       form = UserCreationForm()
    else:
        # Verarbeitet das ausgefüllte Formular.
❷       form = UserCreationForm(data=request.POST)

❸       if form.is_valid():
❹           new_user = form.save()
            # Meldet den Benutzer an und leitet ihn zur Startseite.
❺           login(request, new_user)
❻           return redirect('learning_logs:index')

    # Zeigt ein leeres oder ein als ungültig erkanntes Formular an.
    context = {'form': form}
    return render(request, 'registration/register.html', context)
```

Außer den Funktionen `render()` und `redirect()` importieren wir auch `login()`, um den Benutzer bei erfolgreicher Registrierung anzumelden. Des Weiteren importieren wir das Standardformular `UserCreationForm`. In der Funktion `register()` prüfen wir, ob wir auf eine POST-Anforderung reagieren. Ist das nicht der Fall, legen wir eine Instanz von `UserCreationForm` ohne Daten an (❶).

Liegt dagegen eine POST-Anforderung vor, bilden wir die Instanz von `UserCreationForm` auf der Grundlage der übertragenen Daten (❷). Wir prüfen, ob die Daten gültig sind (❸). In diesem Fall vergewissern wir uns, dass der Benutzername aus zulässigen Zeichen besteht, dass die beiden Passworteingaben übereinstimmen und dass der Benutzer nicht versucht, in seinen Eingaben irgendwelche schädlichen Elemente einzuschleusen.

Sind die übertragenen Daten gültig, so rufen wir die Methode `save()` des Formulars auf, um den Benutzernamen und einen Hash des Passworts in der Datenbank zu speichern (❹). Die Methode `save()` gibt ein Objekt für den neu erstellten Benutzer zurück, das wir `new_user` zuweisen. Nachdem wir die Angaben über den neuen Benutzer gespeichert haben, melden wir ihn an. Dazu rufen wir die Funktion `login()` mit dem `request`- und dem `new_user`-Objekt auf (❺), wodurch wir eine gültige Sitzung für den neuen Benutzer erstellen. Abschließend leiten wir den Benutzer zur Startseite (❻), wo er anhand der personalisierten Begrüßung in der Kopfzeile erkennen kann, dass die Registrierung erfolgreich war.

Am Ende der Funktion stellen wir die Seite dar. Dadurch wird entweder ein leeres Formular oder ein vom Benutzer eingereichtes und als ungültig erkanntes Formular angezeigt.

Die Vorlage für die Registrierungsseite

Als Nächstes erstellen wir die Vorlage für die Registrierungsseite, die derjenigen für die Anmeldeseite ähnelt. Speichern Sie sie im selben Verzeichnis wie *login.html*.

register.html

```
{% extends "learning_logs/base.html" %}

{% block content %}

  <form action="{% url 'accounts:register' %}" method='post'>
    {% csrf_token %}
    {{ form.as_ div }}

    <button name="submit">Register</button>
    <input type="hidden" name="next"
          value="{% url 'learning_logs:index' %}"/>
  </form>

{% endblock content %}
```

Der Code sollte wie die anderen `form`-basierten Vorlagen aussehen, die wir schreiben. Auch hier verwenden wir wieder die Methode `div`, damit Django alle Felder im Formular sauber anzeigt. Das schließt auch jegliche Fehlermeldungen für den Fall ein, dass das Formular nicht korrekt ausgefüllt wurde.

Links zur Registrierungsseite

Als Nächstes fügen wir Code hinzu, um jedem nicht angemeldeten Benutzer einen Link zur Registrierungsseite anzuzeigen:

base.html

```
-- schnipp --
  {% if user.is_authenticated %}
    Hello, {{ user.username }}.
  {% else %}
    <a href="{% url 'accounts:register' %}">Register</a> -
    <a href="{% url 'accounts:login' %}">Log in</a>
  {% endif %}
-- schnipp --
```

Angemeldete Benutzer sehen nach wie vor eine personalisierte Begrüßung sowie den Abmelde-Button. Nicht angemeldeten Benutzern dagegen wird neben dem

Anmelde- auch der Registrierungslink angezeigt. Probieren Sie die Registrierungsseite aus, indem Sie mehrere Konten mit verschiedenen Benutzernamen anlegen.

Im nächsten Abschnitt schränken wir einige der Seiten ein, sodass sie nur registrierten Benutzern zur Verfügung stehen. Außerdem sorgen wir dafür, dass jedes Fachgebiet einem einzelnen Benutzer gehört.

Hinweis

Das Registrierungssystem, das wir hier eingerichtet haben, erlaubt jeder Person, eine beliebige Anzahl von Konten von Learning Log anzulegen. In der Praxis gibt es jedoch auch Systeme, bei denen die Benutzer ihre Identität bestätigen müssen. Dazu wird den Benutzern eine E-Mail gesendet, auf die sie antworten müssen. Dadurch ist das System weniger anfällig für Spam-Konten als die einfache Einrichtung, die wir hier vorgenommen haben. Um zu lernen, wie man Apps schreibt, ist es jedoch sinnvoll, zunächst einmal mit einem einfacheren Benutzerregistrierungssystem wie diesem hier zu üben.

Probieren Sie es selbst aus!

19-2 Blog-Konten: Fügen Sie dem Blog-Projekt aus Übung 19-1 ein Authentifizierungs- und Registrierungssystem hinzu. Dabei sollen angemeldete Benutzer irgendwo auf dem Bildschirm ihren Benutzernamen sehen, während nicht registrierten Benutzern ein Link zur Registrierungsseite angezeigt wird.

Die Benutzer als Besitzer ihrer eigenen Daten

Die Benutzer sollen in der Lage sein, individuelle Daten in die Einträge zu schreiben, auf die nur sie selbst Zugriff haben. Daher richten wir ein System ein, das erkennt, welche Daten zu welchem Benutzer gehören, und den Zugriff auf die Seiten so einschränkt, dass die Benutzer nur mit ihren eigenen Daten arbeiten können.

In diesem Abschnitt ändern wir das Modell `Topic`, sodass jedes Fachgebiet einem einzelnen Benutzer zugeordnet wird. Damit haben wir auch gleich die Einträge abgedeckt, da jeder Eintrag zu einem bestimmten Fachgebiet gehört. Als Erstes schränken wir den Zugriff auf bestimmte Seiten ein.

Den Zugriff mit @login_required beschränken

In Django ist es einfach, den Zugang zu bestimmten Seiten auf angemeldete Benutzer zu beschränken. Das geschieht mithilfe des »Dekorierers« `@login_required`. Erinnern Sie sich an Kapitel 11: Ein *Dekorierer* ist eine Direktive, die unmittelbar vor einer Funktionsdefinition platziert wird, um das Verhalten des Funktionscodes zu ändern. Sehen wir uns das an einem Beispiel an.

Den Zugriff auf die Seite Topics einschränken

Da jedes Fachgebiet einem Benutzer gehört, sollten nur registrierte Benutzer in der Lage sein, die Seite *Topics* aufzurufen. Um das zu erreichen, fügen Sie den folgenden Code zu *learning_logs/views.py* hinzu:

views.py

```
from django.shortcuts import render, redirect
from django.contrib.auth.decorators import login_required

from .models import Topic, Entry
-- schnipp --

@login_required
def topics(request):
    """Show all topics."""
    -- schnipp --
```

Als Erstes importieren wir die Funktion `login_required()`, die wir als Dekorierer auf die Ansichtsfunktion `topics()` anwenden, indem wir dieser `login_required` mit dem Symbol `@` voranstellen. Python weiß nun, dass es vor `topics()` erst den Code in `login_required()` ausführen muss. Dieser Code prüft, ob der Benutzer angemeldet ist, und führt `topics()` nur dann aus, wenn das der Fall ist. Ist der Benutzer dagegen nicht angemeldet, wird er zur Anmeldeseite umgeleitet.

Damit diese Umleitung funktioniert, müssen wir *settings.py* so ändern, dass Django weiß, wo die Anmeldeseite zu finden ist. Fügen Sie am Ende von *settings.py* Folgendes hinzu:

settings.py

```
-- schnipp --

# Eigene Einstellungen
LOGIN_URL = 'accounts:login'
```

Wenn ein nicht authentifizierter Benutzer eine Seite anfordert, die durch den Dekorierer `@login_required` geschützt ist, leitet Django ihn zu der URL um, die durch `LOGIN_URL` in *settings.py* angegeben ist.

Das können Sie testen, indem Sie sich von jeglichem Benutzerkonto abmelden, die Startseite aufrufen und dort auf den Link *Topics* klicken. Dadurch sollten Sie nun zur Anmeldeseite geleitet werden. Melden Sie sich nun an einem Ihrer Konten an und versuchen Sie erneut, auf der Startseite auf *Topics* zu klicken. Diesmal sollte wirklich die Seite mit der Liste der Fachgebiete angezeigt werden.

Den Zugriff in Learning Log einschränken

Django macht es Ihnen einfach, den Zugriff auf Seiten einzuschränken. Die Entscheidung, welche Seiten geschützt werden sollen, müssen Sie jedoch selbst treffen. Dabei ist es besser, sich zu überlegen, welche Seiten uneingeschränkt zugänglich sein sollen, und dann alle anderen zu schützen. Einstellungen, die zu restriktiv sind, lassen sich leicht korrigieren. Dagegen ist es gefährlich, sensible Seiten nicht stark genug einzuschränken.

In Learning Log schränken wir den Zugriff auf alle Seiten außer der Start- und der Registrierungsseite ein.

In der Datei *learning_logs/views.py* wenden wir den Dekorierer `@login_required` auf alle Ansichtsfunktionen außer `index()` an:

views.py

```
-- schnipp --
@login_required
def topics(request):
    -- schnipp --

@login_required
def topic(request, topic_id):
    -- schnipp --

@login_required
def new_topic(request):
    -- schnipp --

@login_required
def new_entry(request, topic_id):
    -- schnipp --

@login_required
def edit_entry(request, entry_id):
    -- schnipp --
```

Wenn Sie versuchen, auf diese Seiten zuzugreifen, während Sie abgemeldet sind, sollten Sie zur Anmeldeseite umgeleitet werden. Es ist auch nicht möglich, auf Links zu Seiten wie `new_topic` zu klicken. Geben Sie dagegen die URL *http://localhost:8000/new_topic/* ein, landen Sie wiederum auf der Anmeldeseite. Sie sollten den Zugriff auf jegliche URL einschränken, die öffentlich zugänglich ist und private Benutzerdaten enthält.

Daten mit Benutzern verknüpfen

Als Nächstes müssen wir die Daten jeweils mit dem Benutzer verknüpfen, der sie eingereicht hat. Diese Verbindung müssen wir nur jeweils für die Benutzerdaten der höchsten Ebene herstellen, denn damit sind auch die Daten niedrigerer Ebenen abgedeckt. In Learning Log stellen die Fachgebiete die höchste Ebene der Daten dar, und alle Einträge sind wiederum mit einem Fachgebiet verbunden. Wenn jedem Fachgebiet ein Benutzer als Besitzer zugeordnet ist, können wir darüber auch feststellen, wem die einzelnen Einträge gehören.

Im Modell `Topic` müssen wir dazu eine Fremdschlüsselbeziehung zu einem Benutzer hinzufügen (und daraufhin die Datenbank erneut migrieren). Außerdem müssen wir einige der Ansichten ändern, sodass sie nur die mit dem zurzeit angemeldeten Benutzer verknüpften Daten zeigen.

Das Modell Topic ändern

In *models.py* müssen wir nur zwei Zeilen hinzufügen:

models.py

```
from django.db import models
from django.contrib.auth.models import User

class Topic(models.Model):
    """A topic the user is learning about."""
    Text = models.CharField(max_length=200)
    date_added = models.DateTimeField(auto_now_add=True)
    owner = models.ForeignKey(User, on_delete=models.CASCADE)

    def __str__(self):
        """Return a string representating the topic."""
        Return self.text

class Entry(models.Model):
    -- schnipp --
```

Als Erstes importieren wir das Modell `User` aus `django.contrib.auth`. Anschließend fügen wir `Topic` das Feld `owner` hinzu, mit dem wir eine Fremdschlüsselbeziehung zum Modell `User` herstellen. Beim Löschen eines Benutzers werden auch alle mit ihm verknüpften Fachgebiete entfernt.

Die IDs der vorhandenen Benutzer

Wenn wir die Datenbank jetzt migrieren, wird sie so geändert, dass sie eine Verbindung zwischen einem Fachgebiet und einem Benutzer speichern kann. Allerdings muss Django dabei wissen, welche Benutzer mit welchen bereits vorhandenen Fachgebieten verknüpft werden sollen. Am einfachsten ist es, alle existierenden Fachgebiete demselben Benutzer zuzuweisen, etwa dem Superuser. Dafür müssen wir dessen ID kennen.

Um uns die IDs aller bisher angelegten Benutzer anzusehen, geben wir in der Django-Shell folgende Befehle ein:

```
(ll_env)learning_log$ python manage.py shell
❶ >>> from django.contrib.auth.models import User
❷ >>> User.objects.all()
<QuerySet [<User: ll_admin>, <User: eric>, <User: willie>]>
❸ >>> for user in User.objects.all():
...     print(user.username, user.id)
...
ll_admin 1
eric 2
willie 3
>>>
```

Bei ❶ importieren wir das Modell `User` in die Shell-Sitzung. Anschließend sehen wir uns alle bislang erstellten Benutzer an (❷). Die Ausgabe zeigt die drei Benutzer für meine Version des Projekts: `ll_admin`, `eric` und `willie`.

Bei ❸ durchlaufen wir die Liste der Benutzer und geben jeden Benutzernamen und jede ID aus. Wenn uns Django fragt, welchen Benutzer wir mit den vorhandenen Fachgebieten verknüpfen möchten, geben wir einen dieser ID-Werte an.

Die Datenbank migrieren

Jetzt können wir die Datenbank migrieren. Dabei fordert uns Python auf, das Modell `Topic` vorübergehend mit einem bestimmten Benutzer zu verbinden oder einen Standardwert zu *models.py* hinzuzufügen. Wir wählen hier die erste Option:

```
❶ (ll_env)learning_log$ python manage.py makemigrations learning_logs
❷ It is impossible to add a non-nullable field 'owner' to topic without
  specifying a default. This is because...
❸ Please select a fix:
   1) Provide a one-off default now (will be set on all existing rows with a
      null value for this column)
   2) Quit, and manually define a default value in models.py
❹ Select an option: 1
❺ Please enter the default value now, as valid Python
  The datetime and django.utils.timezone modules are available...
  Type 'exit' to exit this prompt
❻ >>> 1
  Migrations for 'learning_logs':
    learning_logs/migrations/0003_topic_owner.py
  - Add field owner to topic
  (ll_env)learning_log$
```

Um den Vorgang einzuleiten, geben wir den Befehl `makemigrations` (❶) ein. In der Ausgabe (❷) weist Django uns darauf hin, dass wir versuchen, einem vorhandenen Modell (`topic`) ein erforderliches Feld (»non-nullable«) hinzuzufügen, aber keinen Standardwert dafür angegeben haben. Bei ❸ haben wir die Wahl zwischen zwei möglichen Vorgehensweisen: Wir können jetzt einen Standardwert angeben oder den Vorgang abbrechen und einen Standardwert in *models.py* hinzufügen. Da wir uns für die erste Option entscheiden (❹), werden wir aufgefordert, den Standardwert einzugeben (❺).

Um alle vorhandenen Fachgebiete mit dem Administrator `ll_admin` zu verknüpfen, geben wir die Benutzer-ID 1 ein (❻). Sie können hier die ID eines beliebigen Benutzers nehmen; es muss kein Superuser sein. Anschließend erstellt Django unter Verwendung dieses Wertes die Migrationsdatei *0003_topic_owner.py*, die dem Modell `Topic` das Feld `owner` hinzufügt.

Anschließend können wir die Migration ausführen. Geben Sie in einer aktiven virtuellen Umgebung Folgendes ein:

```
(ll_env)learning_log$ python manage.py migrate
Operations to perform:
  Apply all migrations: admin, auth, contenttypes, learning_logs, sessions
Running migrations:
❶ Applying learning_logs.0003_topic_owner... OK
(ll_env)learning_log$
```

Django wendet die neue Migration an und meldet, dass alles in Ordnung ist (❶).

In einer Shell können wir wie folgt überprüfen, ob die Migration wie erwartet funktioniert hat:

```
❶ >>> from learning_logs.models import Topic
❷ >>> for topic in Topic.objects.all():
...     print(topic, topic.owner)
...
Chess ll_admin
Rock Climbing ll_admin
>>>
```

Hier importieren wir `Topic` aus `learning_logs.models` (❶) und durchlaufen dann alle vorhandenen Fachgebiete, wobei wir jeweils ihren Namen und ihren Besitzer ausgeben (❷). Wie Sie sehen, gehören jetzt alle Fachgebiete zu `ll_admin`. Sollte bei der Ausführung dieses Codes ein Fehler auftreten, versuchen Sie, die Shell zu verlassen und eine neue zu starten.

Hinweis

Anstatt die Datenbank zu migrieren, können Sie sie auch einfach zurücksetzen, allerdings verlieren Sie dabei alle bisherigen Daten. Es lohnt sich, zu wissen, wie Sie eine Datenbank migrieren und dabei die Integrität der Benutzerdaten bewahren. Wollen Sie dagegen mit einer neuen Datenbank weitermachen, geben Sie den Befehl `python manage.py flush` ein, um die Datenbankstruktur neu zu erstellen. Dabei gehen jedoch alle Daten verloren, und Sie müssen sogar einen neuen Superuser anlegen.

Den Zugriff auf die Fachgebiete auf die zuständigen Benutzer einschränken

Wenn Sie sich anmelden, können Sie zurzeit sämtliche Fachgebiete sehen, und zwar ganz unabhängig davon, als welcher Benutzer Sie angemeldet sind. Wir wollen das so ändern, dass die Benutzer immer nur die Fachgebiete sehen, die ihnen gehören.

Nehmen Sie dazu in *views.py* folgende Änderungen an der Funktion `topics()` vor:

views.py

```
-- schnipp --
@login_required
def topics(request):
    """Show all topics."""
    topics = Topic.objects.filter(owner=request.user).order_by('date_added')
    context = {'topics': topics}
    return render(request, 'learning_logs/topics.html', context)
-- schnipp --
```

Wenn ein Benutzer angemeldet ist, ist das Attribut `request.user` des Anforderungsobjekts gesetzt, das Informationen über den Benutzer enthält. Der Code `Topic.objects.filter(owner=request.user)` weist Django an, nur die `Topic`-Objekte aus der Datenbank abzurufen, deren `owner`-Attribut auf den aktuellen Benutzer gesetzt ist. Da wir jedoch nicht die Darstellung der Fachgebiete ändern werden, müssen wir die Vorlage für die Seite *Topics* nicht bearbeiten.

Um zu sehen, ob dies funktioniert, melden Sie sich als der Benutzer an, mit dem alle vorhandenen Fachgebiete verknüpft sind, und öffnen Sie die Seite *Topics*. Dabei sollten Sie alle Fachgebiete sehen. Melden Sie sich dann ab und als ein anderer Benutzer wieder an. Sie sollten jetzt die Meldung *No Topics have been added yet* sehen.

Die Fachgebiete eines Benutzers schützen

Da wir den Zugriff auf die einzelnen Fachgebietsseiten noch nicht eingeschränkt haben, kann jeder registrierte Benutzer URLs wie *http://localhost:8000/topics/1/* ausprobieren und damit die Fachgebietsseiten aufrufen, die damit übereinstimmen.

Um das selbst auszuprobieren, melden Sie sich zunächst als der Besitzer aller Fachgebiete an und kopieren oder notieren Sie die ID in der URL für ein Fachgebiet. Melden Sie sich dann ab und als ein anderer Benutzer wieder an. Wenn Sie jetzt die URL für das Fachgebiet eingeben, können Sie alle Einträge lesen, auch wenn Sie gar nicht als der Besitzer angemeldet sind.

Um das zu korrigieren, fügen wir in die Ansichtsfunktion `topic()` eine Prüfung ein, bevor die angeforderten Einträge abgerufen werden:

views.py

```
from django.shortcuts import render, redirect
from django.contrib.auth.decorators import login_required
❶ from django.http import Http404

-- schnipp --
@login_required
def topic(request, topic_id):
    """Show a single topic and all its entries."""
    topic = Topic.objects.get(id=topic_id)
    # Überprüft, ob das Fachgebiet dem aktuellen Benutzer gehört.
❷   if topic.owner != request.user:
        raise Http404

    entries = topic.entry_set.order_by('-date_added')
    context = {'topic': topic, 'entries': entries}
    return render(request, 'learning_logs/topic.html', context)
-- schnipp --
```

Die Antwort 404 ist die Standardreaktion, die zurückgegeben wird, wenn eine angeforderte Ressource auf dem Server nicht vorhanden ist. Hier importieren wir die Ausnahme `Http404` (❶) für den Fall, dass ein Benutzer ein Fachgebiet anfordert, auf das er keinen Zugriff hat. Nach dem Eingang einer Anforderung für ein Fachgebiet prüfen wir zunächst, ob der Besitzer dieses Fachgebiets mit dem zurzeit angemeldeten Benutzer identisch ist. Ist das nicht der Fall, lösen wir die Ausnahme `Http404` (❷) aus, sodass Django die Fehlerseite 404 zurückgibt.

Wenn Sie jetzt versuchen, die Einträge zu den Fachgebieten eines anderen Benutzers einzusehen, erhalten Sie die Django-Meldung *Page Not Found*. In Kapitel 20 sorgen wir dafür, dass eine angemessene Fehlerseite angezeigt wird anstatt einer Debugging-Seite.

Die Seite edit_entry schützen

Die Seiten zum Bearbeiten von Einträgen haben URLs der Form *http://localhost:8000/edit_entry/*Eintrags-ID/, wobei *Eintrags-ID* eine Zahl ist. Damit niemand über eine solche URL auf die Einträge eines anderen Benutzers zugreifen kann, gehen wir wie folgt vor:

views.py

```
-- schnipp --
@login_required
def edit_entry(request, entry_id):
    """Edit an existing entry."""
    entry = Entry.objects.get(id=entry_id)
    topic = entry.topic
    if topic.owner != request.user:
        raise Http404

    if request.method != 'POST':
        -- schnipp --
```

Hier rufen wir den Eintrag und das Fachgebiet ab, zu dem er gehört, und prüfen, ob der Besitzer des Fachgebiets mit dem zurzeit angemeldeten Benutzer identisch ist. Wenn nicht, lösen wir die Ausnahme `Http404` aus.

Neue Fachgebiete dem aktuellen Benutzer zuordnen

Wenn ein Benutzer ein neues Fachgebiet hinzufügt, wird dieses zurzeit nicht mit einem Benutzer verknüpft, was dazu führt, dass die Fehlermeldungen `IntegrityError` und `NOT NULL constraint failed: learning_logs_topic.owner_id` angezeigt werden. Das bedeutet, dass Sie kein neues Fachgebiet anlegen dürfen, ohne einen Wert für das Feld `owner` anzugeben.

Dieses Problem lässt sich leicht lösen, da wir über das `request`-Objekt auf den aktuellen Benutzer zugreifen können. Der folgende Code verknüpft ein neues Fachgebiet mit dem aktuellen Benutzer:

views.py

```
-- schnipp --
@login_required
def new_topic(request):
    --schnipp--
    else:
        # POST-Daten übermittelt; Daten werden verarbeitet.
        form = TopicForm(data=request.POST)
        if form.is_valid():
❶           new_topic = form.save(commit=False)
❷           new_topic.owner = request.user
❸           new_topic.save()
            return redirect('learning_logs:topics')
```

```
        # Zeigt ein leeres oder ein als ungültig erkanntes Formular an.
        context = {'form': form}
        return render(request, 'learning_logs/new_topic.html', context)
    -- schnipp --
```

Beim ersten Aufruf von `form.save()` übergeben wir das Argument `commit=False`, da wir das neue Fachgebiet noch bearbeiten müssen, bevor wir es in der Datenbank speichern (❶). Anschließend setzen wir das Attribut `owner` des Fachgebiets auf den aktuellen Benutzer (❷) und rufen `save()` dann für die gerade definierte Instanz des Fachgebiets auf (❸). Jetzt verfügt das Fachgebiet über alle erforderlichen Daten und wird erfolgreich gespeichert.

Sie können jetzt beliebig viele neue Fachgebiete für beliebig viele Benutzer hinzufügen. Jeder Benutzer hat anschließend nur Zugriff auf seine eigenen Daten. Das gilt für die Anzeige, die Eingabe und die Änderung von Daten.

Probieren Sie es selbst aus!

19-3 Refactoring: In *views.py* gibt es zwei Stellen, an denen wir prüfen, ob ein Fachgebiet dem zurzeit angemeldeten Benutzer gehört. Lagern Sie den Code für diese Überprüfung in eine Funktion namens `check_topic_owner()` aus und rufen Sie diese Funktion auf, wo dieser Test erforderlich ist.

19-4 Schutz von new_entry: Ein Benutzer kann in das Lerntagebuch eines anderen Benutzers einen neuen Eintrag einfügen, indem er eine URL mit der ID eines fremden Fachgebiets eingibt. Verhindern Sie einen solchen Angriff, indem Sie vor der Speicherung des neuen Eintrags prüfen, ob der aktuelle Benutzer der Besitzer des zugehörigen Fachgebiets ist.

19-5 Schutz des Blogs: Verknüpfen Sie alle Blog-Posts in Ihrem Blog-Projekt mit einem Benutzer. Alle Posts sollen öffentlich lesbar sein, aber nur registrierte Benutzer dürfen Posts hinzufügen und vorhandene Posts bearbeiten. Prüfen Sie in der Ansicht zur Bearbeitung von Posts vor der Verarbeitung des Formulars, ob der Benutzer auch wirklich einen eigenen Post bearbeitet.

Zusammenfassung

In diesem Kapitel haben Sie gelernt, wie Sie Formulare verwenden, um den Benutzern zu erlauben, neue Fachgebiete und Einträge hinzuzufügen und vorhandene Einträge zu bearbeiten, wie Sie ein System für Benutzerkonten einrichten, wie Sie den Benutzern ermöglichen, sich an- und abzumelden, und wie Sie das Django-Standardformular `UserCreationForm` nutzen, damit Besucher neue Benutzerkonten anlegen können.

Sie haben ein einfaches System zur Benutzerauthentifizierung und Registrierung erstellt, den Zugriff auf bestimmte Seiten mithilfe des Dekorierers `@login_required` auf angemeldete Benutzer eingeschränkt, Daten mithilfe einer Fremdschlüsselbeziehung einzelnen Benutzern zugeordnet und gelernt, wie Sie bei der Migration der Datenbank erforderliche Standardwerte angeben.

Des Weiteren haben Sie erfahren, wie Sie mit einer Änderung der Ansichtsfunktionen dafür sorgen können, dass die Benutzer nur ihre eigenen Daten sehen können, wie Sie mit der Methode `filter()` nur die passenden Daten abrufen und wie Sie prüfen, ob der zurzeit angemeldete Benutzer der Besitzer der angeforderten Daten ist.

Es ist nicht immer unmittelbar offensichtlich, welche Daten öffentlich verfügbar sein sollten und welche geschützt werden müssen, aber mit zunehmender Erfahrung werden Sie lernen, das zu unterscheiden. Die Entscheidungen, die wir in diesem Kapitel getroffen haben, um die Benutzerdaten zu schützen, zeigen auch, warum es sinnvoll ist, bei einem Projekt mit anderen zusammenzuarbeiten: Wenn mehr als eine Person einen Blick auf das Projekt wirft, ist es wahrscheinlicher, dass angreifbare Bereiche erkannt werden.

Wir haben jetzt ein Projekt mit vollem Funktionsumfang, das auf unserem lokalen Computer wie erwartet läuft. Im letzten Kapitel wollen wir Learning Log optisch ansprechender gestalten und das Projekt auf einem Server bereitstellen, sodass sich jeder, der über einen Internetanschluss verfügt, dafür registrieren und ein Konto anlegen kann.

20
Eine App gestalten und bereitstellen

Learning Log ist jetzt zwar voll funktionsfähig, hat aber keine ansprechende Gestaltung und läuft nur auf einem lokalen Computer. In diesem Kapitel geben wir dem Projekt ein einfaches, aber professionelles Erscheinungsbild und stellen es auf einem Server bereit, sodass Personen aus aller Welt ein Konto dafür anlegen und es benutzen können.

Für die Gestaltung verwenden wir die Bibliothek Bootstrap. Sie bietet eine Vielzahl von Werkzeugen, um Webanwendungen auf allen modernen Geräten, von großen Flachbildschirmen bis zum Smartphone, ein professionelles Erscheinungsbild zu verleihen. Dazu nutzen wir die App `django-bootstrap5`, wodurch wir auch mehr Übung in der Verwendung von Apps anderer Django-Entwickler bekommen.

Bereitstellen werden wir Learning Log mittels Platform.sh. Diese Website erlaubt es, eigene Projekte auf einen der Server der Betreiber zu übertragen, sodass sie für alle Personen zur Verfügung stehen, die einen Internetanschluss haben.

Außerdem werden wir das Versionssteuerungssystem Git nutzen, um den Überblick über Änderungen an unserem Projekt zu behalten.

Nach der Fertigstellung von Learning Log sind Sie in der Lage, einfache Webanwendungen selbst zu entwickeln, sie ansprechend zu gestalten und sie auf einem Server bereitzustellen. Mit zunehmender Erfahrung können Sie auch Lernmittel für Fortgeschrittene nutzen.

Learning Log gestalten

Die Gestaltung von Learning Log haben wir bis jetzt bewusst außen vor gelassen, da wir uns zunächst auf die Funktionalität konzentrieren wollten. Dies ist eine gute Vorgehensweise bei der Entwicklung, da eine App nur dann sinnvoll ist, wenn sie funktioniert. Nachdem sie korrekt läuft, ist es natürlich unverzichtbar, ihr ein ansprechendes Äußeres zu geben, damit unsere potenziellen Benutzer sie auch verwenden wollen.

In diesem Abschnitt installieren wir die App `django-bootstrap5` vor, und ich zeige Ihnen, wie Sie sie in Ihr Projekt integrieren können, sodass alle Seiten ein einheitliches Look and Feel bekommen.

Die App django-bootstrap5

Wir verwenden `django-bootstrap5`, um Bootstrap in unser Projekt aufzunehmen. Diese App lädt die erforderlichen Bootstrap-Dateien herunter, platziert sie in geeigneten Speicherorten in Ihrem Projekt und stellt die Gestaltungsdirektiven in Ihren Vorlagen zur Verfügung.

Um `django-bootstrap5` zu installieren, geben Sie in einer aktiven virtuellen Umgebung den folgenden Befehl ein:

```
(ll_env)learning_log$ pip install django-bootstrap4
-- schnipp --
Successfully installed beautifulsoup4-4.11.1 django-bootstrap5-21.3
      soupsieve-2.3.2.post1
```

Als Nächstes fügen Sie den folgenden Code zu `INSTALLED_APPS` in *settings.py* hinzu, um `django-bootstrap5` einzubinden:

settings.py

```
-- schnipp --
INSTALLED_APPS = [
    # Eigene Apps.
    'learning_logs',
    'accounts',

    # Drittanbieter-Apps.
    'django_bootstrap5',
```

```
    # Django-Standard-Apps.
    'django.contrib.admin',
    -- schnipp --
```

Fügen Sie den neuen Abschnitt *Drittanbieter-Apps* für Apps von anderen Anbietern hinzu und geben Sie darin `'bootstrap5'` an. Stellen Sie diesen Abschnitt hinter den mit den eigenen Apps, aber vor die Standard-Apps von Django.

Learning Log mit Bootstrap gestalten

Bei Bootstrap handelt es sich um eine umfangreiche Sammlung von Gestaltungswerkzeugen. Die Bibliothek enthält auch eine Reihe von Vorlagen, die Sie auf Ihre Projekte anwenden können, um ihnen ein einheitliches Erscheinungsbild zu verleihen. Diese Vorlagen lassen sich viel einfacher nutzen als die einzelnen Gestaltungswerkzeuge. Um sich anzusehen, welche Vorlagen Bootstrap zur Verfügung stellt, rufen Sie *https://getbootstrap.com/* auf und klicken auf *Examples*. Im Abschnitt *Navbars* finden Sie die Vorlage *Navbars static*, die wir für unser Projekt verwenden wollen. Sie enthält eine einfache Navigationsleiste am oberen Rand und einen Container für den Seiteninhalt.

Abbildung 20–1 zeigt, wie unsere Startseite aussieht, wenn wir diese Bootstrap-Vorlage auf *base.html* anwenden und *index.html* leicht anpassen.

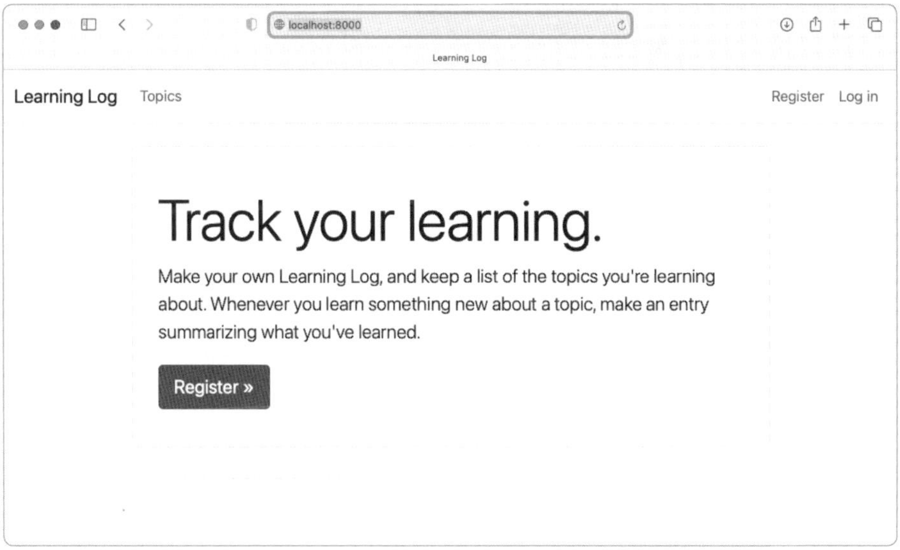

Abb. 20–1 *Die Startseite von Learning Log mit einer Vorlage von Bootstrap*

Änderungen an base.html

Wir müssen *base.html* unter Verwendung der Bootstrap-Vorlage neu schreiben. Wir werden dabei die neue *base.html* in Abschnitten entwickeln. Es handelt sich um eine große Datei; vielleicht möchten Sie sie aus den Onlineressourcen kopieren, die Sie unter *https://ehmatthes.github.io/pcc_3e* finden. Auch wenn Sie die Datei kopieren, sollten Sie den folgenden Abschnitt durchlesen, um die vorgenommenen Änderungen zu verstehen.

Die HTML-Header

Die erste Änderung an *base.html* betrifft die HTML-Header. Außerdem fügen wir unserer Vorlage einige Elemente hinzu, die für die Verwendung von Bootstrap erforderlich sind, und geben der Seite einen Titel. Löschen Sie den kompletten Inhalt von *base.html* und geben Sie stattdessen den folgenden Code ein:

base.html

```
❶ {% load bootstrap4 %}

❷ <!doctype html>
❸ <html lang="en">
❹ <head>
    <meta charset="utf-8">
    <meta name="viewport" content="width=device-width, initial-scale=1,
❺   <title>Learning Log</title>

❻  {% load django_bootstrap5 %}
   {% bootstrap_css %}
    {% bootstrap_javascript %}

❼ </head>
```

Bei ❶ laden wir die Sammlung der Vorlagen-Tags, die in `django-bootstrap5` zur Verfügung stehen. Danach deklarieren wir die Datei als ein in Englisch (❸) geschriebenes HTML-Dokument (❷). HTML-Dateien bestehen aus zwei Hauptteilen, dem öffnenden Element Kopf (`head`) und dem Rumpf (`body`), wobei der Kopf keine Inhalte enthält, sondern dem Browser nur das mitteilt, was er wissen muss, um die Seite korrekt darzustellen. Der Kopf dieser Datei beginnt bei ❹.

Bevor wir den `Head`-Abschnitt schließen, laden wir die Sammlung der in `django-bootstrap5` ❺ verfügbaren Template-Tags. Das Template-Tag `{% bootstrap_css %}` ist ein benutzerdefiniertes Tag von `django-bootstrap5`; es lädt alle CSS-Dateien, die zur Implementierung von Bootstrap-Styles erforderlich sind. Der folgende Tag aktiviert alle interaktiven Funktionen, die Sie auf einer Seite verwenden können, wie z. B. ausklappbare Navigationsleisten. Der abschließende `</head>`-Tag erscheint in der letzten Zeile. Alle Bootstrap-Stylingoptionen sind jetzt in jeder

Vorlage verfügbar, die von *base.html* erbt. Wenn Sie benutzerdefinierte Template-Tags aus `django-bootstrap5` verwenden möchten, muss jedes Template das Tag `{% load django_bootstrap5 %}` enthalten.

Die Navigationsleiste

Der Code zur Definition der Navigationsleiste am oberen Seitenrand ist ziemlich lang, da er sowohl auf schmalen Smartphone-Bildschirmen als auch auf breiten Desktop-Monitoren gleich gut funktionieren muss. Wir gehen ihn hier daher abschnittsweise durch.

Im Folgenden sehen Sie den ersten Teil dieses Codes für die Navigationsleiste:

```
-- schnipp --
</head>
<body>

❶  <nav class="navbar navbar-expand-md navbar-light bg-light mb-4 border">
     <div class="container-fluid">

❷    <a class="navbar-brand" href="{% url 'learning_logs:index' %}">
         Learning Log</a>

❸    <button class="navbar-toggler" type="button" data-bs-toggle="collapse"
         data-bs-target="#navbarCollapse" aria-controls="navbarCollapse"
         aria-expanded="false" aria-label="Toggle navigation">
       <span class="navbar-toggler-icon"></span>
     </button>
❹    <div class="collapse navbar-collapse" id="navbarCollapse">
❺    <ul class="navbar-nav me-auto mb-2 mb-md-0">
❻    <li class="nav-item">
❼    <a class="nav-link" href="{% url 'learning_logs:topics' %}">
        Topics</a></li>
       </ul> <!-- End of links on left side of navbar -->
      </div> <!-- Closes collapsible parts of navbar -->
     </div> <!-- Closes navbar's container --><
   /nav> <!-- End of navbar -->
❽ {% block content %}{% endblock content %}
</body>
</html>
```

Das erste neue Element ist das öffnende `<body>`-Tag. Der Rumpf einer HTML-Datei enthält den Inhalt, den die Benutzer auf der Seite sehen. Das folgende `<nav>`-Element bei ❶ öffnet den Code für die Navigationslinks oben auf der Seite. Sämtliche Inhalte dieses Elements werden nach den Formatierungsregeln von Bootstrap formatiert, die für die Klassen `navbar`, `navbar-expand-md` usw. definiert sind. Eine solche *Klasse* bestimmt, auf welche Elemente einer Seite eine bestimmte Gestaltungsregel angewendet wird. Die Klassen `navbar-light` und `bg-light` sorgen dafür, dass die Navigationsleiste mit einem hellen Hintergrund versehen wird. Die Buchstaben »mb« in `mb-4` stehen für »margin bottom«, also »unterer Rand«. Elemente dieser Klasse erhalten einen kleinen Abstand zum Rest der Seite. Durch die Klasse `border` wird ein dünner Rand um den hellen Hintergrund gelegt, um ihn besser vom Rest der Seite abzusetzen.

Der `<div>`-Tag in der nächsten Zeile öffnet einen anpassbaren Container, der die gesamte Navigationsleiste aufnimmt. Der Begriff `div` ist die Abkürzung für Division; Sie erstellen eine Webseite, indem Sie sie in Abschnitte unterteilen und Stil- und Verhaltensregeln definieren, die für den jeweiligen Abschnitt gelten. Alle Stil- und Verhaltensregeln, die in einem öffnenden `<div>`-Tag definiert werden, wirken sich auf alles aus, was Sie sehen, bis der entsprechende schließende Tag (`</div>`) erscheint.

Als Nächstes legen wir den Projektnamen *Learning Log* fest, der als erstes Element in der Navigationsleiste ❷ erscheinen soll. Dies wird auch als Link zur Homepage dienen, genau wie in der minimal gestylten Version des Projekts, die wir in den beiden vorherigen Kapiteln erstellt haben. Der Selektor `navbar-brand` gestaltet diesen Link so, dass er sich von den übrigen Links abhebt und der Website ein gewisses Branding verleiht.

Die Bootstrap-Vorlage definiert dann eine Schaltfläche, die angezeigt wird, wenn das Browserfenster zu schmal ist, um die gesamte Navigationsleiste horizontal darzustellen. ❸ Wenn der Benutzer auf die Schaltfläche klickt, erscheinen die Navigationselemente in einer Drop-down-Liste. Der Verweis zum Einklappen bewirkt, dass die Navigationsleiste eingeklappt wird, wenn der Benutzer das Browserfenster verkleinert oder wenn die Website auf Geräten mit kleinen Bildschirmen angezeigt wird.

Als Nächstes öffnen wir einen neuen Abschnitt (`<div>`) der Navigationsleiste ❹. Dies ist der Teil der Navigationsleiste, der je nach Größe des Browserfensters eingeklappt werden kann.

Bootstrap definiert Navigationselemente als Elemente in einer ungeordneten Liste ❺, mit Stilregeln, die sie nicht wie eine Liste aussehen lassen. Jeder Link oder jedes Element, das Sie in der Leiste benötigen, kann als Element in einer ungeordneten Liste enthalten sein ❻. Hier ist das einzige Element in der Liste unser Link zur Themenseite ❼. Beachten Sie den schließenden `</li>`-Tag am Ende des Links; jeder öffnende Tag braucht einen entsprechenden schließenden Tag.

Der Rest der hier gezeigten Zeilen schließt alle Tags, die geöffnet wurden. In HTML wird ein Kommentar wie folgt geschrieben:

```
<!-- This is an HTML comment. -->
```

Abschließende Tags haben normalerweise keine Kommentare, aber wenn Sie neu in HTML sind, kann es sehr hilfreich sein, einige Ihrer abschließenden Tags zu beschriften. Ein einziges fehlendes Tag oder ein zusätzliches Tag kann das Layout einer ganzen Seite durcheinanderbringen. Wir fügen den Inhaltsblock ❽ und die abschließenden Tags `</body>` und `</html>` hinzu. Wir sind mit der Navigationsleiste noch nicht fertig, aber wir haben jetzt ein vollständiges HTML-Dokument. Wenn `runserver` gerade aktiv ist, beenden Sie den aktuellen Server und starten Sie ihn neu. Rufen Sie die Startseite des Projekts auf, und Sie sollten eine Navigationsleiste sehen, die einige der in Abbildung 20–1 gezeigten Elemente enthält. Fügen wir nun die restlichen Elemente zur Navigationsleiste hinzu.

Die Links für die Benutzerkonten hinzufügen

Wir müssen noch die mit den Benutzerkonten verbundenen Links hinzufügen. Wir beginnen mit dem Hinzufügen aller kontobezogenen Links außer dem Abmeldeformular. Nehmen Sie die folgenden Änderungen an *base.html* vor:

```
    --schnipp--
    </ul> <!-- End of links on left side of navbar -->

    <!-- Account-related links -->
❶   <ul class="navbar-nav ms-auto mb-2 mb-md-0">

❷      {% if user.is_authenticated %}
         <li class="nav-item">
❸   <span class="navbar-text me-2">Hello, {{ user.username }}.
         </span></li>
❹   {% else %}
      <li class="nav-item">
        <a class="nav-link" href="{% url 'accounts:register' %}">
          Register</a></li>
      <li class="nav-item">
        <a class="nav-link" href="{% url 'accounts:login' %}">
           Log in</a></li>
      {% endif %}

    </ul> <!-- End of account-related links -->

  </div> <!-- Closes collapsible parts of navbar -->
--schnipp--
```

Bei ❶ beginnen wir mit einem weiteren öffnenden `<ul>`-Tag, eine weitere Gruppe von Links anzulegen. Sie können so viele dieser Gruppen verwenden, wie Sie auf der Seite benötigen. Die Bezeichnung `ms` steht für `margin-start-automatic`, also »automatischer Rand«. Durch eine Untersuchung der anderen Elemente in der

Navigationsleiste wird der linke Rand ermittelt, der erforderlich ist, um die Gruppe von Links dieser Klasse auf die rechte Seite im Browserfenster zu verschieben.

Der `if`-Block bei ❷ ist der bedingte Block, den wir bereits verwenden, um je nachdem, ob der Benutzer angemeldet ist oder nicht, eine passende Meldung anzuzeigen. Jetzt ist er aufgrund der Gestaltungsregeln innerhalb der Tags etwas länger geworden. Bei ❸ sehen Sie ein `<span>`-Element mit der Begrüßung für authentifizierte Benutzer. Es dient dazu, Text oder Elemente zu gestalten, die zu einer längeren Zeile gehören. Während `div`-Elemente eigene Abschnitte einer Seite abgrenzen, sind `span`-Elemente Teile eines größeren Abschnitts. Das kann zu Anfang etwas verwirrend wirken, vor allem, da die `div`-Elemente auf einigen Seiten stark verschachtelt sind. Hier verwenden wir das `span`-Element, um in der Navigationsleiste angezeigte Informationen zu formatieren, z.B. den Namen des angemeldeten Benutzers.

Im `else`-Block, der für nicht authentifizierte Benutzer ausgeführt wird, fügen wir die Links für die Registrierung eines neuen Kontos und die Anmeldung ein (❹). Diese sollten genauso aussehen wie der Link zur Themenseite.

Wenn Sie der Navigationsleiste weitere Links hinzufügen möchten, fügen Sie ein weiteres `<li>`-Element zu einer der `<ul>`-Gruppen hinzu, die wir definiert haben, und verwenden Sie Styling-Anweisungen wie die hier gezeigten.

Fügen wir nun das Abmeldeformular zur Navigationsleiste hinzu.

Der Navigationsleiste das Logout-Formular anfügen

Als wir das Abmeldeformular zum ersten Mal geschrieben haben, fügten wir es am Ende von *base.html* ein. Jetzt wollen wir es an einem besseren Ort unterbringen, nämlich in der Navigationsleiste:

```
--schnipp--
</ul> <!-- End of account-related links -->

{% if user.is_authenticated %}
  <form action="{% url 'accounts:logout' %}" method='post'>
    {% csrf_token %}
❶   <button name='submit' class='btn btn-outline-secondary btn-sm'>
      Log out</button>
  </form>
 {% endif %}

</div> <!-- Closes collapsible parts of navbar -->
--schnipp--
```

Das Abmeldeformular sollte nach der Reihe der kontobezogenen Links platziert werden, aber innerhalb des zusammenklappbaren Abschnitts der Navigationsleiste. Die einzige Änderung im Formular ist der Zusatz einer Reihe von Bootstrap-Styling-Klassen im `<button>`-Element, die auf die Abmelde-Schaltfläche (❶) angewandt werden. Wenn Sie die Homepage neu laden, sollten Sie sich mit jedem der von Ihnen erstellten Konten an- und abmelden können. Wir müssen der Datei *base.html* noch ein wenig mehr hinzufügen. Wir müssen zwei Blöcke definieren, die von den einzelnen Seiten verwendet werden können, um die für diese Seiten spezifischen Inhalte zu platzieren.

Der Hauptteil der Seite

Der Rest von *base.html* enthält den Hauptteil der Seite:

base.html

```
  -- schnipp --
  </nav> >!-- End of navbar -->

❶ <main class="container">
❷   <div class="pb-2 mb-2 border-bottom">
      {% block page_header %}{% endblock page_header %}
    </div>
❸   <div>
      {% block content %}{% endblock content %}
    </div>
  </main>

</body>

</html>
```

Bei ❶ öffnen wir zuerst ein `<main>`-Tag. Das Element `main` wird für den Hauptteil des Rumpfes einer Seite verwendet. Hier weisen wir diesem Element die Klasse `container` zu, sodass wir es auf eine einfache Weise dazu nutzen können, die Elemente auf einer Seite zu gruppieren. In diesen Container stellen wir zwei `div`-Elemente.

Das erste dieser `div`-Elemente (❷) enthält einen `page_header`-Block, den wir verwenden, um die meisten Seiten mit einem Titel zu versehen. Um diesen Abschnitt vom Rest der Seite abzusetzen, sorgen wir für eine *Auffüllung* (*Padding*) unter diesem Header. Darunter versteht man den Abstand zwischen dem Inhalt eines Elements und seinem Rahmen. Elemente der Klasse `pb-2` werden von Bootstrap mit einer mittelstarken Auffüllung am unteren Rand dargestellt. Mit `mb-2` (für »margin bottom«, also »unterer Rand«) sorgen wir für einen Abstand zwischen dem Rand dieses Elements und den anderen Elementen auf der Seite. Der Selektor `mb-2` ermöglicht einen passenden Leerraum unten in diesem `div`. Der Rahmen soll nur unten auf der Seite erscheinen. Daher verwenden wir die Klasse `border-bottom`, die den unteren Rand des `page_header`-Blocks mit einer dünnen Rahmenlinie versieht.

Bei ❸ definieren wir ein weiteres `div`-Element als Container für den `content`-Block. Wir weisen ihm keine Gestaltung zu, sodass wir den Inhalt jeder Seite einzeln jeweils passend formatieren können. Am Ende von *base.html* schließen wir die Elemente `main`, `body` und `html`.

Wenn Sie die Startseite von Learning Log in einem Browser laden, sehen Sie jetzt eine professionell wirkende Navigationsleiste wie diejenige in Abbildung 20–1. Versuchen Sie, das Fenster ganz schmal zu machen. Die Leiste sollte jetzt durch eine Schaltfläche ersetzt werden. Bei einem Klick auf diese Schaltfläche werden die Links in einer Drop-down-Liste angezeigt.

Die Startseite mit einem Jumbotron gestalten

Um die Startseite weiter zu gestalten, fügen wir ein weiteres Bootstrap-Element hinzu, nämlich ein sogenanntes *Jumbotron*. Dabei handelt es sich um einen großen Kasten, der vom Rest der Seite absticht. Gewöhnlich wird er auf der Startseite einer Website eingesetzt, um eine kurze Beschreibung des Gesamtprojekts zu geben und den Betrachter aufzufordern, etwas zu tun.

Unsere revidierte Datei *index.html* sieht nun wie folgt aus:

index.html

```
  {% extends "learning_logs/base.html" %}

❶ {% block page_header %}
❷   <div class= p-3 mb-4 bg-light border rounded-3">
      <div class="container-fluid py-4">
❸       <h1 class="display-3">Track your learning.</h1>

❹       <p class="lead">Make your own Learning Log, and keep a list of the
            topics you're learning about. Whenever you learn something new
            about a topic, make an entry summarizing what you've learned.</p>

❺       <a class="btn btn-primary" btn-lg mt -1
          href="{% url 'accounts:register' %}">Register &raquo;</a>
      </div>
    </div>
  {% endblock page_header %}
```

Zuerst teilen wir Django mit, dass wir definieren wollen, was in den `page_header`-Block gehört (❶). Ein Jumbotron wird als ein Paar von `div`-Elementen implementiert, auf die eine Reihe von Styling-Direktiven angewendet werden (❷). Das äußere `div` hat Padding- und Margin-Einstellungen, eine helle Hintergrundfarbe und abgerundete Ecken. Das innere `div` ist ein Container, der sich mit der Fenstergröße ändert und ebenfalls über ein Padding verfügt. Der `py-4`-Selektor fügt dem oberen und unteren Teil des `div`-Elements ein Padding hinzu. Sie können die Zahlen in diesen Einstellungen anpassen und sehen, wie sich die Homepage verändert.

Innerhalb des Jumbotrons befinden sich drei Elemente. Das erste ist eine kurze Nachricht, *Track your learning*, die neuen Besuchern einen Eindruck davon vermittelt, was Learning Log tut (❸). Das `<h1>`-Element ist eine Kopfzeile der ersten Ebene, und der `display-3`-Selektor verleiht dieser speziellen Kopfzeile ein schlankeres und höheres Aussehen. Wir fügen auch eine längere Nachricht ein, die mehr Informationen darüber enthält, was der Benutzer mit seinem Lernprotokoll tun kann (❹). Dieser Absatz ist als Lead formatiert, der sich von normalen Absätzen abheben soll.

Anstatt nur einen Textlink zu verwenden, erstellen wir eine Schaltfläche, die den Benutzer auffordert, ein Konto auf Learning Log (❺) zu registrieren. Es handelt sich um denselben Link wie in der Kopfzeile, aber die Schaltfläche hebt sich auf der Seite ab und zeigt dem Betrachter, was er tun muss, um das Projekt zu nutzen. Die Selektoren, die Sie hier sehen, gestalten eine große Schaltfläche, die eine Aufforderung zum Handeln darstellt. Der Code `»` ist eine HTML-Entität, die wie zwei rechte spitze Klammern aussieht (>>). Schließlich stellen wir abschließende `div`-Tags bereit und schließen den `page_header`-Block ab. Da es in dieser Datei nur zwei `div`-Elemente gibt, ist es nicht besonders hilfreich, die schließenden Tags zu kennzeichnen. Wir fügen dieser Seite nichts weiter hinzu, daher brauchen wir den Inhaltsblock in dieser Vorlage nicht zu definieren.

Die Startseite sieht jetzt wie in Abbildung 20–1 aus. Dies ist eine deutliche Verbesserung gegenüber der ungestylten Version des Projekts!

Das Anmeldeformular gestalten

Wir haben zwar das allgemeine Erscheinungsbild der Anmeldeseite gestaltet, aber nicht das des Anmeldeformulars. Daher wollen wir als Nächstes dafür sorgen, dass das Aussehen des Formulars zum Rest der Seite passt. Dazu ändern wir *login.html*:

login.html

```
   {% extends "learning_logs/base.html" %}
❶  {% load django_bootstrap5 %}

❷  {% block page_header %}
     <h2>Log in to your account.</h2>
   {% endblock page_header %}

   {% block content %}
❸    <form action="{% url 'accounts:login' %}" method='post'>
       {% csrf_token %}
```

```
❹       {% bootstrap_form form %}
❺       {% bootstrap_button button_type="submit" content="Log in" %}
      </form>

    {% endblock content %}
```

Bei ❶ laden wir die Tags von `bootstrap5` in die Vorlage. Dann definieren wir bei ❷ den Block `page_header`, der angibt, wozu die Seite da ist. Beachten Sie, dass wir den Block `{% if form.errors %}` aus der Vorlage herausgenommen haben, da `bootstrap4` Formularfehler automatisch handhabt.

Wir fügen bei ❸ das Attribut `class="Form"` hinzu, sodass wir zur Anzeige des Formulars das Vorlagen-Tag `{% bootstrap_form %}` statt des Tags `{{ form.as_p }}` aus Kapitel 19 verwenden können. Um die Submit-Schaltfläche zu erzeugen, verwenden wir `{% bootstrap_button %}` und fügen die Bootstrap-Gestaltungsregeln in die einzelnen Formularelemente ein, während das `Login`-Formular dargestellt wird (❹).

Abbildung 20–2 zeigt, wie das Anmeldeformular jetzt dargestellt wird. Die Seite ist jetzt viel übersichtlicher, hat eine einheitliche Gestaltung und zeigt deutlich, welchem Zweck sie dient. Wenn Sie versuchen, sich mit einem falschen Benutzernamen oder Passwort anzumelden, werden Sie feststellen, dass auch die Fehlermeldungen einheitlich gestaltet sind und grafisch gut zum Erscheinungsbild der Website im Ganzen passen.

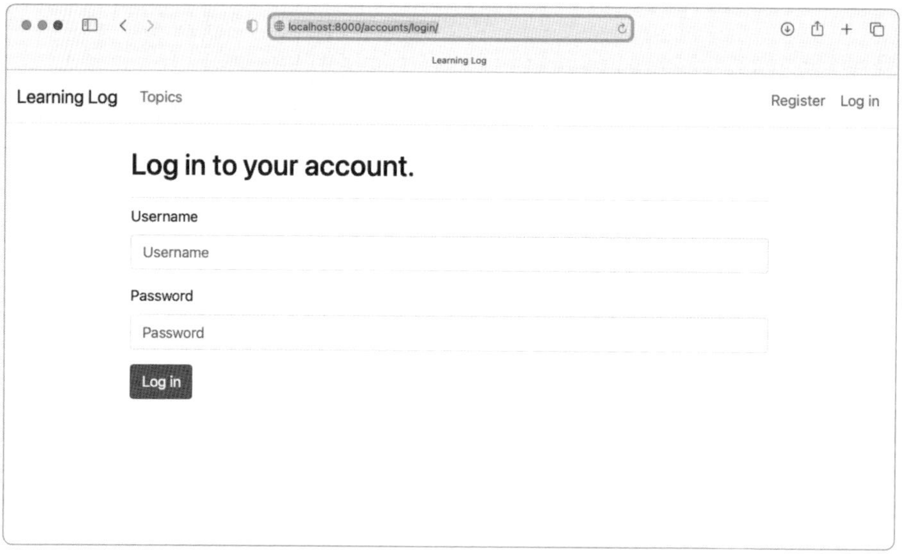

Abb. 20–2 *Die mit Bootstrap gestaltete Anmeldeseite*

Die Seite Topics gestalten

Als Nächstes wollen wir den Seiten zur Anzeige von Informationen das neue Erscheinungsbild geben, wobei wir mit der Seite *Topics* beginnen:

topics.html

```
{% extends "learning_logs/base.html" %}

❶ {% block page_header %}
    <h1>Topics</h1>
  {% endblock page_header %}

  {% block content %}
❷   <ul class="list-group border-bottom pb-2 mb-4">
      {% for topic in topics %}
❸       <li class="list-group-item border-0">
          <a href="{% url 'learning_logs:topic' topic.id %}">
            {{ topic.text }}</a>
        </li>
      {% empty %}
❹     <li class="list-group-item border-0">No topics have been added yet.</li>
      {% endfor %}
    </ul>
    <a href="{% url 'learning_logs:new_topic' %}">Add a new topic</a>
  {% endblock content %}
```

Wir brauchen den `{% load bootstrap5 %}`-Tag nicht, da wir in dieser Datei keine benutzerdefinierten `bootstrap5`-Vorlagen verwenden. Wir verschieben die Überschrift `Topics` in den `page_header`-Block und machen sie zu einem `<h1>`-Element anstelle eines einfachen Absatzes (❶).

Der Hauptinhalt dieser Seite ist eine Liste von Themen, daher verwenden wir die Bootstrap-Listenkomponente zum Rendern der Seite. Diese wendet eine einfache Reihe von Styling-Direktiven auf die gesamte Liste und auf jedes Element in der Liste an. Wenn wir den `<ul>`-Tag öffnen, fügen wir zunächst die `list-group`-Klasse ein, um die Standard-Stilrichtlinien auf die Liste anzuwenden (❷). Wir passen die Liste weiter an, indem wir einen Rahmen am unteren Rand der Liste, ein wenig Padding unterhalb der Liste (`pb-2`) und einen Rand unterhalb des unteren Rahmens (`mb-4`) einfügen.

Jedes Element in der Liste benötigt die `list-group-item`-Klasse, und wir passen den Standardstil an, indem wir den Rahmen um die einzelnen Elemente entfernen (❸). Die Meldung, die angezeigt wird, wenn die Liste leer ist, benötigt die gleichen Klassen (❹). Wenn Sie nun die Themenseite besuchen, sollten Sie eine Seite sehen, deren Design dem der Startseite entspricht.

Einträge auf den Fachgebietsseiten gestalten

Für die Fachgebietsseiten verwenden wir besondere Bootstrap-Elemente, die als *Cards* (Karten) bezeichnet werden. Dabei handelt es sich um `div`-Bereiche mit einem Satz flexibler, vordefinierter und verschachtelbarer Formate, die sich ideal für die Anzeige der Einträge zu einem Fachgebiet eignen.

topic.html

```
  {% extends 'learning_logs/base.html' %}

❶ {% block page_header %}
    <h1>{{ topic.text }}</h1>
  {% endblock page_header %}

  {% block content %}
    <p>
      <a href="{% url 'learning_logs:new_entry' topic.id %}">Add new entry</a>
    </p>

    {% for entry in entries %}
❷     <div class="card mb-3">
        <!-- Card header with timestamp and edit link -->
❸       <h4 class="card-header">
          {{ entry.date_added|date:'M d, Y H:i' }}
❹         <small><a href="{% url 'learning_logs:edit_entry' entry.id %}">
              edit entry</a></small>
        </h4>
        <!-- Card body with entry text -->
❺       <div class="card-body">
          {{ entry.text|linebreaks }}
        </div>
      </div>
    {% empty %}
      <p>There are no entries for this topic yet.</p>
    {% endfor %}

  {% endblock content %}
```

Als Erstes platzieren wir das Fachgebiet im `page_header`-Block (❶). Anschließend löschen wir die ungeordnete Listenstruktur, die wir zuvor in dieser Vorlage verwendet haben. Anstatt die einzelnen Einträge als Listenelemente zu formatieren, erstellen wir bei ❷ ein `div`-Element der Klasse `card`, das zwei weitere verschachtelte Elemente enthält, nämlich eines für den Zeitstempel und den Link zur Bearbeitung des Eintrags und eines für den Rumpf des Eintrags. Der Selektor `Card` übernimmt den größten Teil des Stylings, das wir für dieses `div` benötigen; wir passen die Card an, indem wir einen kleinen Rand am unteren Rand jeder Card hinzufügen (`mb-3`).

Das erste Element dieser »Karte« ist ein Header, und zwar ein `<h4>`-Element mit der Klasse `card-header` (❸). Er enthält das Datum des Eintrags und den Bearbeitungslink. Die `<small>`-Tags lassen den `edit_entry`-Link etwas kleiner erscheinen als den Zeitstempel (❹).

Das zweite Element ist ein `div`-Bereich der Klasse `card-body` (❺), das den Text des Eintrags in einen einfachen Kasten auf der Karte stellt. Wie Sie sehen, hat sich der Django-Code zum Einfügen der Informationen auf der Seite nicht geändert, sondern nur die Elemente, die sich auf das Erscheinungsbild der Seite auswirken. Da wir keine ungeordnete Liste mehr haben, haben wir die Tags für die Listenelemente um die leere Liste herum durch einfache Absatz-Tags ersetzt (❻).

Abbildung 20–3 zeigt eine Fachgebietsseite im neuen Gewand. Die Funktionsweise von Learning Log hat sich nicht geändert, aber die Anwendung sieht jetzt wesentlich professioneller und einladender aus.

Wenn Sie eine andere Bootstrap-Vorlage verwenden möchten, müssen Sie nach dem gleichen Muster vorgehen wie in diesem Kapitel. Kopieren Sie die gewünschte Vorlage in *base.html* und ändern Sie die Elemente mit den Inhalten, damit die Vorlage die Informationen anzeigt, die in Ihrem Projekt zu sehen sein sollen. Gestalten Sie die Inhalte der einzelnen Seiten dann mit den Werkzeugen von Bootstrap.

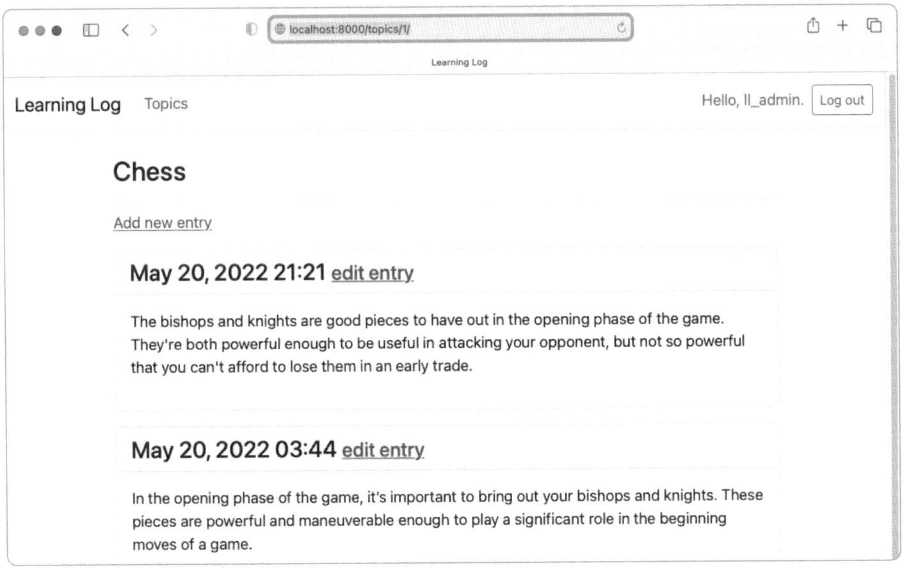

Abb. 20–3 *Eine Fachgebietsseite mit Bootstrap-Gestaltung*

Hinweis

Das Bootstrap-Projekt verfügt über eine ausgezeichnete Dokumentation. Besuchen Sie die Homepage *https://getbootstrap.com* und klicken Sie auf *Docs*, um mehr darüber zu erfahren, was Bootstrap bietet.

Probieren Sie es selbst aus!

20-1 Andere Formulare: Wir haben die Bootstrap-Formate auf die Seite `login` angewendet. Nehmen Sie ähnliche Änderungen an den restlichen Formularseiten vor, also an `new_topic`, `new_entry`, `edit_entry` und `register`.

20-2 Professionell gestaltetes Blog: Gestalten Sie das Blog-Projekt aus den Übungen von Kapitel 19 mithilfe von Bootstrap.

Learning Log bereitstellen

Nachdem wir unser Projekt jetzt professionell gestaltet haben, wollen wir es auf einem Server bereitstellen, sodass es allgemein über das Internet verfügbar ist. Dazu verwenden wir *Platform.sh*, eine Webplattform für die Bereitstellung und Verwaltung von Webanwendungen.

Ein Platform.sh-Konto anlegen

Um ein Konto einzurichten, gehen Sie auf *https://platform.sh* und klicken Sie auf die Schaltfläche *Free Trial*. Platform.sh verfügt derzeit über eine kostenlose Kategorie, für die keine Kreditkarte erforderlich ist. In der Testphase können Sie eine Anwendung mit minimalen Ressourcen bereitstellen und so Ihr Projekt in einer Live-Umgebung testen, bevor Sie sich für einen kostenpflichtigen Hosting-Tarif entscheiden.

Hinweis

Die spezifischen Grenzen der Testversionen ändern sich regelmäßig, da Hosting-Plattformen Spam und Ressourcenmissbrauch bekämpfen. Sie können die aktuellen Grenzen der kostenlosen Testversion unter *https://platform.sh/free-trial* einsehen.

Die Platform.sh-Befehlszeile installieren

Um ein Projekt auf Platform.sh bereitzustellen und zu verwalten, benötigen Sie die im Command Line Interface (CLI) verfügbaren Werkzeuge. Um die neueste Version des CLI zu installieren, besuchen Sie *https://docs.platform.sh/development/cli.html* und folgen Sie den Anweisungen für Ihr Betriebssystem. Auf den meisten Systemen können Sie die CLI installieren, indem Sie den folgenden Befehl in einem Terminalfenster ausführen:

```
$ curl -fsS https://platform.sh/cli/installer | php
```

Nachdem dieser Befehl ausgeführt wurde, müssen Sie ein neues Terminalfenster öffnen, bevor Sie die Befehlszeile verwenden können.

Platformsshconfig installieren

Sie müssen auch ein zusätzliches Paket namens `platformshconfig` installieren. Dieses Paket hilft zu erkennen, ob das Projekt auf Ihrem lokalen System oder auf einem Platform.sh-Server läuft. Geben Sie in einer aktiven virtuellen Umgebung den folgenden Befehl ein:

```
(ll_env)learning_log$ pip install platformshconfig
```

Wir verwenden dieses Paket, um die Einstellungen des Projekts zu ändern, wenn es auf dem Live-Server läuft.

Die Datei requirements.txt erstellen

Der Remote-Server muss wissen, welche Pakete Learning Log benötigt. Daher erstellen wir mithilfe von `pip` eine Datei, in der diese Pakete aufgeführt werden. Geben Sie in einer aktiven virtuellen Umgebung den folgenden Befehl ein:

```
(ll_env)learning_log$ pip freeze > requirements.txt
```

Der Befehl `freeze` weist `pip` an, die Namen aller zurzeit in dem Projekt installierten Pakete in die Datei *requirements.txt* zu schreiben. Wenn Sie diese Datei öffnen, können Sie die Pakete und Versionsnummern erkennen:

requirements.txt

```
asgiref==3.5.2
beautifulsoup4==4.11.1
Django==4.1
django-bootstrap5==21.3
platformshconfig==2.4.0
soupsieve==2.3.2.post1
sqlparse==0.4.2
```

Learning Log hängt von sieben verschiedenen Paketen einer bestimmten Versionsnummer ab, weshalb eine besondere Umgebung erforderlich ist, damit es korrekt auf einem Remote-Server ausgeführt werden kann. Drei dieser Pakete haben wir manuell installiert, wobei die restlichen vier automatisch als Abhängigkeiten dieser Pakete hinzugefügt wurden.

Wenn wir Learning Log bereitstellen, installiert Platform.sh alle in *requirements.txt* aufgeführten Pakete und richtet damit eine Umgebung mit genau den gleichen Paketen ein, die wir auch lokal verwenden. Daher können wir sicher sein, dass sich das bereitgestellte Projekt genauso verhält wie auf unserem lokalen System. Das ist ein gewaltiger Vorteil, vor allem, wenn Sie auf Ihrem System mehrere Projekte erstellen und pflegen müssen.

Hinweis

Sollten Sie auf Ihrem System bei einem der Pakete eine andere Versionsnummer sehen als hier, verwenden Sie die Nummer, die auf Ihrem System gilt.

Zusätzliche Voraussetzungen für die Bereitstellung

Für den Live-Server sind zwei zusätzliche Pakete erforderlich. Diese Pakete werden verwendet, um das Projekt in einer Produktionsumgebung zu betreiben, in der viele Benutzer gleichzeitig Anfragen stellen können. Erstellen Sie in demselben Verzeichnis, in dem die Datei *requirements.txt* gespeichert ist, eine neue Datei namens *requirements_remote.txt*. Fügen Sie ihr die folgenden zwei Pakete hinzu:

```
# Requirements for live project.
gunicorn
psycopg2
```

Das Paket `gunicorn` reagiert auf Anfragen, die auf dem entfernten Server eingehen; es ersetzt den Entwicklungsserver, den wir lokal verwendet haben. Das Paket `psycopg2` wird benötigt, damit Django die Postgres-Datenbank verwalten kann, die Platform.sh verwendet. *Postgres* ist eine Open-Source-Datenbank, die sehr gut für Produktionsanwendungen geeignet ist.

Konfigurationsdateien hinzufügen

Jede Hosting-Plattform erfordert eine gewisse Konfiguration, damit ein Projekt auf ihren Servern korrekt ausgeführt werden kann. In diesem Abschnitt werden wir drei Konfigurationsdateien hinzufügen:

.platform.app.yaml Dies ist die Hauptkonfigurationsdatei für das Projekt. Sie teilt Platform.sh mit, welche Art von Projekt wir bereitstellen wollen und welche Ressourcen unser Projekt benötigt. Sie enthält außerdem Befehle für die Erstellung des Projekts auf dem Server.

.platform/routes.yaml Diese Datei definiert die Routen zu unserem Projekt. Wenn Platform.sh eine Anfrage erhält, ist dies die Konfiguration, die dabei hilft, diese Anfragen an unser spezifisches Projekt zu leiten.

.platform/services.yaml Diese Datei definiert alle zusätzlichen Dienste, die unser Projekt benötigt.

Dies sind alles YAML-Dateien (YAML Ain't Markup Language). YAML ist eine Sprache zum Schreiben von Konfigurationsdateien, die sowohl von Menschen als auch von Computern leicht gelesen werden kann. Sie können eine typische YAML-Datei von Hand schreiben oder verändern, aber auch ein Computer kann die Datei eindeutig lesen und interpretieren. YAML-Dateien eignen sich hervorragend für die Bereitstellung von Konfigurationsdateien, da Sie damit einen großen Teil der Kontrolle über den Ablauf des Bereitstellungsprozesses haben.

Versteckte Dateien sichtbar machen

Die meisten Betriebssysteme verstecken Dateien und Ordner, deren Namen wie *.gitignore* mit einem Punkt beginnen. Im Dateibrowser werden Dateien dieser Art standardmäßig nicht angezeigt. Als Programmierer aber müssen Sie sie sehen können. Auf den verschiedenen Betriebssystemen können Sie die versteckten Dateien wie folgt einblenden lassen:

- Unter Windows öffnen Sie den Windows Explorer und darin einen Ordner, z. B. *Desktop*. Klicken Sie auf die Registerkarte *Ansicht* und aktivieren Sie die Kontrollkästchen *Dateinamenerweiterungen* und *Versteckte Elemente*.
- Unter macOS drücken Sie in einem beliebigen Dateibrowserfenster `Befehl` + `Umschalt` + `.`, um die versteckten Dateien und Ordner einzublenden.
- Auf Linux-Systemen wie Ubuntu können Sie in jedem Dateibrowser `Strg` + `H` drücken, um die versteckten Dateien und Ordner einzublenden. Um für eine dauerhafte Anzeige verborgener Elemente zu sorgen, öffnen Sie einen Dateibrowser wie Nautilus und klicken auf die Optionsschaltfläche (die mit den drei Linien). Aktivieren Sie das Kontrollkästchen *Versteckte Dateien anzeigen*.

Die Konfigurationsdatei .platform.app.yaml

Die erste Konfigurationsdatei ist die längste, da sie den gesamten Bereitstellungsprozess steuert. Wir werden sie in Teilen zeigen; Sie können sie entweder von Hand in Ihren Texteditor eingeben oder eine Kopie aus den Onlineressourcen unter *https://ehmatthes.github.io/pcc_3e* herunterladen.

Hier ist der erste Teil von *.platform.app.yaml*, der im gleichen Verzeichnis wie *manage.py* gespeichert werden sollte:

```
❶ name: "ll_project"
   type: "python:3.10"

❷ relationships:
   database: "db:postgresql"

   # The configuration of the app when it's exposed to the web.
❸ web:
    upstream:
        socket_family: unix
    commands:
❹       start: "gunicorn -w 4 -b unix:$SOCKET ll_project.wsgi:application"
❺   locations:
      "/":
        passthru: true
      "/static":
        root: "static"
        expires: 1h
        allow: true
   # The size of the persistent disk of the application (in MB).
❻ disk: 512
```

Wenn Sie diese Datei speichern, achten Sie darauf, dass Sie den Punkt am Anfang des Dateinamens einfügen. Wenn Sie den Punkt weglassen, wird Platform.sh die Datei nicht finden und Ihr Projekt wird nicht bereitgestellt.

Sie brauchen an dieser Stelle nicht alles in *.platform.app.yaml* zu verstehen; ich werde die wichtigsten Teile der Konfiguration erläutern. Die Datei beginnt mit der Angabe des Projektnamens, den wir `ll_project` nennen, um mit dem Namen konsistent zu sein, den wir beim Start des Projekts (❶) verwendet haben. Außerdem müssen wir die Version von Python angeben, die wir verwenden (3.10 zum Zeitpunkt, als dies geschrieben wurde). Eine Liste der unterstützten Versionen finden Sie unter *https://docs.platform.sh/languages/python.html.*

Als Nächstes folgt ein Abschnitt mit der Bezeichnung `relationships`, in dem andere Dienste definiert werden, die das Projekt benötigt (❷). Hier ist die einzige Beziehung zu einer Postgres-Datenbank. Danach folgt der Abschnitt `web` (❸). Der Abschnitt `commands:start` teilt Platform.sh mit, welcher Prozess für eingehende Anfragen verwendet werden soll. Hier geben wir an, dass `gunicorn` die Anfragen bearbeiten soll (❹). Dieser Befehl ersetzt den `python manage.pyrunserver`-Befehl, den wir lokal verwendet haben.

Der Abschnitt `locations` teilt Platform.sh mit, wohin eingehende Anfragen gesendet werden sollen (❺). Die meisten Anfragen sollten an `gunicorn` weitergeleitet werden; unsere *urls.py*-Dateien sagen `gunicorn` genau, wie diese Anfragen zu behandeln sind. Anfragen für statische Dateien werden separat behandelt und werden einmal pro Stunde aktualisiert. Die letzte Zeile zeigt, dass wir 512 MB Speicherplatz auf einem der Platform.sh-Server anfordern (❻). Der Rest von *.platform.app.yaml* lautet wie folgt:

```
--schnipp--
disk: 512
# Set a local read/write mount for logs.
❶ mounts:
  "logs"
    :source: local
    source_path: logs
# The hooks executed at various points in the lifecycle of the
    application.
❷ hooks:
  build: |
❸    pip install --upgrade pip
    pip install -r requirements.txt
    pip install -r requirements_remote.txt

    mkdir logs
❹    python manage.py collectstatic
  rm -rf logs
❺ deploy: |
  python manage.py migrate
```

Im Abschnitt `mounts` (❶) können wir Verzeichnisse definieren, in denen wir Daten lesen und schreiben können, während das Projekt ausgeführt wird. Im Abschnitt `hooks` (❷) werden Aktionen definiert, die an verschiedenen Punkten während des Bereitstellungsprozesses ausgeführt werden. Im `Build`-Abschnitt werden alle Pakete installiert, die für die Bereitstellung des Projekts in der Live-Umgebung erforderlich sind (❸). Außerdem führen wir `collectstatic` (❹) aus, das alle statischen Dateien, die für das Projekt benötigt werden, an einem Ort sammelt, damit sie effizient bereitgestellt werden können. Im Abschnitt `deploy` (❺) schließlich legen wir fest, dass die Migrationen jedes Mal ausgeführt werden sollen, wenn das Projekt bereitgestellt wird. Bei einem einfachen Projekt hat dies keine Auswirkungen, wenn keine Änderungen vorgenommen wurden.

Die Konfigurationsdatei services-yaml

Diese letzte Konfigurationsdatei legt die Dienste fest, die unser Projekt benötigt, um zu laufen. Speichern Sie diese Datei im Verzeichnis *.platform/* zusammen mit *routes.yaml*:

```
# Each service listed will be deployed in its own container as part of your
# Platform.sh project.

db:
```

```
type: postgresql:12
disk: 1024
```

Die Datei definiert einen Dienst, nämlich eine Postgres-Datenbank.

settings-py für Platform.sh anpassen

Nun müssen wir einen Abschnitt am Ende von *settings.py* hinzufügen, um einige Einstellungen für die Platform.sh-Umgebung zu ändern. Fügen Sie diesen Code ganz am Ende von *settings.py* ein.

```
   --schnipp--
   # Platform.sh settings.
❶  from platformshconfig import Config

   config = Config()
❷  if config.is_valid_platform():
❸      ALLOWED_HOSTS.append('.platformsh.site')

❹      if config.appDir:
         STATIC_ROOT = Path(config.appDir) / 'static'
❺      if config.projectEntropy:
         SECRET_KEY = config.projectEntropy

       if not config.in_build():
❻        db_settings = config.credentials('database')
         DATABASES = {
                'default': {
                   'ENGINE': 'django.db.backends.postgresql',
                   'NAME': db_settings['path'],
                   'USER': db_settings['username'],
                   'PASSWORD': db_settings['password'],
                   'HOST': db_settings['host'],
                   'PORT': db_settings['port']
                ,}
       ,}
```

Normalerweise platzieren wir `Import`-Anweisungen am Anfang eines Moduls, aber in diesem Fall ist es hilfreich, alle remotespezifischen Einstellungen in einem Abschnitt zusammenzufassen. Hier importieren wir `Config` aus *platformshconfig* (❶), was uns hilft, die Einstellungen auf dem entfernten Server zu definieren. Wir ändern die Einstellungen nur, wenn die Methode `config.is_valid_platform()` *True* (❷) zurückgibt, was bedeutet, dass die Einstellungen auf einem Platform.sh-Server verwendet werden.

Wir ändern `ALLOWED_HOSTS` so, dass das Projekt von Hosts bedient werden kann, die auf *.platformsh.site* enden (❸). Alle Projekte, die auf der kostenlosen Version bereitgestellt werden, werden über diesen Host bereitgestellt. Wenn die Einstellungen in das Verzeichnis der bereitgestellten Anwendung geladen werden, setzen wir `STATIC_ROOT` (❹), damit statische Dateien korrekt bereitgestellt werden. Wir setzen auch einen sichereren `SECRET_KEY` auf dem Remote-Server (❺).

Schließlich konfigurieren wir die Produktionsdatenbank (❻). Diese wird nur gesetzt, wenn der Build-Prozess abgeschlossen ist und das Projekt ausgeliefert wird. Alles, was Sie hier sehen, ist notwendig, damit Django mit dem Postgres-Server kommunizieren kann, den Platform.sh für das Projekt eingerichtet hat.

Mit Git den Überblick über die Projektdateien bewahren

In Kapitel 17 haben Sie Git kennengelernt, ein Versionssteuerungsprogramm, mit dem Sie jedes Mal, wenn Sie Ihrem Projekt erfolgreich ein neues Merkmal hinzugefügt haben, eine Momentaufnahme des Codes erstellen können. Wenn irgendetwas schiefgeht, z. B. wenn ein neues Merkmal einen Fehler aufweist, können Sie dadurch leicht zu dem letzten funktionierenden Zustand zurückkehren. Diese Momentaufnahmen werden auch als *Commit* bezeichnet.

Mithilfe von Git können Sie neue Merkmale einrichten, ohne sich Sorgen darüber machen zu müssen, Ihr Projekt zu ruinieren. Bei der Bereitstellung im Internet müssen Sie sicherstellen, dass Sie eine funktionierende Version Ihres Projekts auf den Server übertragen. Mehr über die Versionssteuerung mit Git erfahren Sie in Anhang D.

Vorhandensein von Git prüfen

Git ist möglicherweise bereits auf Ihrem System installiert. Um das herauszufinden, öffnen Sie ein neues Terminalfenster und geben den Befehl `git --version` ein:

```
(ll_env)learning_log$ git --version
git version 2.30.1. (Apple Git -130)
```

Wenn Sie eine Meldung erhalten sollten, dass Git nicht installiert ist, schlagen Sie in der Installationsanleitung für Git in Anhang D nach.

Git einrichten

Git merkt sich, wer welche Änderungen an einem Projekt vornimmt. Das gilt auch für den Fall, dass nur eine einzige Person an dem Projekt arbeitet. Dazu muss Git Ihren Benutzernamen und Ihre E-Mail-Adresse kennen. Zu Übungszwecken können Sie jedoch auch eine Fantasie-E-Mail-Adresse angeben.

```
(ll_env)learning_log$ git config --global user.name "eric"
(ll_env)learning_log$ git config --global user.email "eric@example.com"
```

Wenn Sie diesen Schritt auslassen, fordert Git Sie beim ersten Commit zur Eingabe dieser Informationen auf.

Dateien ignorieren

Git muss nicht jede Datei des Projekts verfolgen. Daher weisen wir es an, einige Dateien zu ignorieren. Erstellen Sie die Datei *.gitignore* im selben Ordner wie *manage.py*. Beachten Sie, dass dieser Dateiname mit einem Punkt beginnt und keine Erweiterung aufweist. Der Inhalt von *.gitignore* sieht wie folgt aus:

.gitignore

```
ll_env/
__pycache__/
*.sqlite3
```

Damit weisen wir Git an, das gesamte Verzeichnis *ll_env* zu ignorieren, da wir es jederzeit neu erstellen können. Auch das Verzeichnis *__pycache__* muss nicht überwacht werden, da die darin enthaltenen *.pyc*-Dateien automatisch erstellt werden, wenn die *.py*-Dateien ausgeführt werden. Wir verfolgen auch keine Änderungen in der lokalen Datenbank, denn das wäre gefährlich: Sollten Sie nämlich SQLite auf dem Server verwenden, könnten Sie versehentlich die Onlinedatenbank mit Ihrer lokalen Testdatenbank überschreiben, wenn Sie das Projekt auf den Server übertragen. Das Sternchen in `*.sqlite3` weist Git an, sämtliche Dateien mit der Endung *.sqlite3* zu ignorieren.

> **Hinweis**
>
> Wenn Sie macOS verwenden, sollten Sie `.DS_Store` zu *.gitignore* hinzufügen. Diese Datei enthält Informationen über Ordnereinstellungen von macOS und hat nichts mit dem Projekt zu tun.

Einen Commit für das Projekt durchführen

Wir müssen ein Git-Repository für Learning Log anlegen, dort alle erforderlichen Dateien einfügen und einen Commit für eine erste Version des Projekts durchführen. Dazu gehen wir folgendermaßen vor:

```
❶ (ll_env)learning_log$ git init
  Initialized empty Git repository in /home/Users/eric/.../learning_log/.git/
❷ (ll_env)learning_log$ git add .
❸ (ll_env)learning_log$ git commit -am "Ready for deployment to Platform.sh."
  [main (root-commit) c7ffaad] Ready for deployment to Platform.sh.
```

```
 42 files changed, 879 insertions(+)
 create mode 100644 .gitignore
 create mode 100644 .platform.app.yaml
 -- schnipp --
 create mode 100644 requirements_remote.txt
❹ (ll_env)learning_log$ git status
On branch main
nothing to commit, working tree clean
(ll_env)learning_log$
```

Bei (❶) geben wir den Befehl `git init` ein, um in dem Verzeichnis mit Learning Log ein leeres Repository zu initialisieren. Anschließend fügen wir mit dem Befehl `git add .` bei (❷) alle nicht ignorierten Dateien zu dem Repository hinzu. (Vergessen Sie nicht den Punkt am Ende!) Bei (❸) geben wir den Befehl `git commit -am` *Commitmeldung* ein. Das Flag `-a` weist Git an, alle geänderten Dateien in den Commit einzuschließen, und `-m` sorgt dafür, dass eine Protokollierungsmeldung aufgezeichnet wird.

Die Ausgabe des Befehls `git status` bei (❹) zeigt, dass wir uns im *main*-Zweig befinden und dass unser Arbeitsbaum *sauber* (»clean«) ist. Das ist der Status, den Sie erreichen möchten, wenn Sie Ihr Projekt an einen entfernten Server übertragen.

Ein Projekt auf Platform.sh erstellen

Zu diesem Zeitpunkt läuft das Learning-Log-Projekt noch auf unserem lokalen System und ist auch so konfiguriert, dass es auf einem entfernten Server korrekt läuft. Wir werden die Platform.sh-Befehlszeile verwenden, um ein neues Projekt auf dem Server zu erstellen und dann unser Projekt auf den entfernten Server zu übertragen. Vergewissern Sie sich, dass Sie sich im Terminal im Verzeichnis *learning_log/* befinden, und geben Sie den folgenden Befehl ein:

```
(ll_env)learning_log$ platform login
Opened URL: http://127.0.0.1:5000
Please use the browser to log in.
--snip--
❶ Do you want to create an SSH configuration file automatically? [Y/n] Y
```

Mit diesem Befehl wird ein Browser-Tab geöffnet, in dem Sie sich anmelden können. Sobald Sie eingeloggt sind, können Sie den Browser-Tab schließen und zum Terminal zurückkehren. Wenn Sie aufgefordert werden, eine SSH-Konfigurationsdatei ❶ zu erstellen, geben Sie `Y` ein, damit Sie sich später mit dem Remote-Server verbinden können. Jetzt werden wir ein Projekt erstellen. Es gibt viele Ausgaben, daher werden wir den Erstellungsprozess in Abschnitten betrachten. Beginnen Sie mit dem Befehl `create`.

```
   (ll_env)learning_log$ platform create
   * Project title (--title)
   Default: Untitled Project
❶  > ll_project

   * Region (--region)
   The region where the project will be hosted
   --schnipp--
   [us-3.platform.sh] Moses Lake, United States (AZURE) [514 gC02eq/kWh]
❷  > us-3.platform.sh

   * Plan (--plan)
   Default: development
   Enter a number to choose:
   [0] development
   --schnipp--
❸  > 0

   * Environments (--environments)
   The number of environments
   Default: 3
❹  > 3

   * Storage (--storage)
   The amount of storage per environment, in GiB
   Default: 5
❺  > 5
```

In der ersten Eingabeaufforderung wird nach einem Namen für das Projekt gefragt (❶), wir verwenden also den Namen `ll_project`. Die nächste Eingabeaufforderung fragt nach der Region, in der der Server stehen soll (❷). Wählen Sie den Server, der Ihnen am nächsten liegt; bei mir ist das `us-3.platform.sh`. Für die restlichen Abfragen können Sie die Standardeinstellungen übernehmen: einen Server auf dem günstigsten Tarif (❸), drei Umgebungen für das Projekt (❹) und 5 GB Speicherplatz für das Gesamtprojekt (❺). Es gibt noch drei weitere Eingabeaufforderungen, die Sie beantworten müssen:

```
   Default branch (--default-branch)
   The default Git branch name for the project (the production environment)
   Default: main
❶  > main

   Git repository detected: /Users/eric/.../learning_log
❷  Set the new project ll_project as the remote for this repository? [Y/n] Y
```

```
    The estimated monthly cost of this project is: $10 USD
❸   Are you sure you want to continue? [Y/n] Y

The Platform.sh Bot is activating your project
```

```
The project is now ready!
```

Ein Git-Repository kann mehrere Zweige haben; Platform.sh fragt uns, ob der Standardzweig für das Projekt `main` (❶) sein soll. Anschließend werden wir gefragt, ob wir das lokale Projekt-Repository mit dem entfernten Repository (❷) verbinden wollen. Schließlich werden wir darüber informiert, dass dieses Projekt etwa 10 Dollar pro Monat kosten wird, wenn wir es über die kostenlose Testphase hinaus weiter betreiben (❸). Wenn Sie noch keine Kreditkarte eingegeben haben, müssen Sie sich über diese Kosten keine Gedanken machen. Platform.sh wird Ihr Projekt einfach unterbrechen, wenn Sie die Grenzen der kostenlosen Testphase überschreiten, ohne eine Kreditkarte anzugeben.

Auf Platform.sh wechseln

Der letzte Schritt, bevor wie die Live-Version des Projekts sehen können, besteht darin, den Code auf den entfernten Server zu übertragen. Wir machen das mit folgendem Befehl:

```
    (ll_env)learning_log$ platform push
❶   Are you sure you want to push to the main (production) branch? [Y/n] Y
    --schnipp--
    The authenticity of host 'git.us-3.platform.sh (...)' can't be established.
    RSA key fingerprint is SHA256:Tvn...7PM
❷   Are you sure you want to continue connecting (yes/no/[fingerprint])? Y
    Pushing HEAD to the existing environment main
    --schnipp--
    To git.us-3.platform.sh:3pp3mqcexhlvy.git
    * [new branch] HEAD -> main
```

Wenn Sie den Befehl `platform push` ausführen, werden Sie um eine weitere Bestätigung gebeten, dass Sie das Projekt übertragen wollen (❶). Möglicherweise wird auch eine Meldung über die Authentizität von Platform.sh angezeigt, wenn Sie sich zum ersten Mal mit der Site verbinden (❷). Geben Sie bei jeder dieser Aufforderungen `Y` ein und Sie werden eine Reihe von Ausgaben sehen. Diese Ausgabe wird wahrscheinlich zunächst verwirrend aussehen, aber wenn etwas schiefgeht, ist sie bei der Fehlersuche sehr nützlich. Wenn Sie die Ausgabe überfliegen, können Sie sehen, wo Platform.sh die notwendigen Pakete installiert, statische Dateien sammelt, Migrationen durchführt und URLs für das Projekt einrichtet.

> **Hinweis**
>
> Möglicherweise wird ein Fehler angezeigt, den Sie leicht diagnostizieren können, z. B. ein Tippfehler in einer der Konfigurationsdateien. Beheben Sie in diesem Fall den Fehler in Ihrem Texteditor, speichern Sie die Datei und führen Sie den Befehl `git commit` erneut aus. Dann können Sie `Platform Push` erneut ausführen.

Das Live-Projekt ansehen

Wenn der Push angeschlossen ist, können Sie das Projekt öffnen:

```
(ll_env)learning_log$ platform url
Enter a number to open a URL
[0] https://main-bvxea6i-wmye2fx7wwqgu.us-3.platformsh.site/
--snip--
> 0
```

Der Befehl `platform url` listet die URLs auf, die mit einem bereitgestellten Projekt verknüpft sind; Sie haben die Wahl zwischen mehreren URLs, die alle für Ihr Projekt gültig sind. Wählen Sie eine aus, und Ihr Projekt sollte sich in einem neuen Browser-Tab öffnen. Es sieht genauso aus wie das Projekt, das wir lokal ausgeführt haben, aber Sie können diese URL für jeden in der Welt freigeben, sodass er auf Ihr Projekt zugreifen und es verwenden kann.

> **Hinweis**
>
> Wenn Sie Ihr Projekt über ein Testkonto bereitstellen, sollten Sie sich nicht wundern, wenn das Laden einer Seite manchmal länger dauert als üblich. Bei den meisten Hosting-Plattformen werden freie Ressourcen, die nicht ausgelastet sind, oft ausgesetzt und erst wieder gestartet, wenn neue Anfragen eintreffen. Die meisten Plattformen sind bei kostenpflichtigen Hosting-Angeboten wesentlich reaktionsschneller.

Die Platform.sh-Bereitstellung verbessern

In diesem Abschnitt verbessern wir die Bereitstellung. Unter anderem legen wir wieder einen Superuser an. Außerdem machen wir das Projekt sicherer, indem wir die Einstellung `DEBUG` auf `False` setzen, damit in Fehlermeldungen Benutzern keine zusätzlichen Informationen angezeigt werden, die sich für einen Angriff auf den Server missbrauchen lassen.

Einen Superuser auf Platform.sh anlegen

Die Datenbank für das Live-Projekt wurde zwar eingerichtet, ist aber völlig leer. Um einen Superuser auf der Live-Version des Projekts zu erstellen, starten wir eine SSH-Sitzung (Secure Socket Shell), in der wir Verwaltungsbefehle auf dem Remote-Server ausführen können.

```
(ll_env)learning_log$ platform environment:ssh

 ___ _      _    __                     _
| _ \ |__ _| |_ / _|___ _ _ _ __    __| |_
|  _/ / _` |  _|  _/ _ \ '_| '  \ _(_-< ' \
|_| |_\__,_|\__|_| \___/_| |_|_|_(_)__/_||_|

   Welcome to Platform.sh.
❶ web@ll_project.0:~$ ls
   accounts learning_logs ll_project logs manage.py requirements.txt
       requirements_remote.txt static
❷ web@ll_project.0:~$ python manage.py createsuperuser
❸ Username (leave blank to use 'web'): ll_admin_live
   Email address:
   Password:
   Password (again):
   Superuser created successfully.
❹ web@ll_project.0:~$ exit
   logout
   Connection to ssh.us-3.platform.sh closed.
❺ (ll_env)learning_log$
```

Wenn Sie den Befehl `platform environment:ssh` zum ersten Mal ausführen, erhalten Sie möglicherweise eine weitere Meldung über die Authentizität dieses Hosts. Wenn Sie diese Meldung sehen, geben Sie **Y** ein und Sie sollten an einer entfernten Terminalsitzung angemeldet sein.

Nachdem Sie den `ssh`-Befehl ausgeführt haben, verhält sich Ihr Terminal wie ein Terminal auf dem entfernten Server. Beachten Sie, dass die Eingabeaufforderung nun anzeigt, dass Sie sich in einer Websitzung befinden, die mit dem Projekt `ll_project` (❶) verbunden ist. Wenn Sie den Befehl `ls` eingeben, sehen Sie die Dateien, die auf den Platform.sh-Server übertragen wurden. Geben Sie denselben Befehl `createsuperuser` wie in Kapitel 18 ein (❷). Diesmal habe ich einen anderen Benutzernamen als den, den ich lokal verwendet habe, nämlich *ll_admin_live*, eingegeben (❸). Wenn Sie Ihre Arbeit in der Remote-Terminalsitzung beendet haben, geben Sie den Befehl `exit` ein (❹). Ihre Eingabeaufforderung zeigt an, dass Sie wieder in Ihrem lokalen System arbeiten (❺).

Jetzt können Sie */admin/* an das Ende der URL für die Live-Anwendung anhängen und sich bei der Verwaltungsseite anmelden. Wenn andere Ihr Projekt bereits nutzen, sollten Sie sich darüber im Klaren sein, dass Sie Zugriff auf alle ihre Daten haben! Nehmen Sie diese Verantwortung ernst, und die Nutzer werden Ihnen weiterhin ihre Daten anvertrauen.

Hinweis

Auch Windows-Benutzer müssen die hier gezeigten Befehle verwenden (also beispielsweise `ls` und nicht `dir`), da sie hier ein Linux-Terminal über eine Remoteverbindung ausführen.

Das Onlineprojekt schützen

In der aktuellen Form der Bereitstellung gibt es noch eine eklatante Sicherheitslücke, nämlich die Einstellung `DEBUG=True` in *settings.py*, die dafür sorgt, dass beim Auftreten von Fehlern Debug-Meldungen angezeigt werden. Die Fehlerseiten von Django geben Ihnen Hinweise zum Debugging, die bei der Entwicklung eines Projekts sehr wertvoll sind, auf einem Onlineserver aber zu viele Informationen verraten und daher von Angreifern ausgenutzt werden könnten.

Um zu sehen, wie schlimm das ist, gehen Sie auf die Homepage Ihres Projekts. Melden Sie sich bei einem Benutzerkonto an und fügen Sie */topics/999/* an das Ende der URL der Homepage an. Vorausgesetzt, Sie haben nicht Tausende von Themen erstellt, sollten Sie eine Seite mit der Meldung `DoesNotExist` unter */topics/999/* sehen. Wenn Sie nach unten scrollen, sollten Sie eine ganze Reihe von Informationen über das Projekt und den Server sehen. Sie werden nicht wollen, dass Ihre Benutzer dies sehen, und Sie möchten sicher nicht, dass diese Informationen für jemanden verfügbar sind, der die Website angreifen will. Wir können verhindern, dass diese Informationen auf der Live-Site angezeigt werden, indem wir `DEBUG = False` in dem Teil von *settings.py* setzen, der nur für die eingesetzte Version des Projekts gilt. Auf diese Weise werden Sie weiterhin Debugging-Informationen lokal sehen, wo diese Informationen nützlich sind, aber sie werden nicht auf der Live-Site angezeigt.

Öffnen Sie *settings.py* in Ihrem Texteditor und fügen Sie eine Codezeile zu dem Teil hinzu, der die Einstellungen für Platform.sh ändert::

settings.py

```
-- schnipp --
if config.is_valid_platform():
ALLOWED_HOSTS.append('.platformsh.site')
DEBUG = False
--schnipp--
```

Die ganze Arbeit zur Einrichtung der Konfiguration für die bereitgestellte Version des Projekts hat sich gelohnt. Wenn wir die Live-Version des Projekts anpassen wollen, ändern wir einfach den entsprechenden Teil der Konfiguration, die wir zuvor eingerichtet haben.

Änderungen mit Commit bestätigen und übertragen

Die Änderungen, die wir an *settings.py* vorgenommen haben, müssen wir nun an Platform.sh übertragen. Dazu gehen Sie in einer Terminalsitzung in den ersten Schritten wie folgt vor:

```
❶ (ll_env)learning_log$ git commit -am "Set DEBUG False on live site."
  [master d2ad0f7] Set DEBUG false on live site.
   1 file changed, 1 insertions(+)
❷ (ll_env)learning_log$ git status
  On branch main
  nothing to commit, working tree clean
  (ll_env)learning_log$
```

Hier geben wir den Befehl `git commit` mit einer kurzen, beschreibenden Commit-Nachricht ein (❶). Wie Sie wissen, sorgt das Flag `-am` dafür, dass Git einen Commit für alle geänderten Dateien durchführt und die Protokollierungsmeldung aufzeichnet. Git erkennt, dass wir nur eine Datei geändert haben, und übernimmt diese Änderung in das Repository.

Der `git status`, den wir bei ❷ ausgeben, zeigt, dass wir uns im main-Zweig des Repositorys befinden und dass es keine weiteren Änderungen gibt, für die ein Commit erforderlich wäre. Prüfen Sie unbedingt den Status, bevor Sie das Projekt an Platform.sh übertragen. Wenn Sie eine andere Meldung als `clean` sehen, gibt es Änderungen, die noch nicht mit einem Commit bestätigt wurden und die daher nicht an den Server übermittelt werden. In einem solchen Fall können Sie versuchen, den Befehl `commit` erneut zu geben. Wenn Sie nicht wissen, wie Sie das Problem lösen sollen, lesen Sie Anhang D, der Ihnen ein besseres Verständnis der Arbeit mit Git vermittelt.

Das aktualisierte Repository übertragen wir nun an Platform.sh:

```
(ll_env)learning_log$ platform push
Are you sure you want to push to the main (production) branch? [Y/n] Y
Pushing HEAD to the existing environment main
--schnipp--
To git.us-3.platform.sh:wmye2fx7wwqgu.git
fce0206..d2ad0f7 HEAD -> main
(ll_env)learning_log$
```

Platform.sh erkennt, dass das Repository geändert wurde, und erstellt das Projekt erneut, um sicherzugehen, dass alle Änderungen einbezogen werden. Die Datenbank wird dabei jedoch nicht neu erstellt, sodass wir keine Daten verlieren. Um sicherzustellen, dass diese Änderung wirksam wurde, rufen Sie die URL */topics/999/* erneut auf. Sie sollten nur die Meldung *Server Error (500)* sehen, aber keine sensiblen Informationen über das Projekt.

Eigene Fehlerseiten erstellen

In Kapitel 19 haben wir dafür gesorgt, dass Learning Log den Fehler 404 meldet, wenn ein Benutzer Fachgebiete oder Einträge anfordert, die ihm nicht gehören. Mittlerweise haben Sie womöglich auch schon einige Serverfehlermeldungen mit der Nummer 500 gesehen. Fehler 404 bedeutet, dass der Django-Code korrekt ist, das angeforderte Objekt aber nicht existiert, wohingegen Fehler 500 gewöhnlich auf einen Fehler in Ihrem Code hinweist, z.B. in einer Funktion in *views.py*. Zurzeit gibt Django in beiden Situationen die gleiche allgemeine Fehlerseite zurück. Wir können jedoch eigene Vorlagen für die Fehlerseiten 404 und 500 schreiben, die besser zum Erscheinungsbild von Learning Log passen. Diese Vorlagen müssen im Wurzelverzeichnis für Vorlagen gespeichert sein.

Eigene Vorlagen erstellen

Legen Sie im *learning_log*-Ordner einen neuen Ordner namens *templates* an und erstellen Sie darin die Datei *404.html*. (Der Pfad zu dieser Datei lautet also *learning_log/templates/404.html*). Geben Sie folgenden Code in diese Datei ein:

404.html

```
{% extends "learning_logs/base.html" %}

{% block page_header %}
  <h2>The item you requested is not available. (404)</h2>
{% endblock page_header %}
```

Diese einfache Vorlage gibt die gleichen Informationen aus wie die allgemeine Fehlerseite 404, ist aber so gestaltet, dass ihr Erscheinungsbild zum Rest der Website passt.

Erstellen Sie nun die Datei *500.html* mit folgendem Code:

500.html

```
{% extends "learning_logs/base.html" %}

{% block page_header %}
  <h2>There has been an internal error. (500)</h2>
{% endblock page_header %}
```

Diese neue Datei erfordert eine kleine Änderung an *settings.py*:

settings.py

```
-- schnipp --
TEMPLATES = [
    {
        'BACKEND': 'django.template.backends.django.DjangoTemplates',
        'DIRS': [BASE_DIR / 'templates')],
        'APP_DIRS': True,
        -- schnipp --
    },
]
-- schnipp --
```

Durch diese Änderung weisen wir Django an, die Vorlagen für Fehlerseiten im Wurzelverzeichnis für Vorlagen zu suchen sowie weitere Vorlagen, die mit einer bestimmten App verbunden sind.

Die Änderungen an Platform.sh übertragen

Jetzt müssen wir die neuen Vorlagen mit einem Commit bestätigen und an Platform.sh übertragen:

```
❶ (ll_env)learning_log$ git add .
❷ (ll_env)learning_log$ git commit -am "Added custom 404 and 500 error pages."
  3 files changed, 11 insertions(+), 1 deletions(-)
  create mode 100644 templates/404.html
  create mode 100644 templates/500.html
❸ (ll_env)learning_log$ platform push
  -- schnipp --
  To git.us-3.platform.sh:wmye2fx7wwqgu.git
  d2ad0f7..9f042ef
  HEAD -> main
  (ll_env)learning_log$
```

Da wir neue Dateien im Projekt erstellt haben, müssen wir Git anweisen, sie zu überwachen, wozu wir bei ❶ den Befehl `git add .` geben. Dann bestätigen wir die Änderungen bei ❷ mit einem Commit und übertragen das geänderte Projekt bei ❸ an Platform.sh.

Wenn jetzt eine Fehlerseite erscheint, hat sie das gleiche Erscheinungsbild wie der Rest der Seite, sodass sich den Benutzern auch bei Fehlern ein einheitlicheres Bild bietet.

Weiterentwicklung des Projekts

Es kann sein, dass Sie Learning Log (oder eigene Projekte) nach der ursprünglichen Bereitstellung auf einem Server weiterentwickeln wollen. Der Vorgang zur Bereitstellung einer neuen Version ist praktisch immer der gleiche.

Als Erstes müssen Sie die nötigen Änderungen an Ihrem lokalen Projekt vornehmen. Wenn Sie dabei neue Dateien erstellen, müssen Sie diese mit dem Befehl `git add .` in das Git-Repository aufnehmen. (Beachten Sie den Punkt am Ende des Befehls!) Das gilt auch für alle Änderungen, die eine Datenbankmigration erfordern, da dabei eine neue Migrationsdatei erstellt wird.

Überführen Sie die Änderungen dann mit einem Commit in Ihr Repository. Dazu verwenden Sie den Befehl `git commit -am "`*Commitmeldung*`"`. Anschließend übertragen Sie die Änderungen mit `push` an Platform.sh. Prüfen Sie dann in dem Onlineprojekt, dass die vorgesehenen Änderungen auch tatsächlich umgesetzt wurden.

Bei diesem Vorgang schleichen sich allzu leicht Fehler ein. Seien Sie daher nicht überrascht, wenn etwas schiefgeht. Wenn der Code nicht funktioniert, überprüfen Sie, was Sie getan haben, und versuchen Sie den Fehler zu finden. Wenn Sie die Ursache nicht aufspüren können oder nicht wissen, wie Sie den Fehler beheben sollen, befolgen Sie die Ratschläge in Anhang C, um weitere Hilfe zu erhalten. Scheuen Sie sich nicht, um Hilfe zu bitten: Alle anderen, die gelernt haben, Projekte zu erstellen, haben dabei die gleichen Fragen gestellt. Es wird sich bestimmt jemand finden, der Ihnen gern weiterhilft. Durch die Lösung der Probleme, die sich Ihnen stellen, entwickeln Sie Ihre Fähigkeiten immer weiter fort, sodass Sie sinnvolle, zuverlässige Projekte erstellen und schließlich selbst die Fragen anderer Personen beantworten können.

Projekte auf Platform.sh löschen

Zu Übungszwecken ist es äußerst praktisch, die Bereitstellung mehrmals mit demselben Projekt oder einer Reihe verschiedener kleiner Projekte durchzuexerzieren, um sich damit vertraut zu machen. Da Platform.sh jedoch die Anzahl der Projekte einschränkt, die Sie kostenlos bereitstellen können, und Sie Ihr Konto sicher nicht mit Übungsprojekten zupflastern wollen, müssen Sie wissen, wie Sie ein Projekt wieder löschen können. Mit der Befehlszeile können Sie ein Projekt löschen:

```
(ll_env)learning_log$ platform project:delete
```

Sie werden aufgefordert, zu bestätigen, dass Sie diese destruktive Aktion durchführen möchten. Der Befehl `platform create` hat dem lokalen Git-Repository auch einen Verweis auf das Remote-Repository auf den Platform.sh-Servern gegeben. Sie können diesen Verweis ebenfalls über die Befehlszeile entfernen:

```
(ll_env)learning_log$ git remote
platform(
ll_env)learning_log$ git remote remove platform
```

Der Befehl `git remote` listet die Namen aller mit dem aktuellen Repository verbundenen Remote-URLs auf. Der Befehl `git remote remove` *remote_name* löscht diese Remote-URLs aus dem lokalen Repository. Sie können die Ressourcen eines Projekts auch löschen, indem Sie sich auf der Platform.sh-Website anmelden und Ihr Dashboard unter *https://console.platform.sh* aufrufen. Auf dieser Seite werden alle Ihre aktiven Projekte aufgelistet. Klicken Sie auf die drei Punkte im Feld eines Projekts und dann auf *Edit Plan*. Klicken Sie auf die Schaltfläche *Delete Project* am unteren Ende der Seite, und Sie erhalten eine Bestätigungsseite, auf der Sie die Löschung vornehmen können. Auch wenn Sie Ihr Projekt über die Befehlszeile (CLI) gelöscht haben, sollten Sie sich mit dem Dashboard eines jeden Hosting-Anbieters vertraut machen, bei dem Sie die Bereitstellung vornehmen.

Hinweis

Wenn Sie ein Projekt auf Platform.sh löschen, hat das keine Auswirkungen auf die lokale Version. Wenn niemand Ihr bereitgestelltes Projekt benutzt und Sie lediglich die Bereitstellung üben, können Sie das Projekt gefahrlos von Platform.sh entfernen und neu bereitstellen. Beachten Sie, dass Sie die Grenzen des Gratisdienstes überschritten haben könnten, wenn es Probleme gibt.

Probieren Sie es selbst aus!

20-3 Das Blog-Projekt bereitstellen: Stellen Sie das Blog-Projekt, an dem Sie in den Übungen gearbeitet haben, auf Platform.sh bereit. Achten Sie darauf, `DEBUG` auf `False` zu setzen, damit die Benutzer bei einem Problem nicht den vollständigen Django-Fehlerbericht sehen.

→

20-4 Erweiterungen von Learning Log: Fügen Sie Learning Log ein neues Merkmal hinzu und übertragen Sie die Änderung an die Onlinebereitstellung. Versuchen Sie das zunächst mit einer einfachen Änderung, z. B. einer ausführlicheren Erklärung des Projekts auf der Startseite. Nehmen Sie dann eine anspruchsvollere Neuerung vor, indem Sie etwa den Benutzern die Möglichkeit geben, ein Fachgebiet öffentlich zu machen. Für diese Änderung brauchen Sie ein Attribut namens `public` im Modell `Topic` (das standardmäßig den Wert `False` haben sollte) sowie ein Formularelement auf der Seite `new_topic`, das die Umschaltung des Fachgebiets von privat auf öffentlich erlaubt. Anschließend müssen Sie das Projekt migrieren und *views.py* so anpassen, dass öffentliche Fachgebiete auch für nicht authentifizierte Benutzer sichtbar sind.

Zusammenfassung

In diesem Kapitel haben Sie gelernt, wie Sie Ihren Projekten mithilfe der Bibliothek Bootstrap und der App `django-bootstrap5` ein einfaches, aber professionelles Erscheinungsbild geben. Bei der Verwendung von Bootstrap werden die von Ihnen gewählten Formate auf praktisch allen Geräten einheitlich dargestellt, mit denen Ihre Besucher auf das Projekt zugreifen.

Sie haben die Vorlagen von Bootstrap kennengelernt und die Vorlage *Navbar static* verwendet, um Learning Log ein ansprechendes Erscheinungsbild zu geben. Außerdem haben Sie erfahren, wie Sie die Hauptaussage der Startseite mithilfe eines Jumbotrons hervorheben und wie Sie alle Seiten einer Website einheitlich gestalten.

Im letzten Teil des Projekts haben Sie gelernt, wie Sie ein Projekt auf den Servern von Platform.sh bereitstellen, sodass es allgemein zugänglich ist. Dazu haben Sie ein Konto angelegt und einige Bereitstellungswerkzeuge installiert. Außerdem haben Sie Git genutzt, um das laufende Projekt in ein Repository zu überführen und dieses Repository auf die Platform.sh-Server zu übertragen. Des Weiteren haben Sie gelernt, Ihre App dadurch zu schützen, dass Sie die Einstellung `DEBUG` auf einem Server auf `False` setzen. Sie haben außerdem eigene Fehlerseiten erstellt, sodass auftretende Fehler zumindest professionell aussehen.

Nachdem Sie Learning Log fertiggestellt haben, können Sie jetzt Ihre eigenen Projekte schreiben. Fangen Sie einfach an und sorgen Sie dafür, dass das Projekt funktioniert, bevor Sie es aufwendiger gestalten. Viel Spaß beim weiteren Lernen und viel Erfolg mit Ihren Projekten!

Nachwort

Herzlichen Glückwunsch! Sie haben die Grundlagen von Python gelernt und Ihr Wissen auf sinnvolle Projekte angewendet – auf ein Spiel, auf Datenvisualisierungen und auf eine Webanwendung. Jetzt stehen Ihnen viele Wege offen, um Ihre Programmierkenntnisse zu erweitern.

Zunächst sollten Sie weiterhin an sinnvollen Projekten arbeiten, für die Sie sich interessieren. Programmierung macht mehr Spaß, wenn Sie damit für Sie relevante Probleme lösen, und Sie verfügen jetzt über genügend Kenntnisse, um sich verschiedenen Arten von Projekten zuzuwenden. Beispielsweise können Sie ein Spiel erfinden oder Ihre eigene Version eines klassischen Arcade-Spiels schreiben; Daten untersuchen, die für Sie wichtig sind, und Visualisierungen erstellen, um Muster und Verbindungen darin zu erkennen; eine eigene Webanwendung entwerfen oder eine Ihrer Lieblings-Apps nachzubauen versuchen.

Bitten Sie wenn möglich andere Personen, Ihre Programme auszuprobieren. Wenn Sie ein Spiel schreiben, lassen Sie es von anderen spielen. Wenn Sie eine Visualisierung erstellen, zeigen Sie sie anderen und versuchen Sie herauszufinden, ob diese Personen einen Sinn darin erkennen können. Wenn Sie eine Web-App entwerfen, stellen Sie sie online bereit und fordern Sie andere Personen auf, sie auszuprobieren. Hören Sie auf die Benutzer und versuchen Sie, ihre Rückmeldung in Ihre Projekte einfließen zu lassen. Auf diese Weise können Sie sich als Programmierer verbessern.

Bei der Arbeit an Ihren eigenen Projekten werden Sie auf Probleme stoßen, die sehr knifflig sind oder die Sie allein nicht lösen können. Suchen Sie nach Möglichkeiten, um Hilfe zu bitten, und finden Sie Ihren Platz in der Python-Community. Treten Sie der lokalen Python-Benutzergruppe bei oder beteiligen Sie sich an Onlinegruppen. Vielleicht können Sie auch an einem PyCon in Ihrer Nähe teilnehmen?

Sie sollten versuchen, sowohl an Ihren eigenen Projekten zu arbeiten als auch Ihre Python-Kenntnisse im Allgemeinen zu verbessern. Online können Sie viel Lernstoff finden, und es gibt eine große Zahl von Büchern, die sich ausdrücklich an »fortgeschrittene Anfänger« wenden. Da Sie bereits über Grundkenntnisse verfügen und wissen, wie Sie diese anwenden können, sind diese Quellen für Sie verständlich und nutzbar. Wenn Sie Python-Tutorials und Lehrbücher durcharbeiten, bauen Sie auf den Grundlagen auf, die Sie hier gelernt haben, und vertiefen Ihre Kenntnisse der Programmierung im Allgemeinen und von Python im Besonderen. Wenn Sie sich dann nach konzentriertem Lernen wieder Ihren eigenen Projekten zuwenden, können Sie viel mehr der dabei auftretenden Probleme lösen, und das auch noch auf viel effizientere Weise.

Herzlichen Glückwunsch, dass Sie bereits so weit gekommen sind, und viel Erfolg beim weiteren Lernen!

A
Installation und Fehlerbehebung

Es gibt viele Versionen von Python und zahlreiche Wege, es unter verschiedenen Betriebssystemen einzurichten. Dieser Anhang kann Ihnen weiterhelfen, wenn der in Kapitel 1 beschriebene Vorgang nicht klappt oder wenn Sie eine andere Python-Version als diejenige installieren wollen, die mit Ihrem System geliefert wurde.

Python unter Windows

Befolgen Sie die Anleitung aus Kapitel 1, um Python mithilfe des offiziellen Installers auf *https://python.org* zu installieren. Wenn Sie Python danach nicht zum Laufen bekommen, richten Sie sich nach den Hinweisen zur Fehlerbehebung in diesem Abschnitt.

Py statt Python

Wenn Sie ein aktuelles Python-Installationsprogramm ausführen und dann den Befehl `python` in einem Terminal eingeben, sollten Sie die Python-Eingabeaufforderung für eine Terminalsitzung sehen (>>>). Wenn Windows den Python-Befehl nicht erkennt, öffnet es entweder den Microsoft Store, weil es glaubt, dass Python nicht installiert ist, oder Sie erhalten eine Meldung wie *Python wurde nicht gefunden*. Wenn der Microsoft Store geöffnet wird, schließen Sie ihn; es ist besser, das offizielle Python-Installationsprogramm von *https://python.org* zu verwenden als das von Microsoft angebotene. Die einfachste Lösung, ohne dass Sie Änderungen an Ihrem System vornehmen müssen, ist der Befehl `py`. Dabei handelt es sich um ein Windows-Dienstprogramm, das die letzte auf Ihrem System installierte Version von Python findet und diesen Interpreter ausführt. Wenn dieser Befehl funktioniert und Sie ihn verwenden möchten, verwenden Sie einfach `py` überall dort, wo Sie in diesem Buch den Befehl `python` oder `python3` finden.

Das Installationsprogramm erneut ausführen

Der häufigste Grund, warum Python nicht funktioniert, ist, dass man vergisst, die Option *Python zu PATH hinzufügen* auszuwählen, wenn man das Installationsprogramm ausführt; dies ist ein leicht zu begehender Fehler. Die `PATH`-Variable ist eine Systemeinstellung, die Python mitteilt, wo es nach häufig verwendeten Programmen suchen soll. In diesem Fall weiß Windows nicht, wie es den Python-Interpreter finden soll. Die einfachste Lösung in dieser Situation ist, das Installationsprogramm erneut auszuführen. Wenn ein neueres Installationsprogramm von *https://python.org* verfügbar ist, laden Sie es herunter und führen Sie es aus, wobei Sie darauf achten, dass das Kontrollkästchen *Python zu PATH hinzufügen* markiert ist. Wenn Sie bereits das neueste Installationsprogramm haben, führen Sie es erneut aus und wählen Sie die Option *Ändern*. Es wird eine Liste mit optionalen Funktionen angezeigt; lassen Sie die Standardoptionen auf diesem Bildschirm ausgewählt. Klicken Sie dann auf *Weiter* und aktivieren Sie das Kontrollkästchen *Python zu Umgebungsvariablen hinzufügen*. Klicken Sie abschließend auf *Installieren*. Das Installationsprogramm erkennt, dass Python bereits installiert ist, und fügt den Ort des Python-Interpreters zur `PATH`-Variablen hinzu. Stellen Sie sicher, dass Sie alle offenen Terminals schließen, da diese noch die alte `PATH`-Variable verwenden. Öffnen Sie ein neues Terminalfenster und geben Sie erneut den Befehl `python` ein; Sie sollten einen Python-Prompt sehen (>>>).

Python unter macOS

Die Installationsanweisungen in Kapitel 1 verwenden das offizielle Python-Installationsprogramm unter *https://python.org*. Das Installationsprogramm funktioniert schon seit Jahren gut, aber es gibt ein paar Dinge, die Sie aus der Bahn werfen können. Dieser Abschnitt wird Ihnen helfen, wenn etwas nicht auf Anhieb funktioniert.

Versehentliches Installieren der Apple-Version von Python

Wenn Sie den Befehl `python3` ausführen und Python noch nicht auf Ihrem System installiert ist, werden Sie höchstwahrscheinlich eine Meldung sehen, dass die Kommandozeilen-Entwicklerwerkzeuge installiert werden müssen. Am besten schließen Sie das Pop-up-Fenster, das diese Meldung anzeigt, laden das Python-Installationsprogramm von *https://python.org* herunter und führen es aus. Wenn Sie sich an dieser Stelle für die Installation der Kommandozeilen-Entwicklerwerkzeuge entscheiden, installiert macOS die Apple-Version von Python zusammen mit den Entwicklerwerkzeugen. Das einzige Problem dabei ist, dass Apples Version von Python normalerweise etwas hinter der neuesten offiziellen Version von Python zurückbleibt. Sie können jedoch immer noch das offizielle Installationsprogramm von *https://python.org* herunterladen und ausführen, und `python3` verweist dann auf die neuere Version. Machen Sie sich keine Sorgen über die Installation der Entwicklerwerkzeuge; es sind einige nützliche Werkzeuge enthalten, darunter das in Anhang D besprochene Gitversion-Kontrollsystem.

Python 2 und ältere Versionen von macOS

Auf älteren Versionen von macOS, vor Monterey (macOS 12), wurde standardmäßig eine veraltete Version von Python 2 installiert. Auf diesen Systemen verweist der Befehl `python` auf den veralteten Systeminterpreter. Wenn Sie eine Version von macOS verwenden, auf der Python 2 installiert ist, stellen Sie sicher, dass Sie den Befehl `python3` verwenden, damit Sie immer die von Ihnen installierte Python-Version verwenden.

Python unter Linux

Python ist in fast allen Linux-Systemen im Lieferumfang enthalten. Falls die vorhandene Version auf Ihrem System aber älter als Python 3.9 ist, sollten Sie die neueste Version installieren. Sie können die neueste Version auch installieren, um die aktuellsten Funktionen und die verbesserten Fehlermeldungen zu nutzen. Die folgende Anleitung sollte auf den meisten Systemen, die auf APT basieren, funktionieren.

Die Standardinstallation vornehmen

Wenn Sie die Version von Python verwenden wollen, die auf `python3` basiert, müssen Sie drei zusätzliche Pakete installieren:

```
$ sudo apt install python3-dev python3-pip python3-venv
```

Zu diesen Paketen gehören Werkzeuge, die für Entwickler nützlich sind, und Werkzeuge, mit denen Sie Pakete von Drittanbietern installieren können, wie z. B. die Pakete, die im Projekt-Abschnitt dieses Buches verwendet werden.

Die letzte Python-Version installieren

Wir verwenden hier das Paket `deadsnakes`, mit dem es ziemlich einfach ist, mehrere Versionen von Python zu installieren. Geben Sie die folgenden Befehle ein:

```
$ sudo add-apt-repository ppa:deadsnakes/ppa
$ sudo apt-get update
$ sudo apt install python3.11
```

Diese Befehle installieren Python 3.11 auf Ihrem System.

Um eine Terminalsitzung mit Python 3.11 zu starten, verwenden Sie folgenden Befehl:

```
$ python3.11
>>>
```

Immer, wenn Sie den Befehl `python` in diesem Buch lesen, geben Sie stattdessen **`python3.11`** ein. Diesen Befehl setzen Sie auch ein, um Ihren Texteditor zur Verwendung von Python 3 zu konfigurieren und um Ihre Programme im Terminal auszuführen.

Um Ihre Python-Installation optimal nutzen zu können, müssen Sie zwei weitere Pakete installieren:

```
$ sudo apt install python3.11-dev python3.11-venv
```

Diese Pakete enthalten Module, die Sie benötigen, wenn Sie Pakete von Drittanbietern installieren und ausführen, wie die, die in den Projekten in der zweiten Hälfte des Buches verwendet werden.

Hinweis

Das deadsnakes-Paket wird schon seit langem aktiv gepflegt. Wenn neuere Versionen von Python herauskommen, können Sie dieselben Befehle verwenden, indem Sie `python3.11` durch die neueste verfügbare Version ersetzen.

Die verwendete Python-Version herausfinden

Wenn Sie Probleme mit der Ausführung von Python oder der Installation zusätzlicher Pakete haben, kann es hilfreich sein, genau zu wissen, welche Version von Python Sie verwenden. Möglicherweise haben Sie mehrere Versionen von Python installiert und wissen nicht, welche Version gerade verwendet wird. Geben Sie den folgenden Befehl in einem Terminal ein:

```
$ python --version
Python 3.11.0
```

Dadurch erfahren Sie genau, auf welche Version der Befehl `python` gerade verweist. Der kürzere Befehl `python -V` liefert die gleiche Ausgabe.

Schlüsselwörter und integrierte Funktionen

Python enthält eine Reihe von Schlüsselwörtern und integrierten Funktionen, deren Namen Sie kennen müssen, wenn es darum geht, Dinge in Python zu benennen. Ein Name darf nicht identisch mit einem Schlüsselwort sein. Er sollte auch nicht dem Namen einer integrierten Python-Funktion entsprechen, da diese Funktion sonst überschrieben würde.

In diesem Abschnitt finden Sie eine Aufstellung der Python-Schlüsselwörter und der Namen der integrierten Funktionen, damit Sie wissen, welche Bezeichnungen Sie vermeiden müssen.

Python-Schlüsselwörter

Jedes der folgenden Schlüsselwörter hat eine bestimmte Bedeutung. Wenn Sie versuchen, eines davon als Variablennamen zu verwenden, erhalten Sie eine Fehlermeldung.

```
False   await     else     import    pass
None    break     except   in        raise
True    class     finally  is        return
and     continue  for      lambda    try
as      def       from     nonlocal  while
assert  del       global   not       with
async   elif      if       or        yield
```

Integrierte Python-Funktionen

Wenn Sie den Namen einer der folgenden integrierten Funktionen als Variablennamen verwenden, erhalten Sie zwar keine Fehlermeldung, überschreiben damit aber das Verhalten der Funktion.

abs()	complex()	hash()	min()	slice()
aiter()	delattr()	help()	next()	sorted()
all()	dict()	hex()	object()	staticmethod()
any()	dir()	id()	oct()	str()
anext()	divmod()	input()	open()	sum()
ascii()	enumerate()	int()	ord()	super()
bin()	eval()	isinstance()	pow()	tuple()
bool()	exec()	issubclass()	print()	type()
breakpoint()	filter()	iter()	property()	vars()
bytearray()	float()	len()	range()	zip()
bytes()	format()	list()	repr()	__import__()
callable()	frozenset()	locals()	reversed()	
chr()	getattr()	map()	round()	
classmethod()	globals()	max()	set()	
compile()	hasattr()	memoryview()	setattr()	

B

Texteditoren und IDEs

Da Programmierer viel Zeit damit zubringen, Code zu schreiben, zu lesen und zu bearbeiten, ist es für sie von entscheidender Bedeutung, einen Texteditor oder eine *integrierte Entwicklungsumgebung* (*Integrated Development Environment*, *IDE*) zu verwenden, um diese Arbeiten möglichst rationell erledigen zu lassen. Ein guter Texteditor bietet einfache Funktionen, z. B. eine farbliche Kennzeichnung der Codestruktur, sodass Sie häufige Fehler schon gleich bei der Arbeit entdecken können, übertreibt es aber damit nicht, um Sie nicht von der Arbeit abzulenken. Außerdem bieten Editoren weitere nützliche Funktionen wie automatische Einrückung, Marker für die Zeilenlänge und Tastaturkürzel für häufige Vorgänge.

Eine IDE ist ein Texteditor mit einer Reihe zusätzlicher Werkzeuge, z. B. einem interaktiven Debugger und einem Codeinspektor. Die IDE untersucht Ihren Code, während Sie ihn schreiben, und versucht, sich ein Bild von dem Projekt zu machen, das Sie erstellen. Wenn Sie beispielsweise den Namen einer Funktion einzugeben beginnen, kann Ihnen die IDE alle Argumente anzeigen, die diese Funktion entgegennimmt. Das kann sehr hilfreich sein, wenn alles funktioniert und Ihnen klar ist, was Sie da sehen. Für Einsteiger kann es jedoch zu viel des Guten sein und die Fehlersuche erschweren, wenn Sie nicht wissen, warum Ihr Code in der IDE nicht funktioniert.

Heutzutage sind die Grenzen zwischen Texteditoren und IDEs fließend geworden. Die meisten gängigen Editoren verfügen über einige Funktionen, die früher ausschließlich IDEs vorbehalten waren. Ebenso können die meisten IDEs so konfiguriert werden, dass sie in einem abgespeckten Modus laufen, der Sie bei der Arbeit weniger stört, Ihnen aber die Möglichkeit gibt, die fortgeschritteneren Funktionen zu nutzen, wenn Sie sie brauchen. Wenn Sie bereits einen Editor oder eine IDE installiert haben, der/die Ihnen gefällt, und wenn er/sie bereits so konfiguriert ist, dass er/sie mit einer aktuellen Version von Python auf Ihrem System funktioniert, dann empfehle ich Ihnen, bei dem zu bleiben, was Sie bereits kennen. Es kann Spaß machen, verschiedene Editoren auszuprobieren, aber es ist auch ein Weg, die Arbeit des Lernens einer neuen Sprache zu vermeiden. Wenn Sie noch keinen Editor oder eine IDE installiert haben, empfehle ich VS Code aus mehreren Gründen:

- Der Editor ist kostenlos und wird unter einer Open-Source-Lizenz veröffentlicht.
- Er kann auf allen gängigen Betriebssystemen installiert werden.
- Er ist einsteigerfreundlich, aber auch leistungsfähig genug, dass viele professionelle Programmierer es als ihren Haupteditor verwenden.
- Er findet die von Ihnen installierten Python-Versionen und erfordert normalerweise keine Konfiguration, um Ihre ersten Programme auszuführen.
- Er hat ein integriertes Terminal, sodass Ihre Ausgaben im selben Fenster wie Ihr Code erscheinen.
- Es ist eine Python-Erweiterung verfügbar, die den Editor sehr effizient für das Schreiben und die Pflege von Python-Code macht.
- Er ist in hohem Maße anpassbar, sodass Sie ihn auf die Art und Weise, wie Sie mit Code arbeiten, einstellen können.

In diesem Anhang erfahren Sie, wie Sie VS Code so konfigurieren können, dass es für Sie gut einsetzbar ist. Sie lernen auch einige Abkürzungen kennen, mit denen Sie effizienter arbeiten können. Ein schneller Tipper zu sein, ist beim Programmieren nicht so wichtig, wie viele Leute denken, aber den Editor zu verstehen und zu wissen, wie man ihn effizient einsetzt, ist sehr hilfreich. Trotzdem ist VS Code nicht für jeden geeignet. Wenn er auf Ihrem System aus irgendeinem Grund nicht funktioniert oder Sie bei der Arbeit stört, gibt es eine Reihe anderer Editoren, die Sie vielleicht ansprechender finden. Dieser Anhang enthält eine kurze Beschreibung einiger anderer Editoren und IDEs, die Sie in Betracht ziehen sollten.

Effizient mit VS Code arbeiten

In Kapitel 1 haben Sie VS Code installiert und auch die Python-Erweiterung hinzugefügt. Dieser Abschnitt zeigt Ihnen einige weitere Konfigurationen, die Sie vornehmen können, sowie Tastenkombinationen für effizientes Arbeiten mit Ihrem Code.

VS Code konfigurieren

Es gibt einige Möglichkeiten, die Standard-Konfigurationseinstellungen für VS Code zu ändern. Diese Änderungen wirken sich manchmal für immer auf alles aus, was Sie in VS Code tun, während sich andere nur auf die Dateien innerhalb des Ordners auswirken, der die Konfigurationsdatei enthält. Wenn Sie zum Beispiel eine Konfigurationsdatei in Ihrem Ordner *python_work* haben, wirken sich diese Einstellungen nur auf die Dateien in diesem Ordner (und seinen Unterordnern) aus. Dies ist eine gute Funktion, weil es bedeutet, dass Sie projektspezifische Einstellungen haben können, die Ihre globalen Einstellungen außer Kraft setzen.

Tabulatoren und Leerzeichen verwenden

Wenn Sie in Ihrem Code eine Mischung aus Tabulatoren und Leerzeichen verwenden, kann dies zu Problemen in Ihren Programmen führen, die schwer zu diagnostizieren sind. Wenn Sie in einer `.py`-Datei mit installierter Python-Erweiterung arbeiten, ist VS Code so konfiguriert, dass er vier Leerzeichen einfügt, wenn Sie die TAB-Taste drücken. Wenn Sie nur Ihren eigenen Code schreiben und die Python-Erweiterung installiert haben, werden Sie wahrscheinlich nie ein Problem mit Tabulatoren und Leerzeichen haben.

Möglicherweise ist Ihre Installation von VS Code jedoch nicht richtig konfiguriert. Außerdem kann es vorkommen, dass Sie an einer Datei arbeiten, die nur Tabulatoren oder eine Mischung aus Tabulatoren und Leerzeichen enthält. Wenn Sie ein Problem mit Tabulatoren und Leerzeichen vermuten, sehen Sie sich die Statusleiste am unteren Rand des VS-Code-Fensters an und klicken Sie entweder auf **Spaces** oder **Tab Size**. Es wird ein Drop-down-Menü angezeigt, mit dem Sie zwischen der Verwendung von Tabulatoren und Leerzeichen hin- und herwechseln können. Sie können auch die Standard-Einrückungsebene ändern und alle Einrückungen in der Datei entweder in Tabulatoren oder Leerzeichen umwandeln. Wenn

Sie einen Code betrachten und sich nicht sicher sind, ob die Einrückung aus Tabulatoren oder Leerzeichen besteht, markieren Sie mehrere Codezeilen. Dadurch werden die unsichtbaren Leerzeichen sichtbar gemacht. Jedes Leerzeichen wird als Punkt und jeder Tabulator als Pfeil angezeigt.

Hinweis

In der Programmierung werden Leerzeichen gegenüber Tabulatoren bevorzugt, da Leerzeichen von allen Tools, die mit einer Codedatei arbeiten, eindeutig interpretiert werden können. Die Breite von Tabulatoren kann von verschiedenen Tools unterschiedlich interpretiert werden, was zu Fehlern führt, die extrem schwer zu erkennen sein können.

Das Farbschema ändern

VS Code verwendet standardmäßig ein dunkles Farbschema. Wenn Sie dies ändern möchten, klicken Sie auf **File** (**Code** in der Menüleiste unter macOS), dann auf **Preferences** und wählen **Color Theme**. Es erscheint eine Drop-down-Liste, aus der Sie ein Farbschema auswählen können, das für Sie gut geeignet ist.

Den Zeilenlängenmarker festlegen

In den meisten Editoren können Sie einen visuellen Hinweis, in der Regel eine vertikale Linie, einrichten, um anzuzeigen, wo Ihre Zeilen enden sollen. In der Python-Gemeinschaft ist es üblich, Zeilen auf 79 Zeichen oder weniger zu begrenzen.

Um diese Funktion einzustellen, klicken Sie auf **Code** und dann auf **Preferences** und wählen Sie **Settings**. Geben Sie in dem daraufhin angezeigten Dialogfeld **rulers** ein. Sie sehen eine Einstellung für **Editor: Rulers**; klicken Sie auf den Link **Edit in settings.json**. Fügen Sie in der daraufhin angezeigten Datei der Einstellung *editor.rulers* Folgendes hinzu:

```
"editor.rulers": [
80,
]
```

Die Ausgabe vereinfachen

VS Code zeigt die Ausgabe Ihrer Programme standardmäßig in einem eingebetteten Terminalfenster an. Diese Ausgabe enthält die Befehle, die zum Ausführen der Datei verwendet werden. Um die Ausgabe zu vereinfachen, schließen Sie alle Registerkarten, die in VS Code geöffnet sind, und beenden Sie dann VS Code. Starten Sie VS Code erneut und öffnen Sie den Ordner, der die Python-Dateien enthält, an denen Sie arbeiten; dies kann der Ordner *python_work* sein, in dem *hello_world.py* gespeichert ist. Klicken Sie auf das Symbol für *Ausführen/Debuggen* (das wie ein Dreieck mit einem kleinen Häkchen aussieht), und klicken Sie dann auf **Create a launch.json File**. Wählen Sie in den angezeigten Eingabeaufforderungen die Python-Optionen aus. Nehmen Sie in der sich öffnenden *launch.json*-Datei die folgende Änderung vor:

```
{
        --snip--
        "configurations": [
                {
                        --snip--
                        "console": "internalConsole",
                        "justMyCode": true
                }
        ]
}
```

Hier ändern wir die Konsoleneinstellung von integriertem Terminal auf interne Konsole. Nachdem Sie die Einstellungsdatei gespeichert haben, öffnen Sie eine .py-Datei, z. B. *hello_world.py*, und führen Sie sie mit STRG-F5 aus. Klicken Sie im Ausgabebereich von VS Code auf **Debug-Konsole**, wenn diese nicht bereits ausgewählt ist. Sie sollten nur die Ausgabe Ihres Programms sehen, und die Ausgabe sollte jedes Mal aktualisiert werden, wenn Sie ein Programm ausführen.

Hinweis

Die Debug-Konsole ist schreibgeschützt. Sie funktioniert nicht bei Dateien, die die Funktion input() verwenden, mit der Sie in Kapitel 7 Bekanntschaft machen. Wenn Sie diese Programme ausführen müssen, können Sie entweder die Konsoleneinstellung auf das standardmäßig integrierte Terminal zurücksetzen oder diese Programme in einem separaten Terminalfenster ausführen, wie in »Python-Programme von einem Terminalfenster aus ausführen« in Kapitel 1 beschrieben.

Weitere Anpassungen

Sie können VS Code auf vielfältige Weise anpassen, um effizienter arbeiten zu können. Um die verfügbaren Anpassungen zu erkunden, klicken Sie auf **Code** und dann auf **Preferences** und wählen Sie **Settings**. Es wird eine Liste mit dem Titel **Commonly Used** (Häufig verwendet) angezeigt. Klicken Sie auf eine der Unterüberschriften, um einige übliche Möglichkeiten zu sehen, wie Sie Ihre Installation von VS Code anpassen können. Nehmen Sie sich etwas Zeit, um zu sehen, ob es welche gibt, die VS Code besser für Sie arbeiten lassen, aber verlieren Sie sich nicht so sehr in der Konfiguration Ihres Editors, dass Sie das Erlernen von Python aufschieben!

Kurzbefehle in VS Code

Alle Editoren und IDEs bieten effiziente Möglichkeiten zur Erledigung gängiger Aufgaben, die jeder beim Schreiben und Verwalten von Code erledigen muss. So können Sie z. B. problemlos eine einzelne Codezeile oder einen ganzen Codeblock einrücken; ebenso einfach können Sie einen Zeilenblock in einer Datei nach oben oder unten verschieben. Es gibt zu viele Kürzel, um sie hier vollständig zu beschreiben. In diesem Abschnitt werden nur einige wenige vorgestellt, die Sie beim Schreiben Ihrer ersten Python-Dateien wahrscheinlich hilfreich finden werden. Wenn Sie einen anderen Editor als VS Code verwenden, sollten Sie lernen, wie Sie die gleichen Aufgaben in dem von Ihnen gewählten Editor effizient erledigen können.

Codeblöcke einrücken und Einrückungen aufheben

Um einen ganzen Codeblock einzurücken, markieren Sie ihn und wählen *Edit > Line > Indent* oder drücken `Strg` + `]` bzw. `Befehl` + `]`. Um die Einrückung eines Codeblocks aufzuheben, markieren Sie ihn und wählen Sie *Edit > Line > Unindent* oder drücken `Strg` + `[` bzw. `Befehl` + `[`.

Codeblöcke auskommentieren

Um einen Codeblock vorübergehend zu deaktivieren, können Sie ihn markieren und auskommentieren, sodass er von Python ignoriert wird. Markieren Sie den entsprechenden Abschnitt und wählen Sie *Edit > Comment > Toggle Comment* (`Strg` + `/` bzw. `Befehl` + `/`). Um die Kommentierung aufzuheben, markieren Sie den Block erneut und erteilen den gleichen Befehl.

Zeilen nach oben oder unten verschieben

Wenn Ihre Programme komplexer werden, kann es vorkommen, dass Sie einen Codeblock innerhalb einer Datei nach oben oder unten verschieben möchten. Markieren Sie dazu den Code, den Sie verschieben möchten, und drücken Sie `ALT`+`Pfeil-nach-oben` bzw. `Option`+`Pfeil-nach-oben` unter macOS. Die gleiche Tastenkombination mit dem Pfeil nach unten verschiebt den Block in der Datei nach unten. Wenn Sie eine einzelne Zeile nach oben oder unten verschieben, können Sie auf eine beliebige Stelle in dieser Zeile klicken; Sie müssen nicht die gesamte Zeile markieren, um sie zu verschieben.

Den Datei-Explorer verbergen

Der integrierte Datei-Explorer in VS Code ist wirklich praktisch. Allerdings kann er beim Schreiben von Code ablenken und auf einem kleineren Bildschirm wertvollen Platz beanspruchen. Der Befehl `Strg` + `B` bzw. `Befehl` + `B` unter macOS schaltet die Sichtbarkeit des Dateiexplorer-Fensters um.

Zusätzliche Kurzbefehle finden

Effizientes Arbeiten in einer Editierumgebung erfordert Übung, aber auch Aufmerksamkeit. Wenn Sie lernen, mit Code zu arbeiten, versuchen Sie, die Dinge zu erkennen, die Sie wiederholt tun. Für jede Aktion, die Sie in Ihrem Editor ausführen, gibt es wahrscheinlich eine Tastenkombination; wenn Sie auf Menüpunkte klicken, um Bearbeitungsaufgaben auszuführen, suchen Sie nach den Tastenkombinationen für diese Aktionen. Wenn Sie häufig zwischen Tastatur und Maus hin- und herwechseln, suchen Sie nach den Navigationskürzeln, damit Sie nicht so oft zur Maus greifen müssen. Sie können alle Tastaturkurzbefehle in VS Code anzeigen, indem Sie auf **Code** und dann auf **Preferences** klicken und dann **Keyboard Shortcuts** wählen. Sie können die Suchleiste verwenden, um eine bestimmte Tastenkombination zu finden, oder Sie können durch die Liste blättern, um Tastenkombinationen zu finden, mit denen Sie effizienter arbeiten können. Denken Sie daran, dass es besser ist, sich auf den Code zu konzentrieren, an dem Sie arbeiten, und nicht zu viel Zeit mit den Tools zu verbringen, die Sie verwenden.

Weitere Texteditoren und IDEs

Sie werden noch viel von den verschiedenen Texteditoren hören und sehen, die andere Personen verwenden. Die meisten von ihnen lassen sich auf die gleiche Weise auf Ihre Bedürfnisse einstellen wie VS Code Text. Die folgende kleine Auswahl führt einige der am häufigsten verwendeten Texteditoren auf.

IDLE

Der Texteditor IDLE ist im Lieferumfang von Python enthalten. Die Arbeit damit ist weniger intuitiv als mit Sabderen, mordernen Editoren, aber da er auch in anderen Lehrbüchern für Anfänger verwendet wird, sollten Sie ihn ruhig einmal ausprobieren.

Geany

Geany ist ein einfacher Texteditor, in dem Sie alle Ihre Programme unmittelbar ausführen können. Er zeigt die gesamte Ausgabe in einem Terminalfenster an, wodurch Sie sich mit der Verwendung von Terminals vertraut machen können. Trotz seiner sehr einfachen Oberfläche ist Geany so leistungsfähig, dass er auch noch von vielen erfahrenen Programmierern genutzt wird.

Wenn Ihnen VS Code zu ablenkend und mit zu vielen Funktionen ausgestattet ist, können Sie Geany verwenden.

Sublime Text

Sublime Text ist ein weiterer minimalistischer Editor, den Sie in Erwägung ziehen sollten, wenn Sie VS Code zu unübersichtlich finden. Sublime Text hat eine wirklich saubere Oberfläche und ist dafür bekannt, dass er auch bei sehr großen Dateien gut funktioniert. Es ist ein Editor, der Ihnen aus dem Weg geht, sodass Sie sich auf den Code konzentrieren lässt, den Sie schreiben. Sublime Text kann unbegrenzt getestet werden, ist aber weder kostenlos noch Open Source. Wenn Sie feststellen, dass es Ihnen gefällt und Sie es sich leisten können, eine Vollversion zu erwerben, sollten Sie dies tun. Der Kauf ist eine einmalige Zahlung; es handelt sich nicht um ein Software-Abonnement.

Emacs und Vim

Emacs und Vim sind zwei beliebte Editoren, die viele erfahrene Programmierer bevorzugen, da sie so gestaltet sind, dass Sie Ihre Hände beim Programmieren nicht von der Tastatur lösen müssen. Wenn Sie sich mit dem Editor vertraut gemacht haben, können Sie Ihren Code dann sehr rationell schreiben, lesen und ändern. Allerdings bedeutet es auch, dass Sie zunächst viel lernen müssen, um mit dem Editor umgehen zu können. Vim ist auf den meisten Linux- und macOS-Computern vorhanden, und sowohl Emacs als auch Vim können vollständig im Terminal ausgeführt werden. Aus diesem Grund werden sie häufig verwendet, um auf Servern Code in einer Remote-Terminalsitzung zu schreiben.

Erfahrene Programmierer empfehlen oft, diese Editoren auszuprobieren, vergessen dabei aber, wie viel Anfänger ohnehin schon lernen müssen. Es ist gut zu wissen, dass es diese Editoren gibt, aber Sie sollten zunächst einmal lernen, Code in einem einfacheren Editor zu bearbeiten, damit Sie sich darauf konzentrieren können, die Programmierung zu erlernen und nicht die Bedienung eines Editors.

PyCharm

PyCharm ist eine beliebte IDE für Python-Programmierer, da sie eigens für die Arbeit mit Python ausgelegt wurde. Für die Vollversion ist ein kostenpflichtiges Abonnement erforderlich, aber die Version PyCharm Community Edition ist kostenlos und wird auch von vielen Entwicklern geschätzt.

PyCharm enthält einen *Linter*, der prüft, ob Ihr Programmierstil den Python-Konventionen entspricht, und macht Vorschläge, wenn Sie von der normalen Python-Formatierung abweichen. Außerdem bietet die IDE einen integrierten Debugger, mit dem Sie Fehler beheben können, und Betriebsmodi für die rationelle Arbeit mit einer Reihe weitverbreiteter Python-Bibliotheken.

Wenn Sie PyCharm ausprobieren, sollten Sie wissen, dass es standardmäßig eine isolierte Umgebung für jedes Ihrer Projekte einrichtet. Das ist normalerweise eine gute Sache, kann aber zu unerwartetem Verhalten führen, wenn Sie nicht verstehen, was es für Sie tut.

Jupyter Notebooks

Bei Jupyter Notebooks handelt es sich nicht um die herkömmliche Art von Texteditor oder IDE, sondern um eine Web-App, die hauptsächlich aus Blöcken aufgebaut ist. Jeder dieser Blöcke ist entweder ein Code- oder ein Textblock. Die Textblöcke werden in Markdown dargestellt, sodass Sie darin eine einfache Formatierung anwenden können.

Jupyter Notebooks wurde entwickelt, um die Verwendung von Python im wissenschaftlichen Bereich zu unterstützen, hat sich aber auch in vielen anderen Situationen als nützlich erwiesen. Anstatt einfach Kommentare in eine *.py*-Datei zu stellen, können Sie Klartext mit einfacher Formatierung schreiben, z.B. Überschriften, Spiegelstrichaufzählungen und Hyperlinks zwischen verschiedenen Codeabschnitten. Sie können jeden Codeblock für sich allein ausführen, um einzelne Teile Ihres Programms zu testen, aber auch alle Codeblöcke auf einmal. Jeder Codeblock hat seinen eigenen Ausgabebereich, wobei Sie diese einzelnen Bereiche nach Bedarf ein- und ausschalten können.

Aufgrund der Wechselwirkung zwischen den einzelnen Zellen kann Jupyter Notebooks manchmal etwas unübersichtlich sein. Wenn Sie eine Funktion in einer Zelle definieren, steht sie auch in anderen Zellen zur Verfügung. Das ist zwar meistens von Vorteil, kann in längeren Notebooks – oder wenn Ihnen die Funktionsweise der Notebook-Umgebung noch nicht ganz klar ist – aber verwirrend wirken.

Wenn Sie Python im wissenschaftlichen Bereich einsetzen oder für die Bearbeitung von Daten, werden Sie sehr wahrscheinlich irgendwann mit Jupyter Notebooks zu tun bekommen.

C
Hilfe finden

Irgendwann gerät jeder, der Programmieren lernt, an eine Stelle, an der er nicht weiterkommt. Eine der wichtigsten Fähigkeiten, die Sie sich als Programmierer aneignen müssen, besteht daher darin, Hindernisse zu überwinden. In diesem Anhang finden Sie verschiedene Möglichkeiten dazu.

Erste Schritte

Wenn Sie nicht mehr weiterkommen, sollten Sie als Erstes die Situation genau analysieren. Um Hilfe von anderen Personen einholen zu können, müssen Sie in der Lage sein, die folgenden drei Fragen klar zu beantworten:

- Was versuchen Sie zu tun?
- Was haben Sie bereits ausprobiert?
- Welche Ergebnisse haben Sie dabei erhalten?

Ihre Antworten sollten so detailliert wie möglich sein. Wenn Sie auf die erste Frage eine ausführliche Antwort geben wie: »Ich versuche, die neueste Version von Python auf einem Laptop mit Windows zu installieren«, kann Ihnen die Python-Community viel besser helfen, als wenn Sie nur sagen: »Ich versuche Python zu installieren.«

In der Antwort auf die zweite Frage sollten Sie genügend Informationen geben, um zu verhindern, dass andere Ihnen Maßnahmen vorschlagen, die Sie schon selbst ausprobiert haben. »Ich bin zu *https://python.org/downloads/* gegangen, habe auf die Download-Schaltfläche für mein System geklickt und dann den Installer ausgeführt« ist viel aussagekräftiger als: »Ich bin zu der Python-Website gegangen und habe da irgendwas heruntergeladen.«

Um online nach einer Lösung suchen oder um Hilfe bitten zu können, ist es bei der dritten Frage sehr hilfreich, die genaue Fehlermeldung zu kennen.

Wenn Sie sich diese drei Fragen selbst beantworten, können Sie manchmal schon erkennen, dass Sie etwas übersehen haben, und das Problem ohne Hilfe lösen. Programmierer haben sogar eine eigene Bezeichnung für diesen Effekt: *Quietscheentchen-Debugging* (»rubber duck debugging«). Wenn Sie die Situation Ihrem Quietscheentchen (oder einem anderen unbelebten Objekt) erklären und ihm spezifische Fragen stellen, können Sie sie oftmals selbst beantworten. In manchen Entwicklungsbüros gibt es sogar eine physische Plastikente, um die Programmierer dazu anzuregen, mit ihr zu reden.

Versuchen Sie es erneut

Zur Lösung vieler Probleme reicht es aus, es noch einmal von vorn zu versuchen. Nehmen wir beispielsweise an, Sie schreiben eine `for`-Schleife und machen dabei einen winzigen Fehler, indem Sie etwa den Doppelpunkt am Ende der `for`-Schleife vergessen. Wenn Sie den gleichen Vorgang noch einmal von vorn durchführen, ist es sehr wahrscheinlich, dass Sie dieses Versäumnis dabei nicht wiederholen.

Legen Sie eine Pause ein

Wenn Sie schon längere Zeit an einem Problem herumknobeln, besteht eine der besten Vorgehensweisen darin, eine Pause einzulegen. Unser Gehirn neigt dazu, sich auf eine bestimmte Sichtweise zu versteifen, wenn wir uns fortgesetzt mit ein und derselben Aufgabe beschäftigen. Wir verlieren den Überblick darüber, welche Annahmen wir getroffen haben. Eine Pause hilft uns, das Problem aus einer anderen Perspektive betrachten zu können. Es muss keine lange Pause sein, aber Sie sollten irgendetwas tun, was Sie von Ihren Gedanken ablenkt. Wenn Sie längere Zeit gesessen haben, betätigen Sie sich körperlich, indem Sie beispielsweise einen kurzen Spaziergang machen. Es kann auch hilfreich sein, ein Glas Wasser zu trinken und einen leichten, gesunden Imbiss einzunehmen.

Wenn Sie völlig frustriert sind, kann es sich lohnen, die Arbeit für den laufenden Tag zu beenden. Ein Problem zu überschlafen hilft oft, sich ihm wieder mit neuen Ideen widmen zu können.

Nutzen Sie das Onlinematerial zu diesem Buch

Das Zusatzmaterial zu diesem Buch, das Sie auf *https://ehmatthes.github.io/pcc_3e* finden, enthält auch einige hilfreiche Abschnitte darüber, wie Sie Ihr System einrichten und die einzelnen Kapitel durcharbeiten. Schauen Sie sich dieses Material an; vielleicht kann Ihnen ja etwas davon weiterhelfen.

Online nach Hilfe suchen

Es ist sehr wahrscheinlich, dass schon andere Personen vor dem gleichen Problem gestanden haben wie Sie und online etwas darüber geschrieben haben. Durch geschickte Suchtaktiken und detaillierte Recherchen können Sie Quellen aufspüren, in denen die Lösung für Ihre Probleme steht. Wenn Sie beispielsweise Schwierigkeiten haben, die neueste Version von Python unter Windows 10 zu installieren, können Sie eine Lösung finden, indem Sie nach *install python windows 10* suchen und die Ergebnisse auf Quellen aus dem letzten Jahr einschränken.

Auch die Suche mit dem genauen Text einer Fehlermeldung ist oft sehr hilfreich. Nehmen wir an, Sie versuchen eine Python-Terminalsitzung auf einem neuen Windows-System zu starten und erhalten dabei folgende Meldung:

```
> python hello world.py
Python was not found; run without arguments to install from the Microsoft
Store...
```

Über eine Suche nach »python was not found« können Sie wahrscheinlich hilfreiche Ratschläge finden.

Bei der Suche im Zusammenhang mit Fragen zur Programmierung werden Sie immer wieder auf einige Websites stoßen. Einige davon werden in den folgenden Abschnitten beschrieben, um Ihnen zu zeigen, wie hilfreich sie sind.

Stack Overflow

Stack Overflow (*https://stackoverflow.com*) ist eine der beliebtesten Frage-und-Antwort-Plattformen für Programmierer und wird oft auf der ersten Seite mit Suchergebnissen zu Fragen über Python angezeigt. Mitglieder, die bei ihrer Arbeit nicht weiterkommen, stellen hier ihre Fragen ein, und andere Mitglieder versuchen, ihnen zu helfen. Die Benutzer können abstimmen, welche Antworten am hilfreichsten sind, weshalb die ersten Antworten, die Sie finden, gewöhnlich auch die besten sind.

Auf Stack Overflow gibt es sehr klare Antworten zu vielen grundlegenden Fragen über Python, da die Community die Antworten mit der Zeit immer weiter verbessert. Die Benutzer werden dazu ermutigt, auch Aktualisierungen zu veröffentlichen, sodass die Antworten relativ aktuell bleiben. Bisher wurden auf Stack Overflow mehr als eine Million Fragen rund um Python beantwortet.

Es gibt eine Sache, die Sie wissen sollten, bevor Sie eine Frage auf Stack Overflow stellen. Die Fragen sollen das kürzeste Beispiel für die Art des Problems sein, mit dem Sie konfrontiert sind. Wenn Sie 5–20 Zeilen Code posten, die den Fehler erzeugen, mit dem Sie zu tun haben, und wenn Sie auf die Fragen eingehen, die unter »Erste Schritte« weiter oben in diesem Anhang aufgeführt sind, wird Ihnen wahrscheinlich jemand helfen. Wenn Sie einen Link zu einem Projekt mit mehreren großen Dateien teilen, wird Ihnen wahrscheinlich niemand helfen. Unter *https://stackoverflow.com/help/how-to-ask* finden Sie eine hervorragende Anleitung zum Verfassen einer guten Frage. Die Vorschläge in diesem Leitfaden sind anwendbar, um Hilfe in jeder Gemeinschaft von Programmierern zu bekommen.

Die offizielle Python-Dokumentation

Die offizielle Python-Dokumentation (*https://docs.python.org*) ist für Einsteiger nicht unbedingt hilfreich, da ihr Zweck vor allem darin besteht, die Sprache zu dokumentieren, und nicht, sie zu erklären. Die darin enthaltenen Beispiele funktionieren zwar, sind für Neulinge aber möglicherweise nicht vollständig verständlich. Trotzdem bildet diese Dokumentation eine gute Quelle, in die Sie einen Blick werfen sollten, wenn sie in den Suchergebnissen erwähnt wird. Je mehr Kenntnisse über Python Sie erwerben, umso nützlicher wird die Dokumentation für Sie.

Offizielle Dokumentation der Bibliotheken

Wenn Sie Bibliotheken wie Pygame, Matplotlib, Django usw. verwenden und Suchanfragen dazu durchführen, finden Sie in den Ergebnissen oft die offiziellen Dokumentationen dazu. Beispielsweise ist *https://docs.djangoproject.com/* eine sehr hilfreiche Quelle, wenn Sie mit Django arbeiten. Wenn Sie mit einer Bibliothek arbeiten wollen, ist es eine gute Idee, sich mit ihrer offiziellen Dokumentation vertraut zu machen.

r/learnpython

Unter den *Subreddits* bzw. Unterforen auf Reddit befindet sich auch *r/learnpython* (*https://reddit.com/r/learnpython/*), dessen Mitglieder sehr aktiv und hilfsbereit sind. Hier können Sie Antworten auf Fragen lesen und Ihre eigenen Fragen stellen.

Blogs

Viele Programmierer führen Blogs, in denen sie Posts über die Sprachen veröffentlichen, mit denen sie arbeiten. Bevor Sie die Ratschläge in einem Post befolgen, sollten Sie jedoch einen Blick auf das Datum der ersten Kommentare dazu werfen und herausfinden, wie aktuell die Ratschläge in Bezug auf die von Ihnen verwendete Python-Version sind.

Discord

Discord ist eine Online-Chatumgebung mit einer Python-Community, in der Sie um Hilfe bitten und sich an Diskussionen über Python beteiligen können.

Um es sich anzusehen, rufen Sie *https://pythondiscord.com/* auf und klicken oben rechts auf den Link *Discord*. Wenn Sie bereits ein Discord-Konto haben, können Sie sich damit anmelden. Anderenfalls geben Sie einen Benutzernamen ein und folgen den Anweisungen, um die Discord-Registrierung abzuschließen.

Wenn Sie Python Discord zum ersten Mal besuchen, müssen Sie zunächst die Regeln der Gemeinschaft akzeptieren, bevor Sie in vollem Umfang teilnehmen können. Anschließend können Sie allen Kanälen beitreten, die Sie interessieren. Wenn Sie Unterstützung brauchen, können Sie Ihre Fragen in einem der Python-Hilfekanäle stellen.

Slack

Slack ist eine weitere aktuelle Chat-Umgebung. Es wird häufig für die interne Kommunikation in Unternehmen genutzt, aber es gibt auch viele öffentliche Gruppen, denen Sie beitreten können. Um die Python-Gruppen auf Slack zu erreichen, rufen Sie *https://pyslackers.com/* auf. Klicken Sie oben auf der Seite auf den Link *Slack* und geben Sie Ihre E-Mail-Adresse ein, um eine Einladung zu erhalten.

Wenn Sie den Arbeitsbereich *Python Developers* erreicht haben, finden Sie dort eine Liste von Kanälen. Klicken Sie auf *Channels* und wählen Sie die Themen aus, für die Sie sich interessieren. Schauen Sie sich als Erstes insbesondere die Kanäle *#learning_python* und *#django* an.

D
Versionssteuerung mit Git

Mithilfe von Software zur Versionssteuerung können Sie Momentaufnahmen Ihres Projekts anfertigen, während Sie daran arbeiten. Bei jeder Änderung, etwa bei der Einrichtung eines neuen Merkmals, haben Sie dann die Möglichkeit, zu einem früheren, funktionierenden Zustand zurückzukehren, sollte die Änderung zu Problemen führen.

Die Versionssteuerung gibt Ihnen die Freiheit, an Verbesserungen zu arbeiten und dabei auch Fehler zu machen, ohne sich darum sorgen zu müssen, dass Sie das Projekt dadurch ruinieren könnten. Das ist vor allem bei umfangreichen Projekten sehr wichtig, aber auch bei kleineren hilfreich, sogar bei Programmen, die nur aus einer einzigen Datei bestehen.

In diesem Anhang lernen Sie, wie Sie Git installieren und zur Versionssteuerung nutzen. Git ist heute die am weitesten verbreitete Software für diesen Zweck. Viele seiner erweiterten Werkzeuge sind vor allem für Teams gedacht, die an umfangreichen Projekten zusammenarbeiten, aber die Grundfunktionen sind auch für Alleinentwickler hilfreich. Git merkt sich die Änderungen, die Sie an allen Dateien Ihres Projekts vornehmen. Wenn Sie einen Fehler machen, können Sie einfach zu einem gespeicherten früheren Zustand zurückkehren.

Git installieren

Git läuft auf allen Betriebssystemen, allerdings gibt es jeweils eine unterschiedliche Vorgehensweise für die Installation. In diesem Abschnitt erhalten Sie Anleitungen für die verschiedenen Betriebssysteme.

Git ist auf einigen Systemen standardmäßig enthalten und wird oft mit anderen Paketen gebündelt, die Sie möglicherweise bereits installiert haben. Bevor Sie versuchen, Git zu installieren, prüfen Sie, ob es bereits auf Ihrem System vorhanden ist. Öffnen Sie ein neues Terminalfenster und geben Sie den Befehl `git --version` ein. Wenn Sie eine Ausgabe mit einer bestimmten Versionsnummer sehen, ist Git auf Ihrem System installiert. Wenn Sie eine Meldung sehen, die Sie auffordert, Git zu installieren oder zu aktualisieren, folgen Sie den Anweisungen auf dem Bildschirm. Wenn keine Anweisungen auf dem Bildschirm angezeigt werden und Sie Windows oder macOS verwenden, können Sie ein Installationsprogramm von *https://git-scm.com* herunterladen. Wenn Sie ein Linux-Benutzer mit einem apt-kompatiblen System sind, können Sie Git mit dem Befehl `sudo apt install git` installieren.

Git konfigurieren

Git merkt sich, wer welche Änderungen an einem Projekt vornimmt, selbst wenn nur eine einzige Person daran arbeitet. Dazu muss Git Ihren Benutzernamen und Ihre E-Mail-Adresse kennen. Sie können dabei jedoch auch eine Fantasie-E-Mail-Adresse angeben.

```
$ git config --global user.name "benutzername"
$ git config --global user.email "benutzername@example.com"
```

Wenn Sie diesen Schritt auslassen, fordert Git Sie beim ersten Commit zur Eingabe dieser Informationen auf.

Es ist auch am besten, den Standardnamen für den Hauptzweig in jedem Projekt festzulegen. Ein guter Name für diesen Zweig ist `main`:

```
$ git config --global init.defaultBranch main
```

Diese Konfiguration bedeutet, dass jedes neue Projekt, das Sie mit Git verwalten, mit einem einzigen Commit-Zweig namens `main` beginnt.

Ein Projekt anlegen

Als Erstes legen wir ein Projekt an, mit dem wir arbeiten können. Erstellen Sie auf Ihrem System den Ordner *git_practice* und bringen Sie darin ein einfaches Python-Programm unter:

hello_git.py

```
print("Hello Git world!")
```

Dieses Programm werden wir verwenden, um die Grundfunktionen von Git vorzustellen.

Dateien ignorieren

Da die Dateien mit der Endung *.pyc* automatisch aus den *.py*-Dateien generiert werden, muss Git sich diese nicht merken. Diese Dateien sind in einem besonderen Verzeichnis namens *__pycache__* untergebracht. Um Git anzuweisen, dieses Verzeichnis zu ignorieren, erstellen Sie die Datei *.gitignore* – mit einem Punkt am Anfang des Dateinamens und ohne Erweiterung – und schreiben die folgende Zeile hinein:

.gitignore

```
__pycache__/
```

Dies sorgt dafür, dass Git alle Dateien im Verzeichnis *__pycache__* ignoriert. Mithilfe der Datei *.gitignore* können Sie Ihr Projekt übersichtlich halten, was die Arbeit daran erleichtert.

Um *.gitignore* öffnen zu können, müssen Sie möglicherweise die Einstellungen Ihres Dateibrowsers so ändern, dass er auch verborgene Dateien anzeigt. Unter macOS drücken Sie Befehl-SHIFT-. (Punkt). Unter Linux suchen Sie nach einer Einstellung mit der Bezeichnung *Versteckte Dateien anzeigen*. Manche Editoren ignorieren Dateien, deren Namen mit einem Punkt beginnen.

Ein Repository initialisieren

Nun können Sie ein Git-Repository initialisieren. Öffnen Sie das Terminal, suchen Sie darin den Ordner *git_practice* auf und führen Sie folgenden Befehl aus:

```
git_practice$ git init
Initialized empty Git repository in git_practice/.git/
git_practice$
```

Die Ausgabe zeigt, dass Git in *git_practice* ein leeres Repository initialisiert hat. Bei einem *Repository* handelt es sich um einen Satz von Dateien eines Programms, die Git überwacht. Alle Dateien, die Git zur Verwaltung des Repositorys verwendet, befinden sich in dem versteckten Verzeichnis *.git/*, mit dem Sie sich aber nicht zu befassen brauchen. Löschen Sie es auf keinen Fall, da Sie sonst den Projektverlauf verlieren.

Den Projektstatus überprüfen

Als Erstes sehen wir uns den Projektstatus an:

```
  git_practice$ git status
❶ On branch main

  No commits yet

❷ Untracked files:
    (use "git add <file>..." to include in what will be committed)

    .gitignore
    hello_git.py

❸ nothing added to commit but untracked files present (use "git add" to track)
  git_practice$
```

Unter einem *Zweig* (»branch«) verstehen wir in Git eine Version des Projekts, an der gearbeitet wird. Wie die Ausgabe zeigt, befinden wir uns hier in einem Zweig namens `main` (❶). Wenn Sie den Projektstatus überprüfen, sollte immer dieser Zweig angegeben sein. Des Weiteren können wir an dieser Ausgabe erkennen, dass wir dabei sind, den ersten *Commit* auszuführen. Dabei handelt es sich um eine Momentaufnahme des Projekts zu einem bestimmten Zeitpunkt.

Git informiert uns darüber, dass es in dem Projekt Dateien gibt, die nicht überwacht werden (❷), was daran liegt, dass wir noch nicht angegeben haben, welche Dateien zu verfolgen sind. Außerdem erfahren wir, dass zu dem aktuellen Commit nichts hinzugefügt wird, dass aber nicht überwachte Dateien vorhanden sind, die wir möglicherweise zu dem Repository hinzufügen sollten (❸).

Dateien zum Repository hinzufügen

Wir wollen dem Repository nun zwei Dateien hinzufügen und den Status dann erneut überprüfen:

```
❶ git_practice$ git add .
❷ git_practice$ git status
  On branch main

  No commits yet
```

```
  Changes to be committed:
    (use "git rm --cached <file>..." to unstage)

❸     new file:   .gitignore
      new file:   hello_git.py

  git_practice$
```

Der Befehl `git add .` fügt alle Dateien des Projekts, die nicht bereits überwacht werden, zu dem Repository hinzu (❶). Dabei führt er jedoch keinen Commit durch, sondern weist Git nur an, diese Dateien in Zukunft zu berücksichtigen. Wenn wir den Status des Projekts jetzt überprüfen, sehen wir, dass Git Änderungen erkannt hat, für die ein Commit erforderlich ist (❷). Die Angabe *new file* bedeutet, dass die darunter aufgeführten Dateien dem Repository neu hinzugefügt wurden (❸).

Einen Commit durchführen

Nun führen wir den ersten Commit durch:

```
❶ git_practice$ git commit -m "Started project."
❷ [main (root-commit) cea13dd] Started project.
❸  2 files changed, 4 insertions(+)
   create mode 100644 .gitignore
   create mode 100644 hello_git.py
❹ git_practice$ git status
  On branch main
  nothing to commit, working tree clean
  git_practice$
```

Mit dem Befehl `git commit -m "`*Meldung*`"` (❶) fertigen wir eine Momentaufnahme des Projekts an. Das Flag `-m` weist Git an, die danach angegebene Mitteilung (`"Started project."`) im Projektprotokoll aufzuzeichnen. Die Ausgabe zeigt, dass wir uns im Zweig `main` befinden (❷) und dass zwei Dateien geändert wurden (❸).

Wenn wir anschließend den Status überprüfen, erkennen wir, dass wir uns immer noch im Zweig `mein` befinden und jetzt einen sauberen Arbeitsbaum haben (❹). Das ist die Meldung, die Sie sehen wollen, wenn Sie einen Commit in Ihrem Projekt durchführen. Sollten Sie eine andere Meldung erhalten, müssen Sie sie aufmerksam lesen. Wahrscheinlich haben Sie vor dem Auslösen des Commits vergessen, eine Datei hinzuzufügen.

Das Protokoll einsehen

Git führt ein Protokoll der Commits für das Projekt. Sie können es wie folgt einsehen:

```
git_practice$ git log
commit cea13ddc51b885d05a410201a54faf20e0d2e246 (HEAD -> main)
Author: Eric Matthes <eric@example.com>
Date:   Mon Jun 6 19:37:26 2022 -0800
    Started project.
git_practice$
```

Für jeden Commit generiert Git eine eindeutige ID aus 40 Zeichen und protokolliert, wer den Commit durchgeführt hat, wann er erfolgt ist und welche Mitteilung dabei angegeben war. Da Sie nicht immer alle diese Informationen benötigen, gibt es die Möglichkeit, eine Kurzversion der Protokolleinträge anzuzeigen:

```
git_practice$ git log --pretty=oneline
cea13ddc51b885d05a410201a54faf20e0d2e246 (HEAD -> main) Started project.
git_practice$
```

Bei der Angabe des Schalters `--pretty=oneline` werden nur die beiden wichtigsten Informationen ausgegeben, nämlich die ID und die Mitteilung zu dem Commit.

Der zweite Commit

Um zu sehen, was Versionssteuerung wirklich leisten kann, müssen wir eine Änderung an dem Projekt vornehmen und einen Commit dafür durchführen. Zur Veranschaulichung fügen wir *hello_git.py* einfach eine zweite Zeile hinzu:

hello_git.py

```
print("Hello Git world!")
print("Hello everyone.")
```

Wenn Sie den Status des Projekts jetzt prüfen, weist Git Sie darauf hin, dass die Datei geändert wurde:

```
   git_practice$ git status
❶ On branch main

   Changes not staged for commit:
     (use "git add <file>..." to update what will be committed)
     (use "git restore -- <file>..." to discard changes in working directory)

❷   modified:   hello_git.py

❸ no changes added to commit (use "git add" and/or "git commit -a")
   git_practice$
```

Wir sehen hier, in welchem Zweig wir uns befinden (❶) und welche Datei geändert wurde (❷), und erfahren, dass noch kein Commit für diese Änderungen durchgeführt wurde (❸). Das holen wir nun nach und prüfen den Status dann erneut:

```
❶ git_practice$ git commit -am "Extended greeting."
  [main 945fa13] Extended greeting.
   1 file changed, 1 insertion(+), 1 deletion(-)
❷ git_practice$ git status
  On branch main
  nothing to commit, working tree clean
❸ git_practice$ git log --pretty=oneline
  945fa13af128a266d0114eebb7a3276f7d58ecd2 (HEAD -> main) Extended greeting.
  cea13ddc51b885d05a410201a54faf20e0d2e246 Started project.
  git_practice$
```

Mit dem Befehl `git commit` führen wir den neuen Commit durch, wobei wir den Schalter `-am` angeben (❶). Dabei sorgt `-a` dafür, dass alle geänderten Dateien im Repository in den anstehenden Commit aufgenommen werden. (Wenn Sie zwischen zwei Commits neue Dateien anlegen, geben Sie einfach erneut den Befehl `git add .` ein, um diese Dateien zu dem Repository hinzuzufügen.) Das Flag `-m` weist Git an, die angegebene Meldung zu diesem Commit in das Protokoll zu schreiben.

Wenn wir anschließend den Projektstatus überprüfen, zeigt es sich, dass wir wieder über einen sauberen Baum verfügen (❷). Auch im Protokoll sind jetzt beide Commits zu sehen (❸).

Änderungen zurücknehmen

Als Nächstes sehen wir uns an, wie wir eine Änderung verwerfen und wieder zu dem vorherigen funktionierenden Zustand zurückkehren. Zur Demonstration fügen Sie zunächst eine neue Zeile zu *hello_git.py* hinzu:

hello_git.py

```
print("Hello Git world!")
print("Hello everyone.")

print("Oh no, I broke the project!")
```

Speichern Sie die Datei und führen Sie sie aus.

Wenn Sie den Status überprüfen, können Sie erkennen, dass Git die Änderung bemerkt hat:

```
git_practice$ git status
On branch main
Changes not staged for commit:
```

```
    (use "git add <file>..." to update what will be committed)
    (use "git restore -- <file>..." to discard changes in working directory)

❶       modified:   hello_git.py

no changes added to commit (use "git add" and/or "git commit -a")
git_practice$
```

Git erkennt, dass wir *hello_git.py* geändert haben (❶), und bietet uns an, diese Änderung mit einem Commit zu bestätigen. Stattdessen wollen wir diesmal aber zu dem letzten Commit zurückkehren, also zu einem Zustand, bei dem das Projekt bekanntermaßen funktioniert hat. Wir ändern dazu aber nichts an *hello_git.py*, wir löschen die neue Zeile nicht und wir nutzen auch nicht die *Rückgängig*-Funktion des Texteditors, sondern geben im Terminal die folgenden Befehle ein:

```
git_practice$ git restore .
git_practice$ git status
On branch main
nothing to commit, working tree clean
git_practice$
```

Der Befehl `git restore` ermöglicht es Ihnen, mit einem beliebigen früheren Commit innerhalb einer bestimmten Datei weiterzuarbeiten. Mit `get restore .` verwerfen Sie alle Änderungen seit dem letzten Commit und stellen den letzten per Commit bestätigten Zustand des Projekts wieder her.

Im Texteditor können Sie erkennen, dass *hello_git.py* tatsächlich wieder in die vorherige Version zurückverwandelt wurde:

```
print("Hello Git world!")
print("Hello everyone.")
```

In diesem simplen Beispiel wäre es auch auf andere Weise sehr einfach möglich gewesen, den vorherigen Zustand wiederherzustellen. Stellen Sie sich aber vor, Sie würden an einem umfangreichen Projekt arbeiten, bei dem seit dem letzten Commit Dutzende von Dateien geändert wurden, und müssten alle diese Dateien manuell wieder in den vorherigen Zustand versetzen! Die Versionssteuerung ist hier äußerst nützlich: Bei der Einführung eines neuen Merkmals können Sie so viele Änderungen vornehmen, wie Sie wollen, und wenn sie nicht funktionieren, können Sie sie einfach verwerfen, ohne das Projekt zu beeinträchtigen. Sie müssen sich nicht einmal merken, wo Sie überall Änderungen vorgenommen haben, und sie manuell rückgängig machen. Git erledigt das für Sie.

Hinweis

Um zu erkennen, dass die Datei tatsächlich in den früheren Zustand zurückversetzt wurde, müssen Sie möglicherweise die Anzeige in Ihrem Editorfenster aktualisieren.

Vorherige Commits auschecken

Sie können jeden Commit ansehen, der im Protokoll verzeichnet ist, indem Sie den Befehl `restore` verwenden. Dazu geben Sie hinter dem Befehl `restore` statt des Punktes die ersten sechs Zeichen der ID an. Wenn Sie einen früheren Commit auschecken, können Sie ihn untersuchen und dann entweder wieder zu Ihrem letzten Commit zurückkehren oder die Arbeiten der letzten Zeit aufgeben und die Entwicklung von dem früheren Commit aus fortsetzen.

```
git_practice$ git log --pretty=oneline
945fa13af128a266d0114eebb7a3276f7d58ecd2 (HEAD -> main) Extended greeting.
cea13ddc51b885d05a410201a54faf20e0d2e246 Started project.
git_practice$ git checkout cea13d
Note: switching out 'cea13d'.

❶ You are in 'detached HEAD' state. You can look around, make experimental
changes and commit them, and you can discard any commits you make in this
state without impacting any branches by switching back to a branch.

If you want to create a new branch to retain commits you create, you may
do so (now or later) by using -b with the switch command. Example:

  git switch -c <new-branch-name>

❷ Or undo this operation with:git switch -Turn off this advice by setting
config variable advice.detachedHead to false

HEAD is now at cea13d... Started project.
git_practice$
```

Wenn Sie einen früheren Commit auschecken, verlassen Sie den `main`-Zweig und wechseln zu einem Status, der als *detached HEAD* bezeichnet wird (❶). *HEAD* ist jeweils der aktuelle Projektzustand, von dem wir uns hier getrennt (»detached«) haben, da wir den benannten Zweig (hier `main`) verlassen haben.

Um zum Zweig `main` zurückzukehren, folgen Sie dem Vorschlag ❷ und nehmen die vorherige Operation zurück:

```
git_practice$ git switch -
Previous HEAD position was cea13d Started project.
Switched to branch 'main'
git_practice$
```

Sofern Sie nicht die erweiterten Funktionen von Git nutzen wollen, sollten Sie keine Änderungen an Ihrem Projekt vornehmen, während Sie einen älteren Commit ausgecheckt haben. Wenn Sie allein an einem Projekt arbeiten und die letzten Commits verwerfen wollen, um zu einem früheren zurückzukehren, können Sie das Projekt einfach auf diesen früheren Zustand zurücksetzen. Geben Sie dazu Folgendes ein, während Sie sich im Zweig `main` befinden:

```
❶ git_practice$ git status
  On branch master
  nothing to main, working tree clean
❷ git_practice$ git log --pretty=oneline
  945fa13af128a266d0114eebb7a3276f7d58ecd2 (HEAD -> main) Extended greeting.
  cea13ddc51b885d05a410201a54faf20e0d2e246 Started project.
❸ git_practice$ git reset --hard cea13d
  HEAD is now at ee76419 Started project.
❹ git_practice$ git status
  On branch main
  nothing to commit, working tree clean
❺ git_practice$ git log --pretty=oneline
  cea13ddc51b885d05a410201a54faf20e0d2e246 (HEAD -> main) Started project.
  git_practice$
```

Als Erstes prüfen wir den Status, um uns zu vergewissern, dass wir uns im Zweig `main` befinden (❶). Anschließend zeigen wir das Protokoll an, in dem beide Commits verzeichnet sind (❷). Danach geben wir den Befehl `git reset --hard` und die ersten sechs Zeichen der ID für den Commit ein, zu dem wir dauerhaft zurückkehren wollen (❸). Wenn wir daraufhin erneut den Status prüfen, können wir erkennen, dass wir uns nach wie vor im Zweig `master` befinden und es keine Änderungen gibt, für die ein Commit erforderlich wäre (❹). Auch das Protokoll zeigt, dass wir wieder zu dem Commit zurückgekehrt sind, von dem aus wir weitermachen wollen (❺).

Das Repository löschen

Falls Sie den Verlauf eines Repositorys einmal so durcheinandergebracht haben, dass Sie nicht mehr wissen, wie Sie es wieder in einen ordnungsgemäßen Zustand bringen können, sollten Sie als Erstes anhand der Ratschläge in Anhang C um Hilfe bitten. Wenn sich das Repository nicht reparieren lässt und Sie allein an dem Projekt arbeiten, können Sie mit Ihren Dateien weitermachen, aber den Projektverlauf entfernen, indem Sie das Verzeichnis *.git* löschen. Dadurch ändert sich der aktuelle Zustand Ihrer Dateien nicht, aber es werden sämtliche Commits gelöscht, sodass Sie nicht mehr in der Lage sind, einen früheren Projektstatus auszuchecken.

Sie können das Verzeichnis *.git* in einem Dateibrowser löschen oder an der Befehlszeile. Wenn Sie danach wieder Ihre Änderungen verfolgen möchten, müssen Sie ein neues Repository anlegen. Eine Terminalsitzung für den gesamten Vorgang sieht wie folgt aus:

```
❶ git_practice$ git status
  On branch main
  nothing to commit, working tree clean
❷ git_practice$ rm -rf .git
❸ git_practice$ git status
  fatal: Not a git repository (or any of the parent directories): .git
❹ git_practice$ git init
  Initialized empty Git repository in git_practice/.git/
❺ git_practice$ git status
  On branch main

  No commits yet

  Untracked files:
    (use "git add <file>..." to include in what will be committed)

    .gitignore
    hello_git.py

  nothing added to commit but untracked files present (use "git add" to track)
❻ git_practice$ git add .
  git_practice$ git commit -m "Starting over."
  [main (root-commit) 14ed9db] Starting over.
   2 files changed, 5 insertions(+)
   create mode 100644 .gitignore
   create mode 100644 hello_git.py
❼ git_practice$ git status
  On branch main
  nothing to commit, working tree clean
  git_practice$
```

Als Erstes prüfen wir den Status (❶), wobei wir sehen, dass wir über ein sauberes Arbeitsverzeichnis verfügen. Anschließend löschen wir das Verzeichnis *.git* mit dem Befehl `rm -rf .git` (❷). (Unter Windows müssen Sie `del.git` verwenden.) Wenn wir danach erneut den Status überprüfen, wird uns mitgeteilt, dass es kein Git-Repository mehr gibt (❸). Da alle Informationen, die Git braucht, um das Repository zu verwalten, im Ordner *.git* gespeichert sind, wird durch Entfernen dieses Ordners das gesamte Repository gelöscht.

Jetzt können wir mit `git init` ein neues Repository anlegen (❹). Eine Überprüfung des Status ergibt, dass sich Git wieder im Anfangsstadium befindet und auf den ersten Commit wartet (❺). Nachdem wir Dateien hinzugefügt und einen ersten Commit durchgeführt haben (❻), zeigt eine weitere Statusüberprüfung, dass wir uns wieder im Zweig `main` befinden und keine Änderungen vorliegen, für die ein Commit erforderlich wäre (❼).

Die Versionssteuerung erfordert etwas Übung, aber wenn Sie sich erst einmal daran gewöhnt haben, möchten Sie sie nie mehr missen.

E

Fehlerbehebung bei der Bereitstellung

Die Bereitstellung einer Anwendung ist äußerst befriedigend, wenn sie funktioniert, vor allem, wenn man es noch nie zuvor gemacht hat. Es gibt jedoch viele Hindernisse, die im Bereitstellungsprozess auftreten können, und leider können einige dieser Probleme schwer zu erkennen und zu beheben sein. Dieser Anhang hilft Ihnen dabei, moderne Ansätze für die Bereitstellung zu verstehen, und zeigt Ihnen konkrete Möglichkeiten zur Fehlerbehebung auf, wenn etwas nicht funktioniert. Wenn die zusätzlichen Informationen in diesem Anhang nicht ausreichen, um den Bereitstellungsprozess erfolgreich zu durchlaufen, sehen Sie sich die Onlineressourcen unter *https://ehmatthes.github.io/pcc_3e* an; die dortigen Aktualisierungen werden Ihnen mit Sicherheit helfen, eine erfolgreiche Bereitstellung durchzuführen.

Git installieren

Wenn Sie versuchen, Fehler bei einer bestimmten Bereitstellung zu beheben, ist es hilfreich, ein klares Verständnis davon zu haben, wie eine typische Bereitstellung funktioniert. Bei der Bereitstellung wird ein Projekt, das auf Ihrem lokalen System läuft, auf einen entfernten Server kopiert, sodass es auf Anfragen von beliebigen Benutzern im Internet reagieren kann. Die entfernte Umgebung unterscheidet sich in einigen wichtigen Punkten von einem typischen lokalen System: Es handelt sich wahrscheinlich nicht um dasselbe Betriebssystem (OS) wie das, das Sie verwenden, und es ist wahrscheinlich einer von vielen virtuellen Servern auf einem einzigen physischen Server.

Wenn Sie ein Projekt bereitstellen oder auf den entfernten Server übertragen, müssen Sie die folgenden Schritte ausführen:

- Erstellen Sie einen virtuellen Server auf einem physischen Rechner in einem Rechenzentrum.
- Stellen Sie eine Verbindung zwischen dem lokalen System und dem entfernten Server her.
- Kopieren Sie den Code des Projekts auf den entfernten Server.
- Ermitteln Sie alle Abhängigkeiten des Projekts und installieren Sie sie auf dem entfernten Server.
- Richten Sie eine Datenbank ein und führen Sie eventuell vorhandene Migrationen aus.
- Kopieren Sie statische Dateien (CSS-, JavaScript- und Mediendateien) an einen Ort, an dem sie effizient bereitgestellt werden können.
- Starten Sie einen Server, um eingehende Anfragen zu bearbeiten.
- Beginnen Sie mit der Weiterleitung eingehender Anfragen an das Projekt, sobald es bereit ist, Anfragen zu bearbeiten.

Wenn man bedenkt, was alles in eine Bereitstellung einfließt, ist es kein Wunder, dass die Bereitstellung oft scheitert. Glücklicherweise haben Sie eine bessere Chance zu erkennen, was schiefgelaufen ist, sobald Sie verstehen, was eigentlich passieren sollte. Wenn Sie herausfinden können, was schiefgelaufen ist, können Sie vielleicht eine Lösung finden, die den nächsten Versuch erfolgreich macht. Sie können lokal auf einer Art von Betriebssystem entwickeln und auf einen Server mit einem anderen Betriebssystem übertragen. Es ist wichtig zu wissen, auf welche Art von System Sie übertragen, da dies bei der Fehlersuche hilfreich sein kann. Zum Zeitpunkt der Erstellung dieses Artikels läuft ein einfacher Remote-Server auf Platform.sh unter Debian Linux und die meisten Remote-Server sind Linux-basierte Systeme.

Grundlgegende Fehlersuche

Einige Schritte zur Fehlerbehebung sind für jedes Betriebssystem spezifisch, aber dazu kommen wir gleich. Lassen Sie uns zunächst die Schritte betrachten, die Sie bei der Fehlersuche in einer Bereitstellung durchführen sollten. Ihre beste Ressource sind die Ausgaben, die während des Push-Versuchs erzeugt werden. Diese Ausgabe kann abschreckend wirken; wenn Sie neu in der Bereitstellung von Anwendungen sind, kann sie sehr technisch aussehen, und sie ist normalerweise sehr umfangreich. Die gute Nachricht ist, dass Sie nicht alles in der Ausgabe verstehen müssen. Beim Überfliegen des Protokolls sollten Sie zwei Ziele verfolgen: Erkennen Sie alle Bereitstellungsschritte, die funktioniert haben, und alle Schritte, die nicht funktioniert haben. Wenn Ihnen das gelingt, können Sie herausfinden, was Sie an Ihrem Projekt oder an Ihrem Bereitstellungsprozess ändern müssen, damit Ihr nächster Versuch erfolgreich wird.

Den Hinweisen nachgehen

Manchmal generiert die Plattform, auf die Sie übertragen, eine Meldung mit einem klaren Vorschlag, wie das Problem zu lösen ist. Die folgende Meldung wird zum Beispiel angezeigt, wenn Sie ein Platform.sh-Projekt erstellen, bevor Sie ein Git-Repository initialisieren, und dann versuchen, das Projekt zu pushen:

```
$ platform push
❶ Enter a number to choose a project:
[0] ll_project (votohz445ljyg)
> 0

❷ [RootNotFoundException]
Project root not found. This can only be run from inside a project
directory.

❸ To set the project for this Git repository, run:
platform project:set-remote [id]
```

Wir versuchen, ein Projekt zu übertragen, aber das lokale Projekt ist noch nicht mit einem entfernten Projekt verknüpft worden. Daher fragt die Platform.sh-Befehlszeile, welches entfernte Projekt wir auf ❶ übertragen wollen. Wir geben `0` ein, um das einzige aufgelistete Projekt auszuwählen. Aber als Nächstes sehen wir eine `RootNotFoundException` ❷. Dies geschieht, weil Platform.sh nach einem *.git*-Verzeichnis sucht, wenn es das lokale Projekt untersucht, um herauszufinden, wie das lokale Projekt mit dem entfernten Projekt verbunden werden kann. Da es in diesem Fall kein *.git*-Verzeichnis gab, als das entfernte Projekt erstellt wurde, wurde diese Verbindung nie hergestellt. Die Befehlszeilenschnittstelle schlägt eine Lösung vor (❸): Sie sagt uns, dass wir mit dem Befehl `project:set-remote` das Remote-Projekt angeben können, das mit diesem lokalen Projekt verknüpft werden soll.

Versuchen wir diesen Vorschlag:

```
$ platform project:set-remote votohz445ljyg
Setting the remote project for this repository to: ll_project (votohz445ljyg)
The remote project for this repository is
now set to: ll_project (votohz445ljyg)
```

In der vorherigen Ausgabe zeigte die Befehlszeilenschnittstelle die ID dieses entfernten Projekts, `votohz445ljyg`. Wir führen also den vorgeschlagenen Befehl unter Verwendung dieser ID aus, und die Befehlszeilenschnittstelle kann die Verbindung zwischen dem lokalen Projekt und dem entfernten Projekt herstellen. Versuchen wir nun, das Projekt erneut zu übertragen:

```
$ platform push
Are you sure you want to push to the main (production) branch? [Y/n] y
Pushing HEAD to the existing environment main
--schnipp--
```

Dies war ein erfolgreicher Versuch; das Befolgen des Vorschlags hat funktioniert.

Sie sollten bei der Ausführung von Befehlen, die Sie nicht vollständig verstehen, vorsichtig sein. Wenn Sie jedoch guten Grund zu der Annahme haben, dass ein Befehl wenig Schaden anrichten kann, und wenn Sie der Quelle der Empfehlung vertrauen, kann es sinnvoll sein, die Vorschläge der von Ihnen verwendeten Tools auszuprobieren.

Hinweis

Denken Sie daran, dass es Personen gibt, die Ihnen raten, Befehle auszuführen, die Ihr System zerstören oder Ihr System einem Angriff aus der Ferne aussetzen. Es ist etwas anderes, den Vorschlägen eines Tools zu folgen, das von einem Unternehmen oder einer Organisation bereitgestellt wird, dem bzw. der Sie vertrauen, als den Vorschlägen irgendwelcher Leute im Internet. Wann immer Sie es mit Remote-Verbindungen zu tun haben, sollten Sie mit großer Vorsicht vorgehen.

Das Protokoll analysieren

Wie bereits erwähnt, kann die Log-Ausgabe, die Sie sehen, wenn Sie einen Befehl wie `platform push` ausführen, sowohl informativ als auch abschreckend sein. Lesen Sie sich den folgenden Ausschnitt aus der Protokollausgabe durch, der von einem anderen Versuch stammt, `platform push` zu verwenden, und schauen Sie, ob Sie das Problem erkennen können:

```
--snip--
Collecting soupsieve==2.3.2.post1
  Using cached soupsieve-2.3.2.post1-py3-none-any.whl (37 kB)
Collecting sqlparse==0.4.2
  Using cached sqlparse-0.4.2-py3-none-any.whl (42 kB)
Installing collected packages: platformshconfig, sqlparse,...
Successfully installed Django-4.1 asgiref-3.5.2 beautifulsoup4-4.11.1...
W: ERROR: Could not find a version that satisfies the requirement gunicorrn
W: ERROR: No matching distribution found for gunicorrn
130 static files copied to '/app/static'.
Executing pre-flight checks...
--schnipp--
```

Wenn ein Bereitstellungsversuch fehlschlägt, ist es eine gute Strategie, die Protokollausgabe zu prüfen und zu sehen, ob Sie etwas entdecken können, das wie Warnungen oder Fehler aussieht. Warnungen sind ziemlich häufig; es handelt sich dabei oft um Meldungen über bevorstehende Änderungen in den Abhängigkeiten eines Projekts, um den Entwicklern zu helfen, Probleme zu beheben, bevor sie zu tatsächlichen Fehlern führen.

Ein erfolgreicher Push kann Warnungen enthalten, aber keine Fehler. In diesem Fall konnte Platform.sh keinen Weg finden, um die Komponente `gunicorrn` zu installieren. Es handelt sich um einen Tippfehler in der Datei *requirements_remote.txt*, die eigentlich `gunicorn` (mit einem r) enthalten sollte. Es ist nicht immer einfach, das eigentliche Problem in den Protokollen zu erkennen, vor allem, wenn das Problem eine Reihe von kaskadierenden Fehlern und Warnungen verursacht. Genau wie beim Lesen eines Tracebacks auf Ihrem lokalen System ist es eine gute Idee, sich die ersten paar Fehler, die aufgelistet werden, und auch die letzten paar Fehler genau anzuschauen. Bei den meisten Fehlern dazwischen handelt es sich in der Regel um interne Pakete, die sich darüber beschweren, dass etwas schiefgelaufen ist, und Nachrichten über den Fehler an andere interne Pakete weitergeben. Der eigentliche Fehler, den wir beheben können, ist normalerweise einer der ersten oder letzten aufgelisteten Fehler.

Manchmal werden Sie den Fehler erkennen können, und manchmal werden Sie keine Ahnung haben, was die Ausgabe bedeutet. Es ist auf jeden Fall einen Versuch wert, und die Verwendung der Protokollausgabe für eine erfolgreiche Fehlerdiagnose ist ein ungemein befriedigendes Gefühl. Je mehr Zeit Sie damit verbringen, die Protokollausgabe zu durchsuchen, desto besser werden Sie in der Lage sein, die für Sie aussagekräftigsten Informationen zu erkennen.

Betriebssystemspezifische Fehlersuche

Sie können auf jedem beliebigen Betriebssystem entwickeln und auf jeden beliebigen Host übertragen. Die Tools für das Pushen von Projekten sind inzwischen so weit entwickelt, dass sie Ihr Projekt bei Bedarf so verändern, dass es auf dem entfernten System korrekt läuft. Es gibt jedoch einige betriebssystemspezifische Probleme, die auftreten können. Im Platform.sh-Bereitstellungsprozess ist eine der wahrscheinlichsten Quellen für Schwierigkeiten die Installation der Befehlszeile. Hier ist der entsprechende Befehl:

```
$ curl -fsS https://platform.sh/cli/installer | php
```

Der Befehl beginnt mit `curl`, einem Tool, mit dem Sie in einem Terminal Remote-Ressourcen anfordern können, auf die Sie über eine URL zugreifen. Hier wird es verwendet, um das CLI-Installationsprogramm von einem Platform.sh-Server herunterzuladen. Der Abschnitt `-fsS` des Befehls besteht aus einer Reihe von Flags, die die Ausführung von `curl` verändern. Das `f`-Flag weist `curl` an, die meisten Fehlermeldungen zu unterdrücken, sodass das CLI-Installationsprogramm sie verarbeiten kann, anstatt sie alle an Sie zu melden. Das `s`-Flag weist curl an, stillschweigend zu laufen; es überlässt dem CLI-Installer die Entscheidung, welche Informationen im Terminal angezeigt werden sollen. Das `S`-Flag weist `curl` an, eine Fehlermeldung anzuzeigen, wenn der gesamte Befehl fehlschlägt. Das `| php` am Ende des Befehls weist Ihr System an, die heruntergeladene Installationsdatei mit einem PHP-Interpreter auszuführen, da die Platform.sh CLI in PHP geschrieben ist.

Das bedeutet, dass Ihr System curl und PHP benötigt, um die Platform.sh CLI zu installieren. Um die CLI zu verwenden, benötigen Sie außerdem Git und ein Terminal, das Bash-Befehle ausführen kann. Bash ist eine Sprache, die in den meisten Serverumgebungen verfügbar ist. Die meisten modernen Systeme bieten ausreichend Platz für die Installation mehrerer Tools wie diesem.

Die folgenden Abschnitte helfen Ihnen, diese Anforderungen für Ihr Betriebssystem zu erfüllen. Wenn Sie Git noch nicht installiert haben, lesen Sie die Anweisungen zur Installation von Git in Anhang D und gehen Sie dann zu dem Abschnitt, der für Ihr Betriebssystem relevant ist.

> **Hinweis**
>
> Ein hervorragendes Werkzeug zum Verständnis von Terminalbefehlen wie dem hier gezeigten ist *https://explainshell.com*. Geben Sie den Befehl ein, den Sie verstehen wollen, und die Website zeigt Ihnen die Dokumentation für alle Teile des Befehls. Probieren Sie es mit dem Befehl aus, der zur Installation der Platform.sh CLI verwendet wird.

Von Windows bereitstellen

Windows hat in den letzten Jahren bei Programmierern wieder an Beliebtheit gewonnen. Windows hat viele verschiedene Elemente anderer Betriebssysteme integriert und bietet den Benutzern eine Reihe von Optionen für die lokale Entwicklungsarbeit und die Interaktion mit entfernten Systemen.

Eine der größten Schwierigkeiten bei der Bereitstellung von Windows ist, dass das Windows-Kernbetriebssystem nicht dasselbe ist wie das, was ein Linux-basierter Remote-Server verwendet. Ein Windows-Basissystem verfügt über einen anderen Satz von Tools und Sprachen als ein Linux-Basissystem, sodass Sie für die Bereitstellung unter Windows entscheiden müssen, wie Sie Linux-basierte Werkzeuge in Ihre lokale Umgebung integrieren.

Windows-Subsystem für Linux

Ein beliebter Ansatz ist die Verwendung von Windows Subsystem for Linux (WSL), einer Umgebung, mit der Linux direkt unter Windows ausgeführt werden kann. Wenn Sie WSL eingerichtet haben, wird die Verwendung der Platform.sh CLI unter Windows genauso einfach wie unter Linux. Die Befehlszeile weiß nicht, dass sie unter Windows läuft; sie sieht nur die Linux-Umgebung, in der Sie sie verwenden.

Die Einrichtung von WSL erfolgt in zwei Schritten: Sie installieren zunächst WSL und wählen dann eine Linux-Distribution aus, die Sie in der WSL-Umgebung installieren. Die Einrichtung einer WSL-Umgebung geht weit über das hinaus, was hier beschrieben werden kann; wenn Sie an diesem Ansatz interessiert sind und ihn noch nicht eingerichtet haben, lesen Sie die Dokumentation unter *https://docs.microsoft.com/en-us/windows/wsl/about*. Sobald Sie die WSL-Umgebung eingerichtet haben, können Sie die Anweisungen im Linux-Abschnitt dieses Anhangs befolgen, um mit der Bereitstellung fortzufahren.

Git Bash

Ein anderer Ansatz zur Erstellung einer lokalen Umgebung, die Sie von dort aus bereitstellen können, ist *Git Bash*, eine Terminalumgebung, die mit *Bash* kompatibel ist, aber unter Windows läuft. Git Bash wird zusammen mit Git installiert, wenn Sie das Installationsprogramm von *https://git-scm.com* verwenden. Dieser Ansatz kann funktionieren, ist aber nicht so effizient wie WSL. Bei diesem Ansatz müssen Sie für einige Schritte ein Windows-Terminal und für andere ein Git-Bash-Terminal verwenden.

Zunächst müssen Sie PHP installieren. Dies können Sie mit XAMPP tun, einem Paket, das PHP mit einigen anderen auf Entwickler ausgerichteten Tools bündelt. Gehen Sie auf *https://apachefriends.org* und klicken Sie auf die Schaltfläche zum Herunterladen von XAMPP für Windows. Öffnen Sie das Installationsprogramm und führen Sie es aus. Wenn Sie eine Warnung über Einschränkungen der Benutzerkontensteuerung (UAC) sehen, klicken Sie auf *OK*. Akzeptieren Sie alle Standardeinstellungen des Installationsprogramms.

Wenn das Installationsprogramm beendet ist, müssen Sie PHP zu Ihrem Systempfad hinzufügen; dies teilt Windows mit, wo es suchen soll, wenn Sie PHP ausführen wollen. Geben Sie im Startmenü `Pfad` ein und klicken Sie auf *Systemumgebungsvariablen bearbeiten*; klicken Sie auf die Schaltfläche *Umgebungsvariablen*. Sie sollten die Variable `Path` hervorgehoben sehen; klicken Sie in diesem Bereich auf *Bearbeiten*. Klicken Sie auf *Neu*, um einen neuen Pfad zur aktuellen Liste der Pfade hinzuzufügen. Unter der Annahme, dass Sie die Standardeinstellungen beim Ausführen des XAMPP-Installationsprogramms beibehalten haben, fügen Sie *C:\xampp\php* in das angezeigte Feld ein und klicken dann auf *OK*. Wenn Sie fertig sind, schließen Sie alle noch geöffneten Systemdialoge.

Wenn diese Voraussetzungen erfüllt sind, können Sie die Platform.sh CLI installieren. Dazu müssen Sie ein Windows-Terminal mit Administratorrechten verwenden. Geben Sie im Startmenü den Befehl ein, und klicken Sie unter der Anwendung *Eingabeaufforderung* auf *Als Administrator ausführen*. Geben Sie in dem daraufhin angezeigten Terminal den folgenden Befehl ein:

```
> curl -fsS https://platform.sh/cli/installer | php
```

Dadurch wird, wie bereits beschrieben, die Platform.sh CLI installiert. Jetzt arbeiten Sie in Git Bash. Um ein Git-Bash-Terminal zu öffnen, suchen Sie im Startmenü nach `git bash`. Klicken Sie auf die angezeigte Git Bash-Anwendung; es sollte sich ein Terminalfenster öffnen. Sie können in diesem Terminal sowohl traditionelle Linux-Befehle wie `ls` als auch Windows-Befehle wie `dir` verwenden. Um sicherzustellen, dass die Installation erfolgreich war, geben Sie den Befehl `platform list` ein. Sie sollten eine Liste aller Befehle in der Platform.sh CLI sehen. Führen Sie von nun an alle Installationsarbeiten mit der Platform.sh CLI in einem Git-Bash-Terminalfenster durch.

Bereitstellen unter macOS

Das macOS-Betriebssystem basiert nicht auf Linux, aber beide wurden nach ähnlichen Prinzipien entwickelt. Praktisch bedeutet dies, dass viele der Befehle und Arbeitsabläufe, die Sie unter macOS verwenden, auch in einer Remote-Server-Umgebung funktionieren. Möglicherweise müssen Sie einige entwicklerspezifische Komponenten installieren, um alle diese Werkzeuge in Ihrer lokalen macOS-Umgebung zur Verfügung zu haben. Wenn Sie zu irgendeinem Zeitpunkt Ihrer Arbeit eine Aufforderung zur Installation der Befehlszeilen-Entwicklerwerkzeuge erhalten, klicken Sie auf *Installieren*, um die Installation zu bestätigen.

Die wahrscheinlichste Schwierigkeit bei der Installation der Platform.sh CLI besteht darin, sicherzustellen, dass PHP installiert ist. Wenn Sie die Meldung erhalten, dass der `php`-Befehl nicht gefunden wird, müssen Sie PHP installieren. Eine der einfachsten Möglichkeiten, PHP zu installieren, ist die Verwendung des Homebrew-Paketmanagers, der die Installation einer Vielzahl von Paketen ermöglicht, auf die Programmierer angewiesen sind. Wenn Sie Homebrew noch nicht installiert haben, besuchen Sie *https://brew.sh* und folgen Sie den Anweisungen, um es zu installieren.

Sobald Homebrew installiert ist, verwenden Sie den folgenden Befehl, um PHP zu installieren:

```
$ brew install php
```

Die Ausführung wird eine Weile dauern, aber sobald sie abgeschlossen ist, sollten Sie in der Lage sein, die Platform.sh CLI erfolgreich zu installieren.

Bereitstellung unter Linux

Da die meisten Serverumgebungen Linux-basiert sind, sollten Sie kaum Schwierigkeiten haben, die Platform.sh CLI zu installieren und zu verwenden. Wenn Sie versuchen, die CLI auf einem System mit einer neuen Ubuntu-Installation zu installieren, wird sie Ihnen genau sagen, welche Pakete Sie benötigen:

```
$ curl -fsS https://platform.sh/cli/installer | php
Command 'curl' not found, but can be installed with:
sudo apt install curl
Command 'php' not found, but can be installed with:
sudo apt install php-cli
```

Die eigentliche Ausgabe enthält weitere Informationen über einige andere Pakete, die funktionieren würden, sowie einige Versionsinformationen. Der folgende Befehl installiert curl und PHP:

```
$ sudo apt install curl php-cli
```

Nachdem Sie diesen Befehl ausgeführt haben, sollte die Installation von Platform.sh CLI erfolgreich verlaufen. Da Ihre lokale Umgebung den meisten Linux-basierten

Hosting-Umgebungen recht ähnlich ist, lässt sich vieles von dem, was Sie über die Arbeit in Ihrem Terminal gelernt haben, auch auf die Arbeit in einer Remote-Umgebung übertragen.

Weitere Entwicklungsansätze

Wenn Platform.sh nicht für Sie geeignet ist oder wenn Sie einen anderen Ansatz ausprobieren möchten, stehen Ihnen viele Hosting-Plattformen zur Auswahl. Einige funktionieren ähnlich wie der in Kapitel 20 beschriebene Prozess, andere haben eine ganz andere Herangehensweise als die am Anfang dieses Anhangs beschriebenen Schritte:

- Mit Platform.sh können Sie einen Browser verwenden, um die Schritte auszuführen, die wir mit der CLI durchgeführt haben. Wenn Ihnen browserbasierte Schnittstellen besser gefallen als terminalbasierte Arbeitsabläufe, werden Sie diesen Ansatz vielleicht bevorzugen

- Es gibt eine Reihe anderer Hosting-Anbieter, die sowohl CLI- als auch browserbasierte Ansätze anbieten. Einige dieser Anbieter bieten Terminals innerhalb ihres Browsers an, sodass Sie nichts auf Ihrem System installieren müssen.

- Bei einigen Anbietern können Sie Ihr Projekt auf einer entfernten Code-Hosting-Site wie GitHub veröffentlichen und dann Ihr GitHub-Repository mit der Hosting-Site verbinden. Der Host ruft dann Ihren Code von GitHub ab, anstatt dass Sie Ihren Code von Ihrem lokalen System direkt zum Host übertragen müssen. Platform.sh unterstützt diese Art von Workflow ebenfalls.

- Einige Anbieter bieten eine Reihe von Diensten an, aus denen Sie eine Infrastruktur zusammenstellen können, die für Ihr Projekt geeignet ist. Dies erfordert in der Regel ein tieferes Verständnis des Bereitstellungsprozesses und der Anforderungen, die ein entfernter Server erfüllen muss, um ein Projekt zu unterstützen. Zu diesen Hosts gehören Amazon Web Services (AWS) und die Azure-Plattform von Microsoft. Bei diesen Plattformen kann es sehr viel schwieriger sein, die Kosten nachzuvollziehen, da jeder Dienst unabhängig voneinander abgerechnet werden könnte.

- Viele Personen hosten ihre Projekte auf einem virtuellen privaten Server (VPS). Bei diesem Ansatz mieten Sie einen virtuellen Server, der sich wie ein entfernter Computer verhält, melden sich beim Server an, installieren die für Ihr Projekt erforderliche Software, kopieren Ihren Code, stellen die richtigen Verbindungen her und erlauben Ihrem Server, Anfragen anzunehmen.

Es kommen regelmäßig neue Hosting-Plattformen und -Ansätze auf den Markt. Suchen Sie sich eine aus, die Ihnen zusagt, und nehmen Sie sich die Zeit, den Bereitstellungsprozess dieses Anbieters kennenzulernen. Pflegen Sie Ihr Projekt lange genug, damit Sie wissen, was mit dem Ansatz Ihres Anbieters gut funktioniert und was nicht. Keine Hosting-Plattform wird perfekt sein; Sie müssen ständig entscheiden, ob der Anbieter, den Sie derzeit nutzen, für Ihren Anwendungsfall gut genug ist.

Ein letztes Wort zur Vorsicht bei der Auswahl einer Bereitstellungsplattform und eines allgemeinen Bereitstellungsansatzes. Manche Leute werden Sie mit Begeisterung zu übermäßig komplexen Bereitstellungsansätzen und -diensten führen, die Ihr Projekt hochgradig zuverlässig machen und Millionen von Benutzern gleichzeitig bedienen können sollen. Viele Programmierer verbringen viel Zeit, Geld und Energie damit, eine komplexe Bereitstellungsstrategie zu entwickeln, nur um dann festzustellen, dass ihr Projekt von kaum jemandem genutzt wird. Die meisten Django-Projekte können auf einem kleinen Hostingpaket eingerichtet und so angepasst werden, dass sie Tausende von Anfragen pro Minute bedienen können. Wenn Ihr Projekt weniger als diese Menge an Datenverkehr erhält, sollten Sie sich die Zeit nehmen, Ihr Projekt so zu konfigurieren, dass es auf einer kleinen Plattform gut funktioniert, bevor Sie in eine Infrastruktur investieren, die für einige der größten Websites der Welt gedacht ist.

Die Bereitstellung ist manchmal eine unglaubliche Herausforderung, aber genauso befriedigend, wenn Ihr Live-Projekt gut funktioniert. Genießen Sie die Herausforderung, und bitten Sie um Hilfe, wenn Sie sie brauchen.

Stichwortverzeichnis

Symbole

_
  Dateinamen 12
  Tausendertrennzeichen 32
__ 183
- 30
: 74
! 86
!= 86
[] 40
{% %} 470
*
  Funktionsimport 176
  Funktionsparameter 169
  Klassenimport 205
  Multiplikation 30
** 68
/ 30
% 135
+ 30
+= 133
< 87
<= 87
== 85
> 87
>= 87
404 (Fehler) 546
500 (Fehler) 546
<a href> 435, 470
*args 171
.bmp 273
<body> 519

 433
<form> 486
.gitignore 538, 577
__init__() 183, 193
*kwargs 172
<li> 474
<main> 523
\\n 25
<p> 468
.py 18
__pycache__ 538, 577
<span> 522
<ul> 474

A

Abfragen 477
Abfragesätze 462
Absolute Dateipfade 215
action 486
Addition 30
Aliase 175, 176, 206
Alien Invasion
  Alien 301
  Alte Geschosse entfernen 294
  Anzahl der eigenen Schiffe anzeigen 350
  Anzahl der Geschosse beschränken 295
  Berührung des unteren Bildschirmrands 322
  Bewegung der Invasionsschiffe 309
  Bewegungsbereich einschränken 285
  Bilder für Spielelemente 272
  Bullet 290
  Button 328
  Einstellungen für Geschosse 289
  Flugrichtung ändern 312
  Geschosse abfeuern 292
  Geschosse beschleunigen 317
  Geschosse mit print()-Aufrufen prüfen 295
  Geschwindigkeit anpassen 283
  Geschwindigkeitseinstellungen 335
  Geschwindigkeit zurücksetzen 336
  Größere Geschosse 315
  Highscore 345
  Hintergrundfarbe 270
  Hochenergiegeschosse 314
  Invasionsflotte erstellen 304
  Invasionsflotte neu erstellen 316
  Invasionsschiff erstellen 300
  Invasionsschiffe sinken lassen 312
  Klasse 267
  Kollisionen zwischen Invasionsschiffen und eigenem Schiff 318
  Kollisionen zwischen Invasionsschiffen und Geschossen 314
  Kontinuierliche Bewegung 280
  Level anzeigen 347
  Levels 334
  Mauszeiger ein-/ausblenden 333

Mehrere Reihen von Invasionsschiffen 306
Planung 266
Punkte für alle Treffer 342
Punktestand anzeigen 338
Punktestand runden und formatieren 344
Punktestand verfolgen 337
Punktestand zurücksetzen 341
Punktwerte erhöhen 343
Punktwertung 337
Randberührung 311
Reihen von Invasionsschiffen erstellen 304
Schaltfläche deaktivieren 333
Schaltfläche hinzufügen 327
Schaltfläche zeichnen 330
Schiffe auf den Bildschirm zeichnen 303
Scoreboard 338
Settings 271
Ship 273
Spielende 323
Spiel starten 331
Spiel zurücksetzen 332
Vollbildmodus 287
Alphawert 402
and 87, 88
Anführungszeichen 22
Ankertag 435, 470
Antialiasing 329
Anwendungsprogrammierschnittstelle. *Siehe* APIs
APIs
Antwort verarbeiten 424
Aufruf 422
Daten anfordern 422
GitHub 424
Grenzwerte 429
Hacker News 436
Web-APIs 421
append() 44
Argumente 151
Arithmetik 30
as 175, 176, 206
Assertions. *Siehe* Zusicherungsmethoden
Attribute
Attribute einer einzelnen Instanz ändern 187
Definition 184
Durch Methoden ändern 190
Instanzen als Attribute 197
Kindklassen 193, 195
Standardwerte 188
Werte ändern 189
Wert inkrementieren 191
Zugriff 185
Aufruf
Funktionen 150, 156
Methoden 185
Ausnahmen
Absturz verhindern 224
Benutzereingaben 224
Datei nicht gefunden 226
Division durch null 222
Einführung 222
else 225
Fehler stillschweigend übergehen 230
Http404 511
pass 230
try-except-Blöcke 223
ZeroDivisionError 223
Zu meldende Fehler auswählen 231
ax 359
axis() 367

B

Bedingungen 84
Abwesenheit eines Werts in einer Liste 89
and 88
Boolesche Ausdrücke 90
Flags 139
Gleichheit 84
Leere Listen 100
Mehrere Bedingungen 88, 96
not 87
Numerische Vergleiche 87
or 88
Ungleichheit 86
Vorhandensein besonderer Elemente prüfen 99
Vorhandensein eines Werts in einer Liste 89
while-Schleifen 136
Beendigungswerte 137
Benutzereingaben
Auf Eingaben reagieren 269
Aus Datei lesen 235
Ausführung von Programmen mit Benutzereingaben im Editor 132
Ausnahmen 224
Dictionaries füllen 145
Eingabe abbrechen 163
Eingabeaufforderungen 132
Ereignisse 269
input() 132
Mausklicks 331
Mehrzeilige Eingabeaufforderung 133
Numerisch 133
Programm beenden mit Q 286
Programmbeendigung durch den Benutzer 137

Schaltflächen 328
Schaltflächen deaktivieren 333
Speichern 234
Tastenbetätigungen 279
Ungültige Eingaben 224
Validieren 482
Berechtigungen 456
Binnenmajuskel 209
Bitmap-Dateien 273
Boolesche Werte 90
Bootstrap 516
break 140
Breiten- und Längenkoordinaten 410

C

CamelCase 209
CASCADE 459
choice() 208, 371
collidepoint() 332
Colormap 368
Commit
Auschecken 583
commit=False 489
Commitmeldung 539
Datenbank 489
Definition 537
Git 422, 538, 579
Heroku 545
continue 141
Cross-Site Request Forgery 486
CSV-Dateien
Daten lesen 394
Einführung 392
Fehlerprüfung 402
Spaltenköpfe analysieren 392

D

Dateien
CSV-Dateien 392
Dateipfade 214
Daten zwischen Programmen austauschen 234
Fehlende Dateien 226
geoJSON-Dateien 409
Hinzufügen zu Repositories 539, 578
HTML 467, 518
Inhalte verarbeiten 216
JSON-Dateien 233, 408
Lesen 212
Mehrere Zeilen schreiben 220
Numerische Daten schreiben 220
.py 18
.pyc-Dateien 538, 577
Schreiben 220
Teilstring suchen 218
Textdateien analysieren 227
Umfangreiche Dateien 217
Zeilenweise lesen 215
Datenbanken
Abfragen 477
Abfragesätze 462
Commit 489
Datenbanken migrieren 450
Erstellen 449
Fremdschlüssel 459
Kaskadierendes Löschen 459
Migrieren 455, 509
n:1-Beziehungen 459
Queryset 462
SQLite 450
Datenvisualisierung 357
datetime 396
Datumsangaben 397, 429
Death Valley 402
Debugging 569
def 150
Dekorierer 504
del 45, 111
Detached HEAD 583
Diagramme
Achsen 361, 367, 377
APIs 421
Bereiche färben 401
Beschriftungen 360
Colormap 368
Datenbereiche berechnen 366
Eingangswerte 362
Farbe 368
Größe 378
Histogramme 383
HTML-Code 433, 434
Interaktiv 430
Liniendiagramme 359, 395
Linienstärke 360
Links hinzufügen 434
Markierungsfarben 415
Matplotlib 359
Maustext 417, 432
Mehrere Datenreihen 400
Plotly 380
Speichern 370
Ständig auf dem neuesten Stand halten 421
Streudiagramme 364
Teilstriche 361
Temperaturdiagramme 395
Titel 361
Vordefinierte Formatierungen 363

Weltkarte 413
Zufallsbewegung 370, 373
Dictionaries
Definieren 106
del 111
Durchlaufen 114
get() 113
JSON-Daten in Dictionary umwandeln 424
KeyError 113
keys() 117
Leeres Dictionary 108
Liste der Werte 119
Listen in Dictionaries verschachteln 125
Mit Benutzereingaben füllen 145
Nicht vorhandene Schlüssel abfragen 113
Reihenfolge der Elemente 108
Rückgabewerte von Funktionen 161
Schlüssel durchlaufen 117
Schlüsselfehler 113
Schlüsselreihenfolge 119
Schlüssel-Wert-Paare 106
Schlüssel-Wert-Paare durchlaufen 115
Schlüssel-Wert-Paare entfernen 111
Schlüssel-Wert-Paare hinzufügen 108
Umfangreiche Dictionaries formatieren 112
values() 119
Verschachteln 127
Verschachteln in Listen 122
Werte ändern 109
Zugriff auf Werte 107
Zu tiefe Verschachtelungen vermeiden 127
Discord 573
Division 30
Division durch null 222
Django
{% %} 470
Abfragen 477
Abfragesätze 462
Admin-Site 455
Ansichten 464
Ansicht schreiben 467
Benutzer-ID 507
Berechtigungen 456
block-Tag 470
Bootstrap 516
Cross-Site Request Forgery 486
Datenbanken erstellen 449
Datenbanken migrieren 450, 455, 509
Daten mit Benutzern verknüpfen 506, 512
django-bootstrap4 516
Drittanbieter-Apps 517
Eigene Fehlerseiten 546
Eingaben validieren 482
Entwicklungsserver 451
Filter 477
Formulare 482
Formulare anzeigen 485
Formulare verarbeiten 485, 489
Fremdschlüssel 459
GET- und POST-Anforderungen 484
Http404 511
INSTALLED_APPS 454
Installieren 448
Kaskadierendes Löschen 459
Kontext 473
linebreaks 478
localhost 451
login 496
@login_required 504
ModelForm 482, 487
Modelle 453
n:1-Beziehungen 459
Passworthashes 456
Projekt erstellen 449
Queryset 462
runserver 450
Schleifen 474
Superuser 456
URL-Muster 466
URL-Namensräume 470
Vorlagen-Tags 470
Vorlage schreiben 467
Widgets 488
WSGI 449
Zeilenumbrüche 478
Zugriff auf Daten einschränken 504
Docstring 150
draw() 303

E

Eckige Klammern 40
Eingabeaufforderungen 132
Einrückungen
Fehler 62
if-Anweisungen 92
Richtlinien 80
Einstein, Albert 29
elif 93
else 92
Elternklassen 193
Emacs 566
Endlosschleifen 142
Entwicklungsserver 451
enumerate() 394

Epochenzeit 429
Ereignisse
  Abrufen 269
  Ereignisschleifen 269
  KEYDOWN 279
  KEYUP 280
  Mausklicks 331
  MOUSEBUTTONDOWN 331
  Position von Mausklicks 331
  QUIT 269
  Schließen-Schaltfläche 269
  Tastenbetätigungen 279
Exceptions. *Siehe* Ausnahmen
Exponenten 30

F

Farben
  Alphawert 402
  Code 18
  Colormap 368
  Diagrammbereiche färben 401
  Diagramme 368
  Hintergrundfarbe 270
  Matplotlib 368
  Plotly 417
  Pygame 271
  pyplot 369
  RGB 271
  Textfarbe 329
  Transparenz 402
fig 359
fill() 271
fill_between() 401
Flags 139
Fließkommazahlen 31
  Ergebnisse von Operationen 32
flip() 269
Formulare
  Anzeigen 485
  Daten senden 486
  Fehler automatisch handhaben 526
  <form> 486
  Formularelemente 488
  Gestalten 525
  HTML 486
  Schaltfläche zum Einreichen 486
  Verarbeiten 485, 489
Fremdschlüssel 459
F-Strings 24, 41
FULLSCREEN 287
Funktionen
  Aliase 175
  Alle Funktionen eines Moduls importieren 176
  Änderung von Listen verhindern 168
  *args 171, 172
  Argumente 151
  Argumentfehler vermeiden 157
  as 175
  Aufrufen 150, 156
  Aus importiertem Modul aufrufen 174
  Beliebige Anzahl von Argumenten 169
  Definieren 150
  Dictionaries als Rückgabewerte 161
  Einführung 149
  Gestaltung 177
  import 173
  Informationen übergeben 150
  Integrierte Funktionen 558
  Listen als Argumente 164
  Listen bearbeiten 165
  Mehrmals aufrufen 153
  Methoden 183
  Module 173
  Nur eine Aufgabe pro Funktion 167
  Optionale Argumente 159
  Positionsabhängige Argumente 152
  Positionsabhängige Argumente beliebiger Anzahl 170
  Refactoring 236
  Reihenfolge der Argumente 154
  return 158
  Rückgabewerte 158
  Schlüsselwortargumente 154, 177
  Schlüsselwortargumente beliebiger Anzahl 171
  Standardwerte 177
  Standardwerte für Parameter 155
  Testen 244
  while-Schleifen 162
  Zeilenlänge 177

G

Geany 566
Geografische Koordinaten 410
geoJSON 409
Gestaltungsrichtlinien 80
  CamelCase 209
  Einrückung 80
  Funktionen 177
  if-Anweisungen 103
  Klassen 209
  Leerzeilen 81
  PEP 8 80
  Zeilenlänge 80
get() 113, 269
GET-Anforderungen 484
get_pos() 331

Git
  Änderungen zurücknehmen 581
  Commit 422, 538
  Commit durchführen 579
  Dateien hinzufügen 578
  Dateien ignorieren 538, 577, 592
  Detached HEAD 583
  Einführung 422, 537
  Einrichten 537
  GitHub 422
  Installieren 576, 587
  Konfigurieren 576
  Projekt erstellen 577, 593
  Projektstatus prüfen 578
  Protokoll 579, 580
  Repository initialisieren 577, 593
  Repository löschen 584
  Vorhandensein prüfen 537
  Vorherigen Commit auschecken 583
  Zweige 578
Gleichheitsoperator 85
Größer als 87
Größer oder gleich 87

H

Hacker News 436
Hello World! 4, 11
Heroku
  Befehlszeile 530
  Commit 545
  Konto anlegen 530
  Projekt löschen 548
  Sicherheit 544
  Superuser 543
Highscore 345
Hilfsmethoden 277
HTML
  Absätze 468
  action 486
  <a href> 435, 470
  Ankertag 435, 470
  Auffüllung 523
  <body> 519

 433
  <form> 486
  Formulare 486
  Formularelemente 488
  Header 518
  Index-Datei 467
  Klassen 519
  Kopf 518
  <li> 474
  Links 435, 470
  Listen 474
  <main> 523
  method 486
  <p> 468
  Padding 523
  Plotly 433, 434
  Rumpf 518
  <span> 522
  <ul> 474
Http404 511

I

IDE 559, 565
IDLE 565
if-Anweisungen
  Einfache if-Anweisungen 91
  Einrückungen 92
  elif 93
  else 92
  Gestaltungsrichtlinien 103
  if-elif-Anweisung ohne else 95
  if-elif-else 93
  Leere Listen 100
  Listen 99
  Mehrere Bedingungen 96
  Mehrere elif-Blöcke 95
  Vorhandensein besonderer Elemente prüfen 99
  Vorhandensein eines Listenelements in einer anderen Liste prüfen 101
import 173, 202
import * 176
import this 35
Indexfehler 53
init() 268
input() 132
insert() 44
Installation
  Django 448
  Git 576, 587
  Python unter Linux 9, 555
  Python unter macOS 7, 555
  Python unter Windows 5, 553
  Sublime Text unter Linux 11
  Sublime Text unter macOS 9
Instanzen
  Anlegen 184
  Attribute einer einzelnen Instanz ändern 187
  Instanzen als Attribute 197
  Mehrere Instanzen erstellen 186
int 31
int() 133
Integrierte Entwicklungsumgebung 559, 565

Integrierte Funktionen 558
itemgetter() 439
items() 115

J

JSON
  Benutzereingaben speichern 234
  Daten entnehmen 411
  geoJSON 409
  JSON-Daten in Dictionary umwandeln 424
  Lesen 234
  Umformatieren 408
  Ursprünge 233
json.dump() 233
json.load() 234
Jumbotron 524
Jupyter Notebooks 567

K

Kantenglättung 329
Kaskadierendes Löschen 459
KEYDOWN 279
KeyError 113
keys() 117
KEYUP 280
Kindklassen 193
Klassen
  Aliase 206
  Alle Klassen eines Moduls importieren 205
  as 206
  Attribute 184
  Attribute einer einzelnen Instanz ändern 187
  Attributwerte ändern 189
  Eigene Attribute und Methoden von Kindklassen 195
  Einzelne Klasse importieren 201
  Elternklassen 193
  Erstellen 182
  Gestaltungsrichtlinien 209
  HTML 519
  Import 204
  __init__() 183
  Instanz anlegen 184
  Instanzen als Attribute 197
  Kindklassen 193
  Mehrere Instanzen erstellen 186
  Mehrere Klassen importieren 204
  Mehrere Klassen in einem Modul 202
  Methoden 183
  Methoden aufrufen 185
  Methoden der Elternklasse überschreiben 196
  Modul importieren 204
  Modul in Modul importieren 205
  Oberklassen 194
  Reale Objekte modellieren 199
  self 183
  Standardwerte für Attribute 188
  super() 194
  Teilklassen 194
  Testen 251
  Vererbung 193
  Zugriff auf Attribute 185
Kleiner als 87
Kleiner oder gleich 87
Kollisionen 313
Kommentare 34
  Code auskommentieren 564
Konstanten 33

L

Längen- und Breitenkoordinaten 410
Learning Log
  Abmelden 500
  Anmelden 502
  Anmeldeseite 496
  Bootstrap 516
  Datenbank migrieren 508
  Eigene Fehlerseiten 546
  Gestaltung 516
  HTML-Header 518
  Jumbotron 524
  Meldung für angemeldete Benutzer anzeigen 499
  Navigationsleiste 519
  Registrierungsseite 501
  Standard-Anmeldeansicht 497
  UserCreationForm 502
  Weitere Entwicklung 548
Leerzeilen 81
len() 52
linebreaks 478
Links
  <a href> 435, 470
  Ankertag 435, 470
  Diagramme 434
  Einschränken 506
  HTML 435, 470
  Navigationsleiste 519
  Vorlagen-Tags 470
Linter 567
Linux
  Befehle im Terminal ausführen 10
  Installierte Python-Version ermitteln 10
  Programme im Terminal ausführen 15

Python installieren 9, 555
Sublime Text installieren 11
Listen
Alle Vorkommen eines Wertes entfernen 145
Als Argumente 164
Änderung von Listen verhindern 168
append() 44
Auf Vorhandensein eines Wertes prüfen 89
Bearbeiten mit Funktionen 165
Benennung 39
del 45
Dictionaries in Listen verschachteln 122
Durchlaufen mit for- oder while-Schleifen 143
Einführung 39
Elemente ändern 42
Elemente anhängen 43
Elemente einfügen 44
Elemente entfernen 45, 46, 295
Elemente hinzufügen 43
Elemente von einer Liste in eine andere verschieben 144
Element zufällig auswählen 208
for-Schleifen 58
HTML 474
if-Anweisungen 99
Indexfehler 53
Indizes 41
insert() 44
Kopieren 74, 168
Kopieren vermeiden 168
Länge 52
Leere Listen 44, 100
len() 52
<li> 474
Liste aller Werte eines Dictionaries 119
Listennotation 69
max() 69
Mengen 120
min() 69
Negative Indizes 41
Numerische Werte 66
Ohne Dubletten 120
pop() 46
range() 67
remove() 47, 145
reverse() 51
Slices 71
sort() 50
sorted() 50
Sortieren 50
sum() 69
<ul> 474
Umkehren 51
Verschachteln in Dictionaries 125
Vorhandensein besonderer Elemente prüfen 99
Vorhandensein eines Listenelements in einer anderen Liste prüfen 101
while-Schleifen 144
Zugriff auf Elemente 40
Zu tiefe Verschachtelungen vermeiden 127
localhost 451
Logikfehler 63
lower() 23
lstrip() 27

M

macOS
Befehle im Terminal ausführen 9
Installierte Python-Version ermitteln 8
Leistung 285
Programme im Terminal ausführen 15
Python installieren 7, 555
Sublime Text installieren 9
Vollbildmodus 285, 287
makemigrations 455
Matplotlib
Achsen 361, 367, 377
ax 359
axis() 367
Bereiche färben 401
Beschriftungen 360
Colormap 368
Datumsangaben darstellen 398
Diagramme speichern 370
Diagrammgröße 378
Diagrammtitel 361
Einfache Liniendiagramme 359
Eingangswerte 362
Farben 368
fig 359
fill_between() 401
Installieren 358
Liniendiagramme 395
Linienstärke 360
Mehrere Datenreihen 400
plot() 359, 361
pyplot 359
Streudiagramme 364
subplots() 359
Teilstriche 361
Temperaturdiagramme 395
Viewer 359
Vordefinierte Formatierungen 363

Zufallsbewegung 373
Maustext 417, 432
Mauszeiger
Ein-/ausblenden 333
Position bestimmen 331
max() 69
Mengen 120
method 486
Methoden 185
Attributwerte ändern 190
Attributwerte inkrementieren 191
Definition 23
Einführung 183
Groß-/Kleinschreibung ändern 23
Hilfsmethoden 277
__init__() 183
Kindklasse 195
Methoden der Elternklasse überschreiben 196
self 183
min() 69
ModelForm 482, 487
Module
Aliase 176
Alle Funktionen importieren 176
Alle Klassen eines Moduls importieren 205
as 176
Einführung 173
Einzelne Funktionen importieren 174
Funktionen aus importierten Modulen aufrufen 174
Funktionsaliase 175
Gesamtes Modul importieren 173, 204
Mehrere Klassen in einem Modul 202
Modul in Modul importieren 205
Modulo-Operator 135
MOUSEBUTTONDOWN 331
Multiplikation 30

N

Namensfehler 20
None 114, 162
not 87

O

Oberklassen 194
Objektorientierte Programmierung 181
Operationsreihenfolge 30
or 88

P

Padding 523
Parameter 151
pass 230
Passworthashes 456
PEP 8 80, 177
Peters, Tim 35
Pi 212
Planung von Projekten 266
plot() 359, 361
Plotly
Einführung 358, 380
Farbpaletten 417
Histogramme 383
HTML-Code 433, 434
Installieren 381
Interaktive Diagramme 430
Links zu Diagrammen hinzufügen 434
Markierungsfarben 415
Maustext 417, 432
Weltkarte 413
pop() 46
Positionsabhängige Argumente 152, 170
POST-Anforderungen 484
Potenzierung 68
print 23
Project Gutenberg 227, 232
Punktschreibweise 174, 185
PyCharm 567
Pygame
Alle Elemente in einer Gruppe aktualisieren 293
Auf Eingaben reagieren 269
Bilder auf den Bildschirm zeichnen 275
Bilder mit rect platzieren 274
Bildschirmkoordinaten 270, 275
Bitmap-Dateien 273
blit() 272
draw() 303
Elemente auf den Bildschirm zeichnen 272
Elemente einer Gruppe zeichnen 303
Elemente in Gruppen speichern 291
Farben 271
flip() 269
font 329
FULLSCREEN 287
get() 269
get_pos() 331
Gruppen leeren 316
init() 268
Installieren 267
Leere Gruppen 316

Leeres Fenster erstellen 267
Mausklicks 331
Mauszeiger ein-/ausblenden 334
Oberflächen 268
QUIT 269
rect 274
set_mode() 268
set_visible() 334
Tastenbetätigungen 279
Text anzeigen 329
Vollbildmodus 287
pyplot 359
Python
Dokumentation 572
Fehlerbehebung 12
Installation unter Linux 9, 555
Installation unter macOS 7, 555
Installation unter Windows 5, 553
Integrierte Funktionen 558
Interpreter 18
Namenskonvention 12
PEP 8 80
Programme im Terminal ausführen 14
Schlüsselwörter 557
Standardbibliothek 208
Terminalsitzung 4
Zen of Python 35
Python Enhancement Proposal (PEP) 80

Q

Quadratzahlen 68
Queryset 462
Quietscheentchen-Debugging 570
QUIT 269

R

randint() 208
random 208, 371
Random Walk. *Siehe* Zufallsbewegung
range() 66
rect 274
Reddit 573
Refactoring 236, 277
remove() 47, 145
replace() 219
Repositories
Änderungen übernehmen 581
Anlegen 538
Commit 581
Dateien hinzufügen 539, 578
GitHub 422
Initialisieren 577, 593
Löschen 584
requests 423
return 158
reverse() 51
RGB 271, 368
rstrip() 26
Rückgabewerte 158
Rückverfolgung 12, 20, 222
Rumpf
Funktion 150
HTML-Datei 518

S

Schaltflächen
Beschriftung 493
Deaktivieren 333
Erstellen 328
Formular einreichen 486
Klicks erkennen 331
Navigationsleiste ein-/ausklappen 524
Schließen-Schaltfläche 269
Zeichnen 330
Schleifen
Beendigungswerte 137
Benutzereingaben abbrechen 163
break 140
continue 141
Datenbereiche für Diagramme berechnen 366
Dictionaries durchlaufen 114, 117, 119
Django-Vorlagen 474
Doppelpunkt 65
Einrückungsfehler 62
Elemente von einer Liste in eine andere verschieben 144
Endlosschleifen 142
Ereignisschleifen 269
for 58
for und while für Listen 143
Funktionen in while-Schleifen 162
Funktionsweise 58
Slices durchlaufen 73
Tupel durchlaufen 78
Verlassen 140
while 136
Wiederholt Benutzereingaben abfragen 145
Zum Anfang zurückspringen 141
Schlüsselfehler 113
Schlüssel-Wert-Paare 106
Schlüsselwortargumente 154
Schlüsselwörter 557
self 183
set() 120
set_mode() 268

setUp() 256
set_visible() 334
Slack 573
sleep() 320
Slices
  Durchlaufen 73
  Erstellen 71
  Listen kopieren 74
sort() 50
sorted() 50
split() 228
SQLite 450
Stack Overflow 571
Standardwerte
  Funktionsparameter 155
  Klassenattribute 188
Sternoperator 176
Strings
  Datumsangaben 397
  Einfache und doppelte Anführungszeichen 22
  Einführung 22
  Fehler bei Anführungszeichen 28
  F-Strings 24
  Groß-/Kleinschreibung 23
  Mehrzeilig 133
  split() 228
  Tabulatoren 25
  Teilstring suchen 218
  Textdateien analysieren 227
  Variablen 24
  Weißraum 25
  Wörter ersetzen 219
  Wörter zählen 228
  Zeilenumbrüche 25
strip() 26, 27
strptime() 397
Sublime Text
  Code auskommentieren 564
  Einführung 5
  Endlosschleifen 142
  Installation unter Linux 11
  Installation unter macOS 9
  Konfiguration speichern 565
  Programme mit Benutzereingaben 132
  Zeilenlänge 562
subplots() 359
Subtraktion 30
sum() 69
super() 194
Superuser
  Django 456
  Heroku 543
Syntaxfehler 28
Syntaxkennzeichnung 18

T

Tabulator 25
Tausendertrennzeichen 32, 344
Teilklassen 194
Tests
  Bestandene Tests 245
  Funktionen 244
  Hinzufügen 249
  Klassen testen 251
  Nicht bestandene Tests 247
  setUp() 256
  Testfälle 245
  Unit Tests 245
  Vollständige Abdeckung 245
Texteditor
  Auswahl von Texteditoren 565
  Einführung 559
  Emacs 566
  Geany 566
  IDLE 565
  Sublime Text 5
  Vim 566
title() 23
Traceback 12, 20, 222
Transparenz 402
try-except-Blöcke 223
Tupel
  Definieren 77
  Durchlaufen 78
  Element zufällig auswählen 208
  Funktionsparameter 169
  Tupel mit nur einem Element 78
  Überschreiben 78

U

Ungleichheitsoperator 86
Unit Tests 245
Unix-Zeit 429
Unterstriche
  Automatisch ausgeführte Methoden 183
  Dateinamen 12
  Tausendertrennzeichen 32
upper() 23

V

values() 119
Variablen
  Attribute 184
  Definieren 18
  Fehler bei Variablennamen 20
  Flags 139
  Konstanten 33
  Mehrfachzuweisung 33
  Namenskonventionen 19
  Strings 24

venv 447
Vererbung 193
  Methoden der Elternklasse überschreiben 196
Vergleichsoperatoren 84
Verschachtelung
  Dictionaries in Dictionaries 127
  Dictionaries in Listen 122
  Listen in Dictionaries 125
  Zu tiefe Verschachtelungen vermeiden 127
Versionssteuerung 422, 537, 575, 587
Vim 566
Virtuelle Umgebung 447
Vollbildmodus 287

W

Weißraum
  Entfernen 26
  Hinzufügen 25
Weltkarte 413
Werte
  Schlüssel-Wert-Paare 106
  Variablen 18
Wetterdaten 392
while-Schleifen 136
Windows
  Befehle im Terminal ausführen 7
  Programme im Terminal ausführen 14
  Python installieren 6, 553
Würfeln
  Ergebnisse analysieren 382
  Histogramm 383
  Klasse Die 381
  Unterschiedliche Flächenzahl 388
  Zwei Würfel 386

Z

Zahlen
  Arithmetik 30
  Exponenten 30
  Fließkommazahlen 31
  Folgen generieren 66
  Integer 30
  Numerische Vergleiche 87
  Potenzierung 68
  Quadratzahlen 68
  range() 66
  Tausendertrennzeichen 32, 344
  Vergleiche 86
Zeilenlänge 80, 562
Zeilenumbruch 25
Zen of Python 35
ZeroDivisionError 223
Zufallsbewegung
  Achsen 377
  Datenpunkte hinzufügen 377
  Diagramm 373
  fill_walk() 371
  Mehrere Pfade 374
  Punkte färben 375
  RandomWalk 371
  Start- und Endpunkt anzeigen 376
Zufallszahlen 208, 371